KB149184

그림으로 배우는 풍수

人子須知

인자수지

《사법(砂法)·수법(水法)·양기(陽基) 편》

김상태 역주

머리말

풍수를 배우고자 한다면 먼저 산의 모습이 어떠한지 살피는 것이 순서라고 생각합니다. 인사(人事)에 비유(譬喩)하면 사람의 내면세계를 알기 전에 먼저 그 모습을 보고 성격이나 건강한 정도를 추측할 수 있듯이 산 역시 마찬가지입니다. 산의 모습을 보고 생기(生氣)가 서려 있는 용(龍)인지를 보고 몸으로 느껴[體認] 판단하는 것이 형기(形氣)의 본래 취지입니다.
그러한 측면에서 이기(理氣)보다 우선 형기(形氣) 관련 이론을 터득하는 것이 풍수를 습득하는 지름길이라 생각합니다. 이미 역주(譯註) 자(者)는 형기 풍수서인 '설심부 변와정해(雪心賦 辯譌正解)' 를 번역하였으나(2023년 4월) 부족한 형기 부분의 내용을 보완하기 위하여 '인자수지(人子須知)' 가운데 사법(砂法)· 수법(水法)· 양기(陽基) 부분을 추가로 번역하게 되었습니다. 사법(砂法)· 수법(水法)편에는 산도(山圖)가 많이 수록되어 있어 이를 습득하면 풍수에 형기 관련 내용을 쉽게 익힐 수 있을 것입니다.

백 마디 말보다 한 장의 산도(山圖)는 풍수를 이해하는 데 독자 여러분에게 큰 도움이 되리라 여겨집니다. 그러한 측면에서 풍수에서 형기(形氣)의 중요성을 새삼 강조해도 지나치지 않을 것입니다. '인자수지(人子須知)' 에서 하야운(何野云)이 이르길 '전사(前砂)와 옛 무덤[舊墳]을 반복하여 파악(把握)하면 화복이 귀신과 같이 응함이 있다' 고 하였고 또 '사법(砂法)에서 묘함을 절반 넘게 추리하여 판단할 수 있다' 고 하였습니다. 이는 풍수에서 사(砂)가 얼마나 중요한 한지를 강조한 것입니다.

사(砂)를 잘 관찰하면 혈의 유무를 쉽게 판단할 수 있을 것입니다. 그래서 '인자수지' 는 형기를 공부에 중요한 이론서가 될 것이라고 감히 장담합니다. 번역하다가 제대로 되지 않을 때는 포기하고 싶었지만 자신도 모르게 의무감 같은 것이 나를 여기까지 끌어오게 하였습니다.

이 번역서는 결국 저와의 외로운 투쟁의 결과물로써 운명적으로 탄생한 결과물로서 또 독자 여러분에게 스스로 자신감을 가지게 할 것입니다. 독자 여러분 번역서를 항상 가까이하여 한번 자신감을 가져 봅시다. 시작은 반입니다. 이제 시작해 봅시다 풍수 공부를 시작해 봅시다.

풍수에 관심 있는 분이나 좋은 땅을 찾고자 하는 분은 분명히 도움이 될 것입니다.

끝으로 이 책을 출판하는데 도움을 주신 이재춘 선생님에게 감사를 드립니다.

2024년 07월

포항 비학산 자락에서 문석 김상태 드림

목차

제1부 사법(砂法)

제2부 수법(水法)

제 1부 사법

此以下五卷專論砂法。夫砂者，合前朝、後樂、左右龍虎、羅城、侍衛[1)]、水口諸山，與夫官、鬼、禽、曜，皆謂之砂也。古人以砂撥山形而相授受[2)]，故謂之砂。廖金精云：「先賢教人元有法，只從砂上撥[3)]。因此號作撥砂圖，次第以砂悟。」謝雙湖氏乃謂「高大者為山，低小者為砂」，則失其旨矣。大凡真龍融結處，自然諸山拱衛，獻奇列秀《葬書》所謂「若懷萬寶而宴[4)]息，若具萬膳而潔齊」[5)]子微所謂「萬卒影從[6)]成禁衛，千官擁護是朝廷」而前後左右遠近之砂，自然擁從照應。楊公所謂「但登正穴試一觀，呼吸[7)]四維無不至」此皆善形容[8)]砂之情狀[9)]者也。但諸家砂法，略無統紀。君子觀之，厭其鄙俚。且因山美惡定地吉凶，又當以龍穴為準，砂則不過取其朝應護從之用耳。卜氏云：「德不孤，必有鄰，看他侍衛，以証(=證)龍穴之真偽。」是又不可盡棄者，輯[10)]諸砂法。

---

1) 侍衛(시위) : 시위하는 산들은 앞에서 윗사람을 모시는 듯하고 뒤에서는 윗사람을 호위하는 듯해야 하는데 다만 용에 붙어있는 한 무리 산들도 존재할 뿐이다.(要在前侍幷後衛 只有一叢貼身體) <출처>『의룡경』「위룡편」

☕ 侍衛(시위) : 임금을 곁에서 모시고 호위함. 혹은 호위하는 사람

2) 撥(발) : 빚다. 빚어서 만들다[塑造]. ☞ 塑(소) : 흙 빚다.(물건의 형체를) 만들다.
◦造(조) : 짓다, 만들다. ◦授(수) : 주다. 가르치다.◦수(受) : 배우다. 주다.

3) 有(유) : 생기다. 나타나다. ◦從(종) : 흔적. 따라서.◦上(상) : 물체의 겉면에 있음을 나타냄. ◦撥(발) : 다스리다.파다. 파냄. ◦獻奇(헌기) : 특별나게 맞이한다.◦列秀(열수) : 높이 솟아 늘어서[줄지어]

4) 宴(연) : (손님을 청해서) 주식(酒食)을 대접하다. 잔치하다. 주연(酒宴)을 베풀다.

5) 사방의 산수(山水)는 상(床)에 산해진미(山海珍味)를 가득 차려놓은 것처럼 빈틈없이 국세가 어우러져 수려하고 단정하고 질서가 있어야 한다(若具萬饍而潔齊). ◦潔齊(결재): 가지런하고 깨끗하다

6) 影從(영종) : 그림자처럼 따라다니다. ◦禁衛(금위) :궁궐을 지키고 임금을 호위하며 경비하는 군대. 금위병

7) 呼吸(호흡) : 호흡(하다). 한 번 호흡하는 사이. 짧은 시간. 순식간

8) 形(형) : 나타나다. 형상. 형세. ◦容(용) : 사물의) 상황. 상태. 모양. 모습. ◦形容(형용) : 묘사하다. 생긴 형상

9) 情狀(정상) : 사실(事實)의 있는 그대로의 상태(狀態) ☞情(정): 감정, 사정. 狀(상): 상황, 상태

1. 10) 輯(집) : 시가(詩歌)、문장(文章) 등(等)을 엮어 낸 차례(次例)의 책(冊). cｆ) 輯(집) : 모으다. 모이다. 합치다(合).

제1장 사법(砂法)

제1절 머리말

여기 아래 5권[五卷]에서는[以] 오로지 사법만 논하고자 한다. 대체로 보아서 사(砂)란 앞에 조산[朝]과 뒤에 낙산[樂], 좌우에 용호(龍虎), 나성(羅城), 시위(侍衛), 수구(水口) 등 여러 산과 관귀금요(官、鬼、禽、曜)를 합쳐서 모두 사(砂)라 한다. 고인들은 모래로 산 모양을 만들어[撥] 서로 가르치고 배워[授受] 그것을 사(砂)라 했다. 요금정이 이르길 '선현이 사람을 가르치는 첫째[元]는 오직 모래로부터 우선 형태를 만들기 때문에 "발사도(撥砂圖;모래를 빚어 의도를 표현)"라 하였고, 유래[次第]로 사(砂)를 깨닭게 했다' 고 한다.

쌍호(雙湖) 사씨는 말하길 '고대한 것은 산(山)이고, 낮은 것은 사(砂)라 하면 그 본 취지를 잃게 된다' 고 했다. 대개 진룡의 융결처는 저절로 모든 산이 공위(拱衛;감싸 호위)하고 헌기열수(獻奇列秀;높이 솟아 늘어서 특별나게 맞이 한다.)한다. 《장서(葬書)》 에서 소위 '(모든 산은) 갖가지 많은 보물[혈][萬寶]을 품고 편히 쉬는 것 같고, 만 가지 음식[호종사]을 갖추어 (혈을)바르게 공경하는 것[護從하는 것] 같다[潔齊;결재].' 고 했다. 자미(子微)에 이르길 '많은 병졸이 그림자 처럼 따라 다니면서[影從] 궁궐을 지키는 금위병을 갖추어[成禁衛] 모든 관리를 호위하는 것[擁護]이 조정(朝廷)이다' 고 하였다.

전후좌우 원근의 사(砂)가 자연히 모여 호위하여[擁從] 조응한다. 양공이 이른바 '다만 정혈을 올라 한번 찾아[試]보면 순식간 사유(四維)에 이르지 않는 것이 없다' 고 하였다. 이는 모두 사의 실정[情狀]을 알맞게[善] 묘사[形容]한 것이다. 다만 제가들은 사법을 간략하게 통일되게 기록한 것이 없다. 군자들은 '그것을 보고 상스럽다[鄙俚;비리]' 고 싫어했다. 또 산의 미악(美惡)에 따라서[因] 땅의 길흉을 정한다. 또 마땅히 용·혈을 기준[準]으로 삼는다. 조응(朝應)과 호종(護從)하는 사(砂)를 취하여 사용하는 데 불과할 뿐이다. 복씨가 (설심부에서) 이르길 ' 덕은 외롭지 않고, 반드시 이웃이 있고, 다른 (이웃이) 시위(侍衛; 가까이서 모시고 호위하다)를 하는 것을 보고 용혈의 진위를 증거로 삼으므로' 이는 또 모두 버릴 수 없어 모든 사법을 모아 기록하였다.

夫砂者，穴之前後左右山也。吳公云：「龍穴既真，前後左右之山自然相應；若龍穴不真，雖有妙[11]砂，亦為無益。」故穴、砂如美女，貴賤從夫。廖公云：「龍賤若還砂遇貴，反變為凶具；砂賤若還遇貴龍，砂亦不為凶。」卜氏有「文筆變畫筆，牙刀化殺刀」之論，意先龍穴而後砂也。 然曾公云：先看劫砂何方起，劫砂照處全無地。《玉函》云：「四山反亂走東西，縱有好穴亦棄置。」是又先於砂矣。蓋砂固隨乎龍穴，而關禍福亦緊。故何野云云：「但把前砂覆舊墳，禍福應如神。」範氏云：「先觀龍穴知真假，細審龍砂斷吉凶。」金精云:「龍如上格砂如下，雖貴無聲價。後龍如弱好前砂，只蔭外甥家。」砂之所系如此，豈可忽諸！但砂法極繁，難於悉舉，而其大要不外[12]乎方圓尖正者為吉，破碎[13]斜側者為凶，開面有情、秀麗光彩者為吉，巉岩走竄、醜惡無情者為凶。然亦只近穴者為準，遠則勿泥。若以形像論之，則如御屏、錦帳、御傘、金爐、貴人、天馬、文筆、誥軸、金箱、玉印、殿閣、樓台、展旗、頓鼓、玉帶、金魚、曬袍、卓笏之類，砂之吉者也。如投算、擲槍、煙包、破衣、抱肩、獻花、探頭、側面、提籮、覆杓、斷頭、流尸之類，砂之凶者也。廖氏以富、貴、賤三科定之，謂肥圓方正者為富，清奇秀麗者為貴，欹斜破碎者為賤，亦最有理。誠於此而察之，砂法之妙，思過半矣。

제2절 사법의 총론

사(砂)란 혈의 전후좌우(前後左右)의 산이다. 오공(吳公)이 이르길 '용혈이 진(眞)이면 전후좌우의 산은 자연적으로 서로 응[應]하고, 용혈(龍穴)이 진(眞)이 아니면 비록 사(砂)가 빼어날[妙]지라도 무익하다.' 고 하였다. 그러므로 혈은 사(砂)가 미녀와 같아 귀천은 지아비를 따른다.

요공(廖公)이 이르길 '용이 천하고 만약 사(砂)가 귀하더라도 오히려 흉한 도구가 되나, 사(砂)가 천한데 만약 귀한 용[貴龍]을 만나면 사(砂)도 흉이 되지 않는다' 고 하였다.

---

11) 妙(묘) : 아름답다. 좋다. 훌륭하다[빼어나다]. 묘하다. ◦若還(약환) : 만약 또.
◦何野(하야) : 어째서 인가?
12) 不外(불외) : (~범위를) 벗어나지 못하다. ~에 틀림없다. ~밖에는 없다. 꼭 ~할 것이다.
13) 破碎(파쇄) : 자잘하게 부서지다. 산산조각 내다. 분쇄하다.

복씨(卜氏)는 '문필(文筆)이 변하여 화필(畫筆)이 되고, 아도(牙刀)가 변하여 살도(殺刀)가 된다' 는 논리는 용혈(龍穴)이 우선이고 사(砂)가 나중이라는 의미이다. 그리하여 증공(曾公)이 이르길 '겁사(劫砂)가 어느 방위에서 생기는 가를 먼저 보고, 겁사가 향하는 곳은 전혀 (생기가) 없는 땅이다.' 고 하였다.

《옥함(玉函)》에 이르길 '사산(四山)이 반복하여[反] 난잡하게 동서로 달아나면 비록 좋은 혈이 있더라도 그냥 버릴 수밖에 없다[置;버리다].' 는 것이다. 이는 또한 사(砂)를 중(重)히 여긴다(先). 대개 사(砂)는 반드시 용·혈을 따르고, 화복에도 관련하여 중요하다[要緊].

그러므로 하야운(何野云)이 이르길 '다만 조 · 안산[前砂]과 옛 무덤[舊墳]을 반복하여 파악(把握)하면 화복이 귀신과 같이 응함이 있다' 고 하였다.

범씨가 이르길 '먼저 용 · 혈(龍穴)을 보고 진가(眞假)를 알아서 분별하고, 용(龍)과 사(砂)를 세심하게 살펴[審] 길흉을 판단한다' 고 하였고, 요금정(廖金精)이 이르길 '용(龍)이 상격이고 사(砂)가 하격이면 비록 귀할지라도 명성[聲價]이 없고, 후룡이 약하고 전사(前砂)가 좋으면 다만 생질[外甥;외손자.외손녀] 집안의 음덕에 미친다' 고 하였다. 사(砂)에 관련되는 바[所系]가 이와 같으니 어찌 모두 소홀히 할 수 있는가?

다만 사법이 극히 많아[繁] 모두 열거하기에 어려우나, 중요한 것은 바르고[方], 둥글고[圓], 뾰족하여[尖] 기울지 않고 똑바른 것[正]이 틀림없으면 길하고, 파쇄(破碎)되고, 경사지고 기울면[斜側] 흉하다. 개면하여 유정하고 수려하여 광채가 나는 것은 길하고, 참암하고 달아나고 추악하여 무정한 것은 흉하다. 또한 그러함은 다만 혈에서 가까운 것을 기준으로 하고, 혈에서 먼 곳은 (기준에) 얽매이지 말아야 한다[勿泥;물리]. 사를 형상으로 말하면 어병(御屛), 금장(錦帳)、어산(御傘)、금로(金爐)、귀인(貴人)、천마(天馬)、문필(文筆)、고축(誥軸)、금상(金箱)、옥인(玉印)、전각(殿閣)、누대(樓台)、전기(展旗)、돈고(頓鼓), 옥대(玉帶), 금어(金魚), 쇄포(曬袍),탁홀(卓笏)의 종류[類]는 사(砂)가 좋다. 투산(投算),척창(擲槍),연포(煙包),파의(破衣),포견(抱肩)、헌화(獻花)、탐두(探頭)、측면(側面)、제라(提籮)、복작(覆杓)、단두(斷頭),유시(流尸)와 같은 종류[類]는 흉사이다. 요씨는 '부(富)、귀(貴)、천(賤) 삼과(三科)로 정하는 것은 비원방정(肥圓方正) 것을 부로 삼고, 청기수려(淸奇秀麗)한 것을 귀(貴)로 삼고, 의사파쇄(欹斜破碎)한 것은 천(賤)한다' 고 하였으니 역시 가장 이치에 맞다. 진실로 이와 같은[此] 방법으로[於] 살펴보면 사법에서 묘함을 절반 넘게 추리하여 판단할 수 있다.

제3절 청룡백호

論青龍白虎[14)]

청룡백호를 논함.

《葬書》 曰：「葬以左為青龍，右為白虎。」

《장서(葬書)》에 이르길 '장사(葬事)를 하는데 좌를 청룡이라 하고, 우를 백호라 한다' 고 하였다.

《心經》 云：「地理家以左為青龍，右為白虎。」夫所謂青龍、白虎者，穴左右二臂之異名也。

《심경(心經)》에 이르길 '지리가들은 좌를 청룡이라 하고, 우를 백호라' 하고, 무릇 청룡·백호라 이른 것은 혈의 좌우 2팔[臂]의 다른 이름인 것이다.

《曲禮注》 云：「朱雀、玄武、青龍、白虎，四方宿名也。」然則地理以前山為朱雀，後山為玄武，左山為青龍，右山為白虎，亦假借四方之宿以別四方之山，非謂山之形皆欲[15)]如其物也。俗乃謂左山欲象龍，右山欲象虎，謬矣！夫龍虎以衛穴得名，固不可無，然亦不可深泥。蓋地亦有無龍虎而吉者，亦有龍虎俱全而凶者。要之，龍真穴的，初不拘此。苟龍不真，穴不的，縱有極美之龍虎，終屬虛花。然又有說焉。

《곡예주(曲禮注)》에 이르길 '주작(朱雀)、현무(玄武), 청룡(青龍), 백호(白虎)는 사방의 별이름[宿名;수명] 이다.' 고 하였다. 그러나 지리에서는 앞산을 주

14) 청룡백호는 임금을 도와 정사를 보좌하는 임무이다. 왼쪽이 청룡이며 (☳)진(震)괘(이고 진(震)이란 남자의 자리이다. 오른쪽이 백호이며, (☱)태(兌)괘이고 태(兌)는 여자의 자리이다. (문왕 후천팔괘기준으로) (龍虎者 輔相之任也. 在爲龍 爲震 震者男位也. 右爲虎 爲兌 兌者女位也.) √문왕후천팔괘기준에 따라 백호와 청룡의 방위를 정함

☞ 후천팔괘도에서 음양효(陰陽爻) 구분 <출처>『동림조담(洞林照膽』, 靑龍白虎 편.

15) 欲(욕) : 마땅히, ~해야 한다. ☞俱全(구전) : 모두 갖추다.◦要之(요지) : 요컨대. 한마디로 말하면

작(朱雀)이라 하고, 뒷산을 현무라 하고, 좌산을 청룡이라 하고, 우산을 백호라 한다. 또 사방의 별을 빌려[假借] 사방의 산으로 구별하였다[別]. 산의 모양이 모두 동물과 같다고 말해서는 안된다. 속인[俗;풍속]은 곧 좌산은 용의 모양을 닮아야 하고, 우산은 호의 모양을 닮아야 한다는 것은 오류이다.

무릇 용호는 혈을 호위하는 데 얻은 이름이다. 확실히 없어서는 안되는 것이나 또 너무 구애되어서는 안된다. 대개 땅에는 또한 용호가 없으나 길할 수 있고, 또 용호를 모두 있으나 흉할 수 있다. 요컨대, 용진혈적(龍真穴的)하면 비로소[初] 이에 구애받지 않는다. 만약 용이 진실하지 않으면 혈도 확실하지 않는다. 비록 매우 좋은 용호일지라도 결국 허화이다. 그러나 또한 학설이다.

《經》曰：「噫氣為能散生氣，龍虎所以衛區穴。」蓋以葬者乘生氣也，而氣乘風則散，必有龍虎二山以衛之，則穴場周密，生氣融聚。但其山有自本身左右發出兩臂為龍虎者；有本身獨出，而兩傍之山生來抱我為龍虎者；又有一畔就本身發出，一畔是外山生來湊成龍虎者。以本身發出者為上，而他山假合者次之。皆須裹抱穴場，勿令孤露受風為美。其形則初無定規，但要護穴有情。

《경(經)》에 이르길 '내쉬는 한숨[噫;애]은 능히 생기를 흩어지게 할 수 있어, 그래서 용호는 혈이 있는 곳[지역]을 호위한다.' 고 하였다. 대개 장사를 하는 것은 생기를 타는 것이나 생기는 바람을 받으면[而] 흩어진다. 반드시 용호 2산이 혈을 호위하면 혈장은 주밀하여 생기가 모인다. 다만 산의 본신의 좌우에서 생겨나온 양비(兩臂)를 용호(龍虎)라 한다. 본신이 외롭게 노출되면 양옆의 산이 (타산이) 생겨 뻗어와 나[혈]를 감싸 용호가 되는 것도 있고, 또 한쪽에 본신에서 생겨나고, 한쪽은 외산이 생겨 뻗어와 접근하여[湊;주] 용호가 되는 것이 있다. 본신에서 생겨난 것을 으뜸으로 치고, 타산을 차용(借用)하여 합하는 것[假合]은 그 다음이다. 모두 반드시 혈장의 안을 감싸 외롭게 노출되어 바람을 받지 않아야 좋다. 그 형상은 처음부터 정해진 규정이 없으나 다만 혈을 호위해야 유정하다.' 는 것이다.

《囊金》云：「最宜回抱，與穴有情。」

《낭금(囊金)》에 이르길 '마땅히 (혈을) 회포해야 가장 좋고 혈은 유정하다.' 고 했다.

《葬書》云「青龍欲其蜿蜒，白虎欲其馴俯」是也。又須左右揖讓，高低相稱方吉。切忌兩相鬥競，及尖射、破碎、反逆、走竄、斜飛、直長、高壓、低陷、瘦弱、露筋、斷腰、折臂、昂頭、擺面、粗惡、短縮、迫狹、強硬、插落、順水、飛走、如刀、如槍、如退田筆，或生巉岩之石而成凶惡之狀，或東西竄射，或虎銜尸而龍嫉主[16)]，或龍虎齊到而雄昂相鬥，或左右凹空而風射穴場，皆為不吉，不可不察。又看水從左來，虎山宜長；水從右來，龍山宜長。又要下手一臂逆關兜[17)]貯上手，方為有力。

《장서(葬書)》에 이르길 '청룡은 완연(蜿蜒)해야 하고, 백호는 순부(馴俯)해야 한다.' 는 것이다. 또 반드시 좌우(左右)가 읍하면서 서로 양보[揖讓]해야 한다. 고저가 서로 균형을 이루어야 비로소 좋다.

절대 꺼리는 것은 양쪽 용호가 서로 다투고 싸우는 것[鬪競;투경]과 첨사하는 것[尖射], 파쇄된(破碎) 것、반역(反逆)、주찬(走竄)、사비(斜飛)、직장(直長;용호 환포하지 못하고 곧고 긴 것.)、고압(高壓: 용호 및 안산이 높아 혈을 억누르는 것.)、저함(低陷)、수약(瘦弱;용호가 앙상하고 약한 것), 노근(露筋)、단요(斷腰)、절비(折臂)、앙두(昂頭)、파면(擺面)、조악(粗惡)、단축(短縮)、박협(迫狹;용호가 가까워 명당이 좁은 것)、강경(強硬:용호가 매우 단단한 것)、삽락(插落)[18)]、순수(順水)、비주(飛走)、칼과 같은 것[如刀]、창과 같은 것[如槍], 퇴전필과 같은 것이며[如退田筆], 혹 참암한 바위가 생겨 흉악한 모양을 형성하였거나 혹 동서로 쏘고 달아나거나, 혹 백호가 시신을 물어뜯거나[啣尸;함

---

16) √ 虎銜尸而龍嫉主 : 백호가 웅크리고 앉아있는 모습이면 무덤 속의 시신을 물어뜯는 것이고 (虎銜蹲 謂之踞尸而) 청룡이 웅크리고 있는 모습은 주산을 질투하는 것이라 한다(龍踞謂之嫉主)

√ 혈의 왼편 산이 웅크리고 있어서는 안되는 데, 그것을 일러 혈이 맺힌 주산을 질투하는 것이라고 한다.(坐山不欲立踞, 謂之妬本主之山)

☞踞(거) : 웅크리다. 걸터앉다./ 妬(투) : 투기하다. 샘하다.

17) 兜(두) : (자루·주머니 형태로 물건을) 싸다. 품다.

18) ◦低陷(저함): 용호가 푹 꺼져 함몰된 경우. ◦瘦弱(수약)、露筋(노근) : 용호가 풍화작용에 의해 암반에 드러나는 형태 즉 여위어 암반만 앙상한 형상. ◦斷腰(단요): 용호의 중간에 끊어진 형상. ◦折臂(절비): 용호가 단절되어 사람의 양팔이 단절된 같이 흉하다. ◦昂頭(앙두) : 용호가 진행하다가 고개를 쳐들어 혈장을 압박하는 형상으로 자식이 부모나 아우가 형을 능멸하는 격. ◦擺面(파면) : 용호 끝이 벌어진 채 파쇄되거나 일그러져 있는 형상으로 정신병,고질병 매사가 용두사미격. ◦短縮(단축) : 용호가 짧아 혈장을 감싸지 못하여 보호하지 못하여 흉하다. ◦插落(삽락): 용호가 진행하다가 급경사로 뚝 떨어져 가늘게 꽂히는 경우 이때 전순이 없다.

시] 용이 혈이 맺힌 주산을 질투하거나, 혹 용호가 나란히 이르러[齊到] 강력하게(머리를) 쳐들어[雄昂] 서로 다투고, 혹 좌우가 함몰하여[凹空] 혈장에 바람이 치는 것은 모두 불길하여 자세하게 살펴야 한다.

또 물이 좌에서 오는 것이 보이면 백호 산은 마땅히 길어야 하고, 물이 우에서 오면 용호산이 마땅히 길다. 또 하수일비(下手一臂)가 역관(逆關)하여 물을 자루 형태로 에워싸 거두어야[兜貯;두저] 상수(上手)는 비로소 역량이 있다.

廖氏云：「龍虎古稱衛區穴，禍福最親切。」卜氏云「龍虎尤要詳明」，豈可忽乎？故須有真龍正穴，而左右龍虎二山或有不足，亦未可為全吉。又須檢點，恐結作未真，或點穴不當。如其結作真，點穴當，而龍虎不足者，乃天地無全功，造化有虧缺不齊處，也須扦葬，但公位不均，付之福緣，君子勿泥也。

<table>
<tr><th colspan="2">外山龍虎圖</th></tr>
<tr><td> 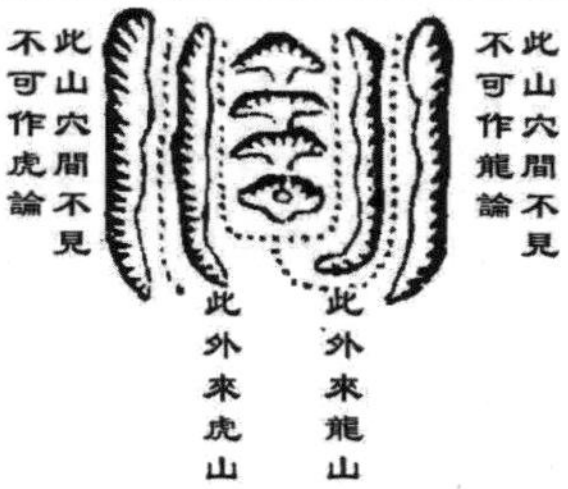此山穴間不見不可作虎論
此山穴間不見不可作龍論
此外來虎山
此外來龍山
<그림1-1-2> 외산 용호도</td><td>此龍虎自外山生來者，謂之假合龍虎。范越鳳謂“不自本身發者，則不可以龍虎論”，亦有理。但驗古墓，作龍虎決禍福亦應。若穴間不見，則不可作龍虎論也</td></tr>
<tr><td colspan="2">다만 용호(龍虎)는 외산(外山)으로부터 생겨서 나온 것[生來]이다. 이른바 가합(假合;빌려서 짝을 이루다)한 용호이다. 범월봉(范越鳳)이 이르길 ‘본신(本身)으로부터 생기지 못한 것은 용호라고 논할 수 없다.’ 고 하였으니, 역시 이치에 맞는[有理] 말이다. 옛 무덤[古墓]으로 경험 하건대 , 용호로 결작하였으면[作決] 화복(禍福)도 역시 발응[應]을 하였다. 그러나 혈의 공간[穴間]에서 보이지 않는 것은 용호로 볼 수 없는 것이다.</td></tr>
</table>

요씨가 이르길 ‘용호는 예로부터 혈이 있는 영역[區]을 호위한다고 불렀고, (용호는) 화복에 가장 가까워 중요하다[親切].’ 고 했다.

복씨가 이르길 '용호는 더욱 상세하고 분명해야 하니' 어찌 소홀히 할 수 있는가? 그러므로 반드시 용진혈정(真龍正穴) 하나[而] 좌우 용호 2산이 혹 부족하여도 전부 좋다고 말할 수 없다. 또 결작이 참이 아닌지, 혹 점혈이 합당하지 않는지를 염려하여 점검을 해야한다. 예를 들어 결작이 참되고 점혈이 합당하나[而] 용호가 부족하면 천지는 모든 공로가 없고 (혈을) 화육(化育)함[造化]이 부족하여[虧缺;휴결] (혈의) 형태를 갖춘 곳[齊處;제처]이 없을 수 있다.

이러한 곳은 또한[也] 반드시 천장하면 다만 공위(公位)가 고르지 않는 것이며, 복이 따르는 이유[付之福緣]에 군자는 너무 집착하지 마라[不可泥執].

本身龍虎圖	
 <그림1-1-1> 본신 용호도	此龍虎自本身左右雙臂發出者，謂之眞龍虎，極有力。范越鳳云"龍虎山自本身生來者爲勝是也"
용호는 본신으로부터 좌우양비(左右兩臂)가 생겨 나와[發出] 이루어진 것으로 참된 용호라 할 수 있으며, 지극히[極] 역량이 있다. 범월봉(范越鳳)이 이르길 '용호산이 본신에서 생긴 것은 외산[他]에서 생긴 것보다 우수하다.' 고 한 것이다.	

湊合[19]龍虎圖	

< 그림1-1-3 > 주합 용호도	

本身有龍無虎，外山凑合，要水倒右	本身有虎無龍，外山凑合，要水倒左
본신에 청룡[龍]이 있으나 백호가 없으므로 외산(外山)이 가까이 오면[凑合;주합] 물은 반대로 우측(右側)에서 흘러와야 한다. ☞倒(도): 따라가다. 쏟다. 꺼꾸로 되다.	본신에 백호[虎]가 있으나 청룡이 없으므로 외산(外山)이 가까이 오면[凑合;주합] 물은 반대로 좌측(左側)에서 흘러와야 한다.

此龍虎一畔本身發出，一畔外山凑合，要凑合山貼身近穴爲好。《指南》云：“有龍無虎多爲吉，有虎無龍亦不凶，若得外山連接應，分明有穴福常豊。”又須本身發出之臂作下手爲有力。卜氏云：“無龍要水遶左邊，無虎要水纏右畔。”劉氏云：“水來自左，無左亦可；水來自右，無右亦裁。”謝氏謂：“無青龍要水從左邊來，繞右抱穴而去；無白虎要水從右邊來，繞左抱穴而去。”皆確論也。

주합용호도(凑合龍虎圖)

此龍虎一畔本身發出，一畔外山凑合，要凑合山貼身近穴爲好。
용호(龍虎)중 한쪽은 본신의 옆[一畔;일반]에서 생겨 나왔고, 다른 한쪽은 바깥 산에서 용신에 접근하는 것[凑;주]이다. 주합산(凑合山)은 혈(穴) 가까이에 첩신(貼身)하여야 좋다[吉].

指南 云 有龍無虎多爲吉 有虎無龍亦不凶
지남(指南)에 이르길 ‘청룡이 있고 백호가 없어도 대부분 길할 수 있으며, 백호 있고 청룡이 없어도 흉하지 않을 수 있다.

若得[20] 外山連接應 分明有穴福常豊

---

19) 凑合(주합) : 가까이 오다. 한 곳에 모으다. ◦합(合) ; 맞다. 어울리다. 부합하다. ◦畔(반) : 곁. 근처. 가. 주위. 옆

20) 得(득) : 보다. 마주치다. ☞公位(공위): 형제 자매간의 서열(자리)[位]에 따른 길흉화복.

만일 타산[外山]을 연접하여 마주보면 분명하게 응하면 혈이 있어 복이 항상 풍요롭고,

又須本身發出之 臂作下手爲有力
또 모름지기 본신에 (용호가) 생겨나와 용호[臂]에 하수(下手)을 만들면 역량이 있다 ' 고 하였다.

卜氏云 無龍要水纏左畔 無虎要水纏右畔
복씨(卜氏)가 이르길 ' 청룡이 없으면 물로 좌측을 감싸야 하고, 백호가 없으면 물로 우측[右畔]을 감싸야 한다[水而代地]' 고 하였다.

劉氏云 水來自左無左亦可 水自右來無右亦栽
유씨가 이르길 '물이 좌에서 오면 좌룡이 없어도 (재혈이) 가능하고, 물이 우측에서 오면 우측 용이 없어도 재혈이 가능하다' 고 하였다.

謝氏謂 "無龍要水 從左邊來 繞右抱穴而去 無白虎要水 從右邊來 繞左抱穴而去" 皆確論也。
사씨가 이르길 '청룡이 없으면 물이 좌변으로부터 와서, 우측의 혈을 감싸고 가야 하고, 백호가 없으면 우변으로부터 와서 좌로 혈을 감싸고 가야 한다' 고 하였으니 이 모두 분명하게 말한 것이다[確論].

제4절 용호소주공위연대(龍虎所主公位及年代)

龍虎所主公位及年代
용호의 공위를 주관하는 자리와 연대[代]

青龍管長房，一四七房同占；白虎管幼房，三六九房同占。此泛[21]語耳。若斷禍福，須分管各房，年代吉凶亦然。舉二圖式，可以類推。中房論明堂案對，亦有遠

21) 泛(범) : 내용[실속]이 없다. 널리 ☞ 管(관) : 이해하다. 알다. 주관(主管)하다. 맡아 다스리다.

近，分管二五八房之異。大抵君子擇地，求安吾親[22]，公位置之勿問可也。分管者，如長房以第一重青龍論之，四房以第二重青龍論之。若第一重好而第二重不好，則第一房吉，第四房不吉。他仿此推。其說亦多不驗，君子勿泥。

청룡은 장방을 관장하고 1.4.7(一四七) 방[房]과 같이 점을 친다. 백호는 유방(幼房)을 관장하고 3.6.9(三六九) 방[房]과 같이 점치는데 널리하는 말[泛語]일 뿐이다. 만약 화복을 판단하면[斷] 반드시 각방을 나누어 이해해야 한다[管]. 연대의 길흉도 그러하다. 2개 도식을 열거하여 유추할 수 있다.

중방에서 명당을 논하는 데 안대도 멀고 가까운 데 있다. 2.5.8방(二五八房)을 다르게 나누어 관장한다. 대저 군자는 땅을 택하여 내 스스로 편안한 것을 구하니, 공위의 위치는 문제시 안해도 좋다[可也].

분관(分管)이란 장방은 첫째로 거듭한 청룡으로 정하고[論], 4방(四房)은 두 번째 거듭한 청룡으로 정한다. 만약 첫째로 청룡을 거듭한 것이 좋고, 제4방의 두 번째 청룡을 거듭한 것이 좋지 못하면[而二重不好] 제1방(第一房)은 길(吉)하고 제4방(第四房)은 좋지 않다[不吉]. 나머지도 비슷하게[仿;방] 이와 같이 추리한다. 그 설도 대부분 증험하지 않았다. 군자는 집착해서는 안된다[泥執].

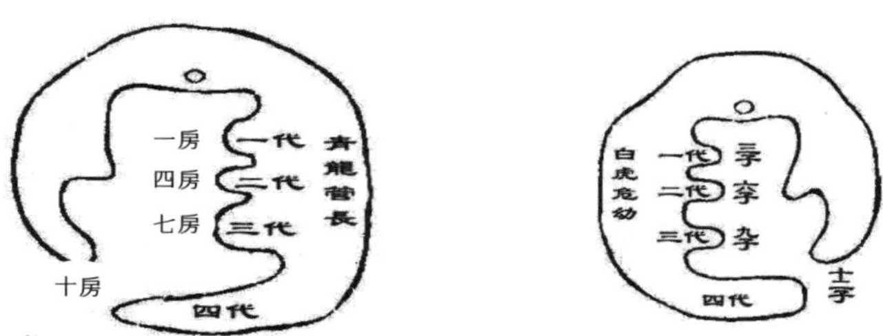

<그림1-1-4 > 공위연대(公位[23])年

22) 親(친) : 친히. 몸소. 직접. 자기 스스로. 본인이.
23) 공위(公位) : 형제 자매간의 자리에 따라 길흉화복을 주관한다.

제5절 용호길류(龍虎吉類凡十格) : 용호길류의 보통 십격

<그림1-1-5 >용호길류 10격

龍虎降伏(용호항복) 1격	龍虎比和(용호비화) 제2격	龍虎遜讓(용호손양) 제3격

以上三格皆主一門和義，富貴平康，兄友弟恭，妻賢子孝。
이상 3격은 모두 가문이 화목하고[和] 형제가 우애 있고[義] 부귀하고 평안[平康]하고 형제간에 서로 우애로 공경하고[兄友弟恭] 처현자효(妻賢子孝)하다.

龍虎排衙(용호배아) : 제4격	龍虎帶印(용호대인) : 제5격	龍虎帶牙刀(용호대아도) : 제6격

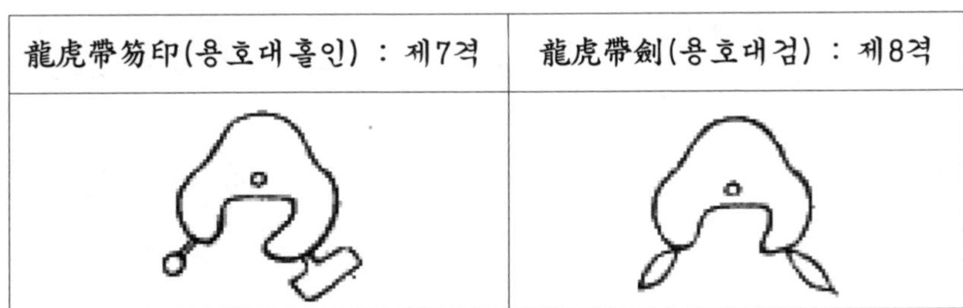

龍虎帶笏印(용호대홀인) : 제7격	龍虎帶劍(용호대검) : 제8격

以上五格皆主貴，有威權，能文能武。
이상 5격은 모두 귀하고 권위(權威;威權)가 있어 문무에 능하다.

龍虎交會 (용호교회)

제9격

재록(財錄)으로 쉽게 발복[發]하고 부귀(富貴)가 유구(悠久)하니 좋다.

龍虎開睜(용호개정)

제10격

귀하면서 권위[威權]가 있으나 교만하여 모든 것을 멸시하고 세속(世俗)을 따르지 않고[傲物[24];오물] 의기가 양양하여[軒昂] 천하가 눈에 차지 않는다[眼空[25]海宇].

上龍虎吉格，不能盡述，姑擧十者以為式。彼龍虎之降伏者，低降俯伏，彎抱有情也。比和者，左右均匀，不強不弱也。遜讓者，或前或後，而不相鬥競也。
위 용호는 길격을 전부 기술할 수 없다. 잠시 10격을 열거하여 표준[式]으로 삼았다. 용호가 항복(龍虎之降伏)하는 그것들은 낮게 내려와 구부려 엎드려[低降俯伏] 굽어 감싸면 유정하다. 비화(比和者)는 좌우가 고르고 지나치게 강하지도 약하지 않는 것이다[不強不弱也].
손양(遜讓)은 혹 앞에 있거나 뒤에 있서 서로 싸우거나 다투지 않는 것이다.

吳公云：「龍降虎伏，義門和睦，子孝妻賢，身膺五福。」範越鳳云：「龍虎兩純和，才子定登科。」

24) 傲物(오물) : 교만하여 모든 것을 멸시하고 세속(世俗)을 따르지 않다.
25) 眼空(안공) ; 오만하다. ◦海宇(해우): 나라 안 즉 천하

오공이 이르길 ‘ 용호항복은 의리를 중히 여기는 가문으로 화목하고, 자식은 효도하고 처는(여자가) 어질고 총명하여[賢母良妻] 세대[身]가 오복을 받는다[膺;응]’ 고 하였다. 범월봉씨가 이르길 ‘ 용호 양방이 온화하게 조화를 이루면[純和] 자손이 재주로 반드시[定] 과거 시험에 합격한다[登科].

卜氏云 : 「虎讓龍，龍遜虎，只要比和。」
복씨가 이르길 ‘ 백호는 청룡에 사양하고 청룡은 백호에 양보하여 다만 서로 조화를 이루어야 한다 ’ 고 하였다.

楊公云 : 「饒龍讓虎君臣足，下了令[26]人增福祿。堂上資財似湧泉，積穀堆金無數目。」
양공이 이르길 ‘용(龍)이 넉넉하고 호(虎)가 양보하면 군신이 소임을 다하고, 하장 후에 사람에게 복록이 불어나게 한다[令]. 명당에 재산[資財]이 샘물이 솟아나듯이 높이 쌓여[나와] 곡식과 금전을 쌓아 눈으로 헤아리지 못한다.

故此三格皆主一門和義，富貴平康，兄愛弟恭，妻賢子孝也。
그러므로 이 3격은 모두 가문이 화목하며 예절이 있고 부귀하며 편안하고 형제가 우애로 존중하며, 처현자효(妻賢子孝)한다.

第四格龍虎排衙[27]者，兩畔重疊，如官貴升堂，而役卒執杖排衙也。
제4격의 용호배아(龍虎排牙)는 용호 양쪽의 지각이 중첩하여 마치 벼슬아치가 되어 [官貴] 관청에 가면[升堂] 복무하는 부하[卒]들이 지팡이를 잡고 관아에 늘어서 있는 것 같다.’ 고 하였다.

---

26) 令(령) : ~하게 하다. ~을 시키다. ◦升堂(승당) : 관리가 관청에 나가다. ☕升(승) : 오르다.
27) √ 交牙(교아) : 혈 앞이나 좌우 산들이 이빨이 서로 맞물리듯 한 형상. 용호(龍虎)의 양사(兩砂)는 서로 교차하여 관쇄[交牙關鎖]하여 혈을 완전히 막아 감싸거나 안산이 가깝게 있어 역수(逆水)하고 풍취(風吹)를 막아 주어야 좋다[吉]. 교아관쇄(交牙關鎖)하면 명당수의 급류하여 직거하는 것을 막아[截水者] 유속(流速)이 완만하도록 하여 명당에 모여있는 생기(生氣)의 누설을 가능한 한 막아주는 귀중한 길격사(吉格砂) 이다.
√ 排衙(배아) : 옛날 관청에서 의장기 따위를 배치하고 관리들이 관직의 순서대로 줄을 지어 장관을 알현(謁見)하는 것. 즉 관아의 군사들이 양옆으로 도열(堵列; 많은 사람이 죽 늘어섬)해 있는 모양.

範氏云：「龍虎兩排衙，富貴播京華。」亦須交互而不使元辰水直去為吉。
범씨가 이르길 '용호의 양쪽으로 배아(排衙)를 하면 부귀가 서울[京華;번화한 서울]에 까지 널리 퍼진다[播;파].' 고 하였으니, 또한 반드시 서로 교호하여 원진수가 곧게 흘러가지[直去] 못하도록 해야 좋다.

第五格龍虎帶印者，左右皆有墩埠也。吳國師云：「左右雙垂金彈子，七歲神童通經史。不但文章四海傳，更有威權振人主。」
제5격은 용호대인(龍虎帶印者)은 용호 좌우에 모두 작은 언덕[墩阜]이 있는 것이다. 오국사가 이르길 '좌우에 두 개의 화살촉[金彈子]을 드리우면 7세의 신동이 경사[經史; 《경서》와 《사기》를 통달하여 문장을 천하[四海]에 전할 뿐만 아니라 또 권세를 떨칠 사람이 나온다.' 고 하였다.

第六格龍虎帶牙刀者，兩畔拖[28]尖利也。範氏云：龍畔牙刀出，身著緋袍笏；虎帶牙刀形，為將統千兵。
제6격 용호대아도자[龍虎帶牙刀者]은 용호 양측에 뾰족하고 날카로운 (지각을) 늘어뜨린 것[붙어있는 것]이다. 범씨가 이르길 ' 청룡 쪽에 아도가 생겼으면[著;드러나다] 붉은색 도포를 입고 홀을 잡고[벼슬을 하고], 백호 쪽에 아도의 모양을 띠면[붙어있으면] 장수가 되어 천병을 통솔한다.

第七格龍虎帶印笏者，一畔圓墩，一畔直埠也。董氏云：「印笏如生龍虎身，才子英雄壓[29]萬人。」
제 7격 용호대인홀자(龍虎帶印笏者)는 한쪽은 둥근 언덕[圓頓]이 붙어있고 한쪽은 곧은 언덕[나란한 언덕] 모양이 붙어있는 것이다. 동씨가 이르길 '용호의 몸에 생기면 재주가 있는 자손이 영웅이 되어 만인에 권위가 있다[壓].' 고 했다.

第八格龍虎仗劍者，直而尖也。吳國師云：「龍虎仗劍劍頭尖[30]，自由斬砍掌兵

28) 帶(대) : 차다. 허리에 참. 붙어있다. ◦拖(타) : 늘어뜨리다. ◦緋(배) : 붉은 빛 .비단 ◦袍(포) : 두루마기. 도포
29) 壓(압) : 안정시키다. 압도하다. 억압하다. 권위가 있다.
30) **廉貞(염정)**
1.이 염정산은 구성 중에 가장 높고 큰 모습을 이루고 있고 높은 산 정상에 험하고 높이 솟아 있어 **우산을 접은 것 같고 쟁기의 끝부분[보습]처럼 결각(缺刻;가장자리가 깊이 패어 들어**

權[31)]。」徐國公祖地合此格，詳見砂法卷圖。自排衙至此[32)]五格，皆主貴有威權，能文能武也。此五格有似帶曜，但曜則聯屬不斷，此則斷而複續為異耳。

제8격 용호장검자(龍虎仗劍者)는 곧고 날카로운 (지각이) 붙어있는 것[帶]을 말한다. 오공이 이르길 '용호에 장검의 칼끝같이 뾰족하면 자유로이 참수(斬首)하여[斬砍(참감);목을 베어 죽여] 병권을 마음대로 한다[掌握;장악). 서국공의 조상의 묘지[祖地]는 이격에 맞다.

책의 사법 그림을 상세히 보라. 배아(排衙)에서 여기 5격에 이르기까지 모두 벼슬을 하여 권세를 떨치고 문무의 벼슬을 할 수 있다. 여기 5격은 요가 붙어있는 것[帶曜]과 흡사하다. 단, 요(曜)는 연속하여 끊어지지 않았으나 이는 끊어졌다가 연속한 것이 상이(相異)할 뿐이다.

吳公云：「龍虎相交抱過宮，貲財易發永豐隆。」故此格主易發財祿，而富貴悠久也。

오공이 이르길 ' 용호가 서로 만나서 감싸고 궁을 지나면 재산이 쉽게 일어나고 영원히 풍성하다.' 고 하였으므로 이 격은 재록(財祿)이 쉽게 일어나고 부

감)되어 약간[絲] 갈라진 것 같다. 다만 뾰족한 불꽃이 하늘[天庭(천정)]로 치솟는 연유(緣由) 때문에[緣] 그 성정[성질]이 타오르는 불처럼 뜨거우니 **화성**이라 한다.(此星得形最高大 高山頂上石嵯峨 傘摺犁頭裂絲破 只緣尖焰聳天庭 其性炎炎號火星)

2.염정**(廉貞)**이 솟아 용루(龍樓)와 보전(寶殿)을 만들고, **탐랑(貪狼)·거문(巨門) 그리고 무곡(武曲)은 이 염정(廉貞)으로부터[因] 생겨난다.** 옛 사람들은 염정**(廉貞)**의 본질을 깊이 이해하였다.(起作 龍樓幷寶殿 貪巨武曲因此生 古人深識廉貞體)

3.有人曉得**紅旗星(**유인효득홍기성)
遠有威權近凶怪(원유위권근흉괴)
權星**斬**砍得自由(권성참감득자유)
不統兵權不肯休(불통병권불긍휴)
어떤 사람이 붉은 깃발 모양의 산[紅旗星]을 깨달아 알면, **염정이 멀리 있으면 권위(權威;다른 사람을 통솔하여 이끄는 힘)가 있고,가까이 있으면 흉괴(凶怪:성질이 음흉하고 악함)하다**. 권성(權星;사회적 지위)으로 사람의 목을 베고 죽이는 일을 자유로이 하여[生死與奪權] 병권 통솔하지 않는다면 (발복이) 그칠 날이 없다. <출처> 감룡경(撼龍經)

☞ 不肯(불긍): (기꺼이)~ 하려고 하지 않는다. ☕ 不(불)~不(불) ~ : 如果不~就不 : ~않으면 ~않는다.

31) 물이 만약 용을 감싸고 용이 물을 감싸면, 배반(背反)하면 칼로 죽이고 살리는 것[生死]을 자유로이 할 수 있다.(水若抱龍龍抱水，背劍斬砍自由伊) <출처>『인자수지』

32) 至此(지차) : 여기에 이르다. ☞恐防(공방) : 아마. 대체로. ◦防(방) : 막다, 방어하다(防禦)

귀는 영구(悠久)하다.

第九格龍虎交會者，左右繞抱過宮也。
제9격 용호교회는 좌우용호(龍虎交會)가 요포하여 혈[宮]을 감싸고 지나는 것이다.

第十格龍虎開睜者，兩畔開展落肩，然後抱掬彎曲也。 即肱也。
제10격은 용호개정자(龍虎開睜者)은 용호 양측 어깨를 펴면서 어깨를 떨어뜨린 후에 포국만곡(抱掬彎曲;두손으로 활처럼 굽어져 완만한 곡선으로 감싸다)한 것이다. 즉 양팔을 벌린 모양[肱;굉]이다.

《禮》曰：「並坐不横肱，恐　　左右。」相地亦似相人，今開睜，亦如人之横肱，祇[33]見其軒昂驕傲耳，故此格主貴而立威，傲物輕人，有昂昂[34]之態也。
《예(禮)》에서 말하길 '좌(坐)에서 나란히 앉을 때 양팔을 좌우로 벌리지 못하면[並坐不横肱;병좌불횡굉], 좌우가 막힐까 하는 걱정하는 것이다' 고 했다. 땅을 보는 것도 사람의 관상을 보는 것과 같다. 지금 개정(開睜)이란 역시 사람의 팔을 횡으로 벌린 것과 같다. 다만 교만하고 당당하다[軒昂驕傲]. 그러므로 이 격은 벼슬을 하여 권위를 세우고 사람이 가벼워 오만한 모양[傲物輕人]은 의기 당당한 태도이다.

제6절 용호흉류 (龍格凶類凡十格)

右龍虎兇格，亦不止此，姑舉十者以為式。
위의 용호 흉격은 또한 여기서 끝나지 않는다. 잠시 십격을 들어 표준으로 삼았다.

第一格 龍虎相鬥，《駐馬揚鞭》云：「兩宮齊到，人皆道好，必主殺傷，卻生煩

33) 祇(기) : 다만. 땅 귀신. 편안(便安)하다. ◦軒昂(헌앙) : 풍채가 좋고 의가 당당하다. ◦驕傲(교오) : 교만하다.
34) 昂昂(앙앙) : (기세가) 드높다 .기운차다. 당당하다. ◦當面(당면) : 일이 바로 눈앞에 닥침.

惱。」蓋齊到無相讓之情，有抗敵之勢，故主兄弟不和。若元辰水直流，外面無關，又主因不和而退敗。卜氏云：兩宮齊到，忌當面之傾流。

제1격 용호상투는 주마양편에 이르길 '양궁이 나란히 이르러 사람은 모두 말하길[道] 좋다고 하나 살상(殺傷)을 주로 하여[主], 오히려 번뇌가 생긴다.

대개 가지런하게 도달하여 서로 양보하는(相讓;상양) 정(情)이 없고, 적으로 겨누는[抗] 자세이다. 그러므로 형제가 주로 불화한다. 만약 원진수가 곧게 흘러가고 외면에서 막아주지 못하면[無關] 또한 불화로 인하여 주로 퇴패한다.

복씨가 이르길 '양궁이 나란히 이르러 바로 혈 앞에 경류(傾流)하는 것을 꺼린다.' 고 하였다. cf)견비수(牽鼻水)·당문파(當門破)·직출수(直出水)

第二格 龍虎相爭，乃當龍虎之中適有墩埠，而龍虎二山齊止於墩埠左右，有相爭之狀，故主兄弟爭財失義。此格吉地亦多有之，宜於葬法內[35]避之，則無此患。否則，不但不義，亦主男女目疾，及抱養墮胎等患。

제2격 용호상쟁(龍虎相爭)은 용호가 마주 대하는[當] 중간에 돈부(墩埠)가 있고 용호 양산[二山]이 다 같이[齊] 좌우 돈부(墩埠)에서 멈추어 서로 다투는 모양이다. 그러므로 형제는 주로 재산으로 싸워 우애[義]를 잃는다.

용호 상투의 격식은 길지에도 많이 생긴다. 마땅히 장사를 제한하는 어느 범위 안[法內]을 지켜 상호 상쟁을 피하면 이러한 걱정[患]이 없다. 그렇지 않으면[否則] 형제간에 우애[義]가 없을 뿐만 아니라 남녀의 눈병과 아울러 양자를 들여 기르고[抱養] 낙태[落胎;墮胎] 등의 걱정을 한다.

第三格 龍虎相射，乃左右尖利相對也，主遭徒刑。謝氏云：龍虎兩尖射，世代主徒刑。

제3격 용호상사(龍虎相射)는 좌우 용호가 뾰족하고 날카로운 모양으로 서로 마주 대하고 있으면 대대로 형벌[徒刑]을 주로 받는다. 사씨가 이르길 ' 용호가 양쪽에서 뾰족하면 여러 대에 형벌을 주로 받는다' 고 하였다.

第四格 龍虎飛走,乃左右兩山不相彎抱,而各分走向外也。範氏云：「龍虎兩分飛，父子各東西。」

---

35) 法(법):제한(制限). 법을 지키다.◦內(내) : 안. 어느 범위 안.◦不但(부단) : ~뿐만 아니라.

제4격 용호비주(龍虎飛走)는 곧 좌우양산이 함께 혈을 감싸지 않고 각각 나누어[分] 밖을 향하여 달아나는 것이다. 범씨가 이르길 '용호가 양쪽으로 나누어[分] 달아나면 부자는 각각 동서로 흩어진다' 고 하였다.

第五格 龍虎推車，乃左右兩臂直長，如人以手推車也。何氏云：「龍虎手推車，田地不留些。」

제5격 용호추거(龍虎推車)은 곧 좌우 용호[兩臂]가 곧고 길어 사람이 손으로 수레[車]를 미는 것 같다. 하씨가 이르길 '용호가 손으로 수레를 미는 것 같으면 재산이 조금도 머물지 않는다' 고 하였다.

第六格 龍虎折臂,乃左右斷凹，如人兩臂折斷也。範氏云: 龍虎兩腰低，風吹受孤棲。

제6격 용호절비(龍虎折臂)는 용호가 끊기거나 함몰되어 사람의 양팔이 절단된 것과 같다. 범씨가 이르길 '용호의 허리가 낮은 것으로 바람이 불어 받으면 외롭게 산다' 고 했다.

第七格 龍虎反背，乃左右兩臂逆向後去，無情抱穴也。董氏云：龍虎追奔向背彎，忤逆兒孫要[36]打娘。

제7격 용호 반배는 좌우의 양팔이 반대로 향하여 뒤로 뻗어간다. '고 했다. 동씨가 이르길 '용호가 혈의 반대로 향하여 감싸 달아나면 오역(忤逆)하는 자손[兒孫]이 태어나 어미[娘;낭]를 때린다.' 고 하였다.

第八格 龍虎短縮，乃護胎不過也。卜氏云：龍虎護胎不過穴，謂之漏胎，主孤寡[37]貧寒。

제8격 용호단축(龍虎短縮;용호 양쪽이 혈보다 짧다.)은 태(胎)를 보호하는 데 (용호가) 이르지[過] 못한 것이다. 복응천이 이르길 ' 용호가 태를 보호하는데 혈을 지나지 못한 것을 누태(漏胎)라 한다.' 고 했다. 주로 고아와 과부[孤寡]로 외롭고 가난하다.

---

36) 要(요) : ~하게 되다. ~을 (습관으로) 하다. ~하려고 한다. ◦娘(낭) : 어미
37) 孤寡(고과) : 고독하다. 고아와 과부. ☞ 飛(비) : 빠르다. 빨리 가다. 지다, 떨어지다.

第九格 龍虎順水，乃左右二山隨水順飛也，主退盡田產。

제9격 용호순수(龍虎順水)는 좌우 양산이 물을 따라서 순수하게 빠르게 흘러가는 것이다[順飛]. 재산[田產]이 줄어 없어진다[退盡].

cf)산수동거(山水同去)

範氏云：龍山隨水出，便是賣田筆；虎山隨水長，便是殺人槍。

범씨가 이르길 '용산이 물을 따라 흘러가면 곧 매전필(賣田筆)이라 한다.' 고 했다. 호산이 길게 물을 따라 흘러가면 곧 살인창(殺人槍)이다.

<그림1- 1- 6 > 용호 흉류 십격

龍虎折臂 (용호절비)	龍虎反背 (용호반배)	龍虎短縮 (용호단축)	龍虎順水 (용호순수)	龍虎交路 (용호교로)
		 短 縮	 水去	 路 路
主残疾绝嗣	主妻逆子拗，兄弟不和	主孤寡伶仃，貧寒無倚	主賣盡田廬離鄉绝嗣	主自縊牢獄，風跛疾厄
용호의 허리가 끊기거나 약하면 [萎靡]. 장애(타고난병) [天疾] 및 절사(絶嗣)한다.	용호가 반배하면 처가 불순하고[妻逆] 아들들이 성질이 비뚤어져[拗; 요] 형제가 불화한다.	용호가 짧아 혈이 노출되면 고아와 과부로 외롭고[伶仃; 영정] 가난하여[貧寒] 의지할 곳이 없다[無依].	용호가 물을 따라 도망가면 논밭과 가옥[廬; 려]을 모두 팔고 고향을 떠나고[離鄕] 후손이 없다.	용호를 끊어 도로가 되면 스스로 목을 매어 죽고[自縊;자액] 감옥에 가고[牢獄] 중풍으로 절뚝발이[風跛; 풍파]의 몸쓸병[疾厄;질액]이 생긴다.

龍虎相鬪 (용호상투)	龍虎相争 (용호상쟁)	龍虎相射 (용호상사)	龍虎飛走 (용호비주)	龍虎推車 (용호추거)
兩邊高昂相對,主兄弟不和	主兄弟争财失義及目疾。	主兄弟相殺爲軍配	主父南子北，兄東弟西，夫婦生離	主退盡田産。
용호 양측이 높이 쳐들어 서로 대치하면 형제가 불화한다.	용호의 사이에 돈부가 있으면 형제는 재물로 다투고 우애[義]를 잃고 또 눈병[目疾]에 걸린다.	용호 끝이 마주 쏘면 형제가 서로 죽이고, 군대에 끌려간다.	용호의 끝이 밖으로 뻗으면 형제·부모가 동서남북으로 흩어지고[離],부부는 이별한다.	용호가 수래를 밀 듯이 꼿꼿하게 뻗으면 [田地]을 다 팔아 없앤다.

第十格龍虎交路，主有自縊枷鎖之患。卜氏云「臂上怕行交路」是也。已上龍虎吉凶諸格，皆左右之山相同者也。複有龍凶虎吉、虎兇龍吉，左右不同諸格，詳圖於下，宜細察之。

제10격 용호교로는 목매 자살[自縊;자액], 죄인의 목과 발목에 씌우거나 채우는 형구 즉 죄를 지어 수갑을 차는[枷鎖;가쇄] 등의 환난[患難]이 있다.

복씨가 이르길 '용호[臂] 위로 도로가 이리저리 난 것을 두려워 한다.' 는 것이다. 이상 용호의 길흉의 여러 격은 모두 좌우의 산이 위와 같은 것이다. 다시 용은 흉하고 호는 길한 것은 좌우가 여러 격에 같지 않은 것이다. 아래에 상세한 그림은 마땅히 상세하게 살펴보아야 한다.

제6절 청룡흉격 24례(青龍凶格凡二十有四)

백호는 반대로 이와 같이 유추하나[白虎反此同推] 다시 구체적인 그림은 없다

[不複具圖].

夫曰朝曰案，皆穴前之山，本自有辨，不可紊[38]而為一也。蓋其近而小者稱案，遠而高者稱朝。謂之案者，如貴人據案處分政令之義；謂之朝者，即賓主相對抗禮之義。故案山近小，而朝山高遠也。凡地貴於近案遠朝兩備。有近案則穴前收拾周密，無元辰直長、明堂曠闊、氣不融聚之患，於[39]以知其結作之真；有遠朝則有配對，有証應，開豁光明，勢局宏大，無逼窄促窒之虞，於以知其氣象之廣。故遠朝、近案俱全，則內外堂局具備，三陽六建皆明，而為地之至美者也。又有一等吉地，不見朝山，卻不可圖[40]貪遠秀而失穴。

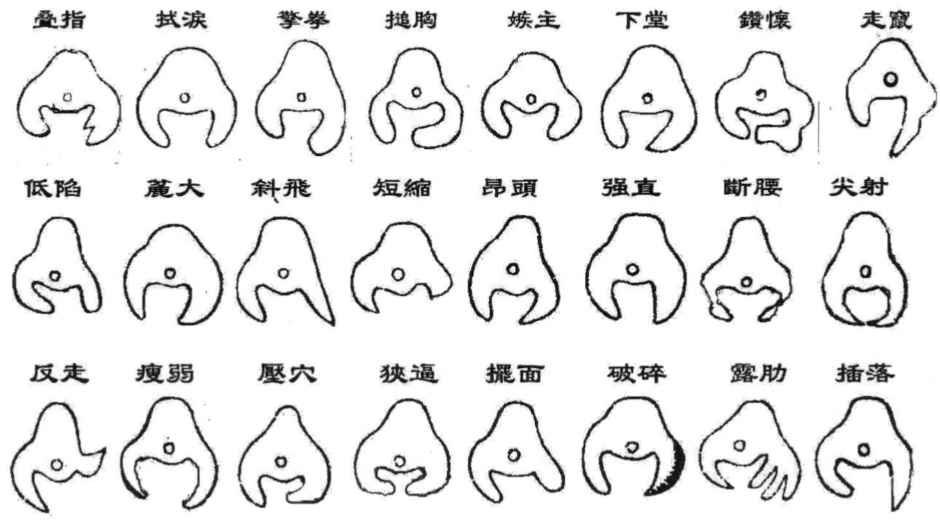

<그림1-1-7 > 청룡흉격24 예(例)

제2장 조안(朝案)

38) 紊(분) : 어지럽다. 어지럽히다. 혼란하다. ◦爲(위) : 되다. 이룸. 일정한 형태가 이루어지다. ◦抗禮(항례) : 대등한 예를 취하다. ◦收拾(수습) : 꾸미다. 장식하다. 거두다.

39) 於(어)~ : ~의 입장에서. 의지하다. ◦三陽六建(삼양육건): 龍과 水를 論할 때 붙이는 명칭이다. ◦三陽六建(삼양육건) : 삼양육건(三陽六建)는 동남[巽] 남[丙 · 丁]의 삼양방(三陽方)과 해(亥) · 간(艮) · 정(丁) · 묘(卯) · 손(巽) · 병(丙)의 육건(六建) 방위에 득수처나 지호수가 있으면 정재발왕(丁財發旺)한다.

40) 圖(도) : 꾀하다. 계획하다.

제1절 머리말

대개 '조(朝)' 이다. '안(案)' 이라 한 것은 모두 혈 앞[穴前]의 산이다. 본래부터 분별이 되는데 어지럽지[紊;문] 않고 (조안은) 하나의 일정한 형태가 이루어져야 한다. 대개 가깝고 작은 것은 안산(案山)이라고 한다. 멀고 높은 것은 조산(朝山)이라 한다. 이를 안(案)이라 한다.

가령 귀인이 안산[案]에 의지하여 관리(官吏)가 명령하는 뜻[政令之義]을 처분하는 것 같은 것을 조(朝)라 한다. 즉 빈주가 서로 상대하여 대등한 예우[抗禮;항례]하는 뜻이 있으므로 안산은 작고 가깝고, 조산은 높고 멀다. 무릇 땅은 근안과 원조 둘 다 구비한 것을 귀하게 여긴다. 근안이 있으면 혈 앞을 주밀하게 수습하여 원진수가 곧게 길게 흘러가 명당이 넓지 않아 결작이 진(眞)인 것을 아는 입장에서[於以知] 기가 모이지 않을 걱정 없다.

멀리 조(朝)가 있으면 상대할 짝이 있다. 증거로 응함[証應]이 있으면 개활광명(開豁光明)하여 그 기상이 넓음을 앎으로써 형세[勢]의 국(局)이 크거나[宏大] 좁거나[逼窄;핍착] 가까워 막힐[促室;촉질] 우려[虞;우]가 없다.

그러므로 원조(遠朝)와 근안(近案) 전부 구비하여 삼양육수[三陽六建]가 모두 나타나[明] 땅이 지극히 아름다우면 역시 최고의 길지이다. 조산을 볼 수 없으나, 오히려[卻] 멀리 좋은 것을 탐을 내서[圖貪] 실혈(失穴)을 해서는 안된다.

吳公云：「坐下[41]若無真氣脈，面前空有萬重山。」
오공씨가 이르길 '혈 아래[혈처]에 참된 기맥이 없으면 (혈) 앞[面前]의 만중산(萬重山)이 모두 부질 없다[空有].' 고 했다.

又云：「坐下無龍，朝對成空。」只要龍穴真，雖無朝山，亦為大地，不必盡拘。
또 이르길 '혈처[坐下]에 주산의 맥[龍]이 없으면 마주 대하는 조산은 부질없다.' 고 했다. 다만 용혈이 진이어야 하고 비록 조산이 없을지라도 대지가 될

---

41) 坐下(좌하) : 앉다. 출산하다. 애를 낳다. 앉는 자리. ◦坐(좌): 열매를 맺다. (탈 것에) 타다. √龍(용) : 산맥의 모양. 주산(主山)의 맥.

수 있니 전부 구애받을 필요가 없다.

或云：「一重案外見青天，後代少綿延。」予見多有美地一重案者，福祉悠久，不足深泥。卻未見有無案山而結

혹 말하길 '하나의 큰 안산[一重案] 밖으로 푸른 하늘[青天]이 보이면 후대가 이어지는 자손이 적다[少].' 고 했는 데, 옛날[予;여]에 미지(美地)의 일중안(一重案)을 많이 보았는데 복지(福祉)가 유구(悠久)하였으니 지나치게[足] 너무 구애받지 마라. 오히려 안산(案山)이 없는데 결지하는 것을 아직 보지 못했다[未見].

地者。即無近案，亦要左右龍虎砂相交固，關聚內氣，此則如同有案。若無低小近案，砂又不交，面前空曠，堂氣不聚，必無融結。時師貪其寬堂遠秀，指為大地，最能惑人。此近秀遠朝有無真偽之當辨者也。大抵案山宜近，朝山宜遠。

땅은 가까운[即] 근안이 없을지라도 좌우의 용호사가 서로 확실하게 만나 관쇄(關鎖;입구을 막다)하면 내기(內氣)가 모인다. 이러하면 안산이 있는 것과 동일하다. 만약 작은 가까운 안산이 없으면 사 또한 용호의 만남이 없어 면전에 아주 넓어[空曠] 당기가 모이지 않아 반드시 기가 모여 혈을 맺지 못한다. 시사들은 명당이 넓은 것과 멀리 빼어난 것(조산)을 지나치게 욕심을 내어 가리켜 대지라 한다. 가장 사람을 현혹할 수 있다. 이러한 가까이 수려한 산과 먼 조산[近秀遠朝]의 유무와 진위는 마땅히 분별해야 한다. 대저 안산은 마땅히 가까워야 하고, 조산은 마땅히 멀어야 한다.

《龍子經》云：「伸手摸著[42]案，稅錢千萬貫。」言案之近也。
용자경에 이르길 '손을 뻗어 잡힐 듯 가까운 안산이면 세금이 천만이다.' 라 했다. 안산이 가까운 것을 말한 것이다.

張子微云：「或從百里數百里，忽起朝迎間邑城。」言朝之遠也。近案宜低，遠朝宜高。

장자미가 말하길 '간혹 백 리나 수 백리를 따라와 홀연히 솟아 마주하여 맞이

42) 摸著(모착) : 가깝다. ∘多是(다시) : 아마. 모두 . 대개. ∘誰(수): 누가.∘天涯(천애) : 하늘 끝. 아득히 먼 곳.

하고[朝逆] 읍성을 사이에 둔다.' 고 했다. 조산이 먼 것을 이른 것이다. 가까운 안산은 마땅히 낮고, 먼 조산은 마땅히 높아야 한다.

範氏云：「遠朝不怕衝天，近案尤嫌過腦。」且近案貴於有情。
범씨가 말하길 '먼 조산이 하늘을 찌를 듯이 높은 것[衝天]을 두려워하지 않고, 가까운 안산은 머리[腦;뇌]보다 높이 지나가는 것[過]을 싫어한다.' 고 했다.

卜氏云：「外聳千重，不若眠弓一案。」又曰:「多是愛遠大而嫌近小，誰知就近是而貪遠非。」遠朝貴於秀麗。賴氏云:「遠峰列笛天涯青，文與韓柳爭高名。」蔡文節公云「天涯目斷[43]凝蒼色，不以形親[44]見醜容。」此朝案遠近高低等訣之所當辨者，宜審之哉。
 복씨가 말하길 '(안산)밖으로 솟아오른 산이 천겹이 있을지라도 하나의 면궁안[眠弓一案]만 못하다' 고 했다. 또 이르길 ' 대개[多是] 멀고 큰 것을 좋아하고 가깝고 작은 것을 싫어한다. 가까운 안산을 취하면 옳고 먼 조산을 탐하면 틀린다는 것을 누가 아는 가?' 하고 말했다.
 먼 조산이 수려한 데서 귀하게 여긴다. 뢰씨가 이르길 '원봉(遠峯)이 아득히 먼 곳에 푸른 죽순처럼 늘어서 있으면 문장[文]이 한유(韓柳)와 겨룰 만큼 명성이 높다.' 고 하였다. 채문절(蔡文節) 공이 말하길 '하늘 끝이 아득하여[目斷] 푸른색으로 어리면, 형태가 확실하지[親] 못하여 용모가 비슷하게[醜] 보인다.' 고 하였다. 이는 조안(朝案)이 원근(遠近) 고저(高低) 등 마땅히 분별하는 비결은 마땅히 살펴야 하는 것이다.

論案山
凡穴前低小之山，名曰案山。如貴人冊案之義。其山宜低小，或如玉几、如橫琴、如弓眠、如帶橫、如倒笏、如按劍、如席帽、如蛾眉、如三台、如官擔、如天馬、如龜蛇、如旌節、如書台、如金箱、如玉印、如筆架、如書筒等物，而橫遮外陽朝對山之腳者是也。也不必拘其合於形像，但以端正、圓巧、秀媚、光彩、平正、齊整、回抱有情為吉；順水、飛走、或向穴尖射、及臃腫、粗大、破碎、巉岩、醜

43) 目斷(목단) : 시력이 미치지 못함. 보이지 않다. 아득하다. ☞ 凝(응) : 모으다. 머무르다.
44) 親(친) : 정확하다. 확실하다.◦醜(추) : 유사하다. 더럽다. 보기 흉하다.◦擄(거) ; 점거하다.

惡、走竄、反背無情為凶。或是外來之山，或是本身之山，皆宜逆水，謂之泝水案。

제2절 안산

안산을 논하면[論案山]

무릇 혈 앞[穴前]에 낮고 작은[低小] 산의 명칭은 '안산' 라 한다. 귀인이 책상에 앉아 있는 것 같다는 뜻이다. 안산[其山]은 마땅히 낮고 작다. 가령 혹(或) 옥궤(玉几)、횡금(橫琴)、면궁(眠弓[45])、횡대(橫帶)、도홀(倒笏)、안검(按劍)、석모(席帽)、아미(蛾眉)、삼대(三台)、관담(官擔)、천마(天馬)、구사(龜蛇)、정절(旌節)、서대(書台)、금상(金箱)、옥인(玉印)、필가(筆架)、서통(書筒) 등의 사물[物]이 (혈 앞에서 보이면) 외양[外陽;안산(案山) 밖의 산]에서 횡으로 막은 것[橫遮]은 혈을 마주하는 대하는 안산의 다리이다.

또한 안산이 반드시 형상에 어울리는 것에 구애될 필요가 없다. 다만 단정원교(端正圓巧)하고、수미광채(秀媚光彩;빼어나게 아름답고 빛이 나는 것)하며、평탄[平正]하고 단정[齊整;제정]하여 혈을 선회하여 감싸면 유정하여 좋다[回抱有情為吉]. 순수(順水)하고 비주(飛走)하거나、혹(或) 혈을 향하여 첨사하거나[向穴尖射]、흉하게 울퉁불퉁 튀어나온 모양[臃腫:옹종]으로 거칠고 크거나[粗大]、파쇄참암(破碎巉岩)하거나、추악(醜惡;보기 흉하고 못 생김)하고 주찬(走竄)하거나 반배(反背)하여 무정(無情)한 것은 흉하다. 혹 안산이 외산이거나 혹 안산이 본신의 산이거나 모두 마땅히 역수를 해야한다. 역수하는 것을 소류안(泝水案)이라 한다.

《經》云：「吉地應有泝[46]流案，有案且須生本幹。彎環曲抱向穴前，諸山藉此為護捍。」然雖貴其有近案，卻不可太近，而有逼窒之勢，主出人頑冥昏濁，不可訓誘。

《경(經)》에 이르길 '길지는 응하는 소류안(泝流案)이 있고, 안산이 또 반드시 본신의 줄기룡에서 생겨야 하며, 앞에서 혈을 향하여 만환(彎環)하여 굽어 감

45) 眠弓(면궁) : 낮고 둥근 태음금성이 옆으로 길어 혈 쪽을 굽어 감싸는 것.
46) 泝(소) : 거슬러 올라가다[逆水]. ◦畬(여) : 화전 경작하다. ☞ 주(洲) : 모래 톱

싸[曲抱] 모든 산은 이것[안산]을 빌려 막아 호위한다.' 고 했다.
비록 가까운 안산이 있으면 귀하나 오히려 너무 가까우면 꽉 막힌 형세[逼窒之勢]가 되어 옳지 않다. 태어나는 사람이 어리석고[頑冥;완명] 사리에 어두워[昏濁;혼탁] 가르쳐 이끌[訓誘;훈유] 수 없다.

楊公云：「案山逼迫人凶頑。」又不可使之突兀當前，如窒胸塞心之狀、流尸停棺之形，及醜石巉岩可畏之象。且遠近之說，亦不必太拘。惟是穴前第一重低小之山，或平岡、田畬、高洲、小埠，皆是砂案，只要有情耳。

양공이 이르길 '안산이 높아 억압하면[逼迫;핍박] 사람은 흉악하고 어리석은 사람[凶頑;흉완]이 태어난다' 라고 했다. 또 혈 앞에서 제멋대로[使] 우뚝 솟은 것은 적합하지 않다[不可]. 가령 앞을 막아[窒胸] 가운데가 막히는 모양 같고 떠내려가는 시신이 관에 머무는[流尸停棺] 모양과 같으면 보기 흉한 암석이 높이 솟아[醜石巉岩] 두려울 수 있는 모양이다.

또 원근설(遠近之說)도 너무 구애받을 필요가 없다. 다만 이는 혈 앞에서 제일 중요한 것은 낮은 산이다. 혹 언덕[平岡], 경작한 논[田畬;전여]、높은 모래톱[高洲;고주]、작은 언덕[小埠;소부]은 모두 안사(案砂)이며 다만 유정해야 할 뿐이다.

<그림1- 2-1 >　본신 안산

本身案山
본신안산

此本身山生來，橫在穴前，收關元辰之水而為案者，極吉。
이는 본신에서 산이 생겨 뻗어 나와 혈 앞에 횡으로 있으면 흐르는 원진수를 막아 거두어[逆關] 안산이 되는 것은 대단히 좋다.

吳公《快捷方式》云：「本身連臂一山，橫在面前有情，不遠不高不低，不斜走麁惡反背，卻於此外又見外陽秀峰，或尖圓方正[47)]，而此山遮卻外山筋脚，極為吉地。」又須逆水為美。

오공의 《쾌첩방식(快捷方式)》에 이르길 '본신에 이어진 용호 중 한 산이 횡으로 면전에 있으면 유정하고, 불원(不遠), 불고(不高), 불저(不低), 기울어 달아나지[斜走] 않고, 거칠어 추하지[麁惡(추악)] 않고, 반배[反背]하지 않고 이 산 외에 오히려[卻;却;각] 또 외양(外陽;안산 너머)에 빼어난 봉우리가 드러나 있거나 혹 끝이 둥글고 바른[尖圓方正] 이 산[안산]에 바깥 산줄기에 지각[筋脚;근각]이 차란(遮攔)하면 지극히 좋은 자리다.' 고 말했다. 또 반드시 역수를 해야 좋다.

楊公云：「吉地應有泝流案。」其或順水而繞抱過宮者亦吉。或順水而外面卻又[48)]有逆砂以攔截[49)]之，則尤吉。大抵無問逆順，只要彎抱有情，開面向穴者為吉。若直奔、走竄、反面無情及形破碎、尖射、欹斜、臃腫、斷頭、醜惡、崩洪、帶石、巉岩、欺壓、雄逼等形則凶矣。

양공(楊公)이 말하길 '길지는 응하는 소류안(泝流案)이 있다' 고 했다. 그것이 혹 순수하나[順水而] 요포과궁(繞抱過宮)한 것도 좋다. 혹 순수하나[順水而] 외면이 그런데 또 물을 막는 역사(逆砂)가 있으면 더욱 좋다. 대저 순역을 묻지 말고 다만 만포유정(彎抱有情)해야 하고 혈을 향하여 개면하면 좋다.

만약 곧게 달려가 달아나 숨거나[走竄;주찬] 반면(反面;반배)하면 무정하고 형태가 파쇄破碎),첨사(尖射),의사(欹斜),옹종(臃腫),단두(斷頭),추악(醜惡),붕홍(崩洪),대석(帶石),참암(巉岩)하여 가까이에서 억압하고[欺壓;기압] 크게 위협하는[雄逼] 등의 형태는 흉하다.

47) 方正(방정) : 바르다. 방정하다. 단정하다.
48) 却又(각우) : ~하고 나서 그 후에. 그런데 또. ~한 후에. 이것 또
49) 攔截(란재) : (길을) 가로막다. ◦ 直奔(직분) : 곧장 달려가다. 직행하다.

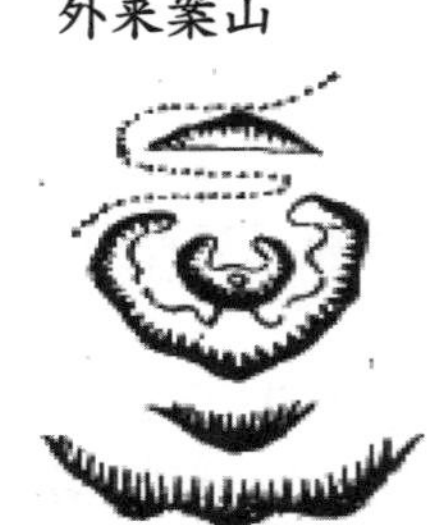

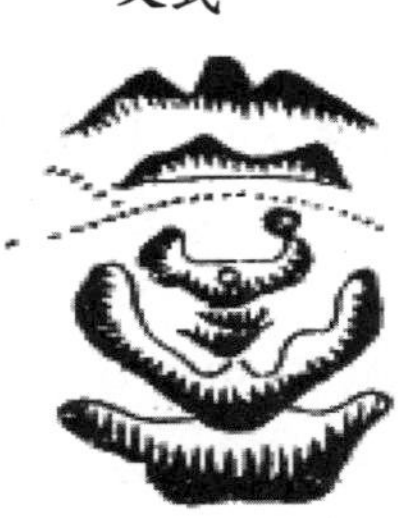

<그림1- 2-2 > 외래안산(外來案山) . 우식(又式) . 외안중수도(外案重秀圖)

此外山為案，低小當前，亦能關收內堂元辰之氣，不使[50]蕩然無關，故亦謂之吉案。其形象不必拘，只要有情，不飛走、醜惡、尖射為美。逆水生來為上，順水遠抱過穴，不斜走亦吉。此山之外又見外陽秀麗之山，獻奇列秀，一重高一重[51]，乃為美也。

여기서 외산은 안산이 되고 저소(低小)하고 앞에서 마주 대하여도 내당의 원진수를 막아 거둘 수 있다. 관란하지 않아 제멋대로 흘러내려 가지[蕩然] 않도록 하므로[不使] 그래도[亦] 좋은 안산[吉案]이라 한다.

그 형상에는 꼭 구애받을 필요 없다. 다만 유정하여 비주(飛走)、추악(醜惡)、첨사(尖射)하지 않으면 좋다. 역수(逆水)하여 흘러오면 가장 좋다[為上]. 순수하여 멀리서 혈을 지나 감싸고 사비(斜走)하지 않으면 역시 좋다. 이 산[안산] 밖으로 또 외양의 수려한 산이 빼어나 많이 있어[獻奇列秀] 거듭하여 높아져 보이면 비로소[及] 좋다[美].

論 朝 山

夫朝山者，朝對之山也。欲其有情於我，如賓之見主，臣之見君，子之奉父，妻之從夫。登穴而望，端然特立[52]，異於衆山，天然朝拱，不待推擇，乃真朝也。

제3절 조산(朝 山)

50) 使(사)~ : ~에게 ~시키다. ~을 ~하게 하다. ◦獻(헌) : 나타내다. 표현하다. 보이다. ◦奇(기) : 뛰어나다.

51) 重一重(중일중) : 거듭하다. 중복하다. ◦高(고) : 높아지다. 쌓임.

52) 特立(특립) : 특립하다. 홀로 우뚝 서다. 뛰어나다. ◦不待(부대) : (~할) 필요가 없다. ~하고 싶지 않다.

무릇 조산(朝山)이란 혈에 마주 대하는 산(朝山)이다. 나[혈]에게 유정할 것 같으면[欲] 빈객이 주인을 만나는 것 같이, 신하는 임금을 만나는 것 같이, 자식은 아버지를 모시는 것 같이, 처는 지아비를 따르는 것 같다.

혈에 올라가 보면 뭇 산 중에서 특히 뛰어나[異於眾山] 단정하게 솟아[端然特立] 자연 그대로[天然] (혈을) 향하여 감싸면[朝拱] 유추(類推)하여 택할 필요가 없이 참된 조산이 된다.

《經》云：「惟有朝山真有情，將相公侯立可斷。」

《경(經)》에 이르길 '다만 조산이 참으로 유정하면 장군·재상·공후를 이룰 수 있다고 단언할 수 있다' 고 했다.

又云：「真龍藏倖(幸)穴難尋，惟有朝山識幸心。」是蓋既有生成之龍穴，必有自然之朝應，所謂「門內有君子，門外君子至」。

또 (의룡경)에 이르길 '진룡이 다행히 혈을 숨기면 혈을 찾기 어렵고, 다만 조산이 있으면 다행히 (조산의) 모습(느낌)[心]으로 (혈을) 식별 할 수 있다' 고 했다. 이는 대개 이미 생성된 용혈이면 반드시 저절로 조산이 응한다. 소위 '대문의 안[門內]에 대문 밖의 군자가 찾아 온다.' 고 했다.

劉氏云：「若有龍穴，而無特秀之朝案，乃是[53]鬼龍虛結，決非真穴。縱有十分融結，亦福力小。」

유씨가 이르길 '용혈이 있어도 특별히 빼어난 조안이 없으면 (혈이 맺이는) 용과 거리가 멀어 허결(虛結)로 결코 진혈이 아니다. 비록 충분히[十分] 융결이 된다고 할지라도 복력이 적다' 고 했다.

《賦》云：「毋友不如[54]己者，當求特異之朝山。」然朝對之山，亦有數格，不可不察。有特朝山，有橫朝山，有偽朝山。以迢遞遠來，兩水夾送，拜[55]伏而至者，

---

53) 乃是(내시) : 즉 ~이다 . 곧 ~이다. ◦ 鬼(귀) ; 멀다. 먼 곳. 거리가 많이 떨어져 있다

54) 毋(무)~: ~지 아니하다. ~지 못하다. 금지 毋~: ~ 하지 말라. ~해서는 아니 된다. ◦不如(불여) : ~만 못하다.~하는 편이 낫다. ◦迢遞(초체): 매우 멀다 ☞ 초(迢) : 멀다. ◦체(遞) : 가다. 교대하다.

55) 拜(배) : 경의(敬意)를 나타내는 접두어 ◦伏(복) : 엎드린다. 내려가다. 낮아지다. 머리를

謂之特朝，此格為上。有此朝山，融結必真。廖氏云:「當面[56]推來名曰朝，不怕遠迢迢。」

설심부[賦]에 이르길 '자기보다 못한 자는 벗하지 말라 하니, 당연히 특별하게 뛰어난[特異] 조산을 구하여야 한다.' 고 했다. 그러나 상대할 조산도 여러 격이 있는데, 특조산이 있는지 ,횡조산이 있는지, 거짓[僞;위] 조산이 있는지를 상세하게 살피지 않을 수 없다. 아주 멀리서 [遞遠] 양수(兩水)가 (조산을) 협송하여 와서 낮아져 도착한 것을 특조산(特朝山)이라 하고, 이 격이 으뜸이다. 이러한 조산이 있으면 융결이 반드시 참된 것이다.

요씨가 이르길 '명당을 마주하여 이동하여 오는 것을 이름하여 조(朝)라 하니, 먼 것을 두려워하지 말라' 고 했다.

楊公云:「當面推來始是真。」又云：「朝山與龍一般[57]遠，共祖同宗來作伴。」又云「客山千里來作朝，朝到面前為近案」是也。橫朝者，橫開帳幕，有情面穴。或兩邊如排衙唱喏之狀。

양공이 이르길 '눈앞에 명당을 마주하여 이동하여 오면[當面推來] 비로소 진짜이다.' 고 하였으며, 또 이르길 '조산(朝山)과 용이 보통 멀면 같은 조종(祖宗)이 뻗어와서 짝을 이룬다.' 고 하였다.

또 이르길 '객산이 천 리나 와서 조산을 만들고, 조산이 면전(面前)에 이르러 근안(近案)이 된다.' 고 한 것이다. 횡조(橫朝)는 횡으로 장막(帳幕)을 열어 혈을 마주하여 유정하거나 혹 양변이 배아창야(排衙唱喏: 관아에 늘어서서 인사함)의 형상[狀]과 같다.

楊公云：「亦有橫列為朝者，若是[58]橫朝似衙喏。前山橫過脚分枝，枝上作朝首先下。首下作峰或尖圓，雙雙來朝列我前。大作排班[59]小衙列，如魚駢[60]頭蠶比

숙이다.

56) 當面(당면) : 눈 앞. 직면하다. cf) 當心(당심) : 한 가운데. ◦堂心(당심) : 명당 가운데.

57) 一般(일반) : 같다. 한 가지. 보통이다. 어슷비슷하다. ◦唱喏(창야) : 인사말을 하며 공손히 읍(揖)을 하다.인사하다. ☞야(喏): 대답하는 소리. 인사말을 하며 인사하다.

58) 若是(약시) : 만약 ~한다면. 이와 같이. 이처럼. ◦首先 (수선): 맨 먼저. 첫째 .남보다 앞서다 . 우선

59) 排班(배반) : (순서에 따라) 배열하다. 학년이나 학급을 나누다. 정하다.

60) 駢(변) : 나란히 하다. 겹치다. 합치다.◦應(응) : 응하다. 조짐. 어떤 사물에 응하여 나타나는 현상.

肩。」

양공이 (의룡경)에서 이르길 ‘ 또한 횡으로 늘어서 조산이 된 것이 양변(兩邊)으로 늘어서 인사하는 것 [排衙唱喏]같이 읍하는 것 같으면 전산(前山)이 횡으로 지나 각(脚)에서 다시 가지를 나누고, 가지 위에 우선[首先] 조산을 만들어 조아린다. 먼저 머리를 숙여 혹 끝이 둥근 봉우리를 만들어 쌍쌍이[둘 이상 봉우리가] 혈 앞을 향하여 와서 펼친다.

고기가 머리를 나란히 하는 것 같고, 누에가 어깨를 나란히 한 것 같이 크고 작은 마을[小衙]을 나누어 만든다.

吳公云：「朝山本自愛特來，橫案為朝亦可裁。首起應峰身拜伏，消詳[61]對面有龍回。」偽朝者，縱有尖峰秀麗，卻大勢直去無情，而無拜伏之山，上非正應之意。

오공이 이르길 ‘조산이 본래 자연스럽게 특래하는 것을 좋아한다. 횡안(橫案)이 조산이 되어도 재혈이 가능하다. 머리를 일으켜 봉우리를 응대하고 본신이 엎드리려 (조산을) 분명하게[消詳] 대면하면 용이 화답한 것[回]이다’ 고 했다. 위조산(偽朝山)은 비록 정상[尖] 봉우리가 수려할지라도 오히려 대세가 무정하게 곧게 가면 배복하는 산이 없고 존중하여[上] 참으로 응대할 뜻이 없다.

楊公云：「朝山亦自有真假，若是真時直來[62]也；若是假時山不來，徒[63]愛尖圓巧如畫；若有真朝水來入懷，不必尖圓如龍馬。但要低昂起伏來，不愛尖傾直去者。直去名曰墜朝山，雖有尖圓也是[64]閒。譬如貴人背面立，與我情意不相關。」又

61) 消詳(소상):아주 상세함.[=昭詳(소상):분명(分明)하고 자세(仔細)함.]。消息(소식) :천지의 시운(時運)이 끊임없이 변화하고 순환하는 일 ☞回(회) : 대답하다. 회답하다.

62) 산이나 물이 直來(직래)하거나 직거(直去)하는 곳을 피하고 산이나 물이 감돌고 가는 곳을 택해야 한다. 직래수(直來水)나 직래룡은 沖殺(충살)이고, 직거수(直去水)나 직거룡은 에너지를 빼앗아 가므로 건강을 해치고 재물도 없앤다. cf)조산이 만약 진짜 조산(朝山)이라면 혈 앞으로 곧장[特來] 뻗어오는 것이다. 만약 이것이 가짜 조산(朝山)이면 혈을 향하여 산이 뻗어오지 않고 다만 그림처럼 뾰족하거나 둥글거나 아름다운 모습뿐이다.

63) 徒(도)~ : ~ 다만 ~뿐. 헛되이. 쓸데없이. 。入懷(입회) : 가까이서 싸안은 모습.。옥(玉) : 소중히 여기다

64) 也是(야시)~ : ~참 너무하다. 너무 심하다. [문장의 중간에 쓰이며, 뒤에 항상 ‘的(·de)’자와 함께 쓰여 약간의 책망·원망의 어기를 나타냄.]. ~이다.

cf) 。是A , 也是 B: A이고, 더 나아가 B이다. 。不是A , 也是B : A가 아니면 반드시 B이다. ☞ 閒(한) : 관계없다. 쓰지않고 내 버려두다.。也就是: ~에 불과하다. 겨우~이다

云：「案山如玉插青天，當面推來始是真。側面成峰身直去，與我無情似有情。時師見此多求穴，下了哪[65]知誤殺人。」是故須察朝山之真情，不可遽以尖圓秀麗之峰巒，便為朝山之吉。然亦有無朝山而向水者。

양공이 (의룡경)에 이르길 '조산은 또 천연적[自然]으로 진짜와 가짜[真假]가 있는데 만약 진짜 조산이면 산은 곧장 (혈을) 향하여[直] 온다. 만약 가짜 조산일 때는 (혈을) 향하여 뻗어오지 않으나 그림같이 뾰족하고 둥글고[尖圓] 예쁜 것을 헛되이 좋아할 뿐이다. 만약 조산(朝山)이 참으로 품 안으로 들어오는 듯[入懷]하면 날개가 달린 용마(龍馬)와 같이 봉우리가 둥글고 끝이 뾰족할 필요가 없다. 다만 낮았다 높이 솟았다가[低昂起] 엎드려 와야 한다.

뾰족하고 기울고 곧게 가는 것을 좋아하지 않고 곧장 흘러가는 것[直去]을 추조산(墜朝山)이라 하며, 비록 첨원(尖圓) 할지라도 쓰지 않고 내버리며[閑] 비유하면 귀인이 나에게 등을 돌리고 서 있어 나와 정이나 뜻[情意]이 서로 통하지 않는다[關] 것과 같다 ' 고 하였다. 또 이르길 ' 안산이 옥같이 푸른 하늘에 솟아나 (혈을) 마주하여 오는 것을 알면 비로소 진(真)이나 측면에서 봉우리를 이루고 몸체가 곧바로 뻗어가면 나와는 무정하나 유정한 것 같다.

시사들은 이것을 보고 대부분 혈을 구한다. 하장 후에 그릇되게 하여 살인(殺人)을 한다는 것을 어찌[哪] 알겠는가? 이러한 이유로 반드시 조산이 (유정한지 여부를) 실정을 세심히 살펴야 한다. 성급하게 봉우리가 첨원 수려한 것으로 곧 조산이 좋다고 해서는 안된다.

그러나 역시 조산이 없으면[有無朝山而] 물을 향으로 한다.

《八段錦》云：「有案不須朝水，水朝無案貴多。」

《팔단금(八段錦)》에 이르길 ' 안산이 있으면 물이 모여있을 필요가 없다. 물이 모여있으면[朝] 안이 없어도 매우 귀하다.' 고 하였다.

朱桃仙云：「有案須端正，無山要水朝。」

주도선이 이르길 ' 안산이 있으면 반드시 단정해야 하고 안산이 없으면 물이 모여야 한다' 고 말했다.

65) 哪(나): 어느. 어찌하여. 어떤. 왜 ☕真情(진정) : 실상. 실정. 진정 ∘ 遽(거) : 갑자기.

吳公云：「有山向山，無山向水。水有眞情，自當[66]大貴。」
 오공이 이르길 ‘산이 있으면 산을 향으로 하고, 산이 없으면 물을 향으로 하라. 물은 참으로 유정하면 당연히 크게 귀하다’ 고 했다.

楊公云：「也有眞龍無朝山，只看諸水聚其間。」至於朝山形象，亦不必拘。大抵欲其端正秀麗，或尖、或圓、或方、或平，皆須光彩嫵媚，忌其破碎、巉岩、崚嶒、醜惡、欹斜、走竄、反背、凸窟、尖射、臃腫、麄雄、崩赤、枯瘦、無情。
 양공이 이르길 ‘진룡이 있어도 조산이 없으면 다만 조산의 공간에 물이 모인 것을 보라’ 고 했다. 조산의 형상에 이르러서는 역시 구애받을 필요가 없다. 대저 조산이 단정 수려해야 하고 첨(尖)、원(圓)、방(方)、평(平)하여 모두가 광채가 나고 예뻐[嫵媚;무미]야 한다.
 파쇄(破碎)、참암(巉岩)、능증(崚嶒; 산이 높고 험하다)、추악(醜惡)、의사(欹斜)、주찬(走竄)、반배(反背)、철굴(凸窟)、첨사(尖射)、옹종(臃腫)、추옹(麄雄)、붕적(崩赤)、고수(枯瘦)한 것은 무정하다.

劉氏謂：「朝案之吉者，秀特在前，屛幛在後，或帳在前，秀特遠拱。尖似卓筆，圓似頓笏，方如几案，橫似誥軸。或五星俱會，三台列拱，懸鍾頓鼓，列陣排班[67]。對面朝拱者為吉，而山岡撩亂，惡石巉岩，山脚尖射，形體破碎，勢如飛奔，順流而去，勢如尸臥，對穴如欹者為凶。世俗乃有拘形象，先以龍穴定作某形，必欲朝案合得其形為應。如金釵形用妝台、粉盒為案，虎形肉堆為案之類，先輩已皆力議其非，不必深泥[68]。予嘗謂山川自開闢以來[69]，形定不能變易，物類大小、長短、方圓、貴賤，隨時不同。故席帽賤於唐而貴於宋，金魚、玉魚佩於前代，而我皇朝不用。其它百物，不可殫擧[70]。要之，皆非定法，何可拘執？智者勿泥。其於朝山所主富貴.
 유씨가 말하길 ‘조안이 좋은 것은 유달리[特] 빼어나 앞에 있고, 병장(屛幛)

66) 自當(자당) : 물론. 당연히. 응당
67) 排班(배반) : 배열하다. 정하다. 학년이나 학급을 나누다. ◦山岡(산강) : 높지 않은 산. 언덕. 구릉 ◦撩亂(요란) : 어지럽다. ◦拘执(구집) : 구애되다. 구속받다. 고집하다.
68) 拘泥(구니) : 구애되다. 융통성이 없다. 구속 받다. 고집스럽다.
69) 以來(이래) : 용언의 관형사형 어미 ‘-는’이나 일부 명사 뒤에 쓰여, ‘그 뒤로’ 또는 ‘어느 일정한 때로부터 지금에 이르기까지’의 뜻을 나타내는 말
70) 殫(탄) : 두루. 다 없앰 ◦ 要之(요지) : 요컨대. 한마디로 말하면

이 뒤에 있거나 혹 병장이 앞에 있으면 특히 빼어나 멀리서 감싸고 뾰족하여 탁필(卓筆)과 같다. 둥글어 돈홀(頓笏)과 같고, 모가나 긴 책상[几案]과 같고, 가로놓여 고축(誥軸)과 같고, 혹 오성이 모두 모여서, 삼태(三台)가 나열하여 감싸거나 매달린 종과 돈고가 나열하여 진을 치는 것[列陣] 같이 배치되어[排班] 혈을 마주하여 향하여 감싸면[拱朝] 좋다.

산의 산기슭[山脚]에 어지럽고 깎아지른 듯한 바위[巉岩] 악석(惡石)이 첨사(尖射)하고 형체가 파쇄되어 세(勢)가 나는 듯이 달려가는 것[飛奔;비분]는 같고, 물이 순류하여 흘러가는 것 같고, 형세[勢]는 시체가 누운 것[尸臥] 같고, 기운 것 같이 혈을 대하는 것은 흉하다.' 고 했다. 세속(世俗)에 형상을 고집하여[拘執] 먼저 용혈을 결정하여 어떤 모양을 나타내면 반드시 조안이 그 물형에 어울려[合得] 응해야 한다.

예를 들면 금채형(金釵形)에는 장대(妝台)나 분합(粉盒)을 안으로 삼는다. 호랑이 형은 육퇴를 안산을 삼는 것과 같은 유(類)이다. 선배들이 이미 그것이 틀린다고 힘써 강의를 하였으니[力議] 심히[深] 구애받을 필요는 없다. 자상(子嘗)에 이르길 '산천이 저절로 개벽한 그 뒤로 형상이 결정되어 쉽게 바꿀 수 없다고 하나 물류의 대소, 장단, 귀천은 시대에 따라 다르므로 석모(席帽)는 당나라[唐]에서는 천(賤)하나 송나라[宋]에서는 귀하게 여겼다.' 고 하였다. 금어(金魚)、옥어(玉魚)는 전대(前代)에서는 찼으나[佩而] 명조[皇朝]에는 사용하지 않았다. 기타(其它; 그 밖) 온갖 물건[百物]은 두루 열거할 수 없다. 한마디로 말하면 모두 정법이 아니다. 어찌 고집하겠는가? 지혜로운 자는 집착하지 말라. 조산이 주관하는 바[主;管掌;일 맡아 주관하다] 부귀(富貴)이다.

《囊金》謂尖圓秀麗者主文章榮達，方正肥滿者主子孫巨富。吳國師謂方而秀者主王侯宰輔，位極人臣，尖而秀者主文章榮顯，圓而肥滿者主巨富小貴。固皆有理。但砂如美女，貴賤從夫，非朝應之山所可必，又當先察龍穴為準也。

낭금록[囊金]에 '첨원하여 수려한 것은 주로 문장으로 높은 지위에 오르고 귀하게 되며[榮達], 방정비만(方正肥滿)한 것은 주로 자손이 거부가 된다' 고 하였다. 오국사는 이르길 '네모지고 반듯하고[方正] 수려한 것은 주로 왕후와 재상[宰輔]이고, 지위(地位)가 최고(最高)의 신하(臣下)가 태어나고, 뾰족하고 수려한 것은 주로 문장으로 영화롭고[榮華] 현달(顯達;지위(地位)와 이름이 함께 높아서 드러남.)하며[榮顯], 둥글고 비만한 것은 주로 거부소귀(巨富小貴)하다.' 고 하였으니, 확실히 모두 이치가 있는 말이다.

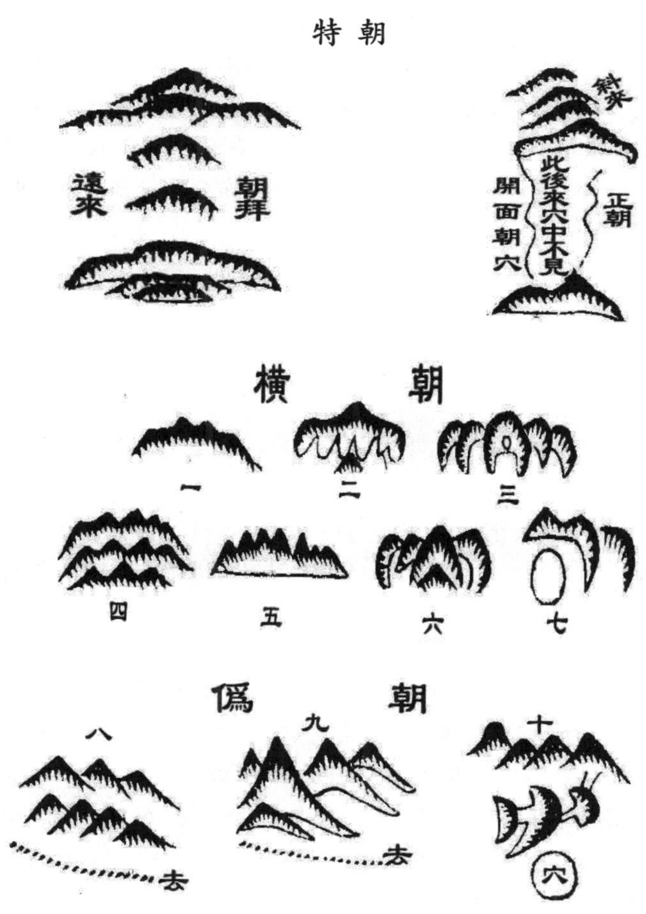

<그림 1- 2-3 > 특조(特朝) ·횡조(橫朝)· 위조(僞朝)

다만 사(砂)가 미녀와 같아 귀천은 지아비를 따른다. 조응하는 사(砂)가 아니라도 반드시 가능하다. 또 마땅히 먼저 용혈을 세심히 관찰하여 기준을 삼는다.

論平原無朝案

或問[71]曰：廖氏云：「第一尤嫌無案山，衣食必艱難。」地固以有案山朝對為吉，但平原曠野，彌望[72]無山者，是無朝案，此地恐不可用矣。答曰：平原之穴，只取平原為案，高一寸為山。或田中草坪，或水界[73]田岸，但微高者皆是朝案。詳而觀之，皆有吉凶，又何必泥於山峰之朝案哉！且山谷中亦有一等貴地無朝山者，卻必有近案低小之山，以關內氣。廖氏之言，特為無案而發者，故地不可無案。觀物祝公曰：「數十里外遠朝山，渺渺茫茫曠野間，近案又無堂氣散，千重青秀也[74]空閒。」梁簹溪曰：「左右周回[75]似有情，來龍落穴亦分明。水長無案明堂曠，下後兒孫家計傾。」其朝山之有無，不甚為輕重也！

제4절 평원무조안(論平原無朝案)

《혹문(或問)》에 요씨(廖氏)가 이르길 ' 첫째로 특히 싫어하는 것은 안산이 없는 것이며 의식(衣食)이 반드시 몹시 힘들고 괴롭다[艱難]' 고 하였으니, (풍수)지리에서 확실히 조산과 안산을 마주하는 것을 좋은 것으로 여긴다. 다만 평평하고 넓은 들판[平原曠野]은 산이 없어 일망무제하여(멀리 바라보여)[彌望;一望無際] 조안이 없다.

이러한 땅은 염려되어 사용할 수 없는 것이 아닌가? 대답하여(答)에 이르길 ' 평원(平原)의 혈은 다만 평원을 취하여 안을 삼는 것이니, 한 치만 높아도 산이 되는 것이다.'고 했다. 혹 풀이 무성한 들판[草坪;초평) 가운데[田中] 이거나 혹 물을 구분하는 것[水界]이 언덕[田岸]이다. 다만 약간 높은 것은 모두 바로 조안이다. 상세하게 보면 모두 길흉이 있다. 또 어찌 하여[何必] 조산과 안산[朝案]의 산봉우리에만 고집하겠는가! 또 산골짜기 가운데도 또한 조산이 없어도 최고의 귀지가 있으니 반드시 저소(低小)한 근안의 산이 있으면 내기를 관란(關攔)한다. 요씨는 말하길 ' 평원에서는 특별한 안산이 생기지 않은 것은

71) 或問(혹문) : 문장 형식의 하나. 가상으로 설정한 어떤 사람의 질문에 대답하는 형식으로 자기의 의견을 말하는 것 ◦田岸(전안) : 논두렁. 밭두렁
72) 彌望(미망) : 멀리 바라보이다. 시야에 가득하다. 일망무제(一望無際)하다.
73) 界(계) : 경계를 정하다. 구분하다. 구획하다.
74) 也(야) : ~하지만. 비록 ~하더라도. 그러나 ☞ 空閑(공한) : 비어 있다. 한가하다.
75) 周回(주회) : 주위. 둘레. 사방 ☞爲(위) : 다스리다. 통치하다.

안산이 없어 땅으로 사용할 수 없는 이유이다.' 고 하였다.

관물축(觀物祝) 공(公)이 이르기 '수 십리 밖에 먼 조산이 여러 겹으로 청수(青秀)하지만 텅비고 아득하게 너른 들을 사이에 두고[間] 비어 있으면[空閑] 근안에 또한 명당의 기가 흩어지고 없다.

양약계(梁箬溪)가 이르길 ' 좌우 주위가 유정한 것 같고 내룡이 낙맥하여 혈이 또한 분명하나 물이 길고 안산이 없으면 명당이 텅비고 넓으면 하장 후에 자손의 가계가 기운다[傾]' 고 하였으니 이는 조산의 유무로 심히 경중을 따질 수 없다.

論不見外陽

或問：地有全不見外陽朝秀者，此地亦有大貴力量否？答曰：亦先審龍。若龍短者，多是山脚漏落，局又窒塞，決無大貴力量。如是[76]大龍結穴，卻多有從山重疊包裹，故不見外陽。只要龍真穴美，外陽何足論哉！世人誤認大地，正坐此弊。蓋地之大小，由[77]龍之力量。若不原龍穴，一概只貪砂水，必為假地所誤。誠以大堂局，山勢羅列，諸峰獻秀，如三千粉黛、八百煙花，起人眼目，昧者眩焉。不知此等山水，多結省郡州縣陽基。廖金精所謂「帝都山水必大聚，中聚為城市，陰穴宜居小聚中。」故陰穴多是收斂完固，四勢周密，而不在於大堂局、遠秀峰之為美也。烏可以局大便為地大，其不見外洋朝秀者，遂謂其無大貴力量乎？

제5절 외양불견(論不見外陽)

《혹문(或問)》에서 ' 안산 밖의[外陽] 빼어난 조산이 전부 보이지 않는 땅이 있으니 이러한 땅에도 대귀한 역량이 있지 않는가?

답(答)에 이르길 ' 역시 먼저 용을 세심하게 살피는 것은 대부분 산기슭이 구멍이 나 산줄기가 떨어져 나가고 국(局)이 또한 막히면[窒塞] 결코[決] 대귀한 역량이 없다. 이와 같이[如是] 대룡의 결혈은 오히려[卻] 따르는 산이 중첩하여 많이 감싸므로 외양(外陽)이 보이지 않는다. 다만 용이 진이고 혈이 좋아

76) 如是(여시) : 이와 같다. ∘ 弊(폐) : 나쁘다. 토질 따위가 나쁨.

77) 由(유) : 마치 ~과[와] 같다. ~때문이다. ~에 말미암다. ~에 기인되다.

야[美] 한다. 외양(外陽)은 어떻게 충분히 논할 것인가?

세상 사람들은 대지를 잘못 알고, 앉아서 이 땅이 나쁘다고 결정한다[正]. 대개 땅의 대소는 용의 역량과 같다. 만약 용혈의 근원이 없으면 다만 모조리[一概] 사수(砂水)만 탐내는 것은 반드시 가짜 땅으로 그릇되게 하는 바가 된다.

진실로 큰 명당의 국은 산세가 빼어난 여러 봉우리를 나열하여 삼천분대(三千粉黛) 팔백연화(八百煙花)와 같이 솟아 사람의 안목을 흐리게 하여 현혹(眩惑; 홀려 사로 잡히다) 된다. 이러한 것들[此等]의 산수는 대부분 성[省] ·군(郡)·주(州)·현(縣) 등의 양기(陽基)를 맺는다는 것을 모른다.

요금정은 이르길 '제도(帝都)의 산수는 반드시 크게 모이고, 산수가 보통 모인 가운데[中聚] 도시의 시장[城市]이 되고, 음택의 혈[陰穴]은 마땅하게 산수가 모인 가운데[小聚中] 있다'고 했다. 그러므로 음혈은 대개[多是] 완전하고 견고하게 수렴(收斂)하여 사세가 주밀한 것이며, 대명당 국[大堂局]에는 멀리 빼어난 아름다운 봉우리가 없는데 어찌[烏] 국이 크다고 하여 곧 대지가 된다고 할 수 있는가? 안산 밖의 물[外洋]이 무성(茂盛)하게 모이는 것[朝秀]이 보이지 않는다[暗拱水]고 하여 또한[遂;수] 대귀의 역량이 없다고 말할 수 있는가?

予所見名墓，如朱文公母地，在建陽寒泉嶺，穴前一山逼近，不見外洋。文公子在、孫鑒，皆官侍郎，曾孫浚，尚理宗公主。至今徽州、建寧兩地，世襲博士。近其子孫於左扦一穴，出一進士，名凌，號龍岡，官湖廣僉憲；右扦一穴，出二鄉科。又蔡西山先生自卜壽藏[78]，乃大龍結穴山谷中。左山當前，盡幛[79]外洋，一切不見。其孫文肅公杭拜相，後嗣蕃衍。及廖公下樂平許學士地，董公下婺源倪御史祖地，又京山李方伯祖地，台州陳會元、王侍郎，杭州胡尚書諸祖地，其格也，圖下。文公母地、許學士祖地，俱見水法卷。倪氏地見穴法卷。

우리 (형제)가 주문공의 어머니 묘지와 같은 명묘(名墓)를 본 바로 건양의 한천령(寒泉嶺)에 있다. 혈 앞에는 하나의 산이 가까워 핍박하여[逼近] 외양(外洋)을 볼 수 없다. 문공의 아들 재(在)와 손감(孫鑒)은 모두 시랑의 벼슬[官]을 했고, 증손 준(浚)은 이종 공주와 결혼하여[尚] 지금까지 휘주(徽州)와 건영(建寧) 두 땅에서는 박사를 세습하였으며, 그 자손이 좌측에 가까이 한 혈

78) 壽藏(수장) : 살아 있을 때 미리 만들어 놓은 무덤 ☞ 乃(내) : 그리하여
79) 幛(장) : 가리다, 가리어 덮다. ◦ 外洋(외양) : 육지(陸地)에서 멀리 떨어진 넓은 바다.

을 천혈하고 진사 한 사람이 나왔으니, 이름은 능(凌)이고 호는 용강(龍岡) 벼슬은 호광첨언(湖廣僉憲)이다. 우측에 한 혈을 천장했는데, 두 사람의 향과(鄕科; 과장급)의 과거 시험에 합격하였다.

또 채서산 선생은 스스로 점을 쳐서 수장(壽藏)을 만들었고, 대룡은 산 계곡 가운데 결혈하였는데, 좌산은 앞에서 모두 가려[幛] 외양(外洋;안산 밖의 물)이 전혀 보이지 않으나 그의 손은 문숙공(文肅公)은 항저우[杭]에서 재상(宰相)에 임명되었다. 후사(後嗣)가 번영하였다[蕃衍;번연]. 아울러 요공(廖公)이 하장한 낙평(樂平)의 허학사(許學士)의 조지(祖地)와 동공(董公)이 하장한 무원(婺源)의 예어사(倪御史) 조상의 땅[祖地]과 또 경산의 이방백(李方伯)의 조지(祖地)와 태주(台州)의 진회원(陳會元), 왕시랑(王侍郎), 항주(杭州)의 호상서(胡尚書) 등 모든 조지(祖地)는 아래의 그림에서 그(외양이 보이지 않는) 격이다. 문공의 어머니 묘지와 허학사의 조지는 모두 수법의 책[卷]에 보인다. 예씨의 조지는 혈법의 책에 보인다.

右地在建陽，地名翠嵐山。其龍起自西山，開幛出身，奔[80]行雄偉，重重渡峽，至翁田複大斷，自青苗中過脈而起，又開幛成卷簾殿試之格，複列三台，正脈中落，逶迤細嫩[81]，勢若生蛇。兩畔重疊抱衛，入首太陰金星結穴，穴挂左角。右畔拖曜。只是穴低，而逆關一臂太近且高，當前為案，無開暢明堂，不見外陽。外重下山又短縮，內水斜流，似傾瀉。以俗眼論，龍虎、明堂、朝對，若無一可取，反似窮源僻塢。不知大龍奔行數十里，於此融結。而溪水環繞，攔截包轉，龍將焉往？穴結擁從之中，極其周密，所謂藏風聚氣者也。雖不見外洋，不害其貴也。噫！非西山先生之明見，孰能識此？

위의 묘지[右地]는 건양에 있고 지명은 취풍산(翠嵐山)이다. 그 용은 서산에서 솟아 개장 출신하여[開幛出身] 매우 크고 웅장하며[雄偉;웅위] (동분서주[82] 하면서) 달려가[奔行] 여러 개 과협을 지나 옹전(翁田)에 이르러 다시 크게 질단(跌斷;과협)하여 청묘(青苗)의 가운데를 지나서 맥이 솟아 또 개장(開帳)하

80) 분(奔) : 달리다. 급(急)히 가다. 빠르다. 향해 가다. 급(急)히 향해 가다.
81) 세눈(細嫩) : 살결이 곱다. ◦지시(只是) : 다만. 그러나. 오직. 그런데
82) 동분서주(東奔西走) : 동쪽으로 뛰고 서쪽으로 뛴다는 뜻으로, 여기저기 사방으로 분주하게 돌아다님을 이르는 말. ◦도(度) : 가다, 떠나다, 통과(通過)하다. 건너다.
☞ 渡(도) : 물을 건너다. 지나가다.

여 권렴전시의 격(卷簾殿試之格)을 만들었다. 다시 삼태(三台)를 늘어놓고[列] 정맥의 중간에 낙맥(落脈)하여 위이하여[逶迤] (박환이 되어) 토질이 부드러워 세(勢)가 양측에 중첩으로 포옹하여[抱衛] 생사(生蛇)와 같다.

입수하여 태음금성(太陰金星)에 결혈하여 혈이 좌측 한 모퉁이[角]에 걸려있다. 우측에는 요를 늘어뜨리고[拖曜] 단지 혈이 머무르나[低而] 역관(逆關)하는 일비(一臂)가 아주 가깝고 또 높이 마주하는 안산이 되었으므로 명당이 넓지[開暢] 않아 외양(外陽)이 보이지 않는다.

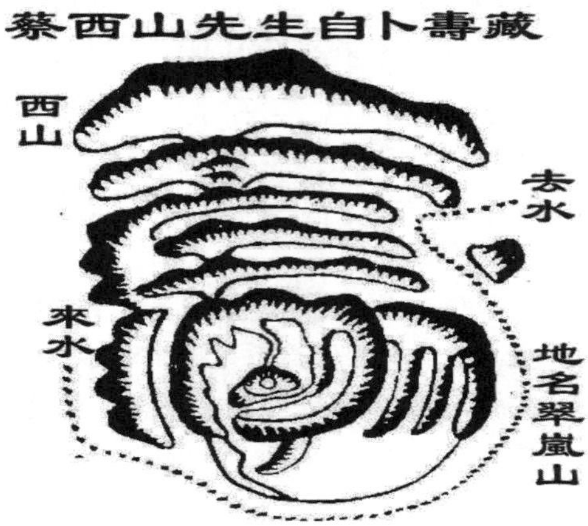

<그림1-2-4> 채서산 선생 자복수장(自卜壽藏)

밖에는 아래 산이 또 짧아 내수는 비스듬하게 흘러 경사져 쏟아지는 것 같아 속안으로 용호(龍虎)、명당(明堂)、조대(朝對)를 논하면 하나도 취할 수 없다. 산간벽지[窮源僻塢;궁원벽오] 같으나 오히려 대룡이 수십리 달려가[奔行] 이곳에 융결하고 계수(溪水)가 환포하여 가로막아[攔截;난절] 감싸돌아[包轉] 용이 곧 머무는 것을 어찌 알지 못하는가? 혈은 대룡이 옹종(擁從)하는 가운데[中] 결혈하였다. 지극히 주밀함으로 이른바[所謂] 장풍이 되어 기가 모인 것이다. 비록 외양이 보이지 않아 피해가 없어 귀하다. 오호라! 서산 선생의 명견(明見;훌륭한 견해)이 아니고서는 누가 이것을 알 수 있겠는가?

左地在京山早市，地名班提馬口。其龍來歷甚遠，不詳述。姑自少祖大月山言之，連起星峰落平岡，重重開帳度峽，逶迤奔行數十里。比[83]入局，開大帳，帳中抽出嫩條。又連穿田束氣，入首，結平中之突，突面安穴。前吐氈唇，左右重重包裹。下關一山，逆水攔過穴前，開正面向穴，成一字文星貴格。內局緊固，外洋寬暢，大溪環繞，湖水暗朝，得水藏風，真吉地也。系九淵公自卜。葬後，其孫五華公淑登進士，官至方伯，封君南台。公壽考八十五。孫翼軒公維楨、會軒維極、介軒維樸、德軒維標、用軒維楫諸公，父子兄弟連登科甲，入翰苑，司文衡，富貴方全。

좌측의 땅은 경산 조시(早市)에 있고, 지명은 반제마구(班提馬口)이다. 그 용의 내력은 너무 멀어 상세하게 기술할 수 없다. 잠시[姑:고] 소조산 대월산에서부터 지리를 말하면 연속으로 솟아나 성봉(星峰)이 평강(岡岡 : 산등성이가 평탄한 곳)으로 낙맥하여 거듭[重重] 개장하고 협을 지나서 위이(逶迤)하여 수십리를 달려가[奔行] 국 안으로 들어갈 때 이르러[比入] 크게 개장하였다.

장막 가운데 예쁜 맥[條]을 빼내어[抽出] 또 이어서 밭을 지나[穿田] 속기(束氣) 입수(入首)하여 평중(平中)에 돌기(突起)하여 혈을 맺어 돌면(突面)에 안장(安葬)하였다. 혈 앞에 전순이 드러나고[吐], 좌우에 거듭 감싸 안았으며 하관하는 하나의 산이 혈 앞을 지나 물을 거슬러 막았으며[逆攔:역란], 혈을 향하여 정면으로 늘어놓아[開] 일자문성(一字文星)의 귀격을 이루었다.

내국을 확실하게 감싸고 외양은 관창(寬暢)하며 대계(大溪)는 환요(環繞)하고, 호수(湖水)는 암조하여[暗朝] 장풍득수(得水藏風)을 하니 참으로 길지(吉地)이다. 이곳은 손(孫) 구연공(九淵公) 스스로 땅을 선택하여[自卜] 장사한 후에[葬後] 그의 자손 오화공 숙(五華公淑)이 진사(進士)에 올랐고, 벼슬[官]은 방백(方伯)으로 봉군(封君)에 이르렀다. 남대공(南台公)은 85세까지 오래 살았다[壽考]. 손(孫) 익헌공(翼軒公) 유정(維楨)、회헌공(會軒) 유극(維極)、개헌공(介軒) 유주(維柱)、덕헌공(德軒) 유표(維標)、용헌공(用軒) 유즙(維楫) 등 여러 공들[諸公]은 부자형제(父子兄弟) 연등과갑(連登科甲)하였고 조정에서 한문(翰苑)과 사문형(司文衡)의 벼슬을 하였고[入] 부귀가 비로소 온전하였다.

83) 비(比) : 가깝다. 인접하다. ~때에 이르다[比及].

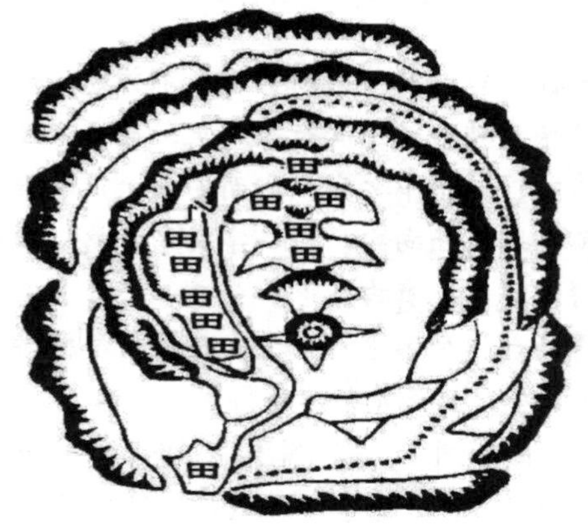

<그림 1-2-5 > 경산 이방백 조지(京山李伯祖地)

左地在台州府城北，土名後嶺。其龍與府龍共祖，自括蒼、天姥，歷仙居、天台三四百里，不及[84]詳述。將近城十里之間，分脈右落，寔乃府龍之送從龍也。起高大山峰，疊疊如帳。帳中抽出一脈，逶迤奇巧，走馬串珠咸備。又自本龍右帳隨生一枝，一般高大。而此龍借左邊府龍之山為用，卻又[85]是包在中間，頓跌牽連，伏[86]落低平，直出數百丈。而結穴橫於腰，乃以府龍過峽之星為文星正案，清奇特異。本身右手不轉，而府龍開帳之背，卻自纏過右手之後有情，逆大江而作門户。府前望海諸峰，疊在水口，皆為得力。但穴前無餘氣，又在低平之中，四山高聳，面前迫窄，亦無文筆，不見外洋。本身下手直去，不入俗眼，呼作飛劍出匣形。葬鋪靜陳公，人丁大旺，出進士、會元、會魁、鄉薦，衣冠數十人，理學一人，即恭愍公。迨今[87]富貴未艾，鄉傳系遇鬔頭仙下。

위의 땅은 태주부(台州府)의 성북(城北)에 있고 땅의 이름은 후령(後嶺)이다. 그 용과 부의 용[府龍]은 같은 조산인데 괄창(括蒼)에서 천모(天姥), 역선거(歷仙居)、천태(天台)까지 300~400리로 상세히 기술할 수 없다[不及]. 장차[將] 성(城) 근처 십리지간(十里之間)에서 분맥하여 우측에 낙맥하였으나 이것은[寔; 시] 곧 부룡(府龍)의 송종룡(送從龍)이다.

84) 不及(불급) : 미치지 못하다. 여유가 없어서 되지 않다.~보다 ~하지 않다. (시간적으로) ~할 수 없다. ◦一般(일반) : 같다. 한 가지. 보통이다. 어슷비슷하다.
85) 却又(각우) : ~ 하고 나서 그 후에. 그런데 또 . ~한 후에. 이것 또.
86) 伏(복) ; 엎드리다, 머리를 숙이다. 숨다, 감추다,내려가다, 낮아지다.
87) 迨今(치금) : 오늘까지. 지금까지 ☞ 艾(애) : 다하다. 끊어지다.

높은 산봉우리가 솟아 첩첩이 개장을 한 것 같고, 장중(帳中)에서 나온[出] 한 맥[一脈]이 위이(逶迤)함이 정교하여[奇巧] 말을 타고 달리면서 한 줄에 구슬을 꿴 것[走馬串珠]같이 모두 갖추어 졌고[咸備], 또 본룡의 우측에서 개장한 데를 따라 새로운 한 가지가 비슷하게[一般] 높아 이 용[龍]은 좌변의 부용산(府龍之山)을 빌려서 사용하였다.

그런데 또[卻又] 부용산이 감싼 중간에 있고[是包在中間] 변화가 있고 힘있게[頓跌] 계속 이어져[牽連] 낮고 평탄하게[低平] 낮아져 떨어져[伏落] 곧게 수백장(數百丈)을 뻗어나가 기슭[腰;허리]에 횡으로 결혈하여[結穴橫於腰] 바로 부룡의 과협의 성신을 정안으로 삼은 문성이 유달리 아름다워[清奇] 특이(特異)하다. 본신의 우수(右手)를 감싸지 못했으나[不轉而] 부룡[府龍]이 개장(開帳)하면서 그 뒤에서 오히려 본신의 우수 뒤에서 자연스럽게 감싸며 지나[纏過] 유정하다. 대강이 거슬러서 문호를 만들었는데, 부(府)의 앞에 바라보이는 바다에 제봉(諸峰)이 첩첩이 수구(水口)에 있으니 모두 확실한[確固] 힘을 얻는다[得力]. 다만 혈전에는 여기가 없다.

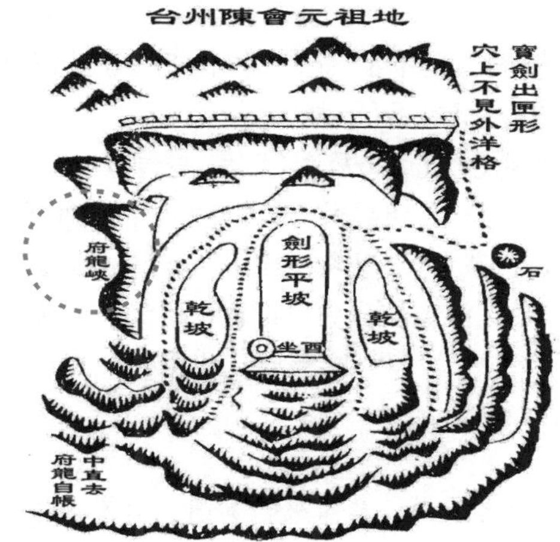

<그림1-2-6 > 태주진회원조지(台州陳會祖地)

또 저평한 가운데 여기(餘氣)가 있다. 사방에 높이 솟아 면전에서 핍착(迫窄)하고 또한 문필봉이 없고 외양(外洋)이 보이지 않는다. 본신의 하수(下手)가 직거하여[直去] 속안(俗眼) (마음에) 들지 않아 비검출갑형(飛劍出匣形)이라 부른

다. 포정진공(鋪靜陳公)을 하고 장후에 인정(人丁)이 태왕(太旺)하여 진사(進士)、회원(會元)、회괴(會魁)、향천(鄕薦) 의관(衣冠) 등 수십인(數十人) 태어났다. 이학 1인은 즉 공민공(恭愍公)선생이다. 지금까지도[迨今] 부귀(富貴)가 아직 끝나지 않고 있으니[未艾] '고향에 봉두선[蓬頭仙]이 때를 만나 등용된다[下]' 고 전해진다.

左地在杭州府治東北二十五里，土名皐亭山。其龍自平田頓起高大峰巒開帳，帳中開脈分枝[88)]，迢遞數里，自相從[89)]聚環抱。雙龍雙虎，中垂一乳，水木之星落[90)]穴，倚過右邊。干龍入首，作戌山辰向，形如風吹羅帶。內氣藏聚，明堂內外交鎖，不見外洋。葬後出端愍公世寧，登進士，官至太子太保、兵部尚書，贈少保。子曰純，官太守。

좌측의 땅은 항주부(杭州府)가 다스리는[治] 동북 25리에 있고, 땅의 이름은 고정산(皐亭山)이다. 그 용은 평전에서 높은 봉우리가 솟아[頓起] 개장하였고, 장막 속[帳中]에 맥이 출발하여[開] 멀리[迢遞;초체] 수백 리를 분지(分枝)하여 저절로 서로[自相] 따르고 모여서[從聚] 용호가 쌍쌍이[雙龍雙虎] 환포한 가운데[中] 하나의 유(乳)를 드리운 수목(水木)의 성신(星辰)이 우변에 이르러 기대고[倚過右邊] 혈을 남긴다[落穴].
간룡입수(干龍入首)에 술좌진향[戌山辰向]으로 만들었다. 물형[形]으로 풍취라대(風吹羅帶)(?)과 같다. 명당의 내외가 교쇄하여 외양(外洋)이 보이지 않아 내기(內氣)를 가두어 모았다[藏聚]. 장후(葬後) 단민공(端愍公) 세녕(世寧)이 태어나 진사進士)에 급제하여 벼슬[官]은 태자태보(太子太保)와 병부상서(兵部尚書)에 이르렀고, 소보(少保)를 증직(贈職)을 받았다. 아들은 순(純)이고 벼슬[官]은 태수(太守)를 하였다.

左地在台州治東二十里，地名上田。其龍來脈甚遠，自高山撒落平田，五六里不見蹤跡。將結穴，忽於田中頓起墩埠，相牽相連，三四轉疊[91)]，乃成金星融會[92)]，前

88) 中(중) : 가운데. 속. ☞ 分枝(분지) : 원줄기에서 갈라져 나온 가지. (산맥의) 지맥.
89) 自相(자상) : 자기들 사이에 서로. 자체 내에 서로. 자기편끼리 서로. ☞ 相從(상종) : 무리끼리 따르고
90) 落(락) : 남기다.멈추다. 머무르다. ☕ 撒落(살락) : 어지러이 떨어지다. 흩어져 떨어지다.
91) 疊(첩) : 거듭. 겹쳐지다. 포개다. 연속(連續)하다. 잇닿다.(서로 이어져 맞닿다.)

後左右登對，大小遠近均停。四面太陰文星相聚，術家謂之四金相照，貴格。敬所王公父子四文魁，乃其應也。原取螃蟹吐沫形。夫形固不可執，亦有偶合奇驗者。是地穴前有流泉，敬翁孝誠鋪石甃砌[93]之。工未完而泉已濁涸，遂傷少丁及陰人數名。或謂蟹不得[94]吐沫之故。仍去諸石，不兩月，泉複流，清如舊。此見形之肖者，亦有若是[95]之不爽雲。

<그림 1-2-8 > 풍취라대(風吹羅帶)

<그림 1-2-7 > 항주호상서조지 (杭州胡尚書祖地)

<그림1-2-9 > 번화(旛花)

좌측은 태주(台州)가 다스리는[治] 동(東)으로 2십 리(二十里)에 있고, 지명은 상전(上田)이다. 그 용은 뻗어온 맥이 너무 멀고 (용맥이) 고산에서 평전에 떨어져[撒落平田] 50~60리를 뻗어갔으나 종적(蹤跡)이 드러나지 않았다가 결혈 할 즈음에 홀연히[忽] 밭 가운데[田中] 돈부(墩埠)가 불쑥 솟아 서로 이어져[相牽相連] 3~4차례 거듭 방향을 틀어[三四轉疊] (기운이) 모여[融會] 금성을 이루어 맺었다. 전후좌우 마주 대하고[登對] 대소원근(大小遠近)이 균형을 이루어 머무르니[均停] 사면(四面)에 태음문성(太陰文星)이 모인 것으로 보아

92) 融會(융회) : 융합하다. 융합되다. ◦相(상) : (사물의 외관을) 평가하다. 어림잡다. 관찰하다. 보다. 판단하다.

93) 甃(범) : (우물 쌓는) 벽돌. 우물 (우물을) 수리(修理) 하다. ◦ 砌(체) : 섬돌(집채의 앞뒤에 오르내릴 수 있게 놓은 돌층계). 겹쳐 쌓다. ◦遂(수) : 이루다. ◦螃蟹(방해) : 게

94) 不得(부득) : (~ 해서는) 안 된다. 할 수가 없다. ◦仍(잉) : (그대로) 따르다. 빈번하다. 아직도. 누차

95) 若是(약시) : 만약 ~한다면. 이와 같이. 이처럼 ☕ 상爽(상) : 분명하다.
◦雲(운) : 구름. 습기. 많음의 비유

[相聚] 술가(術家)들은 '사금(四金)이 상조(相照)하는 귀격(貴格)이다' 라고 했다. 왕공부자(王公父子)의 4인이 문과장원[文魁]으로 응험이 나타났다[其應也].' 고 지식하게[原] 방해토말형(螃蟹吐沫形)이라 불렀으나[取], 대저 형국을 확고히 고집할 필요가 없다. 또한 우연히 부합하여 신기한 효험[奇驗]이 있는 것은 혈전에 유천(流泉)이 있다.

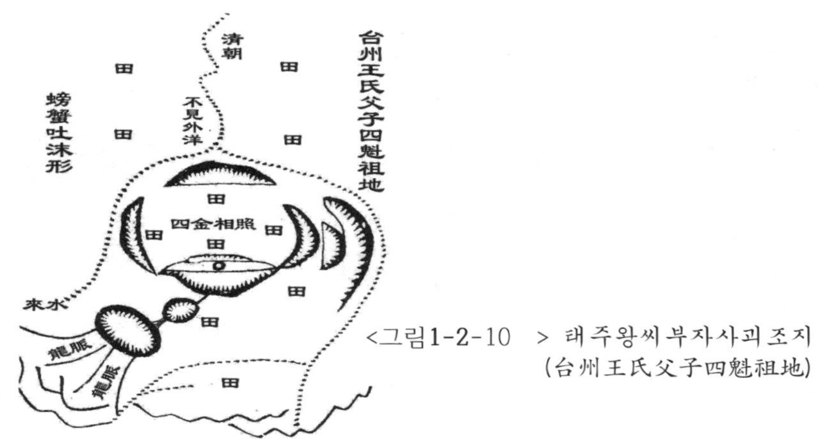

<그림1-2-10 > 태주왕씨부자사괴조지
(台州王氏父子四魁祖地)

경옹(敬翁)이 효가 진실하여 돌벽돌[石甃;석범]을 쌓아[砌;체) 포장하는데 공사[工] 완료되지 않아서 샘물이 혼탁하고 말랐다[泉已濁涸]. 젊은 장정[少丁]과 여자[陰人] 여러 명[數名]이 다쳤다. 혹 말하길 게[蟹]가 거품을 낼 수[吐沫] 없기 때문에 여러 번 돌을 제거하니 2달이 안되어 샘물이 다시 맑은 물이 흘러 옛날과 같았다. 이와 같이[此] 형국의 모양이 닮아도[肖;초] 이처럼 대부분 형국의 비유가 분명하지 않다.

左地在莆田縣西南二十里官路上。其龍與府96)龍分結，自三紫山分脈，磅礴綿亙，頓伏雄俊。比97)入首，開大帳，帳中抽出正脈，垂頭結穴。左右彎抱，重重包裹。當面右臂橫攔，以作近案，關聚內氣。外洋暗拱，溪水環繞，系尚書

96) 與(여) : 따르다. 좇음. ◦府(부) : 모으다. (고개를 숙이다. 구부리다.
97) 雄(웅) : 선명하다. 우수하다. 뛰어남 ☞ 比(비) : 따르다. 선례를 좇음. 갖추다. 이르다 (어떤 정도나 범위에 미치다).미치다(영향이나 작용 따위가 대상에 가하여 지다. ◦系(계) : 계통. ~이다.

簡肅[98]公良永敕葬之地。以俗觀之，右山順水，內堂逼狹[99]，不見外洋。下手寬遠，造亭以補之，亦作法之善也。不知龍氣旺處，局多緊固。外洋不見何害焉？方氏葬後，科甲聯登，人才疊出，富貴壽考。贍厓公攸績官山東左方伯，福祉綿延未艾。

<그림1-2-11 >
포전방간숙공지

좌지는 포전현(莆田縣) 서남(西南) 20리 관로(官路)가 위[上]에 있는 그 용은 부[府]의 용맥에서 분맥[分脈]하여 혈을 맺었다. 삼자산(三紫山)에서 분맥하여 크고 단단한 모양으로 뒤섞여[磅礴;방박] 산맥이 연달아 퍼져[綿亙;면긍] 엎드려 조아리다가[頓伏] 아주[俊] 선명하게[雄] 입수에 이른다[比入首]. 크게 개장하고 개장한 가운데 정맥이 생겨서 나와[抽出] 수두(垂頭)하여 혈을 맺었다. 좌우가 거듭 감싸[重重包裹] 굽어 안았고[彎抱] 당면(當面)하여 우비(右臂)가 횡으로 막아[橫攔] 근안을 만들어 내기를 가두었다[關聚]. 외양(外洋)은 암공(暗拱)하고 계수(溪水)가 환요(環繞) 하였다.

상서(尚書) 간숙공(簡肅公)과 양영(良永)을 이어[系], 임금의 명령[勅令;칙령]으로 매장한 장지[勅葬之地]이다. 속안으로 보아서는 우산(右山)은 순수(順水)하고 내당(內堂)이 좁아[逼狹(핍협);逼迫(핍박)] 외양(外洋)이 보이지

98) 尙書(상서) : 상서. 고대(古代)의 관직명. ◦簡肅(간숙) : 인명 · 자 · 호 · 활동분야

99) 逼狹(편협) : 좁다. ◦壅塞(옹색) : 막히다, 통하지 안하다. ◦逼迫(핍박; 壓迫; 형세가 좁다) cƒ) 산이 막아[壅塞] 형세가 좁아 압박[逼迫]하고~

않고 하수(下手)가 멀고 넓은[寬遠] 이러한 곳에 정자를 지어[造亭] 비보(裨補)를 하여도 좋게 만드는 법이다.

국세(局勢)도 대부분 확실히 긴밀하여 용의 기가 왕성한 곳인지를 알 수 없다. 외양(外洋)이 보이지 않는다고 어찌 해로운가? 방씨(方氏)가 장후(葬後)에 과거에 잇달아 합격하고[聯登] 인재(人才)가 거듭 나왔으며[疊出] 부귀(富貴)하고 오래 살았다[壽考]. 첨애공 유적(瞻厓公 攸績) 벼슬[官]은 산동(山東)의 좌방백(左方伯)을 하였고, 행복을 누릴 수 있는 상태[福祉]가 끝나지 않고 면연하였다[綿延未艾].

右地在臨海縣東北十里，土名雙橋。其龍自府龍分出，頓起衝天木星，一連四座[100)]，奇秀非常。兩邊護從，重重疊疊，逞奇列秀，數十里外大纏大繞。本身一脈清俊，入首星辰尊貴，成太陽金星，開窩正淨，融結精巧。當穴前吐一唇，鋪下平田數十丈，仍突起圓山如蛾眉，以作正應。穴前八字水交於左邊，繞從右去。而右砂隱隱，逆抱過前。倒流百步，轉卯。出口處有龜蛇捍門，屈曲流入丁方。丁上文筆插天，穴中不見。出鄧公，登庚戌進士，官都諫，升光祿卿，人丁大旺，田連阡陌，一門鼎盛。

우지는 임해현(臨海縣) 동북(東北) 10리에 있으며 토명은 쌍교(雙橋)이다. 그 용이 자연스럽게 수두하고 부의 용[府龍]이 분맥하여[分脈] 뻗어나가 충천목성(衝天木星)의 봉우리가 솟아[頓起] 하나로 이어져[一連] 주위에 자리[四座]가 기이하게 아름다워[奇秀] 평범하지 않다[非常]. 양변에 중첩으로 호종(護從)하여 극히 기이하게[逞奇;령기] 빼어나 줄지어[列秀] 수십 리 밖에부터 크게 감싸[大纏大繞] 본신의 한 맥이 밝게 빼어나[清俊;清秀] 입수하는 성신[入首星辰]이 존귀(尊貴)하다. 태음금성(太陽金星)에 와(窩)를 열어[開] 바르고 깨끗하고[正淨] 정교하게 결혈하였다.

혈 앞에 하나의 순(唇)을 적당하게 드러내어[吐] 평전에 수십 장을 내려와 펼쳐[鋪] 따르고[仍;잉] 아미와 같은 둥근 산이 솟아[突起圓山] 정안을 만들어 바로 응한다[以作正應]. 또 혈전(穴前)에 팔자 수(八字水)가 좌측에서 만나[交於左邊] 우변을 따라 감싸 흘러가서[繞從右去而] 우사(右砂)가 은은하게

100) 四座(사좌) : 주위에 앉은 사람。逞(령) : 다하다. 극진히 함. 강하다. 용감함.
。倒流(도류) ; 역류하다.

(隱隱) 역으로 감싸 혈 앞을 지나[逆抱過前] 백보로 흘러가다가 묘(卯)로 전란[轉欄]하여 역류하여 출구처에 구(龜)와 사(蛇)가 한문(捍門)이 되고, 굴곡(屈曲)하여 흘러 정방(丁方)으로 유입하고 정산(頂上)에 문필(文筆)이 하늘 높이 솟아[插天] 혈 가운데서 볼 수 없다. (장후에) 등공이 나와[出鄧公] 경술년(庚戌)에 진사(進士)에 올라 벼슬[官]은 도간(都諫)을 거쳐 승광록경(升光祿卿)에 이르러 인정(人丁)이 대왕(大旺)하고, 전지(田地)가 천백 두렁[田連阡陌]이고 일문(一門) 한창 흥성하였다[鼎盛].

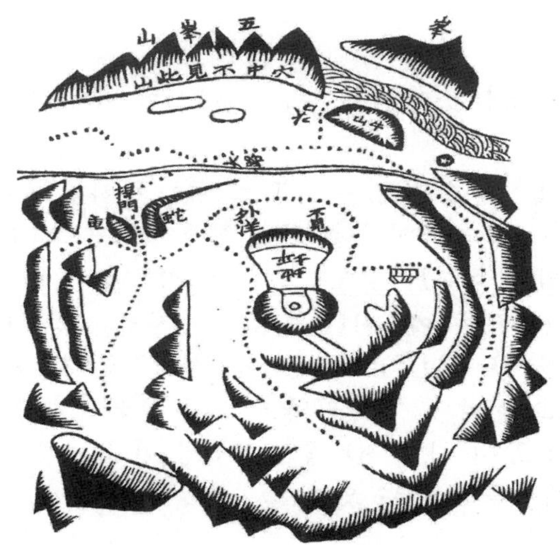

<그림1-2-12 > 임해등소경조지
(臨海鄧少卿祖地)

論朝山暗拱

或問地理書謂「明朝不如[101]暗拱」，此說何如？答曰：真龍結作，其力量大者，雖[102]數百里之外，猶為用神[103]。如朱子論冀都地，謂江南五嶺諸山乃是[104]第四五

101) 不如(불여) : ~만 못하다. ~하는 편이 낫다. ◦何如(하여) : 어떠냐. 어떤. 어찌~만 하겠는가. 어떠한가

102) 雖(수) : 설사 ~이더라도◦猶(유) :오히려. 마치~과 같다. 아직.~조차도 ◦爲(위) : 간주하다.되다.삼다.

103) 猶(유) : 마치~과 같다. 같다. 마찬가지임. ☕용신(用神)이란 무엇일까? 조산으로 등용(登庸)하여 부리고 사용하는 것이다. ◦乃是(내시) : 즉 ~이다. 곧 ~이다.

104) 第(제) : 차례(次例), 순서(順序). 과거(科擧) ◦重(중) : 거듭하다. 겹치다. 많다.

重案。其間相去數千里，安得而見105)？只是論地先要識大勢，然後可以語此。若106)小龍小穴，亦欲指遠外山水以為朝拱，則非也。蓋必有百里來龍，方有百里局勢；千里來龍，方有千里照應。各隨龍穴力量何如。嘗見今人論地，不察龍穴力量，一概貪遠秀，慕大局，凡案外水口各處，有奇107)峰秀水，則指為暗拱。及見有凶山惡水，則又謂穴間不見無害。噫！何其謬耶！既吉者為暗拱，其凶者豈非暗殺乎？此不識根本，徒論枝葉者耳。苟龍穴真貴，則其凶惡形狀雖列於前而見之且不足畏；龍穴不真，雖奇峰插天，秀水特朝，亦為無益。況其不見者？

제6절 조산암공(論朝山暗拱) : 명조(明朝)/암공(暗拱)의 차이

혹 지리서에 묻기를 '명조(明朝)는 암공(暗拱)만 못하다.' 고 하였다. 이 말은 어떠한가? 답하길[答曰] '진룡(真龍)이 혈을 맺으면 그(조산의) 역량이 큰 것은 비록 수 백리 밖에(있더라도) 용신(用神)으로 삼는 것과 같다.' 고 하였다. 가령 주자(朱子)가 기도지(冀都地)를 논하길 ' 강남(江南) 오령(五嶺)의 제산(諸山)이 곧 차례로[第] 4~5중 거듭하여 겹쳐져[重疊] 안산이 되었다.' 고 하였는데 그 사이에 수 천리(數千里)를 흘러간[相去] (물을) 어찌 알 수 있는가 ?[安得而見？] 다만 지리를 논하려면 먼저 대세(大勢)를 알아야 그런 연후[然後]에 이것을 말할 수 있다.

소룡(小龍)에 소혈(小穴)을 선택하여[若]도 멀리 밖에 산수를 가리켜 조공(朝拱)을 삼고자 하는 것은 잘못된 것이다.' 고 하였으니 대개 반드시 백리래룡(百里來龍)이 있으면 비로소[方] 백리국세(百里局勢)가 있고 천리래룡(千里來龍)이 있으면 비로소[方] 천리를 조응(照應)한다.

각각 용혈을 따르는 역량은 어떠한가? 일찍이[嘗] 오늘날 지리를 논하는 것을 보면 용혈의 역량을 상세하게 살피지 않고, 대개[一概] 멀리 빼어난 산수를 탐하여[貪遠秀] 큰 국을 따른다[慕大局]. 보통[凡] 안산 밖[案外] 수구(水口)의 각처(各處)에 기이한 봉우리와 빼어난 물이 있으면 가리켜 암공

105) (不得而知(부득이지) : 알 방법이 없다. 알 수가 없다. ◦只是(지시) : 다만 . 그러나. 오직. 그런데
106) 若(약) : 혹시. 또는. 고르다. 선택함 ◦慕(모) : 그리워하다. 뒤따르다. 바라다.
107) 奇(기) : 기이하다. 뛰어나다.◦ 則(즉) : 오히려. 그러나. [대비·역접을 표시함]. 다만

(暗拱)이라 하고, 흉산(凶山)에 더러운 물(탁한 물)[惡水]이 보일 때 또 혈의 공간[穴間]에서 보이지 않아야 해가 없다고 하니 슬프도다![噫!] 어떤 것이 오류인가![何其謬耶!] 이미 좋은 것은 암공(暗拱)이라고 그 흉한 것은 어찌[豈] 암살(暗殺)이라 하지 않는가? 이는 근본을 알지 못하고 공연히[徒; 도] 지엽(枝葉)만 논할 뿐이다.

진실로[苟;구] 용혈이 매우 좋으면[貴美] 흉악한 형상이 면전에 나열하여 보이더라도 또한 지나치게 두려울 것이 없다. 용혈이 진이 아니면 비록 기이한 봉우리가 하늘 높이 솟고[插天] 빼어난 물이 특조(特朝)하여도 무익(無益)하다. 하물며 그것은 보이지 않는 것인가?

楊公云：「砂如美女，貴賤從夫；水似精兵，進退由將。」卜氏云：「本主微賤，文筆變為畫筆；龍穴特秀，殺刀化作牙刀。」此不易[108]之論也。然又貴於活變，圓機[109]心悟，不可執一。固有穴間不見，奇妙暗拱於外，而其應亦在於外者。或女貴，或離鄉而貴，或貴在外家，皆是也。且如[110]建陽書林陽基，四面奇峰周回羅列，秀入雲表。及至入穴，則麄[111]山迫塞拱夾而已，面前之奇砂皆列於外，斜走不止。此乃秀氣發揚於外，而內則窒暗卑污[112]，故其間亦蔑[113]有顯者，雖多豐富，而俗不尚禮。然文藉乃由此出，遠播天下，是亦外秀之應也。

양공이 이르길 '사격[砂]은 미녀와 같아서 귀천은 지아비[夫]를 따르고, 물은 우수하고 강한 군사[精兵]와 같아서 진퇴(進退)는 장수[將]를 따른다[由;의지한다].' 고 하였다.

복응천이 이르길 '주산[本主]이 천미(賤微)하면 문필이 변하여 화필이 되고, 용혈이 특별나게 수려하면[特秀] 살도(殺刀)가 변하여 아도(衙刀)가 된다' 고 하였다. 이것은 불변의 논리이다. 그러나 또 귀함은 원만한 마음의 기틀[바탕](圓機)을 활발하게 변화하게[活變] 마음으로 깨우치고[心悟] 한

108) 不易(불역) : 쉽지 않다. 변하지 않다. 어렵다. 불변하다
109) 圓機(원기) : 원만한 마음의 기틀. cf) 圓氣(원기) : 마음의 원만한 기운.
110) 且如(차여) : ~와 같다. 즉 ~와 같다. ◦及至(급지) : ~에 이르러.~ 의 때가 되어
111) 麄(추) : 거칠다. ☞蔑(멸) : 없다. 정미(精微)하다.
112) 卑污(비오) : 너절하다. 품격이 낮다.☞卑(비) 낮다. 쇠약(衰弱)하다. ◦污(오): 물건의 광택이 없어지다.
113) 蔑(멸) : 없다. 업신여기다. 버리다. 🔔 於(어) : 이었어 하다. ~에게 (~되다).

가지로 고집해서는 안된다. 참으로 혈의 공간[穴間] 밖에 있는 기묘한[奇妙] 암공(暗拱)이 보이지 않으나 그 발응[應]도 밖에 있다. 혹 여자가 귀하거나 혹 고향을 떠나서 귀하거나 혹 귀함이 외가(外家)에 있는 것 모두이다.

건양서림(建陽書林)의 양기(陽基)와 같이 사면(四面)의 기봉(奇峰)이 주위를 돌아 나열하였는데[周回羅列] 빼어난 구름 안으로 들어가 나타나고 혈안에 이르면 거친 산[麄山]이 막아[壅塞;옹색] 핍박(逼迫;가까이서 압박하다)하여 혈을 감쌀[拱夾] 뿐이다. 면전의 기이한 사(砂)가 모두 밖으로 나열하여 기울어 달아나 멈추지 않으면 이는 곧 수기(秀氣)가 밖으로 양기가 생겨 나타나고[發揚], 안에서는 막혀 주위가 안보이는 상태[窒暗;질암]는 기가 없다[卑污].

그러므로 그 공간[間]에서도 드러나지 않는 것[蔑有顯者]이 비록 풍부할지라도 속에서는 예로써 숭상하지 않는다. 그러나 문장으로 소문나[文藉] 곧 이로 인하여 나와 멀리 천하에 퍼지게 된다. 이것 역시 외수(外秀)의 응함이다.

論朝山亂雜

《葬書》云：「若懷萬寶而宴息，若具萬膳而潔齊。」又云：「若寶而有也。」《黑囊經》云：「前砂欲其堆了堆。」《雪心賦》有「三千粉黛」「八百烟花」之說，是皆言前砂以重疊為貴。誠如所論，不幾於太亂雜乎？夫前朝之砂固貴其重重疊疊，獻奇列秀。然峰巒太多，亂雜混濁，可以向此，可以向彼，則情意不專，烏得為吉？《賦》云：「尖峰秀出，只消[114]一峰兩峰[115]。」則確論也。吳公《口訣》云：「三峰對中，兩峰對空。」其慎重如此。如樂平縣徐附馬祖地，前峙雙峰。先是，一明師同其徒見之曰：「此地當出國婚之貴。」其徒遂為徐氏私下之，不識向空，而偏向一峰。師複過之，訝曰：「誤矣！」乃索其課，題曰：「好對空兮卻對峰，他年莫道地無功。為官必定因妻貴，意正濃時卻中

---

114) 只消(지소) : 필요로 하다. 사용하다. ◦消(소) : 사용하다 .필요로 하다.[앞에 항상 '不', '只', '何' 등이 붙음] ◦秀出(수출) : 빼어남. 뛰어남. ◦澗(간) : 계곡.

115) 하나의 봉우리가 빼어나면 봉우리의 정상[尖]을 마주하고, 많은 무리의 봉우리가 빼어나면 특이 곳[다른 곳]을 정하여 분별하여 향하고. 양산이면 (양산의) 빈 공간의 사이를 향하고, 3산이면 중간의 산을 향한다. 오공구결(吳公口訣)에 3봉이면 가운데를 마주하고, 양봉이면 양봉의 사이 빈 곳을 마주한다고 하였다. (一峯秀則對其尖。叢巒秀則平分其拗 兩山則向空際。三山則向中間。 吳公口訣。三峯對中。兩峯對空。)

<출처>『산양지미』<扦法>

◦平(평) : 정(定)하다. 제정(制定)하다. ◦先是(선시) : 처음에는. 먼저. 전에는

風[116]。」後徐氏果兩尚公主，驕橫[117]不檢，廷臣劾之取首級。可見兩峰尚有對空之不可誤，況峰巒之亂雜者乎[118]？

제7절 조산난잡(論朝山亂雜)

장서(葬書)에 이르길 '(조산이) 만 가지 (진귀한) 보물을 품고서 편안히 쉬고 있는 것[宴息] 같고, 수만 가지 음식을 깨끗하고 가지런하게[潔齊] 차려[119] 놓은 같다' 고 했다. 또 이르길 '보배로움이 있는 것 같다' 고 했다. 흑낭경(黑囊經)에 이르길 '전사(前砂)가 쌓이고 또 쌓이는 것을 탐낸다' 고 했다. 『설심부』 에는 '삼천분대(三千粉黛)와 팔백연화(八百烟花)이라 하였는데' 이 말은 모두 전사(前砂)가 중첩(重疊)한 것을 귀하게 여긴다는 말이다. 진실로 논한 바와 같으면 크게 난잡[太亂雜]하여 위태롭지[幾] 않는가? 대개 전조(前朝)의 사(砂)가 진실로 중중첩첩(重重疊疊)이 나열하여 빼어나고[列秀] 특별나게 맞이하면[獻奇] 귀하다.

그러나 봉우리가 너무 크고 난잡하고 뒤섞여 거칠면[混濁] 이곳으로 향하여도 가능하고 저쪽으로 향하여도 가능하면 정의(情意)가 온전하지 않으니[不專] 어찌 길함을 찾겠는가?[烏得為吉？]

『설심부[賦]』 에 이르길 '산의 정상의 봉우리가 빼어나면 다만 일봉(一峰)이나 양봉(兩峰)을 (향으로) 사용할 수 있다' 고 하여 확실히 논하였다.

오공(吳公)의 『구결(口訣)』 에 이르길 ' 3봉[三峰]은 가운데를 마주하고[對中], 양봉(兩峰)은 빈 공간을 마주[對空]하라' 하였다. 이와 같이 신중(慎重)하였다. 가령 낙평현(樂平縣)의 서부마(徐附馬)의 조지(祖地)는 앞에 쌍봉

---

116) 正(정) : 예기(豫期)하다. 기대하다. 닥쳐 올 일에 대(對)하여 미리 생각하고 기다림. ∘卻(각) : 바로. 역시. ∘ 중풍(中風) : 풍에 맞다. 적중하다.

117) 驕橫(교횡) : 거만하고 횡포(橫暴)하다. ☞ 驕(교) : 교만하다. ∘ 橫(횡) : 방자하다. ∘ 檢(검) : 규제하다. 단속하다. ∘ 有(유) : (예정·방침 등이) 결정되다.

118) 不检(불검) : (자기를) 잘 단속하지 않다. 제멋대로 하다. ∘ 劾(핵) : 관리의 죄를 고발하다. ∘ [~乎]: ~는가. ~인가.

119) 사방의 산수는 상(床)에 산해진미(山海珍味)을 가득 차려놓은 것처럼 빈틈없이 잘 짜여지고 수려하고 단정해야 한다.

이 높이 솟아있는데, 먼저 어느[一] 명사가 함께 가다가 그것을 보고 말하길 '이곳에는 마땅히 국혼의 귀[國婚之貴]가 난다' 고 하였다. 그 제자[其徒]는 서씨를 위하여 사리(私利)를 취하여 빈 공간을 향으로 하는 것[向空]을 모르고 하장을 한쪽으로 기울어[偏] 1봉으로 향을 하였다.

명사[師] 다시 지나가면서 의아하여 말하길[訝曰;아왈] '아하 실수했도다! [誤矣!]' 고 하였다. 이내 그 예언[課]을 찾아[索]보니, 제(題)가 이르길 '대공(對空; 빈공간을 마주하다)을 하면 좋은 것을 오히려 봉우리를 마주 대하였으니, 어느 시기[他年]에 효과[功;발복]가 없는 땅이라 말하지 말라' 고 말했다. 관료가 되어 반드시 처로 인하여 귀하게 된다는 기대한[正] 뜻이 무성할[濃] 때 바로[却] 적중하여[中風], 장후(葬後)에 서씨는 마침내[果] 공주와 둘은 결혼하였다[尙]. 교만과 횡포[驕橫]로 제멋대로 하여[不檢] 조정의 신하들로부터 탄핵(彈劾)을 받아 참수(斬首)를 당하였다[首級].

양봉을 볼 수 있는데 숭상하여[尙] 대공(對空) 결정하는데 그릇되게 해서는 안된다. 하물며 봉우리[峰巒]가 난잡한 것이 가능한가?

故龍虎山張真人陽基，前對琵琶山，舊名槍刀山，雖聳拔森立，如鋸齒排列，然以太多而不得為文筆，乃符筆矣。其富貴自兩漢相傳至今，悠久不替，乃其龍穴之美，非前砂之所能[120]主也。雖然，卻又[121]不可拘執。若前峰環列，獻奇逞秀，又多為大貴龍穴之應。只要中間有一二峰特異，取為正對，如金雞縣狀元吳伯宗公陽基在新田者，前朝七十二峰，果出七十二人科第。然七十二峰豈非多乎？只是中有雙峰特異，以為正對吳氏兄弟俱登一甲。又蘭溪縣範氏祖地，前對九峰，有九子登科之貴，是其應也。故凡峰巒混雜者，必須中有一二峰挺然獨異，天然朝拱，不待[122]推擇。而餘山排列，皆面面有情，擁從左右，乃至貴之格也，又不可以亂雜論。惟欲其去[123]穴稍遠為吉。蓋衆峰羅列，若太近穴，終覺亂獨。稍遠則自然清奇[124]秀麗。何也？秀峰雖秀[125]，近而視之亦醜；醜峰雖醜，遠而視之亦秀，故爾。大抵朝山雖欲其其獻奇列秀，又不可徒貪其秀，致有失穴之患。故曰：「坐下

120) 所能(소능) : 할 수 있는 일. 능력. 할 줄 아는 것. 재능 ◦雖然(수연) : 비록 ~일지라도
121) 却又(각우) : ~하고 나서 그 후에. 그런데 또. ~한 후에. 이것 또
122) 不待(부대) : (~할) 필요가 없다. ~하고 싶지 않다.
123) 去(거) : (장소·시간적으로) ~과 떨어져[거리가] 있다.
124) 清奇(청기) : (속됨이 없이) 유다르게 아름답다. 아주 훌륭하다.
125) 秀(수) : 앞에 秀(수)는 '(높이) 솟아나다.' 뒤에 秀(수)는' 빼어나다.'로 해석한다.

若無真氣脈，面前空有萬重山。」又曰：「坐下[126]無龍，朝對成空。」尤當致察於龍穴，而不可徒以朝秀為愛耳。予嘗謂世人都只愛尖峰，不知地理重真龍。龍若不真穴不的，朝堪圖畫總成空。蓋亦崇本抑末之意。龍虎山圖見陽基卷。新田吳氏陽基圖見陽基圖。

그러므로 용호산의 장진인(張真人)의 양기(陽基)는 앞에 비파산(琵琶山)을 마주 대하였는데, 옛 이름으로[舊名] 창도(槍刀山)이라 한다. 비록 높이 우뚝 솟아[聳拔] 나무숲처럼 빽빽이 들어서 톱니와 같이 뾰족하게[鋸齒;거치] 배열(排列)되었으나[然] 너무 많아서 문필이라 할 수 없고[不得為文筆] 곧 부필(符筆)이다. 그 부귀는 양한(兩漢)부터 지금까지 대대로 이어 서로 전하여[相傳] 유구하게 바뀌지 않은 것[不替]은 '그 용혈의 아름다움이지 전사(前砂)가 할 수 있는 일이 주가 되는 것은 아니다' 고 할지라도 이것을 또[卻又] 고집해서는 안된다. 만약 앞의 봉우리가 환열(環列)하고 진기하게 맞이하여[獻奇] 극진히 빼어나면[逞秀;령수] 또 대부분 용혈이 대귀(大貴)하여 응한다. 다만 중간의 1·2봉우리가 특이하면 정면으로 마주하여 취해야 한다.

가령 금계현(金雞縣)의 장원(狀元) 오백종공(吳伯宗公)의 양기(陽基)가 신전(新田)에 있는데, 전조(前朝)에 72봉우리로 과거 시험에서 72명의 훌륭한[果] 사람이 나왔으나 72봉우리가 어찌 많다고 하지 않겠는가? 다만[只是] 이 가운데 특이한 쌍봉이 있어 정면으로 마주하였다.

오씨 형제는 모두 같이 급제[一甲]하였다. 또 난계현(蘭溪縣)의 범씨 조지(範氏祖地)도 앞에 구봉(九峰)을 마주하여 아홉 아들[九子]이 과거 시험에 합격하여[登科] 벼슬을 한 것은 그것이 발응한 것이다.

그러므로 대개 봉우리[峰巒] 혼잡(混雜)한 것은 반드시 가운데 있는[中有] 1.2봉(峰)이 여러 봉우리 가운데서 빼어나[挺然] 독특하면[獨異], 자연적으로 (혈을) 에워싸[朝拱] 선택하여 가릴 필요가 없고[不待推擇], 나머지 산은 배열은 각 방면[面面]에 유정(有情)하고 좌우를 따라와 호종[擁從左右] 해야 곧 지극히 귀한 자리[格]이다. 또 어지럽게 논할 필요가 없다. 다만 혈과 좀 떨어져 조금 멀어야 좋다[欲其去穴稍遠為吉].

대개 무리의 봉우리[衆峯]가 죽 벌려있어 혈에 너무 가까우면 마침내 다만

126) 坐下(좌하) : 앉다. 출산하다. 애를 낳다 ☞여기서는 하장(下葬)할 자리로 해석함. 즉 혈장이나 혈 ◦圖畫(도화) : 그림 . 한 토막. 한 장면

난잡한 것을 안다. 조금 멀면 자연히 아름답고 빼어나 아름다운 것[清奇秀麗]이 어찌하여 ? 봉우리가 솟아나[秀] 빼어날[秀]지라도 가까이서 그것을 보면 역시 추(醜)함이 있다. 추봉(醜峰)이 비록 추(醜)할지라도 멀리서 그것을 보면 아름다워 보이기 때문이다[故爾]. 대저 조산(朝山)이 비록 나열하여 빼어나고[列秀] 특별나게 맞이할[獻奇]지라도 또 한 갓 빼어남을 탐내어 실혈의 걱정에 이르게 해서는 안된다. 옛날[故] 이르길 '혈 아래[坐下]에 진기맥(真氣脈)이 없으면 면전(面前)에 여러 겹의 산[萬重山]이 헛 것이다' 고 하였며 또 이르길 '혈 아래[坐下]에 주산(主山)의 맥[龍]이 없으면 마주 대할 조산은 공망을 이룬다[成空]' 고 하였다.

더욱이 용혈에 도착하면 마땅히 상세하게 살펴야 하고 헛되이 조산이 빼어난 것을 좋아해서는 안될 뿐이다. 내가 일찍이 세상 사람들이 모두[都;도] 다만 산의 정상 봉우리[尖峰]만 좋아하고, 지리에서 진룡이 중요함을 알지 못한다. 만약 용이 진이 아니고 혈이 확실하지 않으면 조산이 뛰어난[堪;감] 그림의 한 장면[圖畫]으로 모두 헛것이다. 모두 역시 시작과 끝은 소중하게 여기고 조심하라는 뜻이다. 용호산도(龍虎山圖)는 양기책(陽基卷)에서 보고, 신전오씨(新田吳氏)의 양기도(陽基圖)는 양기책(陽基圖)을 보라.

左地在樂平縣金山鄉。其龍穴俱美，惜乎立向少差，減福如此。蓋立向既差，則內之乘氣分金[127]，外之砂水向背皆相戾矣。所謂差之毫厘，謬以千里，豈不信夫。

<1-2-13> 서부마 조지

좌지는 낙평현 금산향(金山鄉)에 있으며, 용혈은 모두 좋으나 애석하게 입향에 약간의 차이가 나 복을 감하였다. 대개 입향이 나쁘면 안에 분금을 하여 기를 타고, 밖의 사수가 반대로 향하면 모두 서로 어그러진다[相戾;상려].

127) 如此(여차) : 이와 같다. 이러하다. ◦분금(分金) : 시체나 관을 묻을 위치를 똑바로 정함 cf)差(차)≒戾(려) ◦夫(부) ; 감탄·영탄 [~夫] 참으로 ~는 구나. ~일진저. 부리다.

소위 털끝만큼의 차이가 천리나 그릇되게 하는 것을 어찌 믿지 않는가?

그림 < 1-2-14 >난계범씨 조지

左地在蘭溪縣東一里許，乃縣128)龍之分結者。分後頓起展誥土星，為貼身帳。自帳中正脈抽出，側落一邊，開口成窩穴之格。內堂團聚，外洋開暢，金華府河水橫抱，繞帶左右。龍虎均匀129)奇巧，近案逆水彎抱有情。外面九峰，插天特秀。範氏葬後，一父生十子，九登科。其一未第者，是為香溪先生浚，篤志道學，世稱大儒，故今俗傳十子九登科云。

좌지는 난계현(蘭溪縣)의 동(東) 1리 쯤[許]에 있으며, 용을 잇고[縣] 나누어 혈을 맺은 것이다. 분맥(分脈) 후에 전고토성(展誥土星)의 봉우리가 솟아 개장한 용신에 붙어 있다[為貼身帳]. 개장 중간에서 정맥이 나와[抽出] 한 변이 측으로 낙맥하고[側落一邊] 개구하여 와혈의 정격을 만들었다. 내명당은 모이고[團聚], 외양(外洋)은 넓어[開暢], 금화부(金華府)의 하수(河水)가 횡으로 허리띠[腰帶]와 같이 감싸고[橫抱] 좌우 용호는 균등하여 교묘하고[奇巧], 근안(近案)이 만포(彎抱)하여 유정(有情)하고, 외면에 구봉(九峰)이 하늘 높이 솟아[插天] 특별히 빼어나다[特秀]. 범씨(範氏)가 장후(葬後)에 한 아버지에 10명의 아들을 낳아[一父生十子] 9명의 아들이 등과(登科) 하였고, 그중에 한 아들[其一]은 등과를 못하였다. 바로 향계선생(香溪先生) 준(浚)이니 독지(篤志)한 도학자(道學者)로 세상에 대유(大儒)라고 칭했다. 그러므로 현재까지 민간(民間) 사이에 전(傳)하여 내려와[俗傳] '10子에 9등과'라 이른다.

論孤峰獨秀

或問：朝案亂雜之說，固已聞命130)。然一山朝拱者，又有謂孤峰獨秀而不吉，何

128) 縣(현) : 잇다. 연결(連結)하다. ◦抽(추) : (새싹 따위가) 돋다. (이삭 따위가) 패다[나오다].

129) 均匀(균균) : 균등하다. 고르다. 균일하다.◦奇巧(기교) : (공예품 따위가) 교묘하다. 정교하다. ◦ 篤志(독지) : 뜻이 돈독(敦篤)함. 인정(人情)이 두터운 마음씨.

130) 聞命(문명) : 명령을 들었다. 가르침을 들었다.◦單寒(단한) : 단한하다. 의지할 곳이 없고 춥다. ◦護從(호종) : 호종하다. 보호하며 뒤좇다. 호위 수행하다 .보호하며 따라가다.

也？答曰：此說是論龍身，非論朝砂也。蓋龍法忌孤峰獨秀，恐其單寒。所謂龍怕孤單，而貴有蓋送護從者是也。朝砂則欲其聳秀。苟有一峰挺然獨異，秀入雲表，乃極貴之格，砂法中謂之文筆插天。若坐下龍穴真的，主理學大儒、神童狀元之貴，又何忌夫一峰之獨秀乎？嘗見朱文公、王荊公之祖地，羅一峰公陽宅也，皆是一峰特秀，豈可謂孤峰獨秀而不吉？或曰：誠[131]如所論，則《雪心賦》內「文筆孤單」[132]之說非與[133]？曰：《雪心賦》後人更換本文處極多。嘗考董德彰所註本作[134]「文筆欹斜」，頗[135]為有理。蓋《賦》既有文筆孤單之忌，又何複云「尖峰秀出，只消一峰兩峰」？豈應自相[136]矛盾如此？其不足信明矣。且龍穴真貴，雖朝峰欹斜，亦不為大害，但稍減力而已。嘗觀寧都縣尚書董文僖公祖墳頓(?)鍾形在縣之地名璜坊者，前峰欹側，其課云：「可惜[137]狀元峰不正，他年亦作探花郎[138]。」果出文僖公越，登成化己丑科探花，官至禮部尚書。可見地之美惡在龍穴，而不在於前朝之峰。故雖欹斜亦且出貴，而何孤峰獨秀之足[139]忌哉！

제8절 독수고봉(論孤峰獨秀)

《혹문(或問)》 ‘조안이 난잡하다는 설은 확실히 이미 가르침을 들었으나, 일산(一山)이 (혈을) 향하여 감싼 것[朝拱]이 또 고봉독수(孤峰獨秀)하여 좋지 않다고 말하니 어찌 된 것인가?[何也]’ 하니 답(答)하길[曰] ‘이설(說是)은 용신을 논한 것으로 조산[朝砂]를 논한 것이 아니다.

---

131) 誠(성) : 만약 ~라면.
132) 若見文筆孤單 硯池汚濁。枉鑿匡衡之壁 徒關孫敬之門。
만약 문필이 외롭게 보이고 연못[벼루 모양의 못]이 더럽고 흐리면 광형(匡衡)처럼 벽을 헛되이 뚫고 손경(孫敬)처럼 문을 걸어 닫고 열심히 공부해도 헛될[徒] 뿐이다.
133) 對曰 然 非與 對答하였다. “그렇습니다. 아닙니까?”
134) 作(작) : (어떤 모양을) 나타내다. ~가 되다. ~을 하다. ~을 맡다.
135) 頗(피) : 자못. 치우치다. 조금. 바르지 못하다.
136) 自相(자상) : 자기들 사이에 서로. 자체 내에 서로. 자기편끼리 서로
137) 可惜(가석) : 섭섭하다. 아깝게도. 아쉬워 하다.
138) 探花郎(탐화랑) : 명청(明淸) 시대 과거의 ‘殿试’에서 일갑(一甲) 중 3등으로 합격하여 ‘進士’가 된 사람
☞探花(탐화) : 조선 시대, 갑과에서 세 번째로 높은 성적으로 급제한 사람
139) 足(족) : 가(可)하다. 그 일이 옳다는 뜻을 나타냄.

대개 용법(龍法)은 외로운 봉우리[孤峰]가 빼어난 것[獨秀]을 꺼리고 천하고 외로운 것[單寒]을 두려워한다. 귀한 것은 대개 뒤를 쫓아[送] 따라가면서 혈을 보호하는 것이다. 조산[朝砂]은 빼어나게 솟아나야 하고[聳秀] 진실로 일봉(一峰)이 여러 봉우리 가운데서 빼어나[挺然;정연] 독특하게[獨異] 높이 솟아[秀] 구름 위[雲表]에 들어가면 지극히 귀한 격이다.

사법 중(砂法中)에 문필이 하늘 높이 솟아나고[插天] 만약 혈장[坐下]에 용혈이 참이고 확실하면 주로 이학(理學)과 승유[大儒]하는 신동(神童)이 태어나 장원(狀元)하여 벼슬을 한다. 또 어찌 일봉(一峯)이 독수(獨秀)라고 꺼리는가 ?

일찍이 주문공(朱文公)과 왕형공(王荊公)의 조지(祖地)와 나일봉공(羅一峰公)의 양택지(陽宅地)는 모두 일봉(一峰)이 특별히 빼어났다[特秀]. 어찌 고봉독수(孤峰獨秀)하여 불길하다고 할 수 있는가? 혹 이르길 ' 만약 주장하는 바[所論]와 같다면 『설심부(雪心賦)』 속에 문필고단(文筆孤單)의 설은 아닌가?[非與] 이르길 ' 『설심부(雪心賦)』에서 후인이 본문을 고쳐 바꾸어 놓은 곳이 극히 많으므로 일찍이 동덕창(董德彰)이 본문에 주(注;註;주해)를 단 곳을 살펴보니[考] 문필이 기울어[欹斜] 치우쳐도[頗;파] 유리한 바가 있다' 고 하였다.

대개 『부(賦)』에서 이미 문필고단(文筆孤單)하여 꺼린다. 또 어찌 다시 ' 산의 정상 봉우리가 빼어나면 다만 일봉(一峰)이나 양봉(兩峰)을 (향으로) 사용할 수 있다 '고 일렀는가? 어찌 이와 같이 자체 내에 서로 모순이 생기는 가[應]? 그것은 밝혀 믿기 충분하지 않다. 또한 용혈이 참으로 좋으면 비록 조봉(朝峰)이 기울어[欹斜]도 큰 해가 되지 않는다.

다만 역량만 조금 감소할 따름이다. 영도현(寧都縣)의 상서(尙書) 동문공(董文僖公)의 조분(祖墳)을 보았는데 돈종형(頓鍾形)으로 현의 지명[縣之地名] 황방(璜坊)이다. 앞에 봉우리[前峰]가 옆으로 기울었다. 그 과(其課)에 이르길 '아쉽게도 장원봉(狀元峰)이 바르지 않아도[不正] 어느 해[他年]에 역시 급제자가 나왔다[作探花郎]' 고 하였다. 마침내[果] 문희공(文僖公) 월(越)이 태어나 성화기축(成化己丑)년에 과거에 합격하여 높은 지위에 올라 벼슬은 예부상서(禮部尙書) 까지 이르렀다. 땅의 미악을 볼 수 있는 것은 용혈에 있는 것이지 앞에 마주하는 봉우리에 있는 것은 아니다. 그러므로 비록 기울어도 역시 귀한 사람이 나오니 어찌 고봉독수(孤峰獨秀)라고 꺼릴 수 있나[足忌]!

論前應後照

穴前案外之山，謂之前應；穴後玄武頂背之山，謂之後照。亦曰前照後蓋，即前朝後坐之山也。謝氏謂之前親[140]後倚；陳氏謂之在後者為寶殿，在前者為龍樓；卜氏謂前帳後屏；劉氏謂特秀在前，屏幛在後；鄭氏謂「群峰獨秀矗矗於其前，疊帳獻奇層層於其後。」皆指此也。周東樓謂前應即第二重案山，及三重五重皆是。要尖如筆，卓如笏，方如誥軸，重高一重，如櫬[141]錦然，皆端正美好者是也。後照即福儲峰[142]，乃祖山在結頂之後，或兩臂之外，尊貴高大，矗矗然托[143]護於玄武，

제9절 전응후조(論前應後照)

혈 앞에 안산 밖의 산을 전응(前應)이라 한다. 혈 뒤에 현무정(玄武頂)의 뒷산[背之山]을 후조(後照)라 한다. 또 전조(前照)와 후개(後蓋)라 한다. 즉 전조(前朝)와 좌의 후산이다. 사씨(謝氏)는 '전친후의(前親後倚)이라 하였고, 진씨(陳氏)는 뒤에 있는 것을 보전(寶殿)이라 하고, 앞에 있는 것을 용루(龍樓)라' 고 하였다.

복씨는 '전장후병(前帳後屏)' 이라 하였고, 유씨(劉氏)는 '특별히 빼어난 것[特秀]은 앞에 있고 병장(屏幛)은 뒤에 있다' 고 하였고, 정씨(鄭氏)가 이르길 '(혈의) 앞에서 무리의 봉우리가 온 세상에 빼어나[獨秀] 높이 우뚝 솟아있는 모양[矗矗;촉촉]이고, 뒤에는 층층이 거듭[疊] 개장하여 기이하게

140) 親(친) : 가까이 하다. ◦倚(의) : 의지하다. 받쳐주다. ◦及(급) : 및. 사물을 열거할 때에 쓰는 접속사. ◦美好(미호) : 좋다. 훌륭하다.

141) 櫬(츤;친)은 가령 穴星(혈성)의 앞[面上]에서 달리 하나의 작은 星(성)이 가까이 있어서 마치 의복에 속옷이 있는 것과 같다. 이는 둘로 구분하여 점차로 나눌 수 있는 것임을 밝힌 것이다 (櫬者 如穴星面上 另櫬一小星 如衣之有櫬 明是兩件 稍稍可分是也).

<출처> 『지리담자록』

142) 혈(穴)을 향하면 배산(拜山)이라 하여 귀히 여긴다. 개산(蓋山)은 혈(穴) 뒤의 좌산(坐山)을 개산(蓋山)이라 하는데 높은 것은 천주봉(天柱峰)이라 하고 또 복저봉(福儲峯)이라 한다. 천주봉이 높으면 자손이 장수한다.

143) 托(탁) : (바탕을 배경으로) 두드러지게 하다. 받치다. 의지(依支)하다.

드러났다[獻奇]' 고 하여 모두 이들[전조와 후조]을 가리킨다고 하였다.

주동루(周東樓)는 '전응(前應)은 두 번째 거듭한 안산(第二重案山)이고 3중 · 5중(三重五重)도 모두가 안산이 이다[皆是]' 고 하였다.

필(筆)과 같이 뾰족해야 하고, 홀과 같이 높이 서 있어야 하고[卓如笏] 고축(誥軸)과 같이 모가 나야 하고, 층층이 높아야 한다[重高一重]. 비단 속옷 같으나[如襯錦然] 모두 단정해야 훌륭한 것이다.

후조(後照)는 곧 복을 저장한 봉우리[福儲峰]이니 조산이 맺힌 꼭대기 뒤나 혹 양비(兩臂;용호)의 밖에 있어 존귀한 것은 높고 크며 높이 우뚝 솟아 있는 모양[矗矗;촉촉]으로 현무를 보호하여 받친다[托護].

如寶座，如御屏，如幃帳144)、簾幕者是也。若回龍、脫龍145)、橫龍之穴，不得祖宗為照山，亦須外山之尊貴高大者在後托護之，使玄武枕以為照，而不陷於空亡可也。有等怪穴，翻身逆勢，坐空146)以當朝水者，又有坐後有深潭融注，或水纏繞合襟147)者，皆不以此拘也。其前應之山，若得有近案山可關內堂，則外雖無應山，不害其為吉地。卜氏云「外聳千重，不若眠弓一案」是也。楊公以向前空闊無朝應為人劫。若當面有水陽148)朝，或有低近之砂橫抱，則不忌。故曰：「人劫當從向上求，面前空闊要遠朝如無遠朝，是犯人劫。有水特來砂橫抱，信知人劫小為妖。」

가령 보좌(寶座)와 같고, 어병(御屏)과 같고, 장막[幃帳;위장]과 같고、염막(簾幕)과 같은 것이다. 만약 회룡(回龍)、탈룡(脫龍)、횡룡(橫龍)의 혈에서는 조종(祖宗)이 조산(照山)될 수 없으므로 또한 반드시 외산(外山)이 크고

144) 幃帳(위장) : 휘장(揮帳: 피륙을 여러 폭으로 이어서 빙 둘러치는 장막)
◦幃(위) : 휘장(揮帳)

145) 脫龍就局(탈룡취국) : 용이 거칠고 웅장하지만 용을 벗어나[脫龍] 평지에 머물러[落] 면전의 당국을 취하여 혈을 맺는다. (龍來粗雄 脫落平地 就面前堂局以結穴者)

☞용을 벗어나 국(局)을 이루면, 맞이하는 조·안산[朝迎]에 제약을 받는다.(脫龍就局者 受制於朝迎) <출처> 설심부

146) 翻身(번신) 역세(逆勢)하여 오는 물길을 맞이하면 좌공(坐空)이 두렵지 않다.

『설천기(泄天機)』에 '좌공(坐空)으로 전향(轉向)하여 당조(當朝) 하면 팔풍(八風)이 두렵지 않다'고 했다. 좌공(坐空)의 혈(穴)이 만약 뒤에 깊은 연못이 있거나 혹은 물길이 전요에 합금되면 그 기가 더하여 좌공을 혐오하지 않는다.

147) 合襟(합금) : 혈 뒤에서 나뉘었던 물이 혈 앞에서 다시 합쳐지는 것이다.

148) 陽(양) : 늘. 열다. 바깥에 노출되어 있다. 나타나다. ◦攸(유) : 빠르다. 질주하는 모양.
◦齊全(제전) : 완전히 갖추다. ☞從(종) : 높고 큰 모양. 모이다. 무리를 지음.

높아 존귀한 것이 뒤에 있는 현무를 분명하게 보호하여 현무가 침낙(枕樂)으로 하면 후조(後照)가 되어 공망(空亡)에 빠지지 않도록 할 수 있다.

괴혈(怪穴)의 유[等]가 번신(翻身) 역세(逆勢)하여 좌공(坐空)으로 오는 물길을 맞이하면 또 (혈)좌의 뒤에 깊은 연못에 모여[融注] 혹 물이 감싸 합금(合襟)하는 것은 모두 이것에 구속받지 않는다. 그 앞에 응(應)하는 산중에 만약 가까운 안산이 생겨[得有] 내당을 막아준다면 밖에 비록 응(應)하는 산이 없더라도 해(害)가 없고 길지가 될 수 있다.

복씨(卜氏)가 이르길 '밖에 솟은 산봉우리가 천겹(千重)이라도 면궁(眠弓)모양 하나의 안산만 못하다' 는 것이다. 양공(楊公)이 ' 향하는 앞의 공간이 넓고 넓어[空闊] 응하는 조산이 없으면[無朝] 인겁(人劫)이 된다' 고 하였다. 만약 마주하여[當面] 물이 늘[陽] 모여 있거나[朝] 낮고 가까운 사(砂)가 횡으로 감싸면 꺼릴 것이 없다.

옛날에 이르길 '인겁(人劫)은 마땅히 높고 큰 모양을 향하여[從向] 구해야 하고, 면전(面前)이 공활(空闊)하면 멀리 조산이 필요하나 멀리 조산이 없는 것 같다' 고 한 것은 인겁을 범한 것이며, 물이 특래하고 사가 횡으로 감싸면 인겁을 알고[知人劫] 요망한 것이 적다고 여겨 믿는다[小為妖] '고 하였다.

大抵前應後照山俱全而重疊者，尤為上吉。二者較之，後照尤緊。萬物負陰而抱陽，故穴後不可以無屏障以蔽背風。其坐後高山，亦謂之天柱峰。卜氏云：「天柱高而壽彭祖。」亦謂之福儲峰。趙緣督云：「后座重重高照，百福攸集。」故有此山，則主福壽雙全，康寧百順，人丁蕃衍，富貴攸久。如承天曾司空始祖地在彭澤者，其前應後照重疊齊整，故司空喬梓，高壽厚福，夫婦齊眉[149]。諸孫蕃衍，四世同堂，滿門朱紫，百福咸集，是其格也。又徐國公始祖地在豐城者，亦以後枕帝座，蓋照有力，前應齊全而吉。二圖並具下

대저 전응(前應)과 후조(後照)의 산을 모두 갖추어[俱全] 중첩한 것은 더욱 대길[上吉]하다. 두 가지는 비교하면 후조(後照)는 더욱 중요하다[尤緊]. 만물은 음을 등지고 양을 안아야 하므로[負陰而抱陽] 혈후(穴後)에 병장(屏障)이 없으며 배후에 바람을 막을 수 없다. 그 좌의 배후가 높은 산이면 배후

149) 齊眉(제미) : 부부간에 서로 존경하고 사랑하는 일

에 바람을 막을 수 있고, 또 높은 산을 천주봉(天柱峰)이라 한다. 복씨가 이르길 '천주(天柱)가 높으면 팽조(彭祖)와 같이 장수를 한다' 고 하고 또 이를 복저봉(福儲峰)한다.

조연독(趙緣督)이 이르길 '후좌(后座)가 잇달아 높이 향하면 백복(百福) 빠르게 모인다[攸集;유집].' 고 하였다. 그러므로 이러한 산에 있는 것은 주로 복수쌍전(福壽雙全)과 강녕(康寧;건강하고 편안함)하고 배순(百順;모든 일이 순조롭게 되다)하여 인정(人丁)이 많이 번성하여[蕃衍] 부귀(富貴)가 유구(攸久)하다. 가령 승천(承天)의 승사공(曾司空)의 시조지(始祖地)는 팽택(彭澤)에 있다. 그 전응(前應)과 후조(後照)가 중첩하고 가지런하므로[齊整] 사공교재(司空喬梓)가 장수[高壽]하여 큰 복을 누리고[厚福], 부부는 부부간에 서로 존경하고 사랑하였다[齊眉]. 모든 손은 번창하여[蕃衍] 사세(四世)가 한 집에 살며[同堂] 권력을 지닌 높은 벼슬아치가 가문에 가득하여[滿門朱紫] 백복(百福) 모두 모인 것이 그 격이다.

또 서국공(徐國公) 시조지(始祖地)가 풍성(豐城)에 있고 또 뒤에 제좌(帝座)를 침낙 하였는데, 대개 후조[照]가 역량이 있고 전응(前應)은 완전히 갖추어 좋다. 두 개 그림은 아래와 같이 진술하고 있다[具].

右地在彭澤九都，土名橋亭。其龍來自鳴水山，來遠不詳述。至計家嶺，頓起御屏[150]為少祖。棲閃[151]數節，橫列大帳，中峰獨聳福儲[152]。又數節入首，列三台。中台[153]推出正體太陽金星，開口結穴。穴間平坦，左右包裹重疊，取作蓮花形花心穴。穴下餘氣鋪氈，明堂融聚，近案順水拜伏，為謝恩領誥。外洋諸峰，如挂榜，如天馬、文筆、席帽，種種羅列，前應後照齊全。水口獅象捍門，流神繞青龍，纏玄武，諸吉咸備，真美地也。元至正間，曾氏葬寶二公。公四子，伯永一，居橋亭；仲曰永二，居柳樹下；叔曰永三，居小嶺。今皆富盛。季曰永四公，以武功從太祖高皇11今承天衛官藉。再傳百户公，三傳萬户公，延及於今，世襲千

150) 御屏(어병) : 橫天土星이 帳이 됨.
151) **棲(서)** : 머무르다. 묵다. ☞ **閃(섬)** : 언뜻보이다. 갑자기 나타나다.
152) 蓋山(개산) : 혈(穴) 뒤에 좌산(坐山)을 개산(蓋山)이라 하는데 높은 것은 천주봉(天柱峰)이라 하고 또 복저봉(福儲峰)이라 한다. 천주봉이 높으면 자손이 장수한다.
153) 中台(중태) : 별 이름. 자미성(紫微星)을 지키는 삼태성(三台星) 가운데 하나. 별자리 삼태(三台)의 3별을 상태(上台)·중태(中台)·하태(下台)라고 하는데, 그 중의 가운데 것을 말함.
◦定(정) : 머무르다. 정지함.

우지(右地)는 팽창 9도(九都)에 있고 토명은 교정(橋亭)이다. 그 용은 명수산(鳴水山)에서 멀리서 뻗어와 상세하게 기술할 수 없다. 계가령(計家嶺)에 이르러 어병(御屛)의 봉우리가 솟아[頓起] 소조산[少祖]이 되었다.

수절(數節)을 갑자기 나타나 머물러[棲閃] 크게 개장(開帳)하여 횡으로 나열한 가운데 봉우리가 우뚝 홀로 솟아 복을 부르는 복저봉[福儲]이 되어있고, 또 수절(數節)을 입수(入首)하여 삼태(三台)을 나열하여 중태(中台)에서 추출(推出)하여 정체태양금성(正體太陽金星)이 개구(開口)하여 혈을 맺었다.

혈의 공간[穴間]이 평탄(平坦)하게 좌우를 중첩하여 감싸[左右包裹重疊] 연화형(蓮花形)을 취하여 화심(花心)에 혈(穴)을 만들었다. 혈 아래에 여기(餘氣)가 전순[鋪氈;포전]과 명당(明堂)에 모이고[融聚;유취] 근안(近案)이 순수(順水)하게 배복(拜伏)하여 사은영직(謝恩領職)이 되었고, 외양(外洋)의 여러 봉우리[諸峰]가 괘방(挂榜), 천마(天馬)、문필(文筆)、석모(席帽)와 같이 여러 가지로[種種] 나열(羅列)하여 전응(前應)과 후조(後照)가 완전히 갖추었고[齊全], 수구(水口)에는 사자 모양[獅象]의 한문(捍門)이 있고, 흐르는 물[流神]이 청룡을 감싸고[繞青龍] 현무를 둘러 싸[纏玄武] 여러 가지 좋은 것[諸吉]을 모두 구비(具備)하여 참으로 좋은 땅이다.

원(元)나라 지정간(至正間)에 증씨(曾氏)가 보 2공(寶二公)을 장사(葬事) 하고 난 후에 공(公)이 네 아들[四子]을 두었는데, 백부(伯父)[伯] 영일(永一)은 교정(橋亭)에 살고, 둘째[仲] 영이(永二)인데 유수하(柳樹下)에 살았고, 아재비[叔]는 영삼(永三)인데 소령(小嶺)에 살았는데 이제까지 모두 부자로 번창하였다[富盛]. 계(季)는 사공(四公)인데 무공(武功)으로 태조 고황제(太祖高皇帝)를 호종(護從)하며 쓸쓸한[肅清] 나그네[江漢]로 안륙(安陸)에 머물러[定] 현재 천위관적(天衛官籍)에 의지하여[籍] 재전백호공(再傳百户公), 삼전만호공(三傳萬户公) 연(延) 지금까지 이르러 [及於今] 세습(世襲)하여 천호(千户)를 이루었다.

知縣公遜，歲薦。今金堂贈太保、尚書。贈員外公輝，以孫貴，贈太保、尚書。七代陽白公璠，登進士，官陝西少叅。致仕，進階中憲大夫，累封太保、工部尚書。羅泉公秉，歲薦，授光祿署丞。八代確庵公省吾，登進士，累官太保、大司空，衣蟒束玉，世代皆一品恩榮。庠生[154]速庵省吾、可庵宗吾，及九代諸孫，人文濟濟，福祉未艾[155]云。

按：是地也，龍勢雄猛，武星結穴，力量全，故主世襲簪纓。天柱高，福儲厚，故主享遐齡，備百福。前沙順水拜伏，故離鄕顯貴。餘氣多，故人丁衍，運祚永。

<그림1-2-15 >노상서팽택시조지
(魯尙書彭澤始祖地)

지현공 손(知縣公遜)은 해마다 있는 하나의 제사(祭祀)[歲薦;세처]를 불당[金堂]에서 모시게 하고[令], 증(贈) 태보상서(太保尙書)를 하였다. 증 원외공(贈員外公) 휘(輝)는 손이 귀하게 되어 태보와 상서(太保尙書)에 증(贈)하였고[죽은 뒤에 관위(官位)가 하사되었다.] 7대 양백공(陽白公) 휘(璠)는 진사(進士) 벼슬[官]은 협서소참(陝西少叅) 이었고, 치사진계(致仕進階)는 중헌대부(中憲大夫)로 여러 번 승진하여[累封] 태보공부상서(太保工部尙書)였고, 나천공(羅泉公)은 병(秉)은 세천수광록서승(歲薦授光祿署丞)이었고, 8대 확암공(確庵公) 성오(省吾) 진사에 올라 공을 쌓아 높은 자리로 나아가[累官] 태보와 대사(太保、大司)로 공의(空衣) 마속옥(蟒束玉)은 세대(世代) 모두 일품(一品)의 은영(恩榮)으로 늠생(廩生)을 하였고, 유암생오(逮庵省吾)、가암종오(可庵宗吾)에 이르기까지 구대(九代) 제손(諸孫)은 문장으로 많은 사람에게 도움이 되었고, 복지(福祉)는 끝나지 않았다고 전해진다[未艾云].

조사하니[按] 이 자리는 용세가 웅맹(雄猛)하여 무성(武星)으로 결혈(結穴)을

154) 廩生(늠생) : 명청(明淸) 시대에 관청에서 돈과 양식 등을 지급한 생원(生員)
155) 未艾(미애) : 그치지 않다. 다하지 않다. ◦하령(遐齡) : 고령. 장수(長壽).

하여 역량(力量)이 온전하다. 그러므로 세습하여 높은 벼슬[簪纓;잠영]을 주로 하고 , 천주(天柱;벼슬;관직명)가 높고, 복이 많이 쌓이므로[福儲厚] 주로 장수[遐齡;하령]를 누려, 백복(百福)을 구비하였다. 전사(前沙)는 순수배복(順水拜伏)하므로 고향을 떠나 지위가 높고 귀하게 되었으며[顯貴], 여기(餘氣)가 많으므로 인정(人丁)이 번성하고[衍] 하늘에서 내려주는 행운[運祚]이 영원하였다[永].

右地在豐城，土名桐槽。其龍自羅山入臨川境，轉至桐槽，系[156]省龍分結，迢遞而來。將入局，橫列大帳，左右天乙、太乙中聳，帝座秀異清奇[157]。正脈從帝座中逶迤而下，複開九腦芙蓉帳。帳中頓起大貴人，聳立特異，節節上格貴龍。複大斷，霞帔[158]過脈，隱隱三台挂角而下，撒[159]落平坡，開口結穴。到頭丑怪，穴似散漫，龍虎帶劍，似乎分飛不顧，俗見無不驚駭。殊不知大龍幹地，曜氣發露，貴秀全在於此，但不利初年耳。徐氏宋建炎四年葬後，果不利，從戍遷濠州，生王，為我皇朝開國元勳，朝班[160]廟享，皆居第一[161]，封魏國公，進中山王，三代追封王爵。女為文孝皇后。次子永昌，複以成祖推功，封定國公，南北兩京，世襲公爵，俱掌兵政。諸勳貴莫與比論。舊有記云：「桐槽大地，獵獵塌塌[162]。火腳金頭，卻似牛軛。帝座後殿[163]，貴人前席。日月捍門，龍虎持戟。有人葬著，王侯兩國。百年已後，富貴方得。若問發跡，先須江北。

위의 땅은 풍성(豐城)에 있으며 토명(土名)은 동조(桐槽)이다. 풍성의 용(龍)

156) 系(계) : 맺다. 관련되다. 연결하다. 연계시키다.
157) 秀異(수이) : 유달리 훌륭하다. 특히 우수하다. ◦ 淸奇(청기) : 유다르게 아름답다. 아주 훌륭하다
158) 霞帔(하피) : 예전에, 왕후가 적의를 입을 때 어깨의 앞뒤로 늘어뜨리던 띠
159) 撒(살) : 마음대로 행동하거나 표면에 나타내다. 떨어뜨리다. ◦丑(추) : 용모가 추하다. 못생기다.
160) 朝班(조반) : 조회를 할 때에 참석한 벼슬아치들이 벌여 서는 차례. ◦廟(묘) : 사당. 왕궁의 정전.
161) 第一(제일) : 제1. 가장 중요하다. 첫 (번)째. 제일이다.◦ 居(거) ; 어떤 경우에 처해 있다. 차지하다.
162) 獵獵(엽렵) : 분별 있고 의젓하다. 바람 소리. 깃발 따위가 바람에 나부끼는 소리. ☞獵(엽) :사물의 모양.◦塌(탑) : 떨어지다. 땅이 낮다. 무너지다, 꺼지다.
163) 后殿(후전) : 안쪽에 있는 궁전. 행군(行軍)할 때 제일 뒤에 남아 적의 추격을 방어하는 군대[부대]. 후미. 맨뒤. ◦持戟(지극) : 창을 가짐. 또는 창을 가진 병사(兵士) ◦著(저) : 나타나다, 나타내다. 분명(分明)하다.

은 나산(羅山)에서 임천(臨川)으로 들어와 경계에서[境] 방향을 바꾸어[轉] 동조(桐槽)에 이르렀다. 성룡(省龍)을 이어서 분맥하여 (혈을) 맺었고 매우 멀리서[迢遞;迢递;초체] 뻗어와 입국[入局]할 즈음에[將;許] 횡(橫)으로 크게 개장하여 좌우에 천을(天乙)과 태을(太乙)를 늘어놓고, 가운데에 제좌(帝座)가 솟아 특히 빼어나 아름답고[秀異淸奇], 가운데 맥[正脈]이 제좌(帝座) 가운데에서 나와 구불구불하게 내려와[逶迤而下] 다시 9뇌부용(九腦芙蓉)을 개장[帳]하고 장막 가운데[帳中] 봉우리가 솟아[頓起;돈기] 대귀인(大貴人)으로 특이(特異)하게 높이 우뚝 솟아 있으니[聳立]) 마디마디[節節] 상격(上格)의 귀한 용이다.

다시 크게 끊어져 과맥(過脈)을 앞뒤로 늘어뜨려[霞帔;하피] 은은하게 3태(三台)를 각(角;모퉁이)에 걸고 내려와[挂角而下] 둔덕[平坡; 평파]에 떨어져 나타나[撒落平坡] 개구하여 혈을 맺었다. 도두 모양이 추(醜)한[丑] 괴혈이다. 혈이 산만한 것 같고, 용호에 붙어있는[帶] 검(劍)이 (용호의 양쪽으로) 나누어 달아나 돌아보지 않고 것 같으니 속인이 보면 몹시 놀라지[驚駭(경해);놀라다] 않을 수 없다. 대룡간지(大龍幹地)에 요기(曜氣)를 발로(發露)하여 여기에[於此] 전부 빼어나 귀한 것이 있는 것을 모른다[貴秀全在於此]. 다만 (內直外鉤하여) 초년에 불리할 뿐이다[但不利初年耳 內直外鉤].

서씨(徐氏)가 송(宋)의 건염(建炎) 4년에 장사를 지낸 후에 과연[果;마침내] 불리하여 융(戎)을 따라 호주(濠州) 옮겨가 왕을 낳았는데, 우리[我] 황조를 개국하는데 원훈(元勳)이 있었으므로, 벼슬아치들이 사당[廟;묘]에 제사(祭祀) 향(香)을 올리려고 모두 차례로 선다[朝班;조반]. 위국공(魏國公) 진(進)이 증산왕(三代)으로 추봉(追封)되어 왕의 작위를 받았다[王爵]. 여자는 문효황후(文孝皇后)가 되었고 차자(次子) 영창(永昌)은 다시 성조(成祖)를 공로로 인정하여[推功] 정국공(定國公)으로 봉(封)하였으며 남북(南北)의 양경(兩京: 서울과 평양)에서 세습(世襲)하여 공작(公爵)이 되어 모든 병권을 장악하여 다스렸다[掌兵政]. 모든 공훈과 벼슬은 이와 비교하여 논할 수 없다. 옛날 기록에 있는 것을 말하면 ' 동조대지(桐槽大地)는 땅이 낮아져[塌;탑] 사물의 모양[獵獵:엽렵]이 화각금두(火脚金頭)로 소의 멍에[牛軛;우액]와 같고, 제좌(帝座)의 안쪽에 있는 궁전[後殿], 귀인의 앞자리[前席] 일월한문(日月捍門)과 용호(龍虎)에 창을 가진 병사가 있으니[持戟] 장사를 하는 사람이 나타나[有人葬著] 왕후(王侯) 양국(兩國)이나 백 년이 지난 후에 부귀(富貴)는 반드시 이룬다.' 고 하였다. 만약 입신출세하길[發跡] 물으면, 먼저 양쯔장 이북 지역[江北]에서 구하라[須].

按：是地也[164)]，龍分省城正幹，穴枕帝座，故力量大。日月捍門，故王侯之尊。穴怪《怪穴訣》云：「金頭火腳，葬下消爍；火腳金頭，葬下封侯。」此火腳金頭也，堂氣順，故發越遲。龍虎俱帶貴曜，兄弟皆掌兵權。曜飛楊，局逐水[165)]，故離鄉而貴。雖然，徐氏之貴地尤多，未必[166)]全在此穴。但其鉗記[167)]若是，其驗亦神矣哉！傳疑[168)]晉郭景純至豐城，改扦邑治。見此水口有日月捍門二阜，訝曰：「此內有至尊地乎？」隨察之，曰：「日月反位，非至尊，不過王侯地耳。」遂私作記而去。觀其神驗如此，信非景純不能。

조사하니[按] 이 땅이야말로 용이 성도[省城]의 중앙의 간룡[正幹]으로부터 나누었고 혈은 제좌(帝座)를 베개로 하였으므로 역량(力量)이 크다. 일월한문(日月捍門)이 있으므로 왕후(王侯)의 존귀한 땅으로 혈은 괴이하다. 『괴혈결』에 이르길 '금두화각(金頭火腳)은 하관하여 장사 지내면[葬下] 뼈와 살이 녹아 없어지고[消爍;소삭], 화각금두(火腳金頭)는 장사 후[葬下] 제후로 봉해진다[封侯]' 고 하였다. 이곳은 화각금두(火腳金頭)이다. 명당의 기운[堂氣]이 거스르지 아니하여[順] 발복[發]이 월등하게 늦다[越遲;월지]. 용호가 모두 귀하게 여기는 요(曜;帶劍)가 붙어 있으므로[貴曜] 형제(兄弟)가 모두 병권(兵權) 잡았다[掌握]. 요(曜)가 비양(飛楊; 버들개지처럼 날리다)하고[離鄉砂], 국(局)에서 물이 다투어 흘러가므로[逐水;축수] 이향(離鄉)하여 귀하게 된다.

---

164) 也(야) : ~이야말로. ~실로. ◦省城(성성) : 성 소재지. 성도 ◦爍(삭) : (쇠붙이를)녹이다. (벗겨져) 떨어지다. ◦越(월) : 앞 지르다. 초과(超過)하다.

165) 축수(逐水) : 중국의학 수종(水腫)의 물을 빼다. ☞逐(축) : 다투다. 경쟁함. 달리다. 질주함. 빠르다. 정처 없이 떠나가다. ◦虽然(수연) : 비록 ~일지라도. 설령 ~일지라도

166) 未必(미필) : 반드시 ~한 것은 아니다. 꼭 그렇다고 할 수 없다.

167) 겸기(鉗記)는 옛날 명사(明師)가 본 자리로, 시세(時勢)에 지을 수 없거나, 혹은 그 지사가 그 지방과 불합(不合)하면 지을 수 없는 것이다. ◦아(訝) : 맞다. 의심하다. 놀라다.

168) 傳疑(전의) : 학문상 의심스러운 것을 함부로 논단하지 않고 남겨두어 다른 사람이 해결하기를 기다리다. 치학(治學)에 신중을 기하다 ◦不能~할 수가 없다.~해서는 안 된다.~일 리가 없다.

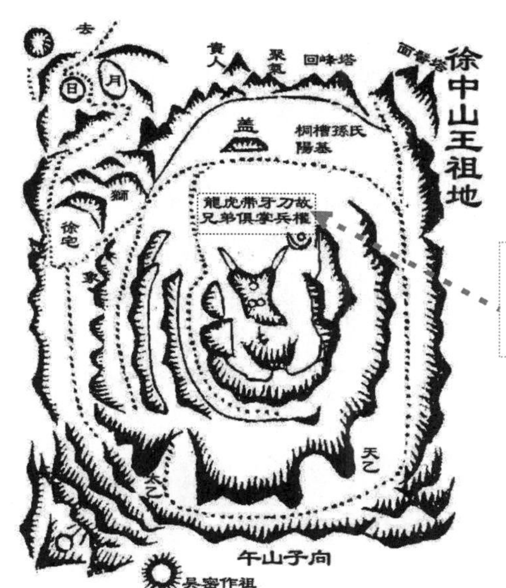

龍虎帶**牙刀** 故兄弟俱掌**兵權**
용호가 아도를 띠고 있으므로 형제 모두가 병권을 장악한다.

< 그림1-2-16 > 서중산왕조지 (徐中山王祖地)

九腦芙蓉 八腦芙蓉

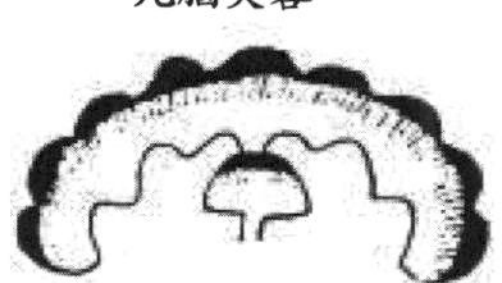

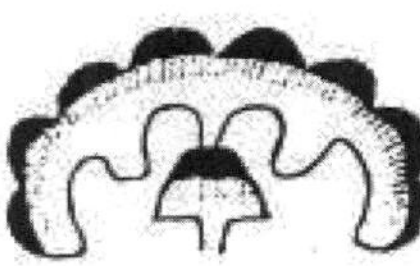

<그림 1-2-17 > 9뇌부용(九腦芙蓉)과 8뇌 부용 (八腦芙蓉)

<출처> 지리담자록

비록[雖然] 서씨(徐氏)의 귀지(貴地)가 특히 많으므로[尤多] 전부 이 혈에만 (귀가) 있다고[在此穴] 할 수 없다. 다만 이와 같이[若是] 옛날 명사(明師)가 본 자리[鉗記]의 응험도 신기하도다! 신중을 기하여[傳疑] 진(晉)의 곽경순(郭景純)은 성(城)을 풍성하게 하여[至豐] 읍치를 고쳐 접목할 때[改扦] 여기 수구에 일월한문(日月捍門)의 두 언덕[二阜]을 보시고 놀라서 말하길[訝曰] '이 안에 가장 존귀한 땅이 있구나?' 하면서 살피고, '일월(日月)이 반대로 자리[反位]를 하여 가장 존귀한 땅은 아니고, 왕후지(王侯地)에 불과할 뿐이다' 라고 말했다. 드디어 사사로이[私事] 기록하고 떠났다[作記而去].

신비한 영험이 이와 같은 견해는 진실로 곽경순이 아니면 재능이 있을 리가 없다.

원진수가 곧게 나가나 밖의 산이 가로질러 막으니 좋다. 다만 초년에는 불리하다.
(元辰當心直出 未可言凶. 外面轉首横闌 得之反吉.)

<그림 1-2-18> 내직외구(內直外鉤)

<그림1-2-19 > 금두화각(金頭火脚)
→ 화각금두(火脚金頭) 즉 애금전화(挨金剪火)

<출처>『설심부변와정해』
,김상태역주(譯註). 범장(犯杖) 참고

論左輔右弼

左輔右弼者，龍穴貴証[169]也。在穴之左右特起兩山，夾耳[170]對峙者，尤為緊切。要夾照登[171]對，不相參差[172]為美。又要高低、大小、遠近相等，方為合格。或圓

169) 証(증) : 증명(證明)하다, 밝히다. 증거(證據)
170) √천심십도(天心十道)는 전후좌우(前後左右) 4응(應)의 山을 가리키며, 뒤는 개산(蓋山)이고 앞은 희산(熙山)이고 左右는 협이산(夾耳山)이다.
√신상에 봉이 생겨난다는 것은 용호의 허리[身腰] 가운데에 생긴 봉우리 즉 협이봉(夾耳峰)이다(身上生峰謂在龍虎身腰中生峰 卽夾耳峰是也)
171) 照(조) : 비추다. ◦등(登) : 되다. 이루어짐. ◦相差(상차) : 서로 차이가 나다. 서로 다르다.
172) 参差(참차) : 가지런하지 못하다. 들쑥날쑥하다. ◦ 相参差 : 서로 어긋나다. ◦相等(상등) : (수량·분량·정도 등이) 같다. 대등하다. ◦정(定) : 머무르다. 정지함. ◦연무(延袤) : 연장하여 넓히다.

聳如太陰太陽，謂之日月夾照；或卓立如頓筆展旗，謂之文武侍衛；或方平延褒，謂之列幛列屏；或圍繞盤旋[173]而包裹，或高峙秀拔而拱夾[174]，或重重疊疊，如禁衛兩班；或濟濟森森[175]，如影從萬卒。此皆左輔右弼，侍衛之砂之至貴者也。其在後龍之左右者，謂之天乙太乙；其在過峽之左右者，謂之天角天弧；其在前朝之左右者，謂之金吾執法；其在明堂之左右者，謂之天關地軸；其在水口之左右者，謂之華表捍門。一皆輔弼推類[176]之易名也。其或邊有邊無，邊多邊少，邊高邊低，邊大邊小，則不合此格，貴又差[177]輕矣。

제10절 좌보우필(論左輔右弼)

좌보우필(左輔右弼)은 용혈의 귀중한 증거이다[証也]. 혈의 좌우에 특이하게 솟은 양산[左右特起兩山]은 협이봉(夾耳峰)으로 마주하여 솟아나 있으면 대단히 중요하다[緊切;緊要;긴절]. (좌우의 양산이) 마주하고[登對] (혈을) 끼고 조응하여[夾照] 서로 어긋나지 않아야[不參相差] 좋다. 또 고저(高低)、대소(大小)、원근(遠近)이 대등하여야[相等] 비로소 합격이다.

혹 둥글게 솟아 태음태양(太陰太陽) 같은 것을 일월협조(日月夾照)라 하고, 혹 탁립(卓立)하여 우뚝 솟아 깃발을 편 것과 같은 것[頓筆展旗]을 문무시위(文武侍衛)라 하고, 혹 방정하고 평평하며 넓게 벌려놓은 것[方平延褒]을 열병열장(列幛列屛)이라 하고, 혹 둘러싸 빙빙돌아[圍繞盤旋] 안을 감싸거나 혹 높이 솟아 아름답고 뛰어나고[高峙秀拔] 에워싸거나[拱夾] 혹 궁성에서 지배계층을 호위하는 것[禁衛兩班] 같이 (산이) 겹겹으로 포개져 있는 모양(模樣)[重重疊疊]이거나 혹 모양[影]이 만졸이 따르는 같이 나무가 많고 무성하면[濟濟森森] 이는 좌우 모두 보필하고[左輔右弼] 시위하는 사[侍衛之砂]는 지극히 귀한 것이다. 그것이 후룡의 좌우에 있는 것을 천을태을(天乙太乙)이라 한다.

과협(過峽)의 좌우에 있는 것을 천각천호(天角天弧)라 하고, 그것이 전조(前

173) 圍繞(위요) : 둘러싸다. (시간이나 일 또는 문제를) 둘러싸다. 주위를 돌다. ~을 중심에 놓다. ◦盤旋(반선) : 길, 강 등이 꾸불꾸불하게 빙빙 돎. 빙빙 돎.
174) 拱夾(공협) : 두 손[용호]으로 물건을 안다(에워싸다.)
175) 濟濟(제제) : 사람이 많은 모양. 위엄이 있는 모양. ◦森森(삼삼) : 나무가 무성하다.
176) 推類(추류) : 유추(類推); 유추하다.
177) 差(차) : 나쁘다. 좋지 않다. 표준에 못 미치다. 못하다.

朝)의 좌우에 있는 것을 금오집법(金吾執法)이라 하고, 그것이 명당(明堂)의 좌우에 있는 것을 천관지축(天關地軸)하고, 그것이 수구(水口)의 좌우에 있는 것을 화표한문(華表捍門)라 하는데 하나같이[一] 모두 보필을 유추하여 이름을 바꾼 것이다. 그것이 한 변이 있고 변이 없거나, 혹 한 변이 많고 적거나, 한 변이 크고 변이 적으면 보필의 격에 어울리지 않으니 귀 또한 표준에 못 미쳐 적다[輕].

論天門地户[178]

天門地户[179]，亦名三門五户。在法天門欲其開闊，地户欲其閉密。卜氏云：「垣局雖貴，三門逼窄不須觀。形穴雖奇，五户不關何足取。」又云：「所貴者五户閉藏，所忌者三門緊窄。」蓋穴之左右，不問青龍白虎，但水來一邊謂之天門，水去一邊謂之地户。趙緣督云：「水從左來流右去，左邊為天門，右邊為地户；水從右來流左去，右邊為天門，左邊為地户。不拘[180]青龍白虎，但水來一邊要開闊寬暢[181]，山明水秀，水去一邊，要高帳緊密，閉塞[182]重疊，不見水去為吉。合此則結作真，力量大，發福速，運祚遠。若天門當開而反閉塞，地户當閉而反寬曠，乃是山水不相交會，此處決無真龍結作，不必尋索穴場也。」世俗有誤執白虎不宜高昂，而不察水之來去者，是未獲[183]真訣，而以白虎為真虎耳。殊不知青龍白虎，乃術家假借此名，以稱左右之砂而已。只要收水一邊山勢強盛有力，收得水住，使氣便融聚。董氏德彰謂「下砂收盡源頭水，兒孫買盡世間田」是也 地户與下手及水口

---

178) 水口(수구) : 수구가 엉성하여 트인 곳이면 아무리 큰 부자(富者)라도 그 재산(財産)을 대를 이어 후세에 전해 줄 수 없어 자연스레 재산이 사라져(흩어져)[消散] (재산이) 줄어 망하게[耗敗] 된다. 따라서 水口는 바로 빠지지 않고 막힌 듯한 수구사 사이로 흘러나가는 곳이 좋다 。消散(소산) : 재산이 흩어지다. 。耗敗(재산) : 재산이 줄어 망한다.

179) 天門地戶(천문지호) ☕ 천문(天門)은 득수처(得水處)나 수래처(水來處)로 천관(天關) 또는 득수(得水)라 하고, 地戶(지호)는 수구로 지축(地軸)을 말한다. 。귀중한 것은 오호(五戶;地戶;破口)가 폐장(閉藏)하고 좋아하는 것은 삼문(三門;天門;得水)이 넓은 것이다(所貴者五戶閉藏 所愛者三門寬濶). 。폐장(閉藏) : 드러나지 않게 닫아 감춘다.

<출처>『설심부 변와정해』, 김상태 역주(譯註)

180) 不拘(불구) : 구속되지 않다. (~임에도) 불구하고. 제한되지 않다. ~를 막론하고

181) 開闊(개활) : (면적 혹은 공간 범위가) 넓다. (생각·마음이) 탁 트이다. 。寬(관) : 넓다, 광활(廣闊)하다. 크다. 。暢(창) : 막힘이 없다. 통(通)하다. 。乃是(내시) : 즉 ~이다. 곧 ~이다. 。尋索(심색) : 탐구하다. 찾다.

182) 閉塞(폐색) : 막다. 막히다. (교통·통풍 따위가) 소통되지 않다. (소식에) 어둡다.

183) 是(시) ~ : ~은 ~이다. 。未獲(미확) : 아직 ~를 얻지 못하다.

之砂同推。既曰下手砂，又何可拘青龍白虎？且極大之地 秉生殺權[184] 為都邑省郡[185]者，右砂強勝。如京師之 西山，南畿之雞籠、石頭城，福建之虎頭，江西之西山，浙江之西湖諸山，莫不皆然。此又以右勝為威武之權耳。第尋常小可之地，又不可以此為法也。

제11절 천문지호(論天門地戶)

천문지호(天門地戶)는 또 삼문지호(三門五戶)라 한다. 수법에 천문(天門)은 넓게 열려져[開濶] 있길 바라고, 지호(地戶)는 닫혀 가까워[閉密] 있길 바란다. 복씨가 이르길 '원국(垣局)이 비록 귀할지라도 삼문이 좁으면 볼 필요가 없으며, 혈의 형태가 비록 기이하여도 오호(五戶)가 관쇄되지 않으면 어찌 족히 취하겠는가?' 하였고, 또 이르길 '귀중한 것은 오호(五戶;地戶;破口)가 드러나지 않게 닫아서 감춤[閉藏] 것이고, 꺼리는 것은 삼문(三門)이 좁은 것[緊窄;핍착]이다' 고 했다.

대개 혈의 좌우는 청룡백호를 불문(不問)하고 다만 물이 흘러오는 한 변을 천문(天門)이라 하고 물이 흘러가는 한 변을 지호(地戶)라 한다.

조연독(趙緣督)이 이르길 '물이 좌로 따라와 우로 흘러가면 좌변(左邊)은 천문(天門)이고, 우변(右邊)은 지호(地戶)이다. 물은 우측을 따라와 좌측으로 흘러가면 우변(右邊)은 천문(天門)이 되고 좌변(左邊)은 지호(地戶)가 된다' 고 하였으니 청룡백호를 막론하고, 다만 물이 흘러오는 쪽은 넓고[開闊;개활] 막힘이 없어[寬暢;관창] 산이 명료하게 드러나 물은 빼어나야 하며, 물이 흘러나가는 쪽은 높은 봉우리가 몹시 (줄어들어) 가까워[緊密] 거듭[重疊] (수구의 사가) 막아[閉塞] 물이 흘러가는 것이 보이지 않는 것이 좋다.

---

184) 極大(극대) : 지극(至極)히 매우 큼. 함수(函數)가 일정(一定)한 법칙(法則)에 따라 늘어나 가다가 더 늘 수 없는 점까지 이르렀을 때의 양(量). ◦생살지권[生殺之權] : 사람의 목숨을 살리고 죽일 수 있는 권한 ☞ 强(강) : 우월하다. 좋다. [주로 비교에 쓰임]. 힘이 세다. 강하다. ◦勝(승) : 낫다. 뛰어난 것.

185) ≪탁옥부≫는 '용이 수천 리에 이르면 경도(京都)를, 수백 리면 성군(省郡)을, 백여 리면 주읍을 이루는데, 시진(市鎭)과 향촌이라도 반드시 수십 리는 되어야 한다. 이것보다 짧으면 역량을 중(重)히 볼 것이 없다' 고 하였다. ◦막불(莫不) : ~하지 않는 자가 없다. 모두 ~하다. ☞ 之(지) : 에, ~에 있어서. 쓰다, 사용하다.

이에 일치하면 결작이 참이 되고 역량이 크며 발복이 빠르고, 하늘에서 내려주는 행운[運祚;운조]이 무궁하다[遠].

만약 천문(天門) 마땅히 열려야 하나 도리어[反] 막히고[閉塞], 지호(地户) 당연히 막혀야 하나 반대로 막힘이 없이 광활하면[寬曠;관광] 즉 산수는 서로 만나 모이지 않는다. 이러한 곳은 결코 진룡 결작이 없는 것이니 혈장을 찾을[尋索] 필요가 없다 '고 하였다. 세속에 그릇되게 고집하여[誤執] 백호가 높이 드는 것은 마땅하게 여기지 않고, 물이 흘러가는 것을 세심하게 살피지 않아 아직 진결(真訣)을 얻지 못하였으나 백호를 진짜 백호로 여길 뿐이다. 청룡 백호를 알지 못하고 의외로[乃] 술가(術家)들은 이것의 칭호[외형;名]를 가차(假借)하여 좌우의 사(砂)를 칭할 뿐이다.

다만 물을 거두는 한 변의 산세가 강성(強盛)해야 효력[역량]이 있다. 물을 받아들여 머물면 기가 곧 융취하게 하는 것이다[收得水住, 使氣便融聚]. 동덕창(董德彰)이 이르길 '하사(下砂)가 원두수(源頭水)를 모두 받아들이면 자손[兒孫;아손]은 세상의 전답[田]을 모두 사들인다[買;매].' 고 한 것이다[是也]. 지호(地户)와 하수(下手)에 이르기까지 수구사를 같이 유추한다[同推]. 이미 하수사라 하였는데 또 어찌 ? 또 어찌 청룡과 백호에 구속을 받는가[可拘]? 또 생살권(生殺權)을 장악하는 지극히 큰 대지(大地)이면 도읍(都邑)과 성도(省郡)가 되는 곳으로 우사(右砂)가 뛰어나 좋다[强].

가령 경사(京師)의 서산(西山)과 남기(南畿)의 계룡(雞籠)、석두성(石頭城), 복건(福建)의 호두(虎頭), 강서(江西)의 서산(西山), 절강(浙江)의 서호(西湖) 등 모든 산[諸山]은 그렇지 않는 곳이 없다[莫不皆然]. 이는 또 우사(右砂)가 뛰어난 것으로 권세와 무력[威武;위무]의 경중·대소를 분별할 뿐이다[權]. 다만[第] 보통[尋常] 작은 땅에[之] 분별할 수 있다[小可之地]. 또 이것을 본보기[法]로 삼아서는 안된다.

論羅城垣局

羅城垣局, 即前朝後托相連於[186]周圍者也。要重重疊疊, 高聳周回, 層層級級, 盤旋圍繞, 補缺帳空, 如城之有女牆垛[187]者, 故曰羅城。又如天文三垣[188]星象,

---

186) 於(어) : 따르다. 기대다. 의지(依支)하다.

187) 女牆(여장) : 몸을 숨겨 적을 공격할 수 있도록 성 위에 낮게 덧쌓은 담. ◦垛(타) ; 垛

各有圍垣之星以衛帝座，故又謂之垣局。垣局者，即羅城也。卜氏云：「紛紛拱衛紫微垣，尊居帝座；重重包裹紅連瓣，穴在花心。」又曰：「山外山稠疊，補缺幛空。」又曰：「華表捍門居水口，樓台鼓角列羅城。」賴氏曰「四神八將應位起」，楊氏曰「外山百里作羅城」，皆善言垣局之情狀者也。大抵欲其寬大周圓，不知水從何出。朱子曰：「拱揖環抱無空缺處，宛然自一乾坤[189]。」乃羅城之上吉也。

제12절 나성원국(論羅城垣局)

전조(前朝)와 후탁(後托)이 주위를 따라서 서로 이어진 것이다. 반복하여[重重疊疊] 높이 솟아 주위를 감싸 여러 층[層層]이 차례로[級級] 빙빙돌아[盤旋] 둘러싸[圍繞;위요] 성(城)의 울타리[女牆垜;여장타]와 같아 파손되어 뚫린 공간[빈 공간]을 막아 보충하는 것이므로[補缺帳空] 나성(羅城)이라 한다. 또 가령 천문(天文)에 삼원(三垣)의 별 모양[星象]이 각각의 별[星]로 제좌(帝座)를 둘러싸[圍垣] 호위하는 것을 또 원국(垣局)이라 한다. 즉 (羅城)이다.

복씨가 이르길 '(사방에 여러 별들이) 거듭 받들어 호위하는 자미원은 제왕이 거하는 높은 자리이고, 겹겹이 붉은 연꽃잎으로 싸인[包裹] 것 같으면 혈은 꽃심[花心]에 있다.' 고 하였고 또 '산의 바깥에 산이 중첩하면 파손되어 뚫린 공간을 막아 보충하는 것이다' 고 하였다. 또 '화표와 한문이 수구(水口)에 있고, 누대(樓台)와 고각(鼓角)이 나성(羅城)에 나열되어 있는 것이다' 고 하였다. 뇌씨(賴氏) 왈(曰) '사유팔간(四維八干) 방위의 사(沙)[四神八將]가 산을 일으켜 응위(應位)한다' 고 하였고, 양씨(楊氏) 왈(曰) '백리(百里) 밖의 산[外山]이 나성을 만들었다' 고 한 것은 모두 원국(垣局)이 사실(事實) 있는 그대로의 상태[狀態]인 것을 잘 말하였다.

대저 넓고 크게 주위가 둥글어야[周圓] 물이 어느 곳을 따라 나가는지 모른

(타) : (성벽·문기둥·담 따위에) 밖이나 위로 툭 튀어나온 부분

188) 삼원(三垣)은 '세 개의 울타리'라는 의미로, 이들 울타리를 포함하는 동아시아 별자리의 별자리군을 의미한다. 세 울타리는 각각 쌍을 이루며, 모두 황도 안쪽에 위치한다.

<출처> 백과사전

189) 乾坤(건곤) : 하늘과 땅을 상징적(象徵的)으로 일컫는 말. 온 세상(世上).

다[不知水從何出]. 주자(朱子) 왈(曰) '둥글게 에워싸 공읍(拱環)하면 공결처(空缺處)가 없으므로 아주 뚜렷하여[宛然] 저절로 하나의 세상과 같다[一乾坤]' 고 하였는데 그래서[乃] 가장 좋은 나성(羅城)이다.

論樂山樂，喜好也。橫龍之穴[190]，喜有此山托帳於後。樂山者，穴後樂托之山，正應穴場而蓋托者是也。撞背來龍結穴，及穴星起頂者，皆不論樂。惟是橫龍穴，及凹腦、側腦、沒骨等穴，必要[191]樂山貼身蓋應，方為真穴。廖氏云：「橫龍結穴必要鬼，樂山宜後峙。」吳公云：「擔凹攀鞍要樂山，切須[192]貼背應穴場。」故樂山為枕穴之砂，不可不審。然樂有三格，曰特樂、曰借樂、曰虛樂。特樂者，遠遠特來，挺然貼穴；借樂者，雖非特來，而橫帳貼穴，不令空曠[193]；虛樂者，既非特來，又不橫繞，而低陷躲閃[194]，散亂遠曠，枕穴不著者也。特樂為上，借樂為次，虛樂不可用矣。其[樂山]於形象，皆不必拘。惟以端然卓立，高闊帳護，不令空缺為吉。且樂星亦不拘定是本身山，只客山亦可。若得樂下之水流到穴前，最為至貴。又穴上回頭便見樂山，或明堂中見者最吉。皆須貼背，不宜遠曠。

제13절 낙산(論樂山)

낙산은 즐겁고 기뻐서 좋은 것이다. 횡룡(橫龍) 결혈(結穴)하는 이 산 뒤에 의지하는 장막[托帳]이 있으면 좋다. 낙산(樂山)이란 혈 뒤에 의지하는[托] 낙산(樂山)이다. 혈장(穴場)에 바르게 응하는 것이 개탁(蓋托;가깝게 붙어서

190) 낙산증혈법 : 횡룡으로 결혈할 때는 반드시 주룡의 측면이나 뒤에 낙산이 있어야 한다.

191) 必要(필요): 필요(로)(하다). 꼭 소용함. ☞ 貼(첩) : 접근(接近)하여 닿다. 따르다. 아주 가깝게 달라붙다.

192) 須(수) : 마땅히 ~해야 한다. 반드시 ~하여야 한다. 필요하다. 기다리다.

193) 부정 不(부)~ : ~하지 아니하다. ~가 아니다. ◦령(令) : ~로 하여금 하게 하다. ◦空曠(공광) : 아주 넓음. 광활하여 멀다. ◦不(불) : 없다. 못하다. 모자람.

194) 低陷(저함) : 낮아 움푹 패이다. ◦躲(타) : 피하다.비키다. ◦閃(섬) : 날쌔게 피하다. 언뜻 보이다. 갑자기 나타나다.◦遠(원) : 멀리하다. 멀어지다. ◦광(曠) : (거리가) 멀다. 공허하다.

밀다)한 것이다. 입수두뇌(入首頭腦)의 바로 뒷면[撞背]에서 내려온 용[來龍]에 결혈하고 혈성(穴星)이 솟은 봉우리는 모두 낙산을 논하지 않는다[직룡입수]. 다만 횡룡혈이거나 요뇌(凹腦)、측뇌(側腦)、몰골(沒骨) 등의 혈은 반드시 낙산이 용신에 가깝게 붙어[貼身] 대개 응해야 비로소 진혈(真穴)이다. 요씨(廖氏)가 이르길 '횡룡 결혈은 꼭 필요한 것은 귀(鬼)나 낙산이 뒤에 솟아야 마땅하다.' 고 하였고, 오공(吳公)은 이르길 '담요(擔凹)와 반안(攀鞍)의 혈은 낙산이 적절하게[切] 배후에 가깝게 붙어서 혈장에 대응해야 한다' 고 하였으므로 낙산(樂山)은 혈이 베개삼는[枕穴] 사(砂)[枕穴之砂]를 세심하게 살펴야 한다. 이러한 낙(樂)에 삼격은 특락(特樂), 차락(借樂)、허락(虛樂)이라 한다.

<그림1-2-20 >특락도 <그림1-2-21 >차락도 <그림1-2-22 >허락도

特 樂 圖	借 樂 圖	虛 樂 圖
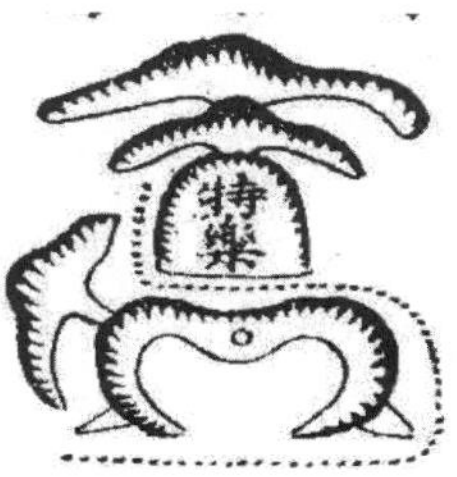 特樂	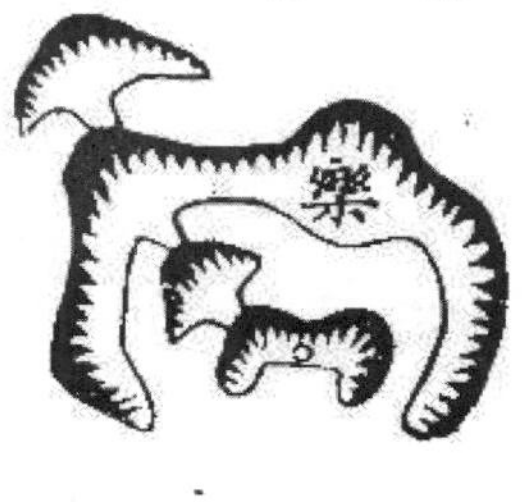 樂	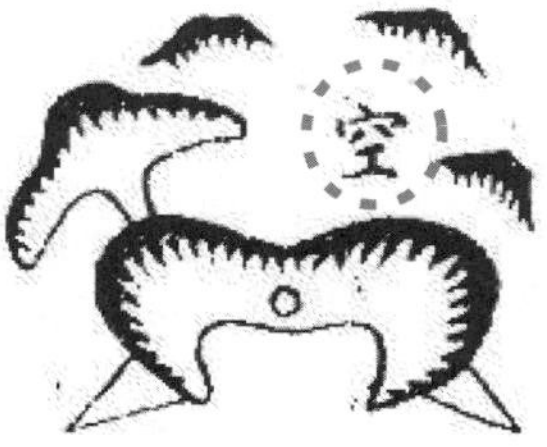 空
此遠山特來, 挺然貼穴應樂者, 至吉, 主驟發富貴, 大旺人丁, 康寧長壽	此橫幛貼穴, 不空缺, 正樂應, 亦有力, 是吉地真穴, 福祉次于[195]特樂。	此穴後空虛, 無正樂, 雖有小山, 偏旁低閃, 不[196]枕穴場, 是凶地假地。
特 樂 圖	借 樂 圖	虛 樂 圖
이는 먼 산이 특래를 하여 솟아 혈에 가까이 달아붙어 낙산이 응대하면 지극히 좋다. 주는 즉시 부귀하고 인정(人丁)이 태왕하여 몸이 건강하고 마음이 편안하여 장수한다	이는 횡으로 막아 혈 가까이 달라붙어 공결하지 않고 낙산이 응하여도 역량이 있다. 이것이 길지이고 진혈이면 복지는 특락 다음이다.	이는 혈후가 공허(空虛;빈 공간)하여 다만 낙산이 없어도 비록 작은 산이 있으나, 옆으로 치우치고[偏旁] 낮게 피하여 혈장에서 베개를 삼을 수 없는 흉지(凶地)는 가지(假地)이다.

특락(特樂)은 특히 멀리 멀리서 뻗어와[來] 두드러지게 솟아[挺然;정연] 혈 뒤에 달라붙은 것 같이 가까이 있고, 차락(借樂)은 비록 특락(特來)이 아니라도 횡으로 막아 (혈에) 아주 넓지[不令空曠;불령공광] 않도록 혈에 아주 가까이 달라붙은 것[貼穴]이다. 허락(虛樂)은 특래(特來)도 아니며[既非;亦非] 또 횡요(橫繞)가 없으며[不],저함(低陷)하고 멀고 비어[遠曠] 있는데 산란(散亂)하여 살짝 비켜서[躲閃;타섬] 혈이 베개를 삼을[枕穴] 사(砂)가 나타나지 않는다[不著].특락(特樂)이 으뜸이며, 차락(借樂)은 그 다음이고, 허락(虛樂)은 사용할 수 없다. 낙산(樂山)은 형상에는 모두 구애받을 필요가 없다. 다만 단정하게[端然;단연] 높이 솟아[卓立] 빈 공간[空缺]이 크게 넓지 않도록 막아 보호하면[帳護;장호] 좋다. 또 낙산[樂星]은 또 반드시[定是] 본신 산에 얽매이지 않고 다만 객산도 가능하다.

만약 낙산 아래의 물이 혈 앞에 도달하여 흐르면 제일[最;가장;최상] 지극히 귀하다. 또 혈상(穴上)에서 회두(回頭)하여 곧 낙산(樂山)이 보이거나, 혹(或) 명당 중에서 보이는 것이 가장 좋다. 모두 배후에 반드시 바짝 달라붙어야 하고[須貼背] 너무 멀면 마땅하지 않다.

특락격(特樂格)[김탐화공(金探花公) 달(達)의 아버지 묘]

앞의 땅은 부량현(浮梁縣)의 북쪽 고향에 있는 김탐화공(金探花公) 달(達)의 아버지를 매장한 땅이다. 그 용은 심히 멀어 상술하지 못한다.
개장하여 중출맥이 이어져 수절(數節)의 문성이 솟아 언덕[平坡;평파]에서 내려와 노편뇨(盧鞭裊)를 이루어 불원간(不遠間)에 혈을 만들었으니 매화 낙지[落地梅花]의 격이다.

양쪽으로 작은 언덕이 끼고 따라오고 정맥이 가운데로 행도하다가 잇달아[疊疊;첩첩] 반복(反復)하여 문성을 다시 일으키고 질단결인(跌斷結咽)하여 입수하여 천재요성(天才凹腦)의 혈을 맺어 후낙(後樂)이 (혈의) 배후에서 달라붙어

195) 次于(차우) : ~의 다음가다. ~보다 못하다.
196) 不(불) : [不可~] 해서는 안 된다. 할 수는 없다. [不能~] (능력이 없어서) 할 수 없다. [不俱~] 함께는~할 수 없다. ◦落下(낙하) : 떨어지다.~결과가 되다. 내리다.

[貼背] 조아리며 지탱하여[撑頓;탱돈] 역량이 있다. 전면에 여러 겹으로 포개져 있는 모양의 작은 산[堆堆疊疊;퇴퇴첩첩]의 기이한 봉우리가 (혈을) 향하여 에워싸고 [朝拱] 명당인 논[田][湖田]을 하관(下關)하여 (물이) 모이고[融注;융주] (혈을) 감싸 호위하여[抱衛] 유정하다. 요기(曜氣)와 전욕(氈褥)은 증거의 조짐(兆朕)[証應;증응]이 명백하다.

<그림1-2-23> 특락격

右地在浮梁縣北鄉，金探花公達葬父地也。其龍甚遠不詳述。將作穴，開帳中落出脈，連起數節文星，落下平坡，成盧鞭梟、落地梅花之格。兩畔小埠夾從，正脈中行，疊疊複起文星，跌斷結咽[197]，入首結天財凹腦[198]之穴。後樂貼背，撑頓有力。前面堆[199]堆疊疊，奇峰朝拱。明堂湖田[200]融注，下關抱衛有情，曜氣[201]氈褥，証應明白。系艮龍入首，扦壬丙相探花公春秋二榜，皆在丙科，是其驗也，卯水朝入。以攀鞍穴後樂撑貼，取作躍馬赴敵形，屯軍案，真特樂有力，催官之格也。嘉

간룡(艮龍)입수로 (혈을) 맺어[系] 임좌(壬丙)로 천장(扦葬)을 하였으며, 탐

197) 跌斷(질단) : 과협한 용이 달리면서 끊어진 듯하다가 다시 이어진 것을 질단(跌斷)이라고 하고 ☕ 結咽(결인) : 부모산과 입수도두(入首到頭) 사이의 속기처(束氣處)로 지형이 아래로 엎드린[伏] 곳이다. 과협(過峽)과 모습은 비슷하나 위치는 다르다. 과협은 혈에서 먼 곳에서 이루어지고, 결인은 혈 바로 뒤에서 이루어진다.

198) **천기 9성**에 천강(天罡), 고요(孤曜), 조화(燥火), 소탕(掃蕩)의 네 가지가 흉이고 다른 것은 모두 길형이다. **천재성(天財星)**에는 요뇌천재성(凹腦天財星), 쌍뇌천재성(雙腦天財星), 평면천재성(平面天財星)의 세 가지는 구성상 거문(巨門)의 편형으로써 특히 높고 크면 대길이다. ☞**요뇌혈(凹腦穴)**은 반드시 낙산을 필요하며, 낙산이 오른쪽으로 오면 혈은 오른쪽에 있고 왼쪽으로 오면 혈은 왼쪽에 있다. 낙산이 나란히 두 개 있으면 쌍혈을 맺기도 한다. 뒤의 산이 높고 험해서 위압적이며 혈을 억누르는 형세는 결혈을 할 수가 없다.

199) 堆(퇴) : 쌓이다. 쌓다. 작은 산

200) 湖田(호전) : 호소(湖沼)지대에 제방을 쌓아 개간한 논

201) 曜氣(요기) : 용호(龍虎) 밖에 지각(枝脚) [小山, 巖石 등]이 생긴 것을 요기(曜氣)라 한다(在龍虎外生枝脚者, 爲曜氣). ☕ 在(재) : ~에 몸담고 있다.

202) 會元(회원) : 명청(明淸) 시대에, 과거 시험 '會試(회시)'의 장원 급제자.
☞及第(급제) : 과거에 합격하다.

화공(探花公)은 춘추(春秋)와 이방(二榜)에 모두 병과(丙科)에 몸담고 근무하였으니 이것이 증거[驗;검증하다]이다. (8층으로 측정하여) 묘방[卯]에서 물이 처음[朝] 들어오고[入] 반안혈(攀鞍穴) 뒤(後)에 낙산이 가까이 붙어 지탱하여[樂撐貼] 약마부적형(躍馬赴敵形)으로 여겨 부르고, 둔군(屯軍)을 안산[案]으로 하니 참으로 특락(特樂)은 유력하여 매우 길한[催官] 격이다.

가장 신축년(嘉靖辛丑年)에 택하여 장사[葬]를 지낸 후 6년 병오(丙午)에 공(公)이 장원을 하였고[發魁;발괴] 또 10년 후 병진(丙辰)년에 장원으로 과거에 합격하여[會元及第] 지금까지 부귀가 한창[方] 융성하다[隆;륭].

			비 고
요뇌토 (凹腦土)	쌍뇌토 (雙腦土)	평뇌토 (平腦土)	
목성(木星)에는 절(節)에 장사(葬事)하고, 화성(火星)에는 염(焰;불꽃)에 장사하며, 수성(水星)에는 포(泡)[203]에 장사(葬事)하고, 금성(金星)이면 와(窩)에 장사(葬事)하고, 토성(土星)이면 각(角)에 葬事함이 바로 고인(古人)이 오행(五行)에 근원을 둔 것으로 생기(生氣)가 있는 곳에 작혈(作穴)한다는 것이다.			혈(穴)의 비결(秘訣)

<그림1-2-24> 쌍측뇌혈담요혈(双側脑担凹

<그림1-2-25 >측뇌금성혈격(側脑金星穴格)

203) 泡(포) : 節(절);節泡(절포);水泡을 말함. 혈이 맺히는 용의 절[마디]을 말한다.

<그림 1-2-26 >평면토성혈격(平面土星穴格)

<그림1-2-27>요뇌토성혈격(凹脑土星穴格

凹腦天財穴 · 雙側腦
(요뇌천재혈·쌍측뇌)

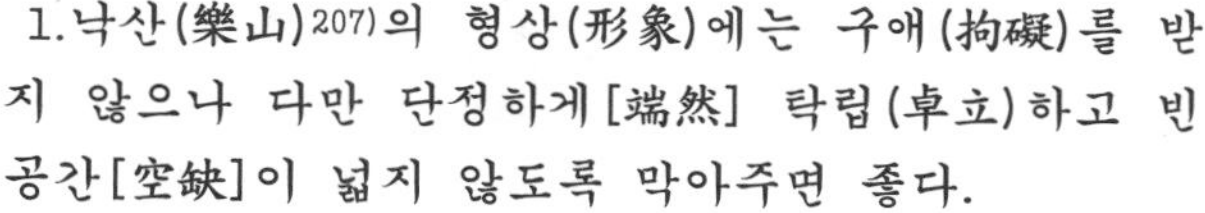
1.낙산(樂山)207)의 형상(形象)에는 구애(拘礙)를 받지 않으나 다만 단정하게[端然] 탁립(卓立)하고 빈 공간[空缺]이 넓지 않도록 막아주면 좋다.

2.낙산은 적절하게[切] 혈장 배후에 가까이 달라붙어서 혈장에 응하여야 한다[切須貼背應穴場].

3.뒤가 오목한 담요혈과 반안혈은 낙산이 필요하다 [擔凹攀鞍要樂山].

☞ 반안(攀鞍): 말안장.

☞ 반(攀) : 무엇을 붙잡고 오름. 달라붙음.

< 그림1-2-28 > 담요혈(擔凹穴) · 반안혈(攀鞍穴)

---

204) 泡(포) : 節(절);節泡(절포);水泡을 말함. 혈이 맺히는 용의 절[마디]을 말한다.
205) 泡(포) : 節(절);節泡(절포);水泡을 말함. 혈이 맺히는 용의 절[마디]을 말한다.
206) 泡(포) : 節(절);節泡(절포);水泡을 말함. 혈이 맺히는 용의 절[마디]을 말한다.
207) **귀성(鬼星)증혈법 /낙산 증혈법**

☕ 귀성(鬼星)증혈법

1. 횡룡으로 입수하는 혈에는 혈 뒤나 측면이 허약하고 비어 있어 뒤를 귀성(鬼星)이 지탱하고, 낙산이 바람을 막아줘야 하는 혈성의 후면에는 귀성이 필요하다.

2.귀성이 붙어있는 위치에 따라 횡룡(橫龍)하는 용과 혈의 위치를 알 수 있다. 귀성이 높게 붙어있으면 혈도 높은 곳에 있고, 귀성이 낮은 곳에 있으면 혈도 낮게 맺는다. 귀성이 좌측에서 출(出)하였으면 혈도 좌측에 있고, 귀성이 우측에서 출(出)하였으면 혈도 우측에 있는 것이니, 이른바 귀성을 대(對)하여 입혈하는 것을 귀성증혈법(鬼星證穴法)이라 한다. 다른 말로 대귀좌혈(對鬼坐穴)이라 한다.

<출처> 『거림명당풍수학』

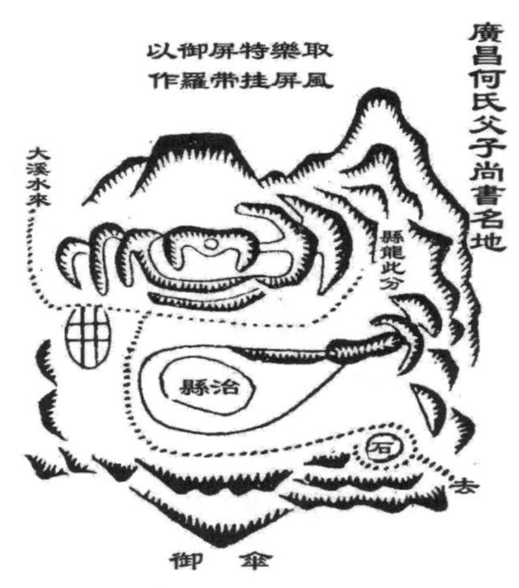

< 그림1-2-29 > 광창하씨 부자상서 명지

左地在廣昌縣西一里，土名桃竹坑。系縣[208]龍分結。分後五峰中出，逶迤頓伏。將入穴，乃束氣起天財土星，橫脈結穴。穴完又起星峰，踊躍以去.立穴處似過脈狀.只是[209]後有御屏特樂，撐貼有力，証得[210]情真。穴前一字文星及蛾眉為案。案外奇峰獻秀，下關逆抱包裹[211]。前鋪官星，大河繞帶，局勢完密，真貴地也。吏部公文淵父以疫卒洪武丙寅，抬(擡)柩至此遇雨，遂葬，今鄉稱天葬地。公時方半歲，乙丑生，後登永樂戊寅進士，累官至吏部尚書。子裔新，官至刑部尚書，謚[212]

☕ **낙산 증혈법** : 낙산은 혈 뒤의 허함을 보완하여 바람을 막아 생기를 보존한다.

1. 낙산이 혈성 뒤 왼쪽에 있으면 혈도 왼쪽에 있고, 낙산이 혈성 뒤 오른쪽에 있으면 혈도 오른쪽에 있다.

2.낙산이 혈성 뒤 중앙에 있거나 또는 두 개의 낙산이 좌우로 벌려져 있으면 혈은 중앙에 맺는다.

3.낙산이 혈성 뒤 멀리 있으면 혈도 멀리 있고, 가까이 있으면 혈도 가까이 있다.

<출처>『풍수지리학 원리』. & 『정통풍수지리』

208) 系(계):잇다.☞ 縣(현): 줄지어 있다. 잇다, 연결(連結)하다.; 사물과 사물을 서로 잇거나 현상과 현상이 관계를 맺게 하다) ◦용약(龍躍) : 펄쩍 뛰어오르다. 열렬하다. 껑충껑충 뛰다. 활기가 있다

209) 只是(지시) : 다만. 그러나. 오직. 그런데 ◦有力(유력) : 힘이 있다. 유력하다. 강력하다

210) 得(득) : 동사의 뒤에 쓰여 동작이 이미 완성된 것을 나타내, '了' '到' '在'와 같은 뜻으로 쓰임 . ☞ (추측의 필연성을 나타내어) ~임에 틀림없다.

211) 包裹(포과) : 싸다.◦완밀(完密) : 나무랄 데 없고 빈틈 없다.☕ 완선하다 : 나무랄 데가 없다. ◦대(**抬;擡**) : (2인 이상이 힘을 합쳐) 함께 들다. ◦수(遂) : 마침내. 이루다.

212) **謚(익) : 시호(謚號)**. ~라고 부르다. ~라고 칭하다. 시호를 주다[받다].

敏肅.玄孫[213]曰源，進士；曰濤，解元[214]；曰沆，解元。子曰孔陽，諸公連登科甲，富貴方隆

좌지는 광창현(廣昌縣)의 서쪽[西] 1리(一里)에 있고, 토명(土名)은 도죽갱(桃竹坑)이다. 연결된 용을 나누어 (혈을) 맺었는데 분맥(分脈)을 한 후에 5봉우리의 가운데에서 (맥이) 나와[中出脈] 위이(逶迤)하고 머리를 조아리며 엎드리고[頓伏] 혈에 입수할 즘에 비로소[마침내;乃] 속기(束氣)하여 횡맥으로 천재토성(天財土星)을 일으켜 혈을 맺었다.

혈을 완성하고[完] 또 활기차게[踊躍;용약] 입혈처를 지나가는[以去] 과맥(過脈)의 모양과 같다[似過脈狀]. 다만[只是] (혈의) 뒤에 어병(御屛)이 특락(特樂)하여 (혈의) 가까이 붙어 지탱하여[撑貼;탱첩] 증거[証]가 틀림없어[得] 혈정이 진실하여[情真] 힘이 있다[有力]. 혈 앞에 일자문성(一字文星)과 아미사(蛾眉砂)와 더불어[及] 안산[案]이 되고, 안외(案外)에 빼어나고[獻秀] 기이한 봉우리[奇峰]가 아래를 막아[下關] 역포(逆抱)하여 혈장을 감싸고[裹;과], 앞에 관성이 늘어져 있고[鋪], 대하(大河)가 빙둘러 에워싸 국세(局勢)가 완전히 긴밀(緊密)하여 참으로 귀한 땅이다.

이부공(吏部公) 문연(文淵)의 부(父)가 장지를 조성하였다[天葬地]고 한다. 그때 공은 생후 반세(半歲)였다. 을축생(乙丑生)으로 후에 영락(永樂) 무술년(戊寅)에 진사(進士)의 지위에 올라[登] 누차(累次) 승진하여[累官] 벼슬이 이부상서(吏部尚書)에 이르렀고, 아들 교신(喬新)은 벼슬이 형부상서(刑部尚書)이며, 시호(謚號)는 민숙(敏肅)이다. 현손(玄孫) 원(源)은 진사(進士)이고, 도(濤)은 해원(解元)이었고, 항(沆)도 해원(解元)이며, 아들[子] 공양(孔陽) 등 제공(諸公)은 연달아 과갑(科甲)에 올라 부귀가 지금까지도 융성하다.

☕ 유교에서는 사람이 죽은 후에 살아 생전의 모든 업이 이름으로 남는다고 가르친다. 죽어서 남기는 이름은 **시호(謚號)**라고 하는데, 죽은 이의 일생이 함축되어 있다.
<출처> 역사 이야기

213) **현손(玄孫)** ?

☕ **고조(高祖)** ➡증조(曾祖) ➡조(祖) ➡부(父) ➡**나** ➡자(子) ➡손(孫) ➡증손(曾孫) ➡**현손(玄孫)** ➡내손(來孫) ➡ 곤손(昆孫) ➡ 이손(耳孫)·잉손(仍孫) ➡운손(雲孫).

☕ 먼저 자기를 기준으로 한다면 자기의 위를 **부(父)**라 하고, 그 위를 **조(祖)**라 하고, 그 위를 **증조(曾祖)**라 하고, 다시 그 위를 고조(高祖)라 한다. 이번에는 **반대로** 따져보자. 바로 아래 항렬(行列)을 **자(子)**라하고, 그 아래를 **손(孫)**이라 하고, 다시 그 아래를 **증손(曾孫)**이라 한다. 그리고 다시 그 아래를 **현손(玄孫)**이라고 한다. 윗대로 올라갈 때는 고조라 하고

214) 解元(해원) : 명청(明淸) 시대 과거(科擧) 향시(鄉試)의 수석 합격자

右在邑北一里，土名鄭衝元，乃縣龍分結。自分脈後，過分水嶺峽，頓起丫[215]山，開大帳，仙橋[216]出脈，走弄[217]數十節。入[218]局頓起飛蛾鶴騰翼格，中垂嫩脈，落平坡，為太陰轉面開窩。窩間微乳，兩畔微鉗，穴情甚巧。前吐坦氈，左右盤旋，龜蛇捧抱，橫脈落穴。後樂一峰，挺然特聳，取作仙人跨鶴形。明堂、朝對、下關、水口皆美，董德彰先生下，課云：「鶴騰亥脈出仙橋，卯向分明艮水朝。一峰西兌撐天柱，兩峰辰巽貼雲霄。左右龜蛇盤足下，面前丹詔列功曹。人間富貴渾閒事，定有天書[219]詔譽髦。」

앞에 땅은 읍(邑)의 북쪽[北] 1리(一里)에 있다. 토명(土名)은 정충원(鄭衝元)이며, (장충원에) 이르러[及] 연속된 용이 분맥을 하여 (혈을) 맺었는데 분맥한 후에 협(峽)의 분수령(分水嶺)을 지나 봉우리가 솟아[頓起] 한가운데서 갈라져 나온 산[中出脈山;丫山(아산)]이 크게 장막을 열어[開大帳] 선교(仙橋)를 만들었고 출맥(出脈)하여 수십 절을 달려가[走弄;주롱] 국(局)에 들어가 나방[飛蛾;비아]이 학의 날개에 오르는 격[鶴騰翼格;학등익격]으로 우뚝 솟아 중출로 늘어뜨린 눈맥(嫩脈)이 언덕[平坡]에 머물러[落] 태음금성(太陰金星)이 면을 바꾸어[轉面] 와(窩)를 열었다.

와(窩)의 공간[間]에 미유(微乳)가 있고[陽中에 陰], 양측[兩畔]에는 미겸(微鉗)이 있어 혈정(穴情)이 심히 교묘하다[甚巧]. 앞에는 평탄하게[坦] 전순을 내밀고 좌우에서 빙빙 돌아 구부러져 구사(龜蛇)가 감싸 들어 올리고[捧抱] 횡맥(橫脈)으로 낙혈(落穴)하였고 후낙(後樂) 일봉(一峰)이 특별나게 솟아[特聳] 빼어나[挺然] 선인과학형(仙人跨鶴形)이라 부르며[取作], 명당(明堂),조대(朝對),하관(下關),수구(水口) 모두 아름답다. 동덕창(董德彰) 선생이 하장[下]하였다. 과에 이르길 '학등(鶴騰)이 해맥(亥脈)으로 나와 선교(仙橋)하여 묘향(卯向)이 분명(分明)하고 간[艮] 방향으로 물이 흘러[水朝] 1봉(一峰)이 서쪽 태방[西兌]에 천주가 지탱하고[撐天柱] 양봉(兩峰)이 진손(辰巽) 방향에 하늘

---

215) 丫(아) : 가닥(한군데서 갈려 나온 낱낱의 줄) ☞ 선(僊[仙]) : 신선.선인(仙人). ◦과(跨) : 걸터앉다. 두 다리를 벌리고 서다[앉다].

216) 선교는 본래 수성(水星)이나 양쪽의 모서리[兩角]에 화(火)나 목(木)으로 받쳐주면 선교(仙橋)라 한다(仙橋本水星而又以撐木火兩角爲仙橋者, 爲上撐木者次之蓋水火有旣濟之功故貴)。爲(위) : ~라고 하다. ◦이미 성취한 공이 있어 귀하다(有旣濟之功故貴)

217) 走弄(주롱) : 멋대로 달려가다, 피신하다. ☞ 轉移(전이) : 옮기다. 변화하다(弄走).

218) 入(입) : 들다. 들이다 .빠지다. 떨어지다. 떨어뜨리다. ◦盤旋(반선) : 길이나 강 따위가 빙빙 돌아 구부러짐 ☞ 作(작) : (어떤 모양을) 나타내다. ~로 여기다.

219) 天書(천서) : 하늘의 신선이 쓴 책이나 편지. 황제의 조서(詔書)

가까이 붙어[貼雲霄], 좌우의 족하(足下)에서 구사(龜蛇)가 반선(盤旋)하고, 면전에 임금의 칙명[丹詔]을 관청[功曹]에 늘어놓아, 인간의 부귀가 모두[渾;혼] 한가하며[閑事] 반드시 황제의 조서[天書]로 불러 영예롭고 훌륭하다[譽髦;명발]' 고 하였다.

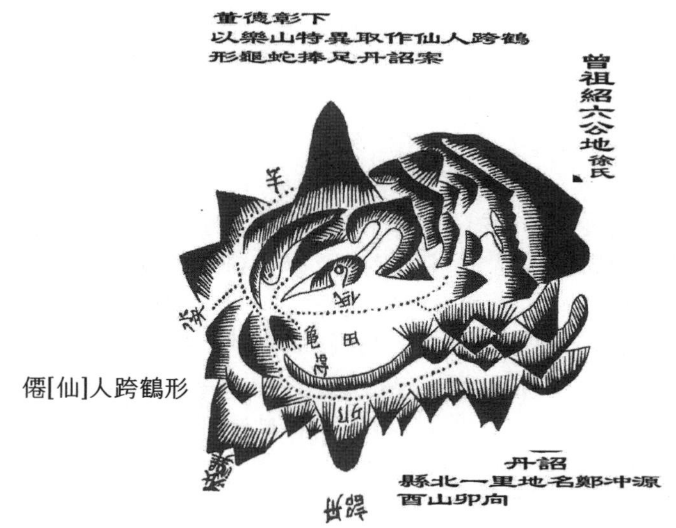

董德彰下
以樂山特異取作仙人跨鶴
形龜蛇捧足丹詔案
曾祖紹六公地
徐氏
僊[仙]人跨鶴形
丹詔
縣北一里地名鄭沖源
酉山卯向

< 그림1-2-30 > 증조(曾祖) 소육공지(紹六公地)
동덕창하(董德彰下)

모서리[角]가 네모[方]이면 **어병풍**이고,角이 둥글면 **사문성(赦文星)**이라

御屛風

宜居水口

宜作正案

<그림1-2-31 > 어병(御屛)

御屛风者，乃土星之特峙者也

蛾眉文星

宜作正案

<그림 1-2-32 > 아미문성(蛾眉

<그림1-2-33 > 일자문성(一字文

일자문성을 일명(一名) 도지목성(倒枝木星)이라 한다. 과거급제를 면면히 대면한다. [主科甲綿綿見]

左地在豐城長安之蠏坑。其龍起孤山作祖，行數十里來[220]，踊躍奔騰，磊磊落落。將入局，頓起九腦芙蓉大帳。帳中落脈，大斷過峽，重疊迎送。複起飛蛾中出一脈，走弄[221]成盧鞭三裊貴格。結咽入首為平面太陰文星開窩之穴。橫脈結作，借樂立穴。喜有後山高帳，樂托有力，正應其穴，所以為吉。且左右龍虎均匀，當面天馬雙峰正案，田源[222]潮水聚堂，下關水口交固，真可稱貴地。葬後孫氏溥發解[223]嘉靖壬子，兄弟聯登科甲。惜乎來龍山上挖取煤炭，傷洩龍氣，故未可雲盡美也。上樂砂姑出此三格，辨其真偽，以定取舍耳。其有左樂、右樂、中樂、長樂、高樂、低樂等格，則詳於樂山証穴之下，玆不重及也

앞의 땅은 풍성장안(豐城長安)의 해경(蠏坑)에 있다. 그 용이 고산(起孤)을 일으켜 조산(祖山)을 만들었고 수십리(數十里)를 달려와 뚜렷하게[磊磊落落] 나아가 솟구치고[踊躍奔騰] 국에 들어올[入局] 즈음[將]에 봉우리가 솟아[頓起] 9뇌부용(九腦芙蓉)으로 크게 개장하고 장중(帳中)에 낙맥(落脈)하여 영송(迎送)을 반복하며[重疊] 크게 끊어 과협하여[大斷過峽] 다시 불나방 모양[飛蛾;비아]을 일으켜 가운데 일맥(一脈)이 나와 달려가 노편삼뇨(盧鞭三裊)의 귀격貴格)을 이루어 결인(結咽)하고 입수(入首)하여 평면(平面)에 태음문성(太陰文星)을 만들어[爲] 횡맥으로 결작(結作)하여 와혈을 열어[開] 차락(借樂)으로 혈에 임하고 있으니[立穴] 높은 장막이 후산에 있는 것이 기쁘고 낙탁(樂托)이 똑바로 혈에 대응하여 힘이 있어 좋다.

또 좌우 용호가 균등하게[均匀;균균] 천마쌍봉(天馬雙峰)을 마주 대하여[當面] 정안(正案)이 되고, 전원수(田潮水)가 흘러들어[潮] 명당에 모여 아래 수구를 확실하게 교쇄(交鎖)하여[交] 막아[關] 참으로 귀하다고 부를 수 있다.

장사 후[葬後]에 손씨(孫氏)는 가정(嘉靖) 임자(壬子)년에 과거에 두루 합격하였으며, 형제는 연속하여 과거에 급제하였으나[登科甲], 애석하게 내룡의 산위를 파서[挖;알] 석탄[煤炭;매탄]을 채취로 용을 상하게 하여 용기를 누설하였으므로[洩龍氣] 끝까지 아름다움이 많다고 해서는 안된다[未可雲盡美也].

---

220) 來(래) : (어떤 동작·행동을) 하다.◦ **踊(용)** : 빨리 달리다. 나아가다. ◦ **躍(약)** : 뛰다. 오르다. ◦ 분등(奔騰) : ☞ 奔(분) : 달리다. ◦ 騰(등) ; 질주하다.

221) 弄(롱) : 하다. 행하다. 만들다. ◦ 소이(所以) : 그러니. 그래서. ~한 이유는

222) 田源水(전원수) - 案山이 앞을 막아 혈 앞에 많은 물이 갇히고 밭이 있으면 부귀해진다.

223) 溥(보) : 두루 미치다. 넓다. ◦ 發解(발해) : 명청(明淸) 시대에 '擧人(거인)' 시험에 급제하다.☞ 거인(擧人)도 과제(科第)라 칭하는데, 그 임용하는 격례(格例)가 문과(文科) 출신에 비하여 크게 차이를 두는 것은 무엇 때문인가

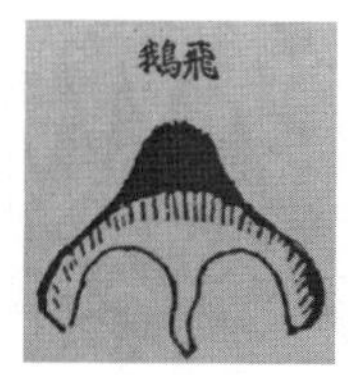

<그림1-2-34>비아(飛鵝)

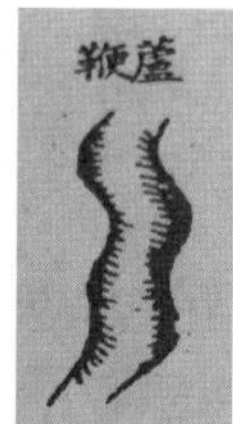

<그림1-2-35 > 노편(蘆鞭)

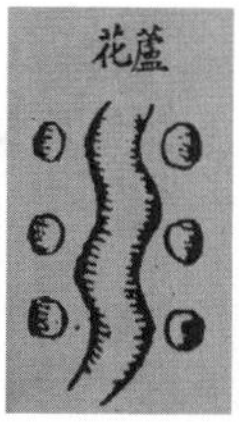

<그림1-2-36> 노화(蘆花)

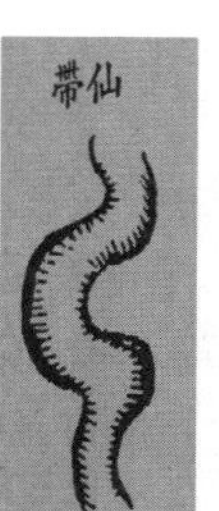

<그림1-2-37> 선대(仙帶)

<출처>『지리담자록』

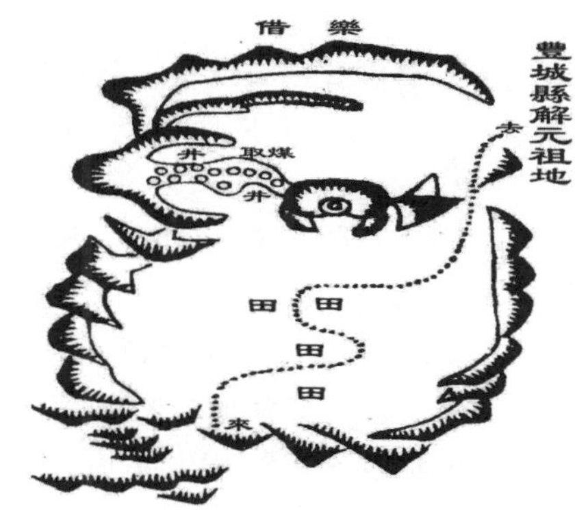

<그림1-2-38>풍성손해조지(豐城孫解元祖地)

위에서 낙사(樂砂)는 이 3격이 잠깐[姑;고] 나온다. 진위(真僞)을 분별하여 취사(선택)를 정할 뿐이다. 그것은 좌락(左樂)、우락(右樂)、중락(中樂)、장락(長樂)、고락(高樂)、저락(低樂) 등의 격이 있으니 낙산증혈은 아래에 상세히 기술하였으므로 여기[玆;자]에서 중시하지[重及] 않는다.

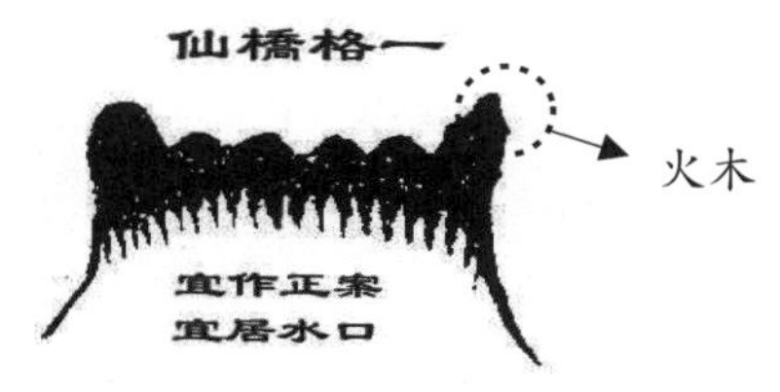

<그림1-2-39 > 선교(仙

<그림 1-2-40 > 단조(丹詔)

<출처>『인자수지』

論下手砂

不問西南東北，但去水一邊謂之下手，又曰下臂，又曰下關。訣云：「有地無地，先看下臂。」又云：「看地有何難，先觀下手山。」又云：「未看後龍來不來，且看下關緊不緊；未看結穴穩不穩，且看下關回不回。」此等語雖淺近俗俚[224]，然至理本不外是。蓋下手砂最關緊切。有下關則結作，無下關則無結作。下關重疊，結作愈大；下關空曠，則不須尋地。吳公《地理件目》云：「凡青龍白虎既渾全[225]，美好在法，不問左右，定要[226]下手一山兜乘得上手山過，方是吉地。假如[227]穴前水流倒左，則左為下手，要左臂一山逆水，長於右山，兜住右邊山水。若穴前水流歸右，則右為下手，要右臂一山逆水，長過左山，兜住左邊山水；如此[228]謂之逆關，乃為吉地，主發財祿。若下手短縮，兜上手山水不過，其他好處皆不得力，乃是假穴，不可下也。」

按：《件目》此論，誠為有理。且逆水下關，謂之財砂[229]，最能發財。楊公云：「惟有下手救得人，世代不教[230]貧。」廖氏云：「問君如何富，下山來相輳。問君如何貧，下山順水奔。」董德彰云：「下砂收盡源頭水，兒孫買盡世間田。」萬萬山《何知歌》云「何知人家富了富，下臂重重來抱顧；何知歌人家[231]貧了貧，下關空曠不朝墳」是也。大抵逆水砂不虛生[232]。凡見有一山迢迢彎曲，逆兜上手水者，便宜尋索[233]龍穴，決有結作。愚嘗謂「有山逆水不虛生，定為真龍作股

224) 淺近(천근) : 천근하다. 평이하다. 알기 쉽다. ∘俗(속) : 저급(低級)하다. 품위가 없다. 속되다(俗). ∘俚(리) : 속되다. 촌스럽다.

225) 渾全(혼전) : 완전하거나 완벽함. ∘兜(두) : 에워싸다. 둘러싸다. 주머니. 자루

226) 定要(정요) : 꼭 ~하다. 꼭. 반드시

227) ☕ 的話(적화), 如果(여과), 要是(요시), 假如(가여), 假設(가설) : 만약~이라면(가정형)

228) 如此(여차) : 이와 같다. 이러하다. ∘乃是(내시) : 즉 ~이다. 곧 ~이다.

229) 財山(재산) : 財山乃進神之別號. 逆水之砂 謂之**進神砂**卽財山也.
債山(채산) : 債山卽退神之易名無非順水.若順流而去 謂之**退神砂**卽債山也

∘ 易名(역명) : 개명(改名)하다 이름을 바꾼다는

230) 사동 [教~] : ~로 하여금 ~하게 하다. ∘여하(如何) : 어떻게. 어떠냐. 왜 .어떤

231) 人家(인가) : 남. 다른 사람. 타인. 말하는 사람이나 듣는 사람 이외의 사람을 두루 가리킴. 사람이 사는 집.

232) 虛(허) : 공허하다. 속이빔. 없다. ∘생(生) : 발생하다. 생기다. 이루다. ∘不虛(불허) : 헛되지 않다. 보람 있다.

233) 尋索(심삭) : 탐구하다. 찾다. ∘股肱(고굉) ; 股肱之臣 ; 다리와 팔에 비길 만한 신하'라는 뜻이다. 여기서는 혈을 가리킨다.

肱。盤桓234)收截源頭勢，宜於此處覓佳城。」亦指下關言耳，學者審之。

제14절 하수사(論下手砂235))

동서남북을 불문하고 다만 물이 흘러나가는 한 변을 하수(下手) 또는 하비(下臂) 또는 하관(下關)이라 한다. 결(訣)에 이르길 '자리가 있는지 자리가 없는지는 먼저 하비(下臂)를 보라[先看]' 라고 하였다. 또 이르길 '자리를 보는데 무엇이 어려움[何難]이 있으면 먼저 하수산(下手山)을 보라' 고 하였다.

또 이르길 '후룡이 오는지 오지 않는지를 보지 말고, 또 아래 관쇄[下關]가 긴밀[緊]한지 하지 않는지를 보라' 고 하였다. 결혈(結穴)이 평온한지[穩] 평온하지 않는지를 보지 말고, 또 아래에 관쇄하여[下關] 방향을 바꾸는지[回] 그렇지 않는지[不回]를 보라 '고 했다. 이들의 말들이 비록 평이하여[淺近] 저급하고 속될지라도[俗俚;속리] 본래 지극한 이치는 이를 벗어나지 않는다[不外是]. 대개 하수사(下手砂)에 가장 필요하고 절실한[緊切;긴절] 관계는 아래에 빗장으로 잠그듯 관쇄를 하면[下關] 결작(結作)하고 아래에 관쇄를 하지[下關] 않으면 결작을 하지 않는다. 아래에 거듭하여[重疊] 관쇄가 되면[下關] 결작(結作)이 더욱 크고[愈大] 아래에 관쇄[下關]가 아주 넓으면[空曠;공광] 반드시 땅을 찾지 말아야 한다.

오공(吳公)의 지리건목(地理件目)에 이르길 '무릇 청룡백호가 이미 완벽하고[渾全;혼전] 모습이 아름다우면[美好] 용법으로 좌우를 불문하고 반드시 상수산(上手山)이 얻어 지나고 하수에 하나의 산(下手一山)이 둘러싸 타면(역수하면)[兜乘;두승] 비로소 길지이다.' 고 했다.

가령(假如) 혈 앞의 물이 흘러 좌에 이르면[倒左] 좌(左)가 하수(下手)가 된다. 좌비 일산(左臂一山)이 역수(逆水)하면 우산(右山)보다 길어야 우변의 산

---

234) 盤桓(반환) : 머뭇거리며 주위를 맴돔. 머무르며 멀리 떠나지 않는 모양. 어정어정 머뭇거리면서 그 자리에서 멀리 떠나지 못하고 서성이는 일.

235) 하수사(下手砂) : 명당(明堂) 앞에서 흘러나가는 물을 거두어 주는 역할을 하는 산이다. 즉 용호(龍虎)에서 국(局) 내부로 뻗어 나온 지각(枝脚)을 말한다. 위에 있는 지각을 상수사(上手砂)라 하고, 아래 있는 각(枝脚) 하수사(下手砂)라 한다. 결혈(結穴)은 대부분 상수사(上手砂)에서 만들어져 있다.

수를 감싸 머무르게[兜住;두주] 할 수 있다. 만약 혈 앞에 물이 흘러 우측으로 돌아오면 우측이 하수(下手)가 된다. 우비일산(右臂一山)이 역수(逆水)하여 좌산을 통과하여 나아가야[長過] 좌변의 산수를 감싸 머무를 수 있다. 이와 같으며 이를 역관(逆關)이라 한다. 그리하여 길지(吉地)가 되어 주로 재록(財祿)이 생긴다[發]. 만약에 하수(下手)가 짧으면[短縮] 상수산(上手山)의 물을 머물게[兜;두] 할 수 없다. 기타 좋은 곳 모두 힘을 잃게 되어 곧 가혈로 하장(下葬)할 수 없다.

조사하니[按] 《건목(件目)》의 이러한 논리는 참으로 이치가 있다. 또 하관(下關)하여 역수하는 것을 재사(財砂)라 하며 가장 부자가 될[發財] 수 있다. 양공이 이르길 '다만 하수사가 있으면 사람을 구하여 대대로[世代] 가난하게 하지 않는다[不敎].' 고 했다.

요씨(廖氏)가 이르길 '제군들이 어떻게 부유한지 물으면 하수사[下山]에 와서 모이는 것이며, 여러분들이 어떻게 가난하냐고 물으면 하수사가 순수(順水)하여 물을 따라 달아나는 것이다[奔].' 고 했다. 동덕창(董德彰)이 이르길 '하사(下砂)에 원두수(源頭水)를 모두 거두면 자손[兒孫] 사방각지[世間]의 전답을 모두 사들인다 ' 고 하였다. 또 만만산(萬萬山)의 『하지가(何知歌)》』에 이르길 '다른 사람이 어떻게 부유한가? 하비(下臂)가 거듭와 감싸고 돌아보는 것이며[抱顧], 다른 사람의 집안이 어떻게 가난한가? 아래에 막는 것[下關]이 아주 넓어[空曠] 무덤을 향하지 않는 것이다.' 고 한 것이다.

대저 역수사(逆水砂)가 헛되지 않아 생기가 생긴다[生]. 하나의 산이 아주 멀리 멀리서 만곡하여 감싸 상수사를 역(逆)으로 에워싼 물이 보이면 곧 마땅히 용혈에 찾는 것이 마땅하면 결단코 결작(結作)한다. 내게 일찍이[愚嘗] 이르길 '산이 물을 역수(逆水)하면 헛되지 않아 생기가 생기고[生] 반드시 진룡(真龍)에서는 혈[股肱;고굉]을 결작한다. 반환(盤桓)하여 원두세(源頭勢)를 끊어 거두면 마땅히 이곳에 가성(佳城)을 찾을 수 있으며 또 하관을 가리켜 말한 것 뿐이니 학자들은 하관을 살펴야 한다.

青龍逆關(청룡역관).白虎逆關(백호역관).

白虎順關(백호순관).青龍順關(청룡순관)

<그림1-2-41 > 용호 역관　　　　<그림1-2-42 > 용호 순관

青龍逆關 (청룡역관)	白虎逆關 (백호역관)	白虎順關 (백호순관)	青龍順關 (청룡순관)
此青龍長，兜[236]乘得上手山水過，乃是吉地。	此白虎長，兜乘得上手水過，乃是吉地。	此青龍短，兜乘上手山水不過，乃是凶地。	此白虎短，兜乘上手山水不過,乃是凶地。
이것은 청룡이 길고,상수사[上手山;백호]이 물을 얻어 지나면서 (하수사를) 올라타 머물러 곧[乃是]길지이다.	이는 백호가 길고, 상수사에 물이 지나면서 (백호에)올라타 체류하여 길지이다.	이는 청룡이 짧고, 상수산에 두승(兜乘)하는 물이 통과하지 않아 곧 흉지이다.	이는 백호가 짧고, 상수산에 두승(兜乘)하는 물이 지나지 않아 곧 흉지이다.

若有大河，不可只論小水，又須以大河水論順逆。大抵有一重[237]水，必要一重砂收之。如小水倒左，大河水倒右，卻要近穴左山先長，以收小水，然後外重又得[238]右山長，兜收大河之水，方為合法。蔡牧堂云：「順逆二途，如盲如瞽，似非灼然[239]有見，鮮不以逆為順，以順為逆。」是故[240]要知山川之大勢，默定於數里之外，而後能知順逆於咫尺微芒之間。否則黑白混淆[241]，以逆為順，以順為逆

236) 兜住(두주) : 머물러(정지하여) 싸다. 즉 역수(逆水)하다 ◦兜(두) : 주머니.투구.(자루 주머니 형태로 물건을) 싸다. 품다. ☞ 逆水(역수)/ 財山(재산)/ 進田筆(진전필) cf)債山(채산)/退神(퇴신)

☕財山: 財山乃進神之別號 逆水之砂 謂之進神砂 卽財山也

債山: 債山卽退神之易名之易名 無非順水 若順流而去　謂之退神砂卽 債山夜

237) 重(중) : 필요하다.소중하다.귀중함.

238) 得 (득) : (마땅히) ~해야 한다. ~임에 틀림없다. ~할 수 있다. 얻다.

239) 灼然(작연) : 빛이 밝은 모양. 뚜렷하다. ◦似~非~ : ~인 듯도 하고 ~아닌 듯도 하다

240) 是故(시고)~ : 이런 까닭으로. 그러므로.

者多矣。

만약 대하(大河)가 있으면 다만 소수(小水)로 논할 필요가 없다. 또 **반드시 대하수(大河水)로 순역(順逆)을 논해야 한다.** 대저 하나의[一] 필요한[重] 물이 있으면 반드시 한 겹의 사가 그것을 거두어야 한다.

가령 소수(小水)가 좌에 이르고 대하수(大河水)는 우에 이르면[倒右] 혈에 가까운 좌산이 먼저 길어서 **소수(小水)**를 거두고 난 후 밖으로 거듭하고[外重] 또 긴 우산을 얻을 수 있어야 **대하수**를 정면으로 거두어[兜收] 비로소 합법이다. 채목당(蔡牧堂)이 이르길 '순역이도(順逆二途)는 눈뜬장님(盲瞽;맹고)과 같아 뚜렷이 보일듯하고 보이지 않을 듯하여[似非灼然有見] 역을 순이라 하고, 순을 역이라 하지 않는 경우 적지 않다' 고 하니. 이러한 고로 산천의 대세를 알고자 하면[要] 조용히[默] 수백 리 밖에서 순역을 결정한 후에 지척(咫尺)의 미망지간(微芒之間;작은 사이)에 순역을 알 수 있다. 그렇지 않으면[否] 시비[黑白]가 뒤섞여 흐려서 역(逆)을 순(順)으로 하고 순을 역으로 하는 것이 대부분이다.

凡下關砂，又須審其有力無力。若徒有下關而不近穴，或低小，或短縮，或順水不回，謂之無力，雖多無益。若其山高障，回護顧穴有力，雖只一重，或只[242]十數步，亦能結作。逆砂一尺可致富。又云「不要千山並萬隴，一山有情亦足用」是也。然此特甚言下砂逆水之不虛生者，其寔一山有情，與夫數步逆砂，縱有融結，不過裁剪小穴，張山食水而已。若論大地，須合諸山眾水觀之，非一山之所能結也。已上所論下手砂法，以逆關為吉，順關為凶，此乃地之常格。卻又[243]有等大富貴地，多是順關順纏而吉者，惟要大勢是逆局則美。蓋逆局要順纏，順局要逆纏，此亦陰陽交會自然之理。予兄弟所見甚多，如信州丁知府祖地，上手高曲，下手短縮。泉州莊氏地，上砂順竄，下臂空曠，皆吉，乃其格也。

241) 黑白(흑백) : 검은 것과 흰 것. 是非(시비) ◦淆(효) : 뒤섞이다. 흐리다. 어지러워짐. 흐리게 함
242) 只(지) : 단지. 오직 ~밖에 없다. 그러나 . 다만 ◦不虛(불허) : 헛되지 않다. 보람 있다.
243) 却又(각우) : ~하고 나서 그 후에. 그런데 또. ~한 후에. 이것 또 ◦多是(다시) : 아마. 모두. 대개

무릇 하관사(下關砂)는 또한 그것이 힘이 있고 없음을 반드시 살펴야 한다. 만약 무리의 하관사가 있으나 혈에서 가깝지 않고 혹 저소하거나 혹 짧거나[短縮] 혹 순수(順水)하게 흘러 돌아오지 않는 것을 무력(無力)하다고 하고, 비록[雖] (하관사가) 많을지라도 유익한 것이 없다.

만약 산이 높이 가로 막아[高障] 빙빙 돌아[回] 보호하여 혈을 뒤돌아보면 유력(有力)하다. 비록 다만 (하관사가) 한 겹[一重]이거나 수십 보 밖에 (하관사가) 없어도 결작이 가능하다. 이른바 역사(逆砂)가 한척[一尺]이면 부자 될 수 있다. 또 이르길 '여러 산과 만개의 언덕[萬隴;만롱]이 필요하지 않고 하나의 산이라도 충분히 이용할 수 있다' 는 것이다. 그러나 이는 특히 '역수(逆水)하는 하사(下砂)는 생기가 생겨 헛되지 않다는 것[生]을 심하게 말하였다. 그것은 참으로[寔;식] 하나의 산이 유정함과 무릇 수보(數步)의 역사(逆砂)는 비록 융결할지도 작은 혈을 재혈[裁剪]하는 것에 불과하니 장산식수(張山食水)일 뿐이다. 만약 대지를 논할 때는 반드시 제산諸山)과 중수(衆水)을 전부[合] 보아야 한다. 하나의 산으로 결작할 수 있는 곳이 없다. 이상과 같이 논한 하수의 사법은 역관(逆關)이면 길하고 순관(順關)이면 흉하다. 이는 곧[乃] 땅의 평범한 격식이다. 이것 또 대부귀지(大富貴地)에는 등급이 있으니 아마 순관순전(順關[244]順纏)이라도 길할 수 있다.

다만 대세가 역국(逆局)이어야[要] 좋다. 대개 역국(逆局)은 거스르지 아니하여 순수하게 감싸야 하고, 순국(順局)은 역으로 감싸야 하니 이것 역시 음양교회(陰陽交會)의 자연스러운 이치이다. 우리 형제[予兄弟]가 본 것은 매우 많다. 가령 신주(信州)의 정지부 조지(丁知府祖地)는 상수사[上手]가 크게 굽었고[高曲] 하수사[下手]는 짧다[短縮]. 천주(泉州)의 장씨 조지(莊氏祖地)의 상사(上砂)가 순수하게 달아나고[順竄] 하비(下臂)는 아주 넓으나[空曠] 모두 길하니 그리하여 길한 격들이다.

---

244) cafe.daum.net 신안김기설자미원 풍수지리
물(水)이 좌로 흐르면 청룡이 짧고 백호가 길고, 물(水)이 우로 흐르면 백호가 짧고 청룡이 긴 것으로 **순관(順關)**이라 하고. 좌우로 순하게 나가면 외사라 한다(水倒左而龍短虎長 水倒右而 虎短龍長者爲順關左右順去外砂),

<그림1-2-43 > 내외 순역도(內外順逆圖)

<table>
<tr>
<td>
</td>
<td>此小水倒[245]歸右，大河水倒歸左。近穴虎山先長，以收小水。外重龍山又長，以收大河之水，為合格，是美地。</td>
<td>
</td>
<td>此小水倒歸左，大河水倒歸右。近穴龍山先長，以收小水，外重虎山又長，以收大河之水，為合格，是美地。</td>
</tr>
<tr>
<td colspan="2">이곳은 작은 물[小水]은 이동하여 오른쪽으로 돌아가고. 대하수(大河水)는 이동하여 왼쪽으로 돌아가고 혈 가까이[近穴]에서 백호가 먼저 길어 소수(小水)를 거두어들이고 밖에서 여러 겹 청룡산이 또 길어 대하수를 거두어들여 합격하여 좋은 땅이다.</td>
<td colspan="2">이곳은 작은 물은 이동하여 왼쪽을 돌아가고[倒歸左] 대하수(大河水)는 이동하여 오른쪽으로 돌아가 혈 가까운 청룡산이 먼저 길어 소수(小水)를 거두어들이고 밖에서 여러 겹 백호산이 또 길어 대하수를 거두어들여 합격하여 좋은 땅이다.</td>
</tr>
</table>

左地在廣信，土名新潭。亥龍巽向，俗呼寒牛出欄形。其龍逆水奔上，將[246]入首，起飛蛾落脈，逶迤如生蛇。頓起金水天財穴，後有孝順鬼。龍虎護穴，如牛角彎抱。龍肘外則直長無情，元辰直長。而外山上手高出，下手空曠為異耳。蓋元辰雖長，前有湖水聚注；龍虎山內彎外直，卻穴間不見飛走。且肘外直長，乃曜氣也。上山高大，乃青龍起庫。下雖空曠，乃系逆局，大河水繞。卜氏云「水纏便是山纏」是也。所貴者穴後樂山特峙，襯貼有力，証得穴場明白。葬後即出閬山公，名洪，登正德辛巳進士，官太守，巨富，福祉未艾。

좌지는 광신에 있는데 토명은 신담(新潭)이다. 해룡(亥龍)에 손향(巽向)으로 세상 사람들[俗]은 한우출란형(寒牛出欄形)이라 한다. 그 용은 물을 거슬러 상류로 곧장 나아가 머지않아 입수(將入首)할 즈음에 비아(飛蛾)를 일으켜 낙맥(落脈)하여 생사(生蛇)처럼 구불구불 위이(逶迤)하여 금수천재혈(金水天財穴)

245) 倒(도) : 거꾸로 되다, 반대(反對)로 되다. 역으로, 이동하다(移動--), 움직이다.

246)奔(분) : (목적지를 향하여) 곧장 나아가다. ~을 향하여 。將(장)~ : 장차 ~하려고 한다. 머지않아 ~되려 한다. ☞ 肘(주) : 팔꿈치 .팔의 관절

의 봉우리가 솟아[頓起] 뒤에는 효순귀(孝順鬼)가 있고 용호가 소뿔같이 만포(彎抱)하여 혈을 보호하였다.

<그림1-2-44 >광신정지부조지 (廣信丁知府祖地)

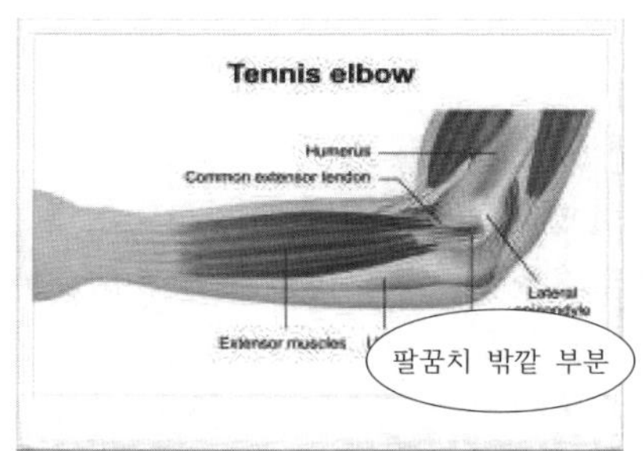

청룡의 밖[龍肘外;용주외]이 곧장 길어[直長] 무정(無情)하고, 원진수[元辰]가 앞으로 길게 향하고[直] 밖에 산[外山]의 상수(上手)가 높이 드러내고[高出] 하수(下手)는 아주 넓은 것[空曠]이 상이할 뿐이다. 대개 원진수[元辰]가 비록 길지라도 앞에 있는 호수(湖水)에 물이 모이고[聚注], 용호산(龍虎山)이 안으로 감싸고[內彎] 밖에는 곧으나[外直] 혈의 안[穴間]에서 비주하는 것[飛走]이 보이지 않는다. 또 팔꿈치[肘(주);용호] 밖에서 곧고 긴 것은 요기(曜氣)이다. 앞산[上山]이 높고 큰 것은 곧 청룡이 솟은 곳[起庫]이다. 하수[下]가 비록 아주 넓을 지라도[雖空曠] 대하수(大河水)가 감싼 역국이다.

복씨가 이르길 ' 물이 감싸면 곧 산도 감싸게 된다.' 는 것이다. 귀한 것은 혈의 후에 낙산이 특별나게 우뚝 솟아 접근하여 붙은 것[襯貼;친첩]은 힘이 있는 증거이고 혈장이 명백하다.

장후(葬後)에 곧 낭산공(閬山公) 홍(洪)이 나와 정덕 (正德) 신사년[辛巳]에 과거에 급제하여[登科] 진사(進士)가 되고, 벼슬이 태수(太守)로 거부(巨富)로 복지(福祉)가 끊임없이 이어졌다[未艾].

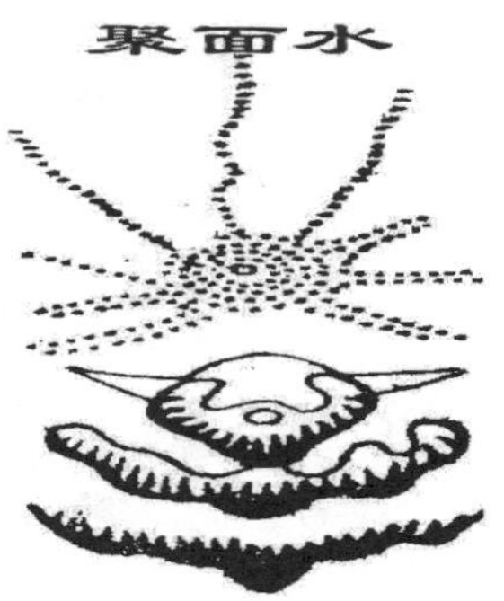

<그림1-2-45 > 효순귀(孝順鬼) <그림 1-2-46 > 취면수(聚面水)

左地在晉江縣南二十里。其龍甚遠不盡述。姑自少祖言之。羅裳山漲天水星，千絲墜[247]格。帳中抽出一脈，逶迤清巧，金水疊疊，起伏精俊，骨脈秀異。連斷過峽，有小墩埠金彈子夾脈。兩邊纏護，重重包送。至八石山，結莊氏陽基。衆山從簇，乃複起水星帳。帳中出脈，金水磊落[248]，十數級間，精神頓異。仍起疊帳，偏落右邊，入首結穴。而左山高聳，外重紫帽諸山插天。右即大海汪洋[249]，一望無際[250]，惟姑山如天馬浮於海波之心。登穴見前面府城，東西二塔如卓筆左右，而清涼三台正照。大洋、小洋、鳳山諸秀又皆逞奇列異[251]，莫不快目。但結穴偏側，左

247) 千絲墜(천사추) : 수성이 변하여 천사추를 만들었고(水星變作千絲墜), 이는 첨수한 봉우리를 맺었고 다시 바위에 주름이 난 균열은 물이 흘러내리는 물결 모양[水紋]과 같이 고르게 기울어 성신이 단정하고 수려하여 존귀하므로 역량이 발달하였다(此旣結尖秀之頂. 復有水摺紋及石水紋傾勻.星辰端秀 則尊貴 故力量發達) <출처>『옥수진경』上冊 p192
248) 巉嵒(참암) : 가파르다. ◦磊落(뇌락) : 우뚝하다.
249) 汪洋(왕양) : 바다가 끝이 없을 정도로 넓음. 바다가 넓고 큰 모양. 도량이 큰 모양
250) 一望無際(일망무제) : 한눈에 바라볼 수 없을 정도로 아득히 멀고 넓어서 끝이 없음
251) 逞(령) : 굳세다. ◦莫不(막불) : ~하지 않는 자가 없다. 모두 ~하다.

山太重，右邊風掃，青龍順竄，不入俗眼。

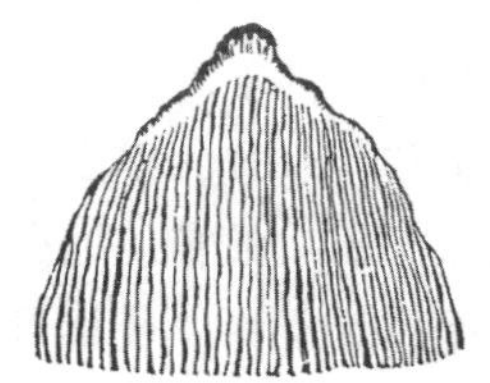

<그림 1-2-48 > 천사추 <출처>『옥수진경』

좌지는 진강현남(晉江縣南) 20리에 있다. 그 용이 너무 멀어 모두 기술 할 수 없다. 잠깐[姑;고] 소조산[少祖]에서부터 말하면 나상산(羅裳山)이 창천수성(漲天水星;높은 산맥이 물이 흐르는 듯한 모양)으로 천사추격(千絲墜格)을 이루었으며 장중(帳中)에 일맥(一脈)이 나와 위이하여[逶迤] 맑고 아름답게[清巧] 금수(金水)가 여러 겹으로[疊疊;첩첩] 기복(起伏)하여 매우[精] 뛰어나고 빼어나고[俊秀異], 용맥[骨脈]이 끊어질 듯하다가 이어진 과협[連斷過峽]은 작은 언덕[小墩埠]에 화살촉[金彈子;금탄자] 모양의 맥을 양변에서 협종(夾從)하여 전호(纏護)하고, 거듭[重重] 감싸 전송하여[包送] 팔석산(八石山)에 이르러 중산(衆山)의 무리에서[從簇;종족] 장씨(莊氏)의 양기(陽基)를 결작(結作)하였다. 이에 다시 수성의 장막[水星帳]이 솟아 장중(帳中)에 출맥하여 금수(金水)로 수십 층의 간격으로 우뚝 솟아[磊落] 산[精神]의 봉우리가 특이하게[頓異] 거듭하여[仍;잉] 포개어 장막을 일으켜 우변으로 치우쳐 떨어져 입수하여 결혈하고 왼쪽 산이 높이 솟고 밖에는 자모산의 제산[紫帽諸山]이 중첩하여 하늘 높이 솟았고[插天], 오른쪽은 곧 대해(大海)가 끝이 없을 정도로 넓어[汪洋] 일망무제(一望無際)하다.

오직 고산(姑山;古文山)이 천마(天馬)와 같이 바다의 파도 가운데[海波之心] 떠 있는 것 같은데, 혈에 올라 전면을 보며 부성(府城)의 동서로 2탑[二塔]이 좌우로 탁필(卓筆)과 같고 청량삼태(清涼三台)가 대양(大洋)과 소양(小洋)을 바로 비추고 봉산(鳳山)이 모두 빼어나고[諸秀] 또 모두 굳세게 늘어놓아 기이(奇異)하여 눈을 즐겁게 한다.

다만 결혈이 편측(偏側)하여 좌산(左山)은 너무 크고[太重] 우변(右邊)은 바람이 불어 쓸어버려[風掃;풍소] 청룡이 순찬(順竄)하니 속안(俗眼)으로는 마음에 들지 않는다.

不知水纏便是山纏。且水之深處，即山之高處。郭氏曰「得水為上」，故為吉地。葬後，出琦公，鄉薦[252]，晉陽知縣；壬春，進士，節推；一俊，進士，少水纏便是山纏。且水之深處，即山之高處。郭氏曰「得水為上」叅；用賓，進士，僉憲；國楨，進士，現任布政；壬凡、思寬、履豐俱進士，現在；望棟、履朋俱鄉薦。人文濟濟，福祉未艾。長房、中房皆離鄉出貴，今漳福興莊氏是也。惟少房守祖，人丁富盛。若時俗之見，必以右臂風掃，小房不利為嫌，孰知水勝於山之妙哉！又二地，其一乃下手短縮，上手高出。其一乃上砂順竄，下臂空曠，皆吉。又有一等翻身逆勢，全無下關而吉者。廖氏云「坐空轉面去 當潮，不怕八風搖」是也。又有順水砂，順關門，又有上砂高逼，下砂空曠而吉者

물이 감싸면 곧[便是] 산도 감싸게 되고 또 물이 깊은 곳은 곧 산이 높은 곳이라는 것을 알지 못한 것이다. 곽씨(郭氏)가 이르길 '득수위상(得水為上; 물을 얻는 것이 으뜸)이라는 한 것' 이므로 길지이다.

장 후에 기공(琦公)이 태어나 향시에 합격하여[鄉薦] 진양(晉陽)에 지현(知縣;장관급)이었고, 임춘(壬春)이 진사(進士)로 절추(節推)를 하였고, 일준(一俊)이 진사(進士)로 소참(少叅) 이었고, 용빈(用賓)이 진사(進士)로 첨언(僉憲) 이었고, 국정(國楨)이 진사(進士)로 임포정(任布政)을 알현하였고 임범(壬凡)、사관(思寬)、이풍(履豐)이 모두 진사(進士)로 현재에 있다[現在]. 망동(望棟)과 이붕(履朋)이 모두 향시에 합격하였고[鄉薦], 인문(人文)이 많고 성(盛)하여[濟濟;제제] 복지(福祉)가 끝이 없다[未艾]. 장방(長房)과 중방(中房) 모두 고향을 떠나[離鄉] 인물이 배출되었다[出貴]. 금장(今漳)의 복흥(福興) 장씨(莊氏)가 바로 그것이다[是也]. 다만 소방(少房)이 조상을 돌보았는 데[守祖] 인정(人丁)과 부귀가 왕성하였다[富盛]. 만약 당시 속안이 보면[時俗之見] 반드시 우비(右臂;백호)에 바람이 불어 좌우로 움직여 날려[風掃;풍수] 소방(小房)이 불리하여 꺼린다[嫌]고 하는데, 누가 물이 산보다 우수하여 좋은 것을 알겠는 가![孰知水勝於山之妙哉!] 또 2곳 중 그 하나는 하수(下

252) 鄉薦(향천) : 향리(鄉吏)가 추천하다. [당대(唐代)에 진사과(進士科)에 응시하려면 주현 지방관(州縣地方官)의 추천을 받아야 했음]. 향시(鄉試)에 합격하다.

手)가 짧고[短縮] 상수(上手)는 한결 높고[高出] 그중 하나 상사(上砂)는 순찬(順竄)하고, 하비(下臂)는 아주 넓어도[空曠] 모두 길하다.

또 첫 번째 몸을 뒤집어 역세[翻身逆勢]를 하여 하관을 전무하였으나[全無下關] 좋다. 요씨(廖氏)가 이르길 '좌공[坐空]이라도 향하는 면을 피하여[面去] 전환하여[轉] 마주 대하여 물이 들어오면[當潮] 팔풍이 요동치는 것을[八風搖] 두려워하지 않는다' 고 한 것이다. 또 순수사(順水砂)가 있으면 관문(關門)이 순수하고 또 상사(上砂)가 높고 핍박하여[逼] 하사(下砂)는 아주 넓어도[空曠] 좋다.

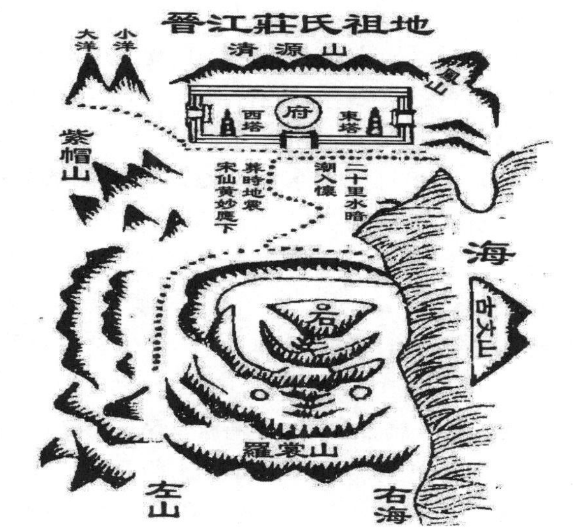

<그림 1-2-47 > 광신정지부조지(廣信丁知府祖地)

右地在吾邑，土名港口。龍旺穴尊，龍虎降伏，明堂平坦，而左畔一山順水拖下，乃是順關門。李養素下，課云：「壬午之秋步蟾宮[253]而折丹桂，丑未之春登虎榜而宴瓊林[254]。」葬後，果出二貴，嘉靖[255]壬子、戊午秋榜[256]，乙丑進士，福祉未艾

253) 蟾宮(섬궁) : 과거 시험장. ◦折桂(절계) : 과거에 급제함. 향시(鄉試)에 합격하다. (시험에서) 일등을 하다. ◦ 蟾宮折桂 : 과거급제함. ◦虎榜(호방) : 무과(武科) 급제자의 성명을 발표하는 방(榜)

254) 琼林(경림) ; 瓊林(경림) : 송대 정원의 이름으로 진사 급제자를 위해 연회를 베풀던 곳. 그 후 진사 급제를 가리킴

<그림1-2-49 > 기씨조지(箕氏祖地)

앞의 땅은 오읍(吾邑)에 있고 토명은 항구(港口)이다. 용은 왕성하고 혈은 귀하니 용호(龍虎)가 내려와 엎드려[降伏] 명당(明堂)은 평탄(平坦)하나 좌측[左畔] 1산은 순수(順水)하여 아래로 끌려가[拖下] 이는 순관문(順關門)이다.

이양소(李養素)가 하장[下] 하였고, 예언[課]에 이르길 '임오년(壬午;1552년) 가을[秋] 과거 시험장에 나가[步蟾宮;보섬궁] 급거 급제하여[折丹桂] 축미년(丑未;1553) 봄 방[虎榜]에 올라 연회를 즐긴다' 고 하였다.

장후(葬後)에 과연[果] 가정(嘉靖) 임자년(壬子;1522년),무오년(戊午;1558년) 가을에 향시[秋榜]를 실시하였고 두 개 벼슬[二貴]에 나아가 을축년(乙丑;1565년) 진사(進士)에 올라 복지(福祉)가 끝이 없이 무궁하였다[未艾].

左地在浙江常山縣，地名三岡。龍勢甚雄，入局複起廉貞少祖，中落一脈，脫下平岡，為眠體華蓋，一節結咽成金星突穴。四圍圓暈太極甚巧。但左山低小，右畔高雄，水自右流左，下關反弱為異。然龍穴既貴，右山雖高，主威武之權。左山雖低，本身一臂貼近[257]有力。兼以穴暖，且大河繞抱，水口攔截，雖低不忌。葬後出清簡公瑩，登進士，官至刑部尚書。

좌지는 절강 상산현(浙江常山縣)에 있으며 지명은 삼강(三岡)이다。용의 세

255) 嘉靖(가정) : 명대(明代) 세종(世宗)의 연호(1522~1566). ☞ 嘉靖壬子(가정임자) : 명대(明代) 가정(嘉靖) 31대 임자년(壬子;1522년)、가정(嘉靖) 37대 무오년(戊午;1558년)
<출처> 『역사문화수첩』, 역민사

256) 秋榜(추방) : 명청(明淸) 시대에 3년마다 각 성(省)에서 실시한 향시(鄕試)
◦ 攔截(난절) : (길을) 가로막다.

257) 貼近(첩근) : 바짝 다가가다. (아주 가까이) 접근하다. 아주 가깝다. 근접해 있다.

가 심히 웅장하고, 입국(入局)에서 다시 염정(廉貞)의 소조산(少祖)를 일으켜, 가운데 1맥이 낙맥하여 평지[平岡]에 내려와 탈사(脫卸)[剝換]하여 면체(眠體)의 화개(華蓋) 형태를 이루어[爲] 일절(一節)에 결인(結咽)하여 금성(金星)의 돌혈(突穴)을 만들었다. 사방이 위요(圍繞)하고 원훈(圓暈)에 음양이 완전히 결합된 상태[太極]가 매우 정교(甚巧)하다. 다만 좌산(左山)은 낮고 작고[低小], 우측의 산은[右畔] 높고 웅장하며[高雄], 물은 우에서 좌로 흐르나 하관(下關)이 반대로 약한 것이 특이하다. 그러나 용혈(龍穴)은 이미 귀하고, 오른 쪽 산이 비록 높으나 세력(勢力)이 강(強)한[威武] 권력을 주관한다. 좌산(左山)이 비록 낮을지라도 본신(本身)의 일비(一臂)에 가까이 붙어[貼近]있어 힘이 있고, 아울러[兼] 혈이 따뜻하고 또 큰 강이 감싸[繞抱] 수구를 가로막는 것[攔截]이 비록 낮을지라도 꺼리지 않는다.

장사 후[葬後]에 청간공(清簡公)이 영(瑩)이 태어나 진사(進士)에 올랐고 벼슬[官]이 형부상서(刑部尚書)까지 올랐다.

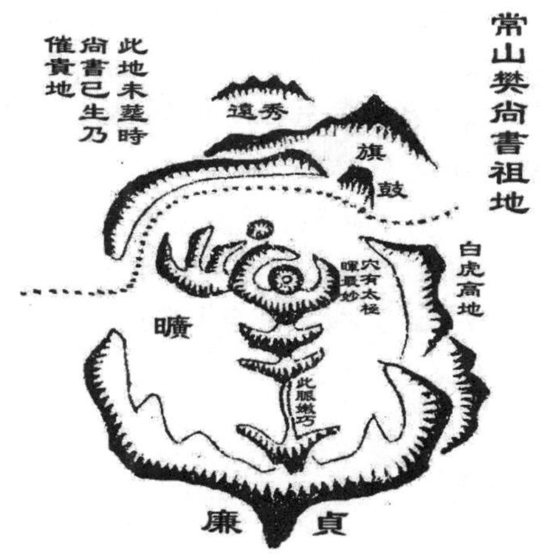

<그림1-2-50> 상산반상조지(常山攀尚祖地)

已上所論順關，及無下手砂等地，皆須逆局有水特朝方可，切要龍真穴的。若察龍穴不真，不若守其常格，以下山有力為主，猶為節制之兵，雖不大勝，亦不大敗。若妄意圖大，不拘[258]下砂，為害不淺，戒之慎之。

이상 순관(順關)과 하수사(下手砂)가 없는 종류의 자리를 논한 한 것은 모두 반드시 역국(逆局)으로 물이 특조해야 비로소 가능하다. 중요한 것은 용진혈적(龍真穴的)한 것이다. 만약 용혈을 자세히 보아 진이 아니면[不真] 용진혈적(龍真穴的)한 격을 늘 유지하는 것만 못하다. 하산이 힘이 있는 것[有力]을 위주(為主)로 한다. 절제[節制]하는 병사는 비록 대승은 하지 못하여도 대패는 하지 않는다.

만약 허황된 생각[妄意]으로 큰 자리를 도모하여[圖大][큰 자리만 찾아] 하사(下砂)를 무시하면[不拘下砂;] 피해가 적지 않을 것이니 삼가하여[戒; 계] 신중하라[戒之慎之]

論水口砂

水口砂者，水流去處兩岸之山也。切不可空缺，令水直出，必欲其山周密稠疊，交結關鎖，狹而塞，高而拱，或兩邊相結，如犬牙交錯[259]，如群鵝相鑽。或峙立高峰，岩崖峭立[260]；或水中異石，挺然中立，如印如笏，如獸如禽，如龜如蛇，如魚如筍；或左右高山對峙，如獅象、旗鼓；或排列如布陣屯兵；或橫幛如列倉貯囷；或填塞[261]如寶殿龍樓；或把截如武夫之干城；或簇集如將兵之拱衛，或磊磊如車馬闐[262]駢，或森森如劍戟豎立，重重疊疊，不計其數，迢遞迂回，至於數十里者，則為水口砂之至美也。吳公《快捷方式》云：「凡一鄉一村，必有一源水。水去處謂之水口，若有高峰大山交牙關鎖，重疊周密，不見水去，即其中便可尋地。若更有異石，帶頭帶尾，逆水朝入，其中必有大貴之地。」《撼龍經》云：「到處先看水口山，水口交牙內局寬。便就寬容平處覓，左右周圍無空間。」

제15절 수구사(論水口砂)

258) 不拘(불구) : 구속되지 않다. (~임에도) 불구하고. 제한되지 않다. ~를 막론하고

259) 交錯(교착) ; 交牙(교아) : 여러 가지의 것이 이리저리 뒤섞여 엇갈림.

260) 岩崖(암애) : 낭떠러지. 벼랑. 절벽 ◦峭立(초립) : 우뚝 솟다. 치솟다. ☞ 초(峭) : 가파르다. 높고 험함.

261) 填塞(전색): 메우다. 꽉 들어차다. 틀어막다. ◦把截(파절) : 군사적으로 중요한 곳을 파수하여 경비하다. ◦簇集(족집) : 무리를 이루다.

262) 闐(전) : 거마(車馬)가 가는 소리. 성하다. 가득차다. ◦騈(병) : 나란히 하다. 늘어놓다. ◦重重疊疊(중중첩첩) : 가로 겹쳐진 모양 ◦迂回(우회) : 에돌다. 우회하다.

수구사(水口砂)는 물이 흘러나가는 곳 양쪽 언덕[兩岸]의 산이다. 절대로 공결(空缺)하여 물이 곧게 흘러나가게[直出] 해서는 안 된다.
(수구사)는 반드시 주밀하고 빽빽하게[稠疊] 서로 만나야 관쇄(關鎖)해야 좁게 막고[狹而塞] 높게 에워싸[高而拱] 혹 양변이 서로 얽혀[相結] 개의 어금니와 같이 교차[交錯]되고, 거위[群鵝;군아]의 무리가 함께 모이는 것[相鑽] 같거나 혹 고봉(高峰)이 높이 솟고 절벽[岩崖;암애]이 가파르게 서 있거나[峭立;초립] 혹 수중(水中)에 특이하고 빼어난[挺然] 돌[異石]이 가운데 서 있어 인(印), 홀(笏), 수(獸), 금(禽), 구(龜), 사(蛇), 어(魚), 순(筍)과 같기도 하고, 혹 좌우 높은 산이 대치(對峙)하여 사(獅;사자), (象;코끼리), 기(旗), 고(鼓)와 같고 혹 병사가 주둔하여[屯兵] 진을 친 것[布陣] 같이 배열(排列)한 것 같으며 혹 횡장(橫幛)하여 창고를 늘어놓은[列倉] 곳간에 저장한[貯囷;저균] 것 같고, 꽉 들어차[填塞;전색] 용루보전(寶殿龍樓)과 같고 혹 경비를 하는 것[把截;파절]이 용감한 사람[武夫]이 나라를 지키는 군인[干城] 같기도 하고 혹 무리의 모임[簇集;족집]은 장병(將兵)이 공위(拱衛)하는 것 같고 혹 많은 돌이 쌓여 있는 모양[磊磊;뇌뢰]이 거마(車馬)가 가득 차게 늘어놓은 것[闐駢;전병] 같고, 나무가 무성함[森森]이 칼과 창[劍戟;검극]을 세워놓은 것 같고, 가로 겹쳐진 모양[重重疊疊]이 그 수를 헤아릴 수 없다. 우회하여[迂回] 매우 멀리[迢遞;초체] 수십리에 이르게 되면 수구사(水口砂)는 지극히 좋다.

만약 다시 한문(捍門)、화표(華表), 나성(羅星)、북신(北辰)、유어(游魚) 등의 사(砂)가 있으면 더욱 지극히 귀하다. 오공(吳公)의 『쾌첩방식(快捷方式)』에 이르길 '무릇 일향일촌(一鄉一村)에도 반드시 하나의 원수(源水)가 있으니 물이 흘러나가는 곳을 수구(水口)라 한다. 만약 고봉대산(高峰大山)이 교아(交牙)하여 관쇄(關鎖)됨이 중복하여[重疊] 주밀(周密)하면 물이 나가는 것이 보이지 않아 그 가운데 곧[便] 땅[혈]을 찾을 수 있다.

만약 다시[更;갱] 이석(異石)이 머리에 붙고 꼬리에 붙어[帶頭帶尾] 역수(逆水)하여 조입(朝入)하면 그 가운데 반드시 대귀지[大貴之地]가 있다' 하였다. 『감룡경(撼龍經)』에 이르길 ' 산에 이르면 먼저 수구산을 보아라. 수구가 교아(交牙)하고 내국(內局)이 넓으면[寬] 곧[便就(편취);즉시] 넓고 평탄한 곳을 받아들여[容;就;취하여] (혈을) 찾으면 좌우 주위(周圍)가 비거나 틈이 진 곳이 없을 것이다[無空間].

《砂經》 云：「第一看山相地法[263)]，先看水口狹。」陶侃 捉脈賦 云：「水口無關[264)]，謾說[265)]當年富貴；天外[266)]有鑰，乃知積代公候[豪雄]」

『사경(砂經)』에 이르길 ‘첫째로(第一) 산을 보고 땅의 길흉을 판단하는 법[看山相地法]은 먼저 수구(水口)가 좁은 가[狹]를 보라’고 하였고, 도간(陶侃)의 『착맥부(捉脈賦)』에 이르길 ‘수구(水口)가 관쇄하지 않으면[無關] 함부로 당년(當年)에 부귀하다고 속여서 말할 뿐이다. 뜻밖에[天外] 빗장[鑰;약]이 있으면 관쇄(關鎖)가 되어 여러 대 공후가 난다는 것을 안다.’고 하였다.

《入式歌》 云：「水口一山如虎臥，回頭不許衆山過。高昂截斷水難流，此物名為神仙座。」卜氏云：「水口則愛其緊如葫蘆喉。」範越鳳云：「水口之山，欲高而大，拱而塞。」又云：「若有石山朝[267)]入於內，如銅魚金龜、懸鍾頓鼓，隨水生上，關鎖重疊，不知去處尤佳。」楊公云：「捍門水口尖峰起，圓峰北辰[268)]位。坐鎮城門不見流，富貴保千秋。」《坤鑒歌》 云：「水口不嫌關鎖密，千重萬疊摠奇關。羅城鐵陣並華表，寶殿龍樓摠是強。」皆論水口砂之形勢妙旨也。又須察其情形何如。若其大[269)]情順水下奔，而無回頭顧內之意，亦不[270)]足取。欲其情意顧內，步步回頭，橫截逆轉，而山腳雙雙向內逆插，則其情意皆真。劉氏云：「若向面朝入，如相君堂署，大將屯兵，節節把守，無階可進。小官卑將，拱手而立。若是有此情意形勢，關鎖水口，斯為至貴，其內必有

---

263) 相地(상지) : 땅의 생김새를 살펴 길흉(吉凶)을 판단하는 일.

264) 그렇다면 수구(水口)라는 것은 관활(寬闊)해서는 안 되고, 나성(羅星)은 공결(空缺)해서는 안된다(然則水口不可以寬闊, 羅星不可以空缺) ☞연즉(然則;그러면;그런 즉):앞 내용을 받아들이면서 그것을 전제로 새로운 논지를 펼 때 쓰여 앞뒤 문장을 이어 주는 말

265) 漫說(만설) : 말할 것도 없고. 속여서 말할 것 없고 ◦謾(만) : 속이다. 함부로

266) 天外(천외) : 매우 높고 먼 곳. 뜻밖의 것. 먼 하늘 저 밖. 의외의 것

267) 若有(약유) : 있는 듯하다. ~이 있다면. ◦朝(조) : (물줄기가 큰물에) 흘러 들어가다. ◦~是(시)~ : ~야말로 ~하다. ◦情形(정형) : 일의 상황. 정황(情況).형편

268) **북신(北辰)**은 화표(華表)보다 더욱 웅장하고 큰 바위가 수구의 물 가운데에 탁립(卓立)한 사(砂) 또는 수구처(水口處)의 물 가운데에 모여 있는 일월성신(日月星辰)·잠룡(潛龍)·거북·학·물고기·고궤(庫櫃)·금상(金箱) 등 영물형상(靈物形象)같은 기암괴석을 북신이라 한다.

269) 大(대) : 지나다. 초과함. (체적·면적 따위 가) 크다. ☞ 정(情) : 실정(實情). 실상(實狀). 사정. 형편. 상황. ☕ 정의상통情意相通): 정이 통하는 따뜻한 세상

270) 不(불) : 해서는 안 된다(不可~). 할 수는 없다. (능력이 없어서) 할 수 없다(不能~). (기회가 없어서) 할 수 없다(不得~).

◦ 若是(약시) : 만약 ~한다면. 이와 같이. 이처럼

大富大貴陰地陽基。誠以水口為一方[271]門户，若關鎖周密，則此方[272]旺氣不洩，龍神融聚，故愈多愈好。

『입식가(入式歌』에 이르길 '수구(水口)에 한 산이 누워있는 호랑이[虎臥] 같으면 머리를 돌려 중산(衆山)이 지나가지 못하도록 함이요. (호랑이 머리를) 높이 들어[高昂] 막아[截斷;절단] 물이 흐름을 어렵게 하는 이러한 사물은 신선좌(神仙座)라 부른다' 고 하였다. 복응천은 이르길 ' 수구는 호로병박[葫蘆;조롱박]의 목처럼 좁은 것이 좋다' 고 하였다.

범월봉(範越鳳)이 이르길 '수구의 산은 높고 크게[高而大] 에워싸 막아야[拱而塞] 한다' 고 하였고, 또 이르길 '만약 석산이 물 안에 들어가[朝入] 있는 듯하여 동어(銅魚)와 같고 금구(金龜)、현종(懸鍾), 돈고(頓鼓)와 같은 모양이 물을 따라[隨水] 위에 나타나[生上] 중복[重疊] 관쇄(關鎖)하여 (물이 흘러) 나가는 곳을 알지 못하면 더욱 아름답다' 고 하였다.

양공(楊公)이 이르길 '한문(捍門)은 수구에 뾰족한 봉우리가 일어난 것이고, 원봉(圓峰)이 북신(北辰)의 자리에 머물러 지켜[坐] 성문(城門;물이 드나드는 문)이 막아[鎮] 흐르는 물이 보이지 않으면 부귀를 길고 오랜 세월[千秋] 보전(保全)한다' 하였다.

『곤감가(坤鑒歌』에 이르길 '수구는 가깝게 관쇄(關鎖)하는 것을 싫어하지 아니하니 천 겹[千重] 만 겹[萬疊]으로 모두[摠] 기이하게 관쇄하여 나성(羅城)이 쇠로 만들어진 견고한 진지[鐵陣;철진]와 같이 화표(華表), 용루보전(寶殿龍樓)이 아울렀으면 모두 강하다' 고 하였다. 이들은 모두 수구사의 형세(形勢)의 묘한 의미[妙旨;묘지]를 논한 것이다. 또 수구사의 정황[情形]이 어떠한지를 반드시 자세히 살펴야 한다.

만약 상황[情]은 크게[大] 순수하여 아래로 달아나 국(局)의 안(內)으로 머리를 돌아볼 의도가 없어도 족히 취할 수 없다. (물이) 유정[情]한 기운[意]이 통하여 국내(局內)를 돌아보려고 하고 걸음마다 점점[步步] 회두하여 역으로 돌려[逆轉] 가로 막아[攔截] 산각(山脚)이 쌍쌍이[雙雙] 안을 향하여 역으로 공유[插;共有]하면 그 유정한 기운이 통하여 모두 참된다.

유씨(劉氏)가 이르길 ' 만약 면으로 향하여 조입(朝入)하여 상군(相君)의 큰 집은 관아[堂署]와 같고 대장(大將)이 병사를 주둔[屯兵]하여 군데군데[節節]

271) 一方(일방) : (방향의) 한쪽. (두 개 중의) 한쪽. (오직)~하기만 함. (말이 바뀌어) 한편
272) 此方(차방) : (방향의) 이쪽. 이것. 여기. (자신의) 이쪽

를 호위하여[把守;파수] (물이) 진출하여 나아갈 수 없고[無階可進], 작은 관리[小官]와 왜소한 장수[卑將;비장]가 만약 손을 맞잡고 서서 인사하는[拱手而立] 이러한 정의(情意)의 형세(形勢)이면 수구(水口)가 관쇄하여 곧[斯;사] 지극히 귀하다. 그 내부에는 반드시 대부대귀(大富大貴)할 음지(陰地)와 양기(陽基)가 있다.' 고 하였다.

진실로[誠] 한편[一方] 수구(水口)를 문호(門户)라 한다. 만약 관쇄(關鎖)하여 주밀(周密)하면 이것은[此方] 왕기(旺氣)가 누설되지 않아 용신(龍神)이 융취(融聚)하므로 더욱 더 좋다[愈多愈好].

《龍經》云:「關門若有十重鎖, 定有王侯居比間。」若其山不周密, 或山勢走竄, 或一節低一節, 一重遠一重, 一山小一山, 即是[273]水口曠闊無關, 此方旺氣便隨流水飄散, 而龍神與之俱往, 豈複能結富貴之地? 縱有龍穴, 亦發福不久。非惟陰地不美, 而此方居民亦必貧困消條, 多莊佃佣奴, 而無名門右族、富貴之家、豪傑之士矣。故曰「水口之砂最關利害」。其水口間有大橋、林木、佛祠、神廟, 亦關禍福。或水衝損橋梁, 或伐木毀廟[274], 則凶禍之來不可救助, 尤宜慎之。若或水口羅星諸砂被水衝破[275], 或忽崩裂, 則此方凶敗立應。如疊有奇石高洲忽然露出, 則此方富貴驟至, 皆應如桴鼓。智者見之, 可以預驗休咎。廖氏云:「若還水打破羅星, 官敗舉無名。忽然水口洲灘出, 士薦官遷秩。[276]」水口之所系如此也。

《감룡경(撼龍經)》에 이르길 ' 관문(關門)이 만약 10겹으로 관쇄(關鎖)하면 반드시 왕후가 머물 공간에 비길[比間]만 하다' 고 하였다. 만약 이 산이 주밀(周密)하지 않거나 혹 산세(山勢)가 도망가거나[走竄;주찬] 혹(或) 모든 절이 낮고[一節低一節] 거듭 멀어[一重遠一重] 모든 산이 작으면[一山小一山] 곧 수

273) 重一重 : 거듭하다. 중복하다. ◦即是(즉시) : 이와 같다. 곧~이다.◦우족(右族) : 명망(名望)이 있는 집안. 명문족. 호족(豪族)

274) 毁(훼) : 파괴하다. 훼손하다. 망가뜨리다. ☞ 廟(묘) : 사당◦若或(약혹) : 있을지도 모르는 뜻밖의 경우

275) 打破(타파) : 타파하다. 때려 부수다. ☞桴鼓(부고) : 북채와 북. 군진(軍陣). 상응(相應)

276) 뱀이 구불구불 기어가듯 아홉 번이나 구불구불하면[九曲委蛇] 재상이 된다[準擬沙堤]'는 것이다.(九曲委蛇 準擬沙堤 重重交鎖 極品官資) <출처> 『청오경』

☞『청오경』주(註)에서 모래 제방은 재상이 나오면 반드시 모래를 쌓아 제방을 만들어[爲] 수레가 굴러가는데 장애가 되기 때문에 험한 것을 없길 바란다. 후세 사람들이 그것 때문에 모래 제방을 재상이 된다는 고사로 삼았다.(註:沙堤者 言宰相出必築沙爲堤 冀无崎嶇以碍車輪也. 後人因之 以沙堤爲宰相故事耳.) <출처>『완역 풍수경전』,p144.

구(水口)가 넓고 넓어[曠闊] 관쇄되지 않는[無關] 이 곳[此方]은 왕기(旺氣)가 곧 흐르는 물을 따라 바람에 흩어져[飄散;표산] 용신(龍神)과 함께 흘러간다[與之俱往]. 어찌 다시 능히 부귀의 땅을 맺을 수 있을까? 용(龍)에 혈(穴)이 있을지라도 발복(發福)은 오래가지 못한다.

다만 음지(陰地)만 좋지않는 것이 아니고 이와 같은 땅[此方]에 머무는 백성도 반드시 빈곤(貧困)하여 대부분 촌락의 전답[莊佃;장전]이 없어지고[消條;소조] 노예처럼 고용되어 [傭奴;용노] 명문호족[名門右族]과 부귀한 가문, 호걸지사(豪傑之士)라 할 수 없다.

그러므로 이르길 '수구사는 이득과 손해[利害;이해]에 가장 관계가 있다' 하였다. 수구 안[水口間]에 있는 큰 교량[大橋]、임목(林木)、불사(佛祠)、신묘(神廟)도 화복에 관련이 있다.

혹 물에 부딪혀 교량이 파손(破損)되거나 혹 벌목(伐木)으로 사당이 훼손(毁損)되면 흉화를 초래하여 구제할 수 없으니 더욱 삼가고 신중해야 한다. 뜻밖에[若或] 수구(水口)의 나성(羅星)이나 제사(諸砂)도 물의 충파(衝破)를 입거나 혹(或) 갑자기 무너져 갈라지면[崩裂;붕렬] 이것[此方]의 흉패(凶敗)는 곧[立] 발응(發應)한다. 만약 겹쳐서 기석(奇石)과 모래톱[高洲]이 드러나면[然露出] 이것은 부귀에 곧 이르니[驟至] 모두 북채와 북처럼 응한다.

지혜로운 사람은 보면 길한 것과 흉한 것[休咎;휴구]의 조짐을 예측할[豫測][預驗;예험] 수 있다. 요씨(廖氏)가 이르길 ' 만약[若還;약환] 물이 나성(羅星)을 쳐서 부수면 관리가 승진에 실패하여[官敗擧] 이름이 없고, 홀연(忽然)히 수구에 모래톱[洲灘;주탄]이 생기면[出] 선비가 벼슬에 천거되고[薦官] 관직이 높아진다[遷秩]' 고 하였으니 수구에 관련된 곳이 이와 같다.

華 表 山

華表者(如右圖)，水口間有奇峰挺然卓立[277)]，或兩山對峙，水從中出，或橫攔高墳，窒塞水中者，皆是也。要高聳天表，方稱華表之名。水口有此，於內必有大地。《賦》云：「華表捍門居水口，樓台鼓角列羅城。若非設立郡遷都，定主為官近帝。

277) 卓立:높이 우뚝 서다. ◦ 窒塞(질색):막히다. ◦ 天表(천표):하늘의 바깥[아주 멀거나 높은 곳.

제16절 화표산(華 表 山)

화표산이란 수구 사이에 기이한 봉우리가 빼어나[挺然] 높이 우뚝 서[卓立], 혹 양산이 우뚝 솟아 마주 대하거나[對峙] 물이 가운데를 따라 생기거나[水從中出] 혹 횡으로 막고 크게 메우거나[橫攔高塡;횡란고전] 물 가운데를 막는 것[窒塞;질색]은 모두 화표(華表)이다. 하늘 높이 솟아야[高聳天表] 비로소 화표(華表)란 이름을 칭한다. 수구 내에 이러한 것이 있으면 반드시 대지(大地)이다. 『설심부(雪心賦)』에 이르길 '화표(華表)와 한문(捍門)이 수구에 있고 누대(樓台)와 고각(鼓角)이 나성(羅城)에 열을 지어있으면 군부(郡府)가 들어서거나 수도를 옮겨 건설하지 않으면 반드시 제왕의 측근에서 시위하는 관리가 된다'고 하였다.

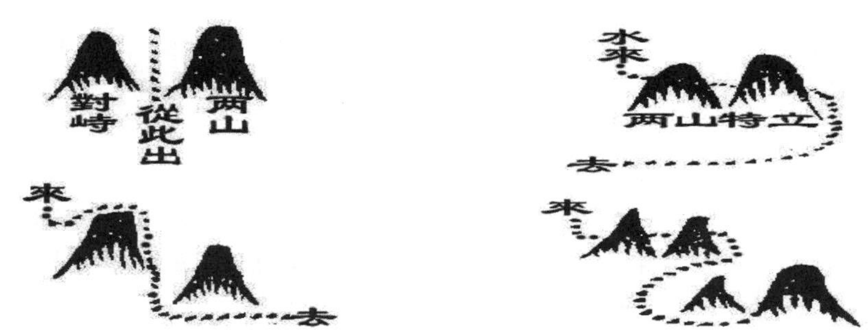

<그림1-2-51> 화표지도(華表之圖)

捍門

捍門山者，水口之間兩山對峙，如門户之護捍也。有三格。其一穴前見之，端居左右，如門户放入[278]，前砂、外洋、遠秀朝揖。其二江水陽朝，先開捍門，水由門户中出，洋洋[279]坦夷，來不見源，去不見流。其三則水口關闌，開設門户，水由此逝。此皆大貴格也。然捍門之砂，最喜成形。如日月、旗鼓、龜蛇、獅象等狀，

278) 放入(방입) : ~에 넣다. ~에 집어 넣다 ◦三陽(삼양) : 내양(內陽)·중양((中陽)·외양(外陽).
279) 洋洋(양양) : 가득하다. 망망하다. 풍부하다. 끝없이 넓다. ◦坦夷(탄이) : 모두 평평하다. 땅 등이 평평한 것

有九重[280]、十二重捍門者，必結禁穴。一重二重亦主王侯、后妃、宰相、狀元之貴。若捍門外又有羅星，尤為奇特。《經》曰：「捍門之外有羅星，便作公侯山水斷。」

제17절 한문(捍門)

한문산(捍門山)이란 수구 주변[間]에 양산이 마주하여 솟아 문호(門户;대문)와 같이 막아 지키는 것이다. 한문[護捍]에는 3격이 있다.

한문의 첫째의 격은 혈전에서 그것을 보면 문호와 같이 단정하게[端] 좌우에 있어 문호에 드나드는 앞의 사(砂)로 외양(外洋)이 멀리서 빼어나 (혈을) 향하여 읍(揖)하는 것 같다. 한문의 두 번째의 격은 강물[江水]이 산의 남쪽[陽]에서 흘러와[朝] 먼저 한문(捍門)을 통과하여[開] 물은 문호의 가운데서부터 흘러나가[出] 끝없이 넓고 평탄하여 물이 흘러오는 근원도 볼 수 없고 물이 흘러가는 것도 볼 수 없다.

한문의 세 번째의 격은 수구가 관란하여 문호를 갖추어 펼쳐져 있으면[開設] 물은 이를 경유하여[由此] 흘러간다[逝;서]. 이것들은 모두 대귀격(大貴格)이다. 그러나 한문사(捍門之砂)의 형상[形]이 일월(日月)、기고(旗鼓)、구사(龜蛇)、사상(獅象) 등의 모양과 같이 이룬 것을 가장 기뻐한다.

9중(九重)과 12중 한문(捍門)이 있으면 반드시 비밀리[禁]에 혈을 결작한다. 1중 2중도 주로 왕후(王侯)、후비(后妃)、재상(宰相)、장원(狀元)의 귀(貴)를 주관한다. 만약 한문(捍門) 외(外) 또 나성(羅星)이 있으면 더욱 기이하고 특이한 것이다. 『경(經)』에 이르길 '한문의 밖에 나성(羅星)이 있으면 곧 공후(公侯)가 되는[作] 산수(山水)라고 단언(斷言)한다' 고 하였다.

280) 九重(구중) : (높은) 하늘. 궁성(宮城). 제왕 ◦禁(금) : 금하다. 금지하다. 못하게 하다. 비밀 ◦狀元(장원) : 장원. (어떤 분야의) 제일인자

<그림1-2-52 > 한문 제1격

捍門第二格
捍門第二格穴前左右有山如門對峙而水從中出
者也 此格亦主大貴但
要外洋有水特朝大河當面橫遶內堂關鎖龍虎交會
方好否則元眞水太長微爲盡善281)
獅
龜
旗
日
象
蛇
鼓
月

<그림1-2-53 > 한문 제2격

한문(捍門) 제1격은 혈전(穴前)의 좌우에 산이 있어 마치 문주(門柱)가 대치(對峙;서로 맞서서 버티어)하여 외양(外洋;안산 너머 물)으로 방출하고 산수가 혈을 향하여 들어오는[朝入] 것 같다.(捍門第一格乃穴前左右有山如門對峙而放出外洋山水朝入者) 또한 이 격[제1격]은 지극히 귀한 것으로[極貴] 주로 공후(公侯)·태보(台輔)·황후(皇后)·귀비(貴妃)·신선(神仙)·신동(神童)·장원(壯元) 등을 주관한다.(也此格極貴主大貴公侯郡王台輔皇后貴妃神仙神童壯元)

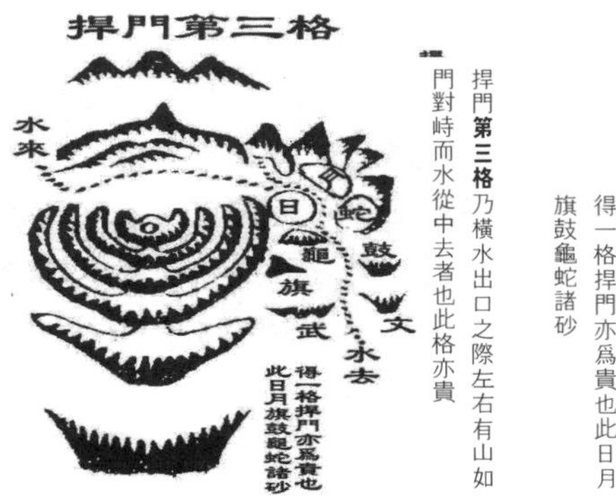

捍門第三格
捍門第三格乃橫水出口之際左右有山如
門對峙而水從中去者也此格亦貴
得一格捍門亦爲貴也此日月
旗鼓龜蛇諸砂
水來
日
月
蛇
龜
鼓
旗
文
武
水去

<그림1-2-54 > 한문 제3격

281) 微爲盡善 ☞ 盡善 : 완전무결하다. 微(미)~: ~이 아니다.

한문(捍門) 제2격은 혈전좌우(穴前左右)에 산이 있어 마치 문주(門柱)가 대치(對峙)하는 것 같고 물이 가운데를 따라 나가는 것이다.

이 격도 주로 대귀를 주관한다. 외양(外洋)에 물이 특이하게 조읍하고[特朝] 대하(大河)가 당면(當面)하여 횡으로 요포(遶抱)하면(外洋有水特朝大河當面橫遶) 내당(內堂)에 용호(龍虎)가 만나[交會] 관쇄(關鎖)하고(內堂關鎖龍虎交會), 비로소 좋음과 좋지 않음의 여부[好否]는 원진수(元辰水)가 태장(太長)하면(方好否則元眞水太長) 모두 좋지 않다[未爲盡善].

한문의 제3격은 횡으로 물이 나갈 때[出口之際]에 좌우에 있는 산이 문주(門柱)와 같이 대치(對峙)하여 물이 가운데를 따라가는 것이다. 이도 역시 귀격(貴格)이다.(捍門第三格乃橫水出口之際左右有山如門對峙而水從中去者也 此格亦貴)

北 辰

北辰者，水口間巉岩石山，聳身數仞[282]，形狀怪異，當於中流，挺然朝入者是也。亦謂之尊星。此格極貴，千不逢一，非王侯大地，未易有此。楊公云：「一個北辰管萬兵，駙馬公侯招討名。高大崢嶸[283]聳雲漢，必是爭天奪國人。」又曰：「北辰之星天中尊，上將下相[284]列分明。此星乾坤鎮國寶，隱藏閉口莫胡陳。」許仙曰：「卻有一樣北辰星，形若真兮貴莫論。北辰高大出萬乘，若然低小也朝臣。」曾公云：「山家最貴北辰星，水口高岩大石蹲。見此便知極貴地，必出爭雄[285]逞猛人。」吳公云：「水口交羅生怪石，大小高低論重輕。高大名為北辰位，必產英雄不敢聞。百丈石山高聳起，此名大獸北辰星。水口若見北辰鎮，巨石湧起膽寒驚。此星若還[286]關水口，必主皇王鎮國人。」又云：「水中石山侵上天，擁起嵯峨壓眾山。代代武文人過府，英雄猛烈萬人看。水中圓墩有石印，若還低陷也昌榮。大山粗昂是北辰，定產男兒統萬兵。」《禁星論》曰：「筠松禁星禁何星？餘星不禁禁北辰。至尊之星所當禁，恐君洩漏害君身。」又曰：「大地龍神朝暮[287]守，不許凡人亂開口。勸君遇著[288]北辰星，禁口禁眼宜謹守。」

---

282) 仞(인) : 길다. 높다. ☞ 挺(정) : 높이 솟다. ☞ 朝(조) : (물줄기가 큰물에) 흘러 들어가다. 모여들다. ☞聳身(용신) : 몸을 훌쩍 솟구치다. ☞ 當(당) : 막다. 지킴.

283) 崢嶸(쟁영) : 산세(山勢)가 높고 험준한 모양. 추위가 매우 심한 모양

284) 上將(상장) : 상장. 별 이름 ☞ 胡陳(호진) : 말하다. 늘어놓다. ◦胡(호) : 엉터리. 두서없음. ◦야(也) : ~도 또한

285) 爭雄(쟁웅) : 자리를 두고 다투다. ☞ 逞(령) : 굳세다. 강하다. 용감함.

286) 還(환) : 아직. 아직도. 여전히. 더. 더욱. 또. ◦侵(침) : 차츰 가까워지다. 침입하다.

제18절 북신(北辰)

북신(北辰)이란 수구 사이[水口間]에 참암(巉岩)한 석산(石山)이 매우 높이[數仞;수인] 용신이 솟아[聳身] 형상(形狀)이 괴이(怪異)하고, (물이) 흘러들어오는데[朝入] 높이 솟아[挺然;정연] 가운데로 흐르는 것을 막는 것[當]이다. 또 이를 존성(尊星)이라 한다.

이격은 지극히 귀한 것으로 왕후대지가 아니면 천(千)의 하나를 만날 수 없는[不逢一] 이러한 곳에 쉽게 있을 수 없다. 양공(楊公)이 이르길 ' 한 개의 북신(北辰)이 만 명의 병사[萬兵]를 관리하니 부마(駙馬)와 공후(公侯)는 적을 토벌하여 이름을 널리 알리고[招討名], 산세(山勢)가 고대하여 높고 험준한 모양으로 하늘 높이[雲漢] 솟아 반드시[必是] 천하[天]와 다투어 지배층의 자리를 차지 한다[奪國人].' 고 하였다.

또 이르길 '북신은 하늘의 성신 가운데 존엄(尊嚴)하니 상장(上將)과 하상(下相)이 분명하게 나열되었으면 이 성신은 천하[乾坤]에 국보를 지켜[鎮國寶] 비밀로 하여[隱藏] 입을 닫고[閉口] 함부로 말하지 말라[莫胡陳].' 고 하였다. 허선(許仙)이 이르길 '도리어 하나의 북신성 모양이 있으며 형상이 만약 참되면 귀를 논하지 말고, 북신(北辰)이 고대(高大)하면 천자[萬乘;만승]가 나오고, 만약 저소(低小)해도 또한 신하(臣下)[朝臣]는 된다' 고 하였다.

증공(曾公)이 이르길 '풍수가들[山家]은 북신성(北辰星)을 가장 귀하게 여겨 수구(水口)에 고암대석(高岩大石)이 (수구에) 머물러[蹲;준] 이것이 보이면 곧[便;편] 극(極) 귀지(貴地)임을 알고 반드시 자리를 두고 다투는[爭雄] 용감한 사람이 나온다.' 고 하였다.

오공(吳公)이 이르길 ' 수구에 인접하여[交;서로 맞닿다] 괴석(怪石)이 생겨 늘어서 있으면, 대소고저(大小高低)로 경중(重輕)을 논하여, 고대(高大)한 것은 북신의 자리[北辰位]로 반드시 영웅(英雄)을 출산하니 감히 소문을 내지 말고[不敢聞], 백장(百丈)의 석산(石山)이 높이 솟아올랐으면 이는 큰 짐승의 북신성(北辰星)이라 한다. 수구에 만약 북신(北辰)이 큰 돌이 솟아

---

287) 朝暮(조모):아침과 저녁. 아침부터 밤늦게까지. 조석(朝夕). 온종일 ◦亂(난) : 어지럽히다, 손상(損傷)시키다.

288) 遇着(우저) ;遇著) : 만나다. 조우(遭遇)하다. ☞ 尋常(심상) : 대수롭지 않고 예사로움. 보통

[湧起] 수구를 지키는 것[鎭]이 보이면 놀라 간담이 서늘하다[膽寒驚;담한경]. 이 바위[此星]가 만약 여전히[還;환] 수구를 관란하여 막으면[關水口] 반드시 임금이나 황제[皇王]가 국민[國人)을 편안하게 지킨다[鎭;진]' 고 하였다. 또 이르길 ' 수중(水中)에 석산이 하늘 높이[上天] 솟아 (물을) 막고[擁] 산세가 높고 험하여[嵯峨;차아] 중산(眾山)을 누르면 대대로 문무인(武文人)이 관아를 두루 거쳐[過府] 급작스레[猛烈] 영웅이 만인을 대하며, 수중(水中)에 돈부(圓墩)가 석인(石印)이면 만약 저함(低陷)해도 또한[也] 번성하여 영예롭고[昌榮], 산이 크고 거칠고 높게 쳐든 것이 북신(北辰)이면 반드시 남아(男兒)를 낳아 만병(萬兵)을 거느릴 것이다.' 고 하였다.

『금성론(禁星論)』에 이르길 '양균송[筠松]의 금성(禁星)은 어떠한 성을 금하는 가? 나머지 성(餘星;여성)은 금하지 않고 북신(北辰)을 금하였으며 지존의 성(至尊之星)은 마땅히 금하여야 하는 것이다.

그대들이 누설(洩漏)하여 그대들의 신상에 해가 될가 두렵다.' 고 하였다. 또 이르길 ' 대지는 용신(龍神)이 아침과 저녁[朝暮]으로 지키니 보통 사람이 개구(開口)하여 파손하는 것을 허락하지 않는다. 그대에게 권하니 북신성(北辰星)을 만나면[遇著] 입과 눈을 삼가하여[禁] 마땅히 조심스럽고 정중한 태도로 지켜야[嚴守(엄수);謹守(근수)] 한다.' 고하였다.

蓋水口北辰極貴，上者多為禁穴之應，不可輕談；中者王侯宰輔、皇親國戚，斬殺自由，非尋常小貴之地而能有此。《太華經》亦謂北辰星居溪中、水口，或旁應左右，皆為大貴，若非州郡邑鎮，即出英雄豪傑之士，驚天動地之人。故凡水口羅城之間，如見有此，其中必有大貴之地，宜於其內尋索龍穴。或難予曰：北辰者，即北極天之樞星。孔子所謂「居其所而眾星拱之」者也。此星至尊至貴，而乃為門戶間把守關隘[289]之職，何也？答曰：此固術家取義欠當，然亦不過假借美名以稱特異之砂耳。如天乙、太乙、太陽、太陰之名，亦皆尊貴星辰，而術家乃以太乙、天乙侍立左右，太陽、太陰夾照峽場。日月捍門，考其所取，莫不皆為貴地証驗。

대개 수구의 북신(北辰)은 지극히 귀하다. 으뜸은 대부분 임금이 날 정도의 큰 자리[禁穴之應]로 경솔하게 말해서는 안된다. 보통격은 왕후재보(王

289) 關隘(관애) : 관문. 요새. 요충지。証驗(증험) : 증험(하다). 실증(하다). 검증(하다) 。弗(불): 아니다.

侯宰輔)、황제의 친족[皇親;황친], 임금의 친척[國戚;국척]이 되어 생살권(生殺權)을 자유로이 한다[斬殺自由]. 평범한 작은 귀지는 이러한 기량이 뛰어날 수 없다[能有此].『태화경(太華經)』에도 '북신성(北辰星)이 시냇물 가운데[溪中]나 수구(水口)에 있거나 혹 좌우 옆에 응하여도 모두 대귀(大貴)하고 만약 주군읍진(州郡邑鎭)이 아니면 곧[即] 영웅호걸지사(英雄豪傑之士)와 경천동지(驚天動地)할 인물이 나올 것이다. 무릇 나성(羅城) 사이[間] 수구에 이것[북신]이 보일 것 같으면[如見有此] 그 속에 반드시 대 귀지가 있으니 마땅히 그 안에 용혈을 자세히 찾아야 한다.' 고 하였다.

혹 난여(難予)에 이르길 ' 북신(北辰)이란 곧 북극성[北極]인 하늘의 북두칠성의 첫째 별 즉 중심별[樞星;추성]이다. 공자(孔子)가 이른바[所謂] '북두칠성의 첫째 별[樞星]이 머무르면[居其所] 뭇별이 공읍한다.' 고 한 것이다. 이 성신은 지존지귀(至尊至貴)하며 이에[乃] 문호(門户) 사이에 관문 지키는 직[職]은 무엇인가?[何也？] 답왈(答曰) '이것은 진실로 술가(術家)들이 뜻을 취하여 흠결을 막아[當] 좋은 이름을 가차하여[假借美名] 특이한 사[特異之砂]를 칭하는 데 불과할 뿐이다.

가령 천을(天乙)、태을(太乙)、태양(太陽)、태음의 이름 역시 모두 존귀한 성신인데 술가(術家)들은 이에 태을(太乙)、천을(天乙)은 (후룡의) 좌우(左右)에 시립(侍立)한 것이며, 태양(太陽)、태음(太陰)은 일월한문(日月捍門)과 같이 협장[峽場]을 좌우에 끼고 비추면[夾照] 취한 곳을 살펴보면 모두 귀지로 실증되지 않는 것이 없다.

若以循名求義較之，則此等貴星，安可使為侍衛，為夾從，為把守關隘之職？故此不過假借美名耳。其寔無有所謂日月、北辰、天乙、太乙以臨之也。義固弗當，但襲之既久，不可改稱，今姑從之。吳公《口訣》云：「北辰是石山嵯峨，雄昂高插，峭壁岩崖[290]突兀奇怪，生耳，生角，生嘴，如將軍，如判官，如小鬼，如臥龍，如麒麟，如獅象，如海螺，如飛鳳，如仙鶴，如猛虎，如展旗，如堆甲，如涼傘，如走旗，如鋸齒，如槍刀，如幡帶，如排符[291]，如筆架，挺然拔聳

290) 峭壁(초벽) : 절벽. 낭떠러지. 벼랑 。岩崖(암애) : 낭떠러지. 벼랑. 절벽。突兀[(돌올): 갑작스럽다. 우뚝하다

291) 何知人家會做師，排符山頭有香爐。 집안에서 주사(做師)가 나오는 것은 어찌 아는가? 부적을 설치한 山의 정산에 향로가 있다. ☞부적을 설치한 山이란 산의 중간이 붕괴가

萬仞，巍峨屹立，堆疊於水口之間。望之而神驚，就之而心怖，崚嶒峻險[292]、怪異巉岩者是也。若非有諸般古怪形狀，則不可謂之北辰。」此星極貴，上格貴龍方有此應，亦不拘多寡，但得一二亦為大貴。須居水口為真，若穴上見之反為不吉。

만약 이름에 따라서 의의(意義)를 구하여 비교하면 이런 종류[此等]의 귀성(貴星)을 어찌[安] 시위(侍衛)하고 협종(夾從)하여 관문[關隘]을 지키는 관료를 시킬 수 있는가? 그러므로 좋은 이름을 가차(假借)하는 것에 불과할 뿐이다. 그것은 참으로[寔;식] 이른바 일월(日月)、북신(北辰)、천을(天乙)、태을(太乙)을 임(臨)하지 않으면 뜻이 확실히 마땅하지 않다[弗當].

다만 오래된 인습[襲]으로 고칠 수 없어[不可改稱] 지금까지 임시로[姑] 그것을 따른다. 오공(吳公) 《구결(口訣)》에 이르길 '북신(北辰)은 석산(石山)이 웅장하게 하늘 높이 솟아[雄昂高插] 산세가 높고 험하고[嵯峨], 낭떨어지[峭壁岩崖]에 우뚝 솟아[突兀] 기괴(奇怪)한 것이 귀[耳], 뿔[角],부리[嘴;취]와 같이 생겨 마치 장군(將軍)과 같고, 판관(判官), 소아(小兒), 누운 용[臥龍], 기린(麒麟), 사자의 모양[獅象], 해라(海螺), 비봉(飛鳳), 선학(仙鶴), 맹호(猛虎), 펼친 깃발[展旗], 쌓아놓은 갑옷[堆甲], 양산(涼傘), 달리는 깃발[走旗], 거치(鋸齒;톱니모양),창과칼(鎗刀;창도),나부끼는 깃발[幡帶;번대], 배부(排符), 필가(筆架)와 같다.' 고 하였다.

우뚝 솟아[巍峨屹立] 매우 높이[萬仞] 솟은 것[聳拔]이 빼어난 모양[挺然]으로 수구 사이에 중첩된 것[堆疊]을 바라보면 정신[神]이 놀라[驚] 그것을 취하기에 마음[心]이 두려운 것[怖;포]은 산이 높고 험악(險惡)하고[崚嶒峻險]、괴이(怪異)하고 참암(巉岩)한 것이다. 만약 여러 가지[諸般] 기이한[古怪] 형상(形狀)이 아니면 그것을 북신(北辰)이라 할 수 없다.'고 하였다.

이 성신은 지극히 귀하다. 상격의 귀룡이라 비로소 이에 응하나 다과(多寡)에 구애받지 않는다. 다만 한두 개라도 얻으면 크게 귀하다. 반드시 수구(水口)에 있으면 진(眞)이 된다. 만약 혈에서 그것이 보이면 좋지 않다.

되거나 혹은 기타 요인으로 인하여 마치 한 장의 부적이 붙어 있는 것 같이 보이는 것을 말한다. ◦巍峨(위아) : 산·건물이 높고 큰 모양. 우뚝 솟은 모양. ◦屹立(흘립) : 우뚝 솟다. ◦堆疊(퇴첩) : 겹겹이 쌓아 올리다.

292) 崚嶒(능증) : 산이 높고 험하다. 강직하다. ◦峻險(준험) : 산이나 고개 따위가 높고 험악(險惡)함.

羅 星

夫羅星者，水口關攔之中，有堆埠特起，或石或土，於平中突然[293]當於門户之間，四面水繞者是也。石者為上，土者次之，要居羅城之外為貴。《經》云：「羅星要在羅城外，若是[294]羅星不在外。居內名為抱養瘝，又為患眼墮胎山。羅星若在羅城口，城口皆為玉筍[295]班然。」然此雖居關口城外，又須有山抱闌，乃為有力。《經》云：「水中重重生異石，定有羅星當水立。羅星外面有山關，上生下生細尋覓。」然亦有真偽，尤宜詳審。《經》云：「蓋緣羅星有真假，真假天然非人力。真是羅星有首尾，首逆上流尾拖水。」又云：「欲識羅星真妙訣，一邊枕水一邊田。田中有骨脈相連，或為頑石焦土間。此是羅星有餘氣，卓立為星在水邊。」蓋羅星在天為火之餘曜，故又稱曰火羅，所以有頑石焦土。然其龍神亦必多有火星。《經》云：「火星龍始有羅星」。其形則以尖圓方正端扁為美。

제19절 나성(羅星)

무릇 나성(羅星)이란 수구(水口) 가운데에 돌이나 흙이 특별히 솟아 둔덕[堆埠]이 생겨 관란하고, 평지에 가운데에서 갑자기 문호(門户;수구) 사이를 마주하여 사면(四面)을 물이 감싼 것이다. 석(石)으로 된 것이 으뜸이고 토(土)로 된 것이 그 다음이다. (나성(羅星)이) 나성(羅城)의 밖에 있어야 귀하다. 《감룡경(撼龍經)》 「염정」 편에 이르길 '나성(羅星)이 나성(羅城)의 밖에 있어야 한다. 만약 나성(羅星)이 나성(羅城) 밖에 있지 않고 안쪽에 있으면 포양관(抱養瘝)이라 한다. 또 눈병[患眼]이 나고 타태산(墮胎山)이 된다. 나성(羅星)이 만약 나성(羅城)의 어귀[口]에 있으면 성구(城口)는 모두 옥순반연(玉筍班然)이라 한다. 그러나 이는 나성(羅城)의 어귀 밖에 막고 있으면

293) 突然(돌연) : 갑작스럽다. 갑자기. 돌연하다. 별안간

294) 若是(약시) : 만약~한다면. 이와 같이. 이처럼 ◦拖(타) : 드리우다. 끌어당기다.

295) 玉笋(옥순) : 인재가 많은 것. 미인의 손발. 수려한 뭇 산봉우리. 죽순(竹筍)의 미칭(美稱) ◦班然(반연) : 얼눅지다.◦班(반) : 반포(頒布)하다: 세상에 널리 퍼뜨려 모두 알게 하다.

또 반드시 산이 감싸 막아야 곧 힘이 있다.

《감룡경》에 이르길 '물 가운데 거듭[重重] 기이한 바위[異石]가 생겨 있으며 반드시 나성(羅星)이 마땅히 물에 서 있는 것이니 나성(羅星)의 바깥면에 산이 막아 주면 (나성이) 위에 생겼는지 아래에 생겼는지 자세히 살펴 찾아야 한다.' 고 하였다. 그러나[然] 또 나성에 진위(眞僞)가 있으니 더욱 상세하게 살펴야 마땅하다. 《감룡경[經]》에 이르길 '대개 나성(羅星)에 진가(眞假)가 있는 까닭은 진가(眞假)가 천연적(天然)이지 인력(人力)으로 만든 것은 아니다. 진짜 나성(羅星)에는 머리와 꼬리가 있어 머리는 (강의) 상류로[上流] 거스르고 꼬리는 물에 드리운다[拖].' 고 하였다.

또 이르길 ' 나성(羅星)의 참 묘결(妙訣)을 알고자 하면 한 변[一邊]은 물을 베고, 한변[一邊]은 밭을 베개로 하여 밭 가운[田中]에 골맥(骨脈;석맥) 서로 이어져[相連] 혹 그 사이에 무딘 돌[頑石]이나 불에 그슬린 흙[焦土]으로 견고하게 된 것이다. 이는 나성(羅星)에 여기(餘氣)가 탁립하여 성신(星辰)이 되어 물가[水邊]에 있다.' 고 하였다. 대개 하늘에 있는 나성(羅星)이 화(火)의 여기가 요[餘曜]가 되므로 또 화요(火羅)이라 칭한다. 완석초토(頑石焦土)가 되는 까닭이다. 그러나 그 용신(龍神)은 또 반드시 화성(火星)에 많이 있다. 《감룡경(撼龍經)》에 이르길 ' 화성(火星)의 용이면 비로소 나성(羅星)이 있다.' 고 하였다. 나성의 형상이 첨원방정(尖圓方正)하고 단정하고 납작하면[端扁] 좋다.

《經》云：「貪巨羅星方與尖，輔弼武曲[296]圓扁眠。祿存廉貞多碎破，破軍尖破最堪嫌。只有尖圓方扁[297]星，此是羅星得正形。忽然四面皆是水，兩山環合鬱然[298]青。」看羅星之法，有此數訣，不可不識。大抵見有羅星，又合法度，其內必有大富貴地。蓋緣羅星乃是証佐，決不虛生矣！若其數多尤妙。然非極貴龍穴不

296) 武曲(무곡) : 무곡성의 봉우리는 종이나 가마솥을 엎어 놓은 형상인데, 종과 가마솥의 형상은 무슨 까닭에 있는가? 종은 높고 가마솥은 작아 사물의 모습은 서로 같지 않은데, 높은 면 곧 무곡이 되고, 작으면 좌보가 된다.(武曲星峰覆鐘釜，鐘釜之形有何故。鐘高釜矮事不同，高即為武矮為輔。) ☞ 眠(면) : 지각(知覺)이 없음. ☕武曲饅頭圓更凸:무곡은 만두처럼 둥글고 또 볼록하다. <출처>『설심부』 cf) 대무성(大武星)

297) 扁(편) : 납작하다. (마음이) 좁다. 낮다. 작다.

298) 鬱然(울연) :우울한 모양. 걱정스러운 모양. 울창함(鬱蒼). 번성함. 당당함. (깊이를 알 수 없을 만큼) 훌륭함. (마음이) 울적함. ◦抵(저) : 해당하다. 상당함.

能多也。訣云「一個羅星抵萬山」，況其多乎？

《감룡경(撼龍經)》에 이르길 ‘탐랑과 거문성은 네모지고 뾰족하고, 보필(輔弼)과 무곡(武曲)은 둥글고 지각이 없이 낮고[圓扁眠], 녹존(祿存)과 염정(廉貞)은 많이 깨어지고 부서진 모습이고, 파군(破軍)은 뾰족하고 파쇄되어 가장 싫어한다[堪嫌;감혐]. 다만 뾰족하고 둥글고[尖圓] 네모지고 납작한 [方扁] 성신(星辰)이면 이는 나성(羅星)이 바른 모습을 갖춘 것이다. 홀연(忽然)히 사면(四面)이 모두 물이고 용호[兩山]가 감싸면[環合] 번성하여[鬱然] 무성(茂盛)한 모양[青]이다.’고 하였다. 나성(羅星)의 법은 이러한 몇 가지 결(訣)을 보고 알아야 한다[不可不識]. 대저 나성(羅星)이 있음을 보아서 또 법도(法度)에 맞으면 그 안에 반드시 대부귀지(大富貴地)가 있다.

대개 나성(羅星)이 곧 증좌(証佐)이기 때문에 헛되지 않은 결정이 이루어진다![決不虛生矣]. 만약 그 수가 많으면 더욱 묘(妙)하다. 그러나 극귀한 용혈[極貴龍穴]이 아니고는 많을 수 없다. 결(訣) 이르길 ‘한 개[一個]의 나성(羅星)은 만산(萬山)에 상당한 값어치가 있다[抵].’고 하였다. 하물며 그것이 많겠는가?

已上所論華表、捍門、北辰、羅星，皆水口至貴之砂，得一亦[299]為富貴龍穴之應。但水口之砂，亦不止此。如所謂金馬門、游魚洲、赦文星、牛羊墜、百萬倉、萬石囷、合旗、頓鼓、車馬、戰纛等砂，皆為吉地之應，玆不備及。蓋貴人門下多車馬，富人門下多質庫。故水中之砂，亦各以類相從也。大抵水中之砂，雄強高峻[300]、嵯峨崚嶒、不生手腳枝葉、怪石巉岩、望之可畏者方為真水口砂。如大貴人，必是大將帥，或雄悍武夫，披堅執銳，把守關隘[301]，出入之人，必須盤詰[302]，方得往來，豈容尋常直進直出？故水口砂必是醜陋凶惡星辰把截。

이상은 주장하는[所論] 화표(華表)、한문(捍門)、북신(北辰)、나성(羅星)은 모

299) 亦(역) : 또한. ~도 역시. 다만 ~뿐. ☞ 雄强(웅강) : 힘차다. 강하다.

300) 高峻(고준) : 매우 높다. 높고 험준하다.。 嵯峨(창) : 산세가 높고 험하다. 。崚嶒(능준) : 산이 높고 험하다. 강직하다.

301) 雄悍(웅한) : 씩씩하고 날래며 사나움 。武夫(무부): 용감한 사람. 무인(武人). 용사. 군인 。披堅執銳(피견집예) : 갑옷을 입고 무기를 들다. 무장하다. 장군이 전쟁에 직접 나가서 싸우다. ☞ 把守(파수) : 지키다. (군주 등을) 호위하다. 수비하다.
。關隘(관애) : 관문. 요새. 요충지

302) 盤詰(반힐) : 심문하다.따져묻다.。直進(직진) : 방향(方向)을 바꾸지 않고 곧게 나아감.

두 수구(水口)에 지극히 [至] 귀(貴)한 사(砂)이다. 이 중에 하나만 득하여도 [得一亦] 용혈(龍穴)에 부귀함[富貴]을 응(應)한다. 다만 수구사도 이것이 끝나지[止] 않는다. 예를 들어 이른바 금마문(金馬門)、유어주(游魚洲)、사문성(赦文星)、우양추(牛羊墜)、백만창(百萬倉)、만석균(萬石囷)、합기(合旗)、돈고(頓鼓)、거마(車馬)、전독(戰纛;戰旗) 등의 사(砂)는 모두 길지(吉地)에 응(應)하는 것이나 지금 여기[玆;자]에 두루 미치지 못한다[不備及].

대개 귀인의 문하(門下)에는 거마(車馬)가 많고, 부유한 사람[富人]의 문하(門下)에는 전당포의 잔당물[質庫]이 많으므로 수중(水中)의 사(砂)는 역시 각각 같은 종류끼리 서로 따른다[以類相從]. 대저 수중의 사(砂)는 강하고 매우 높고[雄強高峻] 산세가 높고 험하고[嵯峨崚嶒] 수각(手脚)이나 지엽(枝葉)이 없이 괴석(怪石)이 참암(巉岩)하여 바라보아 두려운 것은 비로소 참 수구사이다. 대귀인(大貴人)과 같으면 반드시 대장수(大將帥)가 혹 웅한(雄悍)하여 씩씩하고 날랜 무인(武人)[雄悍武夫]이 갑옷을 입고 무기를 들고[披堅執銳] 요새[關隘]를 지켜[把守] 출입하는 사람을 반드시 검문을 하여야[盤詰] 비로소 왕래(往來)를 할 수 있으니 어찌 곧장 진출하는 것[直進直出]을 예사롭게 받아들이겠는가? 그러므로 수구사(水口砂)는 반드시 추루(醜陋)하고 흉악(凶惡)한 성신(星辰)으로 중요한 곳을 호위하여 지킨다[把截;파절].

《經》云：「莫道廉祿無好處，大為將相公侯門。」是言有公侯將相之地，必用他作門户也。又云：「祿存303)無祿只為關，破軍304)不破只為攔。關闌之山作水口，必有羅星在水間。」是言既有關闌二山異於尋常，則必有羅星在水中，或落河火星為禽為曜，以為應305)証。此皆天造地設，自然符契306)之理。且水口關

303) **녹존(祿存)** : 녹존은 **꼭대기[上]의 모습은** 북[몸통은 둥글고 정상은 평평하여 북과 같은 모습]과 같고 **산기슭[下]은** 오이나 표주박[瓜瓠;과호]과 같은 지각이 있다. 오이와 표주박 머리[끝]와 같은 부분에 작은 봉우리가 있는데 이곳이 녹존이 붙어 있는 곳이다. 작고 둥근 봉우리가 녹존을 띠고 본신 녹존을 둘러싸고 있으면 장군 · 재상 및 제후 가운데 주(周)나라 때의 훌륭한 재상 '방숙(方叔)'과 '소호(召虎)' 같은 인물이 태어난다.(祿存上形如頓鼓 下形有脚瓜瓠 瓜瓠頭前 有小峰 此是祿存帶綠處 小圓帶綠圍本身 將相公侯出方虎)

304) **파군(破軍)** : 구성 가운데 파군의 성봉은 마치 깃발이 휘날리는 것과 같은데, 앞머리 부분은 월등하게 높고 꼬리 부분은 낮다. 또 양변 땅이 위험하게 손상되어[失險] 꺼져서 생겨나 구덩이坑陷]와 같고 벽처럼 가파르고 거듭[反] 무너지고[깨어지고] 기울어진 형태이다.(破軍星峰如走旗，前頭高卓尾後低。兩傍失險落坑陷，壁立反裂形傾欹)

305) 應(응) : 조짐. 어떤 사물에 응하여 나타나는 현상. ◦不特(불특) ; 不但(부단) : ~뿐

闌，不特陰地陽宅而已，凡天下大垣局、京機、省城以及[307]州郡，莫不皆有大關闌、大羅星，特形勢寬大，規模宏遠，未易察識。

《경(經)》에 이르길 '염정과 녹존[廉祿]에 좋은 곳이 없다고 말하지 말라. 대지(大地)는 장군, 재상, 공후를 가문에서 배출한다.' 고 하였다. 이 말은 공후(公侯), 장군, 재상의 자리는 반드시 다른 쓰임에 문호(門戶;수구)를 필요로 한다. 또 (감룡경)에 이르길 '녹존(祿存)이 녹존의 역할[지각을 뻗어내림]을 하지 못하면[無祿] 다만 혈 앞에 수구를 막아줄 뿐이다[為關].

파군(破軍)이 파군의 역할[지각을 뻗어 내림]을 하지 못하면[不破] 다만 수구를 막아줄 뿐이다[為攔]. 관란(關闌)하는 산이 수구(水口)에 생기면 반드시 나성(羅星)은 수구 사이[水間]에 있어야 한다.' 고 하였다. 이 말은 이미 관란(關闌)하는 두산[二山]이 보통[尋常]과 다르게 생겼으면 반드시 나성(羅星)이 물 가운데 있다. 혹 낙하(落河)한 화성(火星)이 금(禽)이 되고 요(曜)가 되면 조짐의 증좌[應証]로 여긴다. 이는 모두 천조지설(天造地設)로 자연(自然)의 증좌[符契:부계,符信;부신]와 같은 이치이다. 또 수구(水口)의 관란(關闌)은 음택과 양택[陰地陽宅]뿐만 아니다. 무릇 천하(天下)에 대원국(大垣局)은 경기(京機)、성도(省城;성의 소재지) 및 주군(州郡)에 이르기까지 모두 크게 관란(關闌)하여 큰 나성(羅星)이 있으면 특히 형세(形勢)가 관대(寬大)하고 규모(規模)가 넓고 멀어[宏遠] 살펴서 알기 어렵다[未易察識].

《經》云：「大河之中有砥柱[308]，四川之口生灩澦[309]。大姑小姑彭蠡[310]前，採石

아니라

306) 符契(부계) : 돌이나 대나무, 옥 따위로 만든 물건에 글자를 새겨 다른 사람과 나눠 가졌다가 나중에 다시 맞추어 증거로 삼는 물건

307) 以及(이급) : 및.~까지. 그리고. 아울러 ◦莫不(막불) : ~하지 않는 자가 없다. 모두 ~하다.

308) 砥柱(지주) : 흐르는 물 사이에 우뚝 솟은 산봉우리. ☞지주(砥柱)라는 중국의 지명에서 유래되었다. 중국 하남성(河南省) 섬주(陝州)에서 동쪽으로 40리 되는 황하(黃河)의 중류에 있는 기둥 모양의 돌

309) 灩澦(염예) ☞ 灩(염) : 물이 그득하다. 澦(예): 강 이름

310) 彭蠡(팽려) : 호수 이름. 강서성(江西省)에 있는 파양호(鄱陽湖)를 말한다. ◦門(문) : 문[수구]을 지키다. ☞ 環(환) : 돌다, 선회하다(旋回). 에두르다, 둘러싸이다.

金山作門户。」又云：「大河碣石至海窮，海外諸峰補垣局。更有焦山羅剎石，雖是羅星門不固。此是大尋羅星法，識者便知愚未悟。」又云：「請君看此州縣關，何處不生水口山？水口關闌皆破祿，無脚交牙如疊環。或為横山如臥虎，或作重重如瓜瓠。

《감룡경(撼龍經)》「파군(破軍)」편에서 이르길 ‘황하의 큰 물 가운데 기둥 모양의 돌을 지주(砥柱)라 한다. 사천성 입구 양자강 상류에도 나성(羅星)에 해당하는 염예퇴(灩澦堆)란 큰 돌이 물 가운데 있고[巨石水中央], 대고산(大姑山)과 소고산(小姑山)이 파양호[彭蠡;팽려] 앞에 채석산[採石]과 금산(金山)이 문호(門户)로 이루어졌다.’고 하였다.

또 이르길 ‘양자강[大河]의 갈석산[碣石]에서 바다 끝[海窮]에 이르기까지 바다 밖의 여러 봉우리는 원국(垣局)을 보필하고 또한 (양자강에는) 초산(焦山)과 나찰석(羅剎石)이란 바위가 비록 나성(羅星)의 문으로 수구를 확실히 막아주지 못하나[門不固] 이것이 바로 크게 혈을 맺은 곳을 찾는 나성(羅星)의 방술(方術)[法]이다. 분별력이 있는 자는 곧 알 수 있으나 어리석은 사람은 깨닫지 못한다.’고 하였다. 또 이르길 ‘부탁 하건데 이것을 주현과 같은 고을의 수구에서 관란(關攔)하는 산을 살펴보라. 어느 곳이 수구산이 생기지 않았는지를? 수구(水口)를 관란(關闌)하는 것은 모두 파군과 녹존이다. 파군과 녹존은 지각이 없어도 거듭둘러 감싸고 있는 것[疊環] 같이 교아(交牙)하거나 옆으로 비스듬한 산이 호랑이가 누운 것 같거나 혹 오이나 표주박 같이[瓜瓠;과호] 생긴 산이 겹겹이 막아내기도 한다.

禹鑿龍門透大河，便是當時關水處。太行走出河中府，河北河南關兩所。大河北來曲射東，西山在水如眠龍。馬耳山枕大江口，絕無脚手為神妙。靈壁[311]山來截淮河，更無一脚如横過。海門二山鎖兩浙，兩山相合如環玦。文廉生脚鎖緇流，横在水中為兩截。大關大鎖數十里，定有羅星横截氣。截住江河不許流，關內不知多少地。小羅小鎖及小關，一州一縣須有關。十關十鎖百十里，定有王侯居此間。鄉落羅星小關鎖，枕水如戈石横臥。但看無脚是關闌，重數多少分將佐。君如能識水口山，便識天戈並祿破。」斗杓[312]前一星名曰天戈，喻水口中羅星也。觀此則知水

311) 靈壁(영벽) : 중국 안휘성(安徽城)의 고을 이름이다
312) 斗杓(두표) : 두병(斗柄). 북두칠성의 표(杓). 옥형(玉衡)·개양(開陽)·요광(搖光)의 세

口關闌、羅星等砂，雖有大小不同，其寔皆一理耳。

우임금이 용문산을 뚫어 황하[大河]로 통하게[透] 하였는데 이곳이 곧[便是] 당시(當時) 물을 막은 곳이다. 크게 달려[太行] 나가[走出] 하중부(河中府)로 들어가면서 하북(河北)과 하남(河南)의 두 곳을 막아주는 역할을 하고, 황하[大河]는 북쪽에서 와서[北來] 동쪽으로 곡선을 그리면서 화살처럼 흘러나가고[曲射東], 서산[수양산]이 잠자는 용과 같이 있고 마이산(馬耳山)이 장강[大江]의 어귀[口]에 있고, 파군이나 녹존의 다리나 손[脚手]과 같은 산줄기가 결코[絶] 없는데 신묘(神妙)하게 양자강을 관란하였다.

영벽산(靈壁山)이 와서 회화강[淮河]의 물길을 막고 다시 하나의 다리도 없이 횡으로 지나가는 듯하다. 해문(海門)의 자산과 감산 두 산[二山]은 절동과 절서의 양절(兩浙)의 사이를 관쇄하여[鎖] 두 산이 서로 합하여 물을 에워싸는 것이 옥대와 같다[環玦;환결].

문곡과 염정은 다리를 뻗어 치수의 물길[淄流;치류]을 막아는 것은 물 가운데 횡으로 존재하는 문곡과 염정의 다리가 양쪽으로 막는 것[兩截;양절]이다. 수십 리를 반드시 나성(羅星)이 횡으로 기를 막아크게 관쇄(關鎖)한다. 강과 하천에 나성(羅星)이 머물러 막아[截住] 물이 흘러가지 못하여[不許流] 내부를 막아[關內] (기가) 많은 땅과 적은 땅을 알 수 없다. 작은 나성은 작은 수구막이[關鎖]로 하나의 주(州)나 하나의 현(縣)을 반드시 관쇄한다.

백십 리에 10번[重] 관쇄하면 반드시 왕후가 수구 안[間]에 거주한다. 시골마을[鄕落] 작은 나성이 관쇄(關鎖)한다. 나성이 물을 베는 것[枕水]이 창과 같고 바위가 횡으로 누워있는 것 같다. 다만 파군이나 녹존이 다리가 없어도 관란(關闌)하는 것을 본다. 거듭되는 수가 많고 적음에 따라 장군이나 보좌관으로 구별된다. 그대가 예를 들어 수구산을 알려면[能識] 나성[天戈]과 녹존과 파군을 알아야 한다.' 고 하였다. 두표(斗杓)는 앞에 일성(一星)의 이름이 천과(天戈)로 수구 가운데 나성(羅星)을 비유한 것이다. 이를 보면 수구의 관란(關闌)、나성(羅星) 등의 사(砂)를 알 수 있다. 비록 대소(大小)는 다르다. 그것은 진실로 모두 하나의 이치이다.

官鬼總論

별

此卷專論官鬼、禽曜。夫所謂官鬼、禽曜者，乃真穴前後左右發出餘氣之山。在前者曰官星，在後者曰鬼星，在龍虎外左右者曰曜星，在明堂左右及水口間曰禽星，亦曰明曜，皆為富貴龍穴之証也。傅文懿公立《四靈歌》云：「禽曜星與官鬼，都是好龍生秀氣。穴前穴後龍虎旁，有此定為公相[313]地。」卜氏云：「要識前官後鬼，方知結實虛花。」又云：「禽星獸星居水口，身處翰林。」又云：「生曜主官，王謝之名可望。」此官鬼禽曜之所以不可無也。著其要於下。

제20절 관귀(官鬼)와 금요(禽曜) 총론

☞ 관성/귀성/요성/금성[명요(明曜)]-부귀(富貴)의 혈증

1) 제발문(題跋文)

이 책[此卷]은 관귀(官鬼)、금요(禽曜)를 오직 논한다[專論]. 무릇 소위 관귀(官鬼)와 금요(禽曜)는 곧 진혈(真穴)의 전후좌우(前後左右)에서 발생하여 나온[發出] 여기(餘氣)의 산(山)을 말한 것이다. 앞에 있는 것은 관성(官星)이라 하고, 뒤에 있는 것은 귀성(鬼星)이라 한다. 용호(龍虎)의 밖에 좌우(左右)에 있는 것은 요성(曜星)이라 한다. 명당(明堂)의 좌우(左右) 및 수구(水口)의 사이[間]에 있는 것은 금성(禽星)이라 하고 또 명요(明曜)라 하고, 모두 부귀(富貴)의 용혈(龍穴)의 증좌가 된다.

전문의(傳文懿)의 공위(公立)의 《사령가(四靈歌)》에 이르길 '금요성(禽曜星)과 관귀성[官鬼]은 모두[都;도] 호룡(好龍)에서 생겨난 수기(秀氣)로 혈의 전후나 용호(龍虎)의 곁에 이것이 있으면[有此] 반드시[定] 삼공재상(三公宰相)의 자리이다.' 고 하였다. 복응천[卜氏]이 이르길 '관성이 앞에 있고 귀성이 뒤에 있는지 알아야 한다. 그래야 비로소 결실과 허화를 알 수 있다. ' 고 하였다. 또 이르길 ' 금성(禽星)과 수성(獸星)은 수구(水口)에 있으면 몸이 한림(翰林)에 머무른다.' 고 하였다. 또 이르길 ' 요(曜)와 관성(官)이 생겼으

---

313) 公相(공상) : 삼공재상(三公宰相). 승상(丞相)이면서 태사(太師)를 겸임한 사람. 최고의 벼슬 ☞翰林(한림) : 翰林院(한림원)에 소속된 관리

면 왕씨와 사씨[王謝]의 두 가문의 명성을 기대할 수 있다.' 고 하였다. 이는 관귀금요(官鬼禽曜)가 없어서는 안되는 이유이다.

아래에서 관귀금성(官鬼禽曜)의 요점[要]을 나타냈다.

問君何者謂之官, 朝山背後逆拖山。그대에게 묻노니 무엇을 관(官)이라 하는가?

조산(朝山)의 배후(背後)에 역으로 끌고 나간 산[逆拖山]이다.

問君何者謂之鬼, 穴山背後撑者是。그대에게 묻노니 무엇을 귀(鬼)라 하는가?

혈산(穴山)의 배후(背後)를 받쳐준[撑] 것이다.

問君何者謂之禽, 龜魚生在水中心。그대에게 묻노니 무엇을 금(禽)이라 하는가?

거북이와 물고기[龜魚] 모양이 물의 중심[中心]에 생겨있는 것이다.

問君何者謂之曜, 龍虎肘後石尖生。그대에게 묻노니 무엇을 요(曜)라 하는가?

용호(龍虎)의 팔꿈치 뒤[肘後]에 뾰족하게 생긴 바위[石尖生]이다.

<그림 1-2-55 > 관귀금요도(官鬼禽曜圖)

論 官 星

官星者, 龍虎橫抱, 穴外背後有山拖向前去者也。子微云 : 「試[314]問如何[315]是官星? 本身山前更有山。」此乃龍旺, 秀氣融結包會不盡, 故又發為官星也。龍之貴氣重大者, 官星亦必重大 ; 龍之貴氣輕小者, 官星亦必輕小。所謂大小, 非論形體, 乃氣脈之力量也。名為官星, 有吉無凶。但恐龍穴不真, 縱有官星亦為無益。子微云 : 「大凡官星無凶惡, 只恐似官非是官。」官星在橫[316]山龍虎外, 故多不

314) 試(시) : 시험삼아 해 보다. 찾다. 견주다. 비교함.
315) 如何(여하) : 어떻게. 어떠냐. 어떤 ◦大凡(대범) : 대개. 대체로
316) 橫(횡) : 옆. 곁. 좌우. 왼쪽에서 오른쪽으로, 오른쪽에서 왼쪽으로의 방향을 가리킴.

見。亦有見者，謂之現世官、現面官。《經》云：「官星在前多不見，見者名為現世官。」若龍穴真，主當代貴。大抵官星雖有吉無凶，亦必龍穴真則吉。否則皆凶。且不必拘其形象，而為繁鎖之論云。如京山王氏伯珍公地，官星格也，圖下。

2) 관성(論官星)

관성(官星)이란 용호(龍虎)가 혈 바깥 배후(背後)에 있는 산(山)이 횡으로 감싸[橫抱] 향 앞으로 끌려간 것이다. 장자미[子微]에 이르길 ‘묻노니[試問] 어떤 것[如何]이 관성(官星)인가? 본신산(本身山) 앞에 다시 산이 있는 것이다.’ 고 하였다. 이는 용의 왕성(旺盛)한 수기(秀氣)가 모인 것을 감싸[包會] 융결(融結;혈) 하였으나 (기를) 다 소진(消盡)하지 않았기 때문에 또 (다시 산이) 생겨[發] 관성(官星)을 만든 것이다.

용(龍)에 기가 귀하고 매우 중요하며, 관성(官星) 역시 귀하고 반드시 매우 중요하다. 용의 귀기(貴氣)가 가볍고 작으면 관성(官星) 역시 가볍고 가볍다[輕小]. 이른바 대소는 형체로 곧 기맥(氣脈)의 역량을 논할 수 없다. 관성(官星)이라 한 것은 길이 있고 흉이 없기 때문이다. 다만 삼가는 것[恐]은 용혈(龍穴)이 참이 아니면[不真] 비록 관성(官星)이 있을지라도 무익(無益)하다. 장자미(子微)가 이르길 ‘대체로 관성(官星)은 흉악(凶惡)한 것이 없고 다만 두려운 것[恐]은 관성 같으나 관성(官星)이 아닌 것이다.’ 고 하였다. 관성(官星)이 좌우[橫]로 가로지른 산[橫山]이 용호 밖에 있어 보이지 않으나 또 보이는 것을 현세관(現世官) 또는 현면관(現面官)이라 한다. 《경(經)》에 이르길 ‘관성(官星)은 앞에서 대부분 보이지 않으나 보이는 것은 이름이 현세관(現世官)이다.’ 고 하였다.

만약 용혈(龍穴)이 참이면 당대(當代)에 부자[貴]가 된다. 대저(大抵) 관성(官星)은 길이 있고 흉함이 없으나 반드시 용혈(龍穴)이 진이면 좋다. 그렇지 않으면 모두 흉하다. 또 그 형상(其形象)에 구애될 필요가 없으나 번쇄(繁鎖)의 논(論)에 이르길 ‘예를 들어 경상(京山) 왕씨(王氏) 백진공(伯珍公)의 자리[地]가 아래 그림에서 관성(官星)의 격이다.’ 고 하였다.

左地在京山，土名接官廳新堰彎。其龍系縣龍分乾，來歷甚遠，不及[317]詳述。將[318]入局，開帳重重，大斷[319]起尖山，為廉貞火星。生出土星，土又生出金星，是為大月山。又自月山下連穿[320]三峽過田，如抛球，如走馬，如梭帶線，如蛛牽絲，龍氣旺盛，枝脚蕃衍，護從周密。正脈中出，為太陰星，串[321]脈吐出微乳結穴。穴情甚秀，兩掬彎抱，寬暢有情。內堂融聚，外洋平衍。而右臂複大轉包裹，為玉帶砂，橫繞穴前。其餘氣複當面抽出，發為官曜，去三十餘里。兩畔枝脚回抱重疊，關顧有力，真貴地也。只是官星去遠，此穴結於龍腰之間，山勢未止，孰識為此等大地？葬後出希且公，登進士，官僉憲。曰橋，進士，官方伯；曰格，進士，官少卿。方伯之子宗茂，進士，官侍御。今又池公宗載登進士，累官都憲；曰宗彥、宗纂、宗楚、大本、大有，曰階諸公，連登科甲，人才迭出，富貴未艾。

왼쪽의 자리는 경산(京山)에 있으며, 토명(土名)은 접관청(接官廳) 신언만(新堰彎)이다. 그 용이 줄지어 이어[縣] 간룡으로 나누어져 지나온 유래[來歷]가 너무 멀어 상세하게 기술할 수 없다. 막 국(局)에 들어올 때 개장(開帳)을 거듭하여 크게 끊어져[跌斷] 뾰족하게 솟은 산이 염정(廉貞)화성(火星)이다. (화성은) 토성(土星)이 생겨나게 했고, 토성은 또 금성(金星)을 생겨나게 했다. 이것이 대월산(大月山)이며 또 월산(月山)에서 아래 연달아[下連] 3과협(峽過)을 연결하여[穿] 밭을 지나 나와 버려둔 공[抛球]과 같고, 달리는 말[走馬]과 같고, 실이 들어있는 북[梭帶線]과 같고, 거미가 실을 뽑아내는 것[蛛牽絲] 같아 용기(龍氣)가 왕성(旺盛)하다.

지각(枝脚)이 많이 퍼져[蕃衍;번연] 주밀(周密)하게 호종(護從)하고 정맥(正脈)이 중출(中出)하여 태음금성(太陰金星)이다. 맥이 이리저리로 움직여[串] 미유(微乳)를 드러내어[吐出] 혈을 맺었다. 혈정(穴情)이 심이 빼어났다.

양쪽에 (용호가) 움켜쥐듯이[兩掬;국포] 넓게[寬暢] 굽어 감싸[彎抱] 유정하고, 내당(內堂)에 (생기가) 모이고[融聚] 외양(外洋)이 평평하고 넓다[平衍].

---

317) 不及(불급) : 미치지 못하다. 여유가 없어서 되지 않다.~보다 ~하지 않다. (시간적으로) ~할 수 없다

318) 將(장) : 장차. 막. 곧. 장차 ~하려고 한다. 머지않아 ~되려 한다.

319) 大斷起尖山~ : 크게 끊어져~

cf) 大斷過峽 : 크게 끊어져 과협을~/跌斷過峽~ : 달리다가 끊어져 과협을~/ 跌斷結咽~ : 달리가 끊어져 결인/連斷過峽~ : 끊어질 듯 하다가 이어지는 과협

320) 穿(천) : (실 따위로) 꿰다. 꿰어 연결하다. (공간 따위를) 뚫고 지나가다. 통과하다.

321) 串(관) : 이쪽에서 저쪽으로 움직이다. ◦平衍(평연) : 평평하고 넓다. 평평하게 펼쳐져 있다.

우비(右臂)가 다시 크게 돌아 속[혈]을 감싼 것[包裹]이 옥대사(玉帶砂)이다. 혈 앞에 횡으로 감싼 그 여기(餘氣)가 다시 마주한 면[當面;안산]에서 뽑아낸 것[抽出]이 관요(官曜)를 발생하여 30십 여리(餘里)를 가서 양측[兩畔]의 지각(枝脚)이 중첩하여 회포(回抱)하여 돌아보고 관란하여[關顧] 힘이 있는[有力] 진귀(眞貴)한 자리이다.

다만 이 관성(官星)이 멀리 나가고 이 혈은 용의 허리 사이에 혈을 맺었다. 산세(山勢)가 아직 멈추지 않았으므로 이와 같은 데[此等] 대지가 되는지를 누가 알겠는가 ?

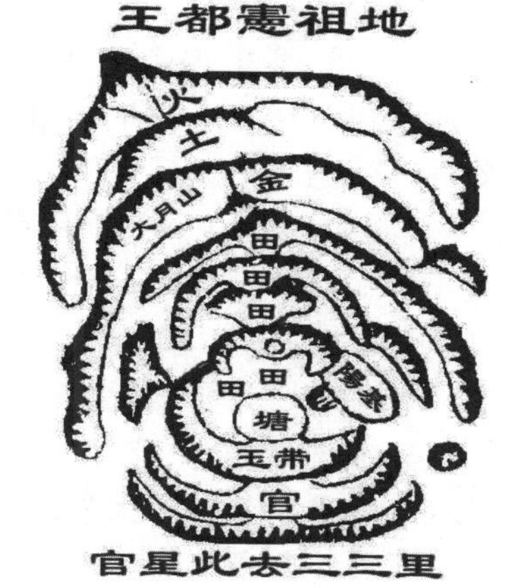

<그림1-2-56 > 왕도헌조지(王都祖地)

장후(葬後)에 희차공(希且公)이 태어나 진사(進士)에 오르고 벼슬은 첨헌(僉憲)이었다. 이르길 교(橋)는 진사(進士)로 벼슬은 방백(方伯)이었고, 격(格)은 진사(進士)로 벼슬은 소경(少卿)이었다. 방백(方伯)의 아들 종무(宗茂)는 진사(進士)로 벼슬은 시어(侍御)였다. 지금도 지공(池公) 종재(宗載)가 진사(進士)에 올라 여러 벼슬[累官]하여 도헌(都憲)이고, 종언(宗彦), 종진(宗蓁)、종초(宗楚)、대본(大本)、대유(大有),계(階) 등 여러 공은 연달아 과거에 급제하여 인재(人才)가 번갈아 나오고 부귀(富貴)가 멈추지 않고 있다[未艾].

按：是地餘氣去長，此圖不收[322]餘氣篇內，直以官星取者，以去山在虎砂外，對穴穿田而去，是官星格耳。但穴左山勢太短，似與右氣不均。然既鋪氈作王氏陽基，又溢為靈泉於基前，則其氣以泉發，與右等也。此造化隱微，須詳審精察，未易入俗眼耳。 傳奇 王氏基前有靈泉，每虹氣現，則王氏有發科甲者，屢驗。王氏諸公號虹塘、虹泉、瑞地，咸取此耳。隆慶戊辰，虹現，王氏無會試者，人以為不驗。既而，是科翼軒李公維禎登第入翰林應之。蓋李公乃侍御虹塘公宗茂婿也。

조사에서[按] 이 자리의 여기(餘氣)가 길게 나갔으나 이 그림에는 여기(餘氣)를 나타내지 못하였다[不收]. 책 내[篇內]에서 곧장[直] 관성(官星)을 취한 것은 거산(去山)이 호사(虎砂)의 밖에 있고, 밭을 지나가 혈을 마주한[對穴] 이는 관성(官星)의 격식이다. 다만 혈의 좌측의 산세(山勢)가 너무 짧아 우측의 기와 균형을 이루지 못한 것 같으나 이미 전(氈)을 늘어뜨려 왕씨(王氏)의 양기(陽基)을 만들었다. 또 넘치는 기[溢]가 묘지의 앞에 영천(靈泉)을 이루었으니 그 기(氣)로 영천이 생겨서 우측과 동등하다. 이는 조화(造化)가 은미(隱微)하여 모름지기 자세하고 상세하게 살펴야 한다[詳審精察]. 쉽게 속안(俗眼)에 들어오지 않는다.

신기하게 전하여 오는[傳奇] 왕씨 묘지 앞에 영천(靈泉)이 있어 늘 무지개[虹氣;홍기]가 나타나면 왕씨 집안에는 과거에 급제가 있었는데 여러 번 징험[屢驗]을 하였다. 왕씨(王氏)의 제공(諸公)이 號홍당(虹塘)、홍천(虹泉)、서지(瑞地)하여 모두 이를 취하였다. 융경(隆慶) 무진년(戊辰)에 무지개가 나타났어[虹現] 왕씨(王氏) 회시자(會試者;회시에 합격자)가 없어 사람들은 '증험이 다하여 없다'고[不驗] 여겼다[以為].

이후[既而] 정말로 과거에 익현(翼軒), 이공(李公), 유정(維禎)이 과거에 급제하여[登第] 한림(翰林)에 반응하여 들어갔다. 대개 이공(李公)은 임금을 모시는[侍御;시어] 홍당공(虹塘公) 종무(宗茂)의 사위[婿(서)]이다.

右地在南昌，土名馬鞍溪。其龍起自帳幕嶺，正脈穿田至朱坊，橫開平崗大帳。帳中出脈，迢遞二十餘里。將入首，又大斷過峽，起三台，垂乳開窩結穴。前吐餘氈，後拖鬼撐。第青龍直硬[323]竄堂，下關低陷[324]，不入俗眼。不知回龍顧祖，骨

322) 收(수) : 한데 모으다. 취하다. ☞不 : 못하다. ~할 수는 없다.

肉一家，青龍雖竄，是為明曜。又拖官星，適足為貴証。葬後，諸公季清進士，子肅進士，伯躍侍郎，伯秀副憲，廷重進士，廷梅副憲，廷悰、廷青、廷賓、廷楫俱鄉科。仕賢進士，仕階進士，仕慎、仕松、仕泰俱鄉科。曰睿，進士，御史；曰材，布政；曰桂，進士；曰橡、曰淑、曰楊、一龍、一鵬、一爌俱鄉科，封蔭應例，衣冠百餘人，人丁大旺，富貴鼎盛未艾。

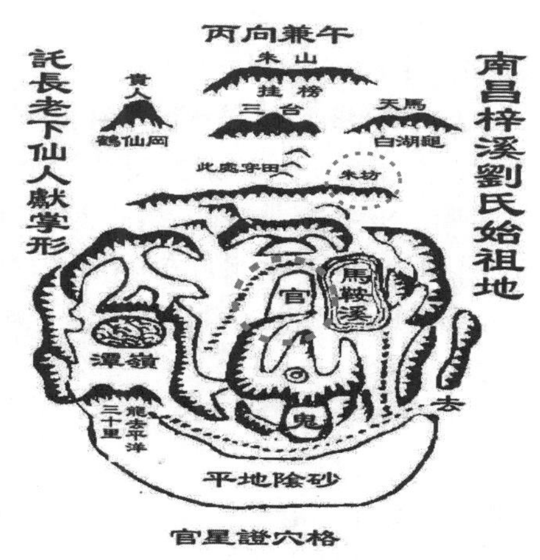

<그림1-2-57 >남창(南昌) 재계(梓溪) 유씨시조지(劉氏始祖地)

우지는 남창(南昌)에 있고 토명(土名)은 마안계(馬鞍溪)이다. 그 용은 장막(帳幕)에서 일어난 봉우리[嶺]의 정맥(正脈)이 밭을 지나[穿田] 주방(朱坊)에 이르러 횡으로 낮은 언덕[平崗]에 크게 장막을 열었고 장막 중에 맥이 생겨[出脈] 멀리[迢遞;초체] 20여 리(餘里)를 오다가 곧 입수를 하였고 또 크게 끊어져 과협(過峽)을 이루고 삼태(三台)를 일으켜 유(乳)를 드리워[垂乳] 와(窩)를 열어[開窩] 혈을 맺었다.

앞에는 여기(餘氣)로 전(氈) 토출(吐出)하였고 뒤에는 귀(鬼)를 지탱하여[撐;탱] 늘어뜨렸다[拖]. 먼저 청룡이 직경(直硬)하여 곧게 나아가 명당에서 달아나고[竄堂;찬당] 아래 관란한 것[關]이 움푹 들어가[低陷] 속안(俗眼)에 들어

323) 直硬(직경) : 용이 아무런 변화가 없이 곧게 나가서 나무토막처럼 생긴 모양을 직경이라 한다. ☞蔭(음) : 음사(蔭仕: 조상의 공덕에 의하여 맡은 벼슬)
324) 低陷(저함) : 꺼지다. 파이다. 움푹 들어가다

오지 않는다. 회룡고조(回龍顧祖)는 한 가문[一家] 용맥[骨肉]으로 청룡(青龍)이 비록 달아날지라도 이는 명요(明曜)이고 또 관성(官星)을 늘려 뜨려 알맞게 충족하면[適足] 귀한 증좌[貴証]가 되는 것을 모른다.

장후(葬後)에 제공(諸公), 계청(季清)이 진사(進士)에 올랐고 자숙(子肅)이 진사(進士), 백약(伯躍)이 시랑(侍郎), 백수(伯秀)가 부헌(副憲), 정중(廷重)이 진사(進士), 정매(廷梅)가 부헌(副憲), 정종(廷悰)、정고(廷膏)、정빈(廷賓)、정즙(廷楫)이 함께[俱] 향과(鄕科), 사현(仕賢)이 진사(進士), 사계(仕階)가 진사(進士) 사신(仕慎)이 사송(仕松)、사태(仕泰)가 함께 향과(鄕科) 예(睿)는 진사(進士)와 어사(御史), 재(材)는 포정(布政), 계(桂)는 진사(進士), 휘(椲)、숙(淑)、양(楊)、일룡(一龍), 일붕(一鵬)、일광(一爌)이 모두 향과(鄕科)로 봉음음사에 봉하여(封) 발응한 예[應例]이다. 사대부(관료)[衣冠]가 백여 사람[百餘人]으로 인정(人丁)이 크게 왕성하고[大旺], 부귀(富貴)가 한창 흥성하여[鼎盛] 아직 끝나지 않았다[未艾;미애].

論鬼星[325)]

鬼星者，穴後拖撑之山，枕樂穴場者也。楊公云：「問君如何謂之鬼，鬼在後頭撐者是。」蓋撞背來龍結穴則無鬼。惟是橫龍結穴，必須有鬼星撐在穴後，方証得穴之真寔。廖氏謂「橫龍結穴必須鬼」者是也。以其在穴後分洩本身之氣，故取義於竊，而名之曰鬼。吳香山云：「鬼於地理中不在屈[326)]指言不在算數也，亦不在星辰之例。凡論地理，只看來龍入穴，左右龍虎，朱雀前砂，及山水大情交會與不交會，四維八峙缺折與不缺折，鬼置之不論可也。但穴有偏斜處,卻有借鬼為証者。」此說最善。蓋鬼不必於有為吉，亦不必於無為凶，特以偏斜之穴，須用鬼証耳。如此則鬼何關於地之大小輕重耶？前輩亦有言：「鬼者，詭也。奇異變幻，不可盡信，豈有專取的於鬼？亦有有鬼不可當穴者，又宜於穴法通變，不可盡泥於鬼。」

---

325) 귀성(鬼星)과 낙산(樂山)의 차이점은 귀성은 본신(本身)의 내룡(來龍)에서 나온 산이고 반대로 낙산은 본신 내룡이 아닌 타산에서 나온 산으로 혈장 뒤에 떨어져 마치 장풍처럼 혈을 감싸주는 산을 말한다.

326) 屈(굴) : 쇠(衰)하다. 쇠퇴하다(衰退・衰頹하다) ☞入(입) : 합치하다. 맞다.

3) 논귀성(論鬼星): 횡룡결혈에 필요

귀성(鬼星)이란 혈의 뒤[穴後]에서 늘려 뜨려 지탱하는[拖撐(타탱);後障(후장);撐助砂(탱조사)]산으로 혈장(穴場)에서 낙산(落山)을 베개로 하는 산[枕樂(침락);托山(탁산)]이다. 양공(楊公)이 이르길 '그대에게 묻노니 어떤 것을 귀(鬼)라 하는가? 귀(鬼)는 뒤에서 머리[後頭]를 받쳐주는[撐] 것이다' 고 하였다. 대개 입수두뇌(入首頭腦)의 바로 뒷면[撞背]에서 내려온 용이 혈을 맺으면 귀(鬼)가 없고, 다만 횡룡(橫龍)으로 결혈(結穴)하면 반드시 귀성(鬼星)이 혈 뒤에 존재하여 지탱하여야[撐] 비로소 혈이 진짜임을 증거로 확실하다[証得]. 요공(廖氏)이 이르길 '횡룡(橫龍)의 결혈(結穴)에는 귀(鬼)가 꼭 필요하다.' 고 한 것이다. 귀(鬼)가 혈후(穴後)에 있으면 본신의 기(氣)를 흩어져 새어나가게[分洩] 하므로 도둑질한다는 데서[於竊(절)] 그 뜻을 취하여 그것을 귀(鬼)라 하였다. 오향산(吳香山)에 이르길 '지리에서 귀(鬼)는 쇠퇴한[屈] 가운데서는 존재하지 않음을 가리키고 숫자를 헤아릴 정도 존재하지 않음을 말하였고 또 봉우리[星辰]의 차례(次例)에 있는 것도 아니다.

무릇 지리를 논하는 것은 다만 내룡이 혈에 적합한 것[入]은 좌우에 용호를 전사(前砂)에 주작(朱雀)을 그리고 산수가 크게 유정하여[大情] 한 곳에 모이 것[交會]과 모이지 않는 것[不交會]은 사방으로[四維] 나누어 솟아나고[八峙] 결함으로 끊어지거나[缺折] 그렇지 않은 것[不缺折]을 살펴보는 것으로 귀(鬼)을 두고 논하지 않아도 된다. 다만 혈이 기운[偏斜] 곳에 있으면 도리어 귀를 빌려서[借鬼] 증좌로 삼는다.' 고 하였다. 이 설(說)이 가장 좋다. 대개 귀(鬼)는 길함이 있는데[於有為吉] 반드시 필요하지 않고 또한 흉함이 없는데도[於無為凶] 반드시 필요하지 않다. 특히 혈이 기운[偏斜] 곳에 있으면 반드시 귀를 차용하여 증좌로 삼는다. 이와 같으면[如此] 귀(鬼)는 땅의 대소경중(大小輕重)에 어떤 관련[何關]이 있는가? 앞에 선배[輩]들도 말을 하였는데 귀성(鬼)이 궤이하고[詭] 기이하여(奇異) 나타났다 없어졌다 하여[變幻] 다 믿을 수 없데[不可盡信], 어찌 귀성(鬼)에서 오로지 적실(的實)함을 취하겠는가? 또 귀(鬼)가 있는데도 혈에 적당하지 않을 수도 있고 또 혈법에 옳으면 통(通)하고 변화(變化)하므로 귀성[鬼]에 너무 집착할 필요가 없다.' 고 하였다.

又云：「鬼者，詭也。詭異奇怪[327]之穴，須用鬼証之。觀鬼之脈，知穴之情[328]。」又曰：「鬼是漏竊真龍之氣，大地必無鬼。」又曰：「大地真龍，氣盛而旺，故有鬼山或去數里。」又曰：「鬼奪我氣，不宜高大。」又曰「屏帳鬼星高大，使相紛紜[329]」之說不一，要之，至理必以龍穴為主。龍穴貴秀，則鬼為吉；龍穴假偽，則鬼為凶。譬猶世有鬼祟，若人氣盛旺，家道興隆，則鬼獻禎祥，反為兆福；若人氣萎蘼，家道複替[330]，則鬼出妖怪，能為我禍。取義一同，全以龍氣為主，而後論鬼。龍穴不真，生氣散漫，則鬼為禍賊矣。若徒以鬼星形狀決貴賤禍福，而不論龍穴之根本，則失之矣。且鬼星亦惟可以理盡，不可以形拘。只欲其光彩渾厚、秀麗尊重、或方或圓、或直或橫、或雙或三，重重彎抱，貼衛本身，不散漫奔竄，不醜惡可嫌，則得其妙，奚必瑣瑣[331]論其形狀，至百二十之多[332]哉！今以橫、直、雙、邊、高、長、短數格具圖為式，觸類而長之。

또 이르길 '귀(鬼)는 기이하다[詭]. 기이[詭異;궤이]하고 괴상[奇怪;기괴]한 혈은 반드시 혈을 밝히는데 귀성(鬼星)을 사용하고 귀성(鬼星)으로 혈의 맥[鬼之脈]을 보고, 혈정(穴情)을 안다.' 고 하였다.

또 이르길 ' 귀성(鬼星)는 진룡의 기를 몰래 빠지게 하며[漏竊;누절]. 대지(大地)는 반드시 귀(鬼)가 없다.' 고 하였다. 또 이르길 ' 대지(大地)는 진룡(真龍)의 기(氣)가 왕성(旺盛)하므로 귀산(鬼山)이 있으면 (기가) 혹 수리(數里)를 간다.' 고 하였다. 또 이르길 ' 귀(鬼)는 나의[혈] 기(氣)를 빼앗아[奪] 높고 큰 것[高大]은 좋지 않다[不宜]' 고 하였다. 또 이르길 ' 병장(屏帳)과 귀성(鬼星)이 고대(高大)하면 함께 어지럽게 한다' 는 설이 같지 않다[不一].

요약하면 궁극적인 이치는 반드시 용혈(龍穴)을 위주(為主)로 한다. 용혈(龍穴)이 귀(貴)하고 수려하면[貴秀] 귀성(鬼星)이 좋다. 용혈(龍穴)이 가짜[假偽;

327) 奇怪(기괴) : 괴상하다. 괴이하다. ◦證(증) : 증거(證據). 증명(證明)하다. 밝히다. ◦屛帳(병장) : 병풍(屛風)과 장막(帳幕).

328) 穴精(혈정)
① 혈장을 찾았으면 마땅히 훈[暈;운]이 어느 곳에 있는지 살피는 것을 혈정이라 한다. (既得穴場 卽當審暈在何處 是謂穴情) <출처>『지리담자록』
② 산이 생기를 간직하면 반드시 바깥에 모양이 나타나는데 약간의 혈정이 나타나는데 그곳에 모양이 약간 오목하거나 약간 볼록한 형태가 있다.<출처>『풍수지리요강』

329) 紛紜(분운) : (말이나 일 등이) 많고 어지럽다. 분분하다. ☞ 紜(운) : 어지럽다. 물이 많아 어지러움 ☞不一(불일) : 같지 않다. 한 가지가 아니다.

330) 替(체) : 바꾸다.쇠퇴하다. 버리다.

331) 瑣瑣(쇄쇄) : 작고 자질구레하다. 잡다하다. ☞瑣(쇄) : 자질구레하다.

332) 多(다) : (수량사 뒤에 쓰여) ~여[남짓]. ◦長(장) : 기르다.양육(養育)함.가르치다.

가위]이면 귀성(鬼星)은 흉하다. 비유(譬猶)하면 '세상에 귀신(鬼身)을 숭배[崇]하여 만약 사람의 기(氣)가 왕성(盛旺)하고 가운(家運)[家道]이 흥하여 크게 번성하면[興隆;흥융] 귀(鬼)가 길조[禎祥;정상]를 나타내어[獻] 도리어 복의 조짐[兆福]이 되고, 만약 인기(人氣)가 쇠약하여 약하고[萎薾;위미] 가계[家道]가 다시 쇠퇴하면 귀(鬼)는 요괴(妖怪)가 되어 나에게 재앙을 미치게 할 수 있다'는 뜻을 취하는 것과 같다.

전부 용기(龍氣)를 위주로 하여 나중에 귀(鬼)를 논한다. 용혈(龍穴)이 참이 아니고 생기(生氣)가 산만(散漫)하면 귀(鬼)는 화로 해치게[禍賊] 된다. 만약 헛되이[徒] 귀성(鬼星)의 형상(形狀)만으로[以] 귀천(貴賤)과 화복(禍福)을 결정하고 용혈(龍穴)의 근본(根本)을 논하지 않는다면 근본을 잃게 된다. 또 귀성(鬼星)은 오직[亦惟] 이치를 다 할 수 있으나 형상에 구애받을 필요는 없다. 다만 중후하고[渾厚] 광채(光彩)가 나 수려(秀麗)하고 엄숙하고 무게가 있어야 하고[尊重] 혹 방(方) 혹 원(圓)、혹 직(直) 혹 횡(横)、혹 쌍(雙) 혹 삼(三) 등으로 본신(本身)에 붙어 호위하면[衛] 거듭[重重] 만포(彎抱)하여 산만(散漫)하거나 달아나 숨지[奔竄] 않아야 하고, 흉악하여 보기가 흉하거나[醜惡] 싫어하지[可嫌] 않으면 그 묘(妙)함을 깨달을 수 있다. 어찌[奚] 120여 종의 그 형상을 잡다하게[瑣瑣] 논할 필요가 있는가! 지금 횡(横),직(直)、쌍(雙)、변(邊)、고(高)、장(長)、단(短)의 여러 격[數格]은 모두 그림[圖]에 격식이 있어 모든 그림의 종류를 접촉하면[觸類而] 배울 수 있다[長之].

右地在婺源縣，土名大田寺，乃諸汪始祖愿公墓也。其龍勢甚長，不及詳述。入首平岡，結穴精巧。龍虎彎抱，餘氣悠衍。明堂平廣，內氣融聚，外洋寬暢。但結穴處龍脉未盡，横受之穴。正當穴後，一脉穿[333]田，頓起鬼星，横枕抱衛有力，証得穴星尊貴，此所以為美地也。葬後鼎盛，出科甲數十人，尚書亦數人。若中丞、侍御、方面郡邑守佐，難以悉擧。至今子孫蕃衍，富貴齊美。雖汪氏諸派佳地尤多，此其發源，鍾秀為最云。

우지(右地)는 무원현(婺源縣)에 있고 토명(土名)은 대전사(大田寺)이며 이전에[乃]는 제왕(諸汪)의 시조(始祖) 원공(愿公)의 묘(墓)였다. 그 용세(龍勢)가 너무 길어 상세하게 기술할 수 없다. 평강(平岡)에 입수(入首)하여 정교(精巧)

333) 穿(천) : (공간 따위를) 뚫고 지나가다. 통과하다. 관통하다.

하게 혈을 맺었다. 용호(龍虎)가 굽어 안고[彎抱] 여기(餘氣)가 풍부하게 많아[悠衍;유연] 명당(明堂)이 넓고 평평하여[平廣] 내기(內氣)가 모이고[融聚] 외양(外洋)은 넓게 펼쳐진다[寬暢].

횡귀증혈격
(橫鬼證穴格)

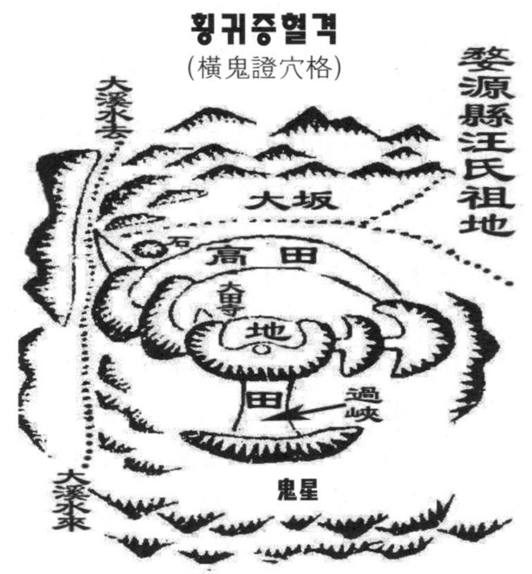

<그림1-2-58 > 무원현왕조지(婺源縣汪氏祖地)

다만 결혈처(結穴處)의 용맥이 아직 끝나지 않아[未盡] 횡으로 혈을 받고 바로 마주하여 혈 뒤에 일맥(一脈)이 밭을 지나 귀성(鬼星)을 일으켜[頓起] (혈을) 횡으로 베고[橫枕] 감싸 호위하여[抱衛] 힘이 있고, 혈성이 존귀(尊貴)함을 증거로 이러한 까닭으로[所以] 미지(美地)인 것을 알게 된다[証得]. 장후(葬後)에 흥성하여[鼎盛;정성] 과거 급제자[科甲]가 수십인(數十人)이 나왔으며 상서(尙書)도 여러 사람이 나왔다. 그런 연후[若] 중승(中丞)、시어(侍御)、군읍 방면에 수좌(守佐) 등 다 열거하기 어렵다.
지금도[至今] 자손(子孫)은 부귀(富貴)가 모두[齊] 좋아[美] 번영하고 있다[蕃衍]. 비록 왕씨(汪氏)의 여러 파(派)에 좋은 자리가 더욱 많으나 이 묘지[此其]의 발복[發源]이 빼어나[鍾秀] 가장 좋다고 이른다.

左地在吉水縣文昌鄉, 土名夏郎, 狀元劉文介公儼祖地也。其龍來脈甚遠, 不詳述。入局開大帳，連穿數峽，走閃334)翻身，轉盤335)屈曲，為蘆鞭格。入首頓起金星開鉗，中垂小乳，乳下平坦，穴結乳頭。兩掬彎抱有情，內堂緊聚，外洋開暢，前朝秀麗，後障336)高聳。坐枕鬼星，直撑有力。大溪後纏，四從稠疊，水口交鎖。葬後出鼎實公，登進士，官副憲。曰庸性，發高科。文介公儼，正統壬戌狀元，官至少卿，贈禮部左侍郎。又嘗觀其鳳形，亦美地也。今福祉未艾。

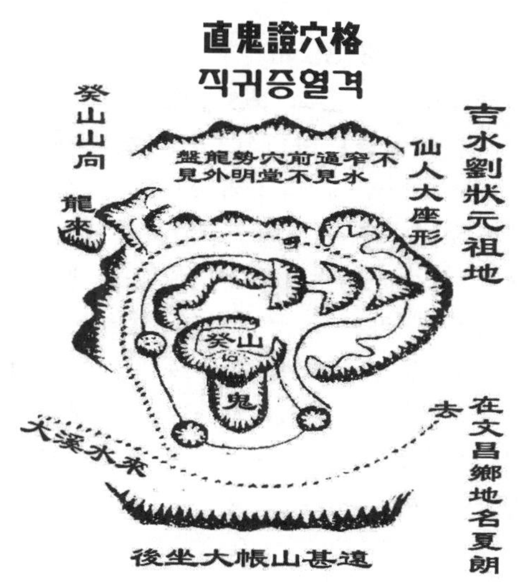

< 그림1-2-59 > 길수유상원조지(吉水劉狀元祖地)

좌지는 길수현(吉水縣) 문창향(文昌鄉)에 있고 토명(土名)은 하랑(夏郎)이다.

---

334) 閃(섬) : 날쌔게 피하다.(몸이) 갑자기 흔들리다. 갑자기 나타나다. ◦ 掬(국) : 양손으로 받쳐들다. 두 손바닥

335) 盤(반) : 굽다. 꾸불꾸불함.서리다.돌다.

336) 귀성(鬼星)을 후장(後障)이라고도 하며,

1. 횡룡으로 입수하는 혈에는 혈 뒤가 허약하고 비어 있어 뒤를 귀성(鬼星)이 지탱하고, 낙산이 바람을 막아줘야 하는 혈성의 후면에는 귀성이 필요하다.
2. 귀성이 붙어있는 위치에 따라 횡룡(橫龍)하는 용과 혈의 위치를 알 수 있다. 귀성이 높게 붙어 있으면 혈도 높은 곳에 있고, 귀성이 낮은 곳에 있으면 혈도 낮게 맺는다. 귀성이 좌측에서 출(出)하였으면 혈도 좌측에 있고, 귀성이 우측에서 출(出)하였으면 혈도 우측에 있는 것이니, 이른바 귀성을 대(對)하여 입혈하는 것을 귀성증혈법(鬼星證穴法)이라 한다.

<출처>『거림명당풍수학』

장원(狀元) 유문개공(劉文介公) 엄(儼)의 조상 자리[祖地]이다. 그 용은 내맥이 너무 멀어 상세하게 기술할 수 없다.

국(局)에 들어와 크게 개장하여 여러 개 협[數峽]을 이어서 지나[連穿] 비틀거리며 달려가[走閃] 용신을 뒤집어[翻身] 굴곡(屈曲)하고 또 용신을 돌려 구불구불한[轉盤;전반] 노편격(蘆鞭格)이다. 입수(入首)하여 금성(金星)의 봉우리를 일으켜[頓起] 겸(鉗)을 열어 가운데 작은 유(乳)를 드리웠고[垂] 유(乳)의 아래는 평탄하다. 유두(乳頭)에 혈을 맺었다.

용호[龍虎;兩掬]가 굽어 감싸[彎抱] 유정하고[有情] 내명당[內堂]은 매우 가깝게 모이고[緊聚] 외양(外洋)은 넓고[開暢] 앞에 조산[前朝]이 수려하고[秀麗] 후장(後障)은 높이 솟아[高聳] 좌에서 귀성(鬼星)을 베개로 삼아 직접 지탱하여 힘이 있다. 큰 시내가 뒤에서 감싸고[後緾] 사신사(四神砂)가 겹겹이[稠疊;주첩] 호종하여[四從] 수구를 교쇄(交鎖)하였다.

장후(葬後)에 정실공(鼎實公)이 태어나 진사(進士)에 올라 벼슬[官]은 부헌(副憲) 이었고, 용성(庸性)은 과거에 급제하여 발복을 하였고 문개공(文介公) 엄(儼)은 정통(正統) 7년인 임술년(壬戌年, 1442년)에 장원(狀元)을 하여 벼슬[官]이 소경(少卿)에 이르렀고, 사후에 예부좌시랑(禮部左侍郎)을 추사(追賜) 받았다[贈]. 또 일찍이 그곳이 봉황의 형국으로 보였는데 역시 좋은 자리였다. 지금까지도 복지(福祉) 끝나지 않았다[未艾].

풍성현뢰상서조지(豐城縣雷尚書祖地): 쌍귀증혈격(雙鬼證穴格)

풍성현(豊盛縣)에 있으며, 토명(土名)은 뇌방(雷坊)이다. 세상 사람들[俗]은 코끼리 형상[象形]이라 한다. 그 용(龍)은 소산(小山)에서부터 솟아났으며 이름[地名]은 삼태(三台)로 조산(祖山)을 만들었다.

삼태(三台)에서 중간의 맥[正[337]脈]에 과협(過峽)을 만들고 밭을 지나[穿田] 다시 성봉(星峯)을 일으켜 가로 방향으로 늘어서[橫列] 크게 장막을 열어[開帳] 장막 가운데[帳中] 하나의 선과 같은 가늘고 긴[一線] 맥이 낮은 곳으로 위이(逶迤)하게 활동(活動)하다가 언뜻 나타나 멈추었다가[捿閃;서섬] 다시 기

337) 正(정) : (위치가) 중간의. 한 가운데의. 바르다. 똑바르다.

봉하여 멀리 수십 절을 지나 입국(入局)할 즈음에 달리다가 끊어져[跌斷] 과협(過峽)을 만들어 봉우리를 일으켜 가로지른 장막[頓起橫帳]에 결인속기(結咽束氣)를 하여 쌍뇌성신(雙腦星辰)을 일으켜 담요혈[擔凹][338] 가운데 유(乳)를 드리워 결혈을 하였다.

< 그림1-2-60 > 풍성현뢰상서조지
(豊城縣雷尚書祖地)

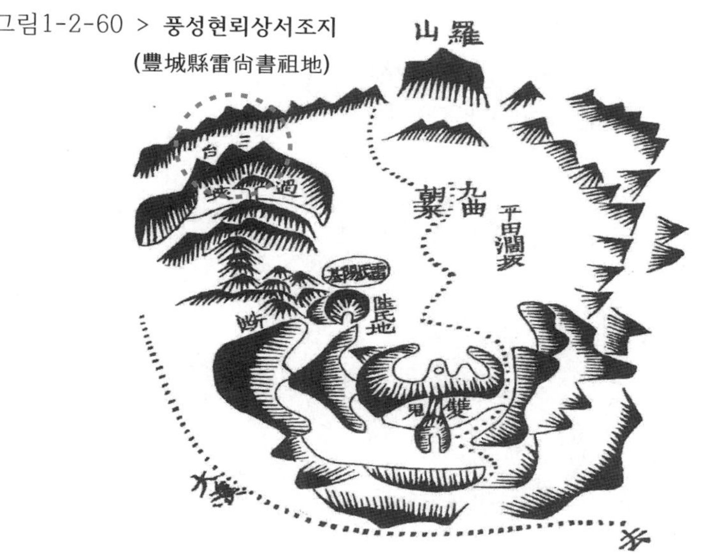

이름을 붙여[名] 횡룡입수(橫龍入首)에 쌍금강수격(雙金扛水格)이라 하였다. 또 분명한 쌍귀[也了雙鬼]가 용신에 붙어있고[貼身;첩신] 낙산으로 가리어[屛樂;병낙] 높이 막고 있어 혈이 힘이 있는 것을 증명[證]한다.

혈 앞에 양비(兩臂;용호)가 균등하게[均均] 국포(掬抱)하여 참으로 좋다. 마주하여[面] 흐르는 물[流神]이 구곡(九曲)으로 혈을 향하여 흘러오고[朝來] 여러 봉우리가 기이하게 맞이하여[獻奇] 빼어나게 나열하여[列秀] 참으로 귀지(貴地)이다. 뇌씨(雷氏)가 장사(葬事) 후에 고화공(古和公) 예(禮)가 태어나 진사(進士)에 올라 벼슬은 소전(少傳) 공부상서(公部尙書)에 이르러 망의지대(蟒衣至帶)을 하였고, 종질인 규(逵)가 진사에 올라 벼슬은 방백(方伯)에 이르렀고 지금까지 부귀가 끊나지 않는다.

338) 擔凹(담요) : 뒤가 오목한 담요혈(擔凹穴)과 반안혈(攀鞍穴)은 낙산이 필요하다[擔凹攀鞍要樂山]. ☞ 扛(강) : 마주 들다.들어올리다 ◦屛(병) : 가리다. 가리어 막다.

은읍엽씨시조지(銀邑葉氏始祖地) : 장귀증혈격(長鬼證穴格)

읍에서 서쪽으로 3리에 있으며 지명은 호선(湖墠)이다. 그 용은 천문산(天門山) 대룡(大龍)의 우맥(右脈)이 나누어 아름다운 지맥[嫩條]을 빼어내[抽出] 수리(數里)를 복잡하게[磊落;뇌락] 위이(逶迤)하다가 평지의 언덕[平岡]으로 내려와 입수(入首)할 즈음에 이르러 도지(倒地) 곡절목성(曲折木星)으로 혈성(穴星)을 일으키고 곡정혈(曲睁穴)로 결혈하였다.

< 그림1-2-61 > 은읍엽씨시조지
(銀邑葉氏始祖地)

혈성(穴星)이 낮고 평평하나 좌우(左右)에 고산(高山)이 조아리듯 서 있고, 뒤에는 언덕[墩;돈]이 높고 큰 봉우리가 장막[高帳(고장);坡巍[339] (파위)]을 열었고, 앞에 제산(諸山)이 조읍(朝揖) 한다. 대계(大溪)가 환요(環繞)하였고, 소수(小水)가 전요(纏繞)하여 역시 복룡격(福龍格)이다. 이곳에는 용호(龍虎)가 가까이 없어 하관(下關)하지 않아 텅 빈 것과 같으므로 속안(俗眼)으로는 살펴서 매우 알기[察認] 어려운 곳이다.

다만 혈후(穴後)에 장귀(長鬼)가 끌어당겨 뻗어[拖出] 주먹과 같은 돈(墩)을

339) 坡(파) : 언덕. ◦巍(위): 높다. 빼어나다. 높고 큰 모양 ◦嘉靖(가정) : 명대(明代) 세종(世宗)의 연호(1522~1566)

일으켰으니 이것이 참된 곡쟁격(穀睜格)인 것을 증거로 안다[證得]. 입수(入首)가 간룡(艮龍)으로 백보(百步)에 이어져 있어 병향(丙向)으로 천장(扦葬)을 하였다. 엽씨(葉氏)의 시조(始祖) 적공랑(迪功郎)의 묘(墓)이다.

송(宋) 대부터 지금까지 인정(人丁)이 대왕(大旺)하여 유학으로 벼슬한 사람[儒官]이 많이 배출(輩出)하였으며, 과거(科擧)급제자도 간간이 나왔다. 시문(詩文)을 짓고 읊는 풍류(風流)의 도(道)[文雅]를 하는 사람이 많아 예의를 지키길[禮讓] 좋아하는 가문(家門)이다.

가정(嘉靖) 경자(庚子)년 묘(墓)에서 홀연히 운무(雲霧)와 같은 기(氣)가 솟아나와 황급히(遑急;허둥거리다) 보수하였으나 일족 모두[擧族] 화재(火災)로 큰 재앙(災殃)이 있었고 지금까지 수백 년을 복음(福蔭)이 끊이지 않았다. 그 서쪽 1혈은 방곡공(芳谷 公)의 이름난 묘[名墓]이다.

右地在浮梁縣南五里，土名毛嶺。遠龍不詳述。入首大斷開帳，落脈結咽，起金星，轉面結橫腰穴。龍氣奔走六七里不住。只是穴後短鬼，撐貼甚奇，証得穴真。其去勢乃餘氣長，力量大。自方氏葬後，奕世[340]科甲。

우지(右地)는 부량현(浮梁縣) 남(南) 오리(五里)에 있다. 토명(土名)은 모령(毛嶺)이다. 그 용이 멀어 상세하게 기술할 수 없다. 입수(入首)하여 개장(開帳)하고 크게 끊어져[跌斷] 낙맥하여[落脈 결인[結咽]을 한 후에 금성(金星)을 기봉(起峯)하고 면을 돌려[轉面] 횡요혈(橫腰穴)을 맺었다.

용기(龍氣)가 6,7리에 머물지 못하고 급히 달려가[奔走] 다만 혈후(穴後)에 단귀(短鬼)가 붙어 지탱한 것[撐貼]이 매우 기이하여 혈이 참인 것을 증거로 틀림없다. 가는 세(勢)는 여기(餘氣)가 길게[長] 나가 역량(力量)이 크다. 방씨(方氏)가 장후(葬後)에 여러 대 과거급제를 하였다.

論 禽 星

禽星者，水口中之石也，亦謂之落河火星。楊公云：「問君如何謂之禽，龜魚生在水中心。」或如筍、如笏、如游魚、龜蛇、飛鳧、金箱、玉印、蓮花、筆架，森森疊疊[341]，磊磊落落，或高或下，或長或尖，或圓或方，或散或聚，如此禽

340) 奕世(변세) : 여러 세대(世代). 누대(累代)

341) 첩첩(疊疊) : 여러 겹으로 겹쳐 있는 모양. 근심, 걱정 등이 많이 쌓여 있는 모양. ◦森森(삼삼): 나무가 무성하다. 나무가 우거지다. ◦磊磊落落(뇌뢰락락) : 뚜렷하다. 도량이

曜，極為貴秀。若見高昂[342]二丈三丈，主為官入朝，極品之貴。州省城廓水口中多有之。若小小石頭，依山傍水，浮石無根者，謂之稱官不見祿，終是假官人。必有根盤結水中，聳起高昂為美。凡入鄉村，水口間、溪河中見有此奇異之石，必有大貴之地，宜尋取龍穴，不可忽也。如福建甌寧李天官及泰和蜀口歐陽氏祖地，皆河中石曜挺然奇異而應貴穴，此禽星之驗也。吾邑瑤溪張氏海蝦戲珠形，一印石當前，亦其格也，見下。

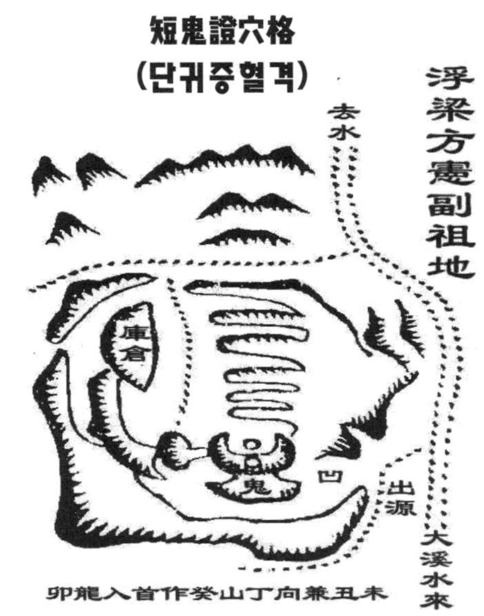

< 그림1-2-62 > 부량방헌부조지(浮梁方憲副祖地

4) 논금성(論 禽 星)

금성(禽星)이란 수구 가운데 바위이다. 또 그것을 낙하화성(落河火星)이라 한다. 양공(楊公)이 이르길 ‘그대에 묻노니 어떤 것[如何]을 금성(禽星)이라

넓다. 명백하다. 공명정대하다.
342) 高昂(고앙) : 높이 들다. (목소리나 정서가) 높아지다. ☞ 昂(앙) : 높다. 높이 오르다.

하는가? 구어(龜魚)가 물 가운데[水中心]에 사는 것이다.' 고 하였다.
혹 순(筍)、홀(笏)、유어(游魚:수중(水中)에 헤엄치는 물고기)、구사(龜蛇)、비부(飛鳧:나는 오리)、금상(金箱)、옥인(玉印)、연화(蓮花)、필가(筆架) 등으로 여러 겹으로 무성하고[森森疊疊] 뚜렷하여[磊磊落落] 혹 높고 혹 낮거나 혹 장(長) 혹 첨(尖), 혹 원(圓) 혹 방(方), 혹 흩어지거나[散] 혹 모인 것[聚]과 같은 금요(禽曜)는 지극히 빼어나 귀하다.

만약 2,3장 높아 보이면[見高昂] 관리가 되어 주성(州省)이나 성곽(城廓;城垣;성벽)의 극품의 벼슬이 높은 사람으로 입조(入朝)한다. 수구 가운데 금성이 많이 있고 만약 작은[小小] 석두(石頭)가 부석무근(浮石無根)한 것이 산과 물에 의지한 것을 관(官)이라 칭(稱)할 수 있으나, 녹(祿)이 보이지 않으니 마침내 가관(假官)이다. 사람들은 반드시 바닥[盤]에 뿌리가 있어 물 가운데 융기하여 높이 들어[高昂] 응결하여[結] 좋고, 무릇 향촌(鄕村)에 들어와 수구나 계하[溪河;계곡(溪谷)나 강(江)] 가운데[間;中] 이러한 기이한 바위가 보이면 반드시 대귀지(大貴地)가 있으니 용혈을 찾아 취하는 것이 마땅하나 소홀히 해서는 안된다. 가령 복건(福建) 구녕(甌寧)의 이천관(李天官)과 태화(泰和) 촉구(蜀口)의 구양씨(歐陽氏)의 조지(祖地)는 모두 하천 가운데[河中] 석요(石曜)가 빼어나[挺然] 기이(奇異)하게 응하여 혈에서 귀하게 여긴다. 이는 금성(禽星)의 증험하는 증거[驗]이다. 오읍(吾邑)의 요계(瑤溪) 장씨(張氏)의 해하(海蝦)희주형(戱珠形)으로 하나의 석인[一石印] 바위가 혈 앞에 마주하였으니 역시 그 격이다. 아래[장한림 조지 그림]를 보아라.

左地在建寧府南七里，土名七里陽街。其龍開帳撒[343]落平陽，順水而下。入首翻身逆水，突起[344]高墩，成太陽金星結穴。右畔石曜浮於水中，貼身照穴有力，且以關內堂，塞填外堂，迥然[345]獨異，是為貴應。後樂撐天高帳二重，而本身一字文星橫攔穴前，以收內氣。而外洋寬暢，大溪之水特朝數里，真貴地也。乃翠屏名楠號翠屏，自擇以葬其父岩叟。葬後數年而尚書公生名默，號古衡，登正德[346]辛巳進士，

343) 其(기) : 사람이나 사물을 지시하는 대명사. ◦撒(살) : 떨어뜨리다. 펴다. ◦낙(落) : 머무르다. 떨어지다. 흩어지다. 내리다.
344) 突起(돌기) : 갑자기 출현하다. 우뚝 솟다. 돌연히 발생하다.
345) 迥然(형연) : 현저히. 매우. 아주 ◦朝(조) : (물줄기가 큰물에) 흘러들어가다. 모여들다.
346) 正德[(정덕) : 명대(明代) 무종(武宗)의 연호(年號)(1509~1521) ◦俗呼(속호): 일반적으로

官至吏部尚書。至今富貴未艾。俗呼為上水魚形。以愚觀之，當作蟠龍戲珠形。

좌지(左地)는 건영부(建寧府) 남(南) 7리에 있다. 토명은 7리 양가(陽街)이다. 그 용은 개장(開帳)하여 평양(平陽)에 떨어져[撒落] 아래로 순수(順水)하다가 용신을 뒤집어[翻身;번신] 역수(逆水)로 입수(入首)하면서 높은 언덕[高墩]이 우뚝 솟아[突起] 태양금성(太陽金星)을 이루어 혈을 맺었다.

우측[右畔]에 석요(石曜)가 용신에 붙어[貼身] 수중(水中)에 떠서 혈을 조응하여[照穴] 힘이 있다. 외당(外堂)을 막고[塞填;색전] 또 내당(內堂)을 관쇄하여 아주[迥然] 독특하게[獨異] 응하여 귀중하다.

< 그림1-2-63 >건녕이천관조지(建寧李天官祖地)

후낙(後樂)이 2겹으로 하늘을 찌를 듯이[撐天] 높이 막고[高帳], 본신(本身)에서 일자문성(一字文星)이 횡란(橫攔)하여 혈 앞에[穴前] 내기를 거두어주고[以收] 외양(外洋)이 넓고[寬暢] 대계수(大溪之水)가 수리(數里)를 특이하게 모여들어[特朝] 참으로 귀지(貴地)이다. 곧 취병(翠屏)은 이름이 남(楠)이고 호(號)가 취병(翠屏)으로 스스로 장지를 선택하여 그의 부친 암수(岩叟)를 장사하였다. 장사 후 수년이 지나서 상서공(尚書公)이 태어나 이름은 묵(默)이고 호(號)는 고충(古衝)으로 정덕(正德) 신사(辛巳)년에 진사(進士)에 오르고 벼슬[官]은 이부상서(吏部尚書)였다. 지금까지 부귀(富貴)가 끊이지 않는다. 속칭 상수어형(上水魚形)이라 부른다. 그것을 내[愚]가 보기에는 반룡희주형(

~라고 하다

蟠龍戲珠形)라 함이 마땅하다.

右地在泰和縣西南十里，地名蜀口。其龍與縣龍同祖，至武山，又迢遞三十餘里，與縣龍分脈，不詳述。入局開帳[347)]過峽，頓起御屏。中垂一脈結穴，穴情甚巧。兩畔重重包裹，前鋪氈褥，下關有力。穴當逆朝大局，羅城垣聚，遠秀拱揖，贛[348)]河特朝，與小源合會，繞青龍，纏玄武。而河中巨石、禽曜關鎖水口，以為貴証。左手一穴，俗呼水推羅磨形，亦美地。其陽基正坐御屏，亦具此局此曜陽基得水，陰穴藏風，故歐陽氏人丁大旺，巨富、顯貴、高壽，諸福咸集，皆此陰陽二地所鍾也。系孚先、覺先二公自卜。今兩房富貴皆均，茲[349)]特詳於下。

우지(右地)는 태화현(泰和縣) 서남(西南) 10리(里)에 있고, 지명(地名)은 촉구(蜀口)이다. 그 용(龍)이 현룡(縣龍)과 같은 조산[同祖]으로 무산(武山)에 이르렀는데 또 멀리[迢遞;초체] 30여 리(餘里)를 나아가 현룡(縣龍)과 분맥(分脈)을 하였으나 상세하게 기술할 수 없다. 입국(入局)하면서 개장(開帳)하고 과협(過峽)을 하여 어병(御屏)의 봉우리가 솟아[頓起] 가운데 일맥(一脈)을 드리워 혈을 맺었다. 혈정(穴情)이 매우 정교하다[甚巧]. 양측[兩畔]이 거듭[重重] (혈)안을 감싸[包裹] 전순[氈褥;전욕]을 (혈) 앞에 펼치고 아래를 막아[下關] 힘이 있다.

혈은 역으로 흘러드는[逆朝] 대국(大局)을 맞이하였으며 나성(羅城)이 멀리 빼어나 공읍(拱揖)하며 에워싸 모이고[垣聚], 공하(贛河)가 특이하게 흘러들어[朝] 작은 샘이 흐르는 근원[小源]과 합하여 모이고[合會] 청룡을 감싸고[繞] 현무(玄武)를 휘감아[纏] 하중(河中)에 거석(巨石)의 금요(禽曜)가 수구를 관쇄(關鎖)하여 귀한 증거[貴証]로 삼는다. 좌수(左手) 1혈(穴)은 세인들은 수추나마형(水推羅磨形)이라 한다. 역시 좋은 자리이다. 그 양기(陽基)가 가운데 머무르고[正坐] 어병(御屏)도[亦] 이곳 국[此局]에서 구비하였고 이에 요(曜)를 갖춘 양기(陽基)가 득수(得水)를 하였고 음혈(陰穴)에는 장풍(藏風)을 하였으므로 구양씨(歐陽氏)는 인정(人丁)이 크게 왕성하고, 큰 부자[巨

347) 開帳(개장) : 장막을 열어 산줄기가 마치 새가 날개를 편 듯이 좌우로 뻗어내린 형세를 가리킨다. ◦垣(원) : (담을) 두르다, 에워싸다.
348) 贛(공) : 강이름. 강서성(江西省)을 거쳐 파양호(鄱陽湖)로 흘러들어가는 강.
349) 鍾(종) : 주다. 부여(賦與)함. 모이다. 거듭하다. 집중하다. ☞ 茲(자) : 이. 지금. 년(年). 더욱 더

富]로 현귀(顯貴)하였으며 장수[高壽]를 하여 모든 복[諸福]을 다 이루었으니[咸集] 다 여기 복이 음양(陰陽)택 두 자리[二地]에 모인 것이다[所鍾]. 부선(浮先)과 각선(覺先) 2공(二公)이 이어 스스로 점을 쳐보니[自卜] 지금까지도 양쪽 집[兩房]이 모두 고르게 부귀(富貴)하고 있으므로 지금 특별히[玆特] 아래에 상세히 명시하였다.

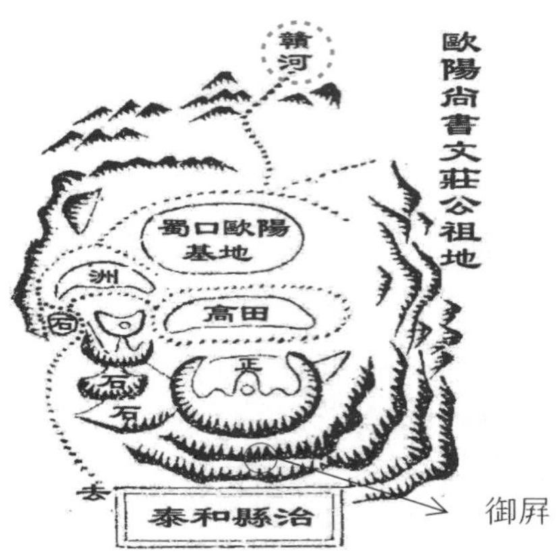

< 그림1-2-64 > 구양상서문장공조지(歐陽尙書文莊公祖地)

右地在吾邑二十九都水南。其龍來脈發自港頭松山，分幹甚遠，不詳述。奔騰[350]百餘里，起歸仙火星作少祖。又磊磊落落數十里，開帳過峽重疊。比[351]入局，展帳轉身，飛蛾降勢，結回龍顧祖之穴。龍勢躍踊，穴情清[352]巧。左右回環，堂局團聚，四勢和平，前朝秀異，一峰侵雲，尖麗可[353]愛。穴下石印，圓平當前，以為貴証。艮龍入首，扦癸山丁向兼丑未，系廖金精下。取作海蝦戲珠形，以禽星石印為徵也。葬後，出兄弟四神童澤公、湖公及蒙泉、蒙正公，皆以兄弟登神童科、一駙馬尚[354]宋理宗公主，入翰林者四：淋公、顯忠公、仲溢公俱翰林修職郎、式公國朝檢討，理學二秋谷先生清溪先生、進士數十人，封蔭奏名登仕版者又百餘人，世宦蟬聯。以石印當前，亦懷內圓墩，主貴人出繼，故秋穀公嘉善以侄繼姑，為徐知州從龍公子。懷內圓墩自本身生者，主出繼外姓；自外山生者，主外姓[355]

350) 奔(분) : (목적지를 향하여) 곧장 나아가다.~을 향하여 ◦騰(등) : 달리다.지나가다.
351) 比(비) : 미치다. 어느 지경에 이름. ~때에 이르다. 가깝다.인접하다.
352) 淸(청) : 분명하다. 뚜렷하다. 명백하다.
353) 可以(가이) : ~할 수 있다. 좋다. 괜찮다.~해도 좋다. ◦世(세) : 대대로. 대를 잇다.
354) 尙(상) : 신분·지위가 높은 상대와 결혼하다.

入繼。此蓋本身生者耳。至今三族[356]繁盛不替

우지(右地)는 오읍(吾邑)의 29도(都) 수남(水南)에 있다. 그 용(龍)의 내맥(來脈)이 항두송산(港頭松山)에서 출발하여 간(幹)을 분맥하여[分] 심히 멀어 상세하게 기술할 수 없다. 백여 리(百餘里)를 달려 나가[奔騰] 귀선화성(歸仙火星)을 일으켜 소조산[少祖]을 만들었고 또 수십 리를 뚜렷하게[磊磊落落] 오면서 개장과 과협(開帳過峽)을 거듭[重疊]하여 입국(入局)할 즈음에 이르러 용신을 돌려 장막을 열어[展帳;開帳] 비아(飛蛾)의 형세(形勢)로 내려와 회룡고조혈[回龍顧祖之穴]을 맺었다. 용세(龍勢)가 빨리 달리는 모양[躍踊;용약]이고 혈정(穴情)이 정교하고 분명하며[清巧] 좌우가 회환(回環)하여 명당 국[堂局]에 기가 모여[團聚] 사방의 세[四勢]가 평온하다[和平].

앞으로 향하여[前朝] 1봉(一峯)이 유달리 빼어나 하늘 높이 솟아[侵雲] 봉우리[尖]가 수려하여 가이(可以) 사랑스럽다. 혈 아래에 석인(石印)이 원평(圓平)하여 앞에 마주하니[當前] 귀한 증거가 된다. 간룡(艮龍) 입수(入首)에 계좌 정향[癸山丁向]에 축좌미향을 겸하여 천장하였다. 이는 요금정(廖金精)이 택지(擇地)하여 하장한 곳으로 해하희주형(海蝦戲珠形)으로 여긴다.

석인(石印)을 금성(禽星)으로 증거[徵;징]로 삼았다. 장후(葬後)에 형제가 택공(澤公)、상공(湘公)과 몽천(蒙泉)、몽정공(蒙正公) 사신동(四神童)을 출산하여 형제(兄弟)들은 모두 신동(神童)으로 과거에 급제하였다. 부마(駙馬) 1인은 남송(尚)나라 이종(理宗) 황제의 공주(公主)와 결혼하였고, 한림(翰林)에 들어간 자는 네 사람으로 임공(淋公)、현충공(顯忠公)、중일공(仲溢公) 모두 한림(翰林)에서 수직랑(修職郎)을 하였고、식공(式公)은 당대(當代)의 조정(朝廷)[國朝]을 검토(檢討)였고, 이학(理學)의 2인은 추곡(秋谷)선생과 청계(清溪)선생이며, 진사(進士)는 수십인(數十人)이었으며, 음주(蔭奏)에 봉하여 등사판(登仕版)에 이름을 올린자는 또 백여인(百餘人)이며, 대대로 벼슬아치[世宦;세환]가 연속하였다[蟬聯;선련]. 앞에 석인(石印)을 마주하여 원돈(圓墩)을 (용호)내에 품었으니, 귀인(貴人)이 연속하여 태어나는 것[出繼]을 주관하므로 추곡공(秋穀公)이 가선대부(嘉善大夫)로 조카[侄]가 고모에게 양자가 되어[繼] 서

355) 姓(성) : 성(姓). 씨족(氏族). 아들. 혈통을 나타내는 칭호

356) 三族(삼족) : 부모·형제·처자. 부족(父族)· 모족(母族)· 처족(妻族). 백숙부·자기의 형제·조카. 부(父)·자(子)·손(孫)

지주(徐知州) 종룡공(從龍公)의 아들이 되었다. 원돈(圓墩)을 용호 내에 끕어 본신(本身)에서[自] 생긴 것은 외척의 아들[外姓]이 양자(養子)가 된다[出繼; 출계].

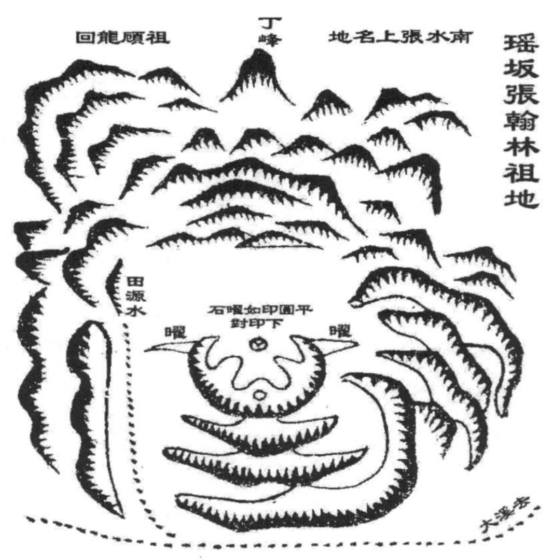

< 그림 1-2-65 > 장한림조지(張翰林祖地)

바깥 산에서 (원돈이) 생긴 것은 외척의 아들[外姓]이 대를 잇는다[入繼]. 이는 대체로 본신(本身)에서 생긴 것이다 지금도 삼족(三族)이 쇠퇴하지[替;체] 않고 번성한다.

論 曜 357)星 一

曜星者，亦是龍之貴氣旺盛發洩而出者也。凡龍虎肘外、龍身枝脚、穴前左右之砂、明堂下開水口，及龍身隨帶358)之間，但有尖利巨石，皆為曜星。凡地貴必有曜。楊筠松云：「龍真穴真只無曜，空有星峰重疊照。縱饒積玉與堆金，兒孫終主

357) 曜(요) ?
 1.용의 장단(長短)으로 판단 : 길면 지위가 높고, 짧으면 관직이 말단
 2.요의 청탁(淸濁)으로 판단 : 청(淸)하면 귀(貴)의 징조이고, 탁(濁)하면 부(富)의 징조이다.
358) 隨帶(수대) : 함께 지니고 가다. 몸에 지니다. 휴대하다。些兒(사아) : 조금. 자그만 아이.

登科少。」是言有曜方有貴氣。又宜長大。楊公云：「曜星短小只些兒，簿尉丞叅品位卑。科第縱饒僥幸得，終歸夭折少年時。」故曜若長大，則貴亦遠大，曜短小則貴亦短小。又宜近穴。故云：「曜星若現石尖生，貼身橫過面前平。伸手若還拈得著[359)]，少年一紀狀元名。」

5) 요성1(論 曜 星 一)

요성(曜星)이란 역시(亦是) 용의 귀기(貴氣)가 왕성(旺盛)하여 새어[發洩] 나온 것이다. 무릇 용호(龍虎)의 팔뚝 밖[肘外]에 있거나 용신(龍身)의 지각(枝脚)에 있거나 혈 앞 좌우의 사(砂)와 명당(明堂) 아래 수구를 막고 용신[身]을 따라 안에 붙은 것이다[隨帶開]. 다만 첨리(尖利)한 거석(巨石)은 모두 요성(曜星)이다. 무릇 지리가 귀하면 반드시 요(曜)가 있다.

양균송(楊筠松)이 이르길 ' 용혈(龍穴)이 참[眞]이지만 다만 요(曜)가 없으면 성봉(星峰)이 중첩(重疊)하여 대하여도[照] 공허하다. 비록[縱饒] 옥(玉)과 금(金)이 쌓아놓을지라도 종내에 자손[兒孫]의 과거급제자가 드물다.' 고 하였다. 이 말은 요(曜)가 있으면 비로소 귀기(貴氣)가 있고 또 마땅히 크고 길어야 좋다. 양균송[楊公]이 이르길 '요성(曜星)이 짧고 작으면 다만 아이[些兒;사아]는 부위(簿尉)인 승참(丞叅)의 벼슬로 품위가 낮고, 요행히(僥幸) 과거급제[科第]는 비록[縱饒] 하였을지라도 결국[終歸;종귀] 소년 시절 죽는다[夭折].' 고 하였으므로 요(曜)가 크고 길면 귀함[貴]도 역시 원대(遠大)하다.

요(曜)가 짧으면 작으면[短小] 귀함[貴]도 역시 작다[短小]. 또 혈에 가까워야 마땅한 것이다. 또 이르길 ' 요성(曜星)이 만약 현재 바위가 뾰족하게 생기고 용신에 붙어[貼身] 면전(面前)을 가로질러 지나[橫過] 평평하여[平] 만약 또[若還;약환] 손을 뻗어[伸手] 집어 만질 정도로 가까우면[拈;점, 得著;득저] 소년(少年)은 12살[一紀]에 장원(狀元)하여 명성을 얻는다.' 고 하였다.

蓋遠則見效遲，近則可以催官速發矣。此皆確論。但其所謂「或如刀，或如劍，隨水順飛俱冉冉。庸師只斷定離鄉，不知內有真龍占。」此則必以龍穴決其吉凶。蓋

359) 得着(득착) : 得著(득저) : 얻어 내다. 손에 넣다.

來龍是祖宗、父母，穴是主人，曜星乃是客，必先以本身龍穴為祖，而後可以定其吉凶。果龍穴真貴，則如大貴人，必有軍將兵衛，或左或右，或出或入，或來或去，皆是奔走服役360)，故順去者亦無所畏。若龍穴假賤，則為離鄉退田刑殺之砂矣。張子微謂：「順水去曜，必要外面有遮攔裹截361)則吉。若一向蕩然無收，乃是離鄉之砂，而不可為曜。」固為有理，終不若以龍穴為主，而兼之子微遮攔裹截之說，則盡善矣。楊公云：「龍山雙管362)進田筆，進契363)年年吉。右邊尖射便為凶，千萬莫364)相逢。」或疑其說，以為虎山帶曜者不可用。殊不知前輩教人，各隨意所寓。虎尖誠有不可用者。若龍穴貴，則彼為真曜，又與刑殺不同。進田、退田二筆，不可全以在龍虎者為是，只以上水、下水取之為當。若在龍而順水帶殺，亦為退筆；在虎而逆水有情，亦為進筆。此亦姑就進退二筆言之。

대개 요성이 멀면 효험(效驗)이 느리고[遲] 가까우면 벼슬[官]을 속발하여[催;최] 빠르게 할 수[速發] 있다. 이는 모두 정확한 논리이다.

다만 소위(所謂) 혹 칼 같고 혹 검(劍)과 같이 물을 따라 같은 방향으로 향하여[順飛] 모두 느리게(유유히) 흐르면[冉冉;염염], 용렬한 선비[庸師]는 다만 판단하여[斷定] 이향사[離鄉]라 하고 안[內]에 진룡이 있는 것을 모른다.'고 하였다. 이러하면 반드시 용혈(龍穴)로 길흉(吉凶)을 결정지을 수 있다. 대개 내룡은 조종(祖宗)과 부모(父母)이고 혈은 주인(主人)이다. 요성(曜星)은 곧 객(客)이다. 반드시 먼저 본신(本身)의 용혈(龍穴)을 근본[祖]으로 하고 나중에 길흉을 결정할 수 있다.

가령[果] 용혈(龍穴)이 진귀(真貴)하면 대귀인(大貴人)과 같아 반드시 군의 장성[軍將]과 병사[兵衛]가 혹 좌우에 드나들거나[出入] 혹 오고 가[來去] 모두 분주(奔走)하게 복역(服役)하므로 순거(順去)하는 것은 역시 두려운 바가 없다[無所畏]. 만약 용혈(龍穴)이 천하면[假賤] 이향사[離鄉],퇴전필[退田], 형살(刑殺)의 사(砂)가 된다. 장자미(張子微)가 이르길 '요(曜)가 뻗어가 순수(順水)하면 반드시 외면(外面)에서 일부분의 구간을 막아[遮攔] 감싸면[裹截;과절]

360) 服役(복역) : 나라에서 의무(義務)로 지운 일에 복무(服務)함. 징역(懲役)을 삶.

361) 裹(과) : 싸다. 얽다. 그치다. ◦截(절) : 일부분. 구간. 차단하다. 가로막다. ◦不若(불약) : ~만 못하다

362) 雙(쌍) : 견주다[서로 비슷한 위치에서 견주다]. 비견함. 필적(匹敵)함. ◦管(관) : ~을 ~라고 부르다[매;규].

363) 進(진) : 바깥에서 안으로 들다. ◦契(계) : 들어맞다, 부합하다(符合)

364) 千萬(천만) : 부디. 제발. 절대로. 전혀. ◦莫(막)~ : ~하지 말라. ~해서는 아니된다.

좋다. 만약 한 방향으로[一向] 흘러가[蕩然] 거두지 못하면[無收] 곧 이향사(離鄕之砂)이고, 요(曜)라 할 수 없다.' 고 하였다. 확실히 이치가 있는 것으로 여긴다[為有理]. 마침내 용혈(龍穴)을 위주(為主)하는 것이 낫고, 장자미의 차란과절(遮攔裹截)의 설을 겸(兼)하면 더없이 좋다.

양공(楊公)이 이르길 ' 용산(龍山)을 비견하여[雙] 진전필(進田筆)에 부합하여[契] 바깥에서 안으로 들면[進] 해마다[年年] 좋다. 우측이 첨사(尖射)하면 곧 흉하여 절대로 서로 만나서는 안된다[莫].' 고 하여 혹 그 말을 의심하여 호산(虎山)에 요(曜)가 붙어있는 것[帶曜]을 사용해서는 안된다. '고 하였다.

앞에 선배들의 가르침을 몰라서[殊不知] 각자 의견에 따라[隨意] 붙어진 것[所寓;소우]이다. 백호에 첨요(尖曜)는 진실로 사용할 수 없는 것이다.

만약 용혈(龍穴)이 귀하면 그것[彼]은 참된 요[真曜]가 된다. 또 형살(刑殺)과 같지 않다. 진전(進田)、퇴전(退田) 2필(二筆)은 전부 용호에 있는 것을 옳다고 할 수 없다. 다만 상수(上水)를 이용하고 하수(下水)는 취하여 (길흉을) 주장한다. 만약 청룡에 있으나 순수(順水)하여 살(殺)을 띠면 역시 퇴전필(退田筆)이 된다. 백호에 있으나 역수(逆水)하여 유정(有情)하면 역시 진전필(進田筆)이 된다. 이는 역시 잠시[姑;고] 진전필과 퇴전필 2필을 취하여 말한 것이다.

若推其至，必以龍穴為主。苟龍穴既真，所謂「隨水順飛俱冉冉」者，皆貴曜矣，何分青龍白虎？何分順水逆水哉！但刑殺有似於曜，各要分別。楊公云：「或如鑽，或如針，兩邊相指穴前尋。非惟子息多清貴，更須積玉與堆金[365)]。」又云：「圓峰連堆堆又跌，射到穴前尖又劣。兄弟父子慶同年，紫綬黃麻[366)]朝玉闕。」又云：「或鬥射，或交鋒[367)]，尖尖有石在其中。賢良科[368)]甲渾閒事[369)]，三台入座及

365) 堆金積玉(퇴금적옥) : 높이 쌓아 올린 금·은·보석. 재물이 많다. 큰 부자

366) 紫綬(자수) : 정삼품(正三品) 당상관(堂上官) 이상(以上)의 관원(官員)이 차는 호패(號牌)의 자줏빛 술실이나 술띠. 조선 시대, 정삼품 당상관 이상의 관원이 차던 호패에 다는 자줏빛 술 ☕ 술띠 : 양쪽 두 끝에 술을 단 가느다란 띠. 허리띠나 주머니 끈 따위로 쓴다. ☞ 황마(黃麻) : 임금이 내리는 조서(詔書). 당(唐)나라 때에, 내사(內事)에는 백마지(白麻紙), 외사(外事)에는 황마지(黃麻紙)에다 조서를 썼다.

367) 鋒(봉) : 칼 끝. 물건의 뾰족한 끝. 날카로운 기세 ☞ 尖尖(첨첨) : 뾰족하다. 날카롭다.

368) 賢良科:1.조선(朝鮮) 중종(中宗) 때에, 조광조(趙光祖) 등의 제안(提案)으로 경학(經學)에 밝고 덕행(德行)이 높은 사람을 천거(薦擧)하여 대책(對策)으로 시험(試驗)을 보아 뽑던 과거(科擧)

神童。」此皆有口訣傳授。不然，尖尖相射相指相鬥之砂，皆為刑殺，主兄弟相戰，及遭軍配、殺戮、凶禍，烏可為貴？張子微以兩尖相射者，必要以遜讓回避為吉。射到穴前者，以橫直別之。橫者為吉，直射向穴為凶。誠確論也。蓋此等貴曜，亦與凶殺頗為同形，毫厘之間，便分吉凶。苟無真見，未有不畏懼者。

만약 그것을 진실로 추리(推理)하면 반드시 용혈(龍穴)을 위주(為主)로 해야 한다. 진실로[苟] 용혈(龍穴)이 이미 진실하면 이른바 ' 물을 따라 모두 유유히[冉冉;염염] 순비(順飛)하면 모두 귀요(貴曜)이다.' 고 하였다.

어찌 청룡(青龍)과 백호(白虎)로 나누었는가? 어찌 순수(順水)와 역수(逆水)를 나누었는가! 다만 형살(刑殺)은 요(曜)와 유사한 것이 있으니 각각 분별을 해야한다. 양공(楊公)이 이르길 ' 혹 송곳[鑽;찬]과 같고 혹 침(針)과 같은 모양이 양변(兩邊) 혈 앞에서 연달아[尋] 함께 끝이 뾰족하게 서 있으면 오직 자식이 대부분 청귀(清貴)하지 않고 또 반드시 큰 부자이다.' 고 하였다.

또 이르길 ' 원봉(圓峰)이 연달아 겹겹이 쌓이고 또 달리다가[跌走;질주] 혈 앞에 도달하여 비추면[射] 봉우리[尖]는 또 힘이 약하여[劣;렬] 형제부자(兄弟父子)가 같은 해에 축하할 만한 일[慶]로 당상관[紫綬]의 조서[黃麻]를 받고 대궐[玉闕]에 들어가 (조정에서) 벼슬한다' 고 하였다[入]. 또 이르길 ' 혹 다투어 쏘거나 혹 서로 싸우는 모양[交鋒]으로 뾰족한[尖尖] 바위가 (혈 앞) 가운데 있으면 현량과갑(賢良科甲)은 모두[渾;혼] 허사[閒事;한사]이다. 삼태(三台)가 좌에 들어오면 신동(神童)이 탄생한다.' 고 하였다. 이는 모두 구결(口訣)로 전하여 받은 것이다[傳授]. 그렇지 않으면 뾰족한 것[尖尖]이 서로 쏘아 상투사[相鬥之砂]라 지칭하고 모두 형살(刑殺)이다. 주로 형제(兄弟)가 서로 상전(相戰)하고 군대에 징역[軍配]가고、살육(殺戮)、흉화(凶禍)를 당하니 어찌[烏] 귀하다고 할 수 있는가?

장자미(張子微)가 이르길 ' 양첨(兩尖)하여 서로 쏘는 것은 반드시 사양[遜讓;손양]하여 회피(回避)하는 것이 좋고 혈 앞에 도달하여 쏘는 것은 아무튼[橫直](쏘는 것을) 다르게 하여[別之] 횡으로 하는 것이 좋다. 혈을 향하여 직사(直射)하는 것은 흉하다. 진실로[誠] 확실히 논하는 것이다. 대개 이들[此等]은 귀요(貴曜)는 역시 흉살(凶殺)과 조금[頗;파] 같은 모양이다. 호리(毫厘)의 차이[間]로 곧 길흉이 나누어진다. 진실로[苟] 참된 식견이 없으면 아직 두려워

369) 閒事(한사) : 헛된 일. 한가로운 일. 쓸데없는 일. ◦閒(한) : 등한하다(等閑: 무엇에 관심이 없거나 소홀하다) ◦橫直(횡직) : 아무튼. 어쨌든

하지[畏懼;외구] 않는 적이 없다.

故楊公云：「禽曜星，貴無價，生在穴前形醜怪即下文順水之說，非巉岩惡陋凶形之醜怪也。尖尖順水或斜飛，世俗庸師見即怕。」誠以曜星尖利，亦有順水，亦有斜飛者。自常格論之，為退田筆、離鄉砂，寔有可畏。高人見得龍穴真貴，故不以為[370]嫌。苟龍穴不真，則為刑殺而凶矣。《玉峰寶傳》云：「不遇刑殺，大官不發。大煞大刑，高科魁名。」或疑其說，以為如此則亦無所畏刑煞耶。是不然。世人以曜星為刑煞，故其辭曰：「若要大官高科，除非世俗所謂刑煞也。」又云：「刑不刑，煞不煞，秀在尖拔[371]。」其意謂世人所謂刑，寔非刑，所謂煞，實非煞也，其秀意全在於尖拔處。除非[372]遇此，然後謂之遇刑煞，非世人之所謂刑煞也。如浮梁李侍郎、豐城黃尚書、樂邑沐國公，及吾邑張尚書諸祖地，皆見有尖利順竄之砂。以常見論之，則為不吉。只是龍真穴的，乃為明曜，適[373]是貴地之証，是其格也。諸圖具列[374]於下：

그러므로 양공(楊公)이 이르길 '금요성(禽曜星)의 귀함은 가치를 정할 수 없으니[無價] 혈 앞에 생겨 있으면 모양이 추괴(醜怪)하다. 즉 하문순수(下文順水)의 설(說)이며, 참암(巉岩), 악루(惡陋), 흉형(凶形)은 추괴(醜怪)한 것이 아니다. 날카롭고 뾰족한 모양[尖尖;첨첨]이 물을 따라 혹 기울어 비주하면[斜飛] 속세[世俗]에서 용렬한 지사[庸師]들이 보고 곧 두려워한다[怕;파]' 고 하였다. 진실로 요성(曜星)이 뾰족하여 예리하면[尖利] 역시 순수(順水)하고 또 사비(斜飛)하는 것이다. 평상시에 그것을 논하여 퇴전필(退田筆)이고、이향사(離鄉砂)로 실로 두려워할 수 있다.

고수[高人]는 용혈의 진귀(眞貴)함을 (그것을) 보고 알아[見得] 혐오하지 않는다. 진실로 용혈(龍穴)이 참이 아니면 형살(刑殺)이 되어 흉하다.《옥봉보전(玉峰寶傳)》에 이르길 ' 높은 벼슬[大官]은 형살(刑殺)을 만나지 않으면 발복하지 못한다. 대살(大煞)과 대형(大刑)은 과거에 성적[高科]이 으뜸으로 이

370) 以為(이위) : 생각하다, 여기다. ◦高科(고과) : 과거 시험에서 좋은 성적으로 급제한 사람
371) 拔(발) : 빼어나다, 특출(特出)하다. 그리다, 묘사(描寫)하다. 성(盛)하다 즉 기운이나 세력이 한창 왕성하다.
372) 除非(제비) : 다만 ~함으로써 만이 비로소. ~아니고서는. 오직 ~하여야 (비로소).
373) 適(적) : 일이 시간이나 이치에 꼭 맞음을 나타내며, 꼭 [알맞게]. 때마침. 마침
374) 具列(구예) : 서면으로 열거하다.

름이 난다[魁名].' 고 하였다. 혹 의심한 그 설이 이와 같으면 역시 형살(刑煞)을 두려워할 바가 아니다. 그러하지 않다면 세상 사람들은 요성(曜星)을 형살(刑煞)이라 하기 때문에 그 말에 이르길 ' 만약 과거에 급제하여[高科] 높은 벼슬[大官]을 원하면 세속에서 소위 형살(刑煞)이라 하는 그릇된 것을 버려라' 고 하였다. 또 이르길 ' 형(刑)이 형(刑)이 되지 않고 살(煞)이 살(煞)이 아니다. 수(秀)는 뾰족하게 빼어난 것이다.' 고 하였다.

그 뜻은 세상 사람들이 형(刑)을 말하는 바를 말한다. 실제는 형(刑)이 아니다. 살(煞)이라는 것은 실(實)은 살(煞)이 아니다. 그 수(秀)의 뜻은 전부 뾰족하게 빼어난 곳[尖拔處]에 있다. 오직 이러한 것을 만나 연후에 비로소 형살(刑煞)을 당하였다고 한다. 세인들이 형살(刑煞)이라고 하는 것은 옳지 않다. 가령 부량(浮梁) 이시랑(李侍郎)과 풍성황상서(豐城黃尚書)、낙읍(樂邑)의 목국공(沐國公) 및 오읍(吾邑)의 장상서(張尚書) 등 모든 조지(祖地)는 모두 날카로운 사(砂)를 따라 이동하는 것을 볼 수 있다.

보통의 소견으로 그것을 논한다면 불길한 것이다. 다만 용진혈적(龍真穴的)하면 곧 명요(明曜)는 알맞게 귀지(貴地)의 증거이다. 아래에 그림으로 예를 열거한 그 격식이다.

左地在浮梁東鄉義倉塢，乃大龍翻身朝祖，穴在窮源。且右砂竄下明堂，尖利順水，前砂尖利向穴，局又迫狹，無一可入俗眼。國師吳景鸞為李氏下後，出侯二、侍郎五、神童四、開國食邑者一、學士三。蓋其龍以火星三台中落，飛揚頓伏[375)]，翻身起頂，降勢垂脈，成金星開窩之穴，皆是貴格。下關一臂有力。前

375) 頓伏(돈복) : 산봉우리를 기봉 후 엎드려 혈처 쪽으로 뻗어 내려가다.
cf) 頓起(돈기) : 갑자기(불쑥) 봉우리가 솟아나다. 즉 산봉우리를 일으키다. / ◦頓阜(돈부) : 토(土)의 태과(太過)를 돈부라 한다. 높고 평평한 언덕/◦頓鼓돈고) : 몸통은 둥글고 정상은 평평하여 북과 같은 모양의 산을 말한다./◦頓笏(돈홀) : 신하들이 임금 앞에서 조회를 할 때 들고 있는 필통과 같은[세로가 긴] 모양의 물건이며, 풍수에서는 세로가 긴 필통과 같은 모양의 산을 말한다./◦돈질(頓跌) : 달려가다. 기복돈질(起復頓跌) ; 크게 굽이치며 변화가 있고 힘차게 가는 모양 / 위이돈질(逶迤頓跌)
☕ 頓(돈) : 조아리다. 갑자기의 뜻이 있으나 풍수에서는 봉우리를 일으키는 것을 말한다. 즉 작은 산에서 큰 산이 되는 것을 돈이라 한다.(自小而大謂之頓) ☕ 勢(세) : 기세. 자연계의 현상이나 형상(形狀)

面[376]砂雖可畏，乃是明曜，如大貴人必有披堅執銳[377]侍從之人為我所用，何畏之有？其水尾源頭局[378]面雖窄，然顧祖之穴，骨肉一家。況是大龍翻身入塢，非比小龍山脚小穴。卜氏謂：「窮源僻塢，豈有真龍？」蓋恐人以山脚無龍處扦地耳。

좌지(左地)는 부량(浮梁)의 동쪽 시골[東鄕] 의창오(義倉塢)에 있다. 대룡(大龍)은 번신(翻身)하여 조산(祖)을 마주하여 혈(穴)은 막다른 곳[窮源]에 있다. 또 우사(右砂)는 끝이 뾰족하고 날카로워[尖利] 명당(明堂) 아래로 달아나 순수(順水)하고 앞의 사(砂)는 예리하게 혈을 향하고 국(局)은 또 좁아 핍박하여[迫狹;박협] 속안(俗眼) 마음에 하나도 맞을 수[入] 없다.

국사(國師) 오경란(吳景鸞)은 이씨(李氏)를 하장한 후에[下後] 왕후(王侯)가 나왔고, 2인의 시랑(侍郎), 5인의 신동(神童), 4인의 개국공신(開國), 1인의 식읍자(食邑者), 3인의 학사(學士)가 나왔다. 대개 그 용은 화성삼태(火星三台) 중간에 낙맥하여 (산봉우리가) 솟아올랐다가[飛揚] 뻗어 내려가[頓伏] 용신을 돌려[翻身] 산봉우리를 일으키고[起頂] 산줄기[脈勢]를 드리워[垂] 낮추어[降] 금성(金星)을 만들어 와혈(窩穴)을 펼친 것은 모두 귀격이다. 아래에서 막는 하나의 비(臂)는 힘이 있으며 앞면에 사(砂)가 비록 두려울 지라도[雖可畏] 곧 명요(明曜)이다.

가령 대귀인(大貴人)은 반드시 갑옷을 입고 총을 들고 시종(侍從)하는 사람이 있으면 나에게 쓰이는 것인데 무엇이 두려움이 있는가? 그 수구[水尾]와 득수처[源頭]의 지세[局面]가 비록 좁으나 고조(顧祖)의 혈(穴)은 한 집안의 골육(骨肉)이다. 하물며 대룡(大龍)이 번신(翻身)하여 마을[塢;오]에 들어와 소룡(小龍)의 산각(山脚)에 맺은 작은 혈[小穴]에 비할 바가 아니다. 복씨(卜氏)가 이르길 '산간벽지[僻塢]의 막다른 작은 발원지[窮源]에 어찌 진룡이 있겠는가?'라고 하였다. 대개 산각(山脚) 무룡처(無龍處)의 땅에 천장하는 것을 사람들은 두려워한다.

376) 前面(전면) : (공간·장소 등의) 앞. (시간·순서 등의) 앞 (부분). 전면. ∘乃是(내시) : 즉~이다. 곧~이다.

377) 披堅执銃(피견집총) : 갑옷을 입고 무기를 들다. 무장하다. ∘堅(견) : 갑옷. 굳다. 단단함.

378) 水尾源頭:水尾者乃水出口之處也 源頭者乃水發源之初也。言水固關於禍福∘局面(국면) : 규모. 형세. 상태

< 그림1-2-66 > 부양이시랑조지(浮梁李侍郎祖地)

右地在豐城，土名浣江犬眠岡。其龍自兩髻山作祖，行度甚遠，不及[379]詳述。比入局，橫列九腦芙蓉闊帳，正脈中落，重穿九腦，複作工字，複大斷過峽，頓起直三台入首，為天財土星，擔凹中結垂珠穴。穴情甚巧，氣蹙[380]於前，後宮仰瓦，而明堂緊巧。下手有力，後有帳幕撐樂，前有群峰呈秀[381]，近有獅象鎮塞，遠有日月捍門，真吉地也。葬後出徽猷、煥章二學士名疇若得禮，掌銓曹紹宗，歷秋官彥平，及曰明、曰穎、曰彥輔、曰元之、曰子文，並列朝議[382]，一時九貴，乃龍格九腦穿心，及砂法九曜之應。以有堦登台座，故今傳為十尚書云。系王點腳所下。其龍盡處，又結小地。以俗眼觀之，小地齊整可取，此龍穴不聚，前砂順水，決在所棄矣。王君果然明師也。

우지(右地)는 풍성(豐城)에 있고 토명(土名)은 완강(浣江)을 개가 잠자는 언덕[犬眠岡]이라고 한다. 그 용은 양계산(兩髻山)에서 조산(祖山)을 만들었으

379) 不及(불급) : 미치지 못하다. (시간적으로) ~할 수 없다. ◦比(비) : 어느 지경에 이름. ~때에 이르다. 가깝다. 인접하다.◦緊(긴) : 굳게 얽다. 감싸다. 매우 가깝다. 좁다.

380) 蹙(축) :오그라들다. 막히다.궁지(窮地)에 몰리다. 오므리다. 움츠림.

381) 呈(정) : 나타내다. 드러내 보임.◦鎭(진) : 진압(鎭壓)하다. 지키다. 요해지(要害地:군사적으로 아주 중요한 곳) ◦塞(새) : 변방. 막다. 성채(城砦)

382) 竝列(병렬) : 나란히 가다. 동시에 행하다.◦朝議(조의) : 조정에서, 서로 의견을 내세워 토의하고 논쟁함

나 행도 함(行度)이 너무 멀어 상세하게 기술할 수 없다.

< 그림1-2-67 > 풍성황씨조지(豊城黃氏祖地)

입국할 때 이르러 가로로 줄지어[橫列] 구뇌부용(九腦芙蓉)을 넓게 개장을 하여[闊帳] 정맥(正脈)의 가운데서 낙맥하여[中落] 연달아 구뇌(九腦)를 지나서 다시 공자형(工字形)을 만들었고 다시 대단과협(大斷過峽)을 한 후에 봉우리를 일으켜[頓起] 똑바로[直] 삼태(三台)로 입수(入首)하여 천재토성(天財土星)의 뒤가 오목한 [擔凹;담요] 가운데 수주혈(垂珠穴)을 맺었다.

혈정(穴情)이 아주 예쁘다. 명당의 뒤[後宮]는 앙와(仰瓦)이나 기(氣)는 앞에 멈추고[蹙;축] 명당(明堂)이 가까워 예쁘고[緊巧;긴교] 하수(下手)에 힘이 있다. 뒤에는 장막을 벌려[帳幕] 낙산으로 지탱하고 있다[撑樂]. 앞에는 무리의 봉우리가 빼어나고[呈秀] 가까이서는 사상의 형상(獅象之形)이 막아 지키고 있고[鎭塞;진색], 멀리 일월한문(日月捍門)이 있어 참으로 길지(吉地)이다. 장사 후에 휘유(徽猷)와 환장(煥章) 두 학사(學士)가 태어나 예(禮)에 맞추어 이름을 주(疇)라 했다.

장전조(掌銓曹) 소종(紹宗), 역추관(歷秋官) 언평(彦平)과 명(明)、영(穎)、언보(彦輔), 원지(元之)、자문(子文) 등이 조정 회의[朝議]에 나란히 나가[竝列] 한때[一時]에 귀한 9는 곧 용격(龍格)에 구뇌천심(九腦穿心)과 사법(砂

法)에 구요(九曜)의 응함[應]이다. 사위는 대좌(台座)에 올랐으므로 지금까지 전하길 십상서(十尚書)라 한다. 왕점각(王點脚)이 하장한 곳이다[系]. 그 용진처(龍盡處)에 또 소지(小地)를 맺었는데 속안(俗眼)으로 보면 소지(小地)는 모양이 단정하여[齊整;제정] 취할 수 있다. 이곳은 용혈에는 기가 모이지 않고 전사(前砂)가 순수(順水)하여 결정하여[決] 버렸던 곳이다. 왕점각(王點脚) 그대는 과연(果然) 명사(明師)로다.

右地在樂平治南九十里，土名高橋。其龍來遠，不詳述。入局落平岡，開帳穿峽，起華蓋，中出結穴。兩掬[383]有情，穴前氈褥平坦，明堂融注，前朝奇峰羅列，取作[384]胡僧禮佛形，以群秀當前也。只白虎巨石長出，如笏順水。系緣督趙仙翁為程氏下。曰：「曜星現，笏砂斜，出貴當出外甥家。」主人嘆曰：「奈何？」翁曰：「休嗟！休嗟！還是自家！」後果生女適藍杭黃氏。女回省母而喪子，因抱弟子歸黃為己子，即尚書公也。果符仙翁之言。

우지(右地)는 낙평치(樂平治) 남(南) 90리(里)에 있으며 토명(土名)은 고교(高橋)이다. 유달리[其] 용(龍)은 멀리서 뻗어와 상세하게 기술할 수 없다.

입국(入局)하여 평평한 언덕에 개장하여(開帳) 과협을 지나[穿峽] 떨어져[落] 화개(華蓋)를 일으켜 중출맥에 혈을 맺었다. 양국(兩掬:손으로 움켜쥐는 모양; 용호)은 유정(有情)하고, 혈 앞에 전욕(氈褥)이 평탄(平坦)하며, 명당(明堂)에 물이 모이고[融注] 앞 조산(朝山)에 기봉(奇峰)이 죽 벌여 있어[羅列] 호승예불형(胡僧禮佛形)이라 부른다[取作].

무리의 (기봉이) 빼어나[群秀] 앞에 마주하고 있다. 다만 백호(白虎)에 큰 바위가 길게 나와 홀(笏)과 같은 모양으로 순수(順水)하였다. 연독(緣督) 조선옹(趙仙翁)이 정씨(程氏)를 위하여 하장(下葬)하고 이르길 '사(砂)에 요성(曜星)이 홀(笏) 모양으로 드러나 기울면 귀인은 마땅히 누나나 여동생의 아들[外甥; 외생]이 집안[家]에 태어난다.' 고 하였다.

주인(主人)이 탄식하면서 어찌하겠는가[奈何;내하]? 옹(翁)이 이르길 '탄식하지 마라! 탄식하지 마라[休嗟;휴차]! 자기 집에 돌아온다.' 고 하였는데, 후에 과연[果] 여자가 태어나 남갱황씨(藍杭黃氏) 집에 시집을 갔다가[適;적] 그

383) 掬(국) : 움키다. (놓치지 않도록 힘 있게 잡다). (두 손으로) 움켜쥐다.
384) 取(취) : 받아들이다. 부르다. 소환하다.◦作(작) : ~로 여기다[삼다]. ~로 하다.

녀는 아들을 잃고[喪子] 돌아와 어머니를 보살피고 동생의 아들을 양자로 받아들여[抱養] 황씨 집에 돌아왔는데 아들은 곧 상서공(尚書公)이 되었다. 과연(果) 선옹(仙翁)의 말이 맞았다.

< 그림1-2-68 > 낙평황상서조지(樂平黃尚祖書祖地)

左地在樂平縣，地名大汾潭又名鵝塘。其龍來歷甚遠。吳公《鉗記》只以王大山為祖，蓋指切近者言之。自王大山分兩龍，一枝逆水而上，去結明溪許氏陽基；一枝順水而下。比入局，翻身逆當大河洋朝以結此穴。將[385]入首，大斷出帳度峽，連起貪狼，卓拔飛揚，形勢雄偉。複頓玉枕土星，結咽束氣，起凹腦土星，垂短乳，乳複開窩。窩之左右兩石鉗甚巧。窩中平坦天然，僅可容棺。穴下餘氣則陡峻頑硬[386]，而龍虎兩山，頭雖高昂，脚卻俯伏插落，拱抱有情。大河水自辰巽轉午，當面陽朝，繞流脚下。河中巨石磷磷，如獸如禽。朝山數十里外聳入雲霄[387]，如褰旗、展帳、帶甲馬、招軍旗、兜鍪、劍戟、金甲、金鼓、御傘、將台、屯兵、列陣，貴應重疊。

385) 將(장) : 장차 ~하려 하다. ~하려고 하다, ~할 것이다, 거의, 바로. ◦容(용) : 받아들이다. 넣다. 허락하다.下(하) : 낮아지다. (~에) 모자라다. 미달하다.
386) 陡峻(두준) : (지세가) 높고 가파르다. 험준하다. ◦頑硬(완경) : 무디고 딱딱하다. ◦俯伏(부복) : (땅에) 엎드리다. ◦拱抱(공포) ; 둘러싸다
387) 入雲霄(입운소) ; 侵雲霄(침운소) : 하늘에 솟았다.

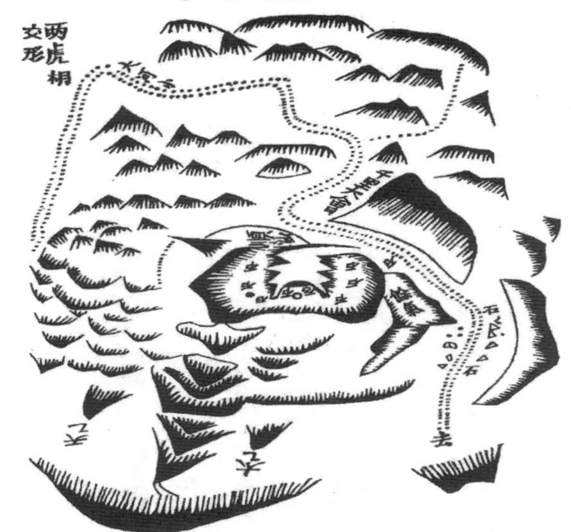

< 그림1-2-69 > 목국공조지(沐國公祖地)

좌지(左地)는 낙평현(樂平縣)에 있으며 지명(地名)은 대분담(大汾潭) 또는 아당(鵝塘)이라 한다. 그 용이 온 자취[來歷]가 너무 멀고 오공(吳公)의 《겸기(鉗記)》에 다만 왕대산(王大山)을 조산(祖山)이라 하였다. 대개 매우 가까운 것[切近者]을 가리켜 말한 것이다.

왕대산(王大山)에서 두 개 용으로 나누어 한 지맥[枝]은 역수(逆水)를 하여 위로[上] 올라가 명계허씨(明溪許氏)의 양기陽基)를 결작하였고, 다른 한 지맥은 순수(順水)하여 아래로 내려가 입국(入局)할 때 역(逆)으로 용신을 돌려[翻身] 대하(大河)의 물을 마주[當] 향하여[洋朝] 이 혈을 맺었다.

입수(入首)하려고 할 때[將入首] 크게 끊겨[大斷] 장막을 열어[出帳] 과협을 지나[度峽] 탐랑(貪狼)을 연달아 일으켜[連起] 빼어나게[卓拔] 위로 솟아[飛揚] 형세(形勢)가 웅장하고 위엄이 있다[雄偉;웅위]. 다시 옥침토성(玉枕土星)의 봉우리를 일으켜 결인속기(結咽束氣)하고 요뇌토성(凹腦土星)의 봉우리를 일으켜 작은 유(乳)를 드리웠고 다시 유(乳)에 다시 와(窩)를 열어[開窩], 와(窩)의 좌우(左右) 양쪽[兩]에 석겸(石鉗;바위 집개)이 매우 정교하다[甚巧]. 천연적(天然的)으로 와중(窩中)에 평탄(平坦)하나 겨우 관(棺)이 넣을 수 있다. 혈 아래에 여기는 지세가 가팔라 무디고 딱딱하나 용호(龍虎) 양산(兩山)의 머리[끝]를 비록 높이 들었을지라도[高昂], 다리는 오히려

[御] 같이 떨어져[插] 엎드려[俯伏] 감싸[拱抱] 유정(有情)하다. 대하수(大河水)가 진손(辰巽)에서 오방[午]으로 방향을 바꾸어[轉] 양기(陽基)의 앞[當面]을 마주하여 감싸며 다리 아래로 흘러 하천 가운데 거석(巨石)이 희끗희끗하여[磷磷;인인] 짐승[獸禽;수금]과 같다.

조산(朝山)이 수십리(數十里)의 밖에 하늘 높이[雲霄;운소] 솟아[外聳]에 깃발을 든 것[褰旗;건기] 같고, 장막을 펼친 것[展帳] 같고, 갑옷을 두룬 말[帶甲馬]과 같고, 초군기(招軍旗), 투구[兜鍪;두무], 검과 창[劍戟;검극], 갑옷[金甲], 징과 북[金鼓], 왕이 쓰는 우산[御傘;어산], 성벽[將台], 주둔병[屯兵], 진을 침[列陣]과 같으면 귀응(貴應)이 거듭한다[重疊].

右畔隔河一山，千里大會[388]，至此卓立，端拱如侍臣焉，真公侯之地也。惟是武曜發露，巨石巉岩，青龍順飛，白虎昂雄。穴前陡峻，元辰水傾，怪異驚人，莫能測識　　吳廖讖贊。李氏葬後，遷定遠，生黔寧王英。值元末天下大亂，我太祖[389]起義師，英累建大功，封西平侯，卒贈黔寧王，配享太廟，贈三代皆王爵。四子：長春襲侯，次晟以功封定遠王，次昂任都督揔兵，次昕尚公主，授駙馬都尉。至今子孫襲黔國公爵，世鎮雲南。

우측[右畔]에 하천을 막는[隔河] 하나의 산이 천리를 달려와 기량(技倆)을 겨루며[千里大會], 이곳에 도착하여 탁립(卓立)하여 단정하게 감싸는 것[端拱]이 시립하는 신하와 같아[如侍臣] 참된 공후지지(公侯之地)이다.

다만[惟] 참암(巉岩)한 거석(巨石)이 드러나 무(武)가 빛나고, 청룡은 순비(順飛)하고 백호(白虎)는 거칠고[昂雄] 혈 앞은 험준하고[陡峻] 원진수(元辰水)가 경류(傾流)하여 괴이(怪異)하여 사람을 놀라게 하여[驚人] 헤아려 알 수 없다. 오(吳)와 요(廖)씨가 예언하여[讖;참] 밝혔고[贊;찬] 이씨(李氏)가 장후(葬後)에 정원(定遠)으로 천도하여 검녕왕(黔寧王) 영(英)을 낳았다.

원나라 말기에 천하대란(天下大亂)을 당하여[值] 우리[我] 태조(太祖)는 영(英)을 의사(義師)로 뽑아[起] 여러 차례 큰 공을 세웠다. 그래서 서평후(西平侯)로 봉하였고 죽어서 검녕왕(黔寧王)으로 증되었다[贈;증]. 태조를 사당[廟]

388) 大會 : 기량(技倆、伎倆)을 겨루는 일

389) 太祖 : 명대 1368~1397년 ◦贈(증) : 죽은 후에 조정(朝廷)에서 내린 벼슬◦襲(습) : (작위·관직을) 세습하다. 물려받다. 계승하다. ◦串(관) : 꿰다. 이쪽에서 저쪽으로 움직이다. ◦似乎(사호) : 마치 (~인 것 같다)

에 배향하게 하였고 3대(三代)를 왕의 작위[王爵]로 증(贈)하였다. 사자(四子) 장춘(長春)은 후작(侯爵)을 세습 받았다[襲]. 그 다음으로 성(晟)이 공을 세워[以功] 정원왕(定遠王)에 봉하여졌고 다음으로 앙(昂)이 도독총병(都督摠兵)으로 임명되었고, 다음으로 흔(昕)은 공주(公主)에 장가들어[尚] 부마도위(駙馬都尉)를 가르쳤고 지금까지도 자손(子孫)이 검국공작(黔國公爵)을 세습 받아 대대로 운남(雲南)을 압도한다[鎭].

按：此地後龍雖美，至結穴處，山峻星粗，全身惡石。白虎雄昂，青龍順竄，砂飛穴陡[390]。橫龍入首，落脈模糊。其直串龍勢而去之山，似乎不住。況穴星而無頂，坐當凹處，後無樂山，元辰又傾瀉，水口低遠，無一可入俗眼者，初見莫不驚駭。不知大幹龍地，稟氣厚，力量大，山峻星粗，與之稱也；全身惡石，威武應也[391]；白虎昂雄，殺伐權也；青龍順竄，離鄉貴也；星無正頂，凹腦格也；龍勢不住，餘氣旺也；穴陡水傾，先凶兆也；後樂無山，水口低遠，幹龍護從，隔州隔縣，不取近也。諸般醜拙，總為吉用。但未葬時，梁公有曰「福在三十年後，禍在初葬之時。」苟非李公有高出尋常萬倍之見，豈能葬之哉？蓋積善之報，冥冥中必有主之者耳。篤生黔寧，輔我皇明，為開國元勳，世享爵祿，豈偶然哉！

조사하여 밝히니[按] 이 자리는 후룡이 아름다울지라도 결혈처에 이르러서 산이 가파르고[峻] 성신[星]이 거칠어[粗] 용신 전체가 험악한 바위[惡石]이다. 백호(白虎)가 웅장하고 높으며[雄昂], 청룡사(青龍砂)가 순수하게 달아나고[順竄飛], 혈(穴)은 갑자기[陡;두] 횡룡(橫龍) 입수(入首)하고 낙맥(落脈)이 모호(模糊)하다. 곧게 끈으로 꿰듯이 용이 움직이는 세(勢)는 마치 가는 산이 멈추지 않는 것 같다[似乎].

하물며 혈성(穴星)은 머리[頂]가 없어 좌(坐)에서는 요처(凹處)를 마주하였고, 뒤에 낙산(樂山)이 없다. 원진수(元辰)는 또 경사져 빠르게 흐르고[傾瀉] 수구(水口)도 낮고 멀어[低遠] 속안(俗眼)으로 보면 한 가지도 마음에 들지 않는다[無一可入(取)]. 처음 보면 몹시 놀라지[驚駭;경해] 않을 수 없다. 대간룡(大幹龍)의 자리는 타고난 기운[稟氣;품기]은 두텁고[厚重] 역량

390) 陡(두) : 가파르다. 갑자기. 높이 솟다. ◦瀉(사) : 매우 빠르게 흐르다. 쏟아지다. ◦駭(해) : 놀라다. 놀래다. ◦初(초) : 바로. 곧 . ◦時(시) : 때에. 때맞추다.

391) 也(야) : 판단·결정의 어기(語氣)를 표시

이 커 산이 험준하고[山峻] 산봉우리의 크기[星粗]를 모르기 때문에 통틀어[與] 칭한다. 전신(全身)에 악석(惡石)으로 세력(勢力)이 강(強)하게[威武] 응하여 백호(白虎)가 높고 웅대하여[昂雄] 사람을 죽이고 치는[殺伐;살벌] 권세(權勢)[權]이고, 청룡(青龍)이 순수하게 달아나[順竄] 이향(離鄉)하여 벼슬을 한다. 혈성[星]에 중앙의 정수리[正頂]가 없어 요뇌(凹腦)의 격(格)이다. 용세(龍勢)가 머물지 않는 것은 여기(餘氣)는 왕성한 것이다.

혈이 높이 솟아[陡;두] 물이 경사져 흐르는 것[傾流]은 먼저 불길한 조짐[凶兆;흉조]이다. 뒤에 낙산[後樂이 없고 수구(水口)는 낮고 먼 것[低遠]은 호종(護從)하는 간룡(幹龍)이 주와 현(隔縣)에 떨어져 있어[隔] 가까이서(호종을) 할 수 없다[不取]. 추졸(醜拙)한 여러 가지[諸般]는 모두 좋게 사용되었다. 다만 장사하기 전에 양공(梁公)이 이르러 말하길 ' 복은 30년 후에 오고, 화(禍)는 장사 때 바로 온다.' 고 하였다.

진실로[苟] 보통 사람[尋常]의 만 배 고명한[高出] 의견을 가지고 있는 이공(李公)이 아니고서는 어찌 능히 그곳에 장사할 수 있는가? 대개 적선(積善)이 보은(報恩)에 이르는 것을 무지몽매한[冥冥;명명] 가운데 주장하는 자[主之者]가 반드시 있다. 오로지[篤;독] 검녕(黔寧)을 낳아 나를 도운 황명(皇明)은 개국원훈(開國元勛)이 되어 대대로 작록(爵祿)을 누렸다. 어찌 우연(偶然)인가!

傳疑392)

宋末，丞相馬碧梧廷鸞慕其地，不能識穴，請張真人降，神筆神批云：「吾是鵝塘之土地，丞相問吾求大地。相地之師未降生，得地之人未了未。」丞相喜曰：「吾夫人未生，未了未，其吾夫人壽藏乎？」神複批云：「丞相好不安分393)！此李國公葬祖母地也。」丞相乃止。大汾有李公者，家世積德，生五子，好施與394)，作小舟渡人。吾邑地師梁饒與之善，因遠回求渡。時歲暮矣，且雪。李公曰：「天寒如此，何不止395)宿吾家，待霽而行？」梁遂宿焉。明日，天又雪。又明日，雪

392) 傳疑(전의) : 학문상 의심스러운 것을 함부로 논단하지 않고 남겨두어 다른 사람이 해결하기를 기다리다. ◦降生(강생) : 강생하다. 출생하다.

393) 好不(호불) : 매우. 아주. 몹시 ◦安分(안분) : 본분을 지키다. 분수에 만족하다. ☞ 與之 ; 그것을 주다.

394) 施與(시여) : 보상을 기대하지 않고 일방적으로 베풀다 .남에게 거저 물건(物件)을 주는 일. ◦天(천) : 기후. 계절. 자연

甚，路無行人。公待之愈厚。至元旦，始霽。
의심스러운 것을 가르쳐 전하면[傳疑] 송말(宋末) 승상(丞相) 마벽오(馬碧梧)의 정란(廷鸞)이 그 자리를 원했으나[慕] 혈을 능히 알 수 없어 장(張) 진인(眞人)에게 신필(神筆)을 내려달라고 청하니 신비(神批)에 이르길 '나는 아당(鵝塘)의 토지(土地)이다. 승상(丞相)이 대지(大地)를 구하고자 나에게 물어 상지(相地)하는 지사(地師)가 아직 태어나지[降生] 않았고, 미래의 땅을 보는 사람도 아직 없다.' 고 하였다.
승상(丞相)이 기뻐서 이르길 '나의 부인이 아직 태어나지 않아 아직 부인이 살아 있을 때 미리 만들어 놓은 무덤[壽藏]을 완성하지 못하였다? 신비(神批)가 다시 이르길' 승상(丞相)은 분수를 지키기를 싫어하는가!
이 자리는 이국공의 조모(祖母)를 장사할 자리이다.'고 하니 승상(丞相)은 곧 멈추었다. 대분(大汾)에 이공(李公)이라는 자가 있었는데 가문에 대대로 적덕(積德)을 하여 다섯 아들이 태어나 시주[施與] 하시길을 좋아하여 조그만 배를 만들어 사람들에게 (강을) 건네주었다[渡人]. 오읍(吾邑)의 지사(地師) 양요(梁饒)는 선을 베풀고[與之善] 멀리서 돌아왔기 때문에 강을 건너기[渡江]를 부탁하였다[求渡]. 한 해가 저물어 설을 바로 앞둔 때[時歲暮]에 또 눈이 내렸고 이공(李公)이 이르길 '이와 같이 날씨가 추운 데[天寒] 어찌 나의 집에서 유숙하려 하지 않는가 ? 날씨가 화창하길 기다렸다가[待霽;데제] 가세요? 양(梁)은 마침내 이공의 집에 유숙하였는데 명일(明日) 하늘에 또 눈이 내렸다. 그 다음 날도 눈이 많이 내렸다. 길에는 사람이 다닐 수 없었다. 이공은 대접[待之]을 더욱 후하게 하였다. 설날[元旦]에 이르러서 하늘이 처음 개었다[始霽].

梁求[396]行，公又固留，因款待舟中，且以同日之欲渡者飲。至酣，梁乃乘醉大呼曰：「世上何人能識我，今日時師後代仙。吾所下地非貴即富。」李公因曰：「願公賜我吉地！」梁嘆曰：「此間誠有大地，但恐公無此福耳！」李公曰：「據吾先世[397]積德，吾生平好善，除卻天子之外，任是將相王侯地，吾可當之。」梁壯其

395) 何不(하불) : 어찌 ~하지 않느냐? ◦止宿(지숙) : 숙박하다. 유숙하다. ◦霽(제) : 개다. 날씨가 화창하다.비가 개다.
396) 求(구) : 희망하다. 바라다. ◦款待(관대) : 환대하다. 정성껏 대접하다. ◦酣(감) : 술을 마시며 즐김 ◦間(간) : 주변, 가운데

言，令畫字[398]析。公乃用舟篙[399]於土上書一「一」字，曰：「當報我第一等地。」梁曰：「土上加一乃王字也！」知其福厚，遂報之，指陳[400]先代明師鉗贊。公大喜。

양(梁)이 가겠다고 하니[求行] 공(公) 또 단호하게 만류하며[固留] 배 속에서 정성껏 대접을 하였다[款待;관대]. 또 함께 강을 건너야 하는 날은 술을 마시고[飮] 즐겨[至酣;지감] 이내 양(梁)이 술에 취한 것을 이용하여[乘醉] 큰 소리로 불러 말하길 ' 세상에서 어떤 사람이 나를 알 수 있겠는가? 오늘의 풍수가[時師]가 후대(後代)의 신선(神仙)인 것을 ? 내가 하장한 자리는 벼슬을 하지 않으면 곧 부유(富裕)한다.' 고 하였다.

이공인(李公因)에 따르면[曰] '원하는 것[願]은 공(公)이 나에게 좋은 자리를 하사하는 것이다!' 고 하니 양(梁)이 탄식하여 말하길 ' 이 주변[間]에는 진실로 대지가 있으나 다만 두려운 것은 공(公)이 이러한 (대지를 가질) 복이 없는 것이다.' 고 하였다. 이공(李公)이 이르길 '나의 선조[先世]가 적덕(積德)에 의지하여 나는 평생 선(善)을 좋아하면서 살았으니 천자(天子)를 제외하고 장상왕후(將相王侯)의 자리를 맡는 데 내가 합당하다.' 고 하였다. 양(梁)은 그 말을 떳떳하게 여겨 획자(畫字)를 파자(破子)하라고 했다[析].

공(公) 곧 땅에 돈대[舟篙]를 사용하여 땅(土) 위(上)에 서일(書一)과 일자(一字)로 파자(破子)하여 이르길 '마땅히 나에게 제일 첫 번째 자리로 갚으라' 고 하였다. 양(梁)이 이르길 ' 토(土) 위에 일(一)자(字)를 더하면 곧 왕자(王字)이니 그 복이 후한 것을 알 것이라고 하였다. 마침내 그것을 보은하여 선대명사겸찬공(先代明師公鉗贊)이 설명하니 크게 기뻐하였다.

梁複謂曰：「此地曜氣發露，令人[401]可畏，初葬未免[402]無凶，人丁家產皆須有損。禍後而福始應，其貴又當從武功中來。」公曰：「果有後福，先凶勿恤也。但非己業，乃吾宗富侄之山，恐未易圖。」後數年，樂平明師彭大雅已報其

397) 先世(선세) : 선조. 선대(先代) . 조상 。除却(제각) : 제거하다. 없애버리다.
398) 畫(획) : 획. 자획(字畫).。(화) : 그림。拆(탁) : 파자(破字)하다 : 한자의 자획을 풀어 나누다). 해체하다.
399) 篙(고) : 상앗대. 상앗대는 '배질을 할 때 쓰는 긴 막대'를 뜻한다.
400) 指陳(지진) : 설명하다. 지적하여 개진(開陳)하다
401) 令人(영인) : 좋은 사람. 사람으로 하여금 ~하게 하다. ☞ 令: 가령
402) 未免(미만) : ~을 면할 수 없다. 꼭 ~하다.

侄[403]。侄不之信。公因以基地易之，以葬其妻。初果勿利，公尋卒以時疫[404]。五子亡其四，其一子又因爭水利傷人，戍定遠。後於定遠生黔寧王英。元末，天下大亂，我太祖起兵黎明。於田野中，前軍報稱虎睡當道上。命勿放箭[405]，但鳴鼓以進。及進則非虎，乃一童睡耳，童即英也。上喜曰：「此虎將也！」乃育之軍中，賜以國姓。洪武初，複姓。上令姓木，劉伯溫曰：「英鎮雲南，火盛之地，以木生火，當濟以水。」又賜黔水，故今姓沐。神所以「未了未」者，其「木字」二字乎？

양(梁)이 다시 이르길 '이 자리는 요기(曜氣)가 드러나[發露] 사람들이 두려워할 수 있다. 장사하고 처음에는 흉이 꼭 있어 인정(人丁)과 재산[家產]은 모두 반드시 손해가 있고 화를 입고[禍] 난 후에 복을 비로소 받는다[應]. 그 귀함도 마땅히 전쟁의 공적[武功] 가운데 따라 온다.' 고 하였다.

공(公)이 이르길 '과연 나중에 복(福)이 있다면 먼저 흉을 근심하지 않고[勿恤;물휼] 다만 자기 업이 아니라[非己業] 곧 나의 일족 부자[富者]인 조카[侄;질]의 산에 쉽게 계획하지 않을 거라 염려하였다.' 고 하였다.

수년 후에 낙평(樂平)의 명사(明師) 팽대아(彭大雅)가 그 종질(宗侄)에게 알려주었으나 질(侄)은 이를 믿지 않았다. 공(公)이 기지(基地)를 바꾼 곳에서[因] 마땅히 처를 장사하였는데 처음에는 과연 불리하여 공(公)이 시역(時疫)으로 갑자기 죽었다[尋卒]. 5아들 중 넷째아들이 죽었다. 첫째 아들도 수리(水利)로 다투다가 술(戍)시 정원(定遠)이 사람을 상하게[傷人] 하였다.

후에 아! 정원(定遠)이 검영왕(黔寧王) 영(英)을 낳았다. 원말(元末) 천하대란(天下大亂)에 명 태조[太祖]가 들판[田野] 가운데 군대를 일으켜[起兵] 동틀 무렵[黎明] 전군(前軍)이 보고하길[報] '범이 지금[當] 도로 위에 졸고 있다고 하길 활을 쏘지 말라고' 명하였다. 다만 북을 치고[鳴鼓] 진격하여[以進] 뒤쫓아 따라가[及] 가까이하니[進] 호랑이가 아니라 뜻밖에[乃] 한 동자[童]가 졸고 있었다[睡]. 동자[童]는 영(英)이었다.

임금[上]이 기뻐서 이르길 ' 이 호랑이는 장군[虎將] 이로다!' 고 하였다.

---

403) 宗侄(종질) : 같은 성을 가진 일가로서 유복친 안에 들지 않고 항렬이 조카뻘이 되는 사람 ☕ 報(보) : 알리다. 보답하다. 보복하다.

404) 時疫(시역) : 이 병증은 부정한 기(不正之氣)를 감수하여 발생하는 것으로 머리가 아프고 열이 나며, 혹 목 앞이 붓고 턱에 화농성감염증(化膿性感染證)이 생기는데 하늘이 내린 역(疫)이다. <출처> 네이버 지식백과

405) 放箭(방전) : 활을 쏘다. ◦真個(진개) : 정말로. 실로. 확실히

군대(軍隊)의 안에서 양육하여 임금과 같은 성[國姓]으로 주었다[賜]. 홍무초(洪武初)에 다시 성(姓)을 임금이 성(姓)을 목(木)으로 명하였다.

유백온(劉伯溫)이 이르길 '운남에서 화성지지(火盛之地)을 진압하여[鎭] 목으로 화를 생하여 마땅히 물로써 서로 도왔다[相濟]' 고 하였다. 또 검수(黔水)를 하사받았으므로 지금 성이 목(沐)이 되었다. 신(神)은 그래서[所以] 아직 끝나지 않은[未了未;미료미] 그 목자(木字) 두 자인 것이다 '고 하였다.

宋國師吳景鸞鉗記云：「王大山前兩條龍，百里隱其蹤。直奔萬歲地名過金充地名，方始認雌雄。神後行來龍百里，三度失其蹤。恰如龍虎亂縱橫，真個得人驚。要知此龍為官位，一一為君指。勝光神後列其方，世代貴朝郎[406]。貪狼文曲現童子，出雙選功曹。傳送水[407]來雄，清秀出神童。寅申[408]相對便封侯，官職在梁州今雲南乃梁州分野。三座祿存高照，才子文章好。不以文章達御科，久遠管山河。山連天乙並太乙，本出侍朝職[409]。為逢驛馬太雄高，所以管山河。雌雄欲遇要妍對，所以不行文[410]。寅申巳亥有來蹤，所以出神童英童年統兵。此地為官世代深，莫惜與千金。」自吳公記後，鄉人[411]皆知為大地，而不能識穴。廖金精至此，亦無從[412]下手，盤桓月餘，晝夜思索，乃得之。喜甚，作贊刻石以埋於其穴中。

송국사(宋國師) 오경란(吳景鸞)의 겸기(鉗記)에 이르길 '왕대산(王大山) 앞 양 지룡[條龍]은 그 종적(蹤迹)을 백리(百里)를 숨기다가[隱] 곧장 달려[直奔]와 지명이 만세(萬歲)와 지명이 금충(金充)을 지나서 비로소 자웅(雌雄)이 비롯되었음을 알았다. 용신(龍神)이 백리(百里)를 행룡 후에 3번[三度]이나 그 종적(蹤迹)을 찾지 못했다. 흡사(恰似) 용호(龍虎)가 종횡(縱橫)으로 산란(散亂)하여 불규칙적으로 흩어진 것 같으나 확실히[真個] 깨달은 사람은 놀라워한다[驚;경]. 이 용(龍)에서 관직[官位]을 하게 되는 것[爲]을 알려면 날

406) 郎(낭) : 옛날의 벼슬 이름。功曹(공조) : 중국 한나라 때, 군대에 딸린 문관을 이르는 말
407) 傳送水(전송수) : 산에서 물이 흐르듯 내려오는 수성산
408) 寅申巳亥(인사신해) : 인사신해의 근본개념은 생왕묘(生旺墓) 중에 장생지(長生地)에 속하는데 장생의 개념은 새로운 기운이 양기(陽氣)로 동(動)한다는 의미다.
409) 朝職(조직) : 조정의 벼슬을 말한다. 。妍美(연미) : 미려하다.아름답고 곱다.
410) 行文[(행문) : 공문을 보내다. 문장을 짓다.
411) 鄉人(향인) : 시골(에 사는) 사람. 한 고향 사람. 촌(에 사는)사람
412) 無從(무종) : ~ 길이 없다. 어쩔 도리가 없다. 。拜(배) : 이르다 .방문하다. 절하다.

날이[一一] 그대[君]의 뜻[指]이 이루어져 훌륭한 광명[勝光]이 사당(祠堂)이나 사찰(寺刹)의 뒤[神後] 쪽[其方]에 열립(列立)하고 있으면 여러 대[世代]의 관리로 조정에 벼슬[朝郎]을 한다.

탐랑(貪狼)과 문곡(文曲)이 나타나면[現] 사내아이[童子]는 쌍둥이를 낳아[出雙] 공조(功曹)에 선발되어서 관직을 받을 것이다[選]. 전송수(傳送水)가 웅장하게 흘러와 청수(淸秀)하여 신동(神童)이 태어난다.

寅申相對便封侯，官職在梁州今雲南乃梁州分野。三座祿存高照，才子文章好。不以文章達御科，久遠管山河。山連天乙並太乙，本出侍朝職[413]。為逢驛馬太雄高，所以管山河。雌雄欲遇要妍對，所以不行文[414]。寅申巳亥有來蹤，所以出神童英童年統兵。此地為官世代深，莫惜與千金。」自吳公記後，鄉人[415]皆知為大地，而不能識穴。廖金精至此，亦無從[416]下手，盤桓月餘，晝夜思索，乃得之。喜甚，作贊刻石以埋於其穴中。廖禹贊曰：“二龍爭顧勢如何？恰似江豚拜浪波。四水俱朝龍足下，官居上將管山河。”

인신(寅申)이 서로 마주 대하니[相對] 곧 봉후(封侯)의 관직(官職)이 양주(梁州)에 있다. 지금 운남(雲南)이 곧 양주(梁州)의 마을[分野]이다. 삼좌녹존(三座祿存)이 높이 빛나니[高照] 재능이 뛰어나[才子] 문장(文章)이 좋으나 문장(文章)으로 오랫동안 산하(山河)를 관리하는 과거에 등용[御科]될 수 없다[不以]. 산이 천을(天乙)과 태을(太乙)이 연결되어 높고 큰 역마(驛馬)를 만나면[爲逢] 국가[山河]를 맡아 다스린다[管]. 아름답고 고운[妍美] 자웅(雌雄)이 마주하여 만나야 시종(侍從)하는 사람이 태어나[出] 본래 조정에 벼슬을 한다[朝職;조직]. 문인은 하지 못하나 인신사해(寅申巳亥)로 뻗어온 자취[來蹤]가 있기 때문에[所以] 뛰어난[英] 신동(神童)이 태어나 어린 시절[童年]에 군병(軍兵)을 통솔하고 이곳은 대대로[世代] 관록이 많으니[深] 천금(千金)을 주는 것을 아끼지 말라.' 고 하였다.

오공(吳公)이 기록한 후부터 고향 사람들[鄕人]은 모두 대지(大地)라는 것을

---

413) 朝職(조직) : 조정의 벼슬을 말한다. ◦妍美(연미) : 미려하다. 아름답고 곱다.
414) 行文[(행문) : 공문을 보내다. 문장을 짓다.
415) 鄕人(향인) : 시골(에 사는) 사람. 한 고향 사람. 촌(에 사는)사람
416) 無從(무종) : ~ 길이 없다. 어쩔 도리가 없다. ◦拜(배) : 이르다 .방문하다. 절하다

알았으나 혈을 알 수 없었다. 요금정(廖金精)은 이곳에 와서도 하수(下手)에는 어쩔 도리가 없어[無從] 한 달이 조금 넘는 기간[月餘] 어떻게 할지 결정(決定)을 못 내리고 우물쭈물하며[盤桓] 주야(晝夜)로 사색(思索)하다가 비로소 깨우쳐[得之] 크게 기뻐하며[喜甚] 밝혀내어[作贊] 돌에 새겨 혈 가운데 그것을 묻었다[以埋].

<그림1-2-70 > 전송수(傳送水) <출처> 옥수진경

요우(廖禹; 廖金精)가 밝혀 이르길[贊曰] '이룡(二龍)이 다투어 세(勢)가 어떠한가[如何]를 돌아보니? 흡사(恰似) 돌고래[江豚;강돈]가 물결[浪波]에 절하는 것 같고, 사수(四水)가 모두 용(龍)의 발아래에 모여 벼슬[官]은 상장(上將)에 머물러 국가[山河]를 관장한다.' 고 하였다.

左地在台州府治南五里，地名紫紗畚。其龍發自望海峰，辭樓下殿，精神雄猛，骨脈清奇。比417)入局，複大斷束脈，頓起高巒，成太陽金星結穴。穴甚精巧，但左臂直硬418)，竄入明堂。內局偏斜，既逼且窄。登穴觀之，不見外洋。只是龍氣甚旺，穴星甚尊，藏風聚氣，乃為真美。外陽一字文星暗拱，水口交固。葬後出七進士、二太守、一侍郎、四文魁，人丁大旺。一房離鄉，今居江西，亦出兩進士。但不利長房耳。
按：是地乃侍郎敬所王公宗沐祖地也，發福悠久，英才疊出，富貴鼎盛，不偶然也。

417) 比(비) : 미치다, 어느 지경에 이름. 가까이 하다. 이르다 .접하다.
418) 直硬(직경) : 용이 아무런 변화도 없이 곧게 뻗어가 나무토막처럼 생긴 모양

< 그림1-2-71 >임해왕시랑조지(臨海王侍郎祖地)

좌지(左地)는 태주부치(台州府治) 남(南) 5리(五里)에 있다. 지명은 자사오(紫紗嶴)이다. 그 용(龍)은 망해봉(望海峰)의 사루하전(辭樓下殿)에서 출발하여 산[精神]이 웅장하고 건장하여[雄猛] 용맥[骨脈]이 유달리 아름답다[清奇]. (용이) 국(局)에 가까이 들어와[比入局] 다시 크게 끊어[大斷] 결인속기하여 [束脈;結咽束氣] 높은 봉우리[高巒]를 불쑥 일으켜[頓起] 태양금성(太陽金星)을 만들어 혈을 맺어 혈(穴)은 아주 정교(精巧)하다.

좌비(左臂)는 직경(直硬)하여 명당(明堂) 안으로 들어가서[入] 도망가[竄] 내국(內局)이 비좁고[逼窄;핍착] 기울어[偏斜] 혈에 올라 보면 외양(外洋)을 볼 수 없다. 다만 용기(龍氣)가 아주 왕성[旺]하고 혈성(穴星)이 매우 높으나[尊] 장풍(藏風)이 되어 기가 모여 곧 참으로 좋다. 외양(外陽)에 일자문성(一字文星)이 보이지 않으나[暗] 공읍(拱揖)하여 수구(水口)가 확실히 교쇄(交鎖)가 되었다. 장사 후에 진사(進士) 7인, 태수(太守) 2인, 시랑(侍郎) 1인、문과의 장원[文魁] 4인이 나와 인정(人丁)이 크게 왕성하였다. 장자[一房]가 이향(離鄉)하여 지금 강서(江西)에 살면서 또 두 진사((進士)가 나왔으나 다만 장방(長房)은 잘 되지 못하였다. 조사해 보니[按] 이 자리는 시랑경(侍郎敬) 소왕공(所王公) 종목(宗沐)의 조지(祖地)이다. 발복이 유구하고 영재(英才)가 거듭 나오고[疊出] 부귀(富貴)가 흥성하니[鼎盛] 우연(偶然)은 아니다.

右地在治南二十里，土名桃枝源。其龍即[419]吳國師仲祥所下十院張氏倒騎龍穴之餘氣山發來者。只此盤旋又五里，開帳中落。入首複大斷，起飛蛾束氣，結穴尊重。但上手砂直硬順水，下臂短縮，收乘不過為異耳。此貴地之曜也。葬後出省齋公憲，官禮部尚書。外一穴俗呼蛇形，富地耳。

< 그림1-2-72 >덕흥장상서조지(德興張尚書祖地)

우지(右地)는 치남(治南) 20리(里)에 있고, 토명(土名)은 도지원(桃枝源)이다. 그 용(龍)은 곧 오국사(吳國師) 중상(仲祥)이 하장한 곳이다. 십원(十院)의 장씨(張氏)의 도기룡혈(倒騎龍穴)은 여기산(餘氣山)에서 출발하여 뻗어온 것이다. 다만 여기서 빙빙 돌아 구부러지고[盤旋] 또 오리(五里)를 나가 개장(開帳)하여 가운데서 떨어져[落] 입수(入首)에서 다시 크게 끊어졌다가[大斷;과협] 비아(飛蛾)의 모양으로 솟아 속기(束氣)하여 혈을 맺어 중하게 여긴다[尊重]. 다만 상수사(上手砂)가 직경(直硬)하여 순수(順水)하고, 하비(下臂)가 짧으나[短縮] 머물러[不過] 기를 거두는 것이 다르다.

이 귀지(貴地)는 요(曜)가 있다. 장사 후에 성재공(省齋公) 헌(憲)이 태어나 벼슬[官]은 예부상서(禮部尚書)에 이르렀고 밖에 1 혈(一穴)은 속(俗)에서 사형(蛇形)이라 불렀고 부지(富地)이다.

419) 即(즉) : 다그다. 곧~이다. 접근하다. 즉 ~이다

傳疑

董公見此有內外二穴，內穴最貴，卻[420]怪異殊常。龍山直硬順水，下關短縮，局逼窄，不見明堂，又是窮源僻塢。外穴龍虎齊整，明堂寬平，易入俗眼。公自度，若先點[421]外穴，則內穴必棄。乃先點內穴。葬畢，又指外穴。人果皆以外穴為美，而嫌內穴。豐城何巡宰見而奇之，曰:「內穴雖醜，可出尚書。」後果驗。曜氣亦有出於水口者，如臨海謝皇后祖地，其格也。

전의(傳疑;의심스러운 것을 가르쳐 전하면) 동공(董公)이 이곳에 보이는 것은 내외(內外)의 두 혈[二穴]이 있다. 안에 혈은 최고로 귀하나 [卻] 괴이(怪異)하여 보통과 달랐다[殊常;수상]. 용산(龍山)은 직경(直硬)하여 순수(順水)하고 하관(下關)이 모자라 짧고[短縮] 국이 좁아[逼窄;핍착] 명당(明堂)이 보이지 않고 또 산간벽지[窮源僻塢:궁원벽오]이다. 혈 밖에 용호(龍虎)가 단정하고[齊整;제정] 명당(明堂)이 관평(寬平)하여 속안(俗眼;얕은 식견)에 쉽게 합치한다. 공(公)이 스스로 헤아리길[自度] 만약 먼저 밖에 혈을 보고 정하였으면 안에 혈은 반드시 버리게 된다. 먼저 안에 혈을 보고 정하여 장사를 마치고[葬畢;장필] 또 밖에 혈을 가리켜 사람들은 참으로[果] 모두 밖에 혈을 아름답다고 하고 안에 혈을 혐오하였다[嫌]. 풍성(豐城)의 하순재何巡宰)가 보고서 기이하다고 하며 이르길 '안[內]에 혈이 비록 추(醜)할지라도 상서(尚書)가 나올 수 있다.' 고 하였다. 나중에 과연 증험(證驗)이 된 것이다. 요기(曜氣)는 역시 수구(水口)에 생긴 것이다. 가령 임해(臨海) 사황후(謝皇后)의 조지(祖地)가 그 격(其格)이다.

左地在台州府治北八十里，地名黃砂。其龍發自天姥，歷[422]仙居，奔行百餘里。中間換轉、過脈、開帳，蓋莫能盡悉。將作穴，星峰精秀，五星、九星[423]皆全。而起者衝天，伏者入地[424]；大者橫開闊帳，動十餘里；小者如絲如線，如拳如杯，至於無形。曲者如生蛇，方者如屏台，尤皆奇巧。入首帳中落脈，垂頭作穴，而本身帳

420) 卻(각) : 도리어. 오히려. 반대로. 그러나. [역접(逆接)을 나타내고, '倒' '可'보다 어감이 약함] ☞ 縮(축) : 짧다. 모자라다. 오그라들다.
421) 點(점);看中(간중) : 마음에 들다. 보고 정하다. 보고 마음에 들다.
422) 歷(력) : (세월·시간이) 흐르다. 지나다. 경과하다. ◦悉(실) : 모두 다 알다.
423) 五星、九星: 구성의 하나를 오성에 배속시키면 예로) 염정성을 화성에 속한다.
424) 入地 (입지):합치하다. 맞다. 땅속으로 (빠져) 들어가다 ◦迥然(형연) : 현저히. 매우. 아주

角[425]兩肩包來，右邊微薄，而左砂太長，衝[426]過穴前，順水無情為異耳。然大勢團聚，眾山環繞，水口重重，華表、捍門、禽星、獸星迥然奇異，故其課云：「水口豹尾一山，封王駐節[427]。」葬後，出一后宋理宗皇后，封侯王我朝謝文正公遷，乃其裔也

좌지(左地)는 대주부치(台州府治) 북(北) 80리(里)에 있다. 지명(地名)은 황사(黃砂)이다. 그 용은 천모산(天姥)에서 출발하여 선거산(仙居)을 지나서 백 여리(百餘里)를 달려가[奔行] 중간(中間)에 방향을 틀어[換轉] 맥을 지나[過脈] 개장(開帳)하여 모두 다 알아 기술할 수 없다. 곧[將] 성봉(星峰)이 정미하여 빼어나 혈을 만들고 오성(五星)과 구성(九星)을 모두 갖추어 솟아난 것이 하늘을 찌를 듯하고[衝天] 엎드린 자리[地]에 합치하여 큰 것은 횡으로 넓게 개장하여[橫開闊帳] 십 여리(十餘里)를 이동하였다. 작은 것은 실과 선 같고, 주먹[拳;권] 같거나 잔[杯;배]과 같아 형체가 없는 무형에 이르렀고, 굽은 것[曲]은 생사(生蛇)와 같고, 네모진 것[方者]은 무대(舞臺)의 병풍[屏台]과 같아 모두 더욱 교묘하다[奇巧].

입수(入首)하여 장막 가운데[帳中] 낙맥(落脈)하고 수두(垂頭)하여 혈이 생겨 본신(本身)의 양어깨를 감싸오는 장막의 모서리[帳角] 우변(右邊)은 미약[微薄;미박]하고 좌사(左砂)는 크고 길어[太長] 혈 앞을 지나 위로 올라가[衝] 물을 따라가[順水] 무정(無情)한 것이 다르다. 그러나 대세(大勢)는 한자리에 모이고[團聚] 중산(眾山)이 환요(環繞)하고 수구(水口)가 화표(華表),한문(捍門),금성(禽星),수성(獸星)이 거듭된 모양은 매우[迥然] 기이하다. 그러므로 그 과(課)에 이르길 '수구에 범 꼬리와 같은 한 산은 왕이 주절(駐節)에 봉한다' 고 하였다. 장사 후에 일후(一后)가 태어나니 송(宋)의 이종왕후(理宗皇后)이다. 왕후로 봉한 사람은 아조(我朝) 명(明)의 사문정공(謝文正公)이 천거하였으니[遷] 바로 그 후손[裔(예)]이다.

---

425) 角(각) : 모서리. 구석. 모퉁이. 뿔과 비슷한 물건. 立式歌 若還開帳要中出 **角**落未爲吉 兩重三重開府衙 一重只富家 <출처>『지리담자록』 開帳 纏護 편. ◦府衙 : 마을

426) 衝(충) : 찌르다 .향하다. 맞부딪치다. 치솟다. 위로 올라감.

427) 駐節(주절) : 외국에 주재하는 사절. 고급 관리가 외지에 머물러 있으면서 공무를 처리하다. 사절로 나가 체류하며 공무를 처리한다. ◦封侯(봉후) : 제후(諸侯)(로 봉하다) ◦似乎(사호) : 마치 (~인 것 같다)

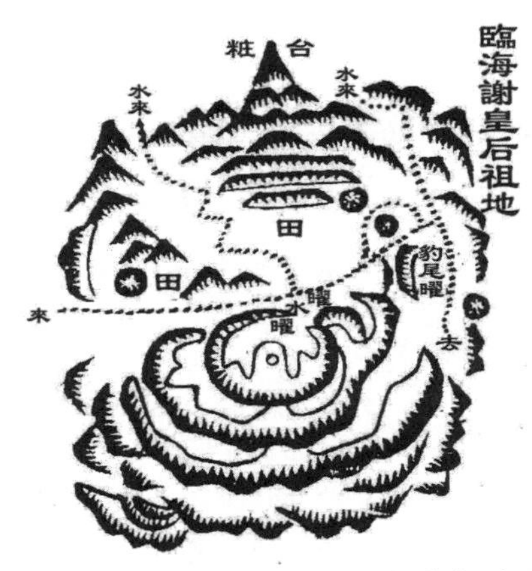

< 그림1-2-73 >임해사황후조지(臨海謝皇后祖地)

右地在台州府治東南四十里，地名水家洋錢喦。其龍自望海峰發祖，五十餘里，至黃土嶺過脈，疊起大帳，連過數峽。乃頓御屏，屏中落脈，翻身面南，頓伏逶迤，成走馬串珠入穴。穴甚奇秀，亥龍入首，作丙向。龍身分出一枝，送至近穴，成太陰文星，以為正案。登穴觀之，似乎[428]太逼，不見外洋。其寔翻身大轉，穴前之水逆繞於右，與大江大會，合襟在御屏後，數十里山水皆暗相擁抱。葬後，先出小貴，曾孫潮登進士，官至方伯。方伯公之子曰雲程，登進士，官至刑部尚書。孫椿齡、松齡俱貴，逆恩官知府[429]。惜被庸術鑿去曜氣，福力遂減。

紫堂秘訣》云：「斬尖截曜[430]，是猶剪爪截髮，以為贅疣，而不知體膚之傷戕。」此世俗之人，見尖曜則畏之，聽時師之言，斬鑿除去。如人身體，頭有發，手有爪牙，始成人形。以為無用而去之，不成人體矣!

좌지(右地)는 대주부치(台州府治) 동남(東南) 40리(里)에 있다. 지명(地名)은 수가양(水家洋) 전오(錢喦)이다. 그 용(龍)은 망해봉(望海峰)에서 조산이 출발하여 50여 리(餘里)를 와서 황토령(黃土嶺)에 이르러 맥을 지나[過脈] 크게 개장하고 거듭 솟아[疊起] 연달아 여러 과협을 지나[連過數峽] 곧 불쑥 어병(御屏)을 일으켜 어병 가운데 낙맥(落脈)하여 앞(面)을 남쪽으로 번신(翻身)하여 [봉우리를 기봉(起峯)하고] 산줄기가 뻗어 내려가[頓伏] 위이(逶迤)하여

428) 似乎(사호) : 흡사 ~과 같다. 바로~와 같다. 꼭 ~와 같다.
429) 知府(지부) : 부지사(府知事). 명청(明淸) 시대 부(府)의 장관
430) 龍虎外의 餘氣를 曜라 한다. 즉 曜는 龍虎의 背에서 마치 禽이 飛翼을 가지고 있는 것 같고, 기린[麟:인]에 염각(焰角)이 있는 것과 같다. ☞ 是猶(시유) : 이는 ~같다.

주마관주(走馬串珠)을 이루어 입혈(入穴)하였으나 혈은 심히 기이하여 아름답다[奇秀]. 해룡(亥龍) 입수(入首)에 병향(丙向)으로 만들었다.

大海汪洋
좌사(左砂) 아홀(牙笏)이 귀요(貴曜)인데, 용술(庯述)이 너무 핍근(逼近)하다고 잘라 착거(鑿去)하여 버렸으니 아까운 일이로다?

<그림1-2-74 > 채상서 조지(蔡尚書 祖地)

용신(龍身)에서 한 지맥[一枝]을 나누어 나와 보내고[送] 혈 가까이 이르러 태음문성(太陰文星)을 이루어 정안(正案)으로 삼았다.

혈에 올라 보면 흡사(恰似) 너무 가까운 것[太逼;태핍] 같으나 외양(外洋)을 볼 수 없다. 참으로[寔;식] 번신(翻身)하여 크게 방향을 전환하여[大轉] 혈 앞의 물은 우(右)에서 역(逆)으로 감싸고 대강(大江)에서 함께 크게 만나[大會] 합류[合襟;합금]하여 어병사[御屛]의 수십리(數十里) 뒤에 산수(山水)가 모두 직접 보이지 않는 상태[暗相]에서 포옹[擁抱]하고 있다.

장사 후에 먼저 작은 벼슬을 하여 증손(曾孫) 호(潮)가 진사(進士)에 오르고 벼슬이 방백(方伯)에 이르렀고, 방백(方伯) 공(公)의 아들 운정(雲程)이 진사(進士)에 올라 벼슬은 형부상서(刑部尚書)에 이르렀고 또 손자[孫] 춘령(椿齡)、송령(松齡)이 함께 벼슬을 하였다. 영은(迎恩)의 벼슬[官]이 지부(知府)였으나 애석하게[惜] 하찮은 술수[庸術]로 요기(曜氣)를 굴착하여[鑿;착] 없애 복력(福力)이 감소하는 피해를 입은 것이다. 《자당비결(紫堂秘訣)》에 이르길 '뾰족한 것을 잘라내고 요(曜)를 끊는 것은 손톱을 자르고 모발[髮;발]을 잘

라내는 것으로 혹(贅)이나 돌기와 같아 쓸모없는 살[贅疣;췌우]로 여기나[以為] 신체의 피부를 손상하여 해치는 것[傷戕;상장]을 모른다.' 고 하였다. 이는 세속(世俗)의 사람은 뾰족한 요(曜)가 보이면 두려워 시사(時師)의 말을 들어 끊어[斬鑿] 제거한다. 가령 사람의 신체는 머리에는 머리카락[發;頭髮:머리털]이 있고 손에는 발톱[爪牙]이 있으면 비로소 사람의 형(形)을 이룬다. 쓸모없는 것으로 여겨 버리면 사람의 모습을 이룰 수 없다!

月禪師云：「虎有爪，威始壯，龍無角焰物非神。焰角牙爪形體見，秀靈孕育不凡人。」爪牙焰角即尖曜也。白雲先生《穎秀》篇云：「不尖不貴，不圓不富。」釋者曰：「尖謂秀曜也，圓謂倉庫也。」又云：「山之秀，水之秀，山水秀形俱出曜。山之曜，水之曜，不怕尖來及飛走。湖池生角岸如槍，沙嘴[431]石牙水之寶。欲去還[432]留往複回，全家食祿堆官誥。」此言水亦有曜也。又云：「曜在山，不如水，山發遲遲水快利。水中更有石尖生，官不出門取高第。」此言水曜之應快於山曜也。《玉髓經》中如水火既濟之地，池案缺焰，池心拔筍，皆曜也。大抵水速於山，以其混混長留，不舍晝夜。而其來也無窮，而不可遏，所以易發。故楊公「不怕山尖與水飛」，水亦言曜也。水飛是水左右屈折，尖岸交牙，如鳥翼飛扇，非言其飛去也。白雲先生云：「學術十年，不識龍脈。行地十年，不識曜訣。遷墳十年，不定穴法。積三十年之智而後得師，更十年從學，而後盡術。」

월선사(月禪師)가 이르길 '호랑이는 발톱이 있고 위엄이 있으면 비로소 씩씩하다[壯]. 용은 뿔과 화염[焰]이 없으면 만물이 신통함이 없는 것과 같다. 염각(焰角)과 조아[牙爪]의 형체가 보이면 재주가 뛰어나고 신령스러워[秀靈] 범상치 아니한 사람을 낳아 기른다[孕育].' 고 하였다. 조아(爪牙)와 염각(焰角)은 뾰족한 요(曜)이다. 백운 선생의 《영수(穎秀)》 편(篇)에 이르길 ' 뾰족함이 없으면 벼슬도 없고, 둥글지 않으면 부유함도 없다.' 고 하였다.

석자(釋者)가 이르길 ' 뾰족함은 빼어난 요[秀曜]를 말하며 둥근 것은 창고(倉庫)를 말한다.' 고 하였다. 또 이르길 ' 산이 빼어나면 물이 빼어나고 산수(山水)가 빼어난 모양[形]에는 모두 요(曜)가 생긴다. 산의 요(曜)와 물의 요

431) 沙嘴(사취) : 모래가 해안을 따라 운반되다가 바다 쪽으로 계속 밀려 나가 쌓여 형성되는 해안 퇴적 지형./모래가 쌓여 형성되는 둑 모양의 지형

432) 還(환) : 아직. 더. 또. ◦지지(遲遲) : 느릿느릿한 모양. (태도나 마음이) 느긋하다. 꾸물거리는 모양

(曜)는 뾰족하게 뻗어와 비주(飛走)하는 것을 꺼리지 않는다.

호수나 못[湖池]에 창(槍)과 같은 뾰족한 언덕이 생기고 모래부리[沙嘴;사취]와 석아(石牙)는 수중에 보물[寶]이다. 가고자 하나 아직[還] 머물고, 가다가 다시 돌아오면 온 가족[全家]의 식록(食祿)과 벼슬이 쌓인다고 말한다[諮].' 고 하였다. 이는 물에도 역시 요(曜)가 있다는 말이다. 또 이르길 '산(山)에 있는 요(曜)가 물[水]에 있는 요(曜)만 못하다. 산에 발생한 요(曜)가 느릿느릿하고 물에 생긴 요(曜)는 이로움이 빠르다[快利]. 수중에 또 석첨(石尖)이 생겨있으면 벼슬이 가문[門]에서 떠나지 않고 과거 시험에 합격하여 높은 자리[高第]에 선발이 된다[取].' 고 하였다. 이는 수요(水曜)의 발응(發應)이 산요(山曜)보다 빠르다. 《옥수경(玉髓經)》 가운데 가령 수화기제(水火旣濟)의 땅에 지안산[池案]이 불꽃같이 이지러진 것[缺焰;결염]과 지심(池心)에 높이 솟은 죽순[拔筍;발순]과 같은 것은 모두 요(曜)이다. '고 하였다.

대저 수요(水曜)가 산요(山曜)보다 빠른 것은 발원지의 샘물이 솟아 나와[原泉混混] 밤낮으로 그치지 않고[不舍(撤)晝夜] 길게 머물러서[長留] 오는 것이 또 무궁(無窮)하여 막을[遏(알)] 수 없기 때문에 쉽게 발복을 한다. 그러므로 양공(楊公)은 산이 뾰족한 것과 수비(水飛)를 두려워하지 않는다,' 고 하였다. 물은 역시 요(曜)라 말할 수 있다. 수비(水飛)는 물이 좌우(左右)로 휘어 구부러지고[屈折], 첨안(尖岸)이 교아(交牙)한 것이다. 새가 날 때 날개가 부채모양과 같은 것은 빠르게 흘러가는 물을 말한 것은 아니다.

백운 선생(白雲先生)이 이르길 '학문과 관계되는 이론 10년(연구)에도 용맥(龍脈)을 알지 못하고(學術十年, 不識龍脈)
땅을 10년 누비고 요결(曜訣)을 알지 못하고(行地十年, 不識曜訣。) 묘지 이장 10년에도 혈법(穴法)을 결정할 수 없으니(遷墳十年, 不定穴法。) 30년의 지혜를 쌓은 후에 스승을 다시 만나(積三十年之智而後得師) 10년을 더 따라다니면서 배운 후에 술(術)을 다 배웠다(更十年從學, 而後盡術).' 고 하였다.

夫以張公之明覽，猶至三十年後自知術未精，不敢謂盡。及得師而敬學焉，又十年而第[433]盡術。以四十年之久，而僅明地理，不亦難乎？今人剽竊遺文，涉獵古斷，粗能諳[434]曉，便謂盡術，欺世乎？欺天乎？不然，白雲豈複為謙辭哉！一行

433) 第(제) : 품평하다(品評), 평정하다(評定). ◦以(이) : ~때문에. ~까닭에. ~(으)로 인하여.

曰：「上在東宮日，與白雲先生張約獵於溫泉之野。御駕疾馳[435]，約二十里許，上偶過一山，見新墳。白雲與上觀諦久之，曰：『葬失其穴！』上曰：『何也？』對曰：『下龍頭，枕頭角，不三年，自消鑠。』適遇樵人，問曰：『何人葬？』樵人曰：『山之南崔巽死而葬焉。』上欲救之，令樵人引導至巽門。其子斬衰[436]迎，蓋不知東宮也。上曰：『山前新墳誤葬矣！』曰：『父遺言葬此。』上曰：『何言？』對曰：『安龍頭，枕龍耳[437]，不三年，萬乘至。』上驚！約曰：『臣學未精。』劉氏俎談白雲先生張約斷崔氏墳，有龍頭龍耳之差。獵歸，東宮問曰：『龍耳、龍角，孰是孰非？』約曰：『臣之說非。』東宮曰：『以義言之，謂之消礫，何也？』約曰：『臣不惟失穴法，於曜法亦有未精。其前山曜，臣以為車輪帶鬼掃[438]，故謂消礫當在三年之前。今其父「萬乘」之占既驗，殿下果幸其家，則前山之曜乃車輪帶虎尾，非是掃也。九原可作[439]，所願學焉。」觀此，則白雲之說信徵云。吁，難矣！楊公云「其官也，其曜也，其生也，其死也，其去也，其來也。官曜生死去來訣，六字不離乎口說，有人明得六字訣，須是神仙親口[440]說。」既分定官曜，只謂生死去來。楊公言之而不盡之，此又在乎口訣機緘[441]也。

무릇 장공(張公)이 지리를 대충 밝히는 데[明覽] 30년을 배운 후에 스스로 술수를 알았으나 아직 정미(精微)하지 않아 감히 다 배웠다고 할 수 없어 스승을 만나[得] 경학(敬學)을 또 10년 배운 후에 '술수를 다 배웠다' 고 품

434) 粗(조) : 대충. 대략. 세심하지 않다. 거칠다. ◦諳(암) : 알다. 깨닫다. 깨달아 앎
435) 疾馳(질치) : (차나 말 따위가) 질주하다. 쏜살같이 달리다. ☕ 消(소) : 사라지다. 쇠하다. 녹다.◦ 鑠(삭) : 녹다. 녹아 없어짐. 멸망함.◦適(적) : 가다. 만나다.
436) 부친상은 참최(斬衰), 모친상은 자최(齊衰)이다. ◦衰(최) : 상복(喪服) 衰(쇠): 쇠하다
437) 龍耳(용이)& 용각(龍角) : 이(耳)는 혈과 더불어 옆에 같이 있고 혈을 뒤에서 감싸는 모양[耳與穴相停], **각(角)**은 혈과 서로 떨어져 있다[角與穴相脫] <출처>『인자수지』
-침용이각(枕龍耳角) 정혈(定穴)에 관한 내용으로 혈에 樂山[穿樂]이 응락(應樂)되는 지를 설명
438) 以爲(이위) : 생각하다. 여기다. 알다. 인정하다.◦掃(소) : 쓸다. 버리다. 제거하다.
439) 九原不可作(구원불가작) : 구원(九原)은 전국 시대 진(晉)나라 경(卿), 대부(大夫)의 묘지가 있던 곳으로, 일반적으로 무덤을 뜻한다. 즉 저승으로 간 사람은 다시 살아 돌아올 수 없다는 뜻이다.◦得(득) : 동사 뒤에 쓰여 가능(可能)을 나타냄.
440) 親口(친구) : 자신의 입 . 자기의 입으로. (말할 때에) 친히. 스스로
441) 機緘(기함) : 기운의 변화, 사물을 움직여 변화를 낳게 하는 힘 ※ 發生 : 어떤 일이나 사물이 생겨남

평하였다. 40년의 오랜 세월을 배움으로써 겨우 지리를 밝힐 수 있었다. 역시 어렵다고 하지 않겠는가? 요즘 지리가들은 유문(遺文;남긴 글)을 표절(剽竊)하고 옛날 여러 가지 책을 널리 읽고[涉獵;섭렵] 대충 알고 판단하여 곧 술수[術]를 전부 안다고 하는 것은 세상을 속이는 것인가? 하늘을 속이는 것인가? 그렇지 않으면 백운(白雲) 선생이 어찌 또 겸손하게 하는 말인가! 일행(一行)이 이르길 '상황이 동궁(東宮)에 있을 때 백운 선생이 장약(張約)과 매일 온천(溫泉)의 변두리[野]에 사냥을 하였는데[獵;렵] 어가(御駕)가 약 20리가량을 질주(疾走)하다가[疾馳;질치] 우연히 한 산을 지나 오르는 데 새로 쓴 묘지가 보였다. 백운(白雲)이 임금[上]과 오랫동안 살펴보다가[觀諦;관체] 이르길' 하장(下葬)하는데 혈을 벗어났구나! '고 하니

임금이 이르길 '어찌 그런가?' 대답하길 '용두에 하장하면서 용각을 베개를 하였으니(下龍頭, 枕頭角) 3년이 지나지 않아 자연스레 녹아 없어질 것이다[不三年, 自消鑠].' 고 하였다. 우연히 나무꾼[樵人;초인] 만나 이르길 '어느 사람을 장사(葬) 하였느냐? 물으니 나무꾼이 이르길 '산의 남쪽에 최손이란 사람이 죽어 장사를 지냈다.' 고 하였다. 임금이 구제(救濟)하고자 나무꾼에게 안내하도록 하여 손씨 집안 이르니 그의 아들이 부친상[斬衰;참최]을 입은 채로 영접을 하였다. 생각건대[蓋;개] 동궁(東宮)을 알아보지 못했다. 동궁[上]이 이르길 '산 앞에 새로 쓴 묘지는 오장(誤葬)이다!' 고 하니. 상주(喪主)가 말하길 ' 부친의 유언(遺言)으로 그렇게 하장(下葬)을 하였습니다.' 고 하였다. 동궁[上]이 어떠한 말을 하였는가? 상주가 말하기를 ' 용두(龍頭)에 안장하고 용이(龍耳)에 베개를 하면, 3년이 지나지 않아 천자[萬乘]가 임(臨)하신다(萬乘至).' 고 하였습니다. 동궁은 놀라워하고! [上驚] 약(約)은 이르길 '신의 학문이 아직 정밀하지 못하였습니다,' 고 하였다. 유씨(劉氏)는 조담(組談)에 백운선생(白雲先生) 장약(張約)은 단정하여 최씨(崔氏)의 무덤[墳]을 용두(龍頭)와 용이(龍耳)의 차이를 분별하였다.

사냥에서 돌아와[獵歸;엽귀] 동궁(東宮)이 물어 말하기를 '용이(龍耳)와 용각(龍角)은 누가 옳고 누가 틀린 것인가? 약(約)이 말하길 '신(臣)의 말이 잘못이 틀렸습니다. ' 하니 동궁(東宮)이 말하길 ' 『의의(意義)로 말하면 소삭(消鑠)이란 말은 무엇인가? 약(約;백운)이 말하길 '신(臣)이 혈법(穴法)만 실수한 것이 아니라 요성을 보는 법(曜法)도 아직 정밀하지 못하였습니다.

그 앞산에 요성을 신(臣)이 바퀴의 모양[車輪]을 띤 귀성 때문에 없어지는 것[掃]으로 여겨[以為] 마땅히 3년 이전에 소삭(消鑠) 상태로 존재한다는 것을 말하였다. 지금 그의 부친이 천자[萬乘]가 찾아온다는 예언[占]은 이 증험[驗]되었다. 전하(殿下)께서 과연[果] 그 집에 임금의 행차[幸行]를 하셨으니 앞산의 요(曜)는 바퀴[車輪]에 범의 꼬리[虎尾]를 띠고 있어 없어지는 것[掃]이 아니었습니다. 바라는 것을 배워 구원(九原)에 무덤을 만들 수 있다.' 고 하였다. 이를 보면 백운(白雲)의 말이 '신뢰할 만한 검증' 이라 하니[信徵云]. 탄식하며[吁(우)] 어렵도다!

양공(楊公)이 이르길 '그것이 관(官)이다. 그것이 요(曜)이고다. 그것이 생(生)이다. 그것이 사(死)이다. 그것이 가는 것이다. 그것이 오는 것이다' 고 하는 관요생사거래(官曜生死去來)의 비결[訣] 6자[六字]는 입으로 하는 말[口說]에서 벗어날 수 없다[不離]. 사람들이 6자 비결[訣]을 밝힐 수 있으면 반드시 신선(神仙)으로 친히 설(說)한다.' 고 하였다.

이미 관요(官曜)를 나누어 정하여 다만 생사거래(生死去來)만 말하였다. 양공(楊公)이 말이 미진(未盡)하니 이는 또 구결(口訣)은 기운의 변화[機緘;기함]에 있다.

<table>
<tr>
<td>
<그림 1-2-75 >
용이(龍耳)</td>
<td>安龍頭，枕龍耳，隐而不露。兩畔取耳樂照穴，或兩臂上下不拘，山峰肩翼厚處亦是。</td>
<td>용두에 안장하면 귀를 베개로 삼으면 숨어 노출이 되지 않아 양측에 귀를 낙산으로 취하니 조혈하고 혹 양쪽 위.아래에 구애받지 않으나 산봉우리의 견익(肩翼)이 후부한 곳이 옳다고 여긴다.</td>
</tr>
</table>

<table>
<tr>
<td>

<그림1-2-76 >
용각(龍角)</td>
<td>安龍頭，枕龍角，露而不隐。兩畔脫角，樂不照穴，非的穴也。蓋角耳之下，百尺之山，十尺相稱，隨山大小而</td>
<td>용두에 안장하면 각을 베개로 삼으면 노출이 되어 드러나 양측에 각은 (혈을) 벗어나 양측에 각이 혈을 벗어나 낙산이 혈을 조응하지 않아 혈이 확실이 아니다. 대개 이각 아래는 백척의 산이라도 십척과 상칭하는 것이니 산의 대소에 따르는 것이다.</td>
</tr>
</table>

此卷專論砂圖。夫砂法甚繁，難以悉陳。其大要，必從龍穴以別貴賤，故曰砂如美女，貴賤從夫442)。然亦有吉凶一定443)不可移易者，如探頭、刺面、掀裙等形，終不可使之為吉；而玉帶、御屏、帝座等砂，終不可使之為凶之類是也。今於諸家砂法中，撮其近理者，編為一卷，分上、中、下三格，富、貴、賤三科，而各取的於龍之貴賤，以斷其吉凶之准444)，庶幾展卷則得其要歸445)耳。

제21절 사도(砂圖) 설명

1)머리말

이 책[此卷]은 오로지 사도(砂圖)를 논하고자 한다. 무릇 사법(砂法)은 너무 많아[繁:번] 모두 기술하기[悉陳] 어렵다. 그 줄거리[大要]는 반드시 용혈(龍穴)에 따라 귀천(貴賤)을 구별하므로 사(砂)는 미녀(美女)와 같아 귀천(貴賤)은 남편에 달려있다는 것(從夫)과 같다. 그러나 또한 반드시 바꿀 수 없

442) 蓋砂隨龍穴以爲)吉凶 龍貴砂賤而 賤化貴 龍賤砂貴而 貴爲賤
443) 一定(일정) : 규정되어 있다. 고정불변의. 반드시 。移易(이역) : 변경하다. 바꾸다
444) 准(준) : 기준. 따르다. 의거함. 견주다.
445) 庶幾(서기) : 추측하거나 상대방에게 바람이 있음을 나타내며 우리말로 '혹시, 행여'로 해석한다. 바라건대, 아마도, 어쩌면 。庶(서) : 바라다. 가깝다. 비슷하다. 。幾(기) : 접근하다. 。要歸 :요점이 있는 곳. 要旨.결국, 어쨌든 。展卷(전권) : 책을 펴다. 글을 읽다.

는 길흉(吉凶)이 있다. 가령 탐두(探頭)、자면(刺面)、흔군(掀裙) 등(等)의 모양[形]은 끝까지 길사(吉砂)로 되게[使之為吉] 할 수 없으나 옥대(玉帶)、어병(御屛)、제좌(帝座) 등의 사(砂)는 끝내 흉(凶)한 사(砂)로 되게 할 수 없는 유(類)이다. 현재 여러 학파[諸家]의 사법(砂法) 가운데 이치에 가까운 것을 모아서[撮(촬)] 이 한 권(一卷)에 상중하(上中下) 삼격(三格)으로 분류하고 부귀천(富貴賤) 삼과(三科)로 편집하여 각각 용의 귀천(貴賤)에서 확실한 것을 취하고 길흉(吉凶)의 기준[准]으로 판단하였다.

아마도[庶幾] 책을 펼쳐 읽으면[展卷] 중요한 뜻[要旨]을 알 것이다.

口議

一、凡砂之形象，不必盡拘。廖氏云：「喝[446]砂相似便為是，奉勸莫執泥。」又云：「砂形變像原不一，觸類宜詳推；在人心巧與目明，自可立名稱[447]。」

2) 구의(口議)

1、무릇 사(砂)의 형상(形象)에 전부 구애받을[拘] 필요가 없다. 요공(廖氏)이 이르길 ‘갈형론에서 사(砂)가 서로 비슷하면 곧 옳다고 여겨 깊이 빠지지 말라[莫執泥]고 충고한다[奉勸]’고 하였다. 또 이르길 ‘사의 모양[砂形]이 바뀌는 모양[變像]은 원래 하나같지 않아[不一] 직접 산을 종류에 따라 접촉하여 상세히 추론하는 것이 마땅하다. 사람의 마음은 교묘함[心巧]과 매우 총명함[目明]이 있는데 스스로 구별하여[名稱] 나타낼[立] 수 있다.’고 하였다.

二、凡砂之擬於物類，不可膠執[448]。蓋山形萬古不易，而物類則因時更變。固有古

446) 땅의 형세를 특정한 사물의 모양에 비유하여 설명하는 갈형론(喝形論)은 중국의 당대와 송대에 이론적 체계가 갖추어졌다. 갈형론은 형세학파의 학자들에 의해 체계화되면서 풍수서에 수록되기도 했는데, 요우(廖瑀)의 『喝形名目』과 張子微의 『喝形圖格』 등이 대표적이다. 갈형론은 이론적 엄밀성은 떨어지지만 형세를 전체적으로 조망하고 이해하는 데에 강점이 있다.

447) 名稱(명칭) : 사물(事物)이나 현상(現象)을 서로 다른 것끼리 구별(區別)하여 부르는 이름

448) 膠(교) : 사물에 집착하다. ◦ 翱翔(고상) : 비상하다. 선회하며 날다.빙빙 돌다. (인간의 정신이나 포부 등의) 나래를 한껏 펼치다. 자유로이 사유하다. 스스로 대단히 여긴다.

方而今圓，古賤而今貴，亦有古有而今無者。如席帽賤於唐而貴於宋，玉魚、金魚佩於宋而明朝不用之類，烏可盡以執泥？在人活潑而決之耳。

2.무릇 물형의 유로[物類] 사(砂)를 헤아리는데 너무 집착해서는 안된다. 대개 산형(山形)이 만고(萬古)에 바뀌지 않으나 물형의 유[物類]는 때에 따라 변경(更變)된다. 참으로 옛날에는 모났던 것이 지금은 둥글고 옛날에 천(賤)했던 것이 지금은 귀(貴)하고 또한 옛날에 있었으나 지금은 없는 것이다.

가령 석모(席帽)는 당(唐)에서 천하였으나 송(宋)에서는 귀물(貴物)이었다. 옥어(玉魚)、금어(金魚)는 송(宋)에서 차고 다녔으나[佩] 명조(明朝)에는 사용하지 않는 종류(類)로 어찌[烏] 멋대로 깊이 고집할 수 있는가? 살아있는 사람이 결정하는 데 달려있다.

三、凡砂格中，多有御用之物，如帝座、御屏之屬，非謂有禁穴，乃朝臣之應也。廖氏云：「格中多有帝主制，非謂其有位。宰相侍從近清光，朝夕得翱翔。」

3. 무릇 사격(砂格) 가운데 대부분 천자[御]가 사용하는 물건이 있다. 가령 석좌(帝座)、어병(御屏)의 무리[屬]이다. 금혈지[禁穴]는 조정 신하의 발응(發應)을 말한 것은 아니다. 요공(廖氏)이 이르길 '격식 가운데 제왕의 형태가 많이 있으나 제왕의 자리가 있다는 것을 말한 것은 아니고 재상[宰臣]이 의젓한 풍채[清光]로 가까이서 시종(侍從)하고 조석(朝夕)으로 돌아다니는 것[翱翔;고상]은 아니다.' 고 하였다.

四、砂格有專論其山巒之頭者，有專論其山巒之腳者，有兼頭腳而論者，又有兩山、三山相合而成一格者，不可拘於一律。如華蓋、文筆等，則專取其山頭；進田筆、倒地笏等，則專取其山腳；謝恩、降節等，則兼取其山之頭腳；馬上貴人、點兵報捷之類，則取數山相映，湊合[449]而成者也，在人聰巧可取。亦須多見古格，而心有所主也。

4.사격(砂格)은 그 산봉우리[山巒]의 꼭대기[頭]를 오로지 논한 것이 있고, 그들의 산봉우리의 기슭(지각)[脚]을 오로지 논한 것도 있고, 꼭대기와 지각(頭腳)을 겸(兼)하여 논한 것도 있고, 또 양산(兩山)이나 삼산(三山)을 서로 합쳐서[相合] 하나의 격을 이룬 것도 있어 일률적으로 얽매여서는 안된다.

449) 湊合(주합) : 모이거나 모이게 하여 한데 합함.

가령 화개(華蓋)、문필 등은 오로지 산두(山頭)를 취한 것이고, 진전필(進田筆)、도지홀(倒地笏) 등은 오로지 산각(山腳)을 취한 것이고, 사은(謝恩)、강절(降節) 등은 산의 두각(頭腳)을 겸하여 취한 것이고, 마상귀인(馬上貴人)、점병보첩(點兵報捷) 등 유(類)는 여러 산이 서로 어울려[相映] 주합(湊合)하여 이루어진 것이다. 사람은 총괄하여 교묘한 것으로 가히 취할 수 있으니 또한 옛 격을 많이 보는 것은 마음이 주관하는 것이다.

五、砂格中又有所謂陰砂者，則專看平田、小洲，及小可墩埠、山麓、石脊[450]之類，及穴中不見者。此等砂形，或在明堂，或在左右，或在水口，亦關利害，不可不察。

5. 사격(砂格) 가운데 또 음사(陰砂)라 하는 것이 있는데 오로지 평전(平田)、작은 섬[小洲] 및 작은 돈부(墩埠)가 가능하고、산기슭[山麓]、석척(石脊) 유(類) 등의 이러한 사형(砂形)은 혈 가운데 보이지 않는 것이다. 혹 명당(明堂)에 있거나 혹 좌우(左右)에 있거나 혹 수구(水口)에 있거나 역시 이해(利害)에 관계되므로 살피지 않을 수 없다.

六、砂中又有刑殺，不可不知。廖氏云：「砂中有殺人不知，貴賤最難醫。仔細消砂[451]殺有八，射探衝破壓。更兼反斷走皆凶，解說要人通。射是以尖來向穴，徒配何須說？探是斜山少露頭，作賊不知休。破是浪痕直透[452]頂，淫亂恣游騁。衝是橫來插穴前，非禍自連綿[453]。壓是穴前砂崛起[454]，奴僕常反主。反是曲身去向

---

450) √地勢(=平夷之地)에서는 脈(=土脊)으로 되었고 山勢(=隆高之地)에서는 骨(=石脊)로 되었는데 (그 來龍은)은 구불구불하는 뱀처럼 동서로 혹은 남북으로 가야 한다. 붕홍 석맥(崩洪石脈)이 바다 안으로 지나가는데 석척(石脊) 위는 물이 몹시 얕으나, 굴곡이 심해 찾기 어렵다.

√구불거리는 뱀처럼 東西로 (다니고), 남북으로 평이(平夷)한 곳은 대부분 흙(土)이고, 두사(陡瀉) 지역은 대부분 바위(多石)이다. 토척(土脊)을 맥이라 하고[以爲脈], 석척(石脊)을 골(骨)이라 한다. ☞ 醫(의) : 치료하다. 병을 고치다. 구(救)하다.

451) 淨陰淨陽, 格龍, 立向, 消水, 消砂는 地盤正針을 사용한다. 좌향을 기준으로 주변의 산봉우리들이 혈에 미치는 영향을 판단하는 것이 소사법(消砂法)이다.
☕ 消(소) : 사용하다. 쇠하다.

452) 透顶[(투정); 극도에 이르다. 짝이 없다. ☞透(투) : 나타내다. 나타나다. ~처럼 보이다. ~같이 느껴지다.

453) 連綿(연면) : (산맥·강·눈·비 등이) 그치지 않다. 끊이지 않다. 이어지다

454) 崛起(굴기) : (봉우리 따위가) 우뚝 솟다.

朝，離反永飄飄。斷是腦下自橫浪，斬首無人葬。走是斜身順水飛，游蕩不思歸。若是真龍去殺合，禍福終須雜。避凶趨吉最為奇，穴上討便宜。」又吳國師云：「砂中有殺要消詳，立穴先須作主張[455]。巉岩高壓及尖射，避卻方能免禍殃。」蓋近穴有醜形之砂，亦須回避為美。遠則勿泥

6.사(砂) 가운데 또 형살(刑殺)이 되는 것을 알아야 한다. 요씨(廖氏)가 이르길 ' 사(砂) 가운데 살(殺)이 있는데 사람들은 모른다. 천한 것(賤)을 귀하게 구하기 가장 어렵다. 소사(消砂)에 자세하게 8살(殺)이 있다. 8살(殺)은 사(射),탐(探),충(衝),파(破),압(壓)와 또[更(갱)] 반(反),단(斷),주(走)는동시에[兼] 모두 흉하다는 해설(解說)을 사람들이 깨달아야 한다[通].

-사(射)는 뾰족한 사(砂)가 (혈의 앞이나 옆에서)혈을 향하여 오면[衝砂] 도배의 형벌(徒配, 감옥에서 강제 노동을 하게 한 다음 유배를 보내는 형벌)을 말해 무엇하랴(何須說)?

-탐(探)은 (안산이나 용호 뒤에서) 빗긴 산[斜山]이 (객산이) 머리를 조금 드러내면[少露頭;窺峯(규봉)] 도적질[偷盜]하는 것을 쉬지 않는다.

-파(破)는 꼭대기에 세로로[直] 낭흔(浪痕;물결 모양의 흔적 즉 산이 갈라진 모양)처럼 보이면[透] 음란(淫亂)하여 제멋대로 즐긴다[恣游騁;자유빙].

-충(衝)은 횡으로 와서[橫來] 혈 앞을 찌르면[插;衝砂] 저절로 재앙이 끊어지지 않고 이어진다. 즉 타인의 일에 휘말려 화를 당한다.

-압(壓)은 혈 앞[穴前]에 사(砂)가 우뚝 솟아있으면[崛起](혈을 억누르고 능멸하여) 노복(奴僕)이 늘 주인을 배반한다.

-반(反)은 곡신하여(曲身;바르지 않는 용신; 즉 반배사(反背砂)로 혈을 호위하지 않음) 뻗어가[去] 조산을 배반하면 고향을 떠나[離反] 영구히 떠돌아 다닌다[永飄飄].

-단(斷)은 입수도두 아래[腦下]에 저절로 횡으로 물결 모양이면[自橫浪] 참수(斬首)되어 장사를 지낼 사람이 없다[無人葬]. 즉 절손하다.

-주(走)는 용신이 기울어 순수(順水)하여 달아나면 음탕(淫蕩)하고[游蕩], 고향을 떠나 돌아오지 않는다[不思歸]. 만약 진룡(真龍)이라도 부정 축재하여 문란한 일로 물러난다[去殺合]. 화복(禍福)은 끝내 반드시 섞여 있어 흉(凶)한 것을 피(避)하고 길(吉)한 것을 취하면[趨;추] 좋다[奇]. 혈상(穴上)에서 검토

455) 主張(주장) : 자기의 의견이나 주의를 굳게 내세우거나 중심이 되어 맡아서 처리함. 결론은 내가 어떤 일에 나의 의견대로 이끌려고 움직이는 것이다.

하는 것이 곧 마땅하다.' 고 하였다.
또 오국사(吳國師)가 이르길 ' 사(砂) 가운데 살(殺)이 있으니 소상(消詳)하게 살펴 입혈(立穴)할 때 반드시 먼저 주장을 해야한다. 참암고압(巉岩高壓)하고 첨사(尖射)한 것을 피하면[避] 오히려[卻] 불행한 사고[禍殃;화앙]를 비로소 면할 수 있다.' 고 하였다. 대개 혈 가까이에 추형(醜形)의 사(砂)도 반드시 피해야 좋다[美]. 멀리 있으면 얽매이지 마라[拘礙;勿泥].

七、龍真穴的，而偶有一砂之嫌，眾人莫敢信者，則思喝形以制[456]之。蓋喝形亦可壓制諸砂。卜氏云「尖槍本凶器，遇武士以為奇。浮尸固不祥，遇群鴉而反吉」之類，亦有理。如旗槍當面，或作將軍大座；枷鎖橫尸，則取貴人監斬[457]之類。大抵要取重於龍穴也。
7.용진혈적(龍真穴的)하나 우연히[偶] 하나의 사(砂)가 싫으면[嫌] 중인(眾人)들은 감히 믿을 수 없어[莫敢信] 갈형(喝形)으로 생각하여 판단한다.
[以制之]. 대개 갈형(喝形) 역시 제사(諸砂)를 억눌러 다스린다.
복씨(卜氏)가 이르길 '뾰족한 창[尖槍]은 원래 흉기(凶器)이나 무사(武士)를 만나면 기이(奇異)한 것이 되고, 물 위로 떠있는 시체는 진실로 상서롭지 못하나 까마귀 떼[群鴉;군아]를 만나면 도리어 길한 유(類)가 되어 역시 이치가 있다.' 고 하였다. 가령 기와 창[旗槍]을 마주하면[當面] 혹 장군대좌(將軍大座)가 되는지를 살피고 혹 형구[枷鎖;가쇄]와 널려있는 시신[橫尸]이면 귀인(貴人)이 참형을 감독하는[監斬] 종류이다. 대저 용혈(龍穴)을 귀중하게 취급해야 한다.

八、砂形肖物類而多應，不特陰地，陽宅，即如[458]郡邑，亦所關系。若黃坡嚴家坡有筊筊石，其鄉筊卜有靈。弋陽圭峰如拍板，其邑多出戲子。常邑塔山如葫蘆而多名醫，莆田壺公山如卓笏而多朝貴朱子之同安，過莆田，望見壺公山曰「莆田多

456) 制(제) : 정하다. 판가름하다. 다스리다. 주장(主掌)함.
457) 莫(막) : ~이 없다. 금지 [莫~] ~하지 말라. ~해서는 아니된다. ◦監斬(감참) : 죄인의 참형(斬刑)을 감독하고 검사하던 일. ◦肖物(초물) : 선망의 대상. 표본으로 삼는 것 ☞ 肖(초) : 닮다. 본뜨다 ◦不特 ; 不但 : ~뿐 아니라
458) 即如(즉여) : 바로 ~와 같다. 즉 ~와 같다. ☞ 髻(계) : 상투

人로 才，此公作怪。承天馬良了髻雙峰居水口，而郡多雙薦。是皆砂之應驗耳。
8. 표본으로 삼는 사형(砂形)이 비슷하나 대부분 응함은 음지(陰地)와 양택(陽宅)뿐만 아니라[不特] 곧 군읍(郡邑)도 양택과 같이 관계가 된다. 가령 황파(黃坡)의 엄가피(嚴家坡)에는 단소[筊筊;교교]와 같은 바위[石]가 있어 그 고을[鄕]에 퉁소 부는 점사[筊卜]가 영험하였고 익양(弋陽)의 규봉(圭峰)은 박판(拍板)과 같아 그 읍은 연극배우[戱子;희자]가 많이 태어났다. 상읍(常邑)의 탑산(塔山)은 호로(葫蘆)와 같은 산이 있어 명의(名醫)가 많이 나왔고, 포전(莆田)의 곤공산(壺公山)은 탁홀(卓笏)과 같아 고관이 많이 나왔고, 동안(同安)에서 주자(朱子)는 포전(莆田)을 지나면서 곤공산(壺公山)을 바라보면서 말하길 '포전(莆田)은 인재(人才)가 많이 나고 이를 공(公)은 괴이하다.' 고 하였다. 승천(承天) 마령료(馬良了)에 수구(水口)에 계쌍봉(髻雙峰)이 있어 군(郡)에 쌍처(雙妻)가 많다. 이는 모두 사(砂)의 응험(應驗)이다.

九、凡觀砂法，須審向背、情性。司馬頭陀曰「以端方[459]而知其忠，以傾側而知其佞，柔亂以知淫，卑劣以知賊，粗猛以知惡，瘦薄[460]以知貧。粹美知慈，威武知斷。」《寶鑑》云：「山厚人肥，山瘦人飢，山清人貴，山破人悲，山歸人聚，山走人離，山長人勇，山縮人低，山明人達，山暗人迷，山順人孝，山逆人欺。」此皆其正耳。蔡牧堂曰：「觀形貌得其偽，觀性情得其真。」斯確論也。
9.무릇 사(砂)를 보는 법은 반드시 향배(向背)의 성정[情性]을 살펴야 한다. 사마두타(司馬頭陀)가 이르길 '단정하면 충성하는 것을 알고, 경사[傾側]지면 간사한 것을 알고, 유약하고 어지러우면[柔亂] 음란(淫亂)한 것을 알고 비열(卑劣)하면 천(賊)한 것을 알고, 거칠고 사나우면[粗猛] 나쁜 것[惡]을 알고, 땅이 메마르면[瘦薄;瘠] 가난함[貧]을 알고 순수하고 아름다우면[粹美] 자애로운 것[慈愛]을 알고, 위무(威武)하면 결단성(決斷性)을 안다.' 고 하였다 《보감(寶鑑)》에 이르길 ' 산이 후하면 사람이 부유하고[肥], 산이 척박[瘦]하면 사람은 굶주리고[飢;기], 산이 맑고 깨끗하면 사람이 고귀하고, 산이 파쇄하면 사람은 슬픈 일이 생기고, 산이 모이면[歸] 사람은 모이고, 산이

459) 端方(단정) : 얌전하고 바르다. 단정하다. ☞佞(녕) : 아첨하다. 간사하다
460) 吳氏가 말하길'居語女은 앉게 하여 더불어 말한 것이다.勞는 근로이고, 逸은 안일이다. 沃은 肥饒[비옥]함이요, 瘠은 瘦薄함이다.'고 하였다.(吳氏曰 居語女者 止而與之語也.勞 勤勞也 逸 安逸也 .沃 肥饒也 瘠 瘦薄也.) <출처> 小學集註(소학집주)

달아나면 사람은 흩어지고, 산이 길면 사람은 결단력이 있고[勇], 산이 생기(生氣)가 없으면[縮] 사람은 약하고[低], 산이 밝으면 사람은 활달하고[達], 산 기운이 어두우면 사람은 어리석고[山暗人迷], 산이 순하면 사람은 효자가 나오고, 산이 배역하면 사람은 사기꾼이 나온다.' 고 하였다. 이는 모두 올바른 것이다. 채목당(蔡牧堂)이 이르길 ' 형모(形貌)를 보고 그 거짓을 알 수 있고, 성정(性情)을 보고 진(真)을 수 있다.' 고 하였다. 이것은 확실하게 논한 것이다.

대귀인(大貴人) / 상격귀사(上格貴砂)

	上格貴砂大貴人者，木星高聳而尊嚴秀麗也461)。凡貴人砂，皆是木星。凡文筆砂，皆是火星。貴人不宜破碎、攲斜、醜悪462)。 -上格龍主文章貴顯,典大郡。 -中格龍有文名，不顯463)貴。 -賤龍主僧道孤獨無子。

대귀인(大貴人)은 목성(木星)이 높이 솟아 존엄(尊嚴)하고 빼어나 아름답다[秀麗]. 무릇 귀인사(貴人砂)는 모두 목성(木星)이다. 대체로 문필사(文筆砂)는 모두 화성(火星)이다.
귀인사(貴人砂)가 파쇄(破碎) · 의사(攲斜) · 거칠고 보기 흉한 것[醜悪]은 마땅하지 않다.

461) 也(야) : 어조사(語助辭), ~이다, ~느냐?, ~도다, ~구나 ∘병렬접속사 也 의미 ~도, 역시, 또한, 마찬가지로, 똑같이 해설 병렬관계인 문장에서 뒤쪽 분문에 사용하며, 동일하다는 의미이다. 예문 我喜欢唱歌，也喜欢跳舞
462) 悪(악) : 바르지 못하다. 거칠다. 조악함. 거칠다. ∘典(전) : 종사(從事)하다. 관장하다.
463) 顯(현) : 영달하다. 명성이 있다. 훌륭하게 보이다

-상격룡(上格龍)은 주된 역할은 문장(文章)으로 벼슬을 하여 명성이 높아 유명하고, 큰 고을을 관장한다[典大郡].
-중격룡(中格龍)은 문장으로 이름이 있으나, 지위(地位)가 드러나게 높지는 않다[不顯貴].
-천격룡(賤龍)은 승려[僧道]로 외롭고 자식이 없다[孤獨無子].

대소귀인(大小貴人) / 중격귀사(中格貴砂)

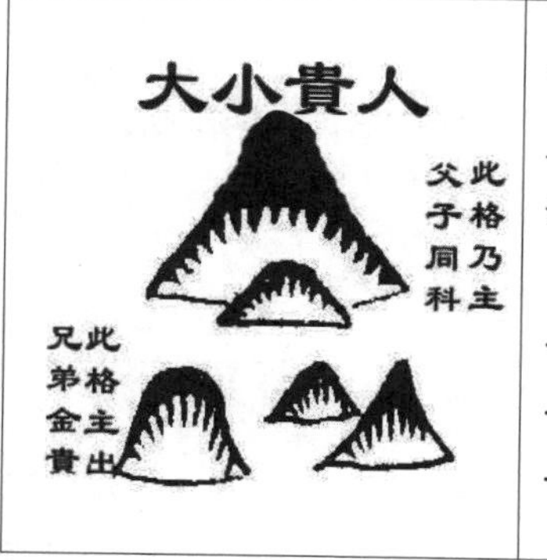 	中格貴砂大小貴人者，一峰高大，一峰低小也。上一格主父子同貴，下一格主兄弟同貴。皆要砂形秀麗。 -上格龍主父子兄弟叔侄同科[464]同朝。 -中格龍主父子兄弟有文名，無顯貴。 -賤龍主僧道師徒有名。

대소귀인(大小貴人)은 일봉(一峰)은 높고 큰 것이며, 일봉(一峰)은 낮고 작은 것이다. 위의 일격[上一格]은 부자(父子)가 같이 벼슬을 하고[同貴], 아래의 일격[下一格]은 형제가 같이 벼슬을 하는 것은 모두 사(砂)의 모양[砂形]이 수려해야 한다.

-상격룡(上格龍)은 부자(父子)·형제(兄弟)·숙질(叔侄;숙부와 조카)이 같이 급제하여 같이 정사를 집행한다[同].
-중격룡(中格龍)은 부자형제(父子兄弟)가 문장으로 널리 명성이 알려지고, 지위(地位)가 드러나게 높지는 않다[不顯貴].

464) 同科(동과) : 과거 시험의 동기 급제자 ◦同朝(동조) : 같은 조정(朝廷)에서 벼슬함

-천격룡(賤龍)은 승도(僧道)와 스승과 제자[師徒]로 이름이 있다.

용루봉각귀인(龍樓鳳閣貴人)/ 상격귀사(上格貴砂)

 	上格貴砂龍樓鳳閣貴人，乃木星居水星之上，火星之下耳。蓋自下生上，以水木，木生火，故為最貴。要星辰特異，各各合形，尊嚴光彩，方合格局。 -上格龍主高科顯貴465)，功在社稷，澤及生民，恩深奕世。 - 中格龍主翰苑聲價，日近天顏。 - 賤龍主富有聲。

용루봉각귀인(龍樓鳳閣貴人)은 목성(木星)이 수성(水星)의 위에 있고, 화성(火星) 아래에 있을 뿐이다. 대개 아래에서 위를 생하여[自下生上] 수생목[水生木], 목생화[木生火]하므로 가장 귀하다. 성신(星辰)이 특이(特異)하고 각각 형에 어울려야 하며 존엄(尊嚴)하며 광채(光彩)가 있어야 비로소 국에 합격이다.

-상격룡(上格龍)은 과거 시험에서 좋은 성적으로 급제하여 지위가 높고 귀하며, 국가의 일을 크게 이룩하여[功在社稷] 그의 덕택이 만민에 미쳐서[澤及生民] 은혜[恩]가 여러 세대[奕世;변세]에 오래 간다.
-중격룡(中格龍)은 한림원[翰苑(한원)]에서 좋은 소문(평판)[聲價]으로 매일[日] 임금에게 총애를 받는다.
-천룡(賤龍) : 부(富)로 이름이 난다.

465) 현귀(顯貴) : 지위가 높고 귀하다. ◦사직(社稷) : 나라.조정 ◦ 천안(天顏) : 임금의 얼굴

옥당금마귀인(玉堂金馬貴人) / 상격귀사(上格貴砂)

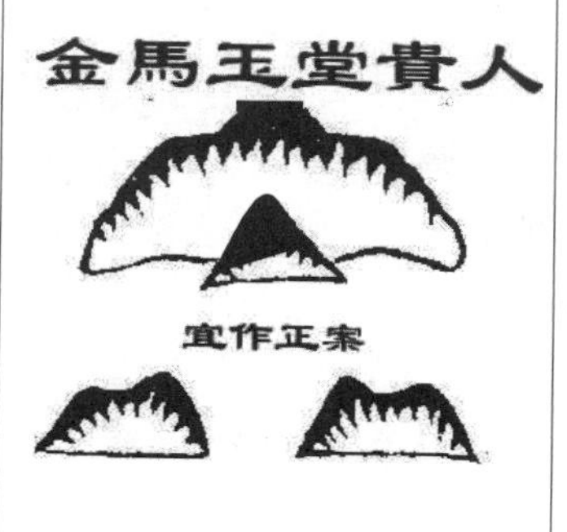	上格貴砂玉堂金馬貴人者，乃貴人之後有御座，前有馬山也。要清秀端正，忌破碎走竄。宜左右均勻。 －上格龍主文章冠世[466]，高科及第[467]，玉堂貴顯[468]。 －中格龍主典大藩。 －賤龍主富壽多僕馬。

옥당금마귀인(玉堂金馬貴人)은 귀인(貴人)의 뒤에 어좌(御座)가 있고, 앞에
는 마산(馬山)이 있다. 청수단정(清秀端正) 하여야 하고 파쇄(破碎)하고 주찬(走竄)하는 것을 꺼린다. 좌우가 고르면[均勻;균균] 좋다.

-상격룡(上格龍)은 문장(文章)으로 세상을 압도한다. 과거에서 우등으로 합격하여[高科及第] 왕에게 학문적 자문을 하던 관청(홍문관)[玉堂;옥당]에서 지위(地位)가 높고 유명하다[貴顯].
-중격룡(中格龍) : 대번(大藩)로 벼슬을 한다.
-천룡(賤龍) :부유(富裕)하며 오래 살고[富壽貴] 하인과 말[僕馬]이 많다.

장하귀인(帳下貴人) / 상격귀사(上格貴砂)

466) 冠世(관세) : 세상을 뒤덮다. 세상을 압도하다.
467) 高科(고과) : 과거(科擧)에서의 우등 급제(及第). ◦급제(及第) :과거(科擧)에 합격(合格)함.
468) 玉堂(옥당) : 학문적 자문을 하던 관청.부귀한 집.비빈(妃嬪)이 거처하는 곳.궁전(宮殿)을 아름답게 일컫는 말. ◦大藩(대번) : 영토領土)를 소유하고 있는 제후(諸侯)

	上格貴砂帳下貴人者，水星之下有木星也。要清秀端正，忌破碎粗醜、欹斜飛走、迫近高雄、巉岩帶右。 - 上格龍主尚書侍從469)，錦衣玉帶。 - 中格龍主典州郡之官。 - 賤龍主出僧道得官。

ㅇ장(帳) : 휘장, 장막

장하귀인(帳下貴人)은 수성(水星)의 아래에 목성(木星)이 있는 것이다. 청수단정(淸秀端正)해야 하고, 파쇄(破碎)된 것, 조추(粗醜)한 것, 의사(欹斜)한 것. 비주(飛走)한 것, 높고 웅장[高雄]하고 형세가 가까이 다그치는 것[迫近;박근]、높고 험한 바위에 바위가 붙어 있는 것[巉岩帶右]을 꺼린다.

- 상격룡(上格龍)은 상서(尙書)와 시종(侍從)의 높은 벼슬을 하여 비단옷에 옥대를 찬다.
- 중격룡(中格龍)은 주군을 관장하는 벼슬을 한다.
- 천룡(賤龍)은 승도(僧道)로 나가 벼슬[官]을 한다.

개하귀인(蓋下貴人) / 상격귀사(上格貴砂)

개하귀인(蓋下貴人)은 화개(華蓋)의 아래에 목성(木星)이 생긴 것이다. 청수단정(淸秀端正) 해야하고, 비스듬하게 기울고 [欹側] 거친 것[粗惡]을 꺼린다.반드시 삼개(三蓋)와 같지는 않으나 그 소응(所應)은 다르지 않다[無異].

- 상격룡(上格龍)은 상서(尙書).시종(侍從).대간(台諫)의 벼슬을 한다.

469) 侍從(시종) : 임금을 모시고 있던 시종원(侍從院)의 한 벼슬. 시종신(侍從臣).

- 중격룡(中格龍)은 제후로 출전하여 진압(鎭壓)하다.
- 천룡(賤龍)은 승도(僧道)가 태어난다.

	上格貴砂蓋下[470]貴人者，華蓋之下有木星也。要清秀端正，忌欹側粗惡。須三蓋不同，其所應則無異也。三蓋者，華蓋、寶蓋、冠蓋。 - 上格龍主尚書侍從台諫[471]。 - 中格龍主出鎭大藩。 - 賤龍主出僧道。

☞삼개(三蓋)는 화개(華蓋)·보개(寶蓋)·관대(冠蓋)

전상귀인(殿上貴人) / 상격귀사(上格貴砂)

	上格貴砂殿上貴人者，聚氣火星之下有木星，木星之下又有水星。要三星皆清秀端正，忌破碎飛走。 -上格龍主宰相，秉國政，身系安危。名聞四夷[472] - 中格龍主有文章名譽，出典大藩。 - 賤龍主僧道榮恩。

470) 台閣(개하) cf) 金星體 低而長 蛾眉이고 尖起爲 華蓋[金星+尖起], 圓起爲寶蓋.

471) 尙書(상서) : 중국의 진시황이래 상서성(尙書省)의 장관. ◦대간(台諫): 조선시대의 사헌부, 사간원의 벼슬 ◦鎭(진) : 진압(鎭壓)하다.누르다.지키다

472) 사이(四夷) : 중국(中國)에서 한족(漢族) 이외(以外)의 변방(邊方)의 이민족(異民族)을 오랑캐로 일컫던 말로서 동이(東夷), 서융(西戎), 남만(南蠻), 북적(北狄)을 통틀어 이르는 말. ◦대각(台閣) : 높고 평평한 건축물

전상귀인(殿上貴人)은 화성(火星) 아래에 기가 모여[聚氣] 목성(木星)이 생긴 것이다. 목성(木星)의 아래에 또 수성(水星)이 있다. 삼성(三星)은 모두 청수단정(清秀端正)해야 하고, 파쇄(破碎)된 것, 비주(飛走)한 것을 꺼린다.

-상격룡(上格龍)은 재상(宰相)으로 국정을 잡고[秉國政], 국가 안위[安危]에 주(主)된 부분(部分)[身] 과 관련하여 오랑캐에 널리 알려져 이름이다.
-중격룡(中格龍)은 문장(文章)으로 세상에 좋은 평판이 있고[名譽], 제후[大藩]로 벼슬[典]에 나간다.
- 천룡[賤龍]은 승도(僧道)로 인정을 받는다[榮恩].

대각귀인(台閣貴人) / 상격귀사(上格貴砂)

	上格貴砂台閣貴人者，聚氣火星之下有土星，土星之下又有木星也。要三星秀麗端正，忌破碎欹斜。 -上格龍主拜相，寵遇[473]獨隆。 -中格龍主尚書侍從,一人兼數職之祿。 -賤龍主僧道入朝面聖。

대각귀인(台閣貴人)은 화성(火星)의 아래에 기가 모여[聚氣] 토성(土星)이 생기고[有] 토성(土星)의 아래 또 목성(木星)이 생긴 것이다.
삼성(三星)이 수려단정(秀麗端正) 해야 하고, 꺼리는 것는 파쇄(破碎)되고 한쪽으로 비스듬히 기운 것[欹斜;의사]이다.

- 상격룡(上格龍)은 정승[拜相;배상]으로 오직 신임이 두터워 임금의 총애를

473) 총우(寵遇) ; 총애하여 특별히 대우함 ◦獨(독) ; 다만, 오직. 장차(將次) ◦륭(隆) : 높다. 두텁다. ◦겸(兼) : 겸하다. 동시에 하다. ◦入朝(입조) : 조정에 들어가다. 벼슬에 오르다.

받아(국사를 다스린다)[寵遇獨隆;총우독륭].
- 중격룡(中格龍)은 상서(尙書)와 시종(侍從;임금을 모시는 벼슬)으로 한 사람이 여러 개의 직(職)의 봉급을 동시에 받는다[兼數職之祿].
- 천룡(賤龍)은 승도(僧道;國師)로 입조(入朝)하여 임금을 대(對)한다[面聖].

관방귀인(觀榜貴人) / 상격귀사(上格貴砂)

觀榜貴人 宜作正案 宜旁出	上格貴砂觀榜貴人者，水星之傍有木星也。要端正秀麗，忌欹斜不正。榜高貴人低者是正格，或榜低貴人高，亦吉。但低者不宜太低。 - 上格龍主科第高登，翰林榮貴。 - 中格龍主郡邑之官，富冠鄉邑。 - 賤龍主僧道奴卒之屬。

관방귀인(觀榜貴人)은 수성(水星)의 옆[傍]에 목성(木星)이 있는 것이다. 단정수려(端正秀麗)해야 하고, 꺼리는 것은 기울어 바르지 않는 것이고[欹斜不正], 방(榜;공고문)이 높으면 귀인(貴人)은 낮은 것이 정격(是正格)이다.

혹 방[榜;공고문]이 낮으면 귀인(貴人)이 높아도 좋다. 다만 낮은 것이 지나치게 낮으면 마땅하지 않다.

- 상격룡(上格龍)은 과거급제하여 고위직에 올라[科第高登] 한림원(翰林)에서 신분이나 지위가 높고 귀하다[榮貴].
- 중격룡(中格龍)은 군읍을 다스리는 관리를 하며, 부(富)는 향읍에 으뜸이다.
- 천룡(賤龍)은 승도(僧道)나 하급관리[屬;속]인 노비[奴卒;奴婢]가 된다.

옥당귀인(玉堂貴人) / 상격귀사(上格貴砂)

옥당귀인(玉堂貴人)은 화성(火星) 아래에 기가 모여[聚氣] 목성(木星)이 생긴 것이다. 화성(火星)은 밝고, 목성(木星)은 빼어나고, 귀인[貴]은 옥당(玉堂)에 들어, 파쇄(破碎),의사(欹斜),비주(飛走),낭흔(浪痕;물결흔적)、붕적(崩赤;붕괴되어 드러나다)된 것을 꺼린다.

	上格貴砂玉堂[474]貴人者，聚氣火星之下有木星也。火星明，木星秀，貴入玉堂。忌破碎、欹斜、飛走、浪痕、崩赤。 -上格龍主翰林院知制誥，經筵講官。 -中格龍主文章名譽[475]，升朝之職。 - 賤龍主僧道得貴人扶持。

-상격룡(上格龍)은 한림원(翰林院)에서 임금의 조서(詔書;문서) 등의 글을 지어 바치는 일을 맡은 벼슬[知制誥;지제고]로 임금에게 유교의 경서와 역사를 가르치는 일[經筵;경연]과 임금 앞에서 강론한다[講官].
-중격룡(中格龍)은 문장(文章)으로 이름이나[名譽] 높은 벼슬에 올라 오른다[升朝之職].
-천룡(賤龍)은 승도(僧道)로서 귀인의 도움을 받는다[得貴人扶持].

<참고사항>

1.**절(節)이 있어야** 개장(開帳)하여 낙(落)이 있어야 혈이 맺힐 수 있다.

---

474) 옥당(玉堂) : 홍문관 ☕임헌(臨軒) : 임금이 대(臺;관청)에 나와 있다.
475) 명예(名譽) : 세상에 널리 인정받아 얻은 좋은 평판이나 이름 ∘부지(扶持) : 부축하다. 돕다. 보살피다.

행룡하다가 약간 낮아지면 높은 곳에서 개장을 하고, 낮은 곳에서 혈이 결지할 수 있다. 즉 혈 뒤가 높아야 개장하여 혈이 결지한다.

2.끝이 역수를 해야 혈이 맺힘 3.배(背)에는 혈이 없다.

3.좌우용맥이 균형을 이루면 앞으로 진행하여 멈춤이 없다.

4.지각도 3절 이상 변화를 하면 혈이 맺힐 수 있다.

염막귀인(簾幕貴人) / 상격귀사(上格貴砂)

簾幕貴人  	上格貴砂簾幕貴人者，木星在數重水星帳下，或在數重之中，皆是也。要清麗[476]端正為合格，忌粗醜、破碎、欹斜不正。 -上格龍主執政公侯[477]，極品[478]之貴，及女貴。 - 中格龍主典大藩，方面重臣。 -賤龍主為優人[479]，樂户[480]，妓女。 ♨염막(簾幕):발과 장막 ♨분맥(分脈)/분지(分枝),개장(開帳)/ 개장천심(開帳穿心)

염막귀인(簾幕貴人)은 목성(木星)이 여러 겹[數重]의 수성장막(水星帳) 아

476) 清麗(청려) : 참신하고 아름답다. 청아하고 수려하다.
477) 執政(집정) : 나라의 정무(政務)를 맡아봄. 또는 그 관직(官職)이나 사람. ◦公侯(공후):공작(公爵)과 후작(侯爵)
478) 極品(극품) : 정·종 1품과 같은 가장 높은 직품(職品). 가장 좋은 관위(官位).
479) 優人(우인) : 예전에, 재주를 넘거나 익살스러운 동작으로 사람을 웃기며 풍악을 맡거나 가창을 하는 사람.
480) 樂戶(악호) : 중국 남북조로부터 당나라 때까지, 나라에 속하여 가무에 종사하던 사람

래에 있고 혹 여러 겹 가운데 있으면 모두 염막귀인이다. 청아하고 수려하며 단정해야 합격이다. 꺼리는 것은 조추(粗醜)、파쇄(破碎)、의사(攲斜)하여 바르지 않는 것이다.

- 상격룡(上格龍)은 공후로서 나라의 정무(政務)를 맡아보는[執政公侯] 가장 높은 직의 등급[職品]의 벼슬을 하고 여자도 귀하게 된다.
- 중격룡(中格龍)은 제후가 관장하는[典大藩] 분야[方面]에 중요한 관직에 있는 신하[重臣]이다.
- 천룡(賤龍)은 우인(優人;배우)、악사(樂士) [樂户(악호)]、기녀(妓女)가 된다.

임헌귀인(臨軒貴人) / 상격귀사(上格貴砂)

臨軒貴人 正案 宜作	上格貴砂臨軒貴人者，木星在罘罳[481] 侍從之前也。要清秀端正為合格，忌破碎醜陋、攲斜不尊、帶石點剣。 -上格龍主白衣上殿[482]，狀元宰輔，承恩清寵。 -中格龍重重封誥，望重位尊[483]。 -賤龍主僧道面君，徒從眾多。

임헌귀인(臨軒貴人)은 목성(木星)이 시종(侍從; 따라와 모시다.)하는 병풍[罘罳;부시]의 앞에 있다. 청수단정(清秀端正) 하여야 합격이다. 파쇄(破碎),추루

481) 罘罳(부시) : 옛날 문밖에 설치하는 투각(透刻)을 한 병풍. ☕ 부(罘) : 그물. 거듭하다. ∘ 시(罳) : 가리개∘ 尊(존) : 따르다, 좇다.(어떤 경향으로) 향(向)하다.
482) 白衣(백의) : 흰 옷. 평민. ∘ 上殿(상전) : 궁전에 오르다. ∘承恩(승은) : (임금의) 은혜를 입다. ∘清(청) : 탐욕이 없다. 분명하다. 뚜렷하다. ∘封誥(봉고) : 사회적 지위는 높아지다.
483) 望重(망중) : 명망(名望)이 높은. ∘ 位尊(위존) : 지위는 높다. ∘乃(내): ~이다. 바로 ~이다. 정말로 ~이다.

(醜陋;모양이 보기 흉한 것), 의사(欹斜)하여 (혈을) 향하지 않는 것[不尊]、작은 조각[點]으로 떨어져[剝落] 돌이 붙어있는 것을 꺼린다.

-상격룡(上格龍)은 평민이 장원으로 재상이 되어[狀元宰輔] 궁전에 입궐하며[白衣上殿] 사심이 없이 (임금의)총애와 은혜를 입는다[承恩清寵승은청총].
-중격룡(中格龍)은 거듭 사회적으로 지위가 높아진다[望重位尊]
-천룡(賤龍)은 승도(僧道)로서 면군(面君)에서 따르는 무리가 많다[徒從衆多;도종중다].

피발귀인(披發貴人) / 상격귀사(上格貴砂)

	上格貴砂披發貴人者，木星旁拖，似於斜側也。此乃木星帶火，不可以斜側為嫌。但要清秀，醜惡。 -上格龍主文武全才，威震中外，斬伐自由484)。 - 中格龍主布政提刑之貴。 - 賤龍主法師有靈顯。

피발귀인(披發貴人)은 목성(木星)이 옆으로 끌려[旁拖] 한쪽으로 치우친 것처럼 보인다[似於斜側]. 이것이 바로 목성(木星)이 화성[火]을 띤 것이다.**(목성+화성)** 옆으로 경사진 것[斜側]을 꺼려할 필요는 없다. 다만 청수(清秀)하여야 하고, 추악(醜惡)한 것을 극력 피해야 한다[切忌;절기; 극력 삼가다].

---

484) 節斧鉞(절부월) : 왕이 장수나 제후에게 생살권(生殺權)을 부여하여 죽이고 살리는 것을 마음대로 하도록 했다. 절월(節鉞)을 마음대로 하여[專掌;전장] 죽이고 살리는 것이 자유이다. ☞중국에서 위엄을 나타내기 위해 천자(天子)로부터 장군(将軍)에게 하사한 표식이 붙은 큰 도끼 ㅇ조선 시대, 지방에 관찰사, 유수, 병사, 수사, 대장, 통제사 등이 부임할 때 임금이 내주던 절[깃발.기치(旗幟)]과 부월(斧鉞;도끼)

-상격룡(上格龍)은 문무 만능인[文武全才]이며 중국 외에 이름을 떨치며[威震中外], 쳐서 죽이고 살리는 것[斬伐]을 자유로이 한다[自由].
-중격룡(中格龍)은 정사를 펼쳐[布政] 형벌을 담당하는 벼슬[提刑之貴]을 한다.
-천룡(賤龍)은 승려[法師]로서 명성이 높다[靈顯;영현].

옥계귀인(玉階貴人) / 상격귀사(上格貴砂)

 	上格貴砂玉階貴人者，木星在疊級數重485)之外也。要端正秀麗，而階級重重486)平正為合格也。 -上格龍主出朝貴，秉政專權487)。 -中格龍主將校有威勇。 - 賤龍主雜職。

옥계귀인(玉階貴人)은 목성(木星)이 여러 겹으로 겹쳐진 층계의 밖에 있는 것이다[重之外]. 단정수려해야 하고 계단과 같은 층이 거듭된 모양이 평평하고 반듯하면[平正] 합격이다.

-상격룡(上格龍)은 고관[朝貴]으로 벼슬에 나아가 정권(政權)을 장악하여 권력을 마음대로 휘두른다[秉政專權].
-중격룡(中格龍)은 장교(將校)로서 위용(威勇)이 있다.

---

485) 중(重) : 중복하다. 겹치다. 재차. 층(層)
486) 重重(중중) : 겹쳐진 모양. 거듭된 모양 ∘ 병권(秉政) : 정권(政權)을 장악하다. ∘ 전권(專權) : 권력을 마음대로 휘두름
487) 相稱(상칭) : 서로 대응하여 균형을 유지함
　　cｆ) 지각(枝脚)/요도(橈棹) : 요(曜); 요성(曜星) /탁(托)

-천격(賤龍)은 잡직(雜職)을 한다.

답절귀인(踏節貴人) / 상격귀사(上格貴砂)

	上格貴砂踏節[488]貴人，要看節山高低相稱，大小疏密均匀，而貴人之山居於其下，端正尊嚴，方為合格。 -上格龍主文章清貴，文武全才，出使外國。 - 中格龍主職掌大藩，威權烜赫。 - 賤龍主藝術巫祝。 ☕절(節) : 깃발.기치. 마디 cf) 玉堂貴人

답절귀인(踏節貴人)은 절산(節山)의 고저가 상칭(相稱)하게 보여야 하며, 대소(大小)의 밀도(密度;疏密;성김과 빽빽함)가 균일하여[均匀] 귀인산이 절산(節山) 아래에 있는 것으로 단정존엄(端正尊嚴)하여야 비로소 합격이다.

- 상격룡(上格龍)은 문장으로 존귀[清貴;지위나 신분이 높고 귀함]하고, 문무(文武)가 모든 면에 뛰어난 사람[全才]으로 외교 사명을 받고 외국으로 간다[出使]. 즉 외교사절로 간다.
- 중격룡(中格龍)은 제후[大藩]로서 직무를 나누어 맡아 처리하여 위세와 권력[威權]이 빛난다[烜赫;환혁].
- 천룡(賤龍)은 예술(藝術)이나 무축(巫祝;주술사)을 한다.

488) 답절(踏節) : 첨수한 목성(尖秀木星)이 오봉(五峰) 이상(以上)이다.

어좌귀인(御座貴人) / 상격귀사(上格貴砂)

	上格貴砂御座貴人，要星辰尊重，左右相稱，方為合格。玉樓489)、寶殿、宮妃、貴人、侍臣、四將軍俱備，貴不可言之格也。 -上格龍主運籌帷幄490)，為帝王師，及明賢理學，配享追謚。 -中格龍陞491)朝侍從,及駙馬,妃后儀賓,長吏。 - 賤龍神廟血食。 ♨어좌(御座):임금이 앉는 자리와 같은 형상(龍床)

어좌귀인(御座貴人)은 성신(星辰)이 높아야[尊重] 하고, 좌우가 상칭(相稱)되어야 비로소 합격이다. 옥루(玉樓)、보전(寶殿)、궁비(宮妃)、귀인(貴人)、시신(侍臣)、사장군(四將軍)이 모두 갖추어 귀(貴)함을 말로서 이루 헤아릴 수 없다[言之格].

-상격룡(上格龍)은 장막 안에서 작전 계획을 짜며[運籌帷幄],제왕의 스승과 현명한[明賢] 이학자[理學]가 되어 시호를 추증하여[追謚] 배향을 한다.
-중격룡(中格龍)은 시종(侍從)으로 벼슬에 나아가, 부마(駙馬)、궁후(妃后), 의빈(儀賓;임금의 사위)、장사(長吏) 등을 한다.
-천룡(賤龍)은 사당(神廟)에서 나라의 의식으로 제사를 지낸다[血食].

---

489) 玉樓(옥루) : 백옥루(白玉樓)의 준말. 옥(玉)으로 꾸며 화려(華麗)한 누각(樓閣).눈이 쌓인 누각(樓閣). ◦격(格) : 재다, 헤아리다 .감동(感動)시키다.
490) 運籌帷幄(운주유악) : 장막 안에서 작전 계획을 짜다. 후방에서 책략을 세우다. 전술 전략을 세우다. ◦追謚(추시) : 추시하다. 시호를 추증(追贈)하다.
491) 陞(승) : 오르다. 나아가다. 관위(官位)가 오르다.

청귀귀인(清貴貴人) / 상격귀사(上格貴砂)

清貴文星  宜作正案	上格貴砂清貴文星者，清瘦492)之山，嫩巧而細也。要兩畔均匀，忌帶石粗醜，邊高邊下，斜側。比蛾眉，此格稍高大為異耳。 -上格龍主翰苑清貴，名望遠播。 -中格龍主虛名不貴，廉介恬退，家無儲積。 - 賤龍主僧道聰明，婦人不潔。

청귀문성(清貴文星)이란 깨끗하고 가는 산이 부드럽고 예쁘며 섬세한 것이다. 양측이 균등해야 한다[均匀]. 바위가 붙어있어[帶] 조잡한 것[粗醜], 한변이 높고 한 변은 낮아 비스듬하게 기운 것을 꺼린다. 아미사[蛾眉]와 비교하면 이 격은 약간 높고 큰 것이 다르다.

-상격룡은 한림원[翰苑]에 청빈한 벼슬을 하고 명망(名望)을 멀리 떨친다.
-중격룡은 나쁜 평판으로 벼슬을 하지 못하고 청렴 결백하고[廉介;염개] 벼슬을 내놓고 깨끗이 물러난다[恬退;염퇴]. 집에는 저축하여 모은 재물[儲積;저적]이 없다.
-천룡격은 총명한 승도이나, 부인은 행실이 바르지 않다[不潔].

선교하귀인(仙橋下貴人) / 상격귀사(上格貴砂)

c f) 장하귀인(帳下貴人)

선교는 본래 수성이고[仙橋本水星] 양각(兩角)이 또 화(火)나 목(木)으로 받

492) 清瘦(청수) : 수척하다. 야위어 파리하다. ◦瘦(수) : 마르다. 여위다. 가늘다.

치는 것[兩角微起]이다. 선교 아래[仙橋下] 목성이 있으면 역시 장하귀인(帳下貴人)일 뿐이다. 선교가 펼쳐져야 하고[仙橋開展] 좌우가 균일하고 귀인이 선교 아래에 똑바로 마주하고[正當] 의사(欹斜)하지 않아야 비로소 합격이다.

仙橋下貴人  	格貴砂仙橋[493]本水星而兩角又撐火木也。下有木星，亦帳下貴人耳。要仙橋開展，左右均匀，而貴人正當其下，不欹不斜，方為合格。 -上格龍年少高科[494]，翰苑清貴，神仙清高。 - 中格龍清高賢士，文章藻華，祿位高陞。 - 賤龍主狷介之士，及高僧出生。

-상격룡(上格龍)은 나이 젊어서 고과(年少高科)하여 한림(翰苑)에서 존귀(尊貴)하고[清貴], 신선처럼 사람됨이 맑고 고결하다[神仙清高].
- 중격룡(中格龍)은 인격이 고결하며 어질고 현명한 선비[清高賢士]로 문장이 아름답고[華藻;화조] 녹봉과 벼슬[祿位]이 높은 자리에 오르다[高陞].
- 천룡(賤龍)은 지조가 굳은[狷介;견고] 선비와 고승이 나온다.

☕ 五行과 九星[산의 모양을 하늘 위의 九星]

오행(五行)	구성(九星)		비고
목성(木星)	탐랑성(貪狼星)		
화성(火星)	염정성(廉貞星)		
토성(土星)	거문성 (巨文星)	파군(破軍)	
		좌보(左輔)	
		우보(右輔)	
	녹존성(祿存星)		
금성(金星)	무곡성(武曲星)		
수성(水星)	무곡(武曲)		

493) 仙橋(선교) : 양각(兩角)은 화(火)로 받치는 것이 으뜸이고 목(木)으로 받치는 것이 그 다음이다[兩角撐火者為上，撐木者次之]. ☞ 撐(탱) : 펴다. 벌리다. 받치다

494) 高科(고과) : 과거 시험에서 좋은 성적으로 급제한 사람

선교상귀인(仙橋上貴人) / 상격귀사(上格貴砂)

cf) 막외귀인(幕外貴人)

<table>
<tr><td>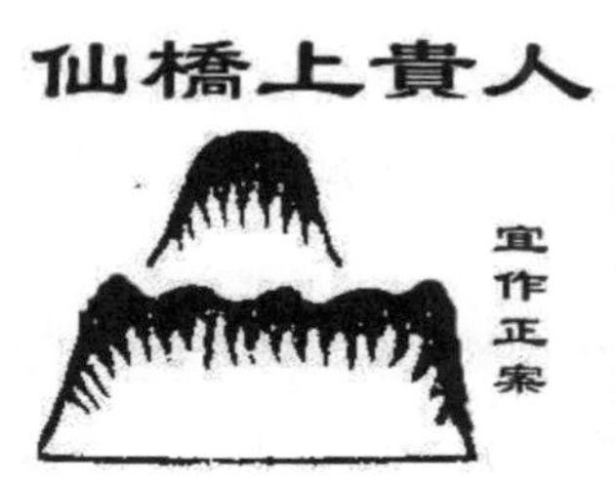
</td><td>上格貴砂仙橋之上有貴人，與幕外貴人相似，但此格差貴。要清秀端正方為合格。多出人好神仙，及出清高大儒。

-上格龍主位極人臣，欽慕神仙。
-中格龍主完名全節高壽。
-賤龍主無子孫獨享495) 高壽。</td></tr>
</table>

선교의 위에 귀인(貴人)이 있는 것으로 막외귀인(幕外貴人)의 모습과 비슷하다[相似]. 다만 이격은 귀에 차이가 있다. 청수단정(清秀端正)해야 비로소 합격이다. 대부분 출인은 신선(神仙)을 좋아하고 청렴한[清高] 대학자[大儒]가 나온다.

-상격룡(上格龍)은 주로 지위가 가장 높은 신하가 나오고[位極人臣] 마음에 그리고 우러러 따르는[欽慕;흠모] 신선(神仙)이 나온다.
-중격룡(中格龍)은 완벽한 명예[完名]와 절개를 지키고[全節] 장수한다[高壽].
-천룡(賤龍)은 자손이 없고[無子孫], 고령으로 혼자 누린다[獨享高壽].

시강귀인(侍講貴人) / 상격귀사(上格貴砂)

시강귀인(侍講貴人)은 목성산(木星山) 옆[畔]에 토성(土星)이 누대[台]와 같이 있어 귀인이 안산 측면에 임(臨)하고[侍;시] 있는 것 같다. 단정청수(端正清

495) 独享(독향) : 자기 혼자만 향수(享受)하다. 혼자 누리다. ◦대(台) : 대. 누대. 높고 평평한 건축물.

秀)해야 하고 사주(斜走;비스듬하게 달아나다)하고 조추(粗醜;거칠고 추함)한 것을 꺼린다.

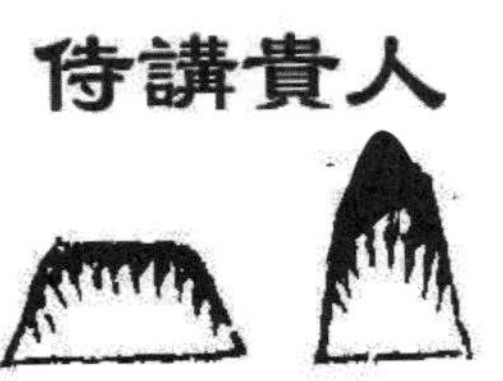 	上格貴砂侍講貴人者，木星山畔有土星如台，若貴人侍於案之側也。要端正清秀，忌斜走粗醜。 -上格龍侍讀侍講[496]，經筵台閣之貴，為王者師。 -中格龍主儒官訓導[497]之職，及吏員蒙師。 -賤龍主侍卒奴隷。 ☕시강(侍講):임금 앞에서 글을 강론(講論)함

-상격룡(上格龍)은 시독(侍讀)과 시강(侍講), 경연(經筵;임금에게 유학의 경서를 강론)을 하고, 대각(台閣;사헌부와 사간원)의 높은 신분으로 임금의 스승이 된다.
-중격룡(中格龍)은 유관(儒官;유학으로 벼슬)으로 훈도(訓導)의 직(職)과 관청의 아전[吏員;이원]이나 천하의 큰 스승[蒙師;몽사]이 된다.
-천룡(賤龍)은 호위병[侍卒;시졸]이나 노예(奴隷;하인)가 된다.

☕ 섭구승 註 『지리육경』 「靈城精義」에서

- 겸체(兼體) : 산의 머리는 둥글고 다리는 뾰족하면 : 火金
- 츤(襯;친;속옷) : 정면의 뒤에 또 하나의 산이 있다(체를 나눌 수 있다).
- 첩(貼;붙다) : 정면의 앞에 또 하나의 성봉이 붙어서(체를 나눌 수 없다)

496) 侍讀(시독) : 경연(經筵)에서 글을 강의함, 또는 그 벼슬 이름. ㅇ시강(侍講) : 임금 앞에서 글을 강론(講論)함. ◦王者師(왕자사) : 임금의 스승
497) 訓導(훈도) : 조선(朝鮮) 선조(宣祖) 때, 교육(敎育)을 장려(奬勵), 감독(監督)하려고 팔도에 한 사람씩 둔 벼슬.

막외귀인(幕外貴人) / 상격귀사(上格貴砂)

	上格貴砂幕外貴人者，木星在水星數重山外，如人在簾幕外立也。要端正清秀，忌欹斜粗醜，不合格。 -上格龍主陞朝之貴。 -中格龍主孤獨，子孫先死，自享富貴。 - 賤龍主高僧奴隸

막외귀인(幕外貴人)은 목성(木星)이 수 겹의 수성산 밖[數重山外]에 있어[在] 마치 사람이 염막[簾幕] 밖에 서 있는 것 같다. 단정청수(端正清秀)해야 하고 의사(欹斜)하고 조추(粗醜)한 것을 꺼려서 불합격이다.

- 상격룡(上格龍)은 승조(陞朝)의 귀가 있다.
- 중격룡(中格龍)은
  고독(孤獨)하고 자손(子孫)이 먼저 죽고 스스로 부귀를 누린다.
- 천룡(賤龍)은 고승(高僧)이나 노예(奴隸)가 된다.

마상귀인(馬上貴人) / 상격귀사(上格貴砂)

마상귀인(馬上貴人)은 귀인은 높고 말이 낮아야 하고 성신(星辰)이 청수(清秀)해야 비로소 규격에 들어맞다[合格]. 만약 정절(旌節;깃발)은 의식에 따라[儀從;의종] 서로 균형[相稱]을 이루면 복력(福力)이 더욱 크다[尤加]. 문무(文武)가 모든 면에 뛰어나 공훈(功勳)이 높이 오른다[掀揭;흔게].

- 상격룡(上格龍)은 임금을 모시는[侍御;시어] 상서(尚書)의 벼슬로 위엄을 변

방에 떨친다. 말이 땀을 흘리듯이[汗馬] 나라를 위하여 두드러진 공로가 많다[汗馬功勳].

	上格貴砂馬上貴人，要人高馬低，星辰清秀，方為合格。若得旌節498)、儀從相稱，福力尤加。主文武全才，功勳掀揭。 -上格龍尚書侍御499)，威振邊方，汗馬500)功勳。 -中格龍主典大藩，及富豪多才産僕馬。 - 賤龍主牧馬及木匠。

- 중격룡(中格龍)은 제후를 맡아[典大藩] 재산이 넉넉하고 세력이 있는 부호(富豪)로 재주가 많고[多才], 말을 기르며 마부[僕馬;복마]를 한다.
- 천격룡(賤龍)은 주로 관아에 딸려 일하는 목마(牧馬;말을 기르고)나 목수(木匠)을 한다. ☞匠(수) : 장인

집규귀인(執圭貴人) / 상격귀사(上格貴砂)

집규귀인(執圭貴人)은 성체(星體)가 청수(清秀)하고 귀인은 높고 홀[圭]은 뚝 발라야 한다. 의사(欹斜)하고 파쇄(破碎)하지 않아야 비로소 격식에 어울리는 격식이다[合格]. 만약 어좌(御座), 태개(台蓋), 기고(旗鼓)가 상응(相應)하면 더욱 귀한 모양[貴格]이 된다.

498) 旌節(정절) : 예전에, 의례에 사용하던 의장의 하나. 깃발과 부절(符節)
☞의장(儀仗) : 예전에, 천자나 왕공 등 지위가 높은 사람이 행차할 때 쓰이는 병장기나 물건을 이르던 말
499) 尚書(상서) : 상서. 고대(古代)의 관직명 ◦시어(侍御) : 임금의 측근에서 수레를 시종(侍從)하는 관리. 임금을 모시다. (높은 사람을 위하여) 수레를 몰다
500) 汗馬(한마) : 말을 몰아서 땀나게 함. 준마.☞복(僕) : 마부(馬夫), 거마(車馬)를 모는 사람

上格貴砂執圭貴人，要星體清秀，人高圭正，不欹斜破碎，方為合格。若御座、台蓋、旗鼓相應，尤為貴格[501]。

-上格龍主尚書九卿[502],立朝正大。
-中格龍主科甲，出堂上顯貴。
-賤龍主僧道，拜禮神佛。

-상격룡(上格龍)은 상서성(尚書省)의 장관(尙書)으로 구경(九卿)으로 조정에 들어가 공명정대하게 한다.
-중격룡(中格龍)은 과거[科甲;과갑]에 나아가 당상관[堂上;정3품 이상 벼슬]의 벼슬로 지위가 높다[顯貴;현귀].
-천룡(賤龍)은 승도(僧道)로 부처[神佛]에 예불을 드린다.

용문귀인(龍門貴人) / 상격귀사(上格貴砂)

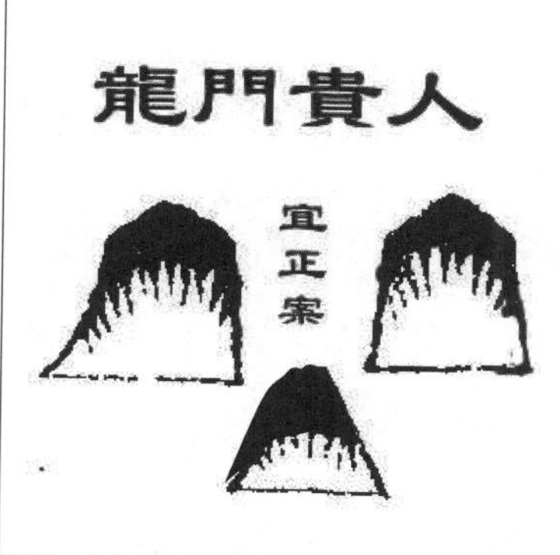

上格貴砂龍門貴人者，木星兩旁俱有華蓋峰也。要清秀正端，方為合格。忌斜側、不正、帶石則減福。

- 上格龍少年及第，直言敢諫，朝野聞名。
- 中格龍主皇親國戚，文武全才。
- 賤龍主屢試不第，拜謁侯門[503]

☕용문(龍門)
-입신출세의 관문 -명망(名望)이 높은 사람의 비유

501) 貴格(귀격) : 앞으로 귀한 사람이 될 만한 얼굴 생김새
502) 九卿(구경) : 조선 시대, 의정부의 좌우참찬, 육조 판서, 한성 판윤의 아홉 대신을 통틀어 이르던 말 ◦不第(부제) : (시험에) 낙제하다. 불합격하다.
503) 侯門(후문) : 고관대작의 저택. 고관대작

용문귀인(龍門貴人)은 목성(木星) 양측에[兩旁] 모두 화개봉이 있는 것이다. 청수단정(淸秀正端)해야 비로소 어울리는 모양이다. 측으로 기울어 바르지 못한 것을 꺼리며, 돌이 붙어 있으면 복이 줄어 든다[減福].

–상격룡(上格龍)은 소년(少年)이 급제(及第)하여 바른말로 감히 간언한다. 조정과 재야[朝野]에 유명하다.
–중격룡(中格龍)은 황제친척[皇親國戚;황친국척]으로 문무(文武)가 모든 면에서 뛰어난다.
–천룡(賤龍)은 여러 번 시험[屢試;누시]에 불합격하여[不第] 지위가 높은 고관대작[侯門;후작]을 찾아가 뵙는다[拜謁;배알].

집홀귀인(執笏貴人) / 상격귀사(上格貴砂)

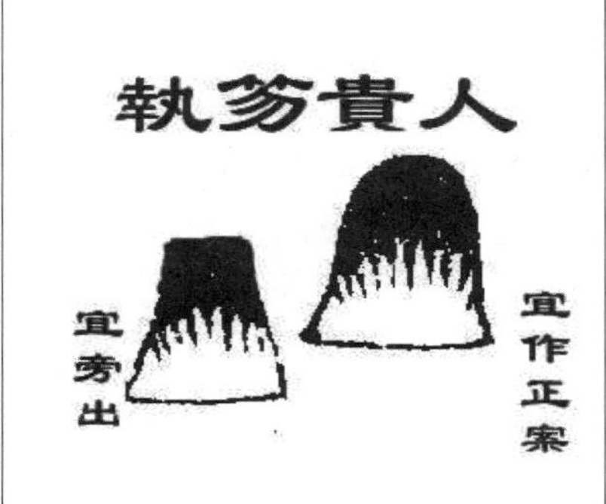	上格貴砂執笏貴人要星體淸秀，人高笏正，不欹斜破碎，方為合格。若御座、台蓋、旗鼓相應，尤貴。 - 上格龍主尚書九卿，立朝正大504)。 - 中格龍主科甲出身505)，京堂顯貴。 - 賤龍主僧道，拜禮神佛。 ☕집홀(執笏):의식(儀式)때에 홀(笏)을 손으로 잡아서 가슴에 댐.

집홀귀인(執笏貴人)은 성체(星體)가 청수(淸秀)해야하고, 귀인[人]은 높고 홀(笏)이 똑발라야 하고 의사(欹斜)하고 파쇄(破碎)하지 않아야 비로소 격식

504) 正大 : (언행이) 정당하고 사사로움이 없다. 공정하고 의젓하다.
505) 出身(출신) : 조선시대 문과(文科:大科)·무과(武科)·잡과(雜科) 등의 시험에 합격한 사람을 일컫는 말.

에 합당하다. 만약 어좌(御座),태개(台蓋;누대와 日傘;양산), 기고(旗鼓;깃발과 북)가 상응(相應)하면 더욱 귀하다.

-상격룡(上格龍)은 상서구경(尚書九卿)의 벼슬을 하며[立朝] 공정하고 의젓하다[正大].
-중격룡(中格龍)은 과거에 합격하여 3품의 경당(京堂)으로 지위가 높다.
-천룡(賤龍)은 승도(僧道;승려와 도사)로 부처에게 배례(拜禮)한다.

안검귀인(按劍貴人) / 상격귀사(上格貴砂)

안검귀인(按劍貴人)은 귀인산(貴人山) 아래에 날카로운[尖利;첨리] 사(砂)가 도지(倒地)한 것이다. 역수(逆水)해야 좋고, 순수하면 흉하다. 그 안검(按劍)도 혈을 쏘면 꺼린다. 이 사(砂)는 대부분 주로 무인[武]을 주관한다.

 	上格貴砂按劍貴人者，貴人山下有尖利之砂倒地也。要逆水為吉，順水為凶。其劍亦忌射穴。此砂多主武。 - 上格龍主將軍元帥，威振四夷。 - 中格龍主監斬[506]提刑之貴。 - 賤龍主出劊子手[507]。 ☕안검(按劍): 칼을 빼려고 칼자루에 손을 댐

506) 監斬(감참) : 죄인의 참형을 감독하고 검사하는 일
507) 劊(회) : 자르다. 절단하다. ☞ 회자수(劊子手) :1.軍門에서 死刑執行을 맡아보던 천역(賤役). 예로)망나니 ; 사형수의 목을 베는 사형 집형수. 2.조선시대의 참수(斬首)형 집행자는 속칭 '망나니'였지만 점잖은 명칭은 '회자수(子手)'였고 공식 호칭은 '형조사령(刑曹使令)'이었다.

-상격룡(上格龍)은 장군(將軍)의 가장 높은 계급[元帥;원수]으로 위엄을 사방의 온천하[四夷;四海]에 떨친다.
-중격룡(中格龍)은 관아에서 참수[斬]의 형벌을 가하는[提刑;제형] 벼슬을 한다.
-천룡(賤龍)은 회자수(劊子手;망나리)가 난다.

오마귀인(五馬貴人) / 상격귀사(上格貴砂)

 오마귀인(五馬貴人)은 귀인산(貴人山)이 오마산(五馬山)의 가운데에 있다. 여러 봉(諸峰)은 수려(秀麗)해야 하고 파쇄(破碎),조추(粗醜),비각(飛脚),난주(亂竄;이리저리 도망가다)하는 것을 꺼린다. 이 사(砂)는 무인(武人)을 주관한다.

上格貴砂五馬貴人者，貴人山居五馬山之中也。要諸峰秀麗，忌破碎、粗醜、飛脚亂竄[508]。此砂主武。

-上格龍主尚書侍從,有功邊疆[509]。
-中格龍主五馬專城，及典馬之官，巨富多馬。
-賤龍主牧馬販馬。

-상격룡(上格龍)은 주로 임금을 모시고 있던 시종하는[侍從] 벼슬[侍從]로 변방[邊疆;변강]을 (평화롭게 한) 공적이 있다.
-중격룡(中格龍)은 주로 오마(五馬)가 끄는 수레를 타는 태수[專城;전성]나 말모리[典馬;전마]의 벼슬하고 큰 부자로 말이 많다.

508) 亂竄(난찬) : 이리저리 도망치다
509) 邊疆(변강) : 나라의 경계가 되는 변두리 지역. 변방. 변경. 국경 지대. ◦有功(유력) : 공적이 있다. 공적이 있는 사람. 공로가 있다 ◦有(유) : 많다. 넉넉함. 많이 있다.

-천룡(賤龍)은 말을 기르고 말을 판다[販馬;판마].

금마문중귀인(金馬門中貴人) / 상격귀사(上格貴砂)

金馬門中貴人  宜作正案 ☕한림원[翰苑;한원] : 학문, 문필에 관한 일을 담당하는 부서	上格貴砂金馬門中，貴人一峰居中。天馬左右要均匀端秀，貴人低亦不妨[510]。廖金精下白牛坦地、杭州高閣老江頭祖地，皆此朝山，俱拜相。 - 上格龍主拜相，兄弟叔姪同科。 - 中格龍主文名翰苑。 - 賤龍主牧馬蕃息。

금마문중(金馬門中)은 귀인일봉(貴人一峰)이 천마의 가운데 있고 천마 좌우가 고르고 단정하며 수려해야 하고, 귀인은 낮아도 무방하다[不妨;불방].
요금정(廖金精)이 하장[下葬]한 백우의 평탄 땅[白牛坦地]에 항주(杭州), 고각(高閣), 노강도(老江頭)에 조지(祖地)는 모두 이러한 조산(朝山)을 갖추어[俱] 모두 재상(宰相)에 임명되었다[拜相;배상].

-상격룡(上格龍)은 재상(宰相)에 임명되고, 형제숙질[叔姪]이 과거에 같이 급제[同科]를 한다.
-중격룡(中格龍)은 문장으로 이름이나 한림원[翰苑;한원]에 근무한다.
-천룡(賤龍)은 말을 사육하면 늘어난다[蕃息;번식].

쌍천귀인(雙薦貴人) / 상격귀사(上格貴砂)

510) 不妨(불방) : 무방하다. 괜찮다

<table>
<tr>
<td>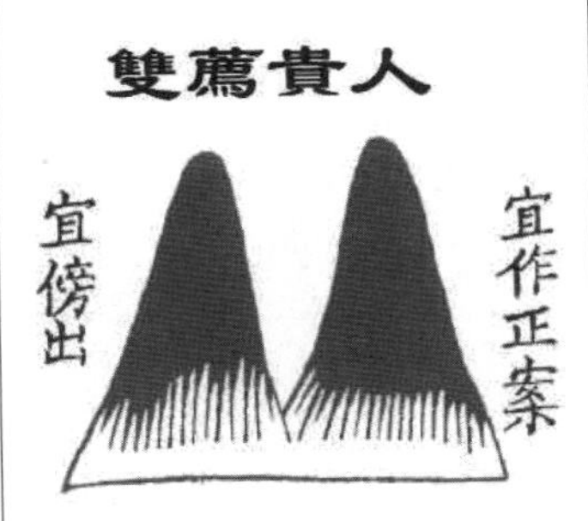
</td>
<td>上格貴砂雙薦[511]貴人者，雙峰仝峙也。要清氣光彩[512]，雙峰相等[513]。忌斜側巉岩，飛走破碎，或一高一低，亦不合格。

−上格龍主兄弟聯登科甲，並駕齊驅[514]。
− 中格龍主富，雙妻雙子。
− 賤龍兄弟仝入公門[515]。</td>
</tr>
</table>

쌍천귀인(雙薦貴人)은 쌍봉(雙峰)이 같이 우뚝 솟은[仝峙;동치] 것이다. 깨끗하고[清氣] 광채(光彩)나는 쌍봉(雙峰)이 대등[相等]해야 한다. 측으로 기울고[斜側], 참암(巉岩), 비주(飛走), 파쇄(破碎)한 것을 꺼리며 혹 하나는 높고, 하나가 낮아도 불합격이다.

- 상격룡(上格龍)은 주로 형제(兄弟)가 연달아 과거급제[登科甲]하고 능력이나 지위가 같다[並駕齊驅;병가제구].
- 중격룡(中格龍)은 주로 부자이고 쌍처쌍자(雙妻雙子)한다.
- 천룡(賤龍)은 형제가 같이 제후가 되어 궁궐에 입궐한다[入公門].

쌍천귀인(雙薦貴人) / 상격귀사(上格貴砂)

511) 雙薦(쌍천) : 火星體의 兩峯竝出者名曰雙薦 <출처>『入地眼 全書 』, 宋 고탁장노.
∘ 병출(竝出) : 함께 나란히 나타나다[생기다].

512) 清氣(청기) : 깔끔하다. 깨끗하다. ∘光彩(광채) : 아름답고 찬란(輝煌、燦爛)한 빛. 정기(氣) 있는 밝은 빛.

513) 相等(상등) : 서로 비슷하거나 같음. (수량·분량·정도 등이) 같다. 대등하다.

514) 竝駕齊驅(병가제구) : 수레를 나란히 하여 달린다는 뜻으로, 능력이나 지위가 같음을 비유적으로 이르는 말.

515) 入公門(입공문) : 공의 대문을 들어서다, 여기서 公은 제후를 말하는 것이니, 공자가 노나라 제후 궁궐의 대문을 들어서는 것을 말한다.

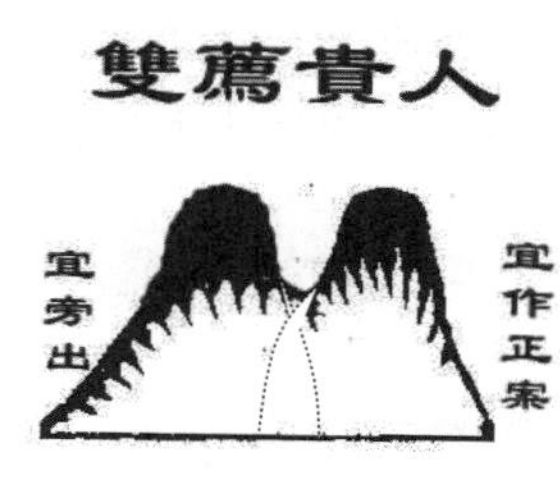 	上格貴砂此亦雙薦貴人，與前格同。但前乃仝峙，此則聯[516]峙矣。要雙峰相半，清秀嫵媚。忌側竄飛走。 - 上格龍主兄弟登聯科仝登翰苑。 -中格龍主雙妻雙子。 - 賤龍主兄弟出家[517]。

이 사격도 쌍천귀인으로 앞에 모양[格]과 같다. 다만 앞에 사격은 쌍봉(雙峰)이 같이 우뚝 솟은[仝峙;동치] 것이고, 이것은 합쳐져[겹쳐서][聯] 우뚝 솟은 것이다. 쌍봉이 서로 반씩 겹쳐지고[相半] 청수(清秀)해야 아름답다[嫵媚;무미]. 옆으로 달아나거나[側竄] 뒤집혀 달리는 것[飛走]을 꺼린다.

-상격룡(上格龍)은 주로 형제(兄弟)가 연달아 과거시험에 합격하여[登科] 함께[仝;동] 한림원에서 높은 지위에 오른다[登翰苑].
-중격룡(中格龍)은 주로 쌍처쌍자(雙妻雙子)하고 거부(巨富)하나 소귀(小貴)한다.
-천룡(賤龍)은 형제(兄弟)가 출가(出家)한다.

쌍동강서(雙童講書) / 상격귀사(上格貴砂)

쌍동강서(雙童講書)는 양목성(兩木星)이 가운데 한 토성을 끼고 있는 것[夾一土星]이다. 토성은 방정하고[土方正] 목성[木]이 곧게 솟아 수려해야 한다. 토성이 파쇄되고 목성이 측면으로 기운 것을 꺼린다. 대부분 형제가 벼슬을 한다.

516) 聯[련(연)]: 연잇다(連--). 잇닿다(서로 이어져 맞닿다). 합치다.연결하다(連結--)
517) 出家(출가) : 집을 떠나 (절이나 도관에 가서) 중이나 도사가 되다.

	上格貴砂雙童講書者，兩木星中夾一土星也。要土方正，木直聳秀麗。忌土破碎，木斜側。多主雙貴。 -上格龍主兄弟仝入翰林，經筵518)進講。 -中格龍主兄弟仝登科仝朝，巨富。 - 賤龍主兄弟經商。

- 상격룡(上格龍)은 형제가 함께 한림원(翰林)에 들어가 임금 앞에서 경서와 역사를 가르치는 벼슬을 한다[經筵進講;경연진강].
- 중격룡(中格龍)은 주로 형제가 함께 과거시험에 합격하여[登科] 조정(朝廷)에 들어가고, 거부(巨富)가 된다.
- 천룡(賤龍)은 주로 형제가 상업을 경영한다[經商].

좌우귀인(左右貴人) / 중격귀사(中格貴砂)

좌우귀인(左右貴人)은 수려한 봉우리가 정면으로 마주 대하지 않고 혹 좌우에 있는 것이다. 정면(正面)의 사(砂)는 오히려 보기 거칠고 흉하거나[醜惡;추악] 좌우에는 수려한 봉우리가 있다. 첩(妾)[偏房(편방)]의 소생[庶出(서출)]이 벼슬[貴]을 한다.

단(斷)에 이르길 '수봉(秀峰)이 양쪽 끝[耳邊]에 공유(共有)하였으니[插;삽] 첩[偏房]에서 자식이 태어나 과거에 합격하여[科甲] 높은 지위에 오른다[登].' 고 하였다.

- 상격룡(上格龍)은 주로 벼슬[貴]은 왕을 가까이 모시는 신하[近侍]이다.

518) 經筵(경연) : 임금에게 유교의 경서와 역사를 가르치는 일 。進講(진강) : 임금의 앞에서 강론함 。偏房(편방) : 첩(妾) 。庶出(서출) : 서출. 첩의 소생

- 중격룡(中格龍)은 주로 제후의 반열[藩臬;번얼]의 중신(重臣)이다.
- 천룡(賤龍)은 주로 노복(奴僕)으로 총명(聰明)하다.

左右貴人 夾穴耳者是 在左曰左貴 在右曰右貴 좌에 있으면 남자가 귀하고, 우에 있으면 여자가 귀하다.	中格貴砂左右貴人者，秀峰不當正面，或左或右也。正面砂反醜惡，而左右有秀峰。主偏房庶出之貴。斷曰：「秀峰耳[519]邊插，偏房生子登科甲。」 - 上格龍主貴為近侍。 - 中格龍主藩臬[520]重臣。 - 賤龍主奴僕聰明。

문성귀인(文星貴人) / 상격귀사(上格貴砂)

	上格貴砂文星貴人者，木星之下有太陰蛾眉之山也。要兩山俱秀麗，忌破碎、斜側、走足帶火。 -上格龍主文章顯達，職兼文武。 -中格龍主文名遠播，品位不隆，多女貴。 -賤龍主男女淫泆，內醜。

문성귀인(文星貴人)은 목성의 아래에 태음아미(太陰蛾眉)의 산이 있는 것이다. 양산이 모두 수려해야 하고 파쇄(破碎)되거나, 사측(斜側)하거나, 지각[足]

519) 耳(이) : 양쪽 끝에 있는 것을 가리킴.
520) 제후의 반열[藩臬;번얼] ☞ 播(파) : 퍼뜨리다. 떠돌아다니다. ◦藩(번) : 봉건 제후의) 속국. 속지. ◦臬(얼) : 법도. 표준.

에 화체를 띠고[帶火] 달아나는 것을 꺼린다.

-상격룡(上格龍)은 주된 역할[主]은 문장(文章)으로 현달(顯達)하여 문무(文武)을 겸직(職兼)한다.
-중격룡(中格龍)은 주로 문명(文名)이 멀리 퍼지고[遠播:원파] 관품(官品;벼슬의 품계)의 지위(地位)[品位(품위)]는 높지 않고[不隆:불륭] 대부분 여자가 벼슬을 한다[女貴].
-천룡(賤龍)은 주로 남녀(男女)가 음란하여[淫泆;음일], 내부적으로 부끄러워[羞恥;수치] 한다[內醜;내추].

병하귀인(屛下貴人) / 상격귀사(上格貴砂)

병하귀인(屛下貴人)은 토성(土星)의 아래 목성(木星)이 있는 것이다. 토성[土]은 방정(方正)하고 목성[木]은 단정하게 솟아야[端聳;단용] 한다.
토성이 한쪽으로 비스듬히 기울어지고[斜傾] 바르지 않는 것을 꺼린다. 목성이 파쇄하고 비주(飛走)하면 이러한 곳[此]은 좋지 않다.

上格貴砂屛下貴人者，土星下有木星也。要土方正，木端聳。忌土斜傾而不正，木破碎而飛走，有此則不吉。

-上格龍主師保[521]秉政，侍從之臣。
-中格龍主方面重臣。
-賤龍主雜職及名僧。

- 상격룡(上格龍)은 가르치며 보육(保育)하는 일에서 행정을 장악하고[秉政],

521) 師保(사보) : 남의 스승이 되어 가르치며 보육(保育)하는 일. 또는 그 사람.

임금을 모시는 [侍從] 신하.
- 중격룡(中格龍)은 주된 역할[主]은 지방[方面]의 중신이다.
- 천룡(賤龍)은 주로 잡직(雜職) 및 명승(名僧)이다.

태하귀인(台下貴人) / 상격귀사(上格貴砂)

 	上格貴砂台下貴人者，三台之下有木星也。要台星均匀，木星端聳。忌台星不均，木星斜側，不合格。 - 上格龍主神童面聖，三公極品 - 中格龍主陛朝之貴。 - 賤龍主出名僧，門徒甚眾。

태하귀인(台下貴人)은 삼태(三台)의 아래에 목성(木星)이 있는 것이다. 삼태성이 고르고 목성이 단정하게 솟아야 한다. 태성(台星)이 고르지 않고 목성(木星)이 측으로 기울면 격식에 어울리지 않아 꺼려한다.

- 상격룡(上格龍)은 주로 신동(神童)으로 임금을 대면하고[面聖] 벼슬은 삼공(三公;영의정,좌의정,우의정)으로 과거의 등급이 최고에 이르다.
- 중격룡(中格龍)은 주로 조정에 나아가[陛朝;승조] 귀하게 된다.
- 천룡(賤龍)은 주로 명승(名僧)이 나오고, 스승[명승]의 가르침을 받는 사람[門徒;문도]이 매우 많다[甚眾;심중]

봉고귀인(捧誥貴人) / 상격귀사(上格貴砂)

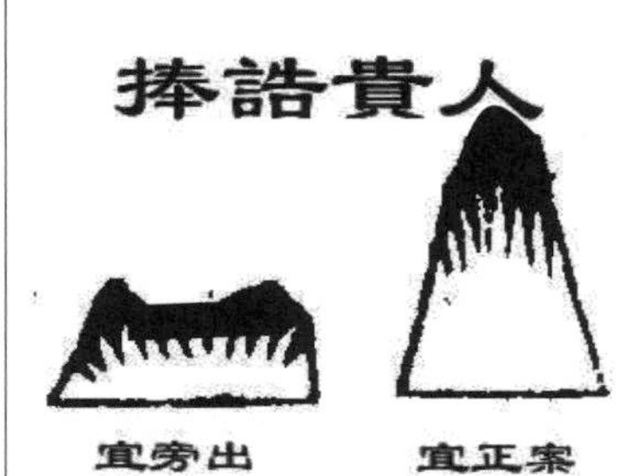 	上格貴砂·捧誥貴人者，要貴人端聳，誥轴方平，及高低相稱，不倚不斜，方爲合格。廖氏謂榮達之象，最吉。 -上格龍主天恩寵渥，重拜褒封[522]。 -中格龍主爲侍御[523]、欽差[524]、傳宣之職 。 - 賤龍主走卒師巫。

봉고귀인(捧誥貴人)은 귀인(貴人;목성)은 단정하게 솟아나고[端聳], 고축(誥軸)은 각지고 평평해야[方平]하고, 고저(高低)가 서로가 어울려[相稱;상칭] 기울지 말아야[倚斜;의사] 비로소 격식에 어울린다.

요씨(廖氏)는 '영달(榮達:높은 지위에 오르고 귀하게 됨)의 상(象)이라 최길(最吉)' 이라 하였다.

-상격룡(上格龍)은 임금의 은덕[天恩]과 사랑[寵;총]이 두텁고[渥;악] 거듭 칭찬하여 작위를 하사하여[褒封;포봉] 벼슬을 내린다[拜].

-중격룡(中格龍)은 주로 임금을 모시고[侍御;시어],사신[欽差;흠차]으로 임금의 명령을 전달하는[傳宣;전선] 직(職)을 담당한다.

-천룡(賤龍)은 주로 여기저기 분주(奔走)하게 돌아다니[走卒]는 무당[師巫;사무]이다.

전고귀인(展誥貴人) / 상격귀사(上格貴砂)

cf)馬上貴人

전고귀인(展誥貴人)은 목성(木星)이 고축사(誥軸砂) 위에 우뚝 솟아난 것[聳

522) 褒(포) : 기리다, 칭찬(稱讚)하다. 크다, 넓다.
☞ 封(봉) : 봉(封)하다. (흙더미를) 쌓다, 높이다.

523) 侍御(시어) : 임금의 측근에서 수레를 시종(侍從)하는 관리. 임금을 모시다.(높은 사람을 위하여) 수레를 몰다

524) 欽差(흠차) : 왕명으로 사절을 보내는 것. 또는 그 사신(使臣)

出]이다. [襯(츤): 정면 뒤에 또 하나의 산이 있는 형상] 목성의 모양이 밝고 빼어나고[清秀]、적절하게[适當;적당] 높고 엄숙하여[尊嚴] 한쪽으로 치우치 않아야 비로소 합격이다.

	上格贵砂·展誥贵人，乃木星耸于誥軸砂上要清秀、尊嚴、適(=适)當，不偏不倚，方为合格 -上格龍主受君眷寵，徵聘入朝，師保尊隆，及出仙子修道 -中格龍主 璽書褒諭，封贈525) 父母。 -賤龍主神廟威儀

-상격룡은 임금의 총애[眷寵;권총]를 받고, 조정에서 불러[[徵聘;징빙] 들어가 스승이 되어 가르치는 일[師保;사보]로 높이 공경을 받고[尊隆;존륭] ,신선[出仙]의 아들이 태어나 도를 닦는다.
-중격룡은 주로 옥새가 찍혀 있는 문서[璽書;새서]로 공(功)을 칭찬하고, 명령[分付;분부]하여 [褒諭;포유] 왕이 부모에게 벼슬을 준다[封贈].
-천룡(賤龍)은 신묘(神廟)에 예법(禮法)에 맞는 몸가짐[威儀;위의]을 한다.

복수문성(福壽文星) / 상격귀사(上格貴砂)

복수문성(福壽文星)은 중간에 꼭대기가 약간 솟아 삼태와 매우 비슷하므로 [頗類;파류] 더욱 좋다. 양측이 고르고 단정하고 수려해야 한다. 옹종(臃腫; 흉하게 울퉁불퉁 튀어나온 모양)하고 파쇄된 것을 꺼린다.

525) 封(봉) : 봉하다. 왕이 작위(爵位)나 작품(爵品)을 내리어 주다. ☞ 封贈(봉증) : 영전(榮典;영예를 기리는 전례)을 수여하다.

	上格貴砂福壽文星者，中稍起頂，頗[526]類三台，故尤為吉。要兩畔均匀，端正秀麗。忌臃腫破碎。 -上格龍主富貴雙全，居官極品，居位長久，福壽綿遠。 - 中格龍主高壽厚福，但無顯貴 - 賤龍主僧道壽高，頗有名譽。

- 상격룡은 부귀를 다 갖추고[雙全] 벼슬이 최고의 관직(極品)에 있으며 지위[位]는 오래 차지한다. 오래 살며 복(福)을 누리는 일[福壽]이 면원(綿遠)하다.
- 중격룡은 장수[高壽;고수]하고 복을 누린다. 다만 지위(地位)가 드러나게 높지 않다.
- 천룡(賤龍)은 승도로 장수하며, 조금 명예가 있다.

아미문성(蛾眉文星) / 상격귀사(上格貴砂)

蛾眉文星 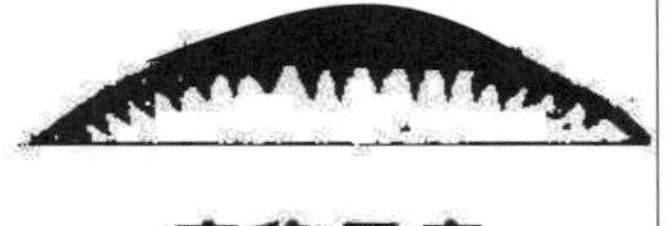 宜作正案	上格贵砂·蛾眉文星者，狀如半月，光媚纖[527]巧也。要兩角均匀,端正清秀。忌臃肿[528]破碎，邊高邊低，欹斜不正等類 -上格龍主文章名譽[529]誉,狀元神童,女贵为妃 -中格龍多主女贵。 -賤龍主 婦女貌美而貧[530]有 風聲

526) 頗(파) : 자못[생각보다 훨씬.매우.제법.지극히]. 치우치다. 조금
527) 纖(직) : 짜다. 부드럽다. 가냘프다. 가늘다. 끝이 뾰족한 모양[纖;섬]으로 해석함.

아미문성(蛾眉文星)은 모양이 반월과 같이 빛나는 눈썹과 같이 섬세하고 예쁜 것이다[纖巧;섬교]. 양각(兩角)이 고르고[均匀] 단정(端正)하며 청수(淸秀)하여야 한다. 파쇄(破碎)되어 종기[臃肿]와 같거나 한 변이 높고[邊高] 한 변이 낮아[邊低] 한쪽으로 기울어[攲斜] 바르지 못한 무리를 꺼린다.

-상격룡은 세상(世上)에서 문장이 훌륭하다고 인정(認定)받고 신동(神童)으로 이름이 나고 장원(狀元)을 하며, 여자[女]는 왕비[妃]가 되어 지위가 높다.
-중격룡은 대부분 여자는 지위가 높다[貴].
-천룡은 주로 부녀의 미모가 아름답고[貌美;모미] 가난해도 이름이 있다.

청귀문성(淸貴文星) / 상격귀사(上格貴砂)

cƒ)蛾眉文星

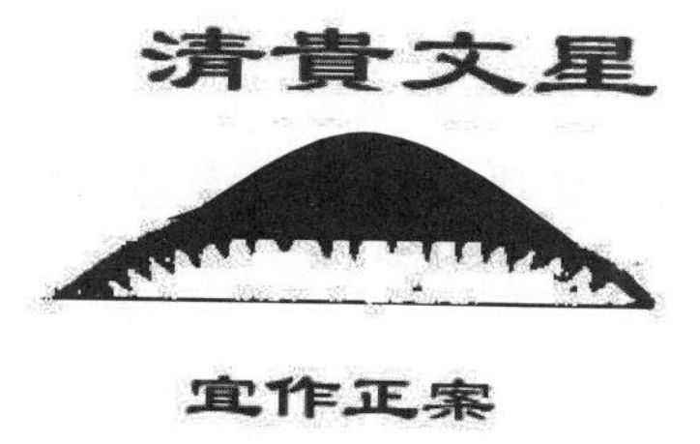	上格貴砂清貴文星者，清瘦[531]之山，嫩巧而細也。要兩畔均匀，忌帶石粗醜，邊高邊下，斜側。比蛾眉，此格稍高大為異耳. -上格龍主翰苑清貴，名望遠播。 -中格龍主虛名不貴,廉介恬退,家無儲積[532]。 - 賤龍主僧道聰明，婦人不潔。

청귀문성(淸貴文星)은 깨끗하고 작은[淸瘦] 산이 예쁘고 섬세하다. 양측이

528) 臃肿(=擁腫;옹종) : 붓다. (몸이나 부피가) 너무 크다 cƒ) 옹종(擁腫) : 종기.혹. 부기
529) 名譽(명예) : 세상(世上)에서 훌륭하다고 인정(認定)되는 이름이나 자랑. 또는 그런 존엄(尊嚴)이나 품위(品位)/어떤 사람의 공로(功勞)나 권위(權威)를 높이 기리어 특별(特別)히 수여(授與)하는 칭호(稱號). ◦譽(예) : 기리다. 찬양하다.
530) 운(篔;왕대)을 의미상 빈(貧;가난하다)으로 번역함 ◦ 風(풍) : 소식. 소문. ◦聲(성) : 소문(所聞). 평판(評判).
531) 淸瘦(청수) : 수척하다. ☞瘦(수) : (의복이나 양말·신발 따위가) 꼭 끼다. 작다. 작고 가늘다.◦ 播(파) : 뿌리다. 흔들다. 씨뿌림. 흔들어 움직임
532) 儲積(저적) : 저축하여 모으다. 저축한 재물. 비축하다.

골라야 하며 돌이 붙어있어 거칠고 보기 흉하고[帶石粗醜] 한 변은 높고 한 변은 낮아 측으로 기운 것을 꺼린다. 아미사[蛾眉]와 비교하면 이 사격은 (아미사 보다) 약간 높고 큰 것이 서로 차이가 있을 뿐이다.

-상격룡은 주로 한림원[翰苑]에서 청귀(清貴)하여 이름과 덕성[名望]이 멀리 알려진다[遠播].
-중격룡(中格龍)은 주로 헛된 명성[虛名]으로 지위가 높지 않고[不貴] 청렴하여[廉介;염개] 벼슬에 깨끗이 물러나[恬退;염퇴] 집에는 저축하여 모은 돈이 없다.
-천룡(賤龍)은 승도(僧道)로 총명(聰明)하고, 부인(婦人)은 행실이 바르지 않다[不潔].

박잡문성(駁雜文星) / 상격귀사(上格貴砂) cf) 品字、三台, 寶蓋, 飛蛾

<table>
<tr>
<td>駁雜文星

宜作正案</td>
<td>上格貴砂駁雜文星者, 兩旁斷而複有低坪, 不高, 不為品字、三台, 中頂不起, 不為寶蓋, 此所以為文星而駁雜也。亦曰飛蛾文星。

-上格龍主出人博學533), 名滿天下, 無意功名。
-中格龍主能文534)博記, 隨波混流, 和氣同俗。
-賤龍主能文多藝, 飄蕩無成。</td>
</tr>
</table>

박잡문성(駁雜文星)은 양방(兩旁)이 끊기고 다시 저평(低坪)하여 높지도 않고 품자(品字)나 삼태(三台) 모양으로 이루어지지 않고, 중간 꼭대기[中頂]가 위로 솟아나지 않아서[不起] 보개(寶蓋)로도 이루어지지 않아서 이것은 이른바 문성이 박잡(駁雜)한 것이다. 또한 비아문성(飛蛾文星)이라 한다.

533) **博學(박학)** : 배운 것이 많고 학식이 넓음 ◦능문(能文) : 글 짓는 솜씨가 뛰어남.
534) 混流(혼류) : 여러 가지가 뒤섞여 흐름 ◦속(俗) : 천박함. 속되다. 평범함.

-상격룡(上格龍)은 태어난 사람이 박식[博學]하여 만천하에 이름을 떨치나 공명(功名)에는 뜻이 없다.
-중격룡은 글짓는 솜씨가 뛰어나고[能文] 폭넓은 문장[博記]은 세파에 따라서[隨波] 뒤섞여[混流] 평화로운 기운[和氣]이 평범하게[俗] 상응한다[同].
-천룡(賤龍)은 문예(文藝)에 크게 능하나, 정처 없이 떠돌며[飄蕩;표탕] 성공하지 못한다.

대복문성(帶福文星) / 상격귀사(上格貴砂)

帶福文星 宜作正案 宜居水口 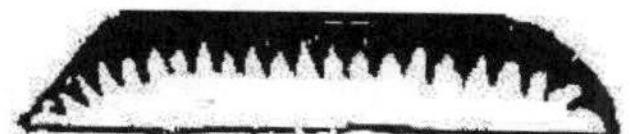	上格貴砂帶福文星者，即**一字文星**而高大帶土，體平正嫵媚[535]也。要龐厚[536]而不臃腫，不粗醜，忌帶石、崚嶒、破碎。 -上格龍主文武全才，極品祿位。 -中格龍主科第榮名，巨富壽考。 -賤龍主出人伶俐，為隸卒，長壽

대복문성(帶福文星)은 즉[即] 일자문성(一字文星)으로 고대(高大)하고 띠처럼 기다랗게 뻗은 곳이 토성[帶土]으로 성체(星體)가 평정[體平正]하고 어여쁘다[嫵媚;무미]. 크게 후부(厚富;넓고 두터움)하나 흉하게 울퉁불퉁 튀어나온 모양[臃腫]이 없고, 거칠고 보기 흉하지[粗醜] 않아야 하며, 대석(帶石;바위가 붙어있고)、준증(崚嶒;산이 높고 험하고)、파쇄(破碎)함을 꺼린다.

- 상격룡은 주로 문무를 모두 능하여 최고의 벼슬[極品]로 녹봉과 작위[祿位]한다.

---

535) 嫵媚(무미) : (여자·꽃·나무 등이) 자태가 예쁘고 사랑스럽다. 어여쁘다. 곱다.
536) 龐厚(방후) ☞ 龐(방) : 방대하다. 크다. ◦厚(후) : 두껍다. 후하다. 크다. 많다. 풍부하다. ◦臃腫(옹종) : 붓다. (몸이나 부피가) 너무 크다. (조직이나 기구가) 방대하다. 부풀다

- 중격룡은 주로 과거[科第;과제]로 이름이 나고[榮名] 거부(巨富)로 장수한다[壽考].
- 천룡은 주로 총명[伶俐;영리]하며 종복[隸卒;예졸]으로 오래 산다.

대요문성(帶曜文星) / 상격귀사(上格貴砂)

帶曜文星 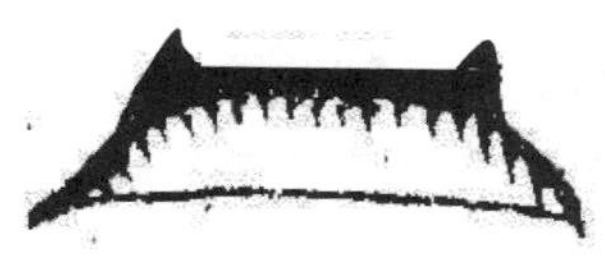 宜作正案	上格貴砂帶曜文星者，乃(倒地)木星兩旁生火曜也。亦頗似蛾眉文星，但圓平不同耳。蛾眉圓，此格平正，複於側畔出曜，故曰帶曜文星。忌粗惡。 -上格龍主文章顯達，名垂537)當世，後學宗師。 -中格龍主有文名，不能顯達 -賤龍主秀才善養外婦，不顧正妻。

대요문성(帶曜文星)은 도지(倒地)한 목성(木星)의 양옆에 화요(火曜)가 생긴 것이다. 또한 자뭇[頗;파] 아미문성(蛾眉文星)과 비슷하며 다만 고르게 둥근 것이 같지 않을 뿐이다[圓平不同耳]. 아미사[蛾眉]는 둥글고[圓] 이 사격[此格]은 평평하고 바르며[平正] 양옆[側畔]에 다시 요(曜)가 생긴 것이므로[出] 대요문성(帶曜文星)이라 한다. 조악(粗惡)함을 꺼린다.

- 상격룡은 문장으로 이름이 나 당년[當世]에 명성이 널리 알려 진다[名垂]. 후학들[後學]의 스승[宗師;종사]이 된다.
- 중격룡은 주로 글을 잘하는 명성[文名]이 있으나 현달(顯達)할 수는 없다.
- 천룡은 주로 수재(秀才)로 밖에 부인[外婦]을 잘 부양하고[善養] 정실부인을 돌보지 않는다[不顧正妻].

537) 垂(수) : 후세에 전하다.

주홀문성(柱笏文星) / 상격귀사(上格貴砂)

	上格貴砂柱笏文星者，木星卓立，不欹不斜，而清秀端正也。亦名象簡文星。要光彩嫵媚，忌臃腫、粗醜、斜側、走竄。 -上格龍主狀元、尚書、侍從、台閣[538]之官。 -中格龍主翰苑清高，貴及諫垣[539]之職。 -賤龍主僧道清修，篤信神佛。

주홀문성(柱笏文星)은 목성(木星)이 탁립(卓立)하고 의사(欹斜)하지 않고 청수(清秀)하고 단정(端正)한 것이다. 또한 상간문성(象簡文星)이라고도 한다. 광채(光彩)가 나고 아름다워[嫵媚]야 한다. 옹종(臃腫;흉하게 울퉁불퉁 튀어나온 모양),조추(粗醜;조잡하여 추하고), 사측(斜側),주찬(走竄)한 것을 꺼린다.

- 상격룡은 주로 장원(狀元),상서(尚書),시종(侍從),대각(台閣)의 벼슬을 한다.
- 중격룡은 주로 한림원[翰苑]에서 청렴하며[清高] 벼슬은 간원(諫垣)의 직(職)을 한다.
- 천룡(賤龍)은 주로 승도(僧道)로 청렴하고 몸을 닦아[清修] 진실되고 정성스럽게[篤;독] 부처를 믿는다.

일자문성(一字文星) / 상격귀사(上格貴砂)

---

538) 狀元(장원) : 과거(科擧)에서 갑과(甲科)에 첫째로 급제(及第)함. ◦尚書(상서) : 고려(高麗) 육부(六部)의 으뜸 벼슬. 정삼품(正三品)으로 6대 성종(成宗) 14년(995)에 어사를 고쳐 부른 이름임. 그 뒤에는 판서(判書) 또는 전서(典書)로 이름이 여러 번 바뀌었음. ◦시종(侍從) : 임금을 모시고 있던 시종원(侍從院)의 한 벼슬. 시종신(侍從臣). ◦대각(台閣) : 한대(漢代), 상서(尚書)의 호칭

539) 諫垣(간원);司諫院(사간원) ; 황제에게 간언(諫言)하는 일을 하는 간관(諫官)이 소속된 관청.

要覆面皆方平者名正一文星尤貴方此格頗異  	上格貴砂一字文星者，乃倒地木星也。要清秀、平正、端尊[540]。忌粗醜、斜走、破碎、不平正、帶石、尖竄、順水。 -上格龍主神童,狀元,宰相,侯伯，,品之貴。 -中格龍主魁解[541]清貴，名譽著揚。 -賤龍主虛譽從隆，寔德則病[542],空有文章。

일자문성(一字文星)은 도지목성(倒地木星)이다. 청수(淸秀), 평정(平正), 단정하게 (혈을) 향해야 하고[端尊;단존], (일자문성)이 조추(粗醜),사주(斜走),파쇄(破碎),평평하고 바르지 않는 것[不平正],대석(帶石),(일자문성)이 뾰족하여 달아나고[尖竄], (일자문성)이 물을 따라가는 것[順水]을 꺼린다.

-상격룡은 주로 신동(神童)으로 장원(狀元)하여 재상(宰相), 제후[侯伯;후백] 등 일품(一品;벼슬의 첫째)의 벼슬을 한다.
-중격룡은 관아에서 (인격이) 고결한[淸貴] 우두머리로 명예(名譽)가 널리 알려진다[著揚;저양].
-천룡은 주로 실속이 없는 명예[虛譽]를 따라 존귀한다[從隆;종륭]. 이러한 허명[寔德;시덕]은 병이며, 문장은 있으나 부질없다[空有文章].

540) 淸秀(청수) : 용모가 맑고 빼어나다. 뛰어나게 아름답다. ◦平正(평정) : 평평하고 반듯하다◦端尊(단존) : 단정하게 (혈을) 향하다. ◦端正(단정) : 단정하다. 바르다. (태도·자세·방향 따위를) 바르게 하다. (물체가) 똑바르다. ◦尊(존) : 높다.(어떤 경향으로)향(向)하다.
541) 魁(괴) : 우두머리. 장원(壯元 · 狀元). 으뜸 ◦解(해) : 관청(官廳), 관아(官衙). 보내다. 파견함. ◦ 燮理(섭리) : 음양을 고르게 다스림. 잘 다스리다.
542) 이 덕이 있으면 이러한 병폐가 있고 이 병폐가 있으면 이 덕이 있는 것이다[有是德則有是病, 有是病必有是德]. <출처> 『論語集註』第十六章

옥규문성(玉圭文星) / 상격귀사(上格貴砂)

 	上格貴砂玉圭文星，土之聳高體，要頂平，身直，不敧不斜，挺然清秀，方為合格。莆田壺公山合此格。朱子之同安，見此山曰：「莆田多人才，此公作怪。」 –上格龍主出垂紳[543]正笏，立朝燮理陰陽，及崇儒禎[544]傳，滿朝朱紫。 –中格龍主貴，有忠貞，文名遠播。 –賤 龍主壽富之人及高僧。

옥규문성(玉圭文星)은 토성이 높이 솟은 모양으로 산의 꼭대기는 평평하고 용신(龍身)은 곧고 의사(敧斜)하지 않고 빼어나야[挺然;정연] 비로소 격에 맞다. 포전(莆田)의 곤공산(壺公山)이 격식에 맞다.

주자(朱子)의 동안(同安)이 이 산에 나타나 이르길 '포전(莆田)에 대부분 인재(人才)는 이 곤공산이 기이하여 이루었다' 고 하였다.

- 상격룡은 주로 큰 띠 드리우고 홀을 바르게 잡고[垂紳正笏;수신정홀] 입조(立朝)하여 음양을 다스리고[燮理;섭리] 조정의 모든 관리[滿朝;滿朝百官]는 고위고관(高位高官)으로 유교를 숭상하여[崇儒] 바르게 전한다[禎傳;정박].
- 중격룡은 벼슬을 하여 충성스럽고 절의가 있고[忠貞] 문명(文名)을 멀리 떨친다[遠播].
- 천룡(賤龍)은 주로 명이 길고 살림이 넉넉한 사람과 고승(高僧)이 나온다.

543) 紳(신) : 예복에 갖추어 매는 띠. 큰 띠

544) 禎(정) : 바르다. 곧음. ◦朱紫(주자) : 붉은빛과 자줏빛. 귀관(貴官)의 복색(服色). 고위고관(高位高官).

금상문성(金箱文星) / 상격귀사(上格貴砂)

 宜作正案	上格貴砂金箱文星，土之低平者。要方正平圓，不欹不斜，方為合格。此砂要再見貴人、玉印、文筆相助，方為大貴。 - 上格龍主科名高顯。 - 中格龍主腰金五馬545)。 - 賤 龍主小富義民。

금상문성(金箱文星)은 토성(土星)이 낮고 평평한 것으로 방정(方正)하고 완전하게[圓] 평탄하여[平] 의사(欹斜)하지 않아야 비로소 격식에 어울린다. 이 사격은 다시 귀인(貴人), 옥인(玉印), 문필(文筆)이 서로 도와주는 것[助力]같이 보여야 비로소 대귀(大貴)하다.

- 상격룡은 과거시험에 합격의 명예[科名]로 크게 이름이 난다.
- 중격룡은 주로 태수[五馬]가 되어 허리에 금대를 찬다.
- 천룡은 작은 부자[小富]로 의로운 백성이다.

옥인문성(玉印文星) / 상격귀사(上格貴砂)

옥인문성(玉印箱文星)은 작은 산의 언덕이 둥글거나 평평한 바위[石墩]이다. 둘레[圓]가 평평해야하고 파쇄(破碎)된 것을 꺼리며 정면(正面)에 있거나 용호(龍虎)의 좌우(左右)에 있는 것이 바로 문성(文星)이다. 만약 수구(水口)에 있으면 바로[便:편] 나성(羅星)이다.

545) 五馬(오마) : 한(漢) 나라 때에 태수(太守)가 타는 마차는 다섯 마리의 말이 끌었으므로, 태수가 타는 마차 또는 태수를 뜻한다. ☞ 圓(원) : 둘레 . 완전하다.

	上格貴砂玉印文星者，圓小山阜埠[546]或石墩也。要圓平，忌破碎。出正面或龍虎左右是[547]文星，若在水口，便為羅星矣。 -上格龍主狀元宰輔，冠世文明，才兼文武。 -中格龍主巨富百萬，納奏官職。 -賤龍主出僧道,有權,及墮胎患眼。

-상격룡은 장원(狀元)을 하여 으뜸[冠世] 재상[宰輔;재보]으로 문무의 재주 겸비하여[才兼] 교양이 있다[文明].
-중격룡은 거부(巨富)로 백만장자(百萬長者)이며, 관직[官職]을 받아들여[納] 신하가 임금에게 말씀을 아뢰다[上奏]. ☞주(奏): 아뢰다
-천룡은 승도(僧道)로 권한이 있고 타태(墮胎;낙태)나 환안(患眼;눈병)이 생긴다.

방인문성(方印文星) / 상격귀사(上格貴砂)

방인문성(方印文星)은 역시 작은 산의 언덕이나 평평한 돌이다. 이 사격은 만약 용루(龍樓)、천마(天馬) 등의 사격이 함께 걸맞게[어울려서] 보이면[相稱] 더욱 귀하게 여긴다. 마땅히 파쇄(破碎)된 것은 좋지 않다. 만약 파쇄되면 가짜 방인[僞印]이다.

- 상격룡은 주로 재능이 있는 사람[才]으로 문무를 겸비한다. 나가서는 장수가 되고 들어와서는 재상이 된다[出將入相].
- 중격룡은 글을 잘 지어 알려져 명성이 멀리 널리 퍼뜨려[傳播;전파] 지방[方

546) 선창(埠;부)을 의미상 언덕(阜;부)으로 해석함 ∘ 석돈(石墩): 초석(礎石)이나 좌석으로 쓰이는 평평한 돌. 받침돌

547) 墩(돈) : 작은 언덕. 흙더미. 평지보다 조금 높직하면서 두드러진 평평한 땅. 토루(土壘). ∘ 강조 [~是~] : ~야말로 ~하다

面]에 주요한 관직에 있는 신하[重臣].

	上格貴砂方印文星者，亦小山埠或石墩也。此格若見龍樓[548]、天馬等砂相稱，尤貴。不宜破碎，若破碎則為偽印。 - 上格龍主才兼文武，出將入相。 - 中格龍主文名遠播，方面重臣。 -賤 龍主草寇偽[549]職，僧道之流，螟蛉異兒。

- 천룡은 산적[草寇;초구]으로 직업을 위장(偽僞裝)한다. 승도(僧道)의 무리[流;徒] 또는 보통 아이와 다른 [異兒] 양자[螟蛉(명령)]가 된다.

절각문성(折脚文星) / 중격귀사(中格貴砂)

절각문성(折脚文星)은 일각(一脚)에 화성[火星]을 포기한 것이다[抛棄]. 이 문성[此星]이 만약 겉[面]이 아름다워도[嫩媚] 역시 길성(吉星)이 되어 문관(文官)이 무관(武官)을 동시에 한다.

만약 거칠고 추악(醜惡;추(醜)하고 바르지 못함)하면 좋지 않다. 화각(火腳)이 역수(逆水)하여야 비로소 알맞다.

- 상격룡은 주로 문무의 관직을 동시에 한다[官兼].

548) 龍樓寶殿(용루보전)은 모두 화성(火星)이다. 하나의 뾰족한 것이 가운데에 홀로 높으면 용루(龍樓)라 한다. 무리의 뾰족한 것이 평탄하게 나열된 것은 보전(寶殿)이라 한다. 이것은 조산(祖山)의 대격(大格)이다. 『감룡경』에서는 높고 뾰족한 것은 누(樓)이고, 평탄한 것은 전(殿)이라고 했다.

549) **偽(위)** : 속이다. 그릇 되게 바뀌다. 그런 양 나타내 보이다.

- 중격룡은 주로 작을 벼슬[小貴]하며 공처가[懼內;구내]이다.
- 천룡(賤龍)은 주로 불구자가 되는 질병[殘疾;잔질]으로 절름발이[跛跏;파가]

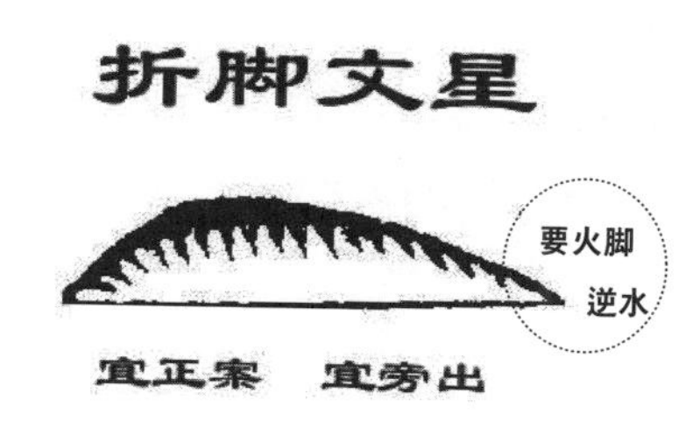	中格貴砂折脚文星，乃一脚[550]抛[551]火也。此星若面嫩媚，亦作吉星，主文官兼武。若粗醜則不吉，要火脚逆水方合。 - 上格龍主文官兼武。 - 中格龍主小貴懼內。 - 賤 龍主跛跏殘疾。

가 나온다.

원벽문성(圓壁文星) / 상격귀사(上格貴砂)

	上格貴砂圓壁文星，形薄而上平，有微起之壇，其圓如規乃是。若方匾、偏斜、肥缺[552]，皆非也。 - 上格龍主王侯極品。 - 中格龍主科第文名。 - 賤 龍主出僧道。

550) 火脚中(화각중)에 一脚(일각)이 泝流案(소류안)/逆水(역수)이어야 한다. ☞泝(소) : 거슬러 올라가다. 향하다.

551) 抛棄(포기) : 버리고 돌보지 않다. (권리를) 포기하다.던져 버리다. ◦匾(편) : 모지다. 네모 ☕포(抛) : 떨구(어놓)다. 따돌리다. 구부리다. 내팽개치다.

<참고>

금성(金星)의 봉우리 다리 아래로 수성(水星)의 봉우리를 띠고 있으면, 이르기를 파탕(擺蕩)이라 하고, 화성(火星)의 봉우리를 띠고 있으면 파조(擺燥)라 한다. (如金星脚下帶水，謂之擺蕩，帶火謂之擺燥.) <출처> cafe.daum.net 민중원 풍수명리학회

원벽문성(圓壁文星)은 형태가 넓고[形薄;형박] 위가 평평하고 약간 솟은 것[微起]이다. 그 원이 동그라미[規;규]와 같은 것이다.

만약 모나고[方匾;방편],기울고[偏斜;편사], 크게 이지러지면[肥缺;비결] 모두 상격귀사가 아니다[非]. 즉 혈이 되지 않는다.

- 상격룡은 주로 왕후(王侯)의 최고 높은 직위[極品;벼슬의 직위)이다.
- 중격룡은 주로 과거(科擧)에 급제(落第)하여[科第] 문명(文名)으로 이름이 난다.
- 천룡(賤龍)은 승려(僧道)가 태어난다.

보필문성(輔弼文星) / 상격귀사(上格貴砂)

<table>
<tr>
<td>
</td>
<td>上格貴砂輔弼文星者，文星中起，左右皆有小皐553)夾從，如左輔右弼也。要左右之墩皐均匀，大小相等，遠近相平554)為合格。

-上格龍主狀元宰相，文武全才。
-中格龍主父子同朝。
-賤 龍主雙妻雙子。</td>
</tr>
</table>

보필문성(輔弼文星)은 가운데 문성(文星)이 솟고 좌우에 함께 작은 언덕[小皐]이 시종(侍從)하여 끼고 있어 좌보우필(左輔右弼)과 같다.

좌우의 언덕이 균등하고[墩皐均匀] 대소(大小)의 크기가 서로 비슷하고[相等;상등] 원근(遠近)이 서로 같은 정도[相平]라야 격식에 맞다.

---

552) 肥(비) : (옷의 품·신발의 크기 등이) 크다. 너르다. 헐렁헐렁하다.
553) 부(埠;부두)을 부(皐;언덕)로 해석함
554) 평(平) : 같은 정도이다. 동격이다. 높이가 같다.

-상격룡은 장원(狀元)하여 재상[宰相]으로 문무(文武)의 모든 면에 뛰어난 사람[全才]이 난다.
-중격룡은 부자(父子)가 아버지와 아들이 함께 조정에 입궐하여 (임금을) 알현하다.
-천룡은 쌍처쌍자(雙妻雙子)한다.

보필문성 이격(輔弼文星二格) / 상격귀사(上格貴砂)

輔弼文星二格 宜作正案 	上格貴砂輔弼二格。此與前格同，但此中星稍低，左右相夾，亦類三台。若外有他秀，此格尤貴。要圓正而左右均勻，方為合格。 -上格龍主男為附馬，女作宮妃。 -中格龍主文章高世，父子兄弟齊名。 - 賤 龍主淫賤風聲。

보필문성 이격(輔弼文星二格)은 이 사격과 앞에 사격은 같다. 다만 이 사격은 가운데 문성[中星]이 약간 낮고[稍低] 좌우에 함께 끼고 있어[相夾]도 삼태(三台)와 유사하다. 만약 외부에 타사가 수려하면[有他秀] 이 사격은 더욱 귀하게 여긴다. 원정(圓正)하고 좌우가 균등해야 비로소 격식에 어울린다.

- 상격룡은 남자는 부마(附馬)가 되고, 여자는 왕비[宮妃]가 된다.
- 중격룡은 문장(文章)으로 세상에 뛰어나고 부자형제는 다 같이 유명하다[齊名;제명].
- 천룡(賤龍)은 음탕하고 상스러운[淫賤] 소문이 난다[風聲].

천파문성(天葩文星) / 상격귀사(上格貴砂)

<table>
<tr><td>
</td><td>上格貴砂天葩文星者，木之秀發而為葩，如花瓣然。要清嫩勻均。此格極貴，作龍身尤佳。在沙洛要中有圓星，正向朝穴，無此則是降節凶格耳。
-上格龍主狀元宰相，文章冠世，後學宗師。
- 中格龍主有文名而不顯達。
- 賤龍主博學能文，而盛寔則無。
cf) 항절(降節)</td></tr>
</table>

천파문성(天葩文星)은 목성[木]이 빼어난 기운을 드러내어[秀發] 꽃잎[花瓣] 같아[然] 꽃[葩;파]으로 여긴다. 빛이 선명하고[깨끗하고] 아름답고 균등해야 이 사격은 지극히 귀하며[極貴] 용신(龍身)에 (천파문성)을 만들어 내면 더욱 아름답다. 사(沙)가 잇달아[洛;락] 있으면 가운데에 원성(圓星)이 있고 정면으로 혈을 향하여[正向] 조읍(朝揖)해야 한다. 이러한 사격이 없으면[無此] 이는 항절(降節)로 흉한 사격일 뿐이다.

- 상격룡은 장원하여 재상(宰相)으로 문장이 뛰어나고[冠世], 후학(後學)들에게 종사(宗師)가 된다.
- 중격룡은 문명(文名)이 있으나 입신출세를 하지 못한다[不顯達].
- 천룡은 박학(博學)하여 문장에 능하나 참으로 번성[盛寔]하지 못한다[無].

대무성(大武星) / 중격귀사(中格貴砂)

대무성(大武星)은 그 모양이 웅위(雄偉)하고 형세(形勢;體勢)가 높고 엄숙(嚴肅)한 것을 무성(武星)이라 한다. 다만 의사(攲斜), 파쇄(破碎)해서는 안

된다. 즉 운중금(雲中金)이나 한천금(獻天金)이라 한다[是也].

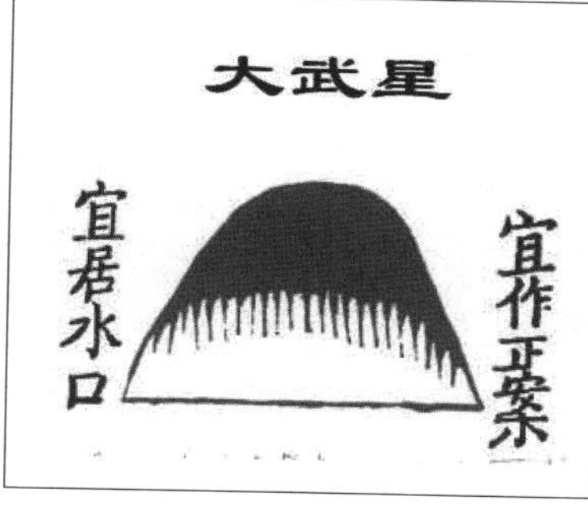	中格貴砂大武星者 其形雄偉，體勢[555]尊嚴，謂之武星。但不宜[556]欹斜、破碎，即雲中金、獻天金是也。 - 上格龍主大將征伐，威鎮華夷。 - 中格龍主田連阡陌[557)]，郡邑守衛之職 - 賤 龍主出燥烈無涵養之人。

- 상격룡은 주로 대장(大將)으로 오랑캐[華夷;화이] 정벌(征伐)을 위력(威力)으로 진압한다[威鎭;위진].
- 중격룡은 토지가 많고[田連阡陌;전련천맥] 군과 읍을 지키는[守衛] 직업을 한다.
-천룡은 수기(水氣)가 없어 지나치게 조열(燥烈;지나치게 마르다)하면 관용[涵養;함양]이 없는 사람이 나온다.

사문성(赦文星) / 중격귀사(中格貴砂)

사문성(赦文星)은 깨[頗;파] 띠처럼 기다랗게 뻗은 토체이다. 만약 사방 모진데[方角]곳에 골격[骨]이 서 있으면[立] 어병(御屛)이다.
이는 특히 각진 가장자리는 둥글고[垂圓] 크게 배부[肥飽;비포]를 뿐이다. 수구(水口)에 있으면 좋다. 수구의 한쪽에 말으면[있으면] 재앙[凶禍;흉화]이 없다.

555) 勢(세) : 형세(形勢). 권세(權勢). 기세(氣勢: 기운차게 뻗치는 형세)
556) 不宜(불의) : ~하는 것은 좋지 않다. ~하기에 적당치 않다. ~하여서는 안 된다.
557) 부자는 밭두렁이 드넓게 이어진다[富者田連阡陌;경작지가 동서남북으로 끝없이 이어진다.
☕ 阡陌(천백) : (가로 세로로 난) 논밭길。威鎭(위진) : 위력으로 누르다. 위압하다.

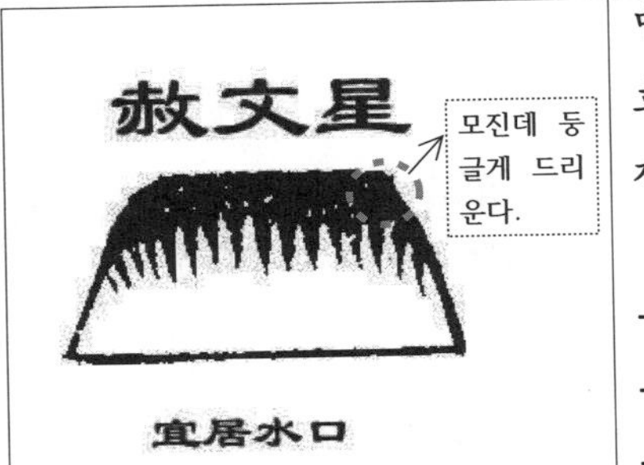	中格貴砂赦文558)星者，頗帶土體。若方角骨立，則為御屏。此特角垂圓而肥飽559)耳。宜居水口，主一方永無凶禍。 -上格龍主出使560)外國。 - 中格龍主典郡牧邑。 - 賤 龍主僧道而富

- 상격룡은 사명을 받고 외국으로 가다.
- 중격룡은 고을[邑;읍]의 수령[郡牧;군목]의 직을 담당한다.
- 천룡은 주로 승도(僧道)이면서 부자이다.

특립무성(特立武星) / 상격귀사(上格貴砂)

	上格貴砂特立武星者，衆山低小，此星辰獨高，光彩異常，故曰特立武星。亦猶頓鐘金星，而此主貴尤重耳。 - 上格龍主出使大藩，聲價英烈561)。 - 中格龍主出英雄武略562)之人。 - 賤 龍主出軍賊、橫逆之人。

558) 모서리[角]가 네모[方]이면 **어병사(御屛砂)**이고, 각(角)이 둥글면 **사문성(赦文星)**이라 한다.

559) 帶(대): 띠처럼 기다랗게 뻗은 곳이나 그 근처. 허리에 두르는 띠. 垂(수) :가. 가장자리. 거의. 가까움 ☞肥(비) : (옷의 품·신발의 크기 등이) 크다. ◦一方(일방) : 어느 한쪽이나 방향

560) 出使(출사) : 외교 사명을 받고 외국으로 가다 ◦雄偉(웅위) : 웅위하다. 우람하다(=매우 크고 웅장하다).

561) 聲價(성가) : 세상의 좋은 소문이나 평판 ◦영렬(英烈) : 영웅. 걸출한 공적. 걸출한 공적

특립무성(特立武星)은 뭇 산들[衆山;중산]은 낮고 작으나[低小] 이 사격은 성진(星辰)은 홀로 높고[獨高] 광채(光彩)가 정상적인 것과 달리 빼어나므로[異常(이상);穎異(영이);기이(奇異)하게 빼어나다] 특립무성(特立武星)이라 이르다. 또한 종이 멈춘 금성[頓鐘金星] 같으면[猶] 이 사격은 귀함이 더욱 많을 뿐이다[重].

- 상격룡은 제후[大藩]로 외교명령을 받고 외국으로 나가[出使] 걸출한 공적[英烈]으로 평판이 좋다.
- 중격룡은 군사상의 계략가인 영웅이 태어난다.
- 천룡은 난폭한 사람[橫逆之人]으로 태어나 반란군[軍賊;군적]된다.

금종 · 옥부(金鍾.玉釜) / 상격귀사(上格貴砂)

<table>
<tr>
<td>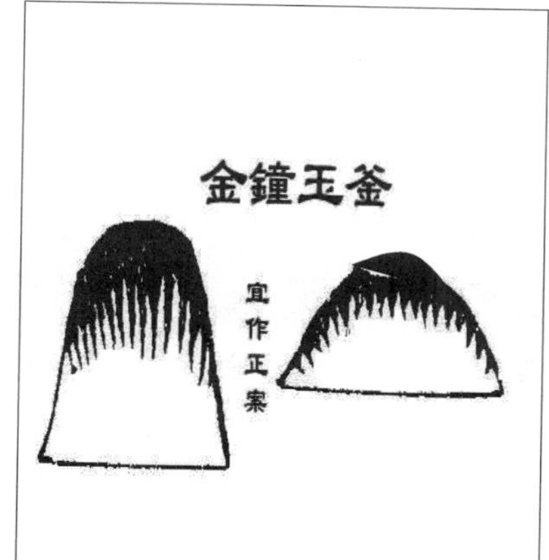
</td>
<td>上格貴砂金鍾、玉釜皆金星。其高大者曰金鍾，低小曰玉釜。二者在物而言之，本為貴重之器。故陽宅陰地，凡見此二山，皆作貴砂而斷。欲其圓淨光彩，不走竄，不偏側，不帶火者為吉。若欹斜、破碎、走足、尖利、帶火，有痕浪、折皺、崩赤[563]者為凶也。若有從砂夾護，又當兼從砂斷其吉凶，不可執一也。此砂亦宜居夾耳[564]左右。
- 上格龍主文章科第，敵國之富。
- 中格龍主小富小貴。
- 賤 龍主僧道及神靈。</td>
</tr>
</table>

562) 武略(무략) : 군사상의 계략

563) 崩積土(붕적토) : 암석의 풍화물이 중력에 의하여 경사면을 미끄러져 내려오거나 무너져 떨어져서 쌓인 흙

564) 천심십도는 전후좌우의 사방에서 응(應)하는 산이다. (天心十道者前後左右四應之山也) 혈법(穴法)에서 뒤에 개산(盖山)이 있고 앞에는 조산(照山)이 있고, 좌우 양쪽에 협이산(夾耳

금종옥부(金鍾.玉釜)은 모두 금성(金星)이다. 그들이[其] 높고 큰 것은 금종(金鍾)이라 하고, 낮고 작은 것[低小]은 옥부(玉釜)라 한다. 들은 어떤 자리에 물체를 말한 것으로[在物而言之] 본래 귀중한 용기(容器)이므로 양택(陽宅)이나 음지(陰地;음택)에서 대체로 이 두 산이 보이면 모두 귀사(貴砂)로 판단[斷]한다. 이들이 원정(圓淨)하고 광채(光彩)가 나야 하고, 주찬(走竄), 편측(偏側), 대화(帶火)하지 않아야 좋다.

만약 의사(欹斜)、파쇄(破碎)、주족(走足)、첨리(尖利)、대화(帶火), 파도처럼 패인 흔적[痕浪;흔낭]、꺾임과 주름[折皺;절추]、쌓인 흙[崩赤;붕적]이면 흉하다. 만약 따르는 사가 있어 협호(夾護)하고 또 마땅히 따르는 사[從砂]도 같이[兼] 그들의 길흉을 판단해야 하고 하나만 고집해서는 안된다. 이 사격도 좌우에 협이산[夾耳]이 있는 것이 좋다.

- 상격룡은 주로 문장으로 과거에 급제하며 상대국[敵國]에서 부자가 된다.
- 중격룡은 조로 소부소귀(小富小貴)한다.
- 천룡은 주로 승도(僧道)와 신동(神靈)이 나온다.

용거(龍車) / 상격귀사(上格貴砂)

	上格貴砂龍車者，以龍引車之狀也。以形言之，則龍頭居前向穴則吉，故必有拜下[565]之山，斯為可貴也已[566]。 -上格龍主文章振揚，拜節封侯[567]，秉麾軍民。 - 中格龍主州縣小官，富多車馬。 - 賤 龍主吏典[568]僕之人。

山)이 있으면 그것을 사응등대(四應登對;사산이 마주하여 상대하여) 개조공협(蓋照拱夾; 四山이 모두 혈을 향하여 끼고 에워싸다.)이라 한다. (穴法得後有蓋山前有照山左右兩畔有夾耳之山謂之四應登對蓋照拱夾)

용거(龍車)는 용(龍)이 마차를 끄는 형상[狀]이다. 형상으로 말하면[以形言之] 용두(龍頭)가 혈(穴)을 향하여 앞에 있으면 좋으므로 반드시 아래에서 절하는 산이 있어야 모두[斯] 귀하게 여길 뿐이다.

- 상격룡은 문장으로 널리 떨쳐[振揚] 제후[封侯]로 봉하여 진다.
- 중격룡은 주현(州縣)에 지위가 낮은 관리[小官]이며 부자[富]로 수레와 말[車馬]이 많다.
- 천룡은 벼슬아치 밑에서 일 보좌하는 종[吏典僕之人]을 한다.

봉련(鳳輦) / 상격귀사(上格貴砂)

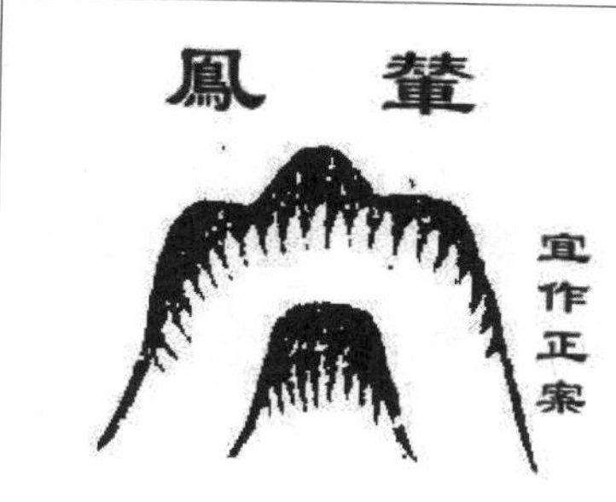

上格貴砂鳳輦雖有尖翌而不射穴及穴中不見, 惟有尖秀之峰突兀在前方為合格。

-上格龍主文章名譽 致身通顯569)及女貴。
- 中格龍主科第 州縣之官。
- 賤 龍主累擧不第 貴在外家

565) 신하가 임금에게 당(堂) 아래에서 절하는 것이 〈본래의〉 예(禮)인데 지금에는 당(堂) 위에서 절하니, 교만하다.(拜下(禮)也 今拜乎上泰也. <출전>『논어』

566) ☕ 한문 문법의 기초 ☞ 限定文 : 而/爾/已矣/耳矣/耳已/已而矣/也已 :~일 뿐이다, ~일 따름이다. 이단(異端)에 대하여 공격하면 이에 해로울 뿐이니(攻乎異端이면 斯害也已니라)『論語』34 위정편 제16장

567) 拜節(배절) : 명절을 축하하다. 명절 인사를 드린다. ◦ 封侯(배후) : 천자(天子)에게 조공(朝貢)을 하는 작은 나라의 임금. 제후(諸侯). 제후(諸侯)를 봉(封)함.

568) 吏(이) : 벼슬아치. 관리(官吏) ◦ 典僕(전복) : 각 관아(官衙)에 소속된 하례(下隸;아래에 있는 종).

569) 치신(致身) : 나라에 신명(身命)을 바침. ◦ 통현(通顯) ; 큰 벼슬을 하다. 현달하다. 입신출세하다. ☞不第: (시험에) 낙제하다. 불합격하다.

봉련(鳳輦)은 비록 뾰족한 날개가 있으나 혈을 찌르지 않고 혈은 가운데에서도 보이지 않는다. 다만 첨수(尖秀)한 봉(峰)이 혈 앞에 높이 솟아서 오뚝하게[突兀;돌올] 있으면 비로소 격식에 어울린다.

- 상격룡은 문장(文章)으로 명예(名譽)가 있고, 나라에 목숨 바쳐 큰 벼슬을 하며[致身通顯], 여자는 신분이 높다[女貴].
- 중격룡은 과거에 급제하여 주현(州縣)의 벼슬[관리]을 한다.
- 천룡은 여러 번 차례 과거[累擧;누거]시험에 불합격하고, 높은 지위나 권세[貴]는 외가(外家)에 있다.

금로(金爐) / 중격귀사(中格貴砂)

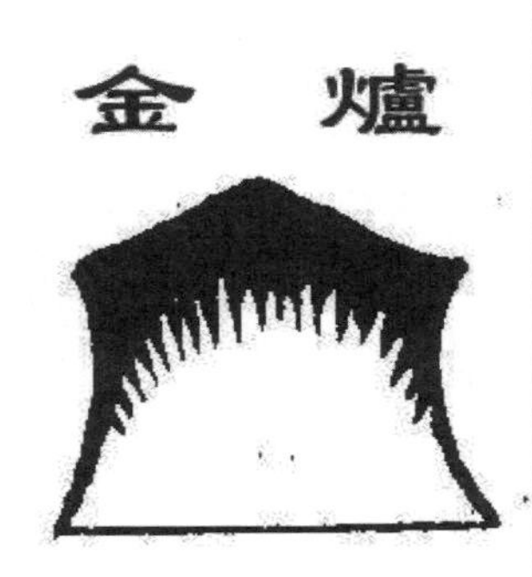

中格貴砂金爐者，多是石山，有似於金爐之狀。若更有仙橋相應，主丹藥昇仙，及出御醫，膺聘榮顯。

- 上格龍主富貴昇朝，淸要之官。
- 中格龍主豪富好仙。
- 賤 龍主出師巫，及神壇寺廟。

☞청요(淸要) : 청환(淸宦)과 요직(要職).
∘청환(淸宦) : 학문과 인품이 높은 관리

금로(金爐)는 대부분 석산이다. 금로의 모양[金爐之狀]과 유사(有似)하다. 만약 또[更;갱] 선교사[仙橋]가 상응(相應)하면 주로 신선이 만든 영약[丹藥]으로 신선이 되고[昇仙(승선)] 어의(御醫)로 부름을 받아[膺;응] 조정에 나가 입신출세하다[榮顯(영현)].

- 상격룡은 주로 부귀(富貴)하고 조정에 올라 학문과 인품이 높은 관리로 요

직에 근무한다.
- 중격룡은 부유하고 세력이 있고[豪富], 신선을 좋아한다[好仙].
- 천룡은 무당[師巫;사무]이 나오고, 신단(神壇)과 불교의 사묘(寺廟)로 이용한다.

어병풍(御屏風) / 상격귀사(上格貴砂)

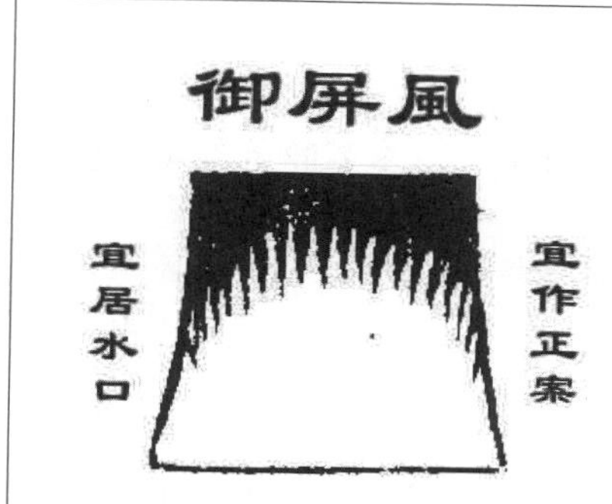	上格貴砂御屏風[570]者，乃土星之特峙者也。要方正骨立、聳峙不欹斜、不走足，方為合格。 -上格龍主文臣宰輔，功著鼎彝[571]，澤及子孫。 - 中格龍主出鎮大藩，巨富全福 - 賤 龍主孤貧僧道。

어병풍(御屏風)은 토성(土星)이 특별히 우뚝 솟은 것[特峙]이다. 뚝바르게[方正;바르게 모가 나] 바위[骨]가 서 있고[立] 높이 우뚝 솟아[聳峙;용치], 의사(欹斜)、지각이 달아나지[走足] 않아야 비로소 격식에 어울린다.

- 상격룡은 주로 문신(文臣) 출신 재상[宰輔;재보]으로 공로[功勞]가 두드려지고, 지위가 높고 떳떳하며[鼎彝;정이] 윤택함이 자손에까지 이른다.
- 중격룡은 제후[大藩] 출진(出鎮)하여 진압하고 거부(巨富)로 행복(幸福)을

570) 어좌사와 어병사는 내대(內臺;御史臺)에 벼슬을 하여 사한(詞翰)을 관장한다.(御座御屛 入內臺而掌翰) 산이 높고 평평하고 방정하여 두 모서리가 날카롭게 드러내어[略披] 드리워진 모양을 어병(御屛)이라 한다(山高平而方正兩角略披垂者謂之御屛) <출처>『설심부』 cƒ) 어서대(御書臺)

☞ 走足(주족) :달아나다(飛走;비주/走竄;주찬/ 走脚;주각/墜足;추족; 늘어진 지각)

온전(穩全)히 누린다[全福].
- 천룡(賤 龍)은 외롭고 가난한[孤貧;고빈] 승도(僧道)이다.

어서대(御書台) / 상격귀사(上格貴砂)

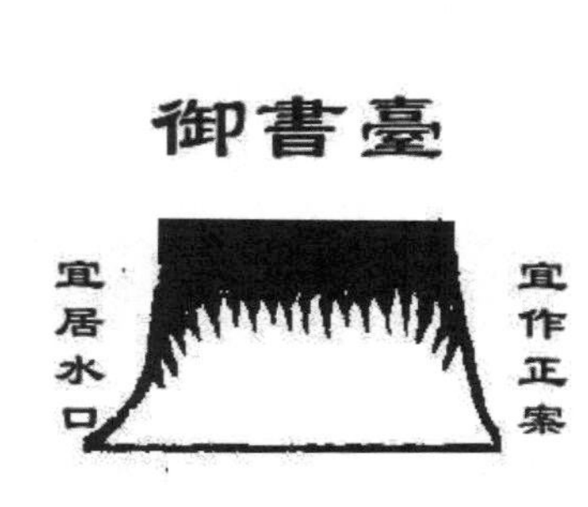	上格貴砂御書台者，土星之低小者也。要頂方而平，面闊而正，忌斜破、走足[572]、崩面、痕浪等弊。 -上格龍主經筵進講[573]，東宮師保之貴，宸翰璽書[574]之賜。 -中格龍主典郡。 - 賤 龍主僧道。

어서대(御書台)는 토성(土星)이 저소(低小)한 것이다. 꼭대기가 방정하고 평평하고[方而平] 면(面)이 넓고[闊 ;활] 똑발라야 한다. 사파(斜破)、주족(走足;산기슭이 달아나다.)、붕면(崩面)、낭흔(痕浪;파도처럼 패인 흔적) 등 나쁜 것[弊;폐]을 꺼린다.

-상격룡은 주로 임금에게 유학의 경서를 강론하고[經筵進講], 태자의 스승으로[東宮師保] 벼슬을 한다. 임금이 몸소 쓴 편지(便紙)에 옥새(玉璽)가 찍혀 있는 문서를 하사받는다.
-중격룡은 군읍을 맡는다.
-천룡은 주로 승도(僧道)를 한다.

---

572) 足(족) : 산기슭. 산족(山足). 산록(山麓).
573) 經筵(경연) : 임금에게 유학의 경서를 강론하는 일 ◦ 進講(진강) : 임금의 앞에서 글을 강론(講論)함. ◦宸翰(신한) : 임금이 몸소 쓴 편지(便紙).
574) 璽書(새서) : 옥새(玉璽)가 찍혀 있는 문서(文書). ◦ 사(賜) : 주다. 하사(下賜)하다.
☞ 秀(수) : 빼어나다. (높이)솟아나다.

황제좌(皇帝座)/ 상격귀사(上格貴砂)

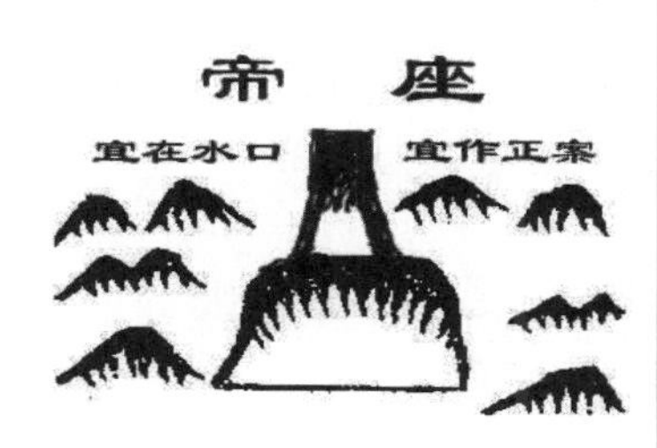	上格貴砂皇帝座者，一峰聳立，兩肩均平者也。要中峰秀侵雲漢，兩旁平正，方為合格。忌斜欹、破碎,浪痕 要四山擁從。 -上格龍主封王侯，子孫襲爵位，女后妃，朱紫滿門。亦出神仙。 - 中格龍主文章名譽，尚書侍從。 - 賤 龍主州縣卑職，沾恩光。

황제좌(皇帝座)는 하나의 봉우리가 솟아 서 있으면 양견(兩肩)이 균등하고 평평한 것이다. 중봉(中峰)이 높이 솟아[秀] 하늘[雲漢;운한]에 가깝고[侵(침)] 양방(兩旁)이 평정해야 비로소 격식에 어울린다.

의사(欹斜)、파쇄(破碎), 낭흔(浪痕)한 것을 꺼린다. 사산(四山)이 따라오면서 호위해야[擁從] 한다.

- 상격룡은 주로 왕후(王侯)로 왕이 작위(爵位)을 내리어 주고[封;봉] 자손(子孫)이 아버지의 작위를 이어 받고[襲爵位;습작위], 여자는 후비(后妃)가 되고 고관이 가문에 가득하며[朱紫滿門] 또한 신동(神仙)이 나온다.
- 중격룡은 주로 문장(文章)으로 명예(名譽)가 있고, 상서(尚書)에 오르고 임금을 모시는 벼슬[侍從]을 한다.
- 천룡은 주로 주현(州縣)의 낮은 관직[卑職]이다. 은혜로운 혜택[恩光]을 입는다[沾;첨].

어로(御爐) / 상격귀사(上格貴砂)

어로사(御爐砂)는 금토(金土)가 상생(相生)하므로 귀(貴)한 것이다. 사방

[方]이 분명하게[伶俐] 둥글어야 하고 높고[尊] 빼어나면[貴] 유정하다. 기울거나 파쇄된 형상이 아니면 비로소 격식에 어울린다.

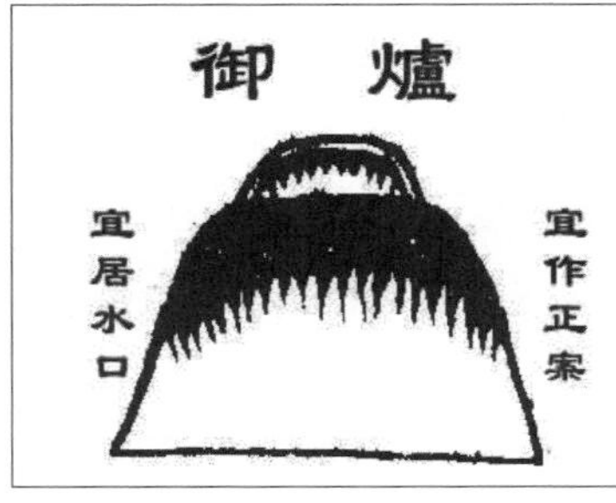 	上格貴砂禦爐之砂，金土相生，故貴。要圓方伶俐[575)]，尊貴有情，無欹斜破碎之形，方為合格。 - 上格龍主日近天顏，身惹[576)]禦香 - 中格龍主富貴而好事鬼神 - 賤 龍主神廟威靈及僧道巫祝。

- 상격룡은 주로 매일 임금의 얼굴[天顏;천안]을 가까이 대하고, 몸[身]에 어향(禦香;궁중에서 피우는 향]냄새가 난다.
- 중격룡은 주로 부귀(富貴)하고 귀신(鬼神)을 섬기는 것을 좋아한다.
- 천룡은 사당[神廟]의 위엄이 있는 신령과 승도(僧道)로 제의 의식을 치루는 것[巫祝;무축]을 한다.

만상아홀(滿床牙笏) / 상격귀사(上格貴砂)

만상아홀(滿床牙笏)은 혹(或) 첨봉(尖峰)이거나 혹 석순(石筍)이 떼지어 모여서[叢聚;총업] 아홀(牙笏)이 만상(滿床)에 있는 갈아[有似] 대소고저(大小高低)을 논하지 않고 다만 청수(清秀)한 것을 좋은 것으로 한다.

-상격룡은 주로 삼세(三世;父.子.孫子) 같이 조정에서 벼슬을 한다[同朝]. 고위관료[朱紫;주자]가 가문에 가득하고[滿門] 여러 세대[累世]에 부귀(富貴)한

---

575) 伶俐(영리) : 뛰어나다.(머리가) 영리하다. 뚜렷하다. 분명하다. ◦尊(존) : 높다. 높이다. 우러러보다. ◦貴(귀) : 빼어나다. 우수함.

576) 惹(야) : 어지럽다. 흐트러짐. 불러 오게 하다. 초래(招來)함.◦어(禦) : 제사(祭祀) 지내다. 모시다. 받들다.

다.

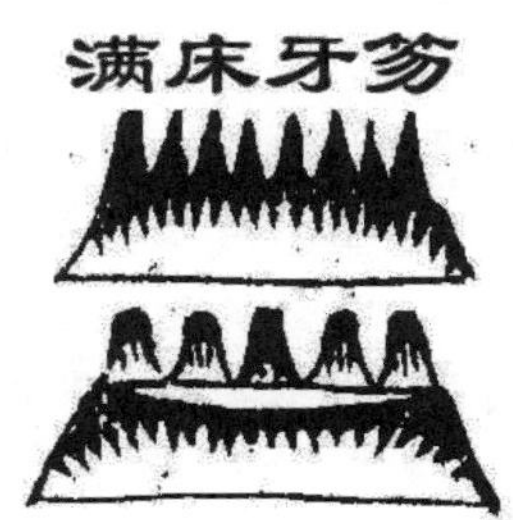	上格貴砂滿床牙笏者，或尖峰，或石筍叢聚[577]，有似於牙笏滿床。不論大小高低，但以清秀為吉。 -上格龍主三世同朝，滿門朱紫，累世富貴。 -中格龍主父子兄弟同科，文章名譽。 -賤 龍主畫工、法師、僧道。

-중격룡은 주로 부자(父子)·형제(兄弟)가 같이 과거에 급제하고 문장(文章)으로 세상에 널리 인정받아 얻은 좋은 평판[名譽]이 난다.

-천룡은 주로 화공(畫工)、법사(法師)、승도(僧道)이 난다.

고축,전축,고축개화(誥軸、展軸、誥軸開花)/상격귀사(上格貴砂)

이 사격은 길고 넓은 것은 전고(展誥)라 하고, 협소(狹小)한 것은 고축(誥軸)이라 하며 모두 평정(平正)하고 청수(清秀)하여、파쇄(破碎)되지 않아야 좋다.

또 고축의 위[軸上]에 꽃이 살아난[生花] 격이 이고, 만약 대개 개장하여 귀인(貴人)와 마주하고[得] 여러 귀사가 상응하면 역량이 더욱 뛰어난다[愈勝; 유승]. 그러나 전축(展軸) 또한 오로지 토성만 취하지 아니하고 만약 수성(水星)이 양쪽의 모서리[兩角]에 약간 솟은 것도 전축(展軸)이다. 다만 수성(水星)이 양쪽 모서리에 솟으면[角起] 또한 선교(仙橋)와 유사하다.

다만 선교(仙橋)이면 모서리가 솟아 자뭇 높아서[頗高] 양각에 화(火)를 이루거나 수(水)[木?]를 이루는 격[兩火濟水之格]이다. 전고(展誥)는 다만 약간 높고 화성(火星)을 이루지 않는 것이 다를 뿐이다.

---

577) 叢聚(총업) : 떼지어 모인다. 군집하다. ◦불론(不論) : 논하지 않다. ~을 막론하고. 문제로 삼지 않다.

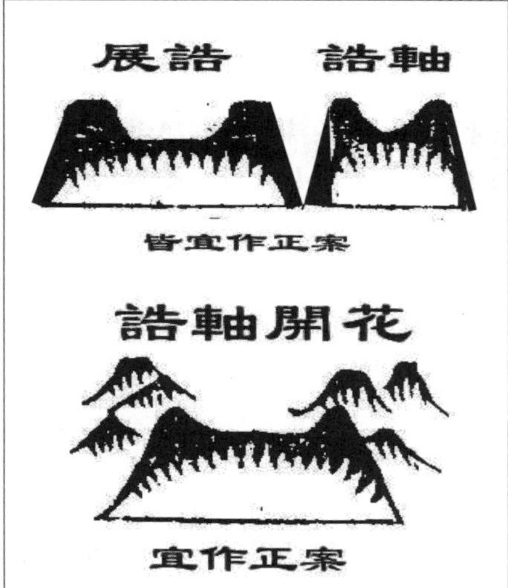	上格貴砂誥軸、展軸、誥軸開花。誥軸砂者，乃土星而兩角高起者也。此格長闊者為展誥，狹小者為誥軸，皆以平正清秀、無破碎者為吉。又有軸上生花之格，若得貴人、蓋帳諸貴砂相應，力量愈勝。然展軸亦不專取土星，若水星兩角微起者，亦是展軸。但水星角起，又似仙橋。惟仙橋則角起頗高，而成兩火濟水之格，展誥則只微高而不成火星為異耳。 -上格龍主膺帝命，褒封恩寵[578)]，駙馬皇親。 -中格龍主貴近天顏。 -賤 龍主小貴而富。

-상격룡은 주로 황제의 명령을 받고, 포봉(褒封;봉하여 칭찬하다)을 누리고[享受褒封] 임금의 사랑을 받아[恩寵] 부마(駙馬)로 황제의 친족[皇親]이 된다.
-중격룡은 주로 임금을 가까이하는 벼슬을 한다.
-천룡은 주로 소귀(小貴)하고 부자이다.

궤로사(跪爐砂) / 중격귀사(中格貴砂)

궤로사(跪爐砂)는 산봉우리[山巒]의 일두(一頭)는 높이 솟고[高聳] 일두(一頭)는 낮고 평평하여 마치 사람이 꿇어앉은 모양과 같은 것이다.

이 사격은 마땅히 높고 커야 좋고, 파쇄(破碎)하고 지각[脚] 나는 듯이 빠르게 달아나[飛動]、순수(順水)하면 좋지 않고 수구에 있으면 적절하다.

-상격룡은 상서(尚書)、재집(宰執)、임금을 시중드는 벼슬[侍從]을 한다.

578) 恩寵(은총) : 높은 사람에게서 받는 특별(特別)한 은혜(恩惠)와 사랑.

-중격룡은 주로 부자이고 신불을 섬기기를 좋아한다.
-천룡은 주로 승도(僧道)로 신불을 숭배할 수 있다[能禮拜神佛].

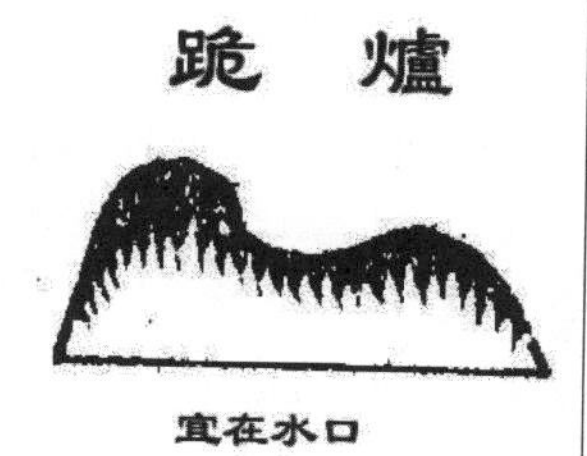	中格貴砂跪[579]爐砂者，山巒一頭高聳，一頭低平，如人跪之狀也。此砂宜高大，不宜破碎及走脚、飛動、順水。宜居水口。 -上格龍主尚書、宰執[580]、侍從之臣。 -中格龍主富而好事神佛。 -賤 龍主僧道能禮拜神佛。

문필(文筆) / 중격귀사(中格貴砂)

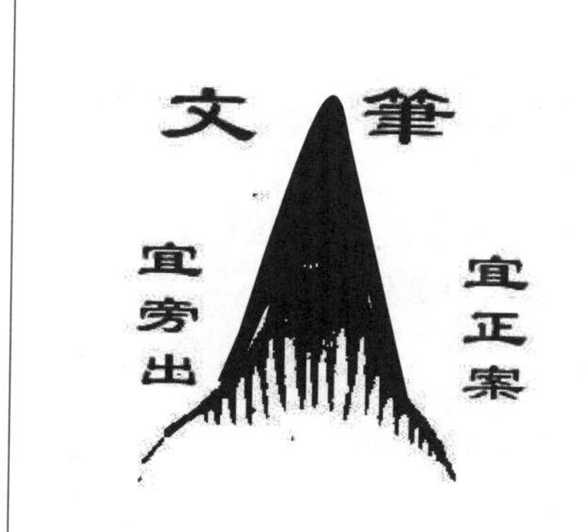	中格貴砂文筆者，文星尖秀卓立聳拔者也。要端正清奇，忌斜破走足。大凡筆砂，宜遠在天表[581]。斷法云：「狀元筆，千里雲霄出。」 -上格龍主文章、科第、顯貴，名譽遠播。 -中格龍主有文名，典州郡。 -賤 龍主蒙師，畫工精巧 ☕문필(文筆)은 목성(木星)+화성(火星)의 기운(氣運)을 겸하고 있다.

579) 跪(궤) : 꿇어앉다. 무릎 꿇고 절하다.
580) 宰執(재집) : 임금을 돕고 모든 관원을 지휘하고 감독하는 일을 맡아보던 2품 이상의 벼슬. 또는 그 벼슬에 있던 벼슬아치. ◦清奇(청기) : (속됨이 없이) 유다르게 아름답다. 아주 훌륭하다.
581) 天表(천표) : 하늘의 바깥[아주 멀거나 높은 곳]. ◦奕(혁) : 겹치다.

문필(文筆)은 문성(文星)이 첨수(尖秀)하며 높이 우뚝 서[卓立] 솟아 빼어난 것[聳拔]이다. 단정(端正)하고 유달리 아름다워야[清奇]한다. 사파(斜破)하고 주족(走足; 산기슭이 달아나는 것)한 것을 꺼린다.

대개[大凡] 필사(筆砂)는 하늘 높이[天表] 멀리 있어야 마땅하다. 단법에 이르길 '장원필은 천 리 밖의 하늘[雲霄;운소]위에 나타난다' 고 한 것이다.

-상격룡은 주로 문장(文章)으로 과거에 급제하여 지위가 높고 귀하며[顯貴] 명성이 멀리 퍼진다.
-중격룡은 주로 문명(文名)이 있고, 주군(州郡)을 담당한다.
-천룡은 주로 사리에 어두우나[蒙師] 그림 솜씨[畫工]는 정교하다.

채봉필(彩鳳筆) / 상격귀사(上格貴砂)

 彩鳳筆 宜作正案，不宜旁出	上格貴砂彩鳳筆者，火星插天而下有從山飛揚之勢，如彩鳳騰霄者也。要端正秀麗，遠在天表，方為合格。 -上格龍主理學崇儒，文章冠世，後學宗師，神童狀元，翰苑師保。 -中格龍主魁解、高第、奕世榮顯。 - 賤 龍主畫工精巧，名播天下。

채봉필(彩鳳筆)은 화성(火星)이 하늘 높이 솟고 그 아래에는 따르는 산[從山]이 높이 올라[飛揚] 세(勢)가 채봉(彩鳳)이 하늘 높이 오르는 것 같다. 단정(端正)하고 수려(秀麗)하고 하늘 높이[天表] 멀리 있어야 비로소 격식에 어울린다.

-상격룡은 주로 자연과학[理學]과 유교를 숭배하며 문장이 세상에서 으뜸이고 후학(後學)이 모두 사람이 존경하는 스승[宗師]이다. 신동(神童)으로 장원

(狀元하여 한림원[翰苑]에서 가르치며 돌보아 준다[師保;사보].
-중격룡은 장원으로[魁解;괴해] 우등급제하여[高第] 여러 세대(世代)[奕世;혁세]에 걸쳐 지위가 높게 되고 귀하게 된다.
-천룡은 그림 솜씨[畫工]가 정교(精巧)하여 천하에 명성이 퍼진다.

재상필(宰相筆) / 상격귀사(上格貴

cf) 령기(令旗) :

목체가 토성 위 가운데 솟아 있는 것으로 옛날, 군령(軍令)을 내릴 때 쓰던 작은 깃발

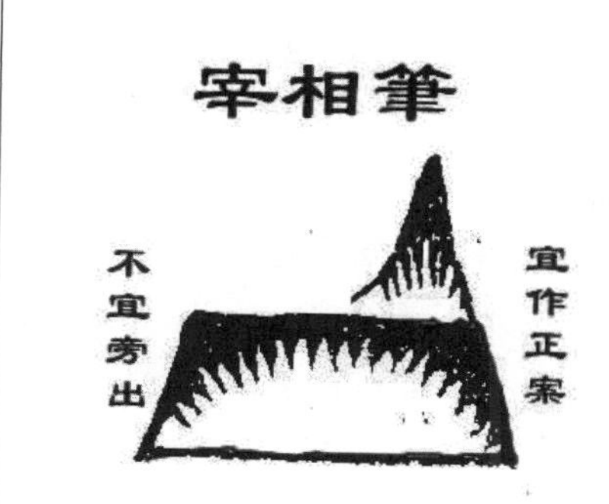

上格貴砂宰相筆者，火星卓立於土星之上而不居中。訣云：「宰相筆，案頭出。」要案正筆秀為合格耳。

-上格龍主出太平宰相，進[582]秉鈞權。
-中格龍主京堂[583]侍從及鎮掌大藩
-賤 龍主蒙師，生徒衆多。

☕국균(國鈞):권력(權力)을 쥐고 나라를 다스림. 또는 그렇게 하는 사람.

재상필(宰相筆)은 화성(火星)이 토성(土星)의 위에 높이 우뚝 서 있으나[卓立] 가운데 서 있지 않다[不居中].
결(訣)에 이르길 '재상필(宰相筆)은 안산의 끝부분에 생겼다' 고 하였으니 정안(案正)은 재상필이 빼어나야 격식에 어울릴 뿐이다.

-상격룡은 주로 성실한[太平] 재상(宰相)이 태어나 벼슬을 하여 권력[鈞權;균권]을 잡는다[秉鈞權].

582) 進(진) : 벼슬하다. 출사함. ☞ 鈞(균) : 존경의 뜻을 나타내는 접두어. 상관(上官)에게 많이 씀.
583) 京堂(경당) : 청대의 고급관원 ◦ 鎮(진) : 누르다. 늘. 억누르다.

-중격룡은 주로 경당의 시종(侍從)과 제후[大藩]을 맡아 지키다[鎮掌;진장].
-천룡은 주로 사리에 어두운 스승[蒙師]이나 학생[生徒]이 매우 많다[眾多;중다].

삼공필(三公筆) / 상격귀사(上格貴砂)

 	上格贵砂 · 三公筆者，三峰卓立于土星之上也。要秀麗清奇，中尊旁卑，不失其序，疏密相等，不攲不斜，方爲合格 -上格龍主公孤[584]極品，掌握朝綱，身系天下安危[585]。 -中格龍主父子兄弟聯科，玉堂顯榮 -賤龍主明經授徒，文名遠播而無顯位 cf) 1.과거를 하여 갑을에 오를 것을 미리 알 수 있다(科登甲乙可前知). 2.휘장을 내리고 제자를 가르치다(絳帳授徒)

삼공필(三公筆)은 삼봉(三峰)이 토성(土星)의 위에 높이 솟아있는 것이다. 수려(秀麗)하고 유달리 아름다우면[清奇] 가운데는 높고 옆은 낮아[中尊旁卑] 삼공필의 순서를 잃지 않고, 간격[密度;(밀도);疏密(소밀)]이 대등하며[相等], 기울지[攲斜] 않아야 비로소 격식에 어울린다.

-상격룡은 주로 삼정승[公孤]의 최고 벼슬 직위[極品]로 조정의 기강[朝綱]을

584) 公孤(공과) : 의정부(議政府)의 삼정승(三政丞)과 찬성(贊成)을 아울러 이르는 말.
585) 安危(안위) : 편안(便安)함과 위태(危殆)함. ◦進身(진신) : 입신출세하다. 벼슬길에 올라 신분·지위를 높이다. 채용되다. 일자리를 잡다. ◦進(진) : 가까이 하다. ◦玉堂(옥당) : 학문적 자문을 하던 관청. 궁전(宮殿).

장악(掌握)하며 신분[身]은 천하의 안위(安危)와 관련이 있다[系].
–중격룡은 주로 부자·형제가 연달아 대과(大科)를 하여[聯科;연과] (조정에 올라[登王庭]) 궁전[玉堂]에서 높은 지위(地位)에 올라 영화(榮華)롭게 된다[顯榮;현영].
–천룡은 주로 명경과(明經科)의 제자를 가르쳐[授徒;수도] 문명(文名)이 멀리 알려지나 귀하고 높은 지위의 벼슬은 하지 못한다[無顯位].

매천필(罵天筆) / 하격천사(下格賤砂)

下格賤砂罵天筆者，尖峰開兩岐也。縱秀麗亦不吉。劉白頭云：「文筆開丫又帶歪，十遭[586]赴舉九空回。」即此之謂與？

–上格龍主刀筆[587]進身，居官不正。
–中格龍主秀才不第[588)]，及畫工、訟師。
–賤龍主是非爭訟，出人缺唇.

매천필(罵天筆)은 산봉우리 끝[尖峰;첨봉]이 둘로 나누어져[兩岐] 갈라진 것[開]이다. 비록 수려(秀麗)할지라도 좋지 않다.
유백온(劉白頭)이 이르길 '문필(文筆)이 아귀 모양[丫;아]으로 갈라지고 또 비뚫져[歪;왜] 붙어있으면[帶] 열 번 시험을 보러 나가 아홉 번[回]는 부질없다[空]' 고 하였는데 즉 이를 말한 것인가?[此之謂與？]

–상격룡은 주로 도필(刀筆)이 용신에 가까이하면 부정(不正)하게 벼슬을 한다[居官].

586) 遭(조) : 만나다. 번 ◦부거(赴擧) : 시험보러 나가다.
587) 刀筆(도필) : 대나무에 문자(文字)를 새기는 데에 썼던 칼. ◦居官(거관) : 관직에 있다. 관직을 맡다
588) 不第(부제) : (시험에) 낙제하다. 불합격하다.

-중격룡은 주로 수재(秀才)이나 시험에 불합격하고[不第] 화공(畫工)이나 변호사[訟師;법정대리인]가 된다.
-천룡은 주로 시비(是非)로 서로 다투며 송사(訟事)를 한다[爭訟;쟁송].출인은 언청이[缺唇;결진]가 나온다.

장원필(狀元筆) / 상격귀사(上格貴砂)

狀元筆 	上格貴砂狀元筆者，火星聳於土星之上也，要正當[589]其筆，又須土方正，火清秀，高而且遠，方為合格。 -上格龍主一舉登科，神童及第，公孤[590]仙客。 -中格龍主科第文名，職掌文衡。 -賤龍主文章之士，儒官訓教。

장원필(狀元筆)은 화성(火星)이 토성(土星)의 위에 솟아있는 것이다. 장원필을 (정면에) 똑바르게 마주 대해야 하고 또 토성(土星)이 방정(方正)하고 화성(火星)은 높고 또 멀리 떨어져[且遠;차원] 청수(清秀)하면 비로소 격식에 어울린다.

-상격룡은 일거(一擧)에 신동(神童)으로 과거에 합격[及第]하여 높은 지위[登]에 오르고, 삼공[公孤]의 신선[仙客]과 같다.
-중격룡은 주로 과거에 합격하여 글을 잘 지어 명성[文名]이 나고, 대제학[文衡;문충]에 직무를 맡는다.
-천룡은 주로 문장이 뛰어난 선비[文章之士]로 유학(儒學)을 가르치는 벼슬아치[儒官]이다.

---

589) 正(정) : 똑바르다. 단정하게 하다. 바로 잡다. 바르게 하다. ◦당(當) : 마주 대하다. 적합하다. 적당하다. 알맞다. ☞ 且(차) : 또. 또한

590) 公孤(공과) : 삼공 삼고를 가리키며, 태사, 태부, 태보를 삼공이라 하고, 소사, 소부, 소보를 삼고라 함

필진(筆陣) / 중격귀사(中上貴砂)

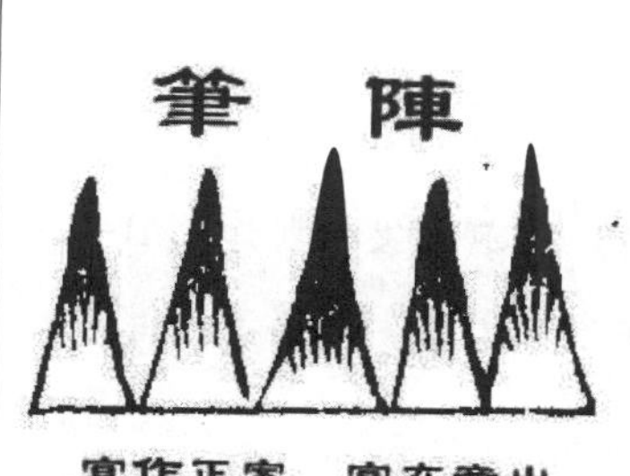	中格貴砂筆陣者，數峰特立，有似於筆陣，雖高卑不同，也宜中峰高，左右峰卑方好。若顛倒[591]錯亂，則吉中有咎耳。 -上格龍主父子兄弟叔侄同登科第，俱有文名。 -中格龍主一家大小俱有文名，累舉不第。 -賤 龍主畫師、法師。

필진(筆陣)은 여러 봉우리가 우뚝 솟아 붓을 연속하여 세워놓은 것과 같다[筆陣]. 비록 높고 낮음이 같지 않으나 중봉(中峰)이 높고 좌우 봉우리는 낮아야 비로소 좋다. 뒤바뀌어[顛倒] 어수선하면[錯亂] 좋은 가운데 허물[咎;구]도 있다.

-상격룡은 주로 부모형제와 숙질(叔侄;**숙부와 조카**)이 같이 과거[科第;과제]에 합격하여 높은 지위에 올라 모두 글을 잘 지어 명성[文名]이 난다.
-중격룡은 주로 집안에 어른과 아이[一家大小]는 모두 문명(文名)이 있으나 여러 대에 걸쳐 과거에 떨어진다.
-천룡은 화가[畫師;화공]이나 승려[法師;법사]가 된다.

투송필(鬥訟筆) / 하격천사(下格賤砂)

투송필(鬥訟筆)은 혈 앞 양쪽에 뾰족한 사(砂)사 서로 마주 대하여[相對] 싸

591) 顛倒(전도) : (상하·전후의 위치가) 뒤바뀌다. 착란(錯亂)하다. 뒤섞여서 어수선하다.

우고 쏘는 것[鬥射]과 같다.

무릇 혈 앞에 투송필을 만나면 대부분 쟁송(爭訟;서로 송사로 다툼)으로 감응하여[應] 형제(兄弟)가 불화(不和)하고 오로지[專] 송사[訟]를 말로 권고하여 부추길[唆告詞] 좋아한다.

	下格賤砂鬥訟筆者，穴前兩尖相對如鬥射也。凡穴前遇此，多主爭訟之應，兄弟不和，專好唆[592]告詞訟。 -上格龍主為官不避權奸[593]，直言為奏，好辯招非[594]，嗜殺無情。 -中格龍主富，兄弟不和，及好爭鬥。 -賤 龍主教唆詞訟，傾家蕩產。

-상격룡은 주로 관료라도[為官] 간신[權奸;권간]을 피하지 않고[不避] 직언(直言)으로 아뢰어[奏;주] 능숙한 말솜씨로 시비를 일으키고[好辯招非] , 살생을 즐겨[嗜殺;기살] 무정하다.

-중격룡은 주로 부자[富]이나 형제가 화목하지 못하고 쟁투(爭鬥)를 좋아한다.

-천룡은 주로 소송[詞訟;사송]을 부추겨[教唆] 가산(家產)을 탕진하여 없앤다[傾家蕩產].

법사필(法師筆) / 중격귀사(中格貴砂)

법사필(法師筆)은 봉우리의 상단(上端)[尖峰之上]에 연이어 여러 개가 갈라져

592) 唆(사) : 부추기다. ◦告詞(고사): 의식(儀式) 때에 글로써 훈계(訓戒), 권고(勸告)하는 말

593) 權奸(권간) : 권력(權力)과 세력(勢力)을 가진 간신(奸臣).

594) 招非(초비) : 말썽을 일으키다. 시비를 일으키다. ◦嗜殺(기살) : 살생을 즐기다.

[數歧;수기] 늘어놓은 것[開]이 또한 매천필(罵天筆)과 같으나 아지(丫岐)가 더욱 많다[是也]. 만약 태개(台蓋)의 아래[下]에 생기면 주로 법에 따라서[因法] 벼슬을 할 수 있다[得官].

<table>
<tr>
<td>
</td>
<td>中格貴砂法師筆者,尖峰之上連開數歧[595]，亦如罵天筆，而丫岐尤多者是也。若出自台蓋之下，主因法而得官。

−上格龍主法師顯應，驅神役鬼，因以承恩。
−中格龍主法師用法而富。
−賤 龍主法師流離困苦。</td>
</tr>
</table>

−상격룡은 승려[法師]가 되어 신기하게[神] 역귀(役鬼)를 쫓아내어[驅;구] 뚜렷한 감응(顯應)하여 이 때문에 승은을 입는다.
−중격룡은 주로 승려[法師]로 법술[法]을 이용하여 재물이 넉넉하다[富].
−천룡은 주로 승려[法師]로 정처 없이 떠돌아 다니며[流離] (생활이) 곤궁하여 고통스럽다[困苦;곤고].

화상필(和尚筆) / 하격천사(下格賤砂)

화상필(和尚筆)은 산꼭대기[尖峰] 옆에 낙타등[陀背;타배] 모양의 산이다. 금화(金火)가 서로 싸우는 까닭으로 천(賤)하다.

또[更;갱] 선교(仙橋)가 있어 서로 돕는 것[相助]이 분명하면[的] 주로 틀림없이[無疑] 고승(高僧)이 난다.

595) 岐(기) : 갈라지다. 일치하지 않다. 다르다. 육발이(발가락이 여섯 개인 사람을 속되게 이르는 말)

和尚筆 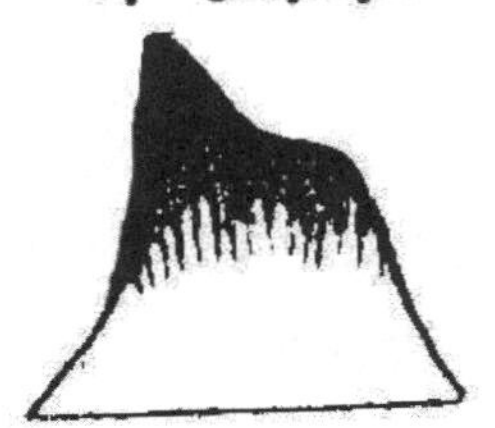	下格賤砂和尚筆者，尖峰596)之旁有陀背之形也。金火相戰，所以賤也。更有仙橋相助，的主高僧無疑。 上格龍主高僧聰慧，有文名而沾恩寵。 中格龍主僧人有法靈驗。 賤 龍主出貧僧。

-상격룡은 고승로 총명하여[聰慧;총혜] 문명(文名)이 있고 임금의 은총(恩寵)을 입다[沾;첨].
-중격룡은 주로 승려[僧人;승인]로 신기한 어떤 징조를 경험하게 하는[靈驗;영험] 법력이 있다.
-천룡은 주로 가난한 승려가 태어난다.

잠지필(醮池筆) / 중격귀사(中格貴砂)

醮池筆  	中格貴砂醮池筆597)者，文筆倒地醮598)入水中也。若順水，多離鄉出貴；若逆水，主巨富，時進田產及橫財。 -上格龍主文章科第。 -中格龍主秀才有文名，巨富。 -賤 龍主蒙師、僧道、水溺。

596) 尖峯(첨봉) : 산정(山頂). 산꼭대기. 뾰족한 산봉우리
597) **군위군 고로면 인각사(麟角寺)의 안산 모양**이 잠지필(醮池筆)의 영향으로 문명(文名;글을 잘 지어 드러난 명성)이 있으며 삼국유사와 같은 저술을 한다.
598) ☕ 潛(잠) : 잠기다. 醮(잠) : 담그다. (물건을) 물속에 넣다. ∘ 及(급) : 달하다. 이르다. 미치다.

잠지필(醮池筆)이란 문필(文筆)이 땅에 넘어져 물속에 들어가 잠긴 것[醮入;잠입]이다. 만약 순수(順水)하면 대부분 고향을 떠나[離鄕] 벼슬[貴]을 하고, 만약 역수(逆水)하면 거부(巨富)로 당대[時]에 부동산[田産]을 사들려[進] 횡재(橫財)를 한다.

-상격룡은 주로 문장(文章)으로 과거에 급제한다.
-중격룡은 수재(秀才)로서 문명이 있고 큰 부자이다.
-천룡은 빼어난 스승[豪師]나 승려[僧道]가 나고,물에 빠져 죽는다[水溺].

진전필(進田筆) / 상격부사(上格富砂)

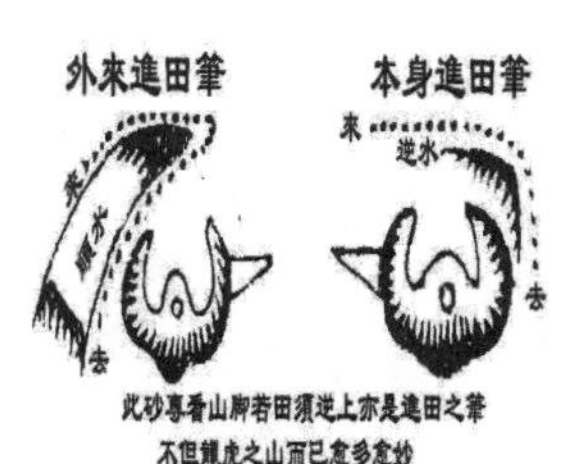	上格富砂 · 進田筆者龍虎之山，带低小之砂，逆水而上599)者是。吴公云："進之砂無左右，只要墳前有。逆来醮水不教干600)，買盡外州田。"然亦欲其彎抱如牛角，有情面穴方爲上吉。亦有不在601)本身龍虎山，而在外來逆水，穴上見之有情，不尖射者皆是。進田筆主發外來横财、田産。龍穴贵，則催贵。大抵此砂極易發，若近穴醮水，寅葬则卯發。予嘗謂逆砂一尺可致富，亦指近穴者言耳。 -上格龍主一擧登科，爲官富厚 -中格龍主田連阡陌602)，時進横财

599) 上(상) : (어떤 곳으로) 가다. 거슬러 올라가다.
600) 教(교) : 전(傳)해주다. 전수(傳授)하다. ~로 하여금 ~하게 하다 ◦干(간) : 마르다, 건조(乾燥)하다.
601) 不在(부재) : ~에 없다. 죽다. ◦역유역무(亦有亦無) : 있기도 하고 없기도 하다.
602) 阡陌(천맥) : 논이나 밭의 두렁으로 동서로 난 것을 맥(陌) 남북으로 난 것을 천(阡)이라

진전필(進田筆)은 용호(龍虎)의 산(山)에 저소(低小)한 사(砂)가 붙어 있어[帶] 역수(逆水)하여 거슬러 올라가는 것이다.

오공이 이르길 '진전필(進田筆)의 사[進之砂]는 좌우에 없으나 다만 혈[墳; 분] 앞에 역래(逆来)하여 물에 잠겨[蘸水] 마르지 않으면[不教干] 외주(外州)의 밭[田]을 모두 살 수[買;매] 있다'고 하였다.

그러나 그것이[進田筆] 또 우각(牛角)처럼 만포(彎抱)하여 혈을 향하여[面] 유정(有情)하면 비로소 가장 좋다. 본신(本身)의 용호산에 진전필(進田筆)이 있기도 하고 없기도 하고[亦有不在] 외래산이 뻗어와 역수(逆水)하면 혈에 올라[穴上]보아 유정(有情)하여 첨사(尖射)하지 않으면 모두 진전필(進田筆)이 맞다[是]. 진전필(進田筆)은 주로 외래(外來)하면 횡재(横财)하여 부동산[田產]이 생긴다. 용혈(龍穴)이 귀하면 빠르게 귀하게 된다[催贵;최관]. 대저(大抵) 이 사격은 극히 매우 쉽게[極易] 발복한다.

만약 혈 가까이 물에 잠기면[蘸水] 인시(寅時) 장하면 묘시(卯時)에 발복한다. 나는 '역사(逆砂) 한척(一尺)이면 부자에 되게 할 수 있다.'는 것을 경험하였다[嘗;상]. 다만[亦] 근혈(近穴)을 가리킬 뿐이다.

-상격룡은 주로 일거(一擧)에 등과(登科)하여 벼슬을 하고[爲官] 부유하게 된다[富厚;부후].
-중격룡은 주로 논밭 사이의 길[땅이 넓어]이 연이어 당대에 횡재(横财)가 도래(到來)한다.

이향사(離鄕砂) / 하격천사(下格賤砂)

下格賤砂離鄕砂者，順水飛走，無複[603]關闌也。凡上下臂交過者，須要外一重有下手回轉攔住方好。若外重無承托，只是過身，乃離鄕之應也。不過身而飛揚趨出者亦是。又有一等龍穴，朝應皆貴，而有離鄕之証者，此不足畏。蓋仕宦本離鄕而[604]

한다. 논발 사이에 난 길 ☞ 不曾(불증) : ~한 적이 없다.
603) 複(복/부) : 또. 다시. 거듭하다(부). 겹옷(복) ∘ 攔住(난주) : 꽉 막다. 차단하다.
604) 而(이) : ~지만. ~나. ~면서.그러나. [역접(逆接)을 나타냄]

貴顯者，又多寄居[605]他所。楊公云「官不離鄕任何所？」是也。亦須認龍穴端的[606]，而後可用。

-上格龍主離鄕貴顯，立功異域。 -中格龍主離鄕發達。-賤 龍主遭配[607]流移。

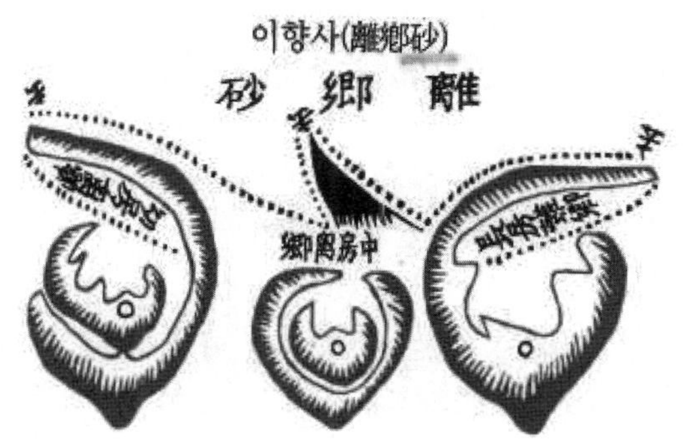

이향사(離鄕砂)란 순수(順水)하여 매우 빨리[飛] 달아나면[走] 다시[複;부] 막아주는 사[關闌]가 없다. 일반적으로 상·하비(上下臂)가 만나서 지나가는 것[交過]은 반드시 밖에서 한 겹[外一重]의 하수사[下手]가 선회[回轉]하여 꽉 막아야[攔住] 비로소 좋다.

만약 밖에 거듭 막아주지[承托;받치다] 않으면 다만 이는 용신을 지나가[過身] 곧 이향사[離鄕]의 응함이 있다. 용신(身)을 (통과하여) 지나지 않고 비양(飛揚)하여 달아나는 것[趨出]도 그러하다[是].

또 최고[一等]의 용혈(龍穴)은 조응(朝應)하면 모두 귀하나 이향하는[離鄕] 증거[証]가 있어도 이를 꺼리지 않는다. 대개 벼슬을 하여 몸[本]은 고향을 떠나지만[而] 벼슬이 높아 유명하고[貴顯] 또 대부분 다른 곳[他所]에서 기거한다. 양공(楊公)이 이르길 '관리[官]가 이향(離鄕)하지 않으면 어느 곳에서 근무를 할 것인가?' 한 것이다. 역시 분명히[端的] 용혈을 분별한 후에 사용할 수 있다.

---

605) 仕宦(사환) : 벼슬을 한다. 관원. 관리가 되다. 벼슬아치 ◦寄居(기거) : 얹혀살다. 타향에 머물다.

606) 端的(단적) : 과연. 도대체. 정말로. 분명히◦貴顯(귀현) : 벼슬이나 신분이 높아 유명함 ◦顯(현) : 명성이 있다.

607) 遭配(조배) : 귀양가다. 감옥가다.◦配流(배유) : 유형(流刑 ; 유배)에 처하다. 귀양을 보내다.

-상격룡은 주로 고향을 떠나 다른 지역[異域] 공을 세워 벼슬이 높아 유명한다.
-중격룡은 주로 고향을 떠나 점차로 나아진다.
-천룡은 주로 유배(配流)[감옥] 가고 유랑(流浪)을 한다.

필가격(筆架格) / 상격귀사(上格貴砂)

필가(筆架)란 어떤 경우는 삼봉(三峰)이거나 어떤 경우 오봉(五峰)이 필가(筆架;붓을 걸어 놓는 기구)의 형상[狀]과 비슷한 것이다. 비록 고저가 같지 않아도 또한 중봉(中峰)은 높고 곁에 봉우리는 낮아야 마땅하다.

만약 마주하는 정면[當]은 높고 반대로 옆이 낮고, 마주하는 정면[當]이 낮고 반대로 곁에 높으면 길중(吉中) 허물[咎]이 있다.

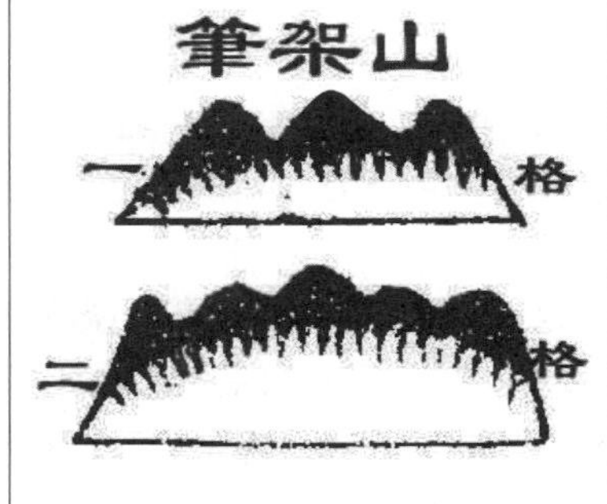	上格貴砂筆架者，或三峰，或五峰，有似於筆架之狀，雖高低不同，亦宜中高旁低。若當[608]高反低，當低反高，則吉中有咎也。 -上格龍主父子兄弟叔侄同科同朝。 -中格龍主三世五世[609]俱有文名之士。 -賤 龍主僧道法師有聲名。

608) 當(당) : 마주대하다. 당면함.

609) **一代 /一世 & 祖의 차이 ?**

1. 세대(世代)의 위차(位次)를 헤아림에 있어서 **대(代)나 세(世)로 원근(遠近)을 표시하거나 칭(稱)함**에는 **급기신(及己身)**에서 출발(出發)됨에 따라,

○ **자기가 일대(一代 ; 一世)**가 되어, ○ 父 ; 二代(世), ○ 祖 ; 三世(代),○ 曾祖 ; 四世(代),○ 高祖 ; 五世(代),

○ 高祖之父 ; 六世(代), ○ 高祖之祖 ; 七世(代) 등 이와 같이 분간 하고,

2. 代. 世에 祖字(조자)를 붙여 **조상을 헤아릴 때**는 자신이 자기의 조상이 될 수 없으니 **不及己身(불급기신)**이라 하여

○ 자기 ; (기준. 나의) ○ 父 ; (一代祖) ○ 祖 ; (二代祖) ○ 曾祖 ; (三代祖) ○ 高祖 ; (四代

-상격룡은 부자 · 형제 · 숙질(叔侄)이 같이 과거시험을 보고 같이 조정의 벼슬에 오른다.
-중격룡은 주로 삼세(三世)에서 오세(五世)는 모두 문명이 있는 선비가 나온다.
-천룡은 주로 승려와 도사[僧道]의 스승[法師]으로 명이 난다[聲名].

유리렴(琉璃簾) / 중격귀사(中格貴砂)

유리렴(琉璃簾)은 평평한 언덕 아래[平岡下] 높은 밭[高田]과 같이 층이 거듭하여[層疊] 돌이 겹겹이 쌓인 모양[磊落]으로 물의 빛이[水光] 횡으로 배열되어[橫列] 반짝이는 유리(琉璃)의 모양과 같다.

정면에 물결 층은 옷에 주름을 잡은 듯이 균일해야 하고, 첨파(尖破)의 형상이 없어야 비로소 격식에 맞다.

	中格貴砂琉璃簾者，平岡下高田層疊磊落，水光橫列，如琉璃之狀。要如疊浪層均正，無尖破之形，方為合格。 -上格龍主出皇后、貴妃、國戚。 -中格龍主侍從之臣巨富。 -賤 龍主神廟。

-상격룡은 주로 황후(皇后)、귀비(貴妃;조선 초기 후궁에게 내리는 가장 높은 지위)、국척(國戚:임금의 인척)이 나온다.
-중격룡은 주로 임금의 시중드는[侍從] 신하로 큰 부자[巨富이다.
-천룡은 주로 조상 신주를 모시는 사당의 자리[神廟]이다.

祖)

진주렴(珍珠簾) / 중격귀사(中格貴砂)

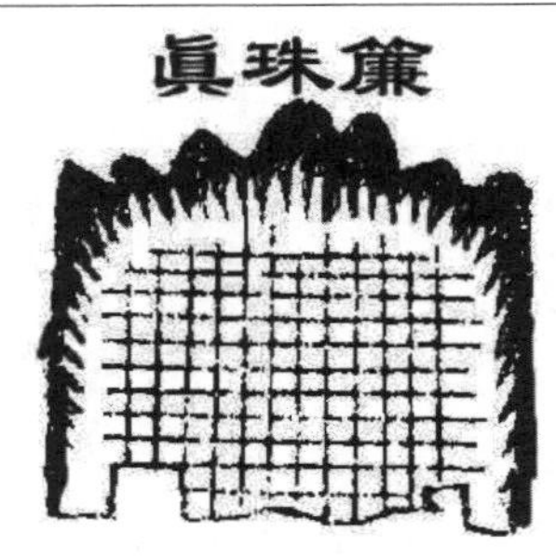 	中格貴砂珍珠簾者,大山開帳,中間瀑泉為石所攔,滴滴如珠而下，故曰珍珠簾. 龍賤為孝簾[610]. -上格龍主出妃嬪公主。 -中格龍主神佛香火顯靈。 -賤 龍主多喪亡，長有孝服。

진주렴(珍珠簾)은 큰 산이 장막을 열어 중간에 폭포와 같은 샘물이 바위에 막혀[所攔;소란] 구슬과 같은 물방울이 아래로 뚝뚝 떨어지므로[滴滴] 진주렴(珍珠簾)이라 한다. 용이 천하면[龍賤] 효렴(孝簾)이라 한다.

-상격룡은 주로 비빈(妃嬪)이나 공주(公主)가 난다.
-중격룡은 주로 부처[神佛]에 향촉을 관리하는 사람[香火]으로 신통력을 발휘한다.
-천룡은 주로 죽는 사람이 많고 효복(孝服)을 오랫동안 입는다.

장원기(狀元旗)/ 중격귀사(中格貴砂)

장원기(狀元旗)은 목성(木星)이 일정한 간격(間隔)으로 죽 벌여있고[排列] 용신[身]이 수체(水體)와 같은 산이 산기슭山足;산록]에 이르러서 또 개면(開面)하여 아미문성(蛾眉文星)이 생겨난 것이다. 이러한 까닭으로 귀한 사(砂)이다. 산꼭대기[頭頂]가 수려하고 문필(文筆)、태개(台蓋)가 상응(相應)해야 비로소 격식에 어울린다.(목성→수성→아미문성)

610) 효렴(孝簾) : 是深泉如疋帛瀉下 無間破去處. ◦ 필백(疋帛) : 비단

狀元旗 	上格貴砂狀元旗者，木星排列[611]而身似水體，至山足，又開面出蛾眉文星，所以為貴也。要頭頂秀麗，有文筆、台蓋相應者，方為合格。 -上格龍主大魁天下。 -中格龍主魁解出身，官居外閫，及女柄男權。 -賤 龍主文名遠播而無寔[612]

- 상격룡은 주로 천하에 우두머리[大魁;대괴]를 한다.
- 중격룡은 주로 관청[解]에 우두머리[魁]의 경력[出身]으로 왕성 밖[外閫]에 관리로 살고, 여자가 남권(男權)을 쥐게 된다.
- 천룡은 주로 널리 명성이 알려지나 참된[寔;식] 명성이 없다.

초군기(招軍旗) / 중격귀사(中格貴砂)

招軍旗 	中格貴砂招軍旗者，旗形高大，而衆脚飛揚，而有一帶[613]纏繞，勢如招動者為合格。要甲馬頓起，有鼓相應[614]者為真。 -上格龍主義兵為開國之勛，世享爵祿。 -中格龍主義勇[615]保障。 -賤 龍主草寇、神廟、軍卒。

611) 배열(配列) : 일정(一定)한 차례(次例)나 간격(間隔)으로 죽 벌여 놓음.
612) 무식(無寔) : 없다. 무시하다. 금지(禁止)하다.

초군기(招軍旗)은 깃발 모양이 매우 높고 많은 지각[衆脚]이 높이 쳐들어[飛揚] (깃발 모양의 사릅) 전부[一帶] 감싼[纏繞] 세(勢)가 손짓하여 움직이는 것 같으면[如招動者] 격에 맞다.
갑옷을 입은 말[甲馬]과 같은 봉우리가 솟아나고[頓起] 상응(相應)하는 북[鼓]이 있어야 참이다.

-상격룡(上格龍)은 주로 의병(義兵) 활동을 하여 개국(開國)공신으로 한평생[世享] 관직과 복록을 누린다[爵祿].
-중격룡은 주로 안보[保障]에 힘쓴다[義勇].
-천격룡 산적[草寇]、사당[神廟]、군졸(軍卒)을 한다.

cf)초군기(招軍旗),전기(戰旗),적기(賊旗),항기(降旗),돈기(頓旗),영기(令旗),득승기(得勝旗),퇴기(退旗),패기(敗旗),장원기(狀元旗)이다.

득승기(得勝旗) / 중격귀사(中格貴砂)

得勝旗 	中格貴砂得勝旗者, 旗形攸[616]揚卓立, 大勢向內逆水, 身頭似文旗, 而山脚舒展, 星峰光彩, 所以為吉。 -上格龍主輔國[617]元勛,銘功鼎彝, 世襲承寵。 -中格龍主職掌元戎,武功受寵。 -賤 龍主軍伍得功。

613) 一帶(일대) : 어느 지역(地域)의 전부(全部). ◦초(招) ; 부르다. 손짓하다. 흔들리다. (몸을) 움직이다.
614) 相應(상응) : 서로 응(應)함. 서로 맞아 어울림. 서로 기맥이 통(通)함.
615) 義勇(의용) : 자진(自進)하여 공공(公共)을 위(爲)하여 힘씀.

득승기(得勝旗)은 깃발의 모양[旗形]이 높이 우뚝 서[卓立] 빠르게 바람에 휘날리는[攸揚] 대세(大勢)가 안으로 향하여[向內] 역수(逆水)하고, 용신의 끝[身頭]이 문필이 탁립한 기와 같고 산의 지각이 펼쳐져[舒展] 산봉우리[星峰]에 광채가 나면 좋다.

-상격룡은 국정을 도운 큰 공훈이 있는 사람[輔國元勛]으로 제기[鼎彝;정이]에 공적을 새겨[銘功] 대대로[世襲] 임금의 총애를 받다[承寵;승총].
-중격룡은 직무[職掌]는 통수자[元戎;원융]로 무공(武功)을 세워 임금의 총애를 받는다.
-천룡은 군대[軍伍]에서 공적을 이룬다[得功].

전기(戰旗) / 중격귀사(中格貴砂)

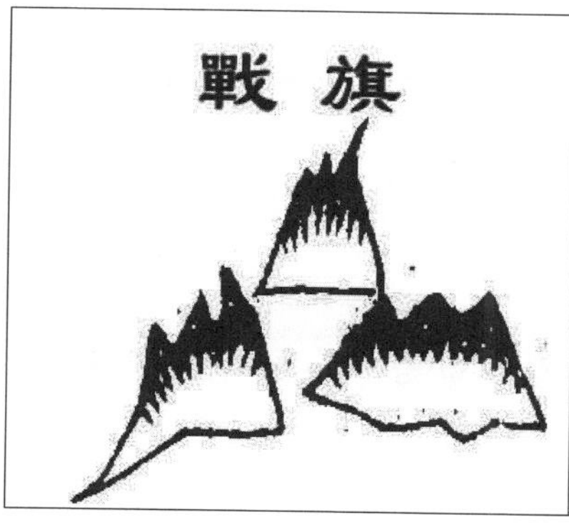

中格貴砂戰旗者，卓立峻直，而有威武[618]之象。此格如三品字者，若有鼓角相應，尤為顯貴。

-上格龍主出將入相，節制諸軍。
-中格龍主小官統領兵卒。
-賤 龍主為卒上陣爭戰。

전기(戰旗)은 높이 우뚝 서[卓立] 높고 가팔라[峻直] 위풍당당한[威武] 상(象)이다. 이 격은 삼품자(三品字)와 같고 만약 북과 나팔[鼓角]이 서로 응하면[相應] 더욱 벼슬로 영달한다[명성이 있다].

616) 攸(유) : 물이 흐르는 모양. 위태(危殆)로운 모양. 재빠른 모양. 아득하다
617)☞輔國(보국) : 나라님을 도와 국정을 보살핌 ◦元戎(원융) : 최고 사령관. 통수자
618) 威武(위무) : 권력과 무력. 힘이 세다. 위풍당당하다.

-상격룡은 나가서는 장수(將帥)[出將]요, 들어와서는 재상(宰相)[入相]으로 모든 군을 법[節]으로 통제한다.
-중격룡은 지위가 낮은 관리[小官]로 병졸(兵卒)을 전체를 관할하여 거느린다[統領].
-천룡은 졸병으로 출진(出陣)하여[上陣] 전쟁을 한다[爭戰]

영기(令旗) : 군령(軍令)을 내릴 때 쓰던 작은 깃발 / 상격귀사(上格貴砂)

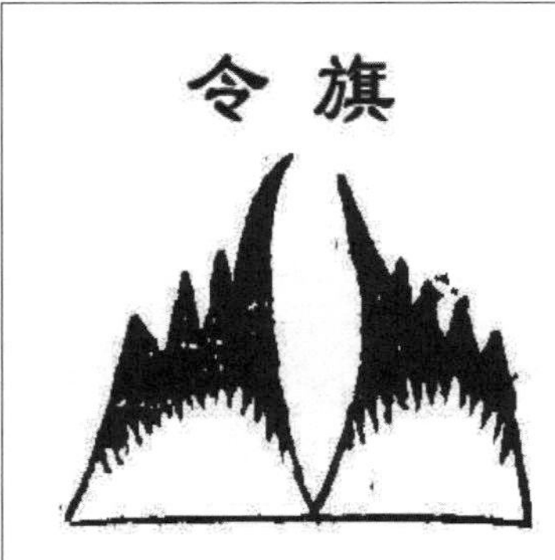 	上格貴砂令旗乃兩旗相向，而中開旁高者是也。要兩旗高低、大小相稱，足[619]雖兩門飛揚，而身則聳立尊嚴，方為合格。此砂有兩等，一等正當穴前，一等兩峙水口，為門旗.[620]此主大貴。 -上格龍主五府，出鎮撫諸將，節制數省[621]。 -中格龍主兄弟統領兵卒。 -賤 龍主橫逆大盜。

영기(令旗)은 두 개의 기[兩旗]가 서로 (마주) 향하여 중간은 열리고 옆은 높은 것이다. 두 개 기[兩旗]의 고저(高低)、대소(大小)가 서로 비슷해야 하고[相稱] 산기슭[足]에 비록 두 개의 문이 비양(飛揚)하더라도 용신(龍身)은 존엄(尊嚴)하게 우뚝 솟아야 비로소 격식에 어울린다.
이 사(此砂)는 두 종류가 있는데 한 종류[一等]는 똑바로 혈 앞에 마주하는 것이고 또 한 종류는 수구 양쪽에 솟아 문 앞에 세웠던 깃발과 같으면 대귀사이다.

---

619) 足(족) : 산기슭. 산족(山足). 산록(山麓).
620) 門旗(문기) : 옛날, 병영(兵營)의 문 앞에 세웠던 가늘고 긴 기
621) 省(성) : 관청(官廳), 관아(官衙). 마을

-상격룡은 오부(五府)에서 출전하여[出] 모든 장수를 지휘하고[鎭撫], 여러 개의 관청[省]을 법[節]으로 통제한다[制].
-중격룡은 형제가 병졸을 거느린다[統領].
-천룡은 큰 도적으로 맘대로[橫] 어지럽게 한다.

적기(賊旗) / 하격천사(下格賤砂)

적기(賊旗)은 파쇄(破碎)하여 첨사(尖射)하고 비스듬히 기울고[欹斜] 추악(醜惡)하며 또 흑석(黑石)이 깎아지른 듯이 우뚝 선 바위[巉岩]가 있으면 모두 격에 좋지 않으므로 흉하다.
수구에 생겨도[出] 혈 주변[穴間]에 보이지 않는 것이 좋다고 판단한다.

	下格賤砂賊旗者，尖射破碎，欹斜醜惡，又有黑石巉岩，皆非吉格，故主凶。若出於水口，而穴間不見者，亦作吉斷。 -上格龍主大將專征伐，不忠赤族622)。 -中格龍主常遭賊凶劫殺。 -賤 龍主凶賊劫掠之人。

-상격룡은 대장(大將)으로 오로지 정벌(征伐)을 하나 불충(不忠)하여 살해된다.
-중격룡은 항상 도적을 만나[遭賊] 빼앗기고 죽음을 당하여[劫殺] 흉하다.
-천격룡은 흉악한 도적[凶賊]으로 약탈하는[劫掠;겁략] 사람이다.

항기(降旗) / 하격천사(下格賤砂)

622) 赤族(적족) ; '아무도 없는 겨레'라는 뜻으로, 한 겨레가 모두 살해(殺害)됨을 이르는 말

<table>
<tr>
<td>
</td>
<td>下格賤砂降旗者，搭[623]地破碎而飛走，焰動順水也。頭身大勢向內，而旗脚向外者，為敗旗。頭身向外者，為降旗。

-上格龍主出入領兵，戰敗而降於敵人。
-中格龍主為大盜，終以降滅。
-賤 龍主為盜寇，絕嗣滅族</td>
</tr>
</table>

항기(降旗)은 (산이) 파쇄(破碎)되어 땅에 쌓이면 불꽃이 생겨 달아나[飛走] 순수(順水)한 것 같다.
용신의 끝이 안으로 향하는 대세이며 깃발[용신]의 지각이 밖으로 향하는 것은 패기(敗旗)이고 용신의 끝이 밖으로 향하는 것은 항기(降旗)이다.

-상격룡은 태어나는 사람이 군대를 통솔하나[領兵], 전쟁에 패하여 적에게 항복하는 사람이다.
-중격룡은 대도(大盜)이며 마침내 항복하여 멸망한다.
-천격룡은 강도[盜寇;도구]이며 후사가 끊어지고 가문이 망하여 없어진다.

패기(敗旗) / 하격귀사(下格貴砂)

패기(敗旗)도 (산이) 파쇄(破碎)되어 땅에 쌓지만 순수(順水)하지 않아 항기(降旗)와 작은 차이가 있다.
대개 승부(勝負)는 보통 병가(兵家)[兵家之常]에서 항기는 자신과 나라를 욕되게 하여[降則辱國辱身] 다시 회복할 수 없으나 이 패기(敗旗)는 역수하기 때문에 그렇지 않다.

623) 搭(탑) : 더하다. 보태다. 보충하다. ◦絶嗣(절사) : 후계자가 끊기다.

敗 旗	下格賤砂敗旗亦搭地破碎，而不順水，差勝[624]於降旗。蓋勝負兵家[625]之常，降則辱國辱身，無複可為矣。此敗旗所以逆水也。 -上格龍大將征伐而敗。 -中格龍主將校萎靡不振。 -賤 龍主寇盜誅夷。

-상격룡은 대장(大將)으로 정벌(征伐)하나 패한다.
-중격룡은 장교(將校)이나 기가 죽어[萎靡;위미] 명성을 떨치지 못한다[不振].
-천격룡은 도적[寇盜;도구]로 오랑캐를 토벌하여 평정한다[誅夷;주이].

돈기(頓旗) / 중격귀사(中格貴砂)

頓 旗	中格貴砂頓旗者，乃火星高聳而飛揚，故曰頓旗。須要山峰雄偉，氣勢[626]軒昂，脚雖飛揚而不反亂者，方為合格。 -上格龍主出大將軍，及文臣專征伐。 -中格龍摠制三邊[627]，軍功掀揭。 -賤 龍主死軍卒兵快。
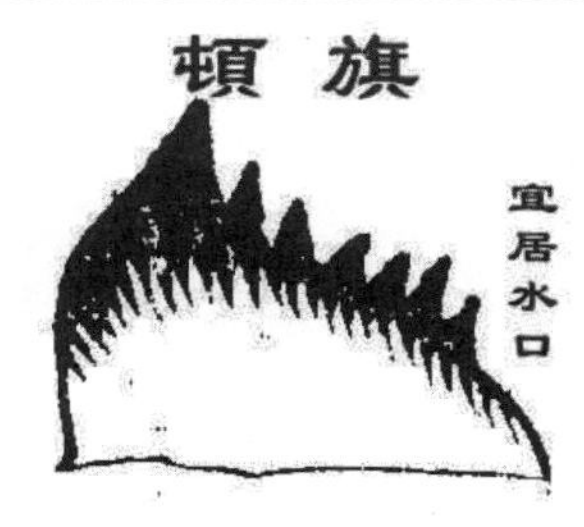	

624) 勝差(승차) :소차. 작은 차 ◦乃(내) : ~이다. 바로 ~이다. 정말로 ~이다. ◦雄偉(웅위): 씩씩하고 뛰어남

625) 兵家(병가) ; 병학(兵學)의 전문가(專門家). 중국(中國) 전국시대(戰國時代)의 가운데 병술(兵術)을 논한 학파(學派).

626) 용의 삼세(龍 의 三勢)

-山壟之勢(산롱지세) : 비교적 높은 산세로서 용약분등(龍躍奔騰)하고 기복돈질(起伏頓跌)하며 끊어졌다가 다시 일어나고 일어났다가 끊어지는 형세를 말하며, 기복맥(起伏脈)이라 한

돈기(頓旗)는 화성(火星)이 높이 솟아올라 흩날리므로[飛揚] 돈기(頓旗)라 한다. 반드시 산의 봉우리가 우람해야 하고[雄偉], 기세(氣勢)는 풍채가 좋고 의기(意氣) 당당(堂堂)하여야 한다[軒昂;헌앙].

지각[脚]이 비록 비양(飛揚)할지라도 오히려 산란(散亂)하지 않아야 비로소 합격이다.

-상격룡은 대장군(大將軍)과 문신(文臣)이 나와 오로지 정벌(征伐)한다.
-중격룡은 변경지역[三邊]에 장수로[摠制] 군에 공을 세워 명성을 떨친다[掀揭;흔게].
-천격룡은 군대에서 졸병(卒兵)으로 죽는 것을 기뻐한다.

돈고(頓鼓) / 중격귀사(中格貴砂)

	中格貴砂頓鼓[628]者，聳體金星，高大雄猛，有若頓鼓之狀。不宜破碎，要圓淨端正，方為合格。 -上格龍主出將軍及藩[629]臣使節。 -中格龍主富而好音樂。 -賤 龍主神廟靈跡樂鼓之人。

다.

-平岡之勢(평강지세) : 낮은 산세가 좌우로 굴곡하고[逶迤屈曲; 之玄屈曲] 개장하고 변화[擺摺;파접]하여 구불구불하게[逶迤] 움직이는 뱀과 같기도 하고 지현자(之玄字)와 같은 용을 선대맥(仙帶脈)이라 한다.

-平支之勢(평지지세) : 용(龍)이 탄이광활(坦夷曠闊)하며 상견상연(相牽相連)하는 것으로 주사(蛛絲).마적(馬跡).사견(絲牽)이되기도 하고,평중(平中)에서 일돌(一突)을 만들기도 한다. 오공(吳公)은 초사회선(草蛇灰線)에다 비유하였고, 이순풍은 '평수맥(平受脈)'이라 하였다.

627) 摠制(총제) : 조선 초기, 삼군 도총제부(三軍都摠制府)에 두었던 버금 벼슬. 또는 그 벼슬아치.

628) 頓鼓(돈고) : 산꼭대기가 평평하고 전체가 둥글둥글한 모양

돈고(頓鼓)는 솟아오른 형상[聳體]이 금성으로 높고 크며 뛰어나 용맹(勇猛)하고[雄猛], 만약 돈고(頓鼓)의 모양이 있으면 마땅히 파쇄(破碎)되지 않는 것이 좋고, 원정(圓淨;둥글고 깨끗하다)하고 단정(端正;(물체가) 똑바르다)해야 비로소 합격이다.

-상격룡은 장군(將軍)으로 출정하고, 관찰사[藩臣]로 파견된다[使節].
-중격룡은 부자이며 음악을 좋아한다.
-천격룡은 신령스런 자취[靈跡]가 있는 사당[神廟]에서 북을 치는 것을 좋아하는[樂鼓;악고] 사람이 나온다.

퇴갑(堆甲)/ 중격귀사(中格貴砂)

中格貴砂堆甲者，小山及[630]平崗層疊重出，如堆甲之狀。要旗鼓二山相應，方為合格。若出自[631]御屏、三台之下，當作牙笏

-上格龍主兵權武貴，汗馬功勞[632]
-中格龍主軍官威武，家積金玉。
-賤 龍主痼病、爭兢、惡死。

1.북처럼 생긴 금성의 봉우리가 높이 솟은 모양으로 장군이 난다. <출처 >『지리담자록』
2.돈창사와 돈고사[頓鼓砂:聳體金星]는 도성 밖[外闔]을 진압하여 병권을 잡는다.(頓槍頓鼓。鎭外闔以持權

<출처 >『설심부』 ☞ 頓伏(돈복) : 봉우리를 기봉(起峯)하고 산줄기가 뻗어 내려감.

cƒ) 돈기(頓旗)/ 돈고(頓鼓)/ 돈복(頓伏) / 돈고(頓鼓) **외?**

- **돈기(頓起)** : (문득) 봉우리가 솟다.
- **돈부(墩阜)** : 약간 높고 평평한 땅과 언덕. 즉 토석으로 된 언덕
- **돈질(頓跌)** : 크게 굽이치며 변화가 있고 힘차게 가는 모양.

<출처> 『설심부변와정해』. 김상태 譯註

629) 藩(번): 울. 덮다. 수레의 휘장. ◦藩臣(번신) :중앙에서 멀리 있는 감영이나 병영의 관찰사. 왕실을 수호하는 신하

퇴갑(堆甲)은 소산(小山)과 평평한 언덕[平崗;평강]이 여러 층[層疊] 중복으로 생겨[重出] 갑옷[甲]을 쌓은 형상과 같다.

기(旗)와 북[旗鼓] 모양의 두 개 산이 상응하여야 비로소 격에 어울린다. 만약 어병(御屛)과 삼태(三台) 아래에서 생겼으면 마땅히 아홀(牙笏)의 모양이 되어야[作] 한다.

- 상격룡은 무인이 벼슬을 하여[武貴] 전쟁에서 세운 공로[汗馬功勞]로 병권(兵權)을 장악(掌握)한다.
- 중격룡은 군사 일을 맡아보는 관리[軍官]로 힘이 세고[威武], 집에 금과 옥을 저축한다.
- 천격룡은 고병(痼病)으로 다투다가[爭兢] 병들어 죽는다[惡死].

발우(鉢盂) / 하격천사(下格賤砂)

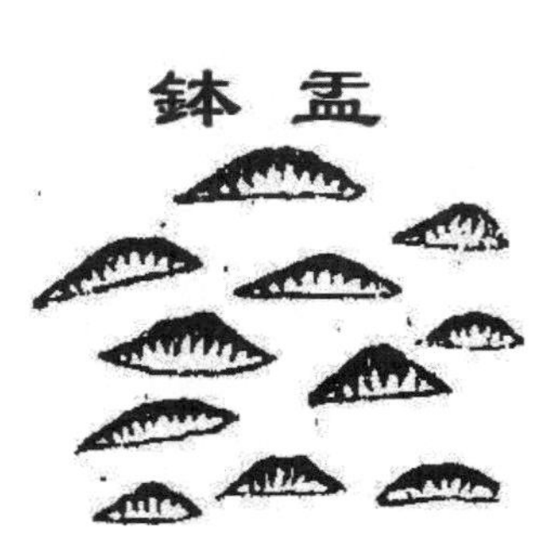	下格賤砂鉢盂者，圓山多寡不一，有似於鉢盂也。若出台蓋之下，又當呼作盆盞之類，亦看後龍何如。或只一山圓而帶腳，亦是鉢盂。 -上格龍主名僧及寺觀巨富。 -中格龍主僧人小富。 -賤 龍主出游僧沿門化食。

630) 及(급) : 및. 와. 과. [단어와 단어군을 병렬하여 접속시킬 때 사용됨. 서면어(書面語)에서 주로 쓰이며 구어에서는 그다지 쓰이지 않음. 중요한 요소가 '及'의 앞에 오며, 주로 '其'나 '其他'와 연용됨] ◦重出(중출) : (글자나 문구가) 거듭 나오다. 중복 출현하다.
631) 出自(출자) : (~로부터) 나오다. (~로부터) 나타나다.
632) 汗馬功勞(한마공로) : 전쟁에서 세운 (큰) 공로. (일정 분야에서의) ◦공로[沿門;연문] : 집집마다. 한집 한집

발우(鉢盂)란 둥근 산이 많고 적음이 하나같지 않으나[多寡不一] 발우(鉢盂)와 유사한 것이다.

만약 태개(台蓋)의 아래에 생겼으면 또한 마땅히 주발과 술잔[盆盞]의 유(類)로 불러야 한다[呼作]. 또 후룡이 어떠한지[何如]를 보고 결정하여 부른다. 혹 다만 하나같이[一] 산이 둥글고 다리가 있으면[帶脚] 역시 발우[鉢盂]이다.

-상격룡은 불교의 사원[道觀]에 이름난 승려로 거부가 된다.
-중격룡은 승려로 작은 부자이다.
-천룡은 떠돌이 승려로 집집마다[沿門;연문] 탁발[乞食;걸식] 한다.

보첩(報捷) / 중격귀사(中格貴砂)

 	中格貴砂捷報者，秀峰疊起奔來，如出征奏捷633)，露布馳報之狀，故曰報捷634)。要山形光彩，來勢向穴。 -上格龍主登科及第。 -中格龍主巡司馹丞，承差之人。 -賤 龍主出為人報捷及鋪兵635)。

보첩(捷報)이란 빼어난 봉우리 거듭 솟아[疊起] 달려와[奔來] 전쟁에 나가[出征] 승리를 알리는 것[奏捷;주첩]과 같이 급히 달려가 군대의 승리 소식[露布]을 알리는[馳報;치보] 형상이므로 보첩(報捷)이라 한다.
산의 형상은 광채가 나고 내세(來勢)는 혈을 향(向)하여야 한다.

633) 奏捷(주첩) :승리의 소식을 아뢰다. 露布(로포) : 군대의 승리의 소식
634) 報捷(보첩) : 승리의 소식을 알리다. ◦馳報(치보) : 급히 달려가서 알림
635) 鋪兵(포병):군포(軍鋪)에서 망을 보거나 역참(驛站)에서 공문을 전달하는 군사.

-상격룡은 과거에 급제를 한다[登科及第].
-중격룡은 순찰업무[巡司]를 담당하는 역승(馹丞)을 하며, 임금의 명(命)을 받들고 지방(地方)에 파견(派遣)된[承差;승차] 사람이다.
-천격룡은 나아가 승리의 소식을 알리고[報捷] 공문을 전달하는 병사[鋪兵]이다.

점병(點兵) / 중격귀사(中格貴砂)

	中格貴砂點兵者，皆亂石在平田或平野，而大小不一，或如豬羊牛馬，或如鴉鳥，或如人立。主大將建立功名之象。黑石無害也。 -上格龍主大將立功名，當身榮顯。 -中格龍主富而抱他人之子為己子。 -賤龍主惡疾患眼，病苦。

점병(點兵)이란 난석(亂石)이 모두 평전(平田)이나 평야(平野)에 있고 대소는 하나같지 않아 혹 소 말 양 돼지 같거나 혹 까마귀[鴉鳥;아오] 같거나 혹 사람이 서 있는 같다.
대장(大將)이 공을 세워 이름을 날리는 상이다. 흑석(黑石)은 해(害)가 없다.

-상격룡은 대장이 공을 세워 이름을 세상에 떨치고[功名] 마땅히 몸은 입신출세를 한다[榮顯].
-중격룡은 부자이고 타인의 자식을 양자로 삼아[抱養] 자기 자식으로 한다.
-천격룡은 고질병[惡疾]이나 눈병[患眼]으로 인(因)한 고통(苦痛)이 있다.

둔군(屯軍) / 중격귀사(中格貴砂)

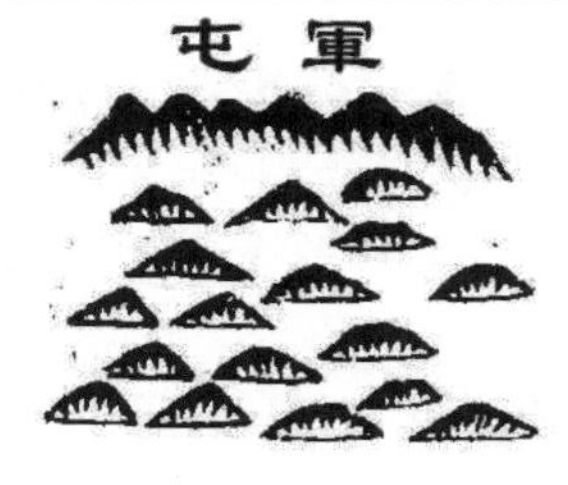	中格貴砂屯軍者，小埠或土或石，雜立於外，平野與諸大山相間[636]錯雜，有若屯軍之狀。 -上格龍主大將節制諸路，生殺自由。 -中龍格主武官。 -賤龍主淫亂混濁。

둔군(屯軍)이란 작은 언덕[小埠]으로 흙이나 암석이 여러 큰 산과 평야 밖에 흩어져[雜立] 서로 뒤섞여 어수선하게[相間錯雜] 군이 주둔한 형상과 같다.

-상격룡은 대장(大將)으로 여러 도[諸路]를 통제하며[節制] 자기 뜻대로 죽이고 살린다[生殺自由].
-중격룡은 주로 무관(武官)을 한다.
-천격룡은 음란(淫亂)하여 크게 불결(不潔)하다[濁].

항절(降節) / 하격귀사(下格賤砂)

	下格賤砂降節者，本佛家神仙之具，其形有似於梳，切忌作正案。凡陽宅與陰地有此者，多為不吉。 -上格龍主異姓同居，淫亂不潔。 -中格龍主僧道有聲名。 -賤龍主神廟香火。

636) 相間(상간) : (물건과 물건이) 서로 뒤섞이다. 갈마들다. 번갈다. ·錯雜(착잡) : 뒤섞여 어수선함. 착잡하다.

항절(降節)이란 본래 불가(佛家)에서 신선(神仙)의 도구로 그 형상이 얼레빗[梳;소]과 비슷하다. 정안(正案)이 되는 것을 극력 꺼린다.
일반적으로 양택(陽宅)과 음지(陰地;음택)에 이것이 있으면 대부분 불길하다.

-상격룡은 주로 이성(異姓)이 동거(同居)하여 음란(淫亂)하며 행실이 바르지 않다[不潔].
-중격룡은 주로 승도(僧道)로 명성이 높다[有聲名].
-천격룡은 주로 사당[神廟]에 향을 태운다.

답절(踏節) / 상격귀사(上格貴砂)

踏節 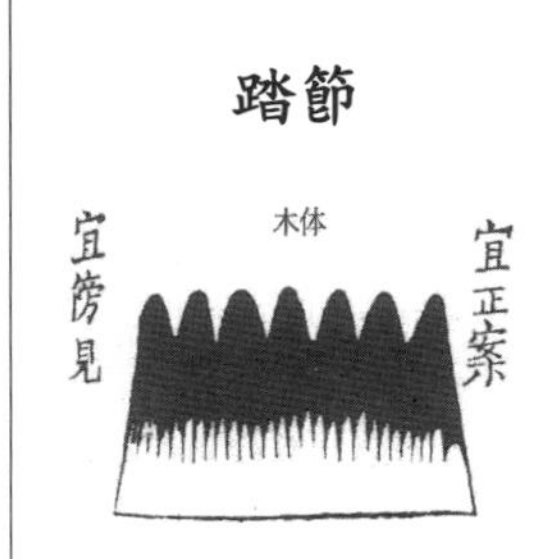	上格貴砂踏節者，尖637)秀木星五峰以上，即為踏節。要均匀，大小疏密相等為合格。忌破碎、浪痕、折皺。 -上格龍主監司藩鎮，授節鉞638)，兄弟齊名。 -中格龍主出使外國，及兄弟同貴。 -賤龍主承差仝雜職

답절(踏節)이란 끝이 (높이)솟아난[尖秀] 다섯 봉우리 이상의 목성이 (횡으로 나열한 것) 곧 답절(踏節)이라 한다.
대소(大小)와 성김이 고르고[均匀] 빽빽하여[疏密] 서로 대등[相等]해야 합격이다. 파쇄(破碎)하고, 깨어져 물결과 같은 흔적[浪痕],주름[折皺;절추; 摺皺;접추]이 진 것을 꺼린다.

637) 尖(첨) : 뾰족하다. 끝. 산봉우리 ◦相等(상등) : (수량·분량·정도 등이) 같다. 대등하다.
638) 授節鉞(수절월) : 제왕의 생사여탈권을 상징하는 절(節;兵符)과 월(鉞;도끼)을 장군에게 수여하는 군사의례.
☞절(節;兵符)은 예전에 군사를 일으키는 일을 신중하고 확실하게 하기 위하여 왕과 지방관 사이에 미리 나누어 갖는 신표. 월(鉞;도끼): 옛날 장군의 출정(出征)으로 주던 도끼.

- 상격룡은 주로 번진(藩鎭)에 관찰사[監司]로 절월(節鉞)에 관한 일을 관장하고, 형제는 나란히 명성이 난다.
-중격룡은 주로 외국에 사명을 받고 외국으로 가고[出使] 형제는 같이 벼슬을 한다.
-천격룡은 주로 잡직으로 (형제가 같이) 임금의 명을 받아 지방에 파견된다[承差].

☕ 承差(승차) : 임금의 명(命)을 받들고 지방(地方)에 파견(派遣)됨.

정절(旌節) / 상격귀사(上格貴砂)

cf)만상아홀(滿床牙笏) / 답절(踏節) / 정절(旌節)

	上格貴砂旌節者，與踏節不同。星峰橫列，缺少一邊，謂之旌節。要清秀光彩，忌浪痕崩破。 -上格龍主出鎮大藩[639]，祖孫同朝。 -中格龍主兄弟俱有文名，而無顯貴。 -賤龍主出人有才能。

정절(旌節)이란 답절과 다르다[相異]. 봉우리가 횡으로 나열하여 한 변이 조금 떨어져 없어진 것[缺少;한변이 결손 한 것] 정절이라 한다.
맑고 빼어나[清秀] 광채(光彩)가 나야 하고 붕괴되고 파손되어 물결과 같은 흔적이 있는 것을 꺼린다.

-상격룡은 주로 제후(大藩)로 출정하여 진압하고, 할아버지와 손자가 같이 관직에 오른다.
-중격룡은 주로 형제는 모두 문장으로 이름이 있으나 입신출세하지[顯貴] 못한다.

639) 大藩(대번) : 넓은 영토를 소유하고 있는 제후

-천격룡은 주로 태어나는 사람은 재능이 있다.

독절(獨節) / 중격귀사(中格貴砂)

獨 節	中格貴砂獨節者，平時會藩儀[640]從，有獨節杖是也。其形如杖，上踏鐵環，從卒以手持之，獨環便有踏響之聲，以警行者。 -上格龍主立大藩，權制一路。 -中龍格主將兵異域[641]。 -賤龍主軍卒

독절(獨節)이란 보통 제후가 모일 때[時會藩] 수레를 따르는 의장기[儀杖]가 독절장(獨節杖)이다. 그 형상이 창(槍) 자루와 같은 것을 손에 쥐고 [以手持] 위의 쇠고리에 장단 맞추어[踏鐵環] 병졸이 따르고, 독절의 고리에 곧 장단을 맞추는 소리로 경계하는 행동하는 것이다.

-상격룡은 주로 제후[大藩]로 즉위하는 중에[一路] 권력으로 억눌러 다스린다[權制].
-중격룡은 장군과 병사[將兵]의 두 가지 역할을 한다[異域].
-천격룡은 군졸이다.

인욕(裀褥) / 중격귀사(中格貴砂)

640) 儀杖(의장) : 지위가 높은 사람의 행차를 할 때 쓰이는 병장기나 물건. 즉 위엄을 보이기 위하여 격식을 세우는 것 ◦鐵環(철환) : 쇠고리. 쇠로 고리 모양으로 만든 물건
641) **異域(이역):** 다른 나라의 땅. 두 가지 역할

裀

褥

中格富砂裀褥二格者，同是平面土星，其形乃平鋪於下，如鋪氈展席。但二者形體亦各不同。裀平而方，褥平而長，塚前多有之，最難察識。看山不如按圖[642]。按圖而視之，方圓長短燦然可見；登山而望之，則衣襭[643]滿目，東西迷向，而胸中之方圓規矩、平直準繩已冥然而無據矣。此非可以紙上語者也。

-上格龍主貴近天顏。

-中格龍主富而多子。

-賤龍主僧道多徒，亦主多疾

인욕(裀褥)의 두 격은 같은[同] 평면 토성(平面土星)이다. 그 형상이 자리에 양탄자를 펼쳐 깔아놓은 것과 같이 아래에 평평하게 펼쳐져 있다[平鋪].

다만 두 가지 토성의 형체(形體)도 역시 각각 동일하지 않다. 인(裀)은 평평하고 각지고[平而方], 욕(褥)은 평평하고 길다[平而長].

무덤 앞에 대부분 그것[裀褥]이 있으며 살펴서 알기[察識]가 매우 어렵다. 간산(看山)은 그림을 보는 것보다 낫다. 그림으로 그것[인욕]을 보면[按圖而視之] 모나고 둥글고, 길고 짧은 것이 선명하게 드러나[燦然;찬연] 볼 수 있으나 산에 올라보면 눈으로 보는 데 한계가 있어[滿目] 옷자락을 걸어 올리고[衣襭;의힐] 동서로 향하여 (보는 것) 것이 아득하다. 마음속에 네모진 것과 둥근 것을 콤파스와 직각자인 규구(規矩)로 평직한 것은 수준기와 먹줄인 준승(準繩)으로 알고자 하는 것은 어리석으면[冥] 터무니없다[無據]. 이는 지면으로 깨우칠 수 없다. 즉 많은 답산을 통하여 알 수 있다.

642) 按圖索驥(안도색기) : 그림을 살펴 천리마를 찾는다는 뜻으로, 틀에 박힌 원칙보다 직접 경험하여 체득하는 것이 중요함을 이르는 말. ◦不如(불여) : ~만 못하다.~하는 편이 낫다.

643) 襭(힐) : 옷자락을 걷다. ◦滿目(만목) : 눈에 보이는 데까지의 한계(限界). 옷자락으로 쌈

-상격룡은 주로 벼슬을 하여 임금[임금의 얼굴;天顏]을 가까이 한다.
-중격룡은 부자이고 자식이 많다.
-천격룡은 주로 승도(僧道)로 제자[徒;도]가 많고 또한 질병도 많다.

쇄포(曬袍)、퇴포(堆袍) ☞晒(=曬) / 중격부사(中格富砂)

中格富砂曬袍、堆袍二者不同，一山展揚，稍有飛動皺摺者為曬袍，重重疊疊，皺折不一者為堆袍。皆欲其有情而向穴。若反朝向外，加以[644]尖利，則為不吉。以袍領向穴，體勢皆順，故主貴。袍，章服[645]也，為身之飾，而又耀之以日光，故主文章，又以為面君之物，故主貴。
-上格龍主世代有貴而不大顯。 -中格龍主為官多是非，黜罷不得[646]超達。
-賤龍主殺傷破敗，投降外國之應。

쇄포(曬袍)와 퇴포(堆袍)의 두 가지는 같지 않다. 하나의 산은 펼쳐 쳐들어 약간 날아 움직여[飛動] 주름살[皺摺;골짜기]이 있는 것을 쇄포(曬袍)라 하고 가로 겹쳐진 모양[重重疊疊]의 골짜기[皺摺;추접]가 하나 같지 않는 것을 퇴포(堆袍)라 한다. 이 모두는 유정하여 혈을 향해야 한다. 만약 오히려 밖으로 향하여 조읍하고 게다가[加以] 뾰족하여 날카로우면[尖利] 좋지 않다.
겉옷[袍]인 관복(官服)의 목[袍領;포령]이 혈을 향하여 몸의 자세(姿勢)[體勢]가 모두 순하므로 주로 겉옷과 예복[袍, 章服]을 귀하게 여기는 몸의 장식(粧飾)이 되고 또 일광(日光)으로 인하여 빛이 나므로[耀;요] 주로 문장이 뛰어나고 또 임금을 대면하는 물건이 되므로 귀하게 여긴다.

-상격룡은 여러 대(代)[世代]로 벼슬을 하나 지위가 높지 않다.

---

644) 加以(가이) : ~을 가하다. ~하다. 게다가. ~한데다가. 그 위에.
645) 袍(포) : 자황포(柘黃袍, 노랑), 자황포(赭黃袍, 주황), 강사포(絳絲袍, 빨강) 셋 중에 하나다. 자황포의 경우 국초에 고정된 포다. 강사포는 평상시에 입는 포다. 셋 모두 통천관과 어울린다. ◦章服(장복) : 장복. 예복(禮服).벼슬아치의 제복◦不得(부득) : 못한다. 못하고. 하지 못하다. ◦超(초) : 높다. 오르다.
646) 黜(출) : 내치다. 쫓다. 떠나다. ◦罷(파) : 그만두다.◦破敗(파패) : 무너지다. 실패하다. 파탄하다

-증격룡은 벼슬을 하나[為官] 시비(是非)가 많아 파면되고(관직이 삭탈 당하다)[黜罷;출파], 벼슬은 높이 올라가지[超達] 못한다[不得].
-천격룡은 주로 살상(殺傷)을 하여 파탄하고[破敗], 외국에 투항(投降)하는 감응이 있다.

복두(褋頭) / 상격귀사(上格貴砂)

cf) 구미 천생산

<table>
<tr>
<td>
幞 頭
</td>
<td>上格貴砂幞頭[647]者，開肩土星，中高兩旁肩低，有似於褋頭也。其為物既加[648]於人首，固為貴矣。矧非人臣面君不敢戴，尤為最貴重者也。穴前見有此砂，欲其方正端嚴，不欹斜，不破碎，方為合格。又有一等土星，開一邊肩者，亦為之幞頭。廖氏又以之為褋頭匣。要之，皆褋頭耳。嘗見有此形者，多是大貴之地。然亦當以後龍定其貴之輕重焉。
-上格龍主王侯烈士[649]，公卿極品，世享爵祿。
-中格龍主方面[650]大臣，富貴有聲。
-賤龍主富盛。</td>
</tr>
</table>

647) 幞頭(복두)사로 구미 상모동에 바라본 천생산의 모습이며 과거(科擧) 급제자가 증서[紅牌; 홍패]를 받을 때 쓰던 관(冠). ◦幞(복) : 두건. 복두.
648) 加(가) : 입다. 몸에 붙이다. 입히다. 얹다. 덮다. ◦矧(신) : 하물며 ◦戴(대) ; 머리에 이다.
649) 烈士(열사) : 나라를 위하여 절의를 굳게 지키며, 충성을 다하여 싸운 사람
◦公卿(공경) : 영의정(領議政)、좌의정(左議政)、우의정(右議政)의 삼공(三公)과 구경(九卿)을

복두(幞頭)란 어깨를 편 토성(土星)이 가운데는 높고 양어깨는 낮아 복두(幞頭)와 유사(有似)하다. 복두는 사람의 머리에 쓰는 물건으로 원래 소중한 것이다. 하물며[矧;신] 신하(臣下)[人臣]가 임금을 배알할 때가 아니면 감히 쓸[戴;대] 수 없으니 오히려 매우 중요한 것이다.

혈 앞에서 이 사(砂)가 보이면 복두가 엄숙(嚴肅)하고[端嚴] 방정(方正)하여야 하고, 비스듬하게 기울지 않고, 파쇄되지 않아야 비로소 합격이다. 또 첫째로 토성이면 한 변의 어깨가 넓은 것을 또 복두(幞頭)라 한다. 요씨(廖氏)는 또 그것을[以之] 복두갑(幞頭匣)이라 한다.

결론적으로[要之] 모두 복두(幞頭)일 뿐이다. 경험상으로 보아 이러한 모양이 있으면 대부분 대귀지(大貴地)이나 역시 마땅히 후룡으로 벼슬의 경중(輕重)을 판단한다.

-상격룡은 주로 왕과 제후[王侯], 열사(烈士) 등 최고 높은 자리[品階;자리,벼슬의 등급] 벼슬[公卿]를 하여 대대로 관직과 봉녹을 누린다.
-중격룡은 주로 지방[方面]에 대신(大臣)으로 부귀[富貴]로 명성이 있다.
-천격룡은 재산이 왕성하다[富盛].

유홀(流笏) / 중격부사(中格富砂)

유홀(流笏)이란 일자문성(一字文星)이 물 흐름을 따라 흐르거나[順水而流] 혹 물에 뜬 것 같으므로[泛水] 모두 유홀이라 한다.

다만 순수(順水)하여 흐르는 것은 대부분 고향을 떠나서 부귀(富貴)를 한다.

-상격룡은 큰 부자이고 고향을 떠나 벼슬을 하고 외교사절로 외국에 간다[出使外國].
-중격룡은 주로 고향을 떠나 부자가 된다.
-천격룡은 주로 타향(他鄕)을 떠돌아다니다[流落] 익사(水溺)한다.

아울러 이르는 총칭(總稱). 고관(高官)의 총칭(總稱).
650) 方面(방면) : 그 일대, 어느 방향의 지역. 어떤 분야

中格貴砂流笏者，一字文星順水而流，或泛水，皆謂之流笏。但順水者多主離鄉而有富貴。

-上格龍主大富，離鄉發貴，及出使外國。
-中格龍主離鄉而富。
-賤龍主流落他鄉，及水溺。
cf) 영락(零落) : 쇠퇴하다.

퇴육(堆肉) / 하격부사(下格富砂)

下格富砂堆肉者，山岡簇集，如堆肉之狀。重重疊疊，大小不等。若圓淨，主富；亦如堆甲之狀，又主武貴。破碎則凶。

-上格龍主大富，亦主武貴，以其有類堆甲。
-中格龍主淫亂濁富。
-賤龍主貧窮淫濫。

퇴육(堆肉)이란 낮은 구릉[山岡]이 무리를 이루어[簇集;족집] 고깃덩어리[堆肉]의 모양과 같다. 가로 겹쳐진 모양[重重疊疊]으로 크고 작은 것이 같지 않다[不等].

만약 원정(圓淨)하면 부(富)하고 또 갑옷이 쌓인[堆甲]
모양과 같으면 또[동시][又] 군인으로 벼슬을 한다. 파쇄(破碎)하면 흉하다.

-상격룡은 주로 큰 부자이며 또 무귀(武貴)한 것은 그것이[其]이 퇴갑(堆甲)과

같은 유(類)이기 때문이다[以].
-중격룡은 주로 음란(淫亂)하고 부정한 돈으로 부유하다[濁富].
-천격룡은 주로 빈궁(貧窮)하고 음탕하고 분수에 넘치는 일을 하여 도덕이나 예의에 어그러진다[淫濫;음람].

제라(提籮) / 하격천사(下格賤砂)

 	下格賤砂提籮[651]者，如乞丐提籮之狀。此山穴上不宜見之，最為不吉，砂格中之所深忌者也。 -上格龍主雖有富貴，不免有瘋癲之人。 -中格龍主僧道。 -賤 龍主乞丐。

제라(提籮)란 거지[乞丐;걸개]가 깡통을 들고 있는[提籮] 형상이다. 혈 위에서 제라(提羅)의 산이 보이면 마땅히 하지 않다[不宜見之].
가장 불길하여 사격 가운데 심히 꺼리는 것이다.

-상격룡은 부귀할지라도 간질[瘋癲;풍전]을 앓는 사람이 있다.
-중격룡은 주로 승도(僧道)이다.
-천격룡은 주로 거지[乞丐;걸개]이다.

번(幡);깃발 / 하격천사(下格賤砂)

번(幡)이란 산각(山脚)이 길고 멀리 달아나거나[奔走] 혹 1리나 혹 수리(數

651) 提籮(제라) : 깡통을 들다. cf) 안검귀인(按劍貴人)

里)를 날아오르는 것[飛揚]이다. 지금 사람이 깃발을 세우는 모양과 같다. 순수(順水)한 것은 흉하며 역수(逆水)한 것은 좋다.

-상격룡은 주로 무직(武職)으로 위력과 권세[威權]가 있다.
-중격룡은 주로 고향을 떠나 부자이고, 음탕(淫蕩)한 행동(行動)을 하고[淫奔] 요절(夭折)한다.
-천격룡은 주로 신령(神靈)을 모시는 승도(僧道)이고, 장병(長病)으로 폐결핵[癆瘵;노채]을 앓는다.

 旛	下格賤砂幡者，山脚飛揚，奔[652]走長遠，或一里，或數里，如今人立旛之狀。順水者凶，逆水者吉。 -上格龍主武職威權。 -中格龍主富離鄉，淫奔夭折。 -賤龍主僧道神靈，長病癆瘵。

파산(破傘) / 하격천사(下格賤砂)

파산(破傘)은 종려나무의 잎[椶櫚葉;종려엽]과 같은 것이다. 한 봉우리가 단정하고 고르게[停匀;정균] 지각(脚)이 나누어졌으나[分然], 전사(前砂)에 파산(破傘)이 보여도 불길하다. 하물며[況] 파쇄되는 것은 어떠한가? 마땅히 흉하다.

-상격룡은 죽이는 것을 좋아하고[好殺] 잔인하며[狠惡낭악], 권세와 무력[威

652) 奔(분) : (목적지를 향하여) 곧장 나아가다.~을 향하여. (어떤 일을 위해) 뛰어다니다.

武]으로 명성을 날린다.
-중격룡은 부자이나 행실이 바르지 않다.
-천격룡은 빈궁(貧窮)하여 다투며[爭兢;쟁경] 불량한 일[無賴;무뢰]을 계속한다[事].

	下格賤砂破傘似椶櫚葉，一峰端正，分脚停勻。然前砂見之亦不吉，何況[653]破碎乎？宜其凶也。 -上格龍主好殺狠惡，威武名揚。 -中格龍主富而不潔。 -賤龍主爭兢貧窮無賴之事[654]

화이(靴履) / 중격귀사(中格貴砂)

	中格貴砂靴履似襆頭而非襆頭，上下二級停勻。靴履下級，靴面低長，與上級不稱，是為靴。履[655]雙只主貴，單只者主清高、孤獨，難為妻子。 -上格龍主文臣侍從，碩儒執禮。 -中格龍主富而好禮。 -賤 龍主螟蛉長病。

653) 何況(하황) : 하물며. 더군다나 。乎(호) : 온. ~니. ~거든
654) 사(事) : 일 .일삼다. 오로지 계속하여 저지르다. 부리다. 섬기다
655) 履(리) : 밟다. (신을)신다. 행(行)하다.

화이(靴履)는 복두(幞頭)와 같으나 복두(幞頭)는 아니다. 상하 2단[二級]이 고르다[停匀]. 화이(靴履)의 아래 단[下級]은 화(靴;가죽신)의 면이 낮고 길고, 윗단[上級]과 어울리지 않는 것은 화(靴)이다.
리(履)는 두 짝[雙]이며 다만 벼슬을 하고 한 짝[單] 다만 청렴[淸高]하며 고독(孤獨)하고 부인과 자식은 어렵게 산다.

-상격룡은 문신[文臣]으로 시종을 들고[侍從] 홀기(笏記;의식의 순서를 적은 글) 읽는 벼슬[執禮]로 뭇사람의 존경을 받는 유학자[碩儒]이다.
-중격룡은 부유하면서도 예를 좋아 한다[富而好禮].
-천격룡은 주로 양자[螟蛉;명령]로 오랫동안 병으로 앓는다[長病].

승혜(僧鞋) / 하격천사(下格賤砂)

僧鞋 	下格賤砂僧鞋，是同一平皐中有分開之紋，以袱裹鞋之象也。順水者凶，逆水者主出富僧。 -上格龍主出高僧，遊遍天下，有名。 -中格龍主僧人有智慧 -賤 龍主貧僧長病

승혜(僧鞋)는 하나의 언덕[平皐] 가운데 갈라진[分開] 무늬[紋]와 같은 것으로 보자기[袱;복]로 신발을 싼[裹鞋;과혜] 모양이다.
순수(順水)하면 흉하고 역수(逆水)하면 부자인 승려가 나온다.

-상격룡은 고승(高僧)이 태어나 천하(天下)를 두루 돌아다녀[遊遍] 명성이 있다.

-중격룡은 주로 승려[僧人]로 지혜(智慧)가 있다.
-천룡은 주로 오래도록 앓고 있는 병[長病]이 있고, 가난한 승려[貧僧]이다.

옥대(玉帶) / 상격귀사(上格貴砂)

	上格貴砂玉帶者，橫木彎抱，有似於帶。又有金魚以應之，則為玉帶。金魚者，帶之旁或帶之首有墩阜，或石如金魚之狀者是也。 -上格龍主公侯之貴，進封[656]侯伯，蟒衣玉帶。 -中格龍主高科，典大藩。 -賤龍主女貴。

옥대(玉帶)란 횡목(橫木)이 굽어 감싸[彎抱] 허리띠[帶]와 유사한 것이다. 또 금어(金魚)가 (옥대와) 상응하면[以應之] 옥대(玉帶)이다.
금어(金魚)란 띠[帶]의 곁에 띠의 머리에 언덕[墩阜;돈부]이 있거나 혹 바위가 금어의 모양과 같은 것이다.

-상격룡은 공후(公侯)의 벼슬을 하여 용의 무늬가 있는 관복[蟒衣;망의]에 옥대를 차고[玉帶] 제후(諸侯)로 봉(封)하여져 나간다.
-중격룡은 과거에 급제하여[高科] 제후[大藩]을 맡는다[典].
-천격룡은 여자가 귀하게 된다.

금대(金帶) · 은대(銀帶) / 중격귀사(中格貴砂)

656) 進封(진봉) : 물건을 남들이 열지 못하게 잘 싸서 임금에게 바치는 일을 이르던 말

	中格貴砂金帶、銀帶，平面水星彎抱者，皆謂之金帶、銀帶。或平坡，或田圳，皆以圓抱穴場者為是。此砂不拘順水逆水，蓋帶總是657)抱過身者也。 -上格龍主典州郡，及因婦而貴。 -中格龍主縣宰658)之官，主有女貴。 -賤龍主經商。

금대(金帶)와 은대(銀帶)는 평면(平面)수성(水星)이 만포(彎抱)한 것을 모두 금대(金帶)와 은대(銀帶)라 한다. 혹 평평한 언덕[平坡]이나 혹 밭도랑[田圳; 전천]은 모두 둥글게 혈장을 감싼 것을 금대(金帶)와 은대(銀帶)659)이라 한다. 이 사(砂)는 순수나 역수에 구애받을 필요가 없다.
대개 위요(圍繞)하여 반드시[總是] 용신을 감싸고 지나야 하는 것이다.

-상격룡은 주 · 군(州郡)을 맡고 부인(婦人)으로 인(因)하여 벼슬을 한다.
-중격룡은 수령[縣宰]의 벼슬을 하고, 여자는 귀하게 된다.
-천격룡은 주로 장사하다[經商].

금어(金魚) / 상격귀사(上格貴砂)

금어(金魚)란 언덕[墩阜]이 길게 굽은 것이다. 이 사(砂)는 정안(正案)으로 하는 것은 마땅하지 않다. 마땅히 아래를 막아 있는 것[下關]이 좋고, 수구(水口)에 머물러 있어야 좋다.

657) 總是(총시) : 반드시. 결국. 늘. 꼭
658) 춘추시대 후기에는 읍을 관장하는 대부를 현재(縣宰)라고 불렀다. 수령(守令).현감(縣監)
659) cf) 담장, 울타리, 도랑은 모두 (양택을) 둥글게 감싸야 한다. 들판의 도랑과 지당은 모두 마땅히 조읍(朝揖)하여야 한다.(牆垣籬塹 俱要回環 水圳池塘 總宜朝揖 ~) < 출처 >『설심부 변와정해』, 김상태 역주

만약 수구 사이[間]에 작은 섬[洲]이 막아도[塞鎭;색진] 유어주(游魚洲)라 한다. 주로 부귀가 오랫동안 간다[悠久]

上格貴砂金魚者，墩阜[660]之長曲者也。此砂不宜作[661]正案，宜居下關[662]，宜居水口。若水口間有洲塞鎭，亦名游魚洲，主富貴悠久。

-上格龍主鼎鼐[663]之臣，滿門朱紫。
-中格龍主典州郡，及巨富。
-賤龍主出人飄蕩[664]，及出游僧。

-상격룡은 주로 높은 벼슬아치인 재상의 자리에 있는 신하[鼎鼐之臣]가 가문에 가득하다.
-중격룡은 주로 주군(州郡)을 담당하고 거부(巨富)이다.
-천격룡은 주로 표탕한[飄蕩] 사람이 태어나고 떠돌이 승이 나온다[游僧].

옥궤(玉几) : 옥으로 꾸민 책상. / 상격귀사(上格貴砂)

cf)옥대(玉帶)

660) 官貴를 얻는 터는 文筆峰에 魚袋峰이 雙으로 연이어 庚金方位에 있어야 한다. ◦墩阜:돈대(墩臺)가 있는 언덕.
661) 作(작) : (어떤 모양을) 나타내다[짓다]. ~로 여기다[삼다]. ~로 하다. 되다.
662) 逆水下關(역수하관) : 하수사와 객수가 서로 반대 방향으로 될 때 그 하수사(下手砂)를 '역관(逆關)'이라고도 하는데, '역수하관'의 줄임 말이다. ◦洲(주) : 강 가운데의 모래가 쌓여서 된 작은 섬. 흙·모래가 물속에 퇴적하여 물 위에 나타난 땅. ◦塞(색) : 막히다.막다. ◦鎭(진) : 지키다. 진영. 요해지(要害地: 군사적으로 아주 중요한 곳)
663) 鼎鼐(정내) : 천하를 다스리던 재상의 자리.☞鼐(내) : 가마솥(아주 크고 우묵한 솥).큰 솥(밥을 짓거나 국 따위를 끓이는 그릇)
664) 飄蕩(표탕) : 정처(定處) 없이 흩어져 떠돎.

 	上格貴砂玉几，反覆皆可。蓋玉几之後，必有貴人圓正，或尖峰巒。玉几反而抱之，亦如貴人御[665]玉几之狀，故反覆皆貴。 -上格龍主大貴，位至三公。 -中格龍主方面重臣。 -賤龍主僧道。

옥궤(玉几)란 반대로 뒤집혀도 모두 가능하다. 대개 옥궤의 뒤에는 반드시 귀인(貴人)이 원정(圓正)하거나 혹 뾰족한 봉우리가 있어야 한다.

옥궤가 반대로 (귀인을) 안아도[反而抱之] 귀인이 옥궤를 막는 형상과 같으므로 반대로 뒤집혀도 모두 귀하게 여긴다.

-상격룡은 대귀하여 삼공(三公)의 자리에 이른다.
-중격룡은 주로 지방에 중신(重臣)이다.
-천격룡은 주로 승도(僧道)이다.

석모사(席帽砂) / 중격귀사(中格貴砂)

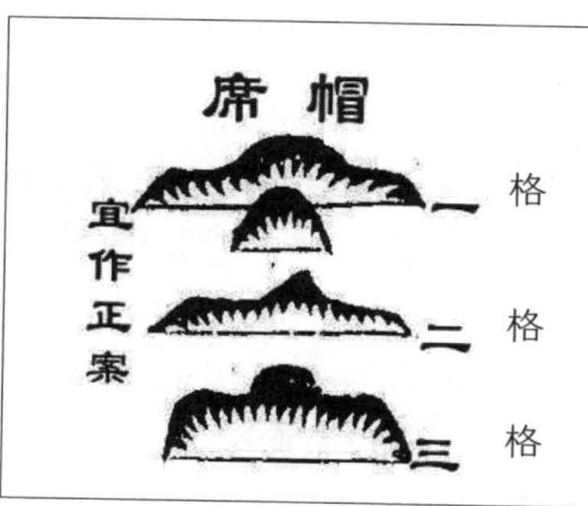 	中格貴砂席帽砂者，亦台星之變格。要均勻清秀[666]，忌斜側、走竄、破碎。上一格有貴人者為勝，二格低小雜職，三格大貴。 -上格龍主升朝侍從之臣。 -中格龍主郡牧邑宰。 -賤龍主出僧道。

665) 御(어) : 막다. 맞이함.영접(迎接)하다. ◦三公(삼공) : 재상 /영의정, 좌의정,우의정

석모사(席帽砂)란 역시 태성(台星)의 변격이다. 고르고 아름다워야 하고 옆으로 기울고[斜側]、달아나는 것[走竄;주찬]、자잘하게 부서지는 것[破碎]을 꺼린다.

위의 1격은 벼슬을 하는 사람은 훌륭하게 된다[為勝]. 2격은 작고 낮아 잡직을 하고, 3격은 크게 벼슬을 한다.

-상격룡은 주로 조정에 입궐하여[升朝] 임금의 시중을 드는 신하[臣]이다.
-중격룡은 주로 수령[郡牧]으로 한 읍을 다스리는 사람[邑宰]이다.
-천격룡은 승도가 태어난다.

모호석모(模糊席帽) / 중격귀사(中格貴砂)

模糊席帽  	中格貴砂模糊席帽者，或圓頂不起，或尖而斜，或走一足，皆是也。上一格主為官不正，無治才決斷。下一格差667)勝。 -上格龍主世代有官不替。 -中格龍主郡牧邑宰。 -賤龍主道士。

모호석모(模糊席帽)란 혹 원정(圓頂)하나 솟아나지 않고 혹 뾰족하고 기울거나 혹 아래의 지각[一足]이 달아나는 것은 모두 모호석모(模糊席帽)이다[是也].

위의 하나의 격식은 벼슬을 하나 바르지 못하고, 결단(決斷)하여 정치를 하는 재주가 없다. 아래에 하나의 격식은 조금 낫다[差勝].

666) 清秀(청수) : 용모가 맑고 빼어나다. 뛰어나게 아름답다.
667) 差(차) : 좋지 않다. 표준에 못 미치다. 다소

-상격룡은 대대로[世代]로 벼슬이 바뀌지 않는다.
-중격룡은 수령[郡牧]으로 한 읍을 다스리는 사람[邑宰]이다.
-천격룡은 도사(道士)이다.

당모 · 석모(唐帽與席帽) / 중격귀사(中格貴砂)

中格貴砂唐帽與席帽相似，但無脚者為席帽，有脚者為唐帽，亦曰唐襆，其寔皆一類也。有脚亦名垂帶。斷訣云：「唐帽若垂帶，才子文章快。」

-上格龍主世代有官不替。
-中格龍主清高668)，徵召不起。
-賤龍主道士軍配。

당모(唐帽)는 석모(席帽)와 서로 비슷하나[相似] 다만 지각[脚]이 없는 것은 석모(席帽)이고 지각[脚]이 있는 것은 당모(唐帽)이다.
또한 '당복[唐襆]' 이라고도 한다. 당모 · 석모[其]는 참으로[寔;식] 모두 같은 종류이다. 지각[脚]이 있어도 수대(垂帶)라 한다.
단결(斷訣)에 이르길 ' 당모(唐帽)에 띠를 드리우면[垂帶] 문장으로 뛰어난 대가[才子文章]가 기뻐한다[快]' 고 하였다.

-상격룡은 주로 대대로 대대로[世代]로 벼슬이 바뀌지 않는다.
-중격룡은 청렴하고[清高] 임금이 계속 불러도 그에 응하지 않아 벼슬에 나가지 않는다[徵召不起(징소불기);徵士(징사)].
-천룡은 주로 군대를 지휘하는데 능숙하다.

668) 清高(청고) : 고결(하다). 청렴(하다) 。起(기) :기용(起用)하다.

철모 · 석모(鐵帽與席帽) / 상격귀사(上格貴砂)

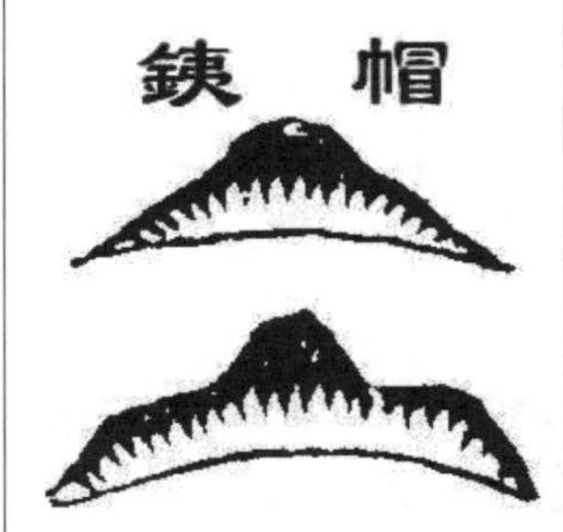	上格貴砂鐵帽與席帽相似，但席帽、唐帽皆清秀，鐵帽則腫醜帶石為異耳。其貴賤全系於龍穴。 -上格龍主軍官[669]有功，世襲戎宦。 -中格龍主武臣富。 -賤龍主軍配遭凶，貧賤。

철모(鐵帽)는 석모(席帽)와 서로 비슷하나 다만 석모(席帽)와 당모는 모두 청수(清秀)하고, 철모(鐵帽)는 부스럼처럼 추악한 큰 돌이 붙어있는 것이 다르다. 그 귀천(貴賤)은 온전히 용혈(龍穴)에 달려있다[系].

-상격룡은 주로 무관[軍官]으로 공을 세워, 대대로 물려받아[世襲] 군대에서 관리를 한다[戎宦;무환].
-중격룡은 주로 무신(武臣)으로 부자이다.
-천격룡은 주로 군대에서 배치되어 흉함을 만나고[遭凶] 빈천(貧賤)하다.

보개(寶蓋) / 상격귀사(上格貴砂)

삼봉(三峰)이 약간 솟아나고 머리가 둥근 것은 보개(寶蓋)이다. 고르고[均匀] 단정(端正)하며 청수(清秀)해야 하고, 파쇄(破碎)하여 옆으로 기울어 달아나고[飛走斜側] 돌이 붙어있으면[帶石] 거칠어 보기 흉하여[醜惡] 꺼린다.
멀리서 청수한 것은 크게 귀하고 또 2산, 3산이 서로 상응하여 혈을 이루는 것도 마땅히 같은 판단을 해야한다.

---

669) 軍官(군관) : 조선시대에는 일반적으로 장수 휘하에서 여러 군사적 직무를 수행하던 무관을 칭하였다. ◦戎(융) : 돕다. 보좌함.무기.군대

-상격룡은 조정에 입궐하여[升朝] 지위가 높고 귀하게 된다[顯貴].
-중격룡은 과거를 급제하여 주군(州郡)을 담당한다.
-천룡은 승도(僧道)를 한다.

 	上格貴砂三峰畧起，頭圓者為寶蓋。要均匀、端正、清秀，忌破碎、飛走、斜側、帶石、醜惡。若遠而清者大貴。亦有二山三山相應結成者，亦當同斷。 -上格龍主升朝顯貴。 -中格龍主科第，典州郡。 -賤龍主僧道。

화개(華蓋) /상격귀사(上格貴砂)

 	上格貴砂三峰起，帶尖者為華蓋。要均匀齊正[670)]，清秀端嚴。忌破碎、斜側、飛走、石醜。大抵雖有醜形而遠者，則不必泥。 -上格龍主文章清史，功著鼎彝。 -中格龍主科第，典州郡。 -賤龍主僧道。

삼봉(三峰)이 솟아 뾰족하게 붙어있는 것[帶尖]을 화개(華蓋)라 한다. 고르고[均匀] 가지런하며 바르고[齊正], 청수(清秀)하고 단정[端嚴]해야 한다. 파쇄(破碎)하고 옆으로 기울어[斜側] 달아나고[飛走]、거칠어 보기 흉한 바위

670) 齊正(제정) : 가지런하고 바름. 가지런하고 바르게 함.

[石醜]를 꺼린다. 일반적으로 비록 보기 흉한 형상[醜形]이 있을지라도 멀리 있으면 반드시 구애(拘礙)받을 필요가 없다.

-상격룡은 문장(文章)에 밝은 사관(史官)[清史]으로 공(功)을 제기(祭器)[鼎彝; 정이]에 새긴다.
-중격룡은 과거급제하여 주군(州郡)을 관장(管掌;담당)한다.
-천룡은 승도(僧道)을 한다.

관개(冠蓋) / 상격귀사(上格貴砂)

<table>
<tr>
<td>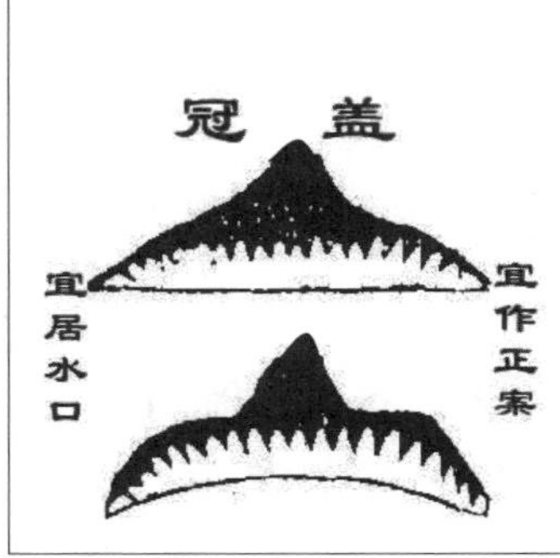
</td>
<td>上格貴砂獨出一峰，似華蓋而短小[671]者為冠蓋。要均匀齊整、清秀端岩。忌破碎、醜粗、飛走、斜側、不正。得儀仗[672]旌節尤貴。

-上格龍主科第顯貴，車馬填門。
-中格龍主富，僕馬豐盈。
-賤龍主神廟卒從之徒。</td>
</tr>
</table>

화개(華蓋)와 같으나 일봉(一峯)이 홀로 생겨서 용신이 작은 것[短小]은 관개(冠蓋)라 한다. 고르고[均匀] 가지런하고 바르며[齊正] 바위가 단정하고[端岩] 청수(清秀)해야 하며, 파쇄(破碎)하고 거칠고 보기 흉하고[醜粗]、옆으로 기울어 바르지 못하고 달아나는 것을 꺼리며, 병장기[儀仗]와 깃발[旌節]

671) 短小(단소) : (몸집이) 작다. 짧고 간단하다
672) 儀仗(의장) : 천자나 왕공 등 지위가 높은 사람이 행차할 때 쓰이는 병장기나 물건을 이르던 말.임금의 위의(威儀)를 장식하는 부(斧;도끼), 월(鉞;큰 도끼), 개선(蓋扇), 모(茅) 등을 말함. 임금의 거둥 때 의장용 무기를 가지고 호위하는 군사.
☞蓋扇機(개선기) : 의장용 깃발인 청개青蓋·홍개紅蓋와 의장용 부채인 봉선鳳扇·작선雀扇 등 개·선을 설치할 때 필요한 기구이다. ☞微茫(미망) : 어슴푸레하다.

을 얻으면 더욱 귀하게 여긴다.

-상격룡은 과거급제하여 지위가 높고 귀하게 되고[顯貴], 거마(車馬;승용차)가 가문에 가득 메운다.
-중격룡은 부자이고 하인과 말[僕馬;복마]이 풍성하다[豐盈;풍영].
-천격룡은 주로 사당[神廟]에 나아가는 심부름하는[卒從] 무리이다.

마개(馬蓋) / 상격귀사(上格貴砂)

<table>
<tr>
<td>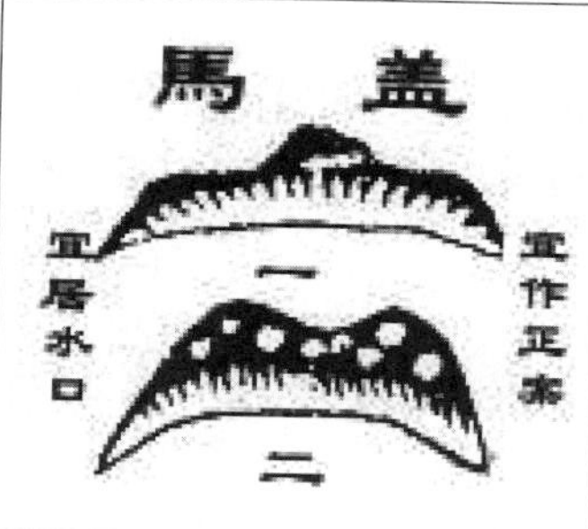
</td>
<td>上格貴砂三峰尖微茫出者為馬蓋，要清秀端正，忌破碎粗醜，飛走斜側，得儀仗、旌節尤貴。

-上格龍主出大將軍，威鎮[673]華夷。
-中格龍主文武兼全，及高壽。
-賤龍主敗走無成。</td>
</tr>
</table>

삼봉(三峰)이 미망(微茫)하게 뾰족하게 생긴 것을 마개(馬蓋)라 한다. 청수단정(清秀端正)해야 하고 파쇄(破碎)되어 거칠고 보기 흉한 것[粗醜]을 꺼리고 옆으로 기울어 달아나는 것[飛走斜側]을 꺼리고, 병장기[儀仗]와 깃발[旌節]을 상응(相應)하면[얻으면] 더욱 귀하게 여긴다.

-상격룡은 대장군(大將軍)이 태어나 오랑캐를 힘으로 진압한다.
-중격룡은 문무(文武)을 다 갖추고 장수를 한다[高壽].
-천격룡은 싸움에 지고 달아나[敗走] 이루는 것이 없다[無成].

673) 威鎮(위진) : 위력으로 누르다. 위압하다. 華夷(화이) : 중국과 그 주변의 오랑캐

출사마(出使馬) / 중격귀사(中格貴砂)

	中格貴砂出使馬者，馬山之下拖[674]尖利之砂也。馬本馳走之物，複見飛走之砂出於其下，本有遠使之象。 -上格龍出使外國，有功榮顯，及威鎮華夷。 -中格龍主多僕馬豪富，而奔走外鄉。 -賤格主出走馬及木匠

출사마(出使馬)란 마산(馬山)의 아래에 첨리한 사를 (땅에) 늘어뜨린 것이다. 말은 본래 달리는 동물로 다시 달아나는 사(砂)가 출사마 아래에 보이면 본래 멀리 사신(使臣)을 보내는 상(象)이다.

-상격룡은 외국에 사신으로 나가[出使] 공과 영예(榮譽)가 있어 영달하고[顯] 오랑캐를 힘으로 진압한다.
-중격룡은 하인과 말[僕馬;복마]이 많아 부유하고 권세가 있고[豪富] 외국[外鄉]에 매우 바쁘게 뛰어다닌다[奔走].
-천격룡은 말을 타고 달려나가[出走馬] 목수[木匠]를 한다.

대기마(帶旗馬) / 중격귀사(中格貴砂)

대기마(帶旗馬)란 마산(馬山)의 아래에 불꽃과 같이 움직이는[焰動;염동] 사(砂)를 늘려 뜨려 기(旗)가 날아 움직이는 것 같다. 기마(旗馬)는 모두[共] 하나의 산[一山]이면 비로소 합격이다.

674) 拖(타) : (몸 뒤로) 늘어뜨리다. 드리우다. (바닥에 닿아) 끌리다. 끌어 당기다.

-상격룡은 주로 군사의 우두머리[元戎;원융]가 태어나 대장[摠兵]으로 절부월[節鉞;지방에 부임할 때에 임금이 주던 물건]로 마음대로[專;전] (생사를) 판단하여 공훈(功勛)을 세운다.
-중격룡은 장교(將校)로 무공(武功)이 있다[有].
-천격룡은 산적[草寇]、대도(大盜)가 태어나고 사당[神廟]에 신주를 모신다.

 	中格貴砂帶旗馬者，馬山之下拖焰動之砂，如旗之飛動者也。旗馬共是一山者，方為合格。 -上格龍主出元戎摠兵，專節鉞，主功勛。 -中格龍主將校有武功。 -賤龍主出草寇、大盜，及神廟。

교치마(交馳馬) / 상격귀사(上格貴砂)

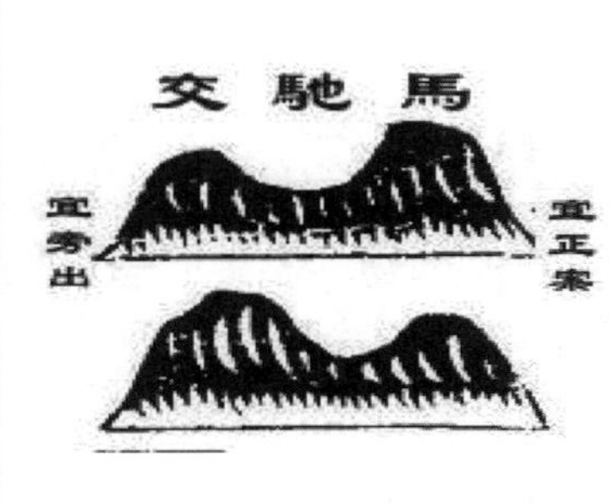 	上格貴砂交馳馬者，兩兩雙峰，如馬之相馳驟也。要兩馬之山，一馬左高右低，一馬右高左低，方為合格。 -上格龍主兄弟叔侄連登科[675]第，朱紫滿門。 -中格龍主富冠鄉邑，多駿馬。 -賤龍主出人走馬奴隸。

교치마(交馳馬)란 두 봉우리[雙峯]가 쌍쌍으로[兩兩] 말이 서로 (반대 방향

675) 登科(등과) : 과거 시험에 합격하다

으로) 달리는 것 같다. 양마(兩馬)의 산은 한 마리 말은 좌가 높고 우는 낮아야 하고 다른 한 마리 말은 우는 높고 좌는 낮아야 비로소 합격이다.

-상격룡은 형제와 숙질(叔侄)이 연달아 과거(科擧)[第]에 급제하여[登科] 고관 관리[朱紫]가 가문에 가득하다[滿門].
-중격룡은 향읍에서 부가 으뜸이고[富冠], 준마(駿馬)가 많다.
-천격룡은 말을 타는 노예(奴隸)가 나온다.

대갑마(帶甲馬) / 상격귀사(上格貴砂)

	上格貴砂帶甲馬者，馬山身帶痕跡，如戰馬之披甲也。要旗鼓、貴人諸砂相應，其穴尤吉。 -上格龍主出大將軍，專征伐，立功邊塞[676]。 -中格龍主偏將有功。 -賤龍主神壇廟宇靈顯。

대감마(帶甲馬)란 전마(戰馬)가 갑옷을 입은 것[披甲;피갑] 같이 마산(馬山)의 용신[身]에 골(주름)[摺]의 자취[痕跡]를 띠고 있는 것[帶]이다 .
기고(旗鼓)、귀인(貴人) 등의 사(砂)가 함께 조응(照應)해야 그 혈은 더욱 좋다.

-상격룡은 대장군(大將軍)이 나오고 마음대로[專] 정벌(征伐)하고 변경에서 공을 세운다.
-중격룡은 주로 대장을 보좌하는[偏將] 장수로 공로가 있다[有功].

676) 邊塞(변새) : 변경(邊境)에 있는 요새(要塞).

-천격룡은 신단(神壇) 묘우(廟宇)에 무당으로 영달한다[靈顯].

천마(天馬) / 상격귀사(上格貴砂)

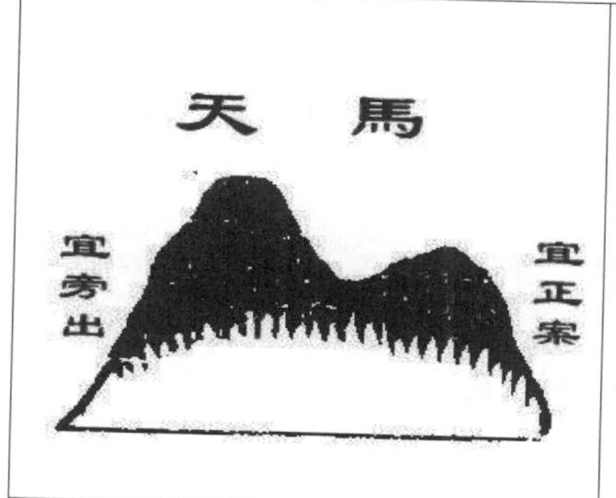

上格貴砂天馬者，峙立雙峰，一高一低，有似於馬，故曰**天馬**. 然以天名之，亦欲其高聳清秀，遠貼天表耳。在午未者尤貴。

-上格龍主出典大藩，方面之職。
-中格龍主五馬專城。
-賤龍主走卒牧馬之人。

천마(天馬)는 쌍봉이 높이 솟아 우뚝 서[峙立] 한쪽은 높고 한쪽은 낮아 말과 같은 것이므로 천마(天馬)라 한다.
그러나 하늘의 이름으로도 높이 솟아 청수(清秀)하고 멀리 하늘에 접근(接近)하여 닿아야 한다.

-상격룡은 제후[大藩]로 지방의 직을 맡아 떠난다.
-중격룡은 태수의 벼슬[五馬]로 한 성(城)을 다스린다[專].
-천격룡은 졸병[走卒]으로 말을 먹여 기르는[牧馬] 사람이다.

늑마회두(勒馬回頭) / 상격귀사(上格貴砂)

늑마회두(勒馬回頭)란 천마산(天馬山)이 지각을 돌린 것이다[轉腳]. 청수(清秀)해야 하고, 파쇄(破碎)한 것을 꺼린다. 만약 기고(旗鼓)가 상응(相應)하여 보이면 주로 무직(武職)으로 전쟁에서 큰 공로를 세워[汗馬功業] 명성을 크게 떨친다[威名].

	上格貴砂　勒馬回頭者，天馬山轉腳也。要清秀，忌破碎。若見旗鼓相應，主武職威名，汗馬功業。 -上格龍主出使邊方，威武烜赫677)。 -中格龍主巨富僕馬。 -賤龍主牧馬販馬。

-상격룡은 변방(邊方)에 파견된 관리로 나아가[出使] 세력과 명성이 커[烜赫; 훤혁] 위풍당당하다.
-중격룡은 하인과 말로 큰 부자이다.
-하격룡은 말을 사육하고[牧馬] 말[馬]을 판매한다[販;판].

파망(破網) / 하격귀사(下格貴砂)

	下格賤砂破網者，破摺洪破雜出。主家業破落678)，泉漏不乾。又主疽瘡，及冷潰骨疽膿爛之疾。又主徒杖刑罪。 -上格龍主武職。 -中格龍主家業或興或敗，及惡疾之人。 -賤龍主徒杖刑罪、貧窮。

677) 威武(위무) : 힘이 세다. 권세와 무력. 위풍당당[모습이나 크기가 남을 압도할 만큼 위엄이 있음]하다。烜赫(훤혁): 명성이나 세력이 크다. 이름이 나다. 명성이 자자하다.

310

파망(破網)이란 넓게 파손되어[洪破] 갈라진 골짜기[披摺;피접]가 난잡하게 드러난 것[雜出]이다. 주로 가업(家業)이 몰락한다[破落].

샘물이 새어나와 마르지 않고 또한 황달로 인한 종기[疸瘡;달창]과 차고 문드러지고[冷潰;냉궤] 오래된 창(瘡)이 낫지 않거나 나았다 다시 도지며, 뼈가 구멍으로 나오는 골저(骨疽)로 등골뼈에 붙은 살이 곪는[膴爛;무란] 병을 주관한다. 또 징역(懲役)[徒]과 장형(杖刑)으로 죄인의 볼기를 치던 형벌(刑罰)을 받는다.

-상격룡은 무직(武職)을 주관한다.
-중격룡은 가업이 혹여 흥하거나 혹 패하고 고질병[惡疾]이 있는 사람이 있다.
-천격룡은 도장(徒杖)의 형벌(刑罰)과 빈궁(貧窮)하다.

금장(錦帳)/ 중격귀사(中格貴砂)

錦 帳  鶉衣百衲 	中格貴砂錦帳乃水星橫闊者，有數格，皆取得於龍。若富龍則為帳，若貴龍則為挂榜[679]之砂耳。要長闊方齊，無浪痕破碎，無山脚飛斜，方為合格。右一格山頭歪側而粗[680]，更有破碎巉岩，而山足飛斜散亂，則為鶉衣百衲[681]之格也。然雖破碎而遠，亦不為害。凡醜形，未有不是近者。凡秀砂，未有不是遠者。欲辨砂形之姸媸，亦當審其遠近耳。 -上格龍主貴。-中格龍主富冠鄉邑。-賤龍主淫亂。

678) 破落(파락) : (재산이나 지위 등이) 몰락하다. 무너지다.
679) 挂榜 (괘방) : 게시(하다). 방(榜)(을 붙이다)
680) 粗(조) : 이체 麁, 麄, 麤, 麤(추) : 거칠다.
☕누덕누덕 : 해어지거나 터지고 찢어진 곳을 여기저기 매우 지저분하게 기운 모양.
681) 鶉衣(순의) : 초라한 누더기옷. 기워입다.◦衲(납) : 깁다(떨어지거나 해어진 곳을 꿰매

311

금장(錦帳)은 수성(水星)이 횡으로 넓은 것이다[闊]. 여러 격이 있는데 모두 용에서 취할 수 있다. 만약 만약 부룡(富龍)이면 장막[帳]이 되고, 만약 귀룡(貴龍)이면 괘방사(挂榜砂) 가 될 뿐이다.

물결이 일렁이는 것[浪痕;낭흔]같이 자잘하게 부서지지 않고, 산의 지각이 비스듬하게 흩날리지[飛] 않고, 멀고[長遠] 넓어야[長闊] 조화를 이루어[方齊] 비로소 합격이다.

순의백납(鶉衣百衲)

우측의 1격은 산 끝이 옆으로 기울고[歪側;왜측] 조잡(粗雜)하며 곧 깎아지른 듯이 우뚝 선 바위[巉岩]가 파쇄되고 산의 지각[山足]은 기울고 어지럽게 흩어져[散亂] 달아나면[飛斜] 순의백납(鶉衣百衲;해진 옷 누덕누덕 궤맨)의 격이다. 그러나 비록 파쇄되고 멀어도 해가 되지 않는다. 일반적으로 추형(醜形)은 가깝지 않는 것 없고[未有不是近者], 무릇 수사(秀砂)는

멀지 않는 것이 없다[未有不是遠者]. 사형(砂形)이 아름다운 것과 추한 것을 변별하고자 하면 역시 마땅히 사의 원근(遠近)을 상세하게 살펴야 한다.

-상격룡은 벼슬을 한다.
-중격룡은 향읍에서 부가 으뜸이다.
-천격룡은 음란(淫亂)하다.

객관(客官) / 하격천사(下格賤砂)

관의 형상[棺形]이 횡으로 보이는 것은 상화(喪禍)을 주관하고 또한 객사하여[客亡] 시신[관]을 소홀히 하나[棄棺] 돌아오고, 만약 (관의 형상이) 기울어 순수(順水)하는 것은 바깥에서 객사(客死)하여 관[靈櫬;영츤]이 돌아오지 못한다. 역수하는 것은 역시 죽어서 (고향으로) 돌아오고, 두고미저(頭高尾低)한 것

다), 꿰매다. ☕ 姸媸(연치) : 아름다운 것과 추한 것

은 관(棺)을 매장할 수 있고, 수미(首尾)가 고른 것[平匀]은 매장할 수 없다.

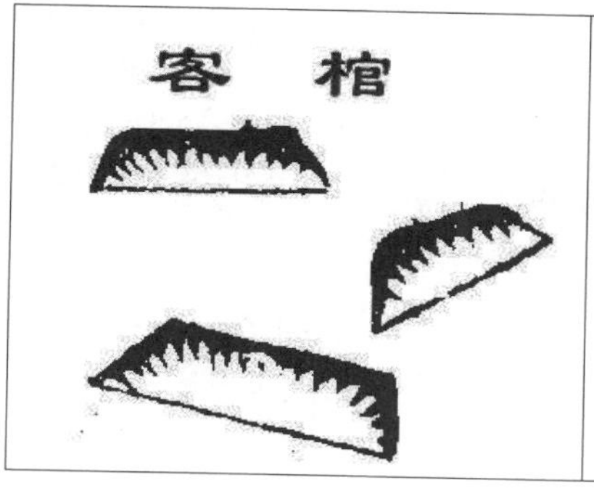	下格賤砂　棺形橫見者，主喪禍，亦客亡棄棺而歸。若斜而順水者，主客死在外，靈櫬不歸。逆水者，亦主返亡。頭高尾低者為[682]棺。首尾平匀者非也。 -上格龍主為官在外而死。 -中格龍主為商溺水而死。 -賤龍主全家瘟疫而死。

-상격룡은 벼슬을 하나 타향에서 죽는다.
-중격룡은 상인으로 물에 빠져 죽는다.
-천격룡은 온 가족이 온역(瘟疫)으로 죽는다.

횡금(橫琴) / 중격귀사(中格貴砂)

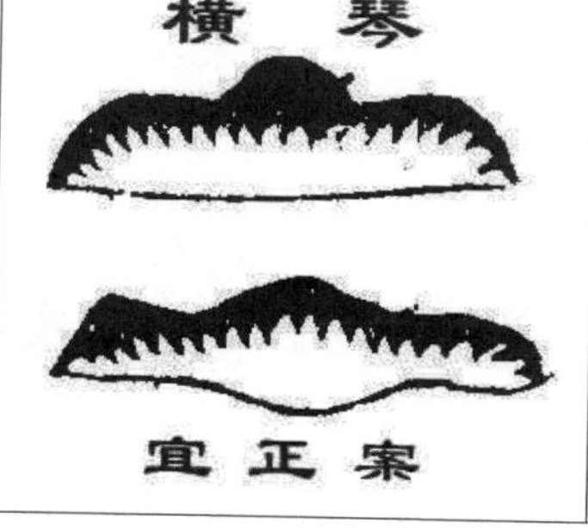	中格貴砂橫琴者，平岡眠體木星，兩頭微低，有似平琴之狀。亦曰文星，要清秀平正，方為合格。忌破碎尖竄。 -上格龍主文章譽望，富貴雙全。 -中格龍主清秀富足、尊嚴。 -賤龍主人好琴而清貧

682) 爲(위) : 설치하다. 둠. 완성하다. 이룸.

횡금(橫琴)이란 평평한 언덕[平岡]에 목성이 낮게 누운 것[眠體]으로 양두(兩頭) 약간 낮아[微低] 평금(平琴)의 형상과 같다. 또한 문성(文星)이라 한다. 청수(清秀)하고 평평하고 반듯해야[平正] 비로소 합격이다. 파쇄(破碎)되고 달아나고 뾰족한 것을 꺼린다[尖竄].

-상격룡은 문장(文章)으로 좋은 평판[譽望;예망]이 있고, 부귀(富貴)을 모두 갖춘다.
-중격룡은 용모가 수려하고[清秀] 부가 풍족하며[富足] 존귀(尊貴)하고 위엄이 있다[尊嚴].
-천격룡은 거문고를 좋아하고 청빈(清貧)하다.

금통(金筒)·옥축(玉軸) / 중격귀사(中格貴砂)

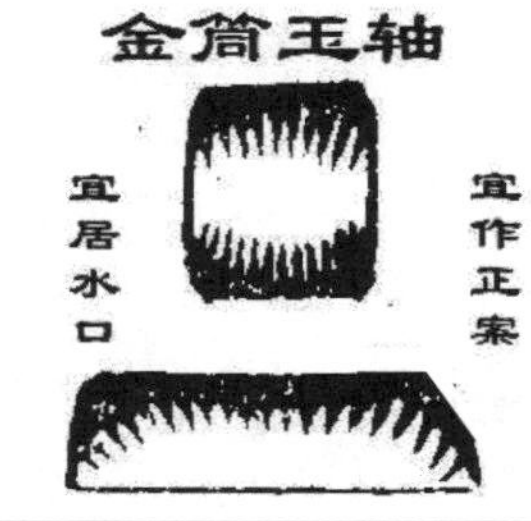	中格貴砂金筒玉軸，方而直長者為金筒，方而橫長者為玉軸。二形難別，但以傍佛似之，不可拘泥也。 -上格龍主文章科第，祿及子孫。 -中格龍主州縣左右之官。 -賤龍主僧道符法之人。

금통옥축(金筒玉軸)은 모나고[方而] 수직으로 긴 것은 금통(金筒)이고, 모나고[方而] 횡으로 긴 것은 옥축(玉軸)이다. 두 개의 형상이 유사하여 비슷하여 구별하기는 어려우나 얽매여서는 안된다.

-상격룡은 문장(文章)으로 과거를 급제하여[科第] 봉급[祿]이 자손(子孫)에까지 이른다.
-중격룡은 주현(州縣)에서 좌지우지하여 마음대로 하는[左右] 관리이다.
-천격룡은 승도(僧道)로 부적으로 술법[符法] 행하는 사람이 나온다.

장대(粧台) / 중격귀사(中格貴砂)

	中格貴砂粧台者，星峰疊擁，有若妝台之狀。後龍若貴，亦出大貴。不然，只主女貴而已。 -上格龍主嬪妃，而家亦因女有貴。 -中格龍主女貴。 -賤龍主女子嬌妖淫賤。

장대(粧台)란 봉우리[星峰]가 거듭 호위하여[疊擁] 장대(妝台)의 모양과 같은 것이다. 후룡이 귀할 것 같으면 역시 많이 귀(貴)하나 그렇지 않으면[不然] 오로지 여자만 귀(貴)할 뿐이다.

-상격룡은 왕이나 왕세자의 부인[嬪妃]이며, 집안은 역시 여자로 인하여 몹시 귀하게 된다.
-중격룡은 여자가 귀하게 된다.
-천격룡은 여자가 미인[嬌妖;교요]으로 음탕하고 상스럽다[淫賤].

경대(鏡台) / 중격귀사(中格貴砂)

	中格貴砂鏡台，以台[683]山之外圓峰出頭，如鏡之狀，故謂之鏡台。要星峰圓正，適相登對，方為合格。 -上格龍主女貴為后妃，及榮膺[684]一品。 -中格龍主女貴受誥封[685]，多生女。 -賤龍主女淫賤。

경대(鏡台)는 돈대[台] 산 밖에 둥근 봉우리가 머리를 드러내어[以出] 거울의 형상과 같으므로 경대(鏡台)라 한다.
성봉(星峰)이 원정(圓正)하고 적절한 높이[登]로 서로 마주 대하면[適登] 비로소 합격이다.

-상격룡은 여자는 황후와 비(妃) [后妃]가 되어 귀하고, 영광스럽게도[榮膺] 벼슬이 일품(一品)이 된다.
-중격룡은 여자는 봉고(誥封)의 작위를 받아 귀하고, 딸을 많이 낳는다.
-천격룡은 여자가 음탕하고 상스럽다[淫賤].

배반(杯盤) / 중격귀사(中格貴砂)

 	中格貴砂杯盤[686]者，小山重疊，有似於杯之狀。其為器，富貴貧賤之家皆有之，卻非貴砂也。 -上格龍主位至正卿[687]，為國之楨幹。 -中格龍主饕餮[688]飲食之人。 -賤龍主僧道。

683) 台(대) : 높고 평평한 건축물. ☞**돈대(墩臺 :** 높게 두드러진 평평한 땅). 받침대. 탁자
684) 榮膺(영응) : 영광스럽게(도) ~이 되다. ~의 영광을 받다. 一品(일품) : 벼슬 품계(品階)의 첫째
685) 誥封(고봉) : 5품 이상 문무관의 가족에게 토지나 작위를 주는 것
686) 杯盤(배반) : 술상 위에 술과 안주를 차려놓은 그릇 ◦器(기) : 器의 俗字로 그릇을 의미한다.
687) 正卿(정경) : 정이품의 벼슬인 의정부 참찬, 육조의 판서, 한성부 판윤, 홍문관 대제학 등을 이르는 말
688) 饕餮(향찬) : 흉악하고 욕심 많은 사람. 탐식하는 사람

배반(杯盤)은 작은 산이 중첩(重疊)하여 술잔의 형상과 같은 것이다. 그것은 그릇이며 집안에 부귀빈천(富貴貧賤)이 모두 있다. 그러나 귀사(貴砂)라고만 할 수 없다.

-상격룡은 지위가 정경(正卿)의 벼슬에 이르고, 나라의 유능한 인재[楨幹;정간]가 된다.
-중격룡은 음식(飮食)을 탐식(貪食)하는[饕餮;향찬] 사람이 나온다.
-천격룡은 승도(僧道)이다.

오뢰(五雷) / 상격귀사(上格貴砂)

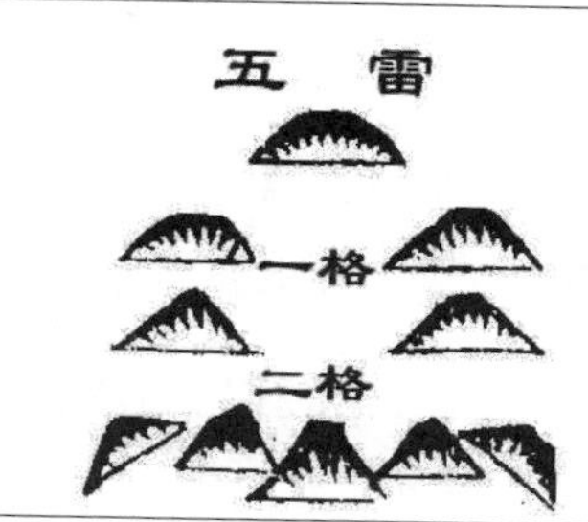	上格貴砂五雷者，或高山，或平岡，有五峰叢立[689]，有五山排立，皆謂之五雷之格。 -上格龍主五馬專城，腰金衣紫。 -中格龍主兄弟同科而有威名。 -賤龍主雷驚惡死。

오뢰(五雷)는 혹 높은 산이거나 혹 평지의 언덕[平岡]으로 오봉(五峰)이 떼를 지어 서 있거나[叢立] 줄지어 서 있으면[排立] 모두 오뢰(五雷)의 격이라 한다.

-상격룡은 오마(五馬)는 한 지방 혹은 성(城)의 일을 담당하는 수령[專城]으로 좋은 관직에 오른다[腰金衣紫].
-중격룡은 형제가 같이 과거급제하여 명성을 떨친다.
-천격룡은 놀라서[雷驚] 병들어 죽는다[惡死].

689) 叢立(총업) : 떼를 지어 서다 ◦叢(총) : 모이다. 모으다. ◦排立(배위) : 순서대로 서다. 줄지어 서다

용루(龍樓)·봉각(鳳閣) / 상격귀사(上格貴砂)

용루봉각(龍樓鳳閣)은 본래 왕이 거처하는 것으로 가장 귀중한 것[貴重]이다. 반드시 대귀지(大貴地)라야 비로소 이 사(砂)에 합당하므로[當此]
《옥수진경(玉髓經)》에 이르길 ' 앞의 사(砂)에 이 사(砂;봉루봉각)가 보이면 대귀(大貴)한다. 좌우에 군왕(君王)으로 밤낮으로[日月] 조회를 한다.' 고 하였다. 대개 다른 사[他星]를 빌려서 도움받지 않고 스스로 능히 귀함[貴]에 이른다.

 	上格貴砂龍樓690)鳳閣，本王者之居，最為貴重，必大貴之地方可691)當此。故《玉髓經》云「前砂見此主大貴，左右君王日月朝。」蓋不借他星相助，自能致貴。 -上格龍主封公侯，朱紫滿門，富貴鼎盛。 -中格龍主宰相，男尚公主。 -賤龍主掌大權。

-상격룡은 공후에 봉하여져 가문에 높은 관리가 많고 부귀가 왕성하다[鼎盛].
-중격룡은 재상(宰相)이 되고, 남자는 공주와 결혼을 한다[尚].
-천격룡은 대권(大權)을 장악한다.

염막(簾幕) / 상격귀사(上格貴砂)

cｆ)유리렴(琉璃簾)/진주렴(珍珠簾)

---

690) 樓(루) : 높고 뾰족한 것은 누(樓)이고, 높고 평평한 것은 전(殿)이다.
[高尖曰樓 高平曰殿也]
☞龍樓(용루) : 태조산을 이루는 봉우리 중에서 제일 높은 최고봉을 제성(帝星) 또는 용루(龍樓)라 함.
691) 方可(방가) : ~이야말로 ~라 할 수 있다. 그래야 비로소 ~된다

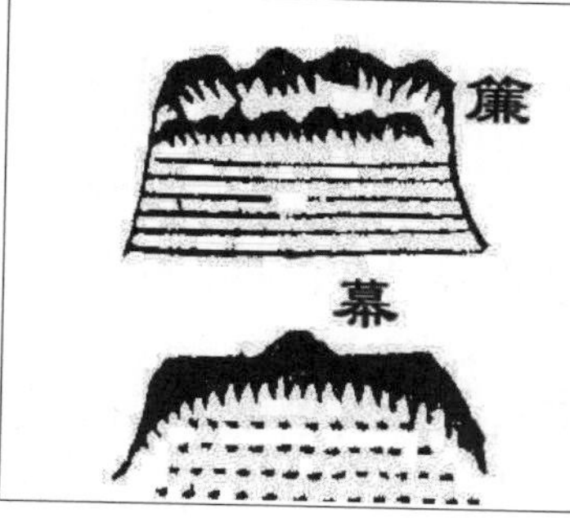	上格貴砂簾幕乃高山連峰，如鋪簾圍，如設幕，不缺不折，不凹不斷，斯謂簾幕貴砂。 -上格龍主富貴雙全。 -中格龍主富盛，賓客滿門。 -賤龍主名妓，多交貴人。

염막(簾幕)은 고산(高山)에 봉우리가 연속으로 이어져[連峰] 주위[圍]에 염막이 펼쳐지고 설치된 것 같으나 어그러지고[부족하여] 꺾이지 않고[不缺不折] 오목하게 들어가 끊어지지 않는 것[不凹不斷]을 염박(簾幕)의 귀사(貴砂)라 한다.

-상격룡은 돈과 권력[富貴]을 모두 갖춘다.
-중격룡은 부가 왕성하고 귀한 손님[賓客]이 가문에 가득하다[滿門].
-천격룡은 명기(名妓)로 귀인을 많이 사귄다.

어산(御傘) / 중격귀사(中格貴砂)

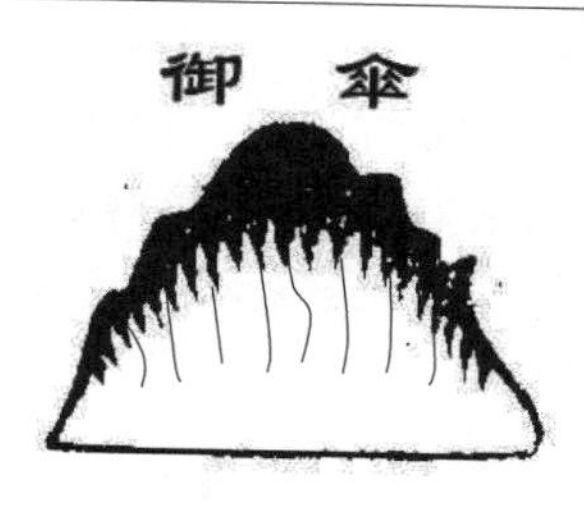	中格貴砂御傘者，星辰帶水浪[692]痕折，有似於傘，但不宜破碎、欹斜，方為合格。亦須高聳特異則貴。 -上格龍主登第貴顯，出身即為朝官。 -中格龍主駙丞[693]巡司。 -賤龍主皂隸奴僕。

692) 水波(수파) : 파랑. 파도. 물결

어산(御傘)이란 성진(星辰)에 물결[水浪]이 주름진 것 같은 흔적[痕折]을 띠고 있어 양산과 유사한 것이다. 다만 마땅히 파쇄되고 경사져 기울지 말아야[欹斜] 비로소 합격이고 또 반드시 높이 솟아 특이해야 귀하다.

-상격룡은 주로 과거에 합격하여[登第] 벼슬이 높아 유명해진다[貴顯]. 신분[身]은 조정에 나아가 벼슬을 한다.
-중격룡은 역참(驛站)을 관리하는 일[馹丞;일승] 즉 순찰하는 벼슬[巡司]한다.
-천격룡은 관노[皂隷;조예]로 사내종[奴僕;노복]이 난다

어대(禦台) / 상격귀사(上格貴砂) cf)어대(魚袋)

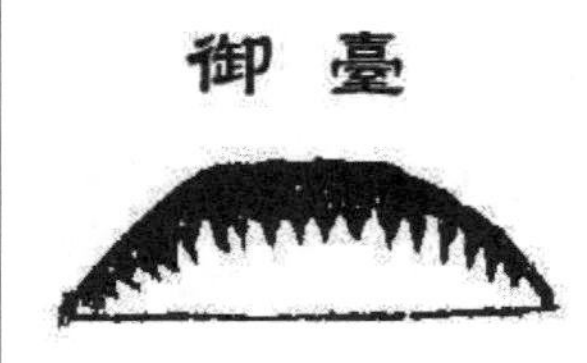 	上格貴砂禦台者，平正秀麗，似金非金。金則蛾眉矣。似土非土，土則相台矣。似木非木，木則一字文星矣。此砂千不逢一 -上格龍為禁穴[694]，出後妃。 -中格龍出宰相。 -賤龍出女貴。

어대(禦台)는 평정(平正)하고 수려(秀麗)하여 금성(金星) 같으나 금성(金星)이 아니다. 금성이면 아미사(蛾眉砂)이고 토성과 같으나 토성이 아닌 것이다.
토성이면 생김새[相]가 대(臺;높고 평평한 것)이다. 목성과 같으나 목성이 아닌 것이다. 목성이면 일자문성(一字文星)이다. 이 사(砂)는 천(千)에 하나를 만나기 어렵다.

693) 馹丞(일승) : 察訪(찰방): 각 도의 역참을 관리하는 일을 맡아보던 종육품의 외직 문관 벼슬. ☞馹(역) : 역말. 역마(驛馬).역참(驛站)에 둔 말. ◦丞(승) : 돕다. 나아가다. 보좌함
◦皂隷(조예) : 하급 관노(官奴). 노복(奴僕)
694) 禁穴地(금혈지) : 왕이 날 정도의 큰 자리는 묘를 쓰지 못하게 하여 역모의 기운을 미리 막음.

-상격룡은 매장하는 것을 금지하는 터[為禁穴]로 후비(後妃)가 태어난다.
-중격룡은 재상(宰相)이 난다.
-천격룡은 여자가 귀하게 된다.

어대(禦台) / 상격귀사(上格貴砂)

어대(御台) 앞에 일월(日月)이 있는 것은 더욱 지극히 귀함이 발응한다.혹 일월(日月)산이 좌우(左右)에서 사이가 좋게[夾] 조응하면[照] 모두 지극히 좋다[至貴].

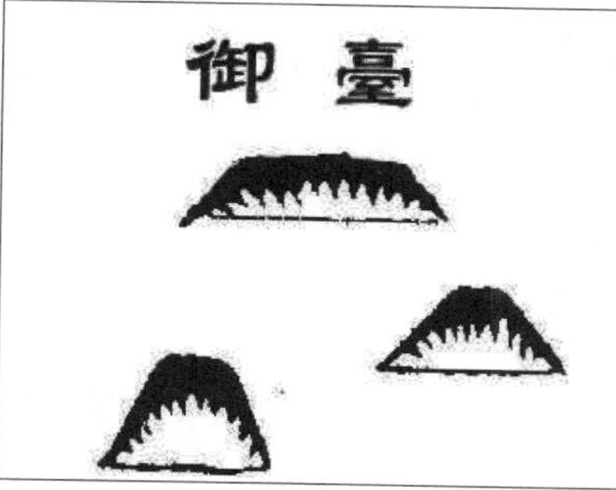	上格貴砂御台前有日月者，尤為至貴之應。或日月山左右夾照，皆為至貴。 -上格龍為禁穴，出後妃。 -中格龍出宰相、神童、狀元。 -賤龍亦有小貴。

-상격룡은 매장하는 것을 금지하는 터[為禁穴]로 후비(後妃)가 태어난다.
-중격룡은 재상(宰相)、신동(神童)、장원(狀元;어떤 분야에 제일인자)이 태어난다.
-천격룡은 역시 조금 귀하다.

체전(掣電) / 중격귀사(中格貴砂)

체전(掣電)은 강부(岡阜)가 생사(生蛇)와 같이 달려가는 것 같다[走動]. 또[更;갱] 흐르는 물이 산을 따라 달려가고 있는 것 같은 것을 체전수룡(掣電水

龍)이라 한다. 길한 것은 명요(明曜)이다.

	中格貴砂 掣電695)者，岡阜696)走動如生蛇也。更有流水隨山走動，謂之掣電水龍，吉，乃是明曜。 -上格龍主神童狀元。 -中格龍主富貴風流。 -賤龍主癆瘵之疾。

-상격룡은 신동(神童)이 태어나 장원(狀元)한다.
-중격룡은 부귀(富貴)가 바람과 같이 날려 몰락[轉落]한다.
-천격룡은 결핵(結核)[癆瘵;노채]으로 앓는 질병이 있다.

상운(祥雲) / 상격귀사(上格貴砂)

	上格貴砂祥雲者，景雲也，亦名慶雲。天之瑞物，不可常有。砂形合此，乃至貴龍穴之應。予兄弟所見，惟子房自卜壽藏697)合此。 -上格龍主神仙白日飛升698)，白衣登殿，為帝者師。 -中格龍主為官近帝 -賤龍主清修699)高潔，世有文名，

695) 掣(철) : 억누르다. 당기다. 길게 늘리다 ☞[본음] 억누다(체) ◦掣電(체전) : 번쩍하는 번개. 매우 빠르다.

696) 岡阜(강부) : 비교적 낮고 평평한 산등성이. 작은 산. 산언덕 ◦走動(주동) : 거닐다. (친척이나 친구 간에) 오고 가고 한다.

상운(祥雲)은 상서로운 구름[景雲]이다. 또 경운(慶雲)이라고도 한다. 하늘에 복되고 좋은 일[瑞物]이 항상 있을 수 없다[不可常有].
사(砂)의 형상[形]이 이 격에 부합하면[合此] 곧 귀한 용이 혈에 이르러 감응을 한다[應]. 우리 형제가 본 것 중에 다만 장자방(子房) 자신이 장택(葬擇)한 신후지지(身後之地)[自卜壽藏]가 이 격에 부합한다.

-상격룡은 신선(神仙)이 되어 백일비승(白日飛升)하고, 평민[白衣]으로 궁궐에 등청하여[登殿] 제왕[帝者]의 스승이 된다.
-중격룡은 관리가 되어[為官] 제왕을 가까이 한다.
-천격룡은 청수고결(清修高潔)하고 대대로 문장으로 이름이 난다.

장천사조지(張天師祖地)

《經》曰：「神仙之地，勢如疊雲。」四山擁從700)如雲也。張子房自卜壽藏，在徐州子房山，乃中條分乾，結騎龍穴。前有九重朝案，次第層疊，成上天梯格，四面環繞，如人坐雲端。呂梁洪乃其水口山，有子房廟，亦靈感。
≪경(經)≫에 이르길 '신선(神仙)의 땅으로 세(勢)는 구름이 여러 층으로 쌓여 보이는 것 같다.' 고 하였다. 즉 사방의 산이 구름과 같이 다가와 감싸는 것이다[擁]. 장자방(張子房)이 스스로 음택점을 친 수장(壽藏;신후지지)은 서주(徐州)의 자방산(子房山)에 있다. 중출맥[中條]에서 건(乾)으로 분맥하여 기룡혈(騎龍穴)을 맺었다. 앞에는 구중(九重)으로 조산과 안산[朝案]이 있고 그 다음

697) 壽藏(수장) : 살아 있을 때 미리 만들어 놓은 무덤[身後之地]. ◦戰國 시대 말 黃石公이 「靑素經」을 張子房(良)에게 전함으로써 子房은 그의 自卜壽藏으로서 徐州 子房山의 雲中仙坐形을 卜占한 바 있으니, 風水說의 유래는 오래된 것 같다. 「周易」繫辭傳에서 <地之宜>를 말한 것은 사람의 생활조건에 적합한 곳(地)을 택하려 한 것임은 물론이다.
698) 白日飛昇 (백일비승) : 도를 극진히 닦아 육신을 가진 채 신선이 되어 대낮에 하늘로 올라가는 일.
699) 清修(청수) : 자신의 내면세계를 닦는 조용한 수행
700) 擁從(옹종) ☞ 擁(옹) : 안다. 지키다. ◦從(종) : 다가서다. 쫓다. ◦雲端(운단) : 구름 속

[次第]은 층층이 겹쳐[層疊] 상천제격(上天梯格)을 이루고 사면(四面)이 둥글게 감싸[環繞] 사람이 구름 속[雲端]에 앉아있는 것 같다.

여량홍(呂梁洪)은 자방산(子房山)의 수구산(水口山)에 자방(子房)의 묘(廟)가 있어 역시 신령스러운 느낌이 든다[靈感].

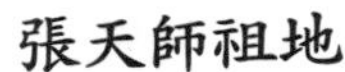

按：子房受黃石公秘書，宜其知地之精。加以[701]闢谷，自卜壽藏，何其[702]智耶！子不疑襲留侯，文帝時除爵。世傳張道陵乃其八代孫，兩漢迄今，號稱天師。國朝，封大真人，掌天下道教事，世襲二品，今五十代，亦此地之鍾靈，與龍虎山陽基毓秀也。

조사[按]에서 자방(子房)은 황석공(黃石公)이 감추었던 글[秘書]을 받았으니 마땅히 지리의 기(氣)를 아는 것이 당연하다. 이곳에 천장하면[加] 곡식을 안 먹고 솔잎.대추.밤 등을 날로 조금씩 먹고 산다고 하면서[辟谷(벽곡);辟穀(벽곡);음식을 먹지 않는 양생술] 자신의 신후지지(身後之地;壽藏)를 택하였는데 얼마나 지혜로운 가[智耶]!

내가 제후로 머물러 계승하는 것을 깊이 신뢰하고 믿었다. 문제(文帝) 때 작위를 제수(除授)받아[除爵] 대대로 전하여[世傳] 장도릉(張道陵)이 자방의 팔대(八代) 손(孫)은 양한(兩漢) 때부터 지금에 이르기까지[迄今;흘금] 천사(天師)로 불린다[號稱].

701) 加以(가이) : ~을 가하다 . 게다가.~하다. ~한데다가

702) 何其(하기) : 얼마나 ☞ 何其相似 : 얼마나 비슷한가 ☞除(제) : 제수(除授)하다. 관직을 주다. 임관(任官)하다.

당대(當代)의 조정(朝廷)[國朝]에서 대진인(大真人)으로 봉하였고 천하도교사(天下道教事)를 장악하여 이품(二品)으로 현재 50대를 세습하였고 또한 이 자리의 모인 영기(靈氣)[鍾靈]는 용호산의 양기(陽基)와 더불어 뛰어난 인재를 배출하여 기른다[毓秀;육수]

일자삼태(一字三台).픔자삼태(品字三台).태계삼태(泰階三台)/상격귀사(上格貴

上格貴砂夫三台六星，太微、軒轅之上，泰階[703]平則治道昌，此正三台也。若三峰乃三公星，世俗為三台，不複革耳。然取應亦頗與三台不甚相遠，第不如六符，力量尤重。故《玉髓經》云「力量又在三台上，六世兒孫襲封蔭[704]」。六世者，指六星所應也。大抵此等星辰，主重拜褒封[705]，簪纓世代，恩榮稠疊，子孫蕃衍，朱紫盈門，乃極貴極吉之砂也。

-上格龍主公侯極品，功蓋天下，滿門朱紫。
-中格龍主位列九卿，父子同朝。
-賤龍主小貴。

일반적으로 삼태육성(三台六星)은 태미(太微)와 헌원(軒轅) 위의 별로 태계(泰階)가 평안하면 천하를 다스리는 도(道)가 창성하여[治道昌] 삼태(三台)가 바른 것이다. 만약 삼봉(三峰)은 삼공성(三公星)이며 세속(世俗)에서 삼태(三台)라고 하고 다시 바꾸지 않았다[不複革].

그러나 응함이 또한 바르지 못하나[頗;파] 삼태는 아주 서로 멀지 않아 취하면 등급을 매기면[第] 육부(六符)만 못하다. 역량(力量)이 더욱 크므로 《옥수

703) 三台謂之泰階(삼태위지태계) : 삼태(三台)는 태계(泰階)를 말한 것 ◦不複(불복) : 더는 ~ 않는다. 다시 ~않다.
704) 음(蔭) : 음사(蔭仕: 조상의 공덕에 의하여 맡은 벼슬).덕택(德澤), 덕분(德分)
☞封(봉) : 봉하다. 왕이 작위(爵位)나 작품(爵品)을 내리어 주다.
705) 褒封(포봉) ; 封爵(봉작) : 작위를 주다.(부정적인 의미에서) 고위직을 주다.

경(玉髓經)》에 이르길 '(육부의) 역량(力量)이 역시 삼태(三台)의 위에 있는 것이므로 6세 자손[兒孫]이 세습하여 벼슬을 하사를 받는다.' 고 하였다. 6세(六世)이란 6성(六星)이 응하는 바를 가리키는 것이다.

一字三台. 品字三台). 泰階三台

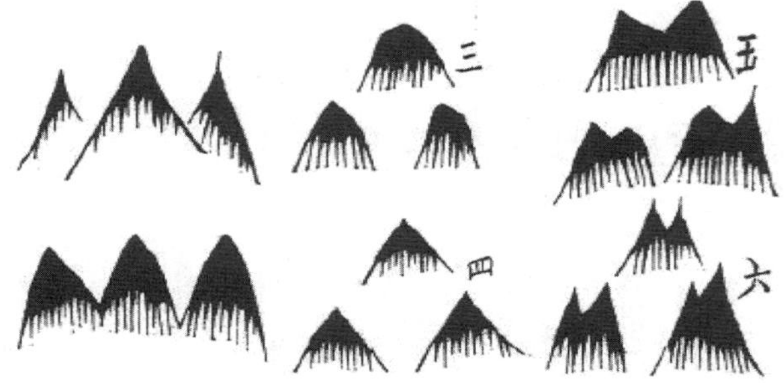

대저 이들[此等] 성신(星辰)은 작위를 수여하여[褒封;포봉] 귀중한[重] 벼슬을 하는 것을 주관하다. 대대로 고관[簪纓;잠영]으로 임금의 은혜를 입는 영광[恩榮]이 거듭된다[稠疊;조첩]. 자손이 번창하여[蕃衍;번연] 가문에 고관[朱紫]이 가득하고 지극히 귀하여[極貴] 아주 좋은 사(砂)이다.

-상격룡은 벼슬자리의 등급이 최상인[極品] 제후[公侯]로 천하(天下)에 공적이 으뜸이고[功蓋], 가문에 고관[朱紫]이 가득하다.
-중격룡은 위계의 순위[位列]는 구경(九卿:9개 부처의 각 으뜸 벼슬)에 벼슬을 하여 부자(父子)가 같이 조정에 입궐한다.
-천격룡은 작은 벼슬을 한다.

선교(仙橋) / 상격귀사(上格貴砂)

上格貴砂仙橋本水星，兩角撐**火**者為上，撐**木**者次之。蓋**水火有**既**濟之功**，故貴。吾邑治正面此砂，南唐國師吳法旺扦，讖云：「仙橋砂現，間出[706]異人。」故此邦多有神仙。如張紫瓊真人、萬萬山趙緣督真人上陽子之師、龍潭徐仙翁、三清李仙

706) 間出(간출) : 틈을 살펴 남몰래 나가다. 세대(世代)를 걸러 나타나다.

姑，及祝觀物、吳白雲、傅少華、傅初庵、祝剛陽、徐丹台子雲外老人，皆異人也，俱產此邦。但此砂宜遠而清秀，若太近不清[707] 及低小不高，亦挂榜砂耳。

–上格龍主神仙大臣，屢詔不起[708]，志慕神仙。
–中格龍主完名全節，高壽神仙。
–賤龍主清高不仕，及出高僧。

선교(仙橋)는 본래 수성(水星)으로 양각(兩角)에 화(火)을 지탱한 것을 으뜸으로 하고, 목을 지탱한 것을 그 다음으로 친다. 대개 수화(水火)는 음양이 조화를 이루어진 공[旣濟之功]이 있으므로 귀하다.

오읍치(吾邑治)의 정면에 있는 이러한 선교사(砂)가 있는데 남당국사(南唐國師) 오법왕(吳法旺)을 천장[扦]하였다. 도참[讖]에 이르길 '선교사(仙橋砂)가 보이면 가끔 이인이 태어난다.' 고 하였다.

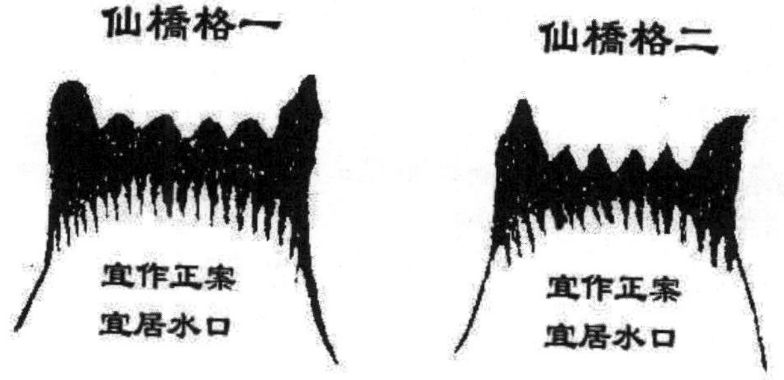

예로부터[故] 이 곳[此邦]에 신선이 많이 있었다[多有]. 예를 들면 장자경(張紫瓊) 진인(真人)과 만만산(萬萬山)의 조연독(趙緣督) 진인(真人)은 상양자(上陽子)의 스승이며, 용담(龍潭)의 서성옹(徐仙翁)과 삼청(三淸)의 이선고(李仙姑) 및 축관물(祝觀物), 오백운(吳白雲), 부소화(傅少華), 부초암(傅初庵), 축강양(祝剛陽), 서단대자(徐丹台子), 운외노인(雲外老人) 등은 모두 이인(異人)이며, 함께 이 지방에서 태어났다. 다만 이 선교사는 멀고 청수해야 좋다. 만약 너무 가까워 청수하지 못하고[不淸] 낮고 작아 높지 않으면 또한 괘방사(挂榜

707) 淸秀(청수) : 용모가 맑고 빼어나다. ◦ ~不淸(불청) : ~분명하지 않다.
708) 不起(불기) : ~할 수 없다. (정신적으로) 견딜 수 없다.

砂)일 뿐이다.

-상격룡은 신선(神仙)이 대신(大臣)에게 여러 차례 가르쳐 지도하면서[詔;조] 떠나지 않는 것[不起]은 신선(神仙)을 사모하는 마음이다.
-중격룡은 신선(神仙)으로 장수하여 명예[完名]를 온전히 징험(徵驗)한다.
-천격룡은 청렴하여[清高] 벼슬을 주어도 응하여 나서지 아니하고[不仕] 고승이 나온다.

상천제(上天梯)/ 상격귀사(上格貴砂)

 	上格貴砂上天梯者，連起星一層高一層。要山形清秀，大小相等，高低有序，方為合格。若見仙橋，主白日升天。 -上格龍主年少狀元，官近君王，父子兄弟同朝。 -中格龍主兄弟同科，父子同朝。 -賤 龍主出人聰俊巧藝。

상천제(上天梯)란 한층 한층 높게 연달아 솟은 봉우리로 산 모양이 청수(清秀)하고 대소(大小)가 서로 같고[相等], 높고 낮은 것이 질서가 있어야 비로소 합격이다.
만약 선교사[仙橋]가 보이면 갑자기 부자가 되거나 출세한다[白日升天].

-상격룡은 나이가 젊은 청소년[年少]이 장원(狀元) 하여 벼슬아치로 왕을 가까이하고[官近君王] 부자 형제는 같이 벼슬을 한다[入朝].
-중격룡은 형제는 같이 과거에 합격하고, 부자(父子)는 조정에 같이 벼슬을 한다.
-천격룡은 태아나는 사람은 영리하고 뛰어나[聰俊;총준] 예술에 솜씨가 있다

[巧藝].

군선족대(群仙簇隊) /상격귀사(上格貴砂)

上格貴砂群仙簇隊者，諸峰森森簇簇，重重疊疊，如蜂屯蟻聚，皆秀麗清奇者也。亦為三千粉黛，八百煙花709)，富貴之象也。

-上格龍主公侯國戚，駙馬、女妃，神仙。

-中格龍主鎮大藩，巨富多僕從，武貴。

-賤 龍主出人風流飄蕩。

군선족대(群仙簇隊)는 여러 봉우리[諸峰]에 나무가 빽빽하게 모여[森森簇簇] 중첩되어[重重疊疊] 벌이 무리 지어 모여드는 것 같이 모두 수려(秀麗)하고 유다르게 아름다운 것이다[清奇].

또 아름답게 생긴 기녀와 같이[三千粉黛;삼천분대] 여러 봉우리가 중첩되어[八百煙花;팔백연화] 부귀하는 형상이다.

-상격룡은 제후[公侯], 임금의 친척[國戚;국척], 부마(駙馬)、왕의 여인[女妃], 신선(神仙)이 난다.

-중격룡은 진압하여 제후[大藩]가 되고, 큰 부자로 남자 하인[僕從]이 많고 무인[武]으로 벼슬[貴]을 한다.

-천격룡은 태어나는 사람이 풍치가 있고 멋스럽게 놀며 즐겨[風流] 재산이 흩어진다[飄蕩;표탕].

709) 簇(족) : 모이다. 떼지어 한 곳에 모이다. ☕ 三千粉黛(삼천분대), 八百煙花(팔백연화) : 뭇 봉우리가 많이 중첩된 것을 비유한 것이다. ◦粉黛(분대) : 눈섭. ◦연화(煙花) : 흐릿하게 보이는 꽃.

존배(奠杯) /하격천사(下格賤砂)

존배형(奠杯形)은 잔을 횡으로 나열한 것이다. 혹 쟁반[盤]이 있거나 쟁반이 없거나 혹은 진열하거나[開] 혹은 모여있거나[合] 모두 존배(奠杯)가 되고, 품자(品字)는 본래 길하다. 만약 품자로 넓게[開闊] 펼쳐져[展布] 배열되어 있으면 좋다.

-상격룡은 부귀(富貴) 둘 다 구비한다.
-중격룡은 작은 부자이고, 타인의 자식을 양자[양녀]로 삼아 기르다[抱養].
-천격룡은 낙태[墮胎]、안질[患眼]、승도(僧道)

   	下格賤砂奠杯710)之形，橫列者是。或有盤，或無盤，或開或合711)，皆為奠杯。品字本吉。若列品字，開闊展布712)則吉。 -上格龍主富貴雙全。 -中格龍主小富，抱養他人之子。 -賤 龍主墮胎、患眼、僧道。

은병(銀瓶)·잔절(盞節) /중격귀사(中格貴砂)

은병(銀瓶)과 잔절(盞節)은 혹 술잔[盞]이 있고 단지[瓶]가 없으면 이는 거짓 병산이며 또한 자연적으로 비슷하여[彷彿] 병(瓶)이라고 가리킬 수 없으

710) 奠杯(존배) : 잔[杯]을 올려 바쳐지다. ◦盤(반) : 쟁반·접시와 같은 것·소반(짧은 발이 달린 작은 상)
711) 開(개) : 늘어놓다. 진열하다. 차리다. ◦合(합) : 합치다. 모으다.
712) 開闊(개활) : (공간 범위가) 넓다. 넓히다. ◦展布(전포) : 의견을 진술하다. 드러나다. 펼쳐지다. ◦假(가) : 거짓. 끝나다. 바꾸다. 이르다

면 귀하게 여기는 빼어난 봉우리에 불과하다.

-상격룡은 벼슬을 하여[貴] 궁전(宮殿)에서 잔[觴;상]을 받들어 올린다[捧獻].
-중격룡은 부가 왕성하여 손님[賓客]이 집안에 가득한다[滿門].
-천격룡은 승도(僧道)로 술을 판다[賣酒;매주].

<table><tr><td></td><td>中格貴砂銀瓶盞節，或有盞而無瓶，此則可假為瓶山，亦自仿佛。不指為瓶，則不過為貴秀之峰也。

-上格龍主貴，上殿捧獻觴。
-中格龍主富盛，賓客滿門。
-賤 龍主賣酒、僧道。</td></tr></table>

두(斗) / 하격부사(下格富砂)

<table><tr><td>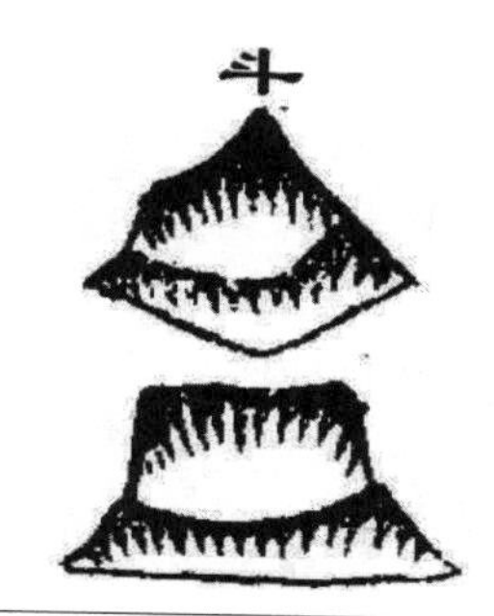</td><td>下格富砂 斗者，方正而卑，或石或土，有似於斗者為斗。但不可拘泥，多是土星。要方正，忌破碎。

-上格龍主廩膳納票之官。
-中格龍主小富。
-賤 龍主出米牙之人。</td></tr></table>

두(斗)란 방정(方正)하고 낮은 것이다. 혹 바위나 흙이 말과 같이 생긴 것이 두(斗)이다. 다만 모두[多是] 토성(土星)으로 방정하여야 한다는데 구애받을

[拘泥] 필요는 없다[不可]. 파쇄된 것을 꺼린다.

- 상격룡은 쌀[廩膳;픔선]과 돈[票]을 받는 관리이다.
- 중격룡은 작은 부자이다.
- 천격룡은 쌀 중개인[米牙之人]이 난다.

목작(木杓)/하격천사(下格賤砂)

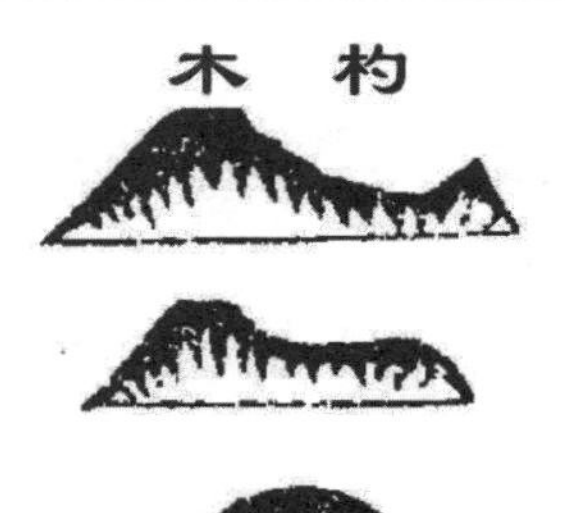	下格賤砂木杓[713]者，以其有似於木杓，蓋今乞丐及化緣道人所帶，不過微柄，為穿孔系帶之所而已。故柄短者主乞丐。 -上格龍主富貴，多墮胎淫欲。 -中格龍主淫亂。 -賤 龍主淫欲、乞丐、瘟廣

목작(木杓)은 바가지[木杓]와 비슷하게 생긴 것으로 대개 현재 거지[乞丐;걸개]와 탁발하는[化緣;화연] 도인이 가지고[所持; 帶] 다니는 것으로 작은 도구[柄;병]에 불과하며 구멍을 뚫어 끈을 달아 몸에 지니는 것[所持]일 뿐이다. 그러므로 손잡이 짧은 것[柄短]은 주로 거지[乞丐]가 난다.

-상격룡은 부귀(富貴)하나 대부분 유산[墮胎]과 음란[淫欲]하다.
-중격룡은 음란(淫亂)하다.

713) 木杓(목작) : 나무로 만든 구기(표주박) ☕杓(표;자루):천체의 축을 이루는 북두칠성을 포괄하여 이르는 것 ☞ 杓(작) : 구기. 국·술 따위를 푸는 기구.
☕목작(木杓)이 이어져 있으면 황달에 고아와 고부가 나오고(木杓形連 瘟瘇孤寡), 만약 일작(一 杓)이 곧게 오되 머리만 보이고 자루는 보이지 않으면 오히려 부자가 된다. (若只一杓直來見頭不見杓者反主富也). <출처> 『설심부』

-천룡은 음욕(淫欲)、거지[乞丐;걸개]、전염병[瘟癀;온황]이 생긴다.

가(枷)/ 하격천사(下格賤砂)

 	下格賤砂枷者，一山兩腳重疊，有似於枷。此形最為不祥，穴前見此，皆主死罪、囚繫、官災。 -上格龍主風憲衙門，號令軍民。 -中格龍主犯罪被枷號[714]。 -賤 龍主獄囚死罪。

가(枷)란 하나의 산에 양지각[兩腳]이 겹쳐져[重疊] 가(枷;죄인의 목이나 팔다리에 끼우는 형구)와 비슷하다.
이 형상은 가장 상스럽지 못하여 혈 앞에 이러한 형상이 보이면 모두 죽을 죄를 지어 감옥에 수감되고[囚繫;수계], 관재[官災]가 생긴다.

-상격룡은 높은 관청[衙門]에서 면이나 동래의 일을 담당하여[風憲] 군민(軍民;군대와 민간인)을 호령한다[號令].
-중격룡은 범죄(犯罪)로 가호(枷號)을 당한다.
-천룡은 죽을 죄[死罪]로 옥(獄)에 갇힌다.

포견사(抱肩砂) /하격천사(下格賤砂)

포견사(抱肩砂)는 큰 산이 기울고[欹斜] 밖에 작은 산이 그 옆에 있어 마

714) 枷號(가호) : 죄인에게 칼을 씌워 대중에게 보이다.

치 사람이 서로 껴안고 있는 형상(形狀)과 같고 또 뒷산이 다리를 돌려 앞산을 포옹하고 있는 것은 추(醜)하여 더욱 흉하다.

	下格賤砂抱肩砂者，大山欹斜，外有小山居其旁，如人相抱之狀。又有後山轉腳抱前山，其醜尤甚。 -上格龍主富貴而淫泆內亂。 -中格龍主男淫女濫，醜名遠播。 -賤 龍主娼妓。

-상격룡은 부귀(富貴)하나 아내[內]가 문란하여[亂] 음탕하다[淫泆;음일].
-중격룡은 남녀가 음란함이 분수에 넘쳐[淫濫;음람], 추함[醜]이 멀리 알려진다[遠播].
-천룡은 몸을 파는 기생[娼妓]이다.

자면사(刺面砂) / 하격천사(下格賤砂)

	下格賤砂刺面砂者，近見有石附於其山，望之如人刺面，以藥貼面之狀，亦如以針刺面，皆主人黥配。尖圓相值，又主殺傷。 上格龍主軍配得官。 中格龍主軍配而富。 賤 龍主軍配、殺戮、陣亡。

자면사(刺面砂)는 가까이서 보면 그 산에 바위가 붙어있어 멀리서 바라

보면 마치 사람의 얼굴을 찌르는 것 같고, 사람의 얼굴에 약을 붙인 형상을 하여도 바늘로 얼굴을 찌르는 것 같아 모두 사람의 얼굴에 입묵[入墨;문신] 하는 형벌[黥;경]을 받고 유배간다.

뾰족한 모양과 둥근 모양이 서로 만나면 또 살상(殺傷)을 한다.

-상격룡은 (전투에서) 군대를 지휘하는 관리가 된다.
-중격룡은 (전투에서) 군대를 지휘하여[軍配] 부자가 된다.
-천룡은 (전투에서) 군대를 지휘하며[軍配]、살육[殺戮]하다가 싸움터에서 죽는다[陣亡;진망]

흔군사(掀裙砂) / 하격천사(下格賤砂)

	下格賤砂掀裙[715]砂者，一山數脚飛開，如人掀裙之狀，及有浪痕擺摺，皆主不吉。上一格女濫，下二格主男女皆淫。 -上格龍主富貴而淫。 -中格龍主淫濫濁富。 -賤龍主婦人淫欲為娼,男人飄蕩。

흔군사(掀裙砂)는 하나 산에 여러 개의 지각[數脚]이 날아올라[飛開] 사람의 치마를 치켜올리는[掀裙] 모양과 같고, 파도[浪痕;낭흔]나 옷자락의 주름[擺摺;파접]과 같아 모두 좋지 않다.

위의 1격은 여자가 문란하고[濫;람], 아래 2격은 남녀 모두가 음란하다.

715) 掀裙(흔군) : 치마를 치켜들다. ☞掀 : 치켜들다. / 裙(군): 치마。飄蕩(표탕): 유랑하다. 정처 없이 떠돌다.

-상격룡은 부귀(富貴)하나 음란(淫亂)하다.
-중격룡은 지나치게 문란하고[淫濫] 부정한 돈으로 부자가 된다[濁富].
-천룡은 부인이 음탕한 욕심[淫欲]으로 창녀(娼女)가 되며, 남자는 표탕(飄蕩)하다.

합장(合掌) / 하격천사(下格賤砂)

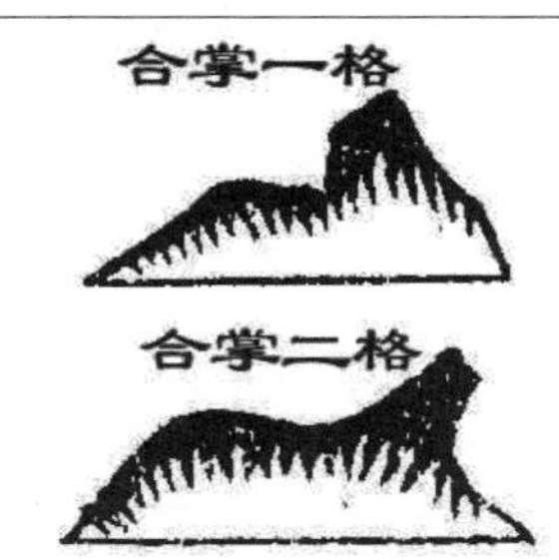	下格賤砂 呪(咒)詛山者，二山相合，如合掌然。富貴之地，亦間有之，主出人為事滅絕[716]天理，令人咒詛。若為庵觀寺院，則又迪吉。 上格龍主勢焰作威福，多人咒詛。 中格龍主凶狠[717]而富，多遭凶。 賤 龍主優婆夷、優婆塞。

주저산(咒詛山)은 두산이 서로 합하여[相合] 합장(合掌)하는 것 같으면 부귀(富貴)한 땅이 간혹 있다. 태어나는 사람은 하늘의 이치를 완전히 상실하여 사람을 저주(咒詛;주저)한다. 만약 암자[庵]나 사원(寺院)에서 보이면 또 좋게 된다[迪吉;적길].

-상격룡은 불꽃 같은 세[勢焰]는 때로 위압(威壓)을, 때로 복덕(福德)을 베풀어 사람을 복종(服從)시키고 많은 사람을 저주한다.
-중격룡은 흉악하고 부자이나 흉함이 많이 생긴다.
-천룡은 출가하지 않은 여자 불교 신자[優婆夷;우바이]、출가하지 않고 불제자가 된 남자 [優婆塞;우바새]

716) 滅絕(멸절) : 멸절하다. 완전히 상실(喪失)하다. 완전히 제거하다。令人(영인): 사람으로 하여금~하게 하다.
717) 凶狠(흉한) : (성격·행동 따위가) 흉악하다. 사납고 거칠다.

파주(破廚) / 하격천사(下格賤砂)

	下格賤砂破廚者，祿存[718]中之破碎而凶者。穴上見之，事事[719]不吉。惟挺然居於水口，把截門户，則又為吉星。 上格龍主退官罷職。 中格龍主先富而後貧。 賤 龍主乞丐。

파주(破廚)는 녹존(祿存)의 가운데가 파쇄(破碎)되어 흉한 것이다. 혈에서 보이면 만사가 좋지 않다. 다만 빼어나[挺然] 수구에 있어 문호(門户)를 차단하여 지키면[把截] 또 길성(吉星)이다.

-상격룡은 벼슬에 물러나[退官] 관직[職]을 그만둔다[罷].
-중격룡은 먼저 부자가 되고 나중에 가난하다.
-천룡은 거지[乞丐;걸개]이다.

두무(兜鍪) / 중격귀사(中格貴砂)

두무(兜鍪;투구)란 꼭대기 솟아 옆으로 기운 형세이다. 치마가 끌려 자라[鱉;별]와 같고 또한 작은 뚜껑을 매단 것[帶殿] 같아 횡으로 보이면 살(殺)이 된다.

-상격룡은 공훈(功勳)과 업적(業績)으로 대대로 세습되는 작위[世爵]이며, 용맹스러운 것을 좋아하며[好勇], 위엄과 무력[威武]있다.

718) 祿存(녹존) : 꼭대기[上]의 모습은 북[몸통은 둥글고 정상은 평평하여 북과 같은 모습]과 같고 산기슭[下]은 오이나 표주박[瓜瓠;과호]과 같은 지각이 있다.
719) 事事(사사) : 일을 하다. 모든 일. (어떤) 일에 종사하다. 만사

-중격룡은 무관직[武職]의 작은 벼슬[小官]로 세도를 잡은 집안의 사람들이 백성들을 억압하고 수탈한다[武斷鄉曲].
-천격룡은 천(賤)한 노동(勞動)[賤役]을 하는 군졸(軍卒)이나 성격이 흉악한[凶狠;흉한] 도적의 무리[賊徒]가 된다.

 	中格貴砂兜鍪[720]者，頂起而有傾側之勢，拽裙如驚，亦微帶殿蓋，橫視之則為殺耳。旗鼓同見者合格。 -上格龍主勛業世爵，威武好勇。 -中格龍主武職小官，武斷鄉曲[721]。 -賤 龍主軍卒賤役，凶狠[722]賊徒

구장(毬杖) / 중격귀사(中格貴砂)

 	中格貴砂毬杖之形不一，有從高山生下，出脚為杖者。若山高峻而端嚴，則可指為將軍打毬。有從山脈落下閃斷，複於平處特為杖者，頗有毬彷佛相類，不可拘泥。 上格龍主壽考榮貴。 中格龍主富壽，異姓仝居。 賤龍主貧賤、殘疾、患眼、墮胎。

720) 兜(두) : 둘러싸다. 투구 ◦鍪(무) : 투구
721) 武斷鄕曲 (무단향곡 : 시골에서 세도를 잡은 집안의 사람들이 백성들을 억압하고 수탈하는 일.
722) 凶狠(흉한) : (성격·행동 따위가) 흉악하다. 사납고 거칠다. 악랄하다.

구장지형(毬杖之形)은 하나같이 않으니[不一] 고산을 따라서 아래로 지각이 생긴 것[出脚]을 장(杖)이라 한다.

만약 산이 높고 급하며 단정하고 위엄 있으면[端嚴] 가리켜 장군이 치는 공[將軍打毬]이라 할 수 있다. 산맥을 따라 아래에 낙하하여 잠깐 끊어졌다가[閃斷] 다시 평평한 곳에 다만 장(杖)이 되는 것이 있는데 자뭇[頗;파] 구(毬)는 서로 비슷한 종류[類]로 (한 가지에) 구애될 필요가 없다.

-상격룡은 오래 살고[壽考] 지위가 높고 귀하다[榮貴].
-중격룡은 부유하며 오래 살고[富壽], 남녀[異姓]가 동거한다.
-천룡은 빈천(貧賤)、불구[殘疾;잔질]、눈병[患眼;환안]、낙태[墮胎;타태]를 한다.

앙선(仰船) /중격귀사(中格貴砂)

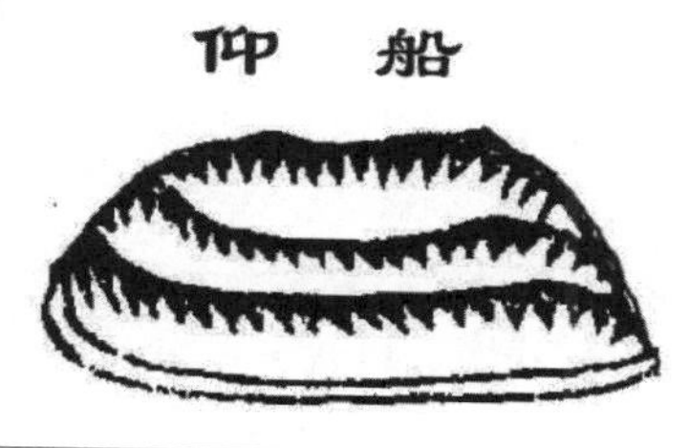 	中格富砂仰船者，多是土星橫疊，有仰船之狀。不破碎者橫直723)皆可，船頭勾上者更吉。 -上格龍主出征外國，兼並土地，建立大功。 -中格龍主出江湖干運724)，興家致富。 -賤 龍主行商之人，及淫賤。

앙선(仰船)은 모두[多是] 토성(土星)이 횡으로 겹쳐 쌓인[橫疊] 모양을 앙선(仰船;배를 뒤집어 놓은 형상)이라 한다.

파쇄하지(破碎) 않는 것은 어쨌든[橫直] 모두 가능하고 뱃머리[船頭]를 위에서 묘사한 것[勾上]은 더욱[更;갱] 길하다.

723) 橫直(횡직) : 아무튼. 어쨌든。勾(구) : 윤곽을 그리다. 묘사하다。兼并(겸병) : 겸병하다. 합병하다. 통일하다.

724) 江湖(강호) : 세간. 세상 물정에 밝은 사람. 。干運(간운) : 거래소의 중개인. 장사. 움직이다.

-상격룡은 외국을 정벌(征伐)하러 나가[出征] 토지를 합병하여[兼並] 큰 공을 세운다[建立].
-중격룡은 세간에[江湖] 중개인[干運]을 하여 집안이 일으켜[興家] 부자가 된다[致富].
-천룡은 장사를 하는 사람이며[行商之人] 음탕하고 상스럽다[淫賤].

도전(賭博)/ 하격부사(下格富砂)

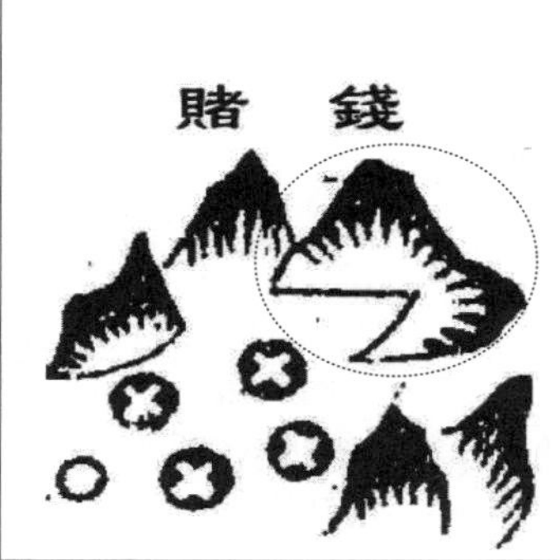	下格富砂賭博之砂，若在旁出725)而龍神吉者，亦主因賭得財。但此等之砂，終非全吉，至龍氣盡時，敗莫能救。此所以為賤砂。 -上格龍主經商坐賈，巧藝得錢，作謀成家。 -中格龍主因賭得錢，出人奸險。 -賤 龍主好賭破家，浮華不實。

도박사(賭博之砂)는 만약 (사가) 옆에서 나오면 용신이 길한 것은 또 도박으로 인하여 재산을 얻는다. 다만 이러한 종류의 사(砂)는 끝내[終乃] 전부 길하지 않고, 용기(龍氣)가 다 될 때는 도박으로 으로 패하여 구제할 수 없다. 이러한 이유로 천사(賤砂)이다.

-상격룡은 앉아서 파는 장사를 하고[經商], 예능[巧藝]으로 돈을 모으고[得錢] 정사(政事)를 도모하여 가업을 이룬다. 이러한 곳은 천사(賤砂)로 여긴다[以為].

725) 旁出(방출) : 옆에서 나오다. 방계(傍系)에서 나온 것 ◦賭(도) : 노름 ◦博(박) : 넓다. 도박

-중격룡은 도박으로[因賭] 돈을 모으고, 태어나는 사람은 간사하고 음험하다[奸險;간험].
-천룡은 도박을 좋아하여 집안을 망치고[破家], 실속은 없이 겉만 화려(華麗)하다[浮華不實].

접전(接錢) / 하격부사(下格富砂)

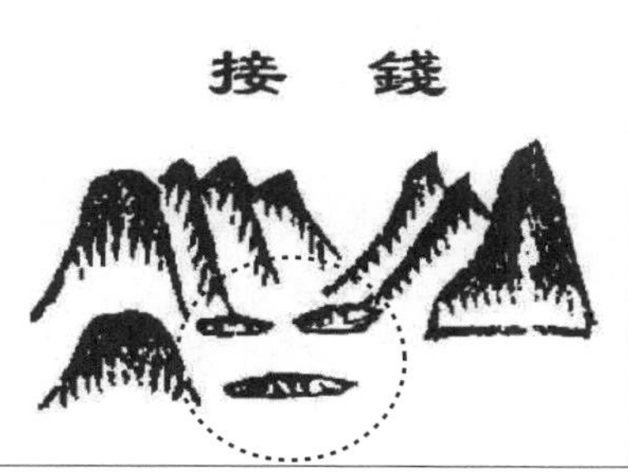	下格富砂接[726]錢之砂，乃要下砂逆水，方是接錢，主進財帛。若順水有砂，反為送錢出外，退敗。 -上格龍主司財之官。 -中格龍主坐賈得財，因親發達。 -賤 龍主多疾病，是非括括。

접전사(接錢之砂)는 하사(下砂)가 역수(逆水)를 하여야 비로소 접전(接錢)이다. 주로 재물[財帛;재백]이 늘어나고, 만약 순수하는 사(砂)가 있으면 반대로 돈을 밖에 사용하여 패하여 망한다[退敗].

-상격룡은 재물을 맡은 관리가 된다.
-중격룡은 앉아서하는 장사를 하여[坐賈;좌가] 친척 때문에[因親] 재물을 모으고 돈을 번다[發財;發達].
-천룡은 질병(疾病)이 많고, 시비(是非)를 단속한다[括括;괄괄].

금피퇴(錦被堆) / 하격부사(下格富砂)

726) 接(접) : 모으다, 모이다, 가까이 가다.

	下格富砂錦被堆不與諸山連接，或圓扁，或方長，四旁皆有裙脚，如撒被[727]之狀，方應此形。 -上格龍主富貴雙全。 -中格龍主富冠鄉邑。 -賤 龍主墮胎、惡疾。

금피퇴(錦被堆)는 여러 산과 연접(連接)하지 않고 혹 둥글고 납작하거나[圓扁], 혹 네모지고 길거나[方長] 사방[四旁]은 모두 치마를 위에서 아래로 늘어뜨려진 것[裙脚;군각]이 마치 입는 옷을 펼친[撒被] 형상 같으면 비로소 금피퇴(錦被堆)의 형상에 부합한다[應].

-상격룡은 부귀(富貴)를 모두 구비한다.
-중격룡은 부유(富裕)함이 향읍(鄉邑)에서 으뜸이다.
-천룡은 낙태(墮胎;타태)를 하고, 고질병[惡疾]을 앓는다

퇴전(堆錢) / 하격부사(下格富砂)

	下格富砂堆錢山，不必泥兩頭有辨索[728]之狀，因形定名者，隨穴指喝，仿象而已，豈必如圖畫摸寫[729]過真耶 -上格龍主富貴雙全。 -中格龍主富冠鄉邑。 -賤 龍主出走卒軍籍。

727) 脚(각) : 위에서 아래로 늘어뜨려진 것。撒(살) : 펼치다. 떨어뜨리다. 。被(피) : (옷 등을) 입다. 걸치다. 이불

퇴전산(堆錢山)은 양두(兩頭)가 반드시 굵은 밧줄[辨索]의 형상으로 나누어져야 하는 것에 얽매일 필요는 없다. 형상에 따라[因] 이름을 정한 것으로 혈은 물형[喝形]의 취지에 따라 형상을 모방하였을 뿐이다. 어찌 꼭 진실을 떠나 그림을 원본을 베낀 것과 같은가?

-상격룡은 부귀(富貴)를 모두 갖춘다.
-중격룡은 부[富]가 향읍에 으뜸이다.
-천룡은 졸개[走卒;주졸]로 군대 명부에 등록(登錄)되어 징병(徵兵)이 된다.

와우(臥牛) / 중격부사(中格富砂)

中格富砂臥牛者，乃濁體土星，其形有似於牛臥也。若山無脚出，即為倉庫之砂，大宜出[730]於水口間。

-上格龍主為官富厚[731]。
-中格龍主富而多牛馬之牸。
-賤 龍困窮，多生好睡之人。

와우(臥牛)는 굵고 거친 형체의 토성이 와우(臥牛)와 같은 형상이다. 만약 산에 지각[脚]이 생기지 않았으면 곧 창고(倉庫)의 사(砂)이다. 수구의 사이에 마땅히[宜當;의당] 생기면 매우[大] 좋다.

-상격룡은 벼슬을 하여 재물이 넉넉하다[富厚].
-중격룡은 부자이고 우마(牛馬)의 암컷[牸;자]이 많다.

---

728) 辨(변) : 끊어지다. 나누어지다. ◦索(삭) : 동아줄. 굵은 밧줄. 꼬다(새끼 등)
729) 摸寫(모사) : 모사(模寫)하다. 원본을 베끼어 씀.
730) 出(출) : 나타나다. 드러남. 발생하다. 생겨서 이루어짐. 생겨나다.
731) 厚(후) : (수량·이윤·가치가) 크다. 많다. 넉넉하다. 풍부하다.부유하다. 넉넉하다.

-천룡은 곤궁(困窮)하게 대부분 살고, 잠자기를 좋아하는[好睡;호수] 사람이다.

와사(臥獅)/ 중격부사(中格富砂)

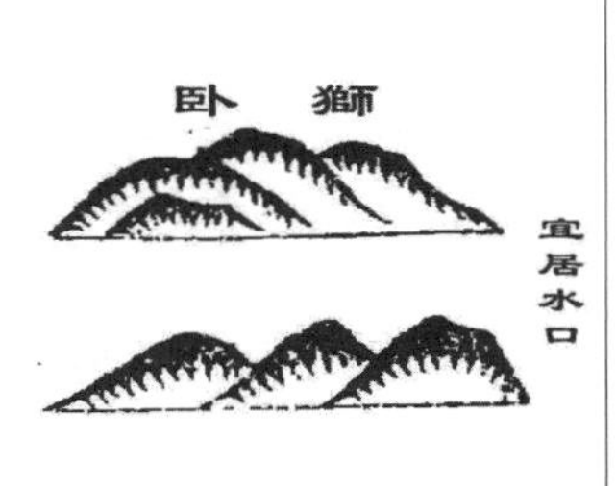	中格富砂獅主富，亦主貴。獅形面方頭大，腰狹尾闊，前重後輕，土星之濁者也。此等[732]砂亦宜稍遠，或出水口為美。 -上格龍主出人魁偉、富厚、方面，大享福壽。 -中格龍主巨富小貴。 -賤 龍主出人粗卒窮困。

와사(臥獅)는 부(富)도 주관하고 또 귀(貴)도 관장한다. 사형(獅形)의 면(面)이 모나고 머리 부분이 크며 허리가 좁고[腰狹], 꼬리가 멀면[尾闊] 앞은 크고[重] 뒤는 적어[輕] 토성(土星)이 크고 거칠다. 이들[此等] 사(砂)도 약간 먼 것이 마땅하다. 혹 수구에 있으면[出;드러나다] 좋다.

-상격룡은 태어나는 사람이 건장하고[魁偉;괴위] 그 일대[方面]에서 재산[富]이 많고[富厚] 오래 살며 복을 크게 누린다[享有].
-중격룡은 큰 부자[巨富]이고 작은 벼슬을 한다.
-천룡은 태어나는 사람은 거칠고 빈곤하다.

복호(伏虎) / 중격부사(中格富砂)

복호(伏虎)는 봉우리[星峰]가 우람하여[雄偉;웅위] 호랑이와 같은 형상이다. 이는 토성이 아주 크고[肥大] 성신(星辰)에 광채(光彩)가 나고 두각(頭脚)이 원

732) 此等(차등) : 이들. 이런 것들

정(圓正)해야 좋다.

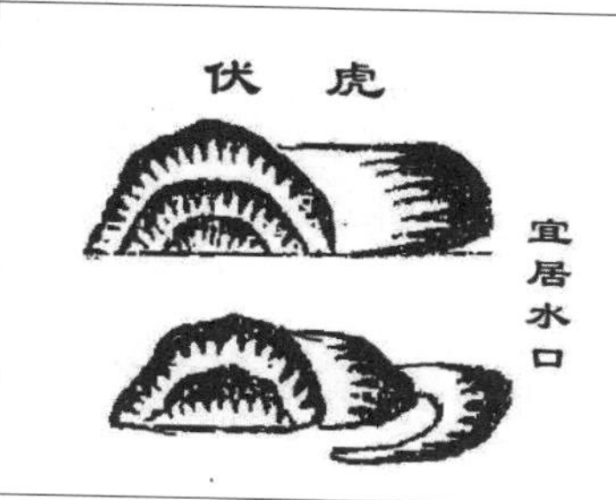	中格富砂伏虎者，星峰雄偉，有似於虎也。此土星之肥大者，要星辰光彩，頭脚圓正為吉。 -上格龍主田連阡陌，亦有小貴武功。 -中格龍主婦人墮胎、盜竊，有財而濁。 -賤 龍主被虎傷無嗣。

- 상격룡은 전지(田地; 논밭)에 길이 잇달아 많고 또 작은 벼슬을 하며 무공(武功)이 있다.
- 중격룡은 부인이 낙태[墮胎]를 하고, 절도를 하여[盜竊;도절] 나쁘게[濁] 재산을 많이 소유한다[有].
- 천룡은 호상(虎傷;교통사고 등)을 당하여 절손[無嗣]한다.

낙타(駱駝) / 중격부사(中格富砂)

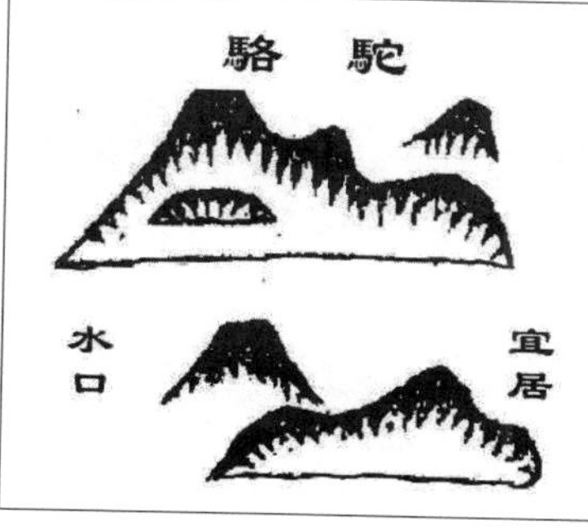	中格富砂駱駝者，星峰秀麗，有似馬形。**以駝有峰穎異**[733]，尤貴於馬。此格可貴可富，尤看旁星相應何如耳。 -上格龍主富貴雙全。 -中格龍主小富，多生魁偉享福之人。 -賤 龍主貧困而濁。

733) 以(이) : 닮다. ◦穎異(영이) : 남달리 총명하다. 기발하고 기이하다. ◦看(간) : 결정(決定)되다, ~에 달려있다.

낙타(駱駝)는 봉우리가 수려(秀麗)하여 말의 형상과 유사하다. 낙타[駝]를 닮은 기이한[穎異] 봉우리가 있으면 말을 (닮은 봉우리)보다[於] 더욱 귀하게 여긴다.

이 격은 벼슬[貴]을 하고 부자[富]가 될 수 있어 특히 옆의 성신이 상응 여하에 따라 결정될 뿐이다.

-상격룡은 부귀(富貴) 쌍전한다.
-중격룡은 작은 부자이고 대부분 건장하게[魁偉;괴위] 생겨 복을 누리고 산다.
-천룡은 빈곤(貧困)하고 우매[濁]하다.

탐두(探頭) /하격천사(中格賤砂)

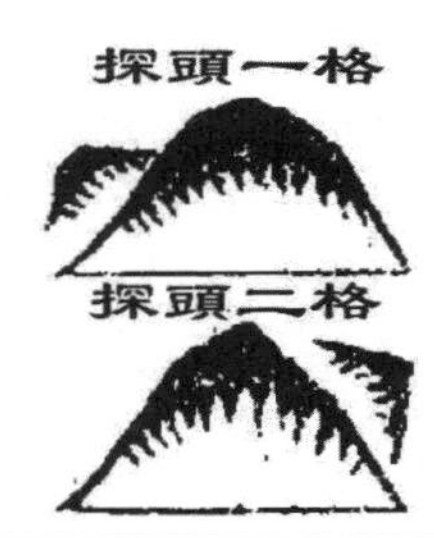	下格賤砂探頭砂者，小山在大山之外，或居其上，或在其旁，如小人攢頭窺伺[734]。斜側不正，賊寇[735]之象也。 -上格龍主家庭有失竊。 -中格龍主招賊入屋。 -賤 龍主出人為寇盜。

탐두사(探頭砂)는 소산(小山)이 큰 산의 바깥에 있거나 혹 큰 산의 위나 옆에 있어 마치 작은 사람이 머리를 내밀어 엿보는 것 같다. 옆으로 기울어 바르지 않나 도적의 형상(形象)이다.

-상격룡은 가정에서 도난당하다[失竊].
-중격룡은 도적을 집에 불러들인다.

734) 攢(찬) : 모으다. 뚫다. 도려내다 窺(규) : 엿보다. 훔쳐보다. ◦伺(사):엿보다, 정탐(偵探)하다.
735) 賊寇(적구) : 모반자. 도적 ◦櫃(궤):나무로 네모나게 만든 그릇.

-천격룡은 태어나는 사람은 도적[寇盜;구도]이다.

궤고(櫃庫) / 중격부사(中格富砂)

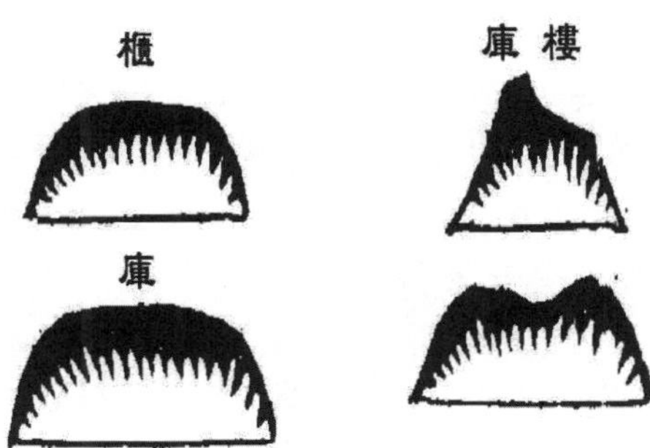

中格富砂櫃[736]庫三格，其一為櫃，其二為庫，皆土星，主大富。若有貴峰而龍又貴者，主富貴雙全。龍穴小貴，亦主少財進身，買官納粟[737]之職。第三格則以主星[738]火土為祿，土為財，主大貴大富，不假別星為助。更有貴格龍穴，當主貴極人臣。但櫃庫要首尾高下勻停而逆水肥滿[739]，乃吉。若順水破碎，頭高尾低，則為破庫虛櫃，及棺槨之象，則為凶砂矣。

-上格龍主户部及司財稅之官。

---

736) 函(함) : 옷이나 물건 따위를 넣을 수 있도록 네모지게 만든 통. 상자(箱子)

737) 進身(진신) : 입신출세하다. 벼슬길에 올라 신분·지위를 높이다.채용되다. 일자리를 잡다. ◦納粟(납속) : 나라의 재정난 타개와 구호 사업 등을 위하여 곡물을 나라에 바치게 하고, 그 대가로 벼슬을 주거나 면역(免役) 또는 면천(免賤)해 주던 일. ◦勻停(균정) : 분량이 적당하다. 알맞다. 고르다. 조화되다.

738) 主星(주성) : 주산[소조산]을 가리켜 主星(주성)이라 칭한다.

739) 肥(비) : 냇물의 한 가지.

1)같은 근원의 물이 하류에서 갈라지는 내.

2)다른 근원의 물이 하류에서 합쳐지는 내.

-中格龍主巨富多蓄積。-賤龍主衣食溫飽，定是居庫之人

궤고(櫃庫)의 삼격(三格)이 있는데 그 일격은 궤(櫃)이고 그 이격은 고(庫)로 모두 토성(土星)이다. 주로 큰 부자를 관장한다.

만약 귀봉(貴峰)이고 용(龍)도 귀(貴)하면 주로 부귀(富貴) 쌍전한다. 용혈(龍穴)이 조금만 귀하여도 주로 적은 재물로[少財] 관직을 사는[買官] 납속(納粟) 직(職)으로 입신출세한다[進身]. 제삼격(第三格)은 주성(主星)이 화토(火土)이면 녹(祿)이 되고, 토(土)는 재(財)가 된다. 주로 대귀(大貴) 대부(大富)하여 따로 오성[別星]의 도움이 필요하지 않다. 다시 귀격의 용혈이 있으면 마땅히 벼슬이 매우 높은 신하이고 다만 궤고(櫃庫)는 수미고하(首尾高下)가 고르고[匀停;균정] 하류에서 역수(逆水)하여 가득하면[肥滿] 곧 좋다.

만약 순수(順水)하여 파쇄(破碎)하고 머리가 높고 꼬리가 낮으면, 고(庫)가 파쇄되고 궤(櫃)가 허하여 관곽(棺槨)의 형상(象)이 되면 흉사(凶砂)가 된다.

-상격룡은 호부(户部) 및 재정과 세무[財稅]를 담당하는 벼슬을 한다.
-중격룡은 큰 부자로 저축[蓄積]을 많이 한다.
-천룡은 의식(衣食)이 따뜻하게 입고 배부르게 먹고[溫飽] 반드시 곳간에 저축하는 사람이다.

창균(倉囷;곡식창고) /중격부사(中格富砂)

中格貴砂倉囷之形，多出於土星。亦有類金星者。故凡金星帶土體，及土星不方正者，皆謂之倉，小者謂之庫。凡倉庫所應，皆主富。龍穴貴者，則主公輔[740]食邑之貴。連厫倉、陳積倉、百萬倉，皆能應藩鎮屯駐去處。陰陽二宅見之，亦主大富大貴。其它止是富砂。寄倉以其在外洋，故屬外郡。百萬倉有似禦屏而不方正，差小者亦名萬石倉。此系大星辰，主大富，亦有貴，卻須形穴雄偉之地，而後可以[741]當

740) 公輔(공보) : 三公四輔. 즉 임금을 보필하는 大官 ☕ 食邑(식읍) : 국가에서 왕족이나 공신들에게 내려 주어 조세를 받아 쓰게 하는 마을을 이르던 말 ◦藩鎮(번진) : 변방의 방어를 위한 변경지역에 번진을 설치
741) 可以(가이) : ~할 수 있다. 좋다. 괜찮다.~해도 좋다.

此。

–上格龍主食邑進爵，世享天福，敵國巨富。

–中格龍主田連阡陌，納粟[742]進職，糧冠郡邑。–賤 龍主濁富淫欲

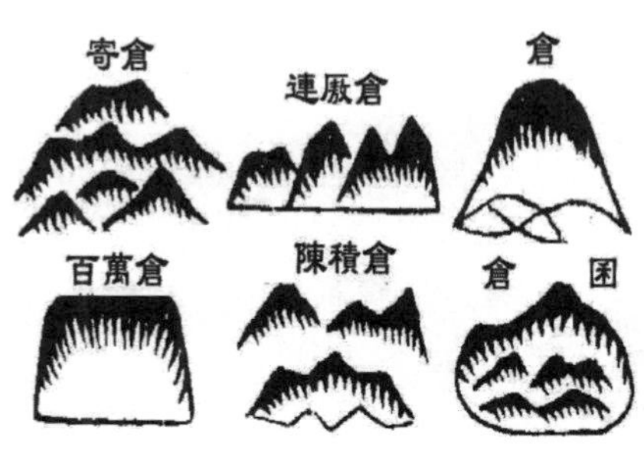

창균(倉囷)의 형상[形]은 대부분 토성에서 생긴다. 또 금성(金星)과 비슷하므로 일반적으로 금성(金星)에 토체(土體)가 붙어있고 토성(土星)이 방정(方正)하지 않는 것을 창(倉)이라 한다.

작은 것을 고(庫)라 한다. 일반적으로 창고(倉庫)의 소응(所應)은 모두 부(富)을 관장하다. 용혈(龍穴)이 귀(貴)하면 주로 대신[公輔;공보]의 벼슬을 하여 식읍(食邑)을 받는다. 연오창(連厫倉)과 진적창(陳積倉)、백만창(百萬倉)은 모두 변방의 방어를 위해 주둔하는 곳에 부합할 수 있다.

음양(陰陽) 이택(二宅)에서 보이면 또 대부대귀(大富大貴)하다. 기타(其它) 는 부사(富沙)로 그친다[止是]. 기창(寄倉)은 그것이 외양(外洋)에 있으므로 바깥 무리[郡]에 있다. 백만창(百萬倉)은 어병(禦屏)과 유사하나 방정(方正)하지 않고, 조금 작은 것[差小]은 또 만석창(萬石倉)이라 한다. 이들은 대성신(大星辰) 계통으로 많이 부유하고 또 귀(貴)도 있다. 그러나 반드시 혈의 형상[形穴]이 우람한[雄偉] 자리가 된 연후에 이들이 당연히 좋다.

–상격룡은 벼슬[爵;작]에 나아가 식읍(食邑)으로 대대로 천복(天福)을 누리고 적국(敵國)에서 큰 부자가 된다.

742) 納粟(납속) : 나라에 곡물을 바치고 그 대가로 벼슬을 주거나 부역을 면하게 해 주거나 신분을 올려 주던 일

-중격룡은 전지[田]에 논발 길[阡陌]이 이어져 조세[糧]가 군읍(郡邑)에 가장 많고, 납속(納粟)을 하여 관직에 나간다[進職].
-천룡은 부정한 돈으로 부유하고[濁富] 음탕한 욕심[淫欲]이 있다

유시(流尸) / 하격천사(中格賤砂)

<table>
<tr>
<td>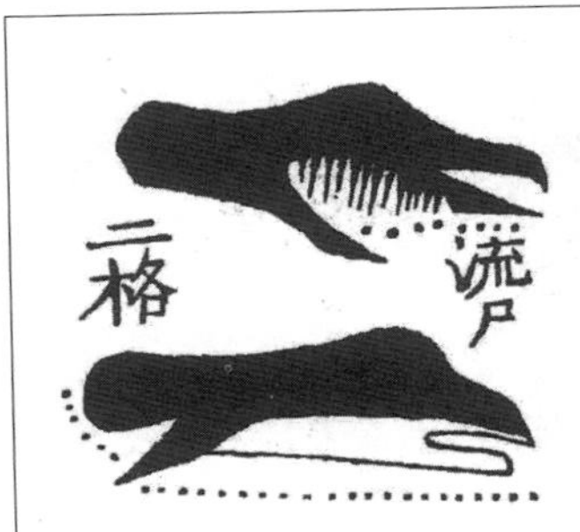
</td>
<td>下格賤砂流尸砂如葫蘆形，主溺死。蓋葫蘆有嘴，如頭頸之形。如有頸，下加[743]腹故也。順水尤凶。

-上格龍主為官客死。
-中格龍主醫者傳名，多外死。
-賤 龍主溺死。</td>
</tr>
</table>

유시사(流尸砂)는 호로(葫蘆)의 형상과 같다. 주로 익사(溺死)를 한다. 대개 표주박 모양[葫蘆;호로]은 물건에 뾰족한 끝[嘴;취]이 있어 머리와 목[頭頸;두경]과 같은 형상이 있고 목[頸] 아래에 배[腹]가 추가로 있으므로 순수(順水)하면 더욱 흉하다.

-상격룡은 벼슬아치로 객사한다.
-중격료은 의사[醫者]로 명성을 떨치나 객사한다.
-천룡은 익사(溺死)한다.

헌화(獻花) / 하격천사(中格賤砂)

743) 가(加) : (본래 없던 것을) 붙이다. 달다. 넣다. 첨가하다.

헌화사(獻花砂)는 양 지각[兩脚]이 날아오르고[飛開] 중간에 움푹하게 패여(구멍이) 뚫려 있어[開坑] 헌화(獻花)라 한다.
오로지 여인은 음란하여 문란하고[淫濫;음람] 비록 용혈이 귀할지라도 추문[風聲]이 퍼지는 것을 면치 못한다.

	下格賤砂獻花砂兩脚飛開，中間開坑,故曰獻花。專主女人淫濫。縱是龍穴貴，亦不免於風聲。 -上格龍主富貴而婦人淫濫，醜聲遠揚。 -中格龍主婦人淫濫[744)]。 -賤 龍主娼妓.

-상격룡은 부귀(富貴)하나 부인이 음난(淫亂)하여 난잡하고 추문[醜聲]이 멀리 퍼진다[遠揚].
-중격룡은 부인(婦人)이 문란하다.
-천룡은 기생[娼妓]이다.

찬회(鑽懷) / 하격천사(中格賤砂) cƒ) 타태(墮胎)

이 산은 기울고 예리하고[尖利] 작은 산을 안에 감싼 것으로 타인의 자식을 양자로 삼아 양육하고[抱養] 혹 자식이 없고 음란(淫亂)하다. 그러나 혈 속에서 보이지 않으면 꺼리지 않는다.

-상격룡은 타인의 아들을 양자로 삼아 양육한다.
-중격룡은 집안에서 품행이 단정하지 못하고 행실이 바르지 않다[不潔].

744) 濫(람) : 퍼지다. 넘치다.어지럽힘. 문란.

-천룡은 남녀가 음탕(淫蕩)한 행동(行動)을 하고[淫奔], 결핵(結核)[癆瘵]의 질병이 생긴다.

	下格賤砂此山欹斜尖利，內抱一小山，乃主抱養他人之子，或以無子而淫亂也。穴內不見則不忌。 -上格龍主抱養他人之子。 -中格龍主內亂不潔。 -賤 龍主男女淫奔，及癆瘵之疾。

타태(墮胎) / 하격천사(中格賤砂)

타태사(墮胎砂)는 돈부(墩阜)가 둘로 양분한 산의 지각[山脚] 아래에 있는 것[適]이다. 낙태를 하여[墮胎;타태] 아이를 양육할 수 없고 눈병[眼疾]이 나고、입양하여 양자(養子;螟蛉;명령]로 삼는다[過房;과방].

과방[過房] : 일가가 되는 집의 사람을 양자를 삼는 일

	下格賤砂墮胎砂者，墩阜適於兩開[745)]山脚之下也。主墮胎不育，及眼疾、過房、螟蛉之子[746)]。 -上格龍主富貴而墮胎不育，無嗣。 -中格龍主螟蛉、目疾、墮胎。 -賤 龍主產難。

745) 兩開(양개) : 둘로 쪼개다. 양쪽이 서로 비키다. 둘로 나누다. 양분하다.◦ 開(개) : 벌어지다.

-상격룡은 부귀(富貴)하나 유산(遺產;墮胎)하여 아이를 기를 수 없어[不育] 절손한다[無嗣;절사].
-중격룡은 양자[螟蛉]를 하고, 눈병[目疾]이 발생하고, 낙태[墮胎]한다.
-천룡은 난산(產難)한다.

단조(丹詔) / 상격부사(上格富砂)

	上格貴砂丹詔一名詔仙，卓立土星旁有小峰者是。又一格，以一字文星前生長峽，亦是747)。皆極貴。《經》云「纔自回家748)複詔入，御書盈閣極榮顯。」 -上格龍主拜相，名垂青史，神仙。 -中格龍主文章科第，壽考延長。 -賤 龍主清高康寧。

단조(丹詔)는 일명(一名) 조선(詔仙) 탁립한 토성(卓立土星)의 곁에[旁] 작은 봉우리[小峰]를 말한다[是]. 또 일격은 일자문성(一字文星) 앞에 장협(長峽)을 만든 것으로 역시(亦是) 모두 극귀(極貴)하다.
《경(經)》에 이르길 '잠시 스스로 집으로 돌아갔으나 다시 입조(入朝)하라는 임금이 쓴 글씨(御書)가 문갑[閣;각]에 가득하므로 빨리[極] 입신출세 한다[榮顯].' 고 하였다.

-상격룡은 재상(宰相)에 임명되어[拜相] 역사의 기록[青史]에 이름을 길이

746) 螟蛉之子(명령지자) : 나나니벌이 업고 가서 기른다는 뜻으로, 벌의 일종인 이 나나니벌은 다른 곤충이 낳은 알을 기르기 때문에 전설 속에 양아들 의미를 한다. 無嗣(무사): 대를 이어 나갈 아들이 없음[=絶嗣;절사]
747) 亦是(역시) : 또한[也]. 생각했던 대로. 原來(원래).
748) 回家(회가) : 집으로 돌아가다. 귀가하다. 귀성(歸省)하다.

남기며[名垂], 신선(神仙)도 나온다.
-증격룡은 문장(文章)으로 과거에 급제하고, 목숨을 연장하여 오래 산다[壽考延長].
-천룡은 청렴하여[淸高] 평안하다[康寧].

上諸砂圖，不過載之為式而已。若夫[749]形之姸媸，品物之繁庶，豈第筆端所能仿佛於萬一哉！惟守約以該博，由淺以究深，引而伸之，觸類而長之，則存乎其人耳。

위의 여러 사도(砂圖)를 격식으로 삼아 게재(揭載)하는 것에 불과할 뿐이다. 그런데 형상의 미추[美醜][姸媸;연치]는 형체가 있는 온갖 물건[品物]에 대단히 많은데[繁庶;번서] 어찌 비슷한데 만의 하나를[於萬一] 붓[筆端]으로 차례를 정할[第] 수 있는 것인가!
다만 약정(約定)을 준수하여[守約] 지식이 깊지 않기 때문에 해박(該博)하게 깊이 연구하여[究深] 이끌어서 펼치며[引而伸之] 무리를 접촉하여 키워나가 것[觸類而長之]은 사람에게 달린 것이다.

749) 若夫(약부) : ~에 대하여는. 그런데. ~과 같은 것은

제2부 수법(水法)

此以下五冊，專論水法。夫天一生水[1)]，水實萬物之祖。水在[2)]天地間為最多，四海五湖，特其槪耳。浴日月，浸乾坤，皆水之效靈者也。故水於陰陽家，曰山水，曰風水，水居其半，可謂重矣。而地書乃以水居四科之末，似以水為輕於龍穴也。殊不知龍非水送，則無以明其來；穴非水界，則無以明其止。蓋「外氣橫形，內氣止生」，是龍穴又賴水為証應。然則，居四科之末者，特以次序言，非以輕重言也。故郭氏曰「得水為上」，楊氏曰「未看山，先看水，有山無水休尋地」，廖氏曰「尋龍點穴須仔細，先須看水勢」，皆言水之當重，與龍穴均也。輯水法。

제1장 제발문

제1절 머리말

---

1) 물[水]

1.물의 역할 : 지기를 보호하고 인도할 뿐 만아니라 생기를 뭉치게 한다.

2.명당수 : 혈 앞에 명당에 모이는 물 즉 이를 명당수라 한다.

1)명당 안에 발생된 물로 진응수, 원진수, 천심수

여기서 원진수와 천심수가 直出하는 것을 凶하게 본다.

2)명당 밖[발원처가 명당 밖에 있는 것을 의미]에서 들어오는 물 : 도당수

①형국 바깥에서 시작하는 물이 혈 앞 명당으로 들어오는 것을 도당수라고 칭함.

②도당수 중에서도 조수(朝水)는 특히 조산, 안산의 방위에서 들어오는 물을 말한다.

③전사수(箭射水)가 되지 않도록 명당에 들어오는 물은 구곡수(九曲水)로 느릿느릿 흘러들어와야 한다.

④결국 명당으로 들어오는 물은 용혈(龍穴)을 배반하여 반궁(反弓).반도수(反跳水)가 되거나 찌르듯이 들어오면 안된다.

⑤조수국(朝水局)에서 혈을 맺으면 이를 두고 당조혈(當朝穴)이라고 하며 귀한 것으로 간주한다.

2) 재(在) : ~에. 위치를 나타내는 조사.

이는 이하(以下) 5책(五冊)에서는 수법(水法)을 오로지 논하였다. 무릇 하늘이 맨 처음으로 물을 만들어[天一生水] 물은 실지로 만물(萬物)의 조종(祖宗)이다. 물은 천지간(天地間)에[在] 가장 많다. 사해(四海)와 오호(五湖)는 특히 겉모양[概]일 뿐이다. 해와 달의 빛이 내려 건곤(乾坤)이 차츰 스며드는 것[浸]은 모두 물의 영험함을 드러낸 것[效靈]이므로 물은 음양가(陰陽家)에서 산수(山水)라고 하고 풍수(風水)라 한다.

물은 그것의 반 이상을 차지하여 가히 중요하여 지리서는 물을 사과(四科)[용·혈·사·수]의 끝에 있어 물을 용혈보다 가볍게 여기는 것 같다. 용이 물을 보내는 것을 알지 못하면 용이 오는 것을 밝힐 수 없고, 혈은 물이 경계하지 않으면 용이 멈춤을 밝힐 수 없다.

무릇 <장서>에 이르기를 '외기(外氣;물)가 횡행(橫行)하여 형(形)을 만들고, 내기가 머물러 생기가 된다' 고 하였다. 이는 용혈은 또 물에 의지하여 감응하는 증거로 삼는다. 그러면 사과(四科)의 끝에 있는 것은 특히 차서(次序)를 말한 것이나 경중(輕重)을 말한 것이 아니므로 곽씨(郭氏)가 이르길 '득수(得水)가 으뜸이라' 하였다. 양씨(楊氏)가 이르길 '산을 보지 말고 먼저 물을 보고, 산이 있으나 물이 없으면 땅을 찾지 말라' 고 하였다.

요씨(廖氏)가 이르길 '용을 찾아 점혈하면 반드시 자세히 먼저 수세를 살펴야 한다' 고 한 것은 모두 수(水)는 마땅히 용혈과 똑같이 수법을 모아[輯水法] 중하게 하라는 말이다.

水法總論[3)]

夫水者，龍之血脈也。《葬書》以水為外氣，良有旨哉！西山蔡文節公云：

3) 물(水) : 무릇 물이 없는 곳은 사람이 살 곳이 못 된다. 산에는 반듯이 물이 있어야 한다. 물과 짝한 다음이라야 바야흐로 생성(生成)하는 묘(妙)함을 다할 수 있다. 그러나 물은 반듯이 흘러오고 흘러감이 지리(地理)에 합당(合當)한 다음이라야 비로서 정기(精氣)를 모아 기르게 된다. 물은 재록(財祿)을 맡은 것이므로 큰 물가에 부유(富裕)한 집과 유명한 마을이 많다. 비록 산중이라도 또한 시내와 산골짜기에서 흐르는 물[澗水;간수]이 모이는 곳이라야 여러 대를 이어가며 오랫동안 살 수 있는 터가 된다. 조수(朝水)는 물 너머의 물을 말하는 것이다. 작은 냇물은 역으로 흘러드는 것이 좋다. 그러나 큰 냇물이나 큰 강이 역으로 흘러드는 곳은 결코 좋지 못하다. 큰물이 역으로 흘러드는 곳은 집터나 묘터를 논(論)할 것 없이 처음에는 비록 흥왕(興旺)하여도 오래되면 패망(敗亡)하지 않는 것이 없다. 그러므로 이런 곳은 경계하지 않을 수 없다. 흘러드는 물은 반드시 산맥(山脈)의 좌향(坐向)과 음양(陰陽)의 이치(理致)에 합치(合致)되어야 한다.

「兩水之中必有山。」故水會即龍盡，水交則龍止，水飛走即生氣散，水融注則內氣聚。此自然之理也。嘗觀輕水所多禿與癭[4]人，重水所多尰　與躄人，甘水所多好與美人，辛水所多疽與痤人，苦水所多尪　與傴人[5]。是水能移人形體性情如此。且水深處民多富，水淺處民多貧，水聚處民多稠，水散處民多離。是水之關禍福又如此，孰謂地理之可忽夫水哉！

제2절 수법총론(水 法 總 論)

무릇 물이란 용(龍)의 혈맥(血脈)이다. 《장서(葬書)》에서 물을 외기(外氣)라 하는 것은 진실로 뜻이 있는지라! 서산(西山) 채문절공(蔡文節公)이 이르길 '양수(兩水)의 가운데는 반드시 산이 있다.' 고 하였으므로 물이 모이면 곧 용이 끝난 곳이고[龍盡] 물이 만나면 용(龍)이 멈추고[龍止], 물이 비주(飛走)하면 곧 생기(生氣)가 흩어지고[散], 물이 모이면[融注] 내기(內氣)가 모인다[聚].' 는 이것이 자연(自然)의 이치(理致)이다.

일찍이 보았는데 경수(輕水)가 많은 곳은 탈모증 환자나 목에 종기가 나고[禿與癭人], 중수(重水)가 많은 곳은 발 부분에 종기가 나거나 거동이 불편한 사람이 태어나고[尰與躄人;종여벽인], 감수(甘水)가 많은 곳은 아름다운 미인이 나고, 매운 맛[辛]의 물이 많이 있는 곳에는 종기나 등창이 있는 사람이 많고[疽與痤人;저여좌인], 쓴맛[苦]이 있는 물이 많은 곳[尪與傴人;왕여구인]은 곱사나 난장이가 많이 태어난다. (출처;여씨춘추)

이는 물이 이와 같이[如此] 사람의 형체(形體)와 성정(性情)을 능히 바꿀 수 있다. 또 물이 깊은 곳의 사람들은 부자가 많고, 물이 얕은 곳의 사람들은 가난한 사람이 많다. 물이 모이는 곳에는 사람들이 조밀하게 많고 물이 흩어지는 곳에는 이향하는 사람들이 많으니 이는 물이 화복(禍福)과 관련하여 또 이와 같다. 누가 지리에서 물을 소홀히 할 수 있겠는가?

《水經》謂「五行始焉，萬物所由生，元氣之腠液。」《管子》曰：「水[6]者，地

4) 禿(독) : 대머리 ◦癭(영) : 혹 ◦如此(여차) : 이와 같다. 이러하다
5) 疽(저) : 등창. 가려운 병.◦좌(痤) : 부스럼. 옴. 등창. 뾰루지◦왕(尪) : 절름발이.◦구(傴) : 구부리다. 곱사등이. 꼽추

之血氣，筋脈之流通者。」故曰水其具財也。而地理家謂山管人丁水管財，誠然不爽[7]。然水有大小，有遠近，有深淺。觀其形勢，察其性情，而吉凶取舍有定見矣。然其大旨不過來者欲其屈曲，橫者欲其繞抱，去者欲其盤桓，而匯聚者欲其悠揚，囊江融瀦[8]澄凝。登穴見之，不直衝，不斜撇，不峻急，不湍激，不反跳翻弓，不傾瀉陡跌，不射不牽，不割不穿，而有情顧穴，環繞纏抱，戀戀不舍.

《수경(水經)》에서 원명포(元命苞)가 이르길 ' 오행의 시작은 원기의 진액이 모여[元氣之腠液] 만물이 소생하기 때문이다' 고 하였다.

《관자(管子)》가 이르길 '물[水]은 땅의 혈기(血氣)이며 근육의 혈맥(血脈)[筋脈]에 유통하는 것이다.' 고 하였으므로 물의 그것은 재물을 갖추고 있다고 하여 지리가(地理家)는 ' 산(山)은 인정을 관장하고, 물은 재물을 관장한다[管財] '고 하였다. 진실로[誠] 꼭 그렇다.

그러나 물에는 대소(大小)가 있고, 원근(遠近)이 있으며, 심천(深淺)이 있다. 그 형세(形勢)를 보고 그 성정(性情)을 관찰하여 길흉(吉凶)을 살펴서 취사(取舍)를 결정한다. 그러나 요지(要旨)[大旨]는 흘러가는 것[來者]은 굴곡(屈曲)해야 하고 가로 질러가는 것[橫者]이 돌아서 감싸 안고자 해야 하고, 가는 것[去者]은 서성거리면서 맴돌아야[盤桓;반환] 하고, 모여드는 것[匯聚;회취]은 유양(悠揚)하여 강으로 물이 들어가 융취(融瀦; 물웅덩이에 물이 모여 흐르지 않고)하여 맑게 모여야 한다[澄凝;응징].

혈에 올라보면 곧 바로 향하지 않고[不直衝], 빗겨서 돌보지[斜撇;사별] 않고, 물이 세차게 흐르지 않고[不峻急] 여울물이 부딪치지[湍激;단격] 않고, 반도수[反跳]로 활을 뒤집은 것[翻弓;번궁] 같지 않고, 가파르게 달려가[陡跌;두질] 경사져 쏟아지지[傾瀉;경사] 않고, (혈을)향하지 않고[不射] 견비수(牽鼻水)로 끌려 나가지도 않고[不牽], 할각수(割脚水)나 천비수(穿臂水)로 흐르지 않아야[不割不穿] 유정하여 혈을 돌아본다. 둥글게 휘감아 감싸면[環繞纏抱] 이별하기 아쉬워하며 버리지 못한다.

---

6) 고로 글자를 보면 양옆에 사람이 두 사람이 있고 가운데 나오는 것이니 (水者)는 양쪽의 사람은 남녀를 비유한다. 음양이 사귀어 하나가 나온 것이다. 수는 오행의 시작이며 원기가 모인 진액이다.(故立字.兩人交.一以中出者為水.一者.數之始.兩人.譬男女.陰陽交以起一也.水者.五行始焉.元氣之湊液也).

7) 불상(不爽) : 차이가 없다. 기분이 언짢다. 꼭 맞다

8) 낭주(囊注) : 주머니에 모이듯이 고이다. ◦낭(囊) : (주머니에) 넣다.

《葬書》所謂「洋洋悠悠，顧我欲留。其來無源，其去無流。」吳公所謂「來去之玄橫繞帶」，卜氏所謂「交鎖織結之宜求，穿割箭射之宜避」。又謂「水本動，妙在靜中。」謝雙湖氏所謂「水之吉者，聚而不散，見其來而不見其去」，傳伯通所謂「囊聚之水，深如鍋底，圓如鏡面，方如棋盤」，及「諸源會合，九曲來朝」，則盡其肯綮[9]矣。

《장서(葬書)》에서 '물이 흘러오는 근원이 없고 흘러가는 것도 흘러감이 없어[洋洋悠悠] 나(혈)을 돌아보고 머물고자 하여 흘러오는 근원[來源]을 알 수 없고, 흘러 나가는 흐름이 없어야 한다'는 것을 이른다.

오공(吳公)이 이르길 '오고 가는 것이 지현(之玄)자(字) 모양으로 구불구불하고 횡으로 요대수[繞帶]이다'라고 하였다. 복씨(卜氏)가 이르길 '교쇄직결(交鎖織結)한 곳에 구하는 것이 좋고, 천할전사(穿割箭射)한 곳은 피하는 것이 좋다'고 하였다. 또 이르길 ' 물은 본래 동(動)하나, 묘(妙)한 것은 정중(靜中)에 있다 '고 하였다.

쌍호(雙湖)씨(氏)가 말하길[謝] '소위 물이 길한 것은 모이고 흩어지지 않는 것이고, 물이 오는 것이 보이나 가는 것이 보이지 않는 것이다' 하였으며 전백통(傳伯通)은 이르길 ' 주머니(웅덩이)에 모인 물이 가마 밑[鍋底]과 같이 깊고[深] 거울면과 같이 둥글고 모난 것이 바둑판[棋盤] 것과 같은 것으로 여러 물의 원류가 합하여 만나[會合] 구곡(九曲)이 향하여 흘러오면[來朝] 핵심[혈]을 발휘한다[盡].

其間又有方位吉凶之辨，固不必盡拘，亦烏可盡棄？宜於穴法中，依繩墨[10]以消納之，控制[11]之，斯為盡善。且古人扦建州邑，有取於水者，如吉水縣兩水交流，狀

9) 肯綮(긍경) : 뼈와 살이 접한 곳. 요점. 핵심. 급소

10) 繩墨(승묵) : 먹줄(나무나 돌에 곧은 줄을 긋는데 쓰는 도구) = 繩矩(승구), 繩墨(승묵), 繩直(승직), 繩尺(승척) : 법(法). 규준. 먹줄. 법도. 기준. 격식.

11) 控制消納(공제소납) : 문제점을 조정 ◦控制(공제): 제압하다. 제어하다. 규제하다. 억제하다. ◦消納(소납) : 수납 (收納) 처리하다 ◦消(소) : 사라지다. 쓰다. ◦納(납) : 들이다. 거두어 들이다. 받다.

예) 소납(消納)/소사(消砂)/소사(消砂)

1.지반정침(地盤正針)을 사용하여 입향(立向)과 소납(消納 : 물과 사(砂)를 보는 것) 시 사용.

2.『지리직지원진(地理直指原眞)』에서 평양지[平洋地] 배경 이론 중 '향을 정하는 비결이 오로지 물의 수수(收受;물을 거두어 들이다)[消納]에 있으니 신묘하고 오묘한 이치는 다만 득수

吉文字；秀水縣，八十餘里巽水特朝。一以形吉，一以方秀，皆以水得名。而兩邑人才萃產皆多，亦見古人命名之不苟也，學者當審思之。大抵風水之法，得水為上。故京師萬水朝宗[12]，金陵長江特朝，而為帝都之大。

그 공간 또는 방위(方位)로 길흉을 판단하는 데 확실히 모두 구애받을 필요가 없으나 그래도[亦] 어찌[烏;오] 다 버리겠는가?
마땅히 혈법 가운데[穴法中] 기준[繩墨;승묵]에 따라 수수(收受:물을 거두어 받아들여;消納)하여 조정[控制;결제]하면 그것이 최선이다.
또 고인이 건주읍(建州邑)을 물을 취하여 천장한 것[扦]은 가령 길수현(吉水縣)에 양수(兩水)가 만나 흐르는 형상[狀]이 문자(文字)로도 좋은 것이며 수수현(秀水縣) 팔십여리(八十餘里)에 손(巽) 방에서 물이 반드시 멀리서 들어와[特朝] 하나는 형상이 좋고[以形吉], 또 하나는 방위가 빼어나 모두 물로써 이름을 득하였으므로 두 읍[兩邑]에서 인재(人才)가 무리[萃;췌]로 태어나 많으니 역시 옛사람들은 이름을 짓는 것[命名]을 함부로 하지 않았음을 볼 수 있다.
학자들은 당연히 살펴서 생각해야 한다[審思] 대저 풍수의 법은 득수(得水)를 으뜸으로 간주하므로 경사(京師)는 여러 물[萬水]의 조종(朝宗)인 금릉장강(金陵長江)으로 흘러들어오니[特朝] 제도(帝都)로 대지이다.

三吳富甲天下，而有太湖、震澤[13]巨浸。東魯大海外洋，與夫三楚江漢夾會，洞庭

와 수구를 살피는 중에 있다'고 하였으며 수구를 살펴서 소납(消納)을 판단하는 것과 입향수수(立向收水)하는 것의 중요성을 강조하고 있다.
① 땅을 취하여 물이 어느 방향으로 빠져나가는지를 살피고, 명당으로 들어오는 생왕수(生旺水)를 거두어 들인다.
② 사국(四局) 중에서 내가 마땅히 의지할 곳을 살펴야 한다.
3.나경(羅經)의 제8층 천반봉침(天盤縫針)으로 물의 득수(得水)와 소수(消水)의 방위(方位)를 측정한다
4.인반중침을 사용하여 좌향을 기준으로 주변의 산봉우리들이 혈에 미치는 영향을 판단하는 것이 소사법(消砂法)이다.
5.사(砂)와 혈(穴)의 생왕노살설(生旺奴煞泄)을 논하는데 나를 생하면 생(生)이 되고, 내가 생하면 설(泄)이 되고, 나를 극하면 살(煞)이 되고, 내가 극하면 노(奴)가 되고, 비화(比和)하면 왕(旺)이 된다. ☞ 불구(不苟): 등한히 하지 않다. 함부로 하지 않다
12) 朝宗(조종) : 옛날 중국(中國)에서, 제후(諸侯)가 봄과 여름에 천자(天子)께 뵘. 강물이 바다로 흐름의 비유(比喩、譬喩).

融注，西江彭蠡潀[14]匯，而越之紹、寧、杭、台、嘉、湖，閩之福、興、泉、漳，廣之廣、惠、潮、海等處，皆以得水而人才淵藪矣。

삼공(三吳)은 부(富)가 천하(天下)에 첫째이고 큰 호수[太湖]는 남대호(南大湖)[震澤]의 큰 물[巨浸]이다. 동로(東魯)는 큰 바다가 외양(外洋)이고 삼초(三楚)가 장강과 한수[江漢]가 끼고 모여[夾會] 동정호(洞庭湖;洞庭)에 모이고[融注], 서강(西江)과 팽려호(彭蠡湖)에 모여들고[潀匯;총회] 월(越)의 초(紹;저장(浙江)성 사오싱(紹興)시의 준말), 녕(寧;난징), 항저우(杭), 대(台;타이완), 가(嘉), 호(湖:후저우), 민(閩;복건성)의 복(福;푸젠(福建)성), 흥(興), 천(泉), 장[漳;산서성(山西省)에서 발원하여 하남성(河南省)과 하북성(河北省)을 거쳐 운하(運河)로 흘러드는 강), 광(廣)의 광[(廣;광둥(廣東)성의 준말), 혜(惠), 호(潮), 해(海) 등은 모두 득수를 하여 인재가 많이 모이는 곳 [淵藪;연수]이다.

論 水 發 源

夫發源水者，明堂中溯觀來源之水也。水之發源，欲其深長。深長則龍氣旺，發福必悠久。若水源短，則龍必短，發福不遠大。吳公云「來短去長，無大力量」是也。

제3절 수발원(論 水 發 源)

무릇 발원수(發源水)란 명당중(明堂中)에서 거슬러 올라가 보면[溯觀來] 근원에서 오는 물이다. 물의 발원(發源)은 깊고 길어야 하고[其深長], 깊고 길면 용의 기운이 왕성하다. 발복(發福)이 반드시 유구(悠久)하다. 만약 물의 근원이 짧으면 용은 반드시 짧고, 발복(發福)은 원대(遠大)하지 못하다.

오공(吳公)이 이르길 '오는 물이 짧고 가는 물이 길면 큰 역량이 없다' 는 것이다.

---

13) 습지 10곳의 호칭(十藪)하나인 오(吳)와 월(越)나라 사이에 있는 구구(具區)는 지금의 오현(五縣) 남대호(南大湖)로 곧 진택(震澤)이 이곳이다.

14) 潀(총) : 흘러들다. 모여 흐르는 물소리. 기슭. 물이 흘러 모이는 곳

論 水 到 局

水到局者，來水入堂之謂也。水之到局，欲其入堂，欲其到口為吉。若水遠來入局，將及到明堂，卻便反挑撇去，謂之不到堂。水或到堂，而無下關收水，或不肯[15]流至下砂攔截之處，謂之不入口，總為無益。故水以到堂入口為貴。其水之大小，則不必拘也。若水在逆砂之外，前雖不見，亦作到堂論。蓋大地面前多有橫砂，而外明堂水多不能見，此即明朝不如暗拱之說。如朱子論冀都[16]之地，前面黃河環繞。自黃河至冀都數百里，豈穴前所能見哉！

제4절 수도국(論水到局) ☞부도당(不到堂),불입구(不入口)

물의 도국(水到局)이란 오는 물이 명당에 이르는 것을 이른다. 물의 도국(到局)은 입구(入口)에 도달하여 명당에 들어가야 좋다. 만약 물이 멀리서 와 국(局)에 들어와 명당에 도달할 즈음[將到]에 틈타서[及] 오히려 바로 [卻便;각편] 반신배성(反身背城)[反挑(반도)하여 돌아보지 않고 가는 것[撇去;별거]을 부도당(不到堂: 명당에 도달할 수 없는 것)이라 말한다.

물이 혹 명당에 도달하였으나 혹 물을 막아[攔截;란절] 받아 들이지[收水] 못하거나 혹 하사(下砂)가 막는 곳[處]에 이르러[到] 흐르는 물을 받아들이지 못한 것을 불입구(不入口)라 하면 모두 무익하다.

그러므로 물이 명당의 입구(入口)에 이른 것[到]을 귀하게 여긴다. 그 물이 크고 작은 것에 구애될 필요가 없다. 가령 물이 역사(逆砂)의 밖에 있어 앞에서 비록 보이지 않을지라도 역시 명당에 도달하는[到堂] 논리로 여긴다[作]. 대개 대지는 면전에 대부분 횡사(橫砂)가 있으면 외명당(外明堂)의 물은 대부분 볼 수 없다. 이는 곧 명조(明朝)가 암공(暗拱)보다 못하다는 설이다.

가령 주자(朱子)는 기도(冀都;베이징)의 땅을 평가하여 결정하였는데[論] 앞에는 황하가 둘러싸고, 황하(黃河)에서 익도(冀都) 까지는 수 백리(數百里)를 어찌 혈 앞에서 능히 볼 수 있는가!

---

15) 不肯(불긍) : (기꺼이) ~하려고 하지 않다. 요구 따위를 받아들이지 않음

16) 베이징은 일찍이 대학자 주자(朱子)가 길지로 예언한 곳이다. '기도(冀都·베이징)는 풍수상 대길지다. 운중의 맥을 이어받고, 앞에는 황하가 둘러싸고, 태산이 청룡이 되고, 화산이 백호가 되고, 숭산이 안산이 된다.' (주자어록) 베이징에서 수백km 떨어진 산들을 청룡·백호·안산으로 삼는 중국인다운 과장법이다. <출처> https://jamyong.tistory.com/7768346

但此等[17]語，非井蛙之見所可識也。世俗又多執送龍兩水俱要上堂，此誤也。惟順局去水地，可以兩水到堂，當面合襟。若非去水地，則只一邊到堂。蓋兩水合襟，乃穴前界脈蝦鬚水耳，自龍虎外則不拘之。今以論送龍水，豈不大謬矣乎！然所謂到堂入口，惟富地為然，貴地亦多有不如此者，又不必拘也。此水最速富。吾邑陳九萬祖地，葬下卽發財巨富，此格也。圖具於左

다만 이와 같은 말[此等語]은 우물 안의 개구리[井蛙]와 같은 소견(見所)으로서는 알 수 없다. 세속(世俗)에서 '또 대부분 용을 인도한 양쪽 물[送龍兩水]은 함께 명당에 이르러야 한다[要上堂]' 고 고집하는 것은 잘못이다.

다만 순국(順局)에서 거수(去水)하는 땅은 양수(兩水)가 명당에 도달하여 당면(當面)에서 합금(合襟)할 수 있으나 만약 거수지(去水地)가 아니면 다만 한 변만 명당에 도달한다. 대개 두 물이 합금(合襟)은 혈 앞에서 맥을 경계(境界)하는 하수수(蝦鬚水)일 뿐이다.

용호 밖(龍虎外)에서 (물이 오면) 구애받지 않는다. 지금 송룡수(送龍水)를 논하면 어찌 큰 잘못이 아니라 하겠는가! 그러나 소위 명당의 입구수[入口]는 다만 부지(富地)에서는 그러하다. 귀지(貴地)에도 대부분 이와 같지 않다. 또 구애받을 필요가 없다. 이러한 물은 가장 빠른 부(富)를 이룬다. 오읍(吾邑)의 진구만(陳九萬)의 조지(祖地)는 하장(葬下) 즉시[卽] 재산을 모아[發財] 큰 부를 이룬 격식으로 그림은 아래에 구비 하였다.

右地在吾邑五都，土名張村鋪官路側。其龍乃順勢翻成[18]逆勢，氣甚旺盛。入首大斷，起連氣[19]金星，微開鉗口。結穴臨田蘸水。穴前田源囊聚。近身一掬橫砂為案，低伏如眠弓，繞抱有情，以關堂氣，使一源之水既到堂又入口[20]。

---

17) 此等(차등) : 이들. 이런 것들 ◦ 等(등) : 등급. 같다.

명당(明堂)	소명당(小明堂)	중명당(中明堂)	대명당(大明堂)	⇦ 삼양(三陽)
	↓	↓	↓	
	혈장내(穴場內)	용호내(龍虎內)	용호외(龍虎外)	
	내명당(內明堂)	외명당(外明堂)		

18) 成(성) : (~으로) 되다. (~으로) 변하다. (~이) 되다. 이루다.

19) 連氣(연기) : 단숨에. 연거푸. 계속하여 ◦起(기) : 발생하다. 생기다. 일으키다. 차례.
◦蘸水(잠수) : 물에 담그다. 물에 적시다

20) **입구수**란 물이 중명당에 이르면 역사(逆砂)가 막아 거두는 것이다. (入口水者乃水上中堂而攔收逆砂也) 즉 역수사(逆水砂)에 의해서 명당에 모이는[朝堂] 물. ☞上(상) : (그 장소에.

吳公口訣所謂「水要嗑[21]得著，砂要摸得[22]著。」卜氏云「緊拱者福不旋踵」，惟此地為然。董公德彰為陳氏扦之，許以速發。果窀穸甫完[23]，天尚未明，孝子秉燭以歸，路逢群盜分贓，忽見火光人眾，驚疑捕盜者至，棄財走散。陳氏因以得之，遂致驟富。今鄉人傳謂「寅葬卯發」云。又吳書源寬為池州府張氏下一地，亦是寅葬卯發，大畧與此相同，茲不贅述

우지(右地)는 오읍(吾邑)의 5도(五都)에 있고 토명(土名)은 장촌포(張村鋪)의 관로(官路) 옆[側]이다. 그 용(龍)이 순세(順勢)로 뒤쫓아 따라가다가 뒤집혀[翻;번] 역세(逆勢)를 이루었다.

기(氣)가 너무 왕성(旺盛)하여 입수(入首)에서 크게 끊어져[大斷] 계속하여[連氣] 금성(金星)을 일으켜 미미한 겸구(鉗口)를 열어 물에 잠긴 밭에 이르러[臨田蘸水] 혈을 맺었다. 혈 앞에 전원수(田源水)가 주머니처럼 생긴 것에 모이고[囊聚;낭취] 용신 가까이 하나의 횡사(横砂)가 안아[掬;국] 안산이 되어 낮게 엎드려[低伏] 면궁(眠弓)과 같이 요포(繞抱)하여 당기(堂氣)를 막아[關攔] 유정(有情)하고, 하나의 샘물[一源之水]이 명당에 도달하여[到堂] 또 입구수(入口水)가 되었다. 오공구결(吳公口訣)에 말한바[所謂] '물은 입을 다물러야[入口](혈을) 이룰 수 있고 [得著], 사(砂)는 찾아야 혈을 얻을 수 있다' 고 하였다.

복씨(卜氏)가 이르길 ' 매우 가깝게 감싸면[緊拱] 부(富)가 발돌릴 사이도 없이 빨리 온다' 하였다. 다만 이러한 땅은 그러하다.

동공 덕창(董公德彰)은 진씨를 위하여 소점한 곳[扦之]으로 속발(速發)한다고 하더니 정말로[果] 매장하여[窀穸;둔석] 막 완성하였는데[甫完] 날이 아직 밝지 않아 효자는 촛불을 들고 (집에) 돌아오는데 길에서 도둑의 무리가 장물(贓物)을 분배하다가[分贓] 갑자기 불빛[火光]을 보고 도적의 무리는 놀라 도둑을 잡는 사람으로[捕校;포교] 의심하여 재물을 버리고 달아나 흩어졌다.

진씨(陳氏)가 이로 인하여 재물을 얻어[因以得之] 마침내 갑자기[驟] 부자가 되었다. 지금도 고향 사람들이 전하길 '인시(寅時)에 장사하고 묘시(卯時)에 발

어떤 곳으로) 가다. 앞으로 나아가다. 거슬러 올라가다. 이르다. ◦朝(조) : 모이다.

21) 嗑(합) : 입을 다물다◦得着(득저) : 얻어 내다. 손에 넣다.◦저(著) : 드러나다. 나타내다. ☞ 저(著) = 착(着)

22) 摸得着(모득착) : 종잡을 수 있다.◦摸不着(모불착) : 종잡을 수 없다. 갈피를 못 잡는다. ☞ 摸(막) : 찾다, 탐색하다(探索--)

23) 許(허):약속하다. 따르다. 기대하다. ◦ 窀穸(둔석) : 매장하다. 묘◦甫(보) : 많다. 겨우. 비로소. 막.

복했다' 고 말한다.

오서원(吳書源) 관(寬)이 지주부(池州府) 장씨(張氏)를 위하여 한자리를 하장(下葬)하였는데 역시 이것도 인시(寅時)에 장사하고 묘시(卯時)에 발복을 했다. 대략(大畧) 이와 비슷하다. 더욱 더[茲;자] 쓸데없는 것을 장황하게 늘어놓지는[贅述;췌술] 않았다.

진구만 조지(陳九萬 祖地)

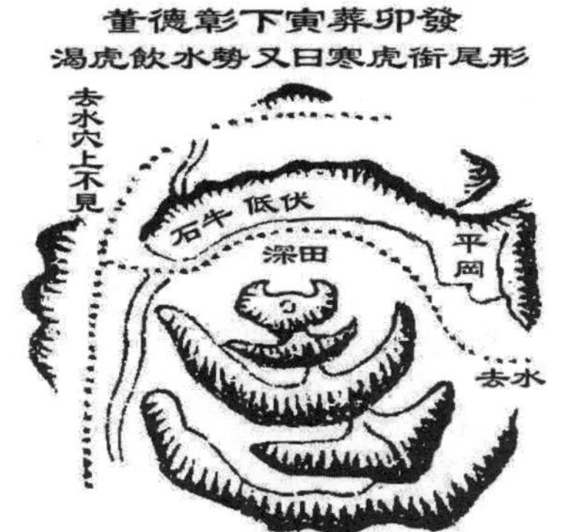

<그림 2-1-1> 진구만 조지(陳久萬 祖地)

論 水 出 口[24] **[水口]**

出口者，水既到堂，必有去處，謂之出口。水之出口，欲其彎環屈曲，迂回深聚。《葬書》云「其去無流」，又云「顧我欲留」為妙。若直而急，淺而峻則凶矣。大抵宜羅星、游魚、北辰、華表、捍門關闌重疊之砂，則其出自美也。若水直去蕩然[25]**者，決無真氣內聚也。**

제5절 수출구(論 水 出 口) ☞ 나가는 물

24) 내외파구가 있으면 좋지 않다. 이유는 외파구가 보이면 용호가 낮는 것을 의미한다.
√88향에서 자오묘유(子午卯酉)에 水口가 있으면 不可. ◦8층(천반봉침)으로 수구(水口)측정
√8층으로는 혈 주위의 사(砂)를 측정한다. ◦4층으로는 용을 측정(淨陰淨陽)

25) 蕩然(탕연) : 아주 넓은 모양. 흔적이 없는 모양 ◦蕩(탕) : 흩어지다. 쓸어버리다.

출구(出口)란 물이 명당에 도달하였으면 반드시 나가는 곳을 출구(出口)라 한다. 물의 출구(出口)는 물이 만환(彎環) 굴곡(屈曲)을 해야 하며 우회(迂回)하여 크게 모이길[深聚] 바란다. 《장서(葬書)》에 이르길 '물이 흘러가도 흐르지 아니한 것과 같은 것이다[無流]' 고 하였다.

또 이르길 '나[혈]을 돌아보고 머물고자 해야 묘하다' 고 하였다. 만약 곧고 급하여 얕고 험준하게 나가면 흉하다. 대저 마땅한 것은 나성(羅星), 유어(游魚), 북신(北辰), 화표(華表), 한문(捍門)이 관란하여[關闌] 사(砂)가 중첩(重疊)하면 그 출신(出身)이 자연스럽게 아름답다.

만약 물이 곧바로 흘러가 탕연(蕩然)한 것은 결코 진기(眞氣)가 안에 모이지 아니한다.

論 朝 水[26]

朝水者，穴前特來之水也。此水至吉。蓋風水之法，得水為上。穴既當朝，則得水矣。卜氏云：「求吾所大欲，無非逆水之龍。」予[27]謂逆水龍固美，不若當朝之穴為尤美也。爰逆水多是枝龍，豈[28]如幹龍，兩水夾送，至將結作處，卻翻身數節，逆當朝水結穴，力量極大。此所以不貴逆水之龍，而貴逆水之穴矣。但水固以特來

26) 2층으로 물이 흘러들어오면 흉(凶)하다. 즉 황천살(黃泉殺)
☞조산(朝山)/ 조수(朝水)

1. **조산은** 혹 추악한 돌로 된 봉우리나 혹 기울어진 독봉(獨峰)이 있거나 혹은 (산이) 무너지는 형상이나, 혹은 안산 너머에서 (명당을) 머리를 내밀어 엿보는[窺闖;규츰] 모양이나, 혹은 다른 추한 돌이 섞인 괴암이 조산 위나 아래에 있거나, 혹은 긴 골짜기에 충(沖)하는 사격이 있으면 전후좌우에 보이면 전부 반드시 거처할 수 없다. (조산이) 멀면 아름답고[淸秀], 가까우면 밝고 깨끗하여 그 산을 한번 보아도 사람을 즐겁고 기쁘게 하고[歡喜] 높고 험준하거나 싫어할 형상이 없어야 길한 것이다.(凡朝山或有麁惡石峯或有攲斜孤峯或有崩落之形或有窺闖之容或有異石恠巖見於山上山下或有長谷冲砂見於左右前後皆不可居必也. 遠則淸秀 近則明淨一見令人歡喜而無崚嶒憎惡之狀則吉.)
2. **조수(朝水)**는 (명당의) 물 밖의 물을 말한다. 작은 냇물이나 작은 시냇물이 역으로 흘러 들어오며 좋지만 큰 하천이나 큰 강까지 결코 거슬러 명당에 흘러 들어와 서는 안된다. 꺼꾸로 큰 물이 흘러드는 곳은 양택이나 음택을 막론하고 처음에는 비록 흥하고 발복하여도 오래되면 패망하지 않는 곳이 없으므로 경계하여야 하며 용(龍)의 좌향과 음양 이치에 합치되어야 한다. 또한 구불구불하고 급하지 않게 조수가 흘러들어와 일직선으로 마치 활을 쏘듯이 흘러 들어오는 것은 좋지 못하다(水則謂水外水也. 小川,小溪逆朝爲吉 至於大川大江決不可逆受. 逆大水處無論陽基陰宅初雖興發久則無不敗滅不可不戒來水又必與龍向合其陰陽而又屈曲悠揚而朝來不可一直如射). <출처> 임원경제지

27) 予(여) : '나' 혹은 '건네주다'를 뜻한다. 그리고 '미리'를 뜻하는 豫 의 약자로도 쓰인다.
28) 豈(기) : 즐기다. 바라다. 일찍이. 개가(凱歌)

當面朝穴為吉，若或直急衝射，湍怒有聲，則反為凶。故來朝之水，又須屈折彎曲、悠揚深緩，方為合法。不可概以特朝為吉也。《葬書》既以得水為上，而陶公又謂「當面朝入，子息貧寒」，何也？正謂其衝射湍激，反帶凶煞，故爾。《雪心賦》云：「交鎖織結，四吉當求。」又云：「九曲入明堂，當朝宰相。」此則以其屈曲有情，水法之至吉者也。大抵朝水一勺能救貧，洋洋當面朝，當代出官僚。若欲催官催富，必得朝水之地，可取驗也。催貴如叫岩寺三地，催富如樂平江氏地，其格也，圖並具下。

제5절 조수(論 朝 水) ☞ 흘러 들어오는 물

조수(朝水)란 혈 앞에 특별히 오는 물을 말한다. 이 물은 지극히 좋다. 대개 풍수지리의 법은 득수(得水)를 으뜸으로 한다. 혈(穴)에 마주하여 흘러들었으면[既當朝] 득수(得水)를 한 것이다.

복씨(卜氏)가 이르길 '내가 크게 바라는 바를 구하려면 반드시 역수하는 용이라야 한다' 고 하였다. 미리[予] 역수룡이 진실로 아름답다고 하나 마주하여[當] 혈을 향하여 마주하여 더욱 아름다운 것만 못하다[不若]. 이에[爰;원] 역수룡(逆水龍)은 대부분 지룡(枝龍)이다. 일찍이 간룡과 같이 두 물이 협송(夾送)하여 결혈할 곳에 이를 즈음에 오히려 수절(數節)을 번신하여[翻身] 역으로 마주하여 물이 흘러들어 혈을 맺어 역량이 지극히 크다. 이러한 까닭으로 역수한 용이 귀한 것이 아니라 역수(逆水)한 혈(穴)을 귀하게 여긴다. 다만 물은 확실히 특래하여 마땅히 혈을 마주하여 흘러들어오는 것이 좋다.

만약 혹여 곧고 급하여 수세가 빠르게 혈을 향하고[衝射] 물살이 빠르고 세차[湍怒] 소리가 나면 반대로 흉하므로 (혈을) 향하여 흘러오는 물은 또 반드시 휘어 구부러져[屈折] 활처럼 굽어[彎曲] 멀고 아득하며[悠揚] 심히 느려야[深緩] 비로소 격에 어울린다. 특조한 것을 일률적으로[概] 좋다고 해서는 안된다. 《장서(葬書)》에서 일률적으로[既] 득수(得水)한 것을 으뜸으로 간주하는데, 도공(陶公)은 또 이르길 '혈을 마주하여 흘러들어오면[當面朝入] 자식이 빈한(貧寒)하다' 고 하였는데, 무슨 이유인가요? 여울이 부딪쳐 쏘면 오히려 이와 같이[故爾] 흉살이 된다.

《설심부(雪心賦)》에 이르길 ‘교쇄직결(交鎖織結)의 사길(四吉)은 마땅히 구해야 한다’고 하였다. 또 이르길 ‘구곡수[九曲]가 명당에 흘러 들어오면 당대(當代)에 재상(宰相)으로 조정(朝廷)에 참석하다’고 하였다. 이와 같이 물이 굴곡하여 유정하면 수법으로 몹시 좋다.

대저(大抵) 흘러오는 물[朝水]이 한 국자[一勺;일작]이면 능히 가난을 구할 수 있고, 큰 물[洋洋]이 명당 앞[當面]으로 향하여 흘러 들어오면[朝] 당대(當代)에 관료(官僚)가 나온다. 만약 당신이 빨리 관직에 오르고 빨리 부자가 되고자 하면, 반드시 물이 흘러 들어오는 땅을 얻으면 가히 경험할 수 있다.

취귀(催貴)는 규암사(叫岩寺)의 세 개 땅과 같다. 최부(催富)는 낙평강씨(樂平江氏)의 조지(祖地)와 같은 격이다. 그림과 같이[圖並] 아래에 구비 하였다.

右地在鉛山，地名叫岩。其龍發自靈山，六十餘里，至赭亭山，起御屏土星，方正骨立，清秀特異。正脈中出，度峽，連起星峰，頓伏磊落[29]。入首分結三穴，皆共一局，俱當信河水朝。其正結者為貴溪邱參政父地，入首開帳，為巨石山，抽下一線土脈，過峽甚巧，起連氣[30]金星。又於金星之下，結咽束氣小巧，成走馬文星入穴。兩畔從山粗大[31]，而本身獨小。穴前平坦，四勢團聚，真催貴之地。參政公名旭鑒，初為信椽時，信守金公者，明堪輿術。舟行叫岩山下，叫岩寺。登眺[32]之間，見而嘆曰；「金帶數條，置之閒處，良可惜[33]哉！」邱在側，知其為美地，乃圖以葬父。葬後，邱即以吏材任通政知事，廷臣薦擢黃嚴令，有異政，事聞，璽書褒美[34]，擢台州府判。七年，民詣闕保升知府。又六年，升浙江參政。從子祺，官至處州太守。孫鼎，登進士，官至都憲。祺之孫九仞，進士。曾孫民範，進士，大參。曰鑰，知縣；曰鎬，同知；曰鈿，知州。民望，節推；民仰，鄉科；汝良，進士。諸公俱世顯榮，至今富貴未艾。

우지(右地)는 연산(鉛山)에 있고 지명(地名)은 규암(叫岩)이다. 그 용(龍)은 영산(靈山)에서 시작하여 60여 리(餘里)를 달려와 자정산(赭亭山)에 이르러 방정(方正)하게 바위[骨]가 서[立] 어병토성(御屏土星)을 일으켜 청수(清秀)하여 특

29) 磊落(뇌락) : 많다. 용모가 준수하다. 복잡하다. ◦落(락) : 멈추다. 머무르다. 낮아지다.
30) 連氣(연기) : 단숨에. 연거푸. 계속하여 ◦小巧(소교) : 작고 정교하다. 영리하다.
31) 粗大(조대) : (체격·물체가) 굵직하다. (소리가) 크다. 큼직하다.
32) 眺(조) : 바라보다. 살피다. 두리번거리다.
33) 可惜(가석) : 섭섭하다. 아깝게도. 아쉬워하다. 아쉽다.
34) 褒美(포미) ; 찬미하다. 장려하다. 찬양하다. ◦**詣闕**(예궐) : 대궐 안으로 들어감

별나다[特異]. 정맥(正脈)이 가운데서 나와[出] 협을 지나[度峽] 연속 성봉(星峯)을 일으키고 엎드려[頓伏] 크게 떨어져 입수(入首)에서 분맥하여[分] 3개 혈을 맺어 모두 하나 국[一局]을 함께 공유하여 흘러오는 신하수(信河水)를 마주 대하였다. 곧게 혈을 맺은 계구참정(溪邱參政)의 부지(父地)를 귀하게 여긴다. 입수(入首)에서 개장(開帳)하여 거석산(巨石山)이 되었고, 하나의 토맥(土脈) 선이 아래로 빠져나와[抽下] 과협(過峽)은 매우 정교하고[甚巧], 연속으로[連氣] 금성(金星)을 일으키고 또 금성 아래에 작고 정교하게 결인속기(結咽束氣)하여 주마문성(走馬文星)에 (토맥이) 안으로 들어가 혈을 이루었다.

양측[兩畔]으로 호종사[從山]는 크나[粗大] 본신은 다만[獨] 작다. 혈 앞에는 평탄(平坦)하고 사세(四勢)가 모여[團聚] 진실로 속발하는 벼슬의 자리로 참정공(參政公)의 이름이 욱감(旭鑒)이다. 처음에 신연시(信椽時)가 되었을 때 신수김(信守金) 공(公)이란 자가 감여술(堪輿術)을 밝아서 배를 타고[舟行] 규암산(叫岩山) 아래 규암사(叫岩寺)에 가서 잠깐 올라와 보고[登眺;등조] 반성하여 탄식[嘆]하길 '금대(金帶)의 몇 가닥[數條]이 조용한[적막한] 곳에 있으니[置之閒處] 참으로[良] 아쉽구나!' 하였다.

구(邱)는 옆에 있는 그곳이 좋은 땅으로 알고 계획하여 부(父)를 장사하였으며, 장후(葬後)에 구(邱)가 행정처리[吏材]에 뛰어나 통정지사(通政知事)에 임명되었다가 정신(廷臣)의 추천[薦]으로 황암령(黃嚴令)에 발탁되어 특별한 정치적 업적을 이룬 일을 들어[事聞] 황제가 새서[옥새(玉璽)가 찍힌 문서]를 가지고 기려[褒] 칭찬하였다.

태주부판(台州府判)으로 발탁된 지 7년[七年] 만에 민(民)은 보승지부(保升知府)로 궐내에 들어갔고 또 6년(六年) 절강참정(浙江參政)에 승진하였다. 조카[從子] 기(祺)는 벼슬[官]이 처주태수(處州太守)에 이르렀고, 손자[孫] 정(鼎)은 진사(進士)에 올라 벼슬이 도헌(都憲)에 이르렀고 기(祺)의 손자 구인(九仞)은 진사(進士)에 올랐고 증손(曾孫) 민범(民範)은 진사(進士)에서 대참(大參)에 이르렀고 약(鑰)이 지현(知縣)이었고, 호(鎬)가 동지(同知)이고 전(鈿)은 지주(知州)이고, 민망(民望)은 절추(節推)이고, 민앙(民仰)이 향과(鄉科)를 하였고, 여량(汝良)이 진사(進士)였으니 제공(諸公)이 모두 대대로 높은 지위에 올라 귀하게 되었으며[顯榮] 지금까지도 부귀가 끝나지 않았다.

其右結者，為弋陽汪尚書祖地。入首華蓋中抽結咽，起金星，成仰高之穴。穴上平坦，四旁皆石曜。穴下石岩，人呼如應，故名吽岩。岩之中有禪室，即吽岩寺也。登穴平坦如常，不知穴下之險。前面山水拱照[35]。右畔河中一石，名曰卷績，高廣數十仞，挺然中流砥柱[36]，鎖盡信河之水。隔岸大青山高障有力，真催官之地。葬後，汪氏父子聯登高第，兄弟同入翰苑。文莊公父鳳登進士，官至參政。四子：長僎，登進士，官太參；次即文莊公俊，登鄉會二元，官禮部尚書，謚文莊；次偉，登進士，官吏部侍郎；幼佃，登進士，官侍讀、太常少卿。曰審、曰宛，皆登科甲。又嘗觀汪氏陽基，甚美，五石祖地尤貴，此特其催官耳。其盡處為費氏地，清湖公完夫人墓也。龍脈到頭逆轉，頓起穴星，成正體太陽，開鉗結穴。後複自本身抽出，起太陰文星之案。登穴周密，內氣融聚，外陽暗拱。葬後不數年，唐衢公堯年即連登科甲，幾半紀而腰金，真催官之地也。

그 우측에 결혈한 곳은 익양(弋陽) 왕상서(汪尚書)의 조지(祖地)이다. 입수(入首)는 화개(華蓋) 가운데 결인(結咽)하고 빠져나와 금성(金星)을 일으켜 앙고(仰高)의 혈을 이루었다.

혈상(穴上)은 평탄하고 사방(四旁)이 모두 석요(石曜)이다. 혈 아래에 석암(石岩)이 사람이 부르고 응하는 것 같으므로 규암(吽岩)이라 한다. 암 가운데 선실(禪室)이 있는데 즉 규암사(吽岩寺)이다. 혈에 올라보면 평탄하여 평상(平常)과 같아 혈 아래가 낭떠러지[險]를 알 수 없다. 전면의 산수가 감싸주고 우측의 하천 가운데에 일석(一石)을 권적(卷績)이라 부른다. 높고 넓어 수십 길[數十仞]이며 물이 흐르는 가운데 지주(砥柱;중국의 지명)가 정연(挺然)하게 서서 신하의 물(信河之水)을 다 가두고[鎖] 언덕 사이에 대청산(大青山)이 높이 막아[高障] 유력하니[有力] 진실로 최관(催官)의 땅이다.

장후(葬後)에 왕씨(汪氏) 부자(父子)가 뛰어나 급제하여[高第] 연달아 높은 지위에 올랐다[聯登]. 형제가 같이 한원(翰苑)에 벼슬하였고[入] 문장공(文莊公) 부(父)인 봉(鳳)이 진사(進士)에 올라 벼슬은 참정(參政)에 이르렀고, 네 아들은 가운데 장자 찬(僎)이 진사(進士)에 올랐고 벼슬은 태참(太參)에 이르렀다. 차자는 문장공(文莊公) 준(俊)으로 벼슬이 향회이원(鄉會二元)에 올라 벼슬이 예부상서(禮部尚書)에 이르렀고 시호[謚;익]는 문장(文莊)이다.

다음이 위(偉)로 진사(進士)에 올라 벼슬이 이부시랑(吏部侍郎)이며, 유전(幼

35) 공조(拱照) : 감싸주다. 비호(庇護)하다.

36) 底柱(지주): 지주산(砥柱山). 저주. [삼문협(三門峡)에 속한 후왕허(黃河)의 급류 안에 있었던 산 이름으로, 기둥 모양으로 생겨서 붙여진 이름.]

佃)은 진사(進士)에 올라 벼슬은 시독태상(侍讀太常)으로 소경(少卿)에 올랐고 번(審)、완(宛)은 모두 과갑(科甲)을 하여 높은 지위에 올랐다. 또 일찍이 왕씨의 양기(陽基)를 보았더니 매우 아름다웠으며 오석(五石)의 조지(祖地)가 더욱 귀지로 이곳이 특히 최관지이다.

<그림 2-1-2> 광신규엄사명지 (廣信叫嚴寺名地)

<그림 2-1-3 > 낙평왕씨조지 (樂平汪氏祖地)

그 진처(盡處)는 비씨(費氏)의 조지(祖地)로 청호공(清湖公) 완(完)의 부인(夫人) 묘(墓)이다. 용맥(龍脈)에 도두(到頭)가 역전(逆轉)하여 혈성(穴星)의 봉우리를 일으켜[頓起] 정체태양(正體太陽)을 이루어 겸(鉗)을 열어 혈을 맺었다. 뒤에 다시 본신(本身)에서 빼어내어[抽出] 태음문성(太陰文星)의 안산을 일으켰다. 혈에 올라보면 주밀하여 내기(內氣)가 모이고[融聚], 외양(外陽)이 암공(暗拱)한다. 장후(葬後) 몇 년이 되지 않아 당구공(唐衢公) 요년(堯年)이 연등과갑하여[連登科甲] 거의 반세기[幾半紀]는 금의를 두르고[腰金] 진실로 최관(催官)의 땅이다.

上三地雖得催官之水，然究其實，自少祖赭亭山以下，石山雄偉，星峰秀麗，節節龍入貴格。穴星又皆清秀，下關卷績[37]一石，卓立河中，逈然特異，尤為貴証。兼以秀水特朝，故能催貴。若徒[38]以其水而已矣，則凡特朝之水，皆可謂之催貴乎？故龍穴砂水，不可缺一也。

위의 세 곳은 비록 최관수(催官水)를 얻었을지라도 그곳 자취[實]를 연구하여 보면 소조산(少祖) 자정산(赭亭山)에서 아래로[以下] 석산(石山)이 우람하고[雄偉] 성봉(星峰)이 절절히[節節] 수려(秀麗)하여 용(龍)이 귀격(貴格)으로 입수하여[入] 혈성(穴星)이 또 다 빼어났다[清秀]. 하나의 바위가 하천 가운데 탁립하여 아래를 막아 거두어[捲] 확연히[逈然] 특별나하므로 빠르게 귀할 수 있다[能催貴]. 만약 다만 물뿐이면 무릇 특조수가 모두 취귀(催貴)하다 할 수 있는가? 그러므로 용혈사수(龍穴砂水)는 하나라도 부족[缺一]해서는 안 된다.

右地在樂平十三都，土名洋源。坤申龍，寅甲向，而有寅甲水特朝，乃催富之地也。董德彰所下，課云：「半夜敲門送契來。」葬後周年，汪氏果得絕户田產，因以驟富雲。傳疑汪氏有表叔者，富而無子，居相近。彼侄不孝叔。冬月值户役自縣歸。甚夜，謂其侄曰：「吾老矣，無子。田產家業皆汝所有，門户應汝值之。」其侄忤之，因相詬。侄自謂己業倍叔，叔業任與人無悔。於是投汪氏。時已夜半，汪睡醒，敲其門。汪起納之。其人盡以田產家業契付汪氏，因而驟富，果符董師「半夜敲門送契來」之課云。

앞의 땅은 낙평(樂平) 13도(都)에 있고 토명은 양원(洋源)이다. 곤신룡(坤申龍)에 인갑향(寅甲向)이고 인갑(寅甲)으로 물이 특조(特朝)하니 곧 빠른 부자가 되는 땅이며 동덕창(董德彰)이 하장하였다.

예언[課]에 이르길 ‘한밤중[半夜]에 문을 두드리고 소유권을 증빙하는 문서[契]을 보내올 것이다’고 하였다. 장후(葬後) 1년 만[周年]에 왕씨는 과연 대가 끊어진 집의 재산[田產]을 득하였고 그리하여[因以] 별안간[驟] 부자가 되었다[富雲].

왕씨(汪氏)는 ‘아버지의 사촌 동생[表叔;어머니의 남자 형제]이 있었는데 부자[富]이나 자식이 없어 조카와 인근에 함께 살고 있었으나 그[彼] 조카[侄;질]는 아재비[叔]에게 불효를 하였다. 동짓달[冬月] 부역[户役]을 하고 현(縣)에서 귀가하여 늦은 밤 조카를 만나[值] 말하길 ‘내가 늙고 자식이 없

37) 績(적) : 잇다. 이루다. ◦형(逈) : 멀다. 판이하다. 아주. 아주 다르다.
38) 徒(도) : 다만 ~뿐. ~에 지나지 않음 ◦而已矣: ~일 뿐이다. ☞ 운(雲) : 말하다. 이르다.

으니 부동산[田產]과 집안의 일[家業]은 모두 너[汝;여]의 소유[所有]로 하여 집안(家族一門)[門户]은 너가 가지는 것을 허락한다[應]' 고 하였다.

그러나 조카는 반대 하였다[忤之]. 이로 인하여 서로 욕을 하며 책망을 하였으며[詬;후] 조카[侄]는 스스로 말하길 '자신의 재산[己業]이 삼촌[叔]보다 더 많으니[培] 삼촌의 가업은 다른 사람에게 주어도[任與] 후회하지 않는다.' 고 하였다. 그리하여[於是] 왕씨에 갔는데[投] 이미 시간은 한밤중[夜半]이었다. 왕씨는 문을 두드리는 소리에 잠에서 깨어나[睡醒;수성] 왕씨는 일어나 들어오게 하니 그 사람이 부동산[田產]과 가업(家業) 등을 왕씨(汪氏)에게 소유권 증서를 전부 주었다[契付].

이로 인하여 갑자기 부자가 되었다. 과연 동덕창 선생이 '한밤중에 문을 두드리고 계부(契付)을 보내올 것이 다' 고 예언하였다(占;課).

論 去 水

去水者，穴前見水之去也。此水極凶。廖氏云「第一莫下去水地，立見退家計」是也。然古名術亦有下去水之地，未可概以為凶[39]。如徽州府基，開化、崇安二縣基，皆順水，見其直去二十餘里。但山勢關截高固，其民皆富盛。舉此為論，他可類求。要之，皆以龍真穴的，砂又關闌鎖抱，又或小勢雖去，大勢則逆，非一向直去方可。若小水既去，大勢又順，決無融結，的主敗絕，不可觀索矣。大抵去水地發富必遲，如蔡西山先生祖地，在建陽麻沙，九世方出賢貴。又楊文敏公祖地，在歐寧豊樂者，三百年後方出宰相，是其徵[40]也。然又不可一概謂去水地無速發者。若穴前緊夾，不見去水，亦能速發，如樂平明溪許學士祖地。卻亦能催貴焉。

제7절 거수(論去水)

39) 원진(수)가 한가운데[當心]로 곧게 흘러나간다[直去]고 해서 흉하다고 말할 수 없다. 외면(바깥쪽)에 (산수가) 머리를 돌려 횡란하면[得] 오히려 길하다.(元辰當心直出 未可言凶. 外面轉首橫闌 得之反吉) <출처> 설심부

40) 徵(징) : 이루다. 성취함. 증거. 밝히다. ◦一概(일개) : (예외 없이) 전부. 모조리.

거수(去水)란 물이 흘러가는 것이 혈 앞에서 보인다. 이 물은 지극히 흉하다. 요씨(廖氏)가 이르길 '첫째로 물이 흘러가는 땅에 하장을 하자마라 가계(家計)에 쇠미함이 즉시 나타난다[立見]' 고 한 것이다.

그러나 옛날 명사들도 물이 흘러가는 자리에 하장하면 모두[概] 흉하다고 할 수 없다[未可]. 가령 휘주부(徽州府)의 터[基]와 개화숭안(開化崇安)의 터는 2개 모두는 순수와 관련이 있는 터이다. 그곳은 20 여리(餘里)를 곧게 흘러가는 것이 보인다. 다만 산세가 높고 견고하게 막아[關截] 그곳 사람들은 모두 재산이 넉넉하고 많다[富盛]. 이를 예를 들어[擧此] 비유한 것이다. 다른 곳에서 비슷한 땅을 구할 수 있다.

한마디로 말하면[要之] 모두 용진혈적(龍真穴的)하고 사(砂) 또한 관란하여[關闌] 감싸 막고[鎖抱] 또 혹 작은 수세(水勢)가 흘러갈지라도 대세(大勢)가 거슬러 한 방향으로 곧게 흘러가는 것이 아니면 비로소 터가 가능하여 구할 수 있다. 만약 소수(小水)가 흘러가고 대세도 함께 순수하면 결코 기가 모여 융결하지 못한다. 확실히 패절(敗絶)한다. 자세하게 살펴야 한다. 대체로 보아서 거수지(去水地)는 발복(發富)이 반드시 늦다.

가령 채서산 선생의 조지(祖地)는 건양마사(建陽麻沙)에 있으며 9세(九世)에 비로소 현명하고 고귀한 사람이 나왔다. 또 양문민(楊文敏) 공(公)의 조지(祖地)는 구영풍낙(歐寧豐樂)란 곳에 있으며 300(三百)년 후에 비로소 재상(宰相)이 나왔다. 이는 그 증거이다[是其徵也]. 그러나 또 일률적[전부;一概(일개)] 거수지(去水地)에 속발하는 곳이 없다고 해서는 안된다. 만약 혈 앞이 좁아[緊夾;긴협] 물이 흘러가는 것이 보이지 않아도 속발할 수 있다. 가령 낙평명계허학사(樂平明溪許學士)의 조지(祖地)가 오히려 또한 인물이 발복이 속발(速發)할 수 있는 길지(吉地)이다[能催貴].

右地在歐寧縣之豐樂里，地名白狸窩因異人指曰狸臥處是穴，今土人遂呼地名白狸窩。其龍甚遠，逆奔而上，穿峽頓起洪山高廣。辭樓下殿，逶迤頓跌[41]數十節，複開帳起三台，正脈中落，磊落[42]數節，結太陽金星開鉗之穴。穴後正樂洪山，及三台貼帳。而本身白虎一砂遮卻明堂，但午上秀山朝應而已。其龍雖雄偉，而結穴奇

41) 頓跌(돈질) : 변화롭고 힘차게 가는 모양 ◦跌(질) : 달리다. 넘어지다. 비틀거림
42) 巉嵒(참암) : 가파르다. ◦磊落(뇌락) : 우뚝하다. 많다. 복잡하다

怪，局勢大順，虎砂逼硬下堂，穴星粗大，信非仙指，人莫識之。蓋其入局之際，右邊送龍之水至此百餘里，前會浦城之溪，亦百餘里。可見山水大會。而本身之龍，卻逆奔至此，翻順作穴。大勢雖順，而白虎一臂逆收過前，遮卻順去之水。四面八方，奇峰羅列，錦帳、御屏、文筆及天馬貴人等砂咸備，真大貴之地也。篤生文敏[43]，為時宗臣[44]，豈偶然哉！但此地形寬穴醜，局順勢緩，發作最遲耳。葬後三百年，始出文敏公榮，拜相。曾孫旦，吏部尚書，科甲蟬聯[45]，登仕籍者數十人，至今榮盛[46]未艾。

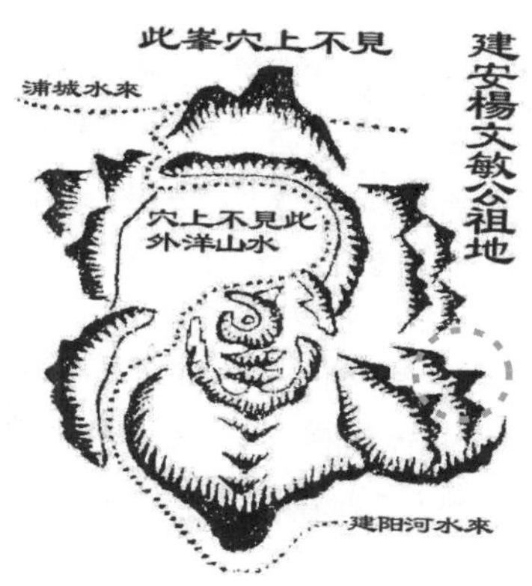

<그림 2-1-4 > 건안(建安) 양문민공(楊文敏公)조지(祖地)

우지(右地)는 구영현(歐寧縣)의 풍낙지(豐樂里)에 있으며 지명은 백리와(白狸窩)이며, 어느 이인(異人)이 백리와처(白狸臥處)를 가리키며 바로 혈이라 했다. 오늘날 토착인[土人]은 마침내 지명을 백리와(白狸窩)라 부른다. 그 용이 너무 멀리에서 역으로 위로 향하여 달려와 협(峽)를 지나 홍산(洪山)을 일으켜[頓起] 높고 넓은 사루하전(辭樓下殿)을 만들고 수십절(數十節)을 위이하여[逶迤] 힘차게 가다가[頓跌] 다시 개장하여[開帳] 삼태(三台)를 일으키고 정맥(正脈)이 가운데로 낙맥하여 수절(數節)이 우뚝 솟아[磊落] 태양금성의 겸혈을 개구(開口)하여 혈을 맺었다. 혈 뒤에 홍산(洪山)이 정낙(正樂)하였고 삼태(三台)가

43) 文敏(문민) : 시호(諡號). 조선 주세붕(周世鵬)의 시호. 조선 황신(黃愼)의 시호.
44) 宗臣(종신) : 나라에 큰 공을 세운 신하. 왕족으로서 벼슬자리에 있는 사람.
45) 科甲(과갑) : 과거에서 우등으로 합격한 사람. 이에 과거 시험을 가리키는 말로 쓰임
◦蟬聯(선련) : (매미의 울음소리같이) 길게 이어지다. 연속하다. 계속하다
46) 荣盛(영성) : 부귀영달(富貴榮達).부귀영화(富貴榮華). 현달(顯達)하다. 명성을 크게 떨친다.

장막으로 붙였고[貼帳], 본신의 백호(白虎) 일사(一砂)가 명당에서 반대로 돌아가[卻] 차란하였다[遮卻]. 다만 오방(午方)에서[上] 빼어난 조산(朝山)이 응할 뿐이다. 그 용이 비록 우람하다고[雄偉] 할지라도 결혈은 괴이하고[奇怪] 국세(局勢)가 크게 순수한데 백호사가 명당 아래에서 가로막아 핍박[逼硬;핍경]하고 혈성(穴星)이 거칠고 크니[粗大] 신선이 믿어 가리키지 않으면 사람들은 알 수 없다. 대개 국에 들어갈 무렵[際]에 우변에 송룡수(送龍之水)가 여기 백여리(百餘里)를 왔고 앞에 모이는[會] 포성(浦城)의 계곡도 백 여리(百餘里)를 왔으므로 산수가 크게 모이는 것을 볼 수 있고 본신의 용은 오히려 역으로 향하여 달려 여기까지 이르러 같은 방향으로 향하다가[順] 몸을 돌려[翻] 혈을 만들었다. 대세가 순수(順水)일지라도 백호의 일사(一臂)가 혈 앞을 지나 역으로 거두어들여 오히려 순수하는 물을 막아 주고[遮] 사방팔방(四面八方)에 기이한 봉우리를 나열하여 금장(錦帳), 어병(御屛), 문필(文筆)과 천마(天馬) 귀인(貴人) 등의 사(砂)를 모두 구비하여 진실로 대귀(大貴)한 땅이다.

독생(篤生)이란 시호[文敏;문민]는 당시 나라에 큰 공을 세운 신하이다. 어찌 우연(偶然)인가! 다만 이러한 지형이 넓고 혈은 추하고 국세가 순하고 완만하여 발복이 대단히 늦다. 장후 300년에 비로소 문민(文敏) 공(公) 영(榮)이 정승(政丞)으로 임명(任命)을 삼가 받고[拜相] 증손[曾孫]이 어느 날[旦;단] 이부상서(吏部尙書)를 지냈고 과거에서 우등으로 합격한 사람[科甲]이 연달아 나오고[蟬聯] 벼슬아치의 명부[仕籍;사적]에 올라온 자가 수십인(數十人)이고 지금까지도 부귀영화[榮盛]가 끝이 없다.

按：《建寧郡志》及《武夷志》云：「楊萬大，崇安人，結茅[47]武夷山。下有津渡，一夕，有道士服貌甚偉，不得濟渡，扣門[48]投宿。自後數往來，萬大禮之益勤。一日，謂曰：『吾非世人，今當歸洞天，特來告別。觀汝所為甚善，天必有以[49]報之。汝老矣，其在後人乎？』命舟欲與俱去。萬大曰：『吾二親久未窀穸，豈可去？』道士曰：『待汝襄大事後去，未晚也。』因同至歐寧豐樂，指示山下曰：『汝於某年月日，奉柩葬於此，候有白狸眠處，即葬穴也，狸起時即葬時也。』萬大如言，謀[50]而葬之，果有白狸。葬後一日，晝寢，夢前道

47) 結(결) : 막. 암자 따위를 짓다. ◦茅(모) : 띠를 베다. 띳집
48) 扣門(강문) ; 문을 두드리다. ☞扣(강) ; 걸다.두드리다.
49) 有以(유이) : (~할) 방법이 있다. (~할) 수가 있다. ◦窀穸(둔석) : 묘혈(墓穴). 매장하다. 묘

士來曰：『汝今家事畢，盍[51]去？』既覺，沐浴更衣，端坐而逝，時年九十七矣。厥後果生太師文敏公，為時宗臣，迄[52]今子孫貴顯。」汪東麓公佃僉憲閩時，修《武夷山志》，題《萬大傳》末云：「據其墓上石刻『宋大中祥符元年葬』，去文敏生，三百餘年，地脈不應若是之遠始驗，堪輿家無此論。」

조사하니[按]《건영군지(建寧郡志)》와《무이지(武夷志)》에 이르길 '양만대(楊萬大)는 승안(崇安)의 사람으로 무이산(武夷山) 아래 띳집을 짓고 진도(津渡)에 있었는데 어느 날 저녁에 의복의 자태[服貌;복모]가 너무 기이한[甚偉;심위] 도사가 나루를 건너지[得濟渡] 못하여 문을 두드려[扣門;강문] 숙박 시설에 들어와 묵었다. 그 후에 여러 번 왕래하였는데 만대(萬大)는 더욱 열심히 대접[禮]을 하였다. 하루는 도사가 말하길 '나는 이 세상 사람이 아니다. 지금 당장 동천(洞天)으로 돌아가야 하니 특별히 고별(告別)하기 위하여 왔다.

너가 너무 착한 것을 보니 하늘이 반드시 보은할 수 있으나[有以報之] 너가 이미 늙어 보은은 후인에게 있을 것이다.' 고 하였다.

배를 불러 함께[與俱] 가자고 전하니 만대가 이르길 '나의 어버이를 오래도록 매장[窀穸;둔석]을 하지 못하였는데, 어찌 갈 수 있나요? 도사가 이르길 ' 너의[汝] 양대사(襄大事)를 기다렸다가 나중에 가도 늦지 않다.' 고 하였다.

함께 구영풍락(歐寧豐樂)에 와서 산 아래에서 지시하길 '너가 모년, 모월, 모일에 관(柩;구)을 모시고와 여기에 장사(葬事)하라. 살펴서 백여우[白狸;백리]가 졸고 있는 곳이면 바로 광중[葬穴;시체를 묻는 구덩이]이다. 백여우가 일어나는 시간이 바로 장사하는 시간이다.' 고 하였다. 만대가 말과 같이 도모하여 장사를 하였는데 과연 백여우[白狸]가 있었다.

장사 후에 어느 날 낮잠을 자는데[晝寢] 꿈에 앞에 도사가 와 말하길 ' 너가 이제 가사 일이 끝났으니 어찌하여 가지 않는가?' 하였다. 꿈을 깬 후에[既覺] 목욕(沐浴)하고 의복을 갈아입고[更衣] 단정히 앉아서 죽으니[逝去;서거] 이때 나이[時年] 97세였다. 그[厥;궐] 후에 과연 태사 문민공(太師文敏公)을 낳아 시종신(時宗臣)이 되었다. 지금까지도[迄今] 자손(子孫)이 존귀하고 벼슬이나 명성, 덕망 따위가 높다. '고 하였다. 왕동록공(汪東麓公) 전(佃)이 민(閩)에서 첨헌(僉憲) 직에 있을 때 《무이산지(武夷山志)》을 수선할 때 《만대전

50) 謀(모) :도모하다(圖謀--).모색하다(摸索--).살피다.의논하다(議論).
51) 의문·반어 개(盍) ~ ; 어찌하여~. 어찌~. 何와 같이 쓰임. 。更衣(경의) : 의복을 갈아입다.
52) 迄(흘) : 이르다. 미치다 。若是(약시) : 만약 ~한다면. 이와 같이. 이처럼

(萬大傳)》 끝에 제발하여[題跋] 이르길 '그 묘지[墓]의 상석(上石)에 새겨[刻] 증거로 하였고, 송대중(宋大中) 상부(祥符) 원년(元年)에 장사를 하였다.' 고 하였다.

죽은 후[去;떠나다] 300백 여년 후에 문민공(文敏公)이 태어났다. 지맥(地脈)이 발응하지 않아 이와 같이[若是] 처음 발복이 (시간상) 멀면 감여가(堪輿家)들은 이를 논하지 않는다.'고 하였다.

按：東麓公此論，蓋未審[53]也。地理有遠至數百年方應者，有近止[54]數年即應者，皆不可謂無此理。如廖公下安仁吳氏地，課云「七八世內錢糧滿區，九世十世朱紫盈門。」果四百餘年，出若峰公，登進士，官詹憲，人才疊出。又舒馬山課吾邑祝氏地云：「七代八代科甲聯登[55]。」果其代內連出都諫。又廣信婁氏祖地在茶山寺者，課云：「七代八代富貴聲名，出一妃嬪，禍及家庭。」後果其代出婁妃，配寧王遭禍。又廖公下吾邑張氏仙人翹足形，也課云：「五百年後雙產貴苗。」果五百年，張氏二房同出科甲。此可見數百年後應驗不誣[56]也。其發之速者或周年，或半紀，或一紀，不可盡舉。嘗觀東麓公祖地在叫岩寺者，葬不數年，而公之父子兄弟聯登高第，躋顯宦，一時驟發，福應甚速，宜乎公以三百年為遠也。

조사하니[按] 동록공(東麓公)의 이 논리는 대개 애매하다[未審]. 지리(地理)에서 멀리 수 백년(數百年)에 이르러서 비로소 발응하고[應] 가까이 수년 내 곧 발응하는 것은 모두 이러한 이치가 없다고 말해서는 안된다.

가령 요공(廖公)이 하장한 안인(安仁) 오씨(吳氏)의 조지를 예언하여[課] 이르길 ' 7,8세 내에 돈과 곡식[錢糧;전량]은 사는 곳에 가득하고[滿區], 9세, 10세에는 고위관리[朱紫]가 가문에 가득하다.' 고 하였다.

과연 400여 년에 약봉공(若峰公)이 태어나 진사에 올라 벼슬은 첨헌(詹憲)이었고 인재(人才)가 거듭나왔다[疊出]. 또 서마산(舒馬山)에서 점을 쳐[課] 오읍(吾邑)의 축씨 조지(祖地)를 말하길 ' 7,8대에 과갑하여[科甲] 연달아 승진한다 ' 고 하였다. 과연 그 대내(其代內)에 도간(都諫)이 연달아 나왔다. 또 광신

53) 未審(미심) : 애매모호하다. 애매하다. 미심쩍다.
54) 止(지) : 나아가지 아니하다. 이르다. 도달함. ☞ 朱紫(주자) : 고위관리
55) (科甲聯登(과갑련등) : 과거 급제하여 승진을 거듭한다. ☞ 翹(교) : 꼬리의 긴 깃털. 꼬리. 날개. 들다.
56) 誣(무) : 속이다. ☞ 宜乎(의호) : 이치로 보아 그렇게 되어야 옳게

(廣信) 루씨(婁氏)의 조지(祖地)가 다산사(茶山寺)에 있는 것을 점을 쳐[課] 이르길 ' 7,8대에 부귀(富貴)를 세상(世上)에 떨치고[聲名] 한 명의 왕비(王妃)와 궁녀(宮女)가 나오고 가정에 재앙이 미친다[禍及] ' 고 하였다.

후에 과연 그 대(其代)에 자주[婁;누] 왕비[妃]가 나왔다. 영왕(寧王)의 배우자가 되더니 화를 당하였고[遭禍] 또 요공(廖公)이 하장한 오읍(吾邑) 장씨 선인교족형(仙人翹足形)이다. 점을 쳐서[課] 이르길 '오백년 후에 귀한 후손을 쌍으로 낳는다[雙產貴苗;쌍산귀묘] '고 하였다.

과연 500년 후에 장씨(張氏)의 차남 가족[二房]이 같이 과거에 급제자 나왔으니[同出科甲] 이는 수백 년 후에 응험이 나타난 것을 볼 수 있으니 속임수는 아니었다[不誣]. 그 발복이 빠른 것[速者]은 혹 1년[周年], 혹 6년[半紀], 혹 12年[一紀]은 다 열거하여 들 수 없다.

일찍이 동록공(東麓公)의 조지(祖地)가 규암사(叫岩寺)에 있는 것을 보아 장사하고 수년이 되지 않고 공(公)의 부자형제(父子兄弟)가 연달아 과거 급제하여 제현환(躋顯宦)이 되고 일시(一時)에 발복하여[驟發] 복이 응함[福應]이 너무 빨랐으니 마땅히 이치로 보아 공(公)이 300년이 (되어 발복하는 것이) 멀다고 하는 것이 옳다.

左地穴前白虎一砂橫攔，盡障外洋，一所見，亦無明堂，亦無朝山，只是藏風，穴極暖，故發福速也。左地在樂平十六都江家橋，其龍穴結作詳見廖金精地課具下。課曰：「奉命[57]為尋陰地一穴，在樂邑明溪之南，江家橋畔。其龍自茅山作祖起峰，擁下百里，複下平田，崛起山峰作穴。或磊磊落落，或隱隱隆隆，千峰叢集，萬象昭著。欲到未到之間，如驚蛇出草，如走鹿出林。行而欲止，遺而欲收。集頓駭走，自辰巽山壟盤桓，一起一伏，入震入申，棲閃萬狀，落下[58]平洋，遺蹤失跡。自戌入未，複起山峰數節，作正艮入首，為將軍大坐之勢。扦乙山辛向，辛上展帳遮攔，若堆甲[59]之狀。放元辰辛水,九步歸干，歸癸,歸庚,歸坤,入甲，又歸庚，合大溪巽水，又歸庚兌長流。頓旗山在未，展旗山在庚，屯軍山在午，豹尾山在乾。前朝後護，左回右抱，天乙太乙，直符真武，三陽六建，四神八將，計一十六

57) 奉命(봉명) : 명령을 받다. 명령에 따르다.
58) 落下(낙하) : 떨어지다. ~결과가 되다. 내리다. 落(락) : 머물다. 멈추다. 흩어지다.
59) 堆甲(퇴갑) : 작은 산 및 평평한 언덕[平岡]이 층층이 생겨[層疊重出] 갑옷을 쌓은 형상(形狀)과 같은 것이다. ☞符(부) : 들어맞다.부합하다.일치하다.

龍朝拜[60], 主二百年大旺, 登科及第, 文經武緯, 世代義門, 朱紫不絕。

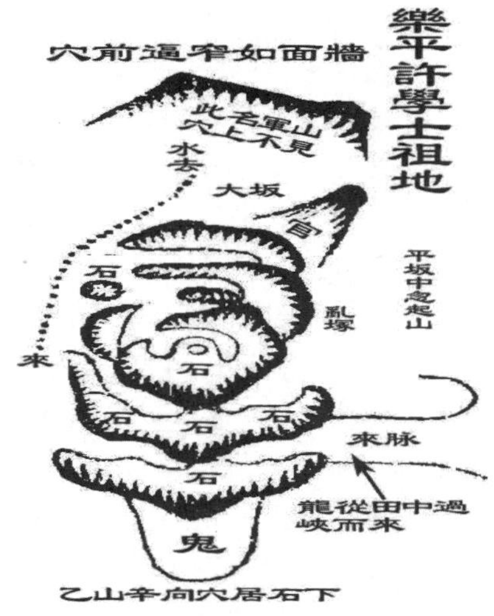

<그림 2-1-5 > 낙평허학사 조지(樂平許學 祖地)

좌지(左地)는 혈 앞에 백호(白虎)에 하나의 사(砂)가 가로로 막아[橫攔] 외양(外洋)을 모두 가려서 어떤 장소에는 보이나 외명당(明堂)이 보이지 않는다. 또한 조산(朝山)도 보이지 않으나 다만 장풍이 되어 혈은 아주 온난하므로[極暖] 발복이 빠르다. 좌지(左地)는 낙평(樂平) 16도(十六都) 강가교(江家橋)에 있으며 그 용에 혈을 맺어 상세히 드러나 요금정(廖金精)은 자리를 예언하여 하장을 하였다[具下].

예언하여 이르길 '명을 받들어 음지의 한 혈[陰地一穴]을 찾게 되면 낙읍명계(樂邑明溪)의 남강가교(南江家橋)의 옆[畔]에 있다' 고 하였다. 그 용은 모산(茅山)에서 봉우리가 솟아[起峰] 조산을 만들어 호위하에 100리를 내려가 다시 아래 평지[平田]에서 솟아[崛起] 산봉우리에 혈을 만들었다. 혹 뚜렷하거나[磊磊落落] 혹 숨었다가 나타나거나[隱隱隆隆] 수많은 봉우리[千峰]가 들어선 것이 빽빽하고[叢集] 온갖 모양[萬象]이 드러나[昭著] 이르고자 하나, 아직 이르지 못한 사이에 놀란 뱀[驚蛇]이 풀숲에서 나온 같고 사슴이 달려서 숲에서 나온 곳 같고, 가다가 떨어져[(遺;유);낙맥하여] 멈추고자 하고, 머물러[集頓] 거두어 드리고자 하다가 흩어져 달아나면서[駭走;해주] 진손(辰巽)에서 산룡

60) 朝拜(조배) : (황제를) 알현하다. 예배하다. 배알(拜謁)하다.

(山壟)이 머뭇거리며 그 자리를 멀리 떠나지 못하고 서성이면서[盤桓] 일기일복(一起一伏)하여 진(震)과 신(申)에 들어 머물러[棲] 온갖 형상[萬狀]을 언뜻 보이면서[閃] 아래의 평양(平洋)에 떨어져[落下] 머문 흔적[遺蹤]이 없어 알 수 없다[失跡]. 술(戌)에서 미(未)로 들어갔다가 다시 산봉우리가 솟아 수절(數節)을 만들어 바로 간[正艮]으로 입수(入首)하여 장군대좌(將軍大坐)의 세(勢)를 만들었다. 을좌신향[乙山辛向]으로 천장하였다. 신(辛)향에[上] 장막을 열어[展帳] 막아[遮攔] 만약 퇴갑(堆甲;軍山)의 형상을 하여 원진수[元辰]가 신(辛)의 앞으로 물이 흘러가 구 단계[九步]로 간(干)으로 돌아오고, 귀계(歸癸), 귀경(歸庚), 곤(歸坤)을 하여 갑(甲)으로 들어가고 또 귀경(歸庚)하여 큰 시내[大溪]가 손수(巽水)와 합하고 또 경태(庚兌) 방을 돌아 길게 흐르고, 돈기(頓旗)의 산(山)이 미(未)방에 있고, 전기산(展旗山)이 경(庚)방에 있다.

둔군산(屯軍山)이 오방에 있으며, 표미산(豹尾山)이 건방에 있어 앞에 조읍하고 뒤에 호위하고 좌우에서 감싸고 천을태을(天乙太乙)이 현무[真武]을 향하여[直] 들어맞고[符] 삼양(三陽)과 육건(六建), 사신(四神),팔장(八將) 등 합계가 16룡(龍)이 (혈을) 향하여 읍하니[朝拜] 과거에 급제하여 [登科及第] 벼슬의 직위가 문경무휘(文經武緯)로 200년 동안 크게 왕
성하여 대대로[世代] 우애가 있는 가문[義門]으로 높은 벼슬아치[朱紫]가 끊이지 않았다.

謹憑先賢秘文詳推，希留後驗。熙寍三年庚戌正月吉日，金精山人廖瑀謹記。」複系以贊曰：萬斛千倉[61]山勢雄，前朝後護從真龍。下後莊田招百頃[62]，何勞谷將起高峰？正龍華蓋起重重，殺曜文星兩勢雄。武略文經從此出，紫袍牙笏[63]掌邊戍。大塘岡[64]上亂紛紛，狗趕羊來失卻蹤。小陂頭水流來急，兒孫興旺定光宗。軍山面

61) 千(천) : 밭두둑, 밭두렁. 초목(草木)이 무성(茂盛)한 모양. 반드시. 여러 번. 수효(數爻)가 많다.

62) 頃(경) : 논밭의 면적 단위 .◦일경(一頃)은 백묘(百畝), 서유구 『본리지』의 주척(周尺)의 길이는 23.1cm 로 계산하면 1묘(畝)는 58.4평이고, 1경(頃)=100묘(畝)=5840평이다.

<출처> 『상택지』 풍석문화재단, 2019, p89

63) 紫袍(자포) : 자줏빛 도포(道袍). 아홀(牙笏) : 관등(官等)이 제일(第一) 높은 벼슬아치가 가지던 서각(犀角)이나 상아(象牙)로 만든 홀(笏). 즉 고위 관리이다.

64) 塘(당) : 못(넓고 오목하게 팬 땅에 물이 괴어 있는 곳). 연못. ☞岡(강) : 산등성이. 언덕. ◦亂紛紛(난분분) : 어지럽고 어수선한 모양. ◦ 趕(간) : 뒤쫓다. 달리다. ◦却(각) : 후퇴하다. 도리어

前來朝拜，虔州[65]鐘鼓響冬冬。他日賢郎來任[66]彼，方知妙術有神功。是時許實文方數歲，廖曰：「此子他日必為吾虔州太守。」實文父謝曰：「誠如是，豈敢忘所自！」後實文果為虔州太守，有祭廖文附録於此。古虔州即今贛州也。

삼가하여[謹] 선현(先賢)들은 증거를 비문(秘文)에 상세하게 옮겨[推] 후인에게 증험한 것을 남기를 바랐다[希留;희류]. 희영(熙寧) 3년(三年) 경술(庚戌) 정월(正月) 길일(吉日)에 금정산인(金精山人) 요우(廖瑀)가 새겨 두었다[謹記]. '고 하였다. 다시 이어[系] 밝혀서[以贊] 이르길 ' 초목(草木)이 아주 많이[萬斛] 무성(茂盛)한 모양 창산(倉山)의 세(勢)가 웅장하여[雄將] 앞에서는 읍(揖)하고 뒤에서는 진룡(眞龍)을 호종(護從)한다.

하장(下) 후에 백경(百頃)의 논밭의 경작지[莊田]가 생겼다[招惹;초야].어찌 태조산[勞谷]에서 머지않아 높은 봉우리를 일으키겠는가? 정룡(正龍)은 화개(華蓋)를 거듭거듭 일으켜 살요(殺曜)와 문성(文星)이 두 세(勢)가 웅장하니 무의 전략[武略]과 문의 경륜[文經]이 퍼져서 알려지게 되어[出] 고위관리[紫袍牙笏]로 국경의 수비[邊戍;변수]를 맡는다.

큰 못[大塘]과 산등성이[岡] 위가 어지럽고 어수선하니[亂紛紛] 개가 쫓아오고 양이 오나 종적이 없다. 작은 언덕[小陂;소피] 끝[頭]에 물이 급하게 흐르니 자손[兒孫]은 반드시 흥왕하여 일문[宗]을 빛내었다.

군산[軍山;堆甲]이 면전에 와 (혈을) 향하여 읍하여[朝拜] 건주(虔州)에 종과 북소리[鐘鼓響]가 동동하면 어느 날 현랑(賢郎)으로 부임하면서[來任] 그[彼]가 재주를 부려[妙術] 신비한 공로가 있는 것을 알게 되었는데 이때 허보문(許實文)는 이제 막[方] 몇 살[數歲] 이였을 뿐이다.

요(廖)가 이르길 '이 아들[此子]이 어느 날[他日] 반드시 우리 건주(虔州)에 태수(太守)가 된다' 고 하였다. 아버지가 말하여[父謝] 사실을 적은 글에 이르길 ' 진실로 이와 같다면 어찌 감히 스스로 잊겠는가!' 하였다. 후에 실지로 문장에 과연 건주(虔州)의 태수(太守)가 되었고, 제사에서 요(廖)씨의 제문(祭文)이 여기 부록(附錄)에 있다. 옛날 건주(虔州)는 곧 지금 감주(贛州)이다.

祭文維大宋建炎三年，歲次[67]己酉十月丙子朔越[68]二十日乙未，朝請大夫[69]直徽猷

65) 虔州(건주) : 중국 장시성 최남단에 위치한 지급시. 약칭은 옛 명칭 첸저우(虔州)의 건(虔)이다. 또한 장시성의 약자가 공(贛)이므로 간난(贛南 ; 장시(江西)성 남부 이라고도 부른다. ◦贛(공) : 주다. 하사(下賜)하다. ☞ 贛(감) : 강 이름

66) 來任(래임) : 관원이 부임지에 와서 취임함

閣知桂州兼管內勸農公事充廣南西路兵馬都鈐轄70)兼本路安撫使主管經略司公事賜紫金魚袋許中，謹托武功郎謝永錫，以清酌庶饈71)之奠，致祭於故金精山人伯禹廖公之墓而言曰：惟翁深窮青囊之說，淹該陰陽地理之書。曩72)我外氏，為倅虔州，喪親罷官73)，因召與俱。故番易之山川墳墓，過目則索隱而盡得；世俗之吉凶禍福，發占指期而不誣。時我大人，銜哀倚廬74)，匍匐有請75)。肯顧蓬居76)，卜大父之宅兆，期來裔77)之豐腴。謂言無爽，舉酒酹予。殆將五紀78)，應驗咸如。先訓在耳，其能舍諸？剖符來虔，及其里閭，相望邱隴，金精故廬。易守八桂79)，召命登途。今欲瞻拜80)，簡書有拘。外孫謝侯，世資範模，官位通顯81)，幅金紆紫82)。翁

---

67) 維(유) : 한글로 따지면 '이제'라는 뜻.◦세차(歲次):해의 차례라는 뜻, 유세차는 '이해의 차례는~'으로 축문의 첫머리에 사용한다.◦己酉(기유) : 제사 지내는 년(年)의 간지(干支)이다.

68) 朔(삭) : 상(喪)을 당한 달의 초하루라는 뜻으로 축문에는 언제나 쓰임 .월간지삭(月干支朔) : 추도식 지내는 달의 초하루 간지 .

69) 조정대부(朝請大夫. 종5품) : 황실에서 의료와 직속 비서를 관리. ◦直徽猷閣직휘(유각) : 군사 재정 감독관에게 은상으로 주는 본직 이외의 관직명

70) 鈐轄(검할) : 나라에 난리가 났을 때 그 지방에 나가서 병마를 총관하던 군직.

71) 淸酌(청작) : 신에게 올리는 술.◦庶饈(서수) : 맛 좋은 음식. 드리다. 진미(珍味). 바치다. ◦奠(전) : 제물(祭物)을 바치다. ◦淹該(엄해) : 두루 미치다. 해박(該博)하다. 자세히 알다.

72) 曩(낭) : 옛날. 종전. 성. 접때. ◦倅(쉬) : 버금. 백 사람. 다음. 백 사람 1조(組)의 병사

73) 罷官(파관) : 해직(解職)하다. 해직.◦罷(파) : 놓다. 방면(放免)함.◦過目(과목) : 훑어보다.

74) 銜哀(함애) : 부모의 상중(喪中)에 있다.◦**倚廬(의려)** : 부모의 상중에 상주가 거처하는 여막(廬幕;초막)을 말한다.

75) 匍匐(포복) : 기다. 땅바닥으로 뻗다.◦請(청) : 청하다. 구하다. 빌다. 고(告)하다.

76) 蓬居(봉거) : 곧 쑥대를 엮어 지붕을 이은 집을 말한다. ◦ 大父(대부) : 조부. 외조부.

77) 來裔(내예) : 핏줄을 이어받은 먼 자손◦豐腴(풍유) : (몸이) 풍만하다. 풍성하고 기름지다. ◦腴(유) : 풍부하다. 번영함.◦擧酒(거주) : 술을 들다. ◦擧(거) : 권하다.◦酹(뇌) : 붓다(액체나 가루 따위를 다른 곳에 담다)

78) 紀(기) : 옛날 중국에서는 '一紀'가 12년 이었으나 오늘날은 100년임.

79) 八桂(팔계) : 우아한 그 나무에 학이 날아와서 신선지를 만들었던 마을이라 한다. ◦登途(등도) : 길을 떠남

80) 瞻拜(첨배) : 배견(拜見)하다. 참배하다. 우러러보다 ◦簡書(간서) : 군주의 명령. 공문(公文). 편지

81) 通顯(통현) : 큰 벼슬을 하다. 현달하다. 입신출세하다 ◦幅(폭) : 행전(行纏). 행등(行縢). 재래식 상복(喪服)을 입을 때 바지 걸 무릎 아래에 꿰어 위쪽을 묶는 토시 같은 것

☞행전(行纏) : 한복의 바지나 고의를 입을 때, 바짓가랑이를 정강이에 감아 무릎 아래에 매는 물건.

☞ 행등(行縢) : 베의 천으로 퇴육(腿肉)을 감는 각반(脚盤)을 말함.

死布衣[83]亦命矣夫！托陳薄奠[84]，旨酒嘉蔬[85]，侑以鄙文，往吊荒隅。尚享！

제문(祭文)에 유(維) 대송(大宋) 건염(建炎) 3년 세차(歲次) 기유(己酉) 십월(十月) 병자(丙子) 삭월(朔越) 20일 을미(乙未), 조청대부(朝請大夫) 직휘유각(直徽猷閣) 지계주(知桂州)겸 관내근농사(管內勸農公事) 충광남서로(充廣南西路) 병마도(兵馬都) 검할(鈐轄) 겸 본로안무사(本路安撫使)의 경략사(經略司) 공사(公事)를 주관(主管)하여 맡았다.

사자금어대(賜紫金魚袋) 허중(許中)은 삼가 무공랑(武功郎) 사영석(謝永錫)에게 부탁하여 신에게 술과 맛 좋은 음식을 바치고[淸酌庶饈之奠], 고(故) 금정산인(金精山人) 백우(伯禹) 제사를 지내기 위하여 도착하여 요공(廖公)의 묘지에서 말하길 ' 다만 옹(翁)께서는 청낭설(靑囊之說)을 깊이 연구하였고[窮究], 음양 지리서에 해박하여[淹該;엄해] 옛날[曩;낭] 나의 외가[外氏]에 건주(虔州)에서 아버지상에 백 사람에 버금가는[倅] 관리들을 업무를 중지하고[罷官] 불러 함께[因召與俱] 옛날 산천의 무덤을 차례로 번갈아 가며[番易之] 훑어보면[過目] 숨은 것을 찾아[索隱] 다 터득하여 알아[盡得] 세속의 길흉화복 예언하고[發占] 발복 기간을 알려주었으나 거짓말[不誣;불무]이 없었다.

당시 나의 어르신네[大人]는 부모의 상중(喪中)[銜哀;함애]에 초가[草廬;초려]에 머물고[倚廬] 엎드려[匍匐;포복] 청하오니 기꺼이 봉거(蓬居;쑥으로 이은 집)를 방문하여[顧] 조부[大父]의 묘지[宅兆]를 예언하시어 먼 자손이 번영

---

82) 폭(幅) ? : 행전(行纏):한복의 바지나 고의를 입을 때, 움직임을 가볍게 하려고 바짓가랑이를 정강이에 감아 무릎 아래에 매는 물건. ☞ 下(하) : 서명하다. 진술하다. ◦撒落(살락) : 어지러이 떨어지다. 널리다. ☞ 落(락) : 떨어지다. 흩어지다. 멈추다. 낮추다. ◦금(金) : 단단하다. 단단한 것의 비유. 좋다. 아름다움. 아름다운 것의 비유. 귀하다. 고귀한 것의 비유 ◦우자(紆紫) : 자줏빛 옷.

83) 布衣(포의) : 무명옷. 평민. 서민. ◦命(명) : 목숨. 운수. 명령. 명하다

84) 托(탁) : 맡기다, 의탁(依托)하다. 부탁(付託)하다. 위임(委任)하다. 의지(依支)하다. ◦陳(진):베풀다.묵다.늘어놓다. ◦薄奠(박전):변변치 못한 공물(供物). 변변치 않은 향전(香奠)

85) 旨酒(지주) : 좋은 술. 미주(美酒) ◦侑(유) : 권하다. ◦荒隅(황우) : 멀고 먼 변방의 모퉁이 <예기> 곡례하편(40) 제사에 쓰이는 제물의 호칭

물은 청적(淸滌)이라 하고, 술은 청작(淸酌)이라 하고, 메시장은 향합(薌合)이라 하고, 기장은 향기(薌萁)라고 하고, 조는 명자(明粢)라고 하고, 벼는 가소(嘉蔬)라고 하고. 구는 풍본(豐本)이라 하고, 소금은 함차(鹹鹺)라고 하고, 옥은 가옥(嘉玉)이라 하고, 폐백은 량폐(量幣)라고 일컫는다.(水曰淸滌, 酒曰淸酌, 黍曰薌合, 粱曰薌萁, 稷曰明粢, 稻曰嘉蔬. 韭曰豐本, 鹽曰鹹鹺, 玉曰嘉玉, 幣曰量幣)

을 기약하여 말씀하신 것들이 어긋남[爽;상]이 없다.' 고 하였다.
거의[殆將] 60년[五紀]이 되어 제가 술을 권하여 따르니 응함(應驗)이나 선현들의 교훈이 모두 귓가에 있는 것 같은데 그(예언) 모든 것을 버릴 수 있는가? 예언으로 명확히 하여 건주[虔]에 와서 마을[里閭;이려]에 이르러 언덕[邱隴] 금정산인(金精山人)의 옛 초려를 서로 바라보고 점을 쳐서[易] 마을을 지키고 명을 받아 길을 떠나[登途] 이제 참배하려[瞻拜;첨배] 하나 공문(公文)에 구애됨이 있어 외손(外孫)이 제후를 양보하는 것은 세상에 관리들의 모범[範模]이 되어, 관직[官位]으로 입신출세하여[通顯] 자줏빛 옷[紆紫]에 행전(行纏)[幅]이 아름답다[金]. 옹(翁)은 평민[布衣]으로 죽었으니 역시 천명이로다![命矣夫] 진박(陳薄)에게 부탁하여 제물을 바치게 하여[奠] 좋은 술[旨酒]과 좋은 음식을 제사상에 차려 놓고[嘉蔬;가소] 나의 글[鄙文;비문]로 권하고[侑] 멀고 먼 변방[荒隅;황우]에 가서 조문을 하고[往吊] 승상하여 바친다![尚享].

又豐城李天官祖地，亦是順局，葬後即出貴，並具下。右地在豐城東鄉，土名文江橋。其龍起自堯山，廉貞作祖，頓伏行二十餘里。將入局，撒落平陽，渡水而來，逶迤活動，勢若生蛇。卯脈，扦乙山辛向，左右二水合流，屈曲而去。面前砂水依稀[86]，重重交會。但局勢順水，不入俗眼。初非擇而取之，因勢所阻，停柩[87]於此而遇之也。舊有記云：「文江橋，武江口，小小蛇兒順水走。有人葬得著，金印[88]大如斗。」李氏葬後，出裕公，登進士，官至吏部尚書。子官太守，孫貴發解[89]，登癸丑進士，官翰林編修。吏部公從侄曰讚，鄉薦，封中憲大夫。其子曰廷觀，登進士，官副使；曰廷謨，登庚辰進士。父子兄弟繼登科甲，福祉未艾
또 풍성(豐城) 이천관(李天官)의 조지(祖地)도 순수국(順水局)이다. 장사 후[葬後]에 곧 귀한 인물이 나오고 아울러 아래에 진술하였다[具下]. 우지(右地)는 풍성(豐城)의 동쪽의 고향[鄉]에 있으며 토명(土名)은 문강교(文江橋)이다.

86) 依稀(의희) : 모호하다. 희미하다. 어렴풋하다. ☞ 入(입) : 합치하다. 맞다. 빠지다.
87) 停柩(영구) : 영구(靈柩;시체를 담아 넣는 관)를 안치(安置)하다.
☞ 小小(소소) : 매우 사소하다. 작다.
88) 金印紫綬(금인자수) : 고관대작들이 사용하는 자색 끈이 달린 금으로 만든 인장. 천자만이 옥새를 사용할 수 있었으며 제후는 금인(金印)을 사용해야 했다. 云取金印如斗大
89) 發解(발해) : 명청(明淸) 시대에 擧人[과거를 보는 선비]이 시험에 급제하다. 당송(唐宋) 시대에 응거(應擧)한 사람을 주(州)·현(縣)에서 ☞ 鄉荐(향천) : 향리(鄉吏)가 추천하다. 향시(鄉試)에 합격하다.

그 용(龍)은 요산(堯山)에서 기봉하여 염정(廉貞)으로 조산(祖山)을 만들었고, 20여 리(二十餘里)를 조아리고 엎드리며 행룡하다가 국(局)에 들어갈 즈음 평양(平陽)에 떨어져[撒落] 물을 건너서 위이(逶迤)로 움직여[活動] 세가 마치 생사(生蛇)와 같이 맥(脈)이 묘(卯)로 흘러와 을좌신향[乙山辛向]으로 천장하였다. 좌우(左右) 두 물이 굴곡(屈曲)하면서 흘러가고 면전(面前)의 사수(砂水)가 모호하나[依稀] 합류(合流)하여 거듭 만나 모인다[交會].

<그림 2-1-6 > 풍성(豐城) 이관천(李 天官) 조지(祖地)

다만 국세(局勢)는 물 흐름을 따라 흘러가[順水][산수동거] 속안에 맞지 않으나[不入] 처음에는 가리지 않고 취하였던 것이다. 세(勢)가 막히는 곳[所阻]에 의지하여 이곳에 영구(靈柩;시체를 담아 넣는 관)를 안치(安置)하고 (벼슬에) 등용이 되었다[遇之也]. 옛날 기록에 이르길 '문강교(文江橋), 무강구(武江口)에 작고 작은 뱀새끼[小小蛇兒]가 물흐름을 따라 달려가[順水走] 사람들이 취하여 장사를 하면 금인(金印;금으로 만든 도장)을 말[斗]과 같이 큰 것을 착용한다' 고 하였다. 이씨(李氏)가 장사 후에 유공(裕公)이 태어나 진사(進士)에 오르고 벼슬이 이부상서(吏部尙書)에 이르러 아들의 벼슬은 태수(太守)였고, 손(孫)이 과거에 합격하여 벼슬을 하여 계축(癸丑)년에 진사에 올라 벼슬이 한림편수(官翰林編修)하였고, 이부공(吏部公)의 종질(從侄;사촌형제의 아들) 찬(讚)이 향리의 추천으로[鄕薦] 중헌대부(中憲大夫)로 봉하여졌고, 그의 아들 정관(廷觀)이 진사(進士)에 올라 벼슬이 부사(副使)였고, 정모(廷謨)는 경진(庚辰)년

에 진사(進士)에 올라 부자형제가 이어서[繼] 과거[科甲]로 높은 지위에 오르고 복지(福祉)가 끊이지 않았다.

右地在鎮江府城南十里，地名華蓋山竇氏湖。龍勢甚遠，入首平岡飛蛾，个字中出，數節精俊，為水木到頭，起頂開鉗，於田中吐出唇氈圓正。左右搀抱有情，但元辰水當面平田去里許， 外山卻橫攔回顧。系壬亥龍，扦戌山辰向兼乾巽。葬後出侍郎公闇，登成化己丑會元[90]，官至少宗伯，一代清貴[91]即不振。
按：是地也，元辰水當面直去，登穴見之。前山雖攔卻遠，何得有力？所喜穴低藏，水田平坦耳。然龍穴雖美，只一代清貴即敗，亦以水凶也。予兩至其地，詢土人，謂低田原是湖也，土名猶[92]稱竇氏湖。後改湖為田，費氏遂敗。大凡去水地，必須穴低伏。穴低伏則水雖去而平坦，不知其去。又須臨穴不見水為善。若臨穴見水去者,不吉。如許學士及李尚書祖地,皆臨穴不見水,兩畔砂又交結，且龍旺穴暖，此所以葬後即出顯貴也

<그림 2-1-7> 단도비랑조지(丹徒費侍郎祖地)

90) 會元(회원) : 명청(明淸) 시대에, 과거 시험 '회시(會試)'의 장원 급제자
91) 淸贵(청귀) : (인격이) 고결하다. 직위는 높으나 실권을 쥐지 않은 사람
92) 猶(유) : ~조차도.~까지도. 。 必须(필수) : 반드시 ~해야 한다. 꼭~해야 한다. 기필코~해야 한다

우지(右地)는 진강부(鎭江府) 성남(城南) 10리 있으며 지명은 화개산(華蓋山) 두씨호(竇氏湖)이다. 산줄기의 세력[龍勢]가 너무 멀다. 입수(入首)는 평강(平岡)에서 비아(飛蛾;나방)의 (모양)에 중간에서 개자(个字)로 나와 수절(數節)을 아주 수려하게[精俊] 수목(水木)의 도두(到頭)를 꼭대기[頂]에 일으켜 발 가운데에 겸을 열어 원정(圓正)한 전순(唇氈)을 드러냈다[吐出].

좌우에서 감싸고 받들어[擁抱] 유정(有情)하나, 다만 원진수(元辰水)가 평전(平田)에 마주하여[當面] 1리쯤[里許]로 흘러가고 외산(外山)이 반대로[却] 가로막아[橫攔] 방향을 바꾸어[回] 돌아보고[顧], (주산) 뒤를 이어[系] 임해룡(壬亥龍)에 술좌진향[戌山辰向]과 겸하여 건좌손향에 천장하였다. 장사 후에 시랑공(侍郎公) 은(誾)이 태어나 성화(成化) 기축(己丑)년 회시(會試)에 장원급제하여[會元] 벼슬이 소종백(少宗伯)에 이르렀고 일대(一代)가 청귀(淸貴)하나 바로 명성을 떨치지 못하였다.

조사하니[按] 바로 이 자리는 원진수(元辰水)가 명당 앞[當面;혈 앞을 마주하여]에서 곧바로 흘러가[直去] 혈에 올라 보면 앞산이 비록 막아주나[卻] 멀어 어찌 힘이 있을 수 있는가? 다행스럽게도[所喜] 평탄한 논에 혈이 낮아 장사한 것이다. 그러나 용혈이 비록 아름다울지라도 다만 일대(一代)만 청귀(淸貴)하고 바로 망한다. 역시 물이 흉하기 때문이다. 나는[予;여] 두 번 그 자리에 가서 본토박이[土人]에게 물어보니[詢;순] '낮은 밭은 본래 이는 토명까지도[猶] 비씨호(竇氏湖)라는 호수였는데 나중에 호수를 밭으로 고치니, 비씨(費氏)는 곧[遂] 망하였다.'고 하였다. 무릇 거수지(去水地)는 반드시 혈은 낮게 잠복해야 한다. 혈이 낮게 잠복(潛伏)하면 물이 비록 흘러가나 평탄(平坦)하므로 흘러가는 것을 알 수 없다. 또 반드시 혈에서 내려다보아[臨] 물이 (흘러가는 것이)보이지 않아야 좋다. 만약 혈에서 내려다보아[臨] 물이 나가는 것이 보이는 것은 좋지 않다. 만약 허학사(許學士)와 이상서(李尙書)의 조지(祖地) 모두 혈에서 내려다보아[臨] 물이 나가는 것이 보이지 않는 것은 양측의 사(砂)가 또 서로 만나 혈을 맺어 또 용은 왕성하고 혈은 따뜻하다. 이러한 곳에 장사 후에 곧 신분이 높은 유명한 사람이 태어난다.

論聚水

聚水最吉。師云「水朝不若水聚」。吳公云：「一潭深水注穴前，不見來源[93]

與去源。巨萬資財[94]無足羨，貴入朝堂代有傳。」故凡穴前水，最宜深聚。蓋水本動，妙在靜中。聚則靜矣，此其所以為貴。據深凝之水，四季融注，此郭氏所謂「得水為上」者也。不佞[95]嘗謂湖有千年不涸之水，家有千年不散之財，此聚水之所以為至貴也。如丹陽賀廉憲、南昌張司業祖地，其格也。

제8절 취수(論聚水)

취수(聚水)는 가장 좋다. 사(師)가 이르길 '물이 흘러오는 것[水朝]은 물이 모인 것만[水聚] 못하다.' 고 하였고, 오공(吳公)이 이르길 '혈 앞에 하나의 소(沼;물이 깊게 괸 곳)에 물이 모여 깊어 물이 끊기지 않고 흘러오는 것[來源]과 물이 끊기지 않고 흘러가는 것[去源]이 보이지 않으면 많은 재물(巨萬資財)이 충분하여 부러울 것[羨;선]이 없고, 대대로 조정[朝堂]에 입궐하는 귀인이어진다[傳].' 고 하였다. 그러므로 무릇 혈 앞에 물이 깊이 모이는 것이 가장 좋다. 대개 물은 본래 동(動)하여 묘함은 정중(靜中)에 있다. 그것이 모여서 고요하기 때문에 귀중하게 여기고 사계절 모여[融注] 깊이 모인 물을 근거로 한다[據深凝之水]. 이는 곽씨(郭氏)가 이른바 '득수(得水)를 으뜸으로 한다' 고 하였다. 저[不佞]는 일찍이 말하길 '호수가 천년 물이 마르지 않는 곳(千年不涸之水)은 집에 천년을 흩어지지 않는 재물이 있다.' 고 하니 이는 물이 모인 곳을 지극히 귀한 것으로 삼는다. 가령 단양하렴헌(丹陽賀廉憲)조지와 남창장동사업(南昌張司業) 조지(祖地)가 이러한 격이다.

聚 水 格

地在丹陽縣南八十里，土名馬墓。其龍發自三茅，來歴[96]甚遠，不及詳述。撒落平洋，鋪氈展席，隱隱隆隆，分牙布爪[97]。比[98]入局，開平田大帳，束氣結咽[99]，成

---

93) 源(원) : 물이 끊이지 않고 흐르는 모양. 사물이 잇닿은 모양.
94) 巨萬資財(거만자재) : 많은 재물. ∘巨萬(거만) : 수만 단위로 셀만큼 매우 많은 돈의 액수
95) 羨(선) :부러워하다. ∘不佞(불녕) : 자기를 낮추는 말
96) 歴(력) : 력(歷)의 同字 ☞ 鋪展(포전) : 깔아 펼치다. 진열하다. 넓게 깔다
97) 隆隆(융륭) : 세력(勢力)이 융성(隆盛)한 모양(模樣). 왕성하다.
∘分牙布爪龍欲行(분아포조용욕행) : 어금니를 드러내고 손발톱을 꽉 드러내는 것은 용이 혈

銀錠脈，為平中一突泛水文星。左右面前三湖汪洋[100]巨浸　近有玉帶砂低伏彎抱，以關內氣。遠有文筆峰秀貼天表，以為[101]貴証。明堂寬廣，四勢和平。登穴視之，山明水秀，氣象宏大[102]，真美地也。系亥龍轉艮，作丑山未向兼丁癸。葬後出默齋[103]公，富冠於郡。官兵馬，贈封誥。子澹菴公邦泰，登進士，司文衡，官江西詹憲。諸孫連登科第[104]，人才迭出，富貴隆隆

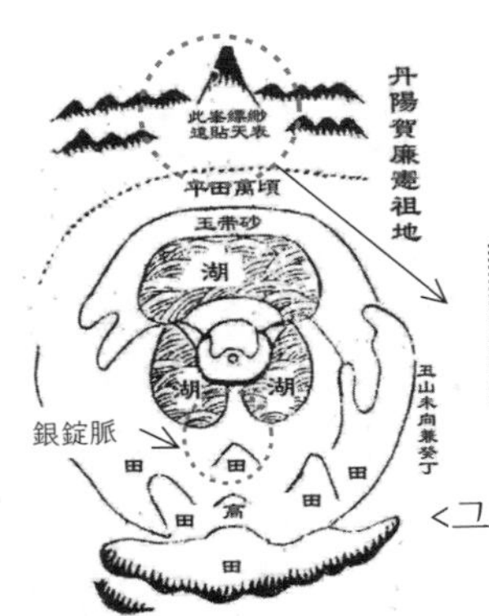

此峰縹渺[105]遠貼天表
저 봉우리는 아득히 멀어 하늘의 바깥 높이 붙어있는 것 같다.

<그림2-1-7> 단양하렴헌조지(丹陽賀廉憲祖地)

좌지는 단양현(丹陽縣) 남(南) 80리에 있으며 그 지방에서 쓰이고 있는 이름[土名]은 마묘(馬墓)이다. 그 용은 삼모(三茅)에서 출발하여 오는 내력이 너무

을 맺지 않고 계속해서 나가려는 것이다. <출처> 『감룡경』
98) 比(비) : 인접하다. ~때에 이르다. 누그러지다. 온화해지다.
99) 束氣結咽(속기결인) : 혈장을 형성하기 바로 직전의 용이 사람의 목처럼 가늘어[結咽] 그 곳을 통해 흐르는 기를 더욱 강하게 묶어[束氣] 혈장으로 보내주는 곳[束氣處]을 말한다. 즉 용(龍)이 마지막 힘을 모으기 위해서 혈장 바로 직전에 용맥이 잘록하게 작아진 곳을 말한다. ☞ 泛(범) : 뜨다. 엎다. 물소리
100) 汪洋(왕양) : 바다가 가없이 넓음. 미루어 헤아리기 어렵게 광대(廣大)함. ☞거침(巨浸) : 큰 물. 큰 오미나 큰 못. ☞ 澤(택) : 못(넓고 오목하게 팬 땅에 물이 괴어 있는 곳) ☞ 天表(천표) : 하늘의 바깥. 제왕의 의용(儀容)
101) 伏(복) : 내려가다. 낮아지다.엎드리다. 머리를 숙이다. ☞以爲(이위) : 생각하다. 여기다. 알다. 인정하다. ◦寬廣(관광) : (면적·범위가) 넓다.◦和平(화평) : 평화(롭다). 순하다. 평온하다. ◦山明水秀(산명수려) : 산 좋고 물 맑다. 산수의 풍경이 아름답다.
102) 天表 : 하늘의 바깥[아주 멀거나 높은 곳]. ◦氣象(기상) : 바람, 구름, 비 등 대기 중에서 일어나는 모든 현상 ◦宏大(굉대) : 웅대하다. 거대하다. 방대하다.
☞ 頃萬田平(경만전평) : 만(萬)이랑이나 되는[한없이 넓은] 평평한 밭
103) 齋(재) : 재계하다. 공경하다 ◦齊(제) : 가지런하다. 조화하다. 재계(齋戒)하다
104) 連登(연등) : 잇달아 합격하다. 연이어 싣다. ◦迭出(질출) : 차례로 출현하다.
105) 縹(표) : 휘날리다. 나부끼다. 아득하다. ◦渺(묘) : 아득히 멀다.

멀어 상세하게 기술할 수 없다[不及]. 평양에 어지러이 떨어져 양탄자 방석 깔아 펼친 것과 같이 분명하지 않다가[隱隱] 두두룩하게 솟아나(돌출하여)[隆隆; 륭륭] 어금니를 드러내고 손발톱을 꽉 드러내면(지각과 요도를 펼치면) 용이 혈을 맺지 않고 계속해서 나가려고 하여 국에 들어올 즈음[比入局]에 크게 개장하여 평탄한 논[平田]에 잠룡이 뻗어와 결인(結咽;사람의 목처럼 잘록한 용맥)하여 지기(地氣)를 묶어[束氣] 은정맥(銀錠脈)을 이루어 평탄한 가운데 하나가 불쑥 솟아 물 위에 뜬[一突泛水] 문성이다.

좌우전면(左右面前)에 넓은[汪洋] 3개 호수[三湖]의 큰 물[巨浸] 가까이에 옥대사(玉帶砂)가 낮게 엎드려[低伏] 만포(彎抱)하여 내기를 막아[以關] 멀리 문필봉(文筆峰)이 수려하게 하늘의 바깥 높이[天表] 바짝 붙어있어 귀중한 증거로 여긴다[以為貴証]. 명당이 넓고 사세(四勢)가 평온하여[和平] 혈에 올라가 보면 산은 좋고 물이 맑아[山明水秀] 기상(氣象)이 방대하여[宏大] 참으로 좋은 땅이다. 용맥의 계보는 해룡(亥龍)에서 간艮)으로 방향을 돌려 축좌미향[丑山未向]에 동궁(同宮)으로 계좌 정향[丁癸]으로 나타내었다. 장사 후에 묵재공(默齋公)이 태어나 군에서 으뜸가는 부자[富]였고, 벼슬은 병마응봉고(兵馬膺封誥)였고, 아들 담암공(澹菴公) 방태(邦泰)는 진사(進士)에 올라 사문형(司文衡)으로 벼슬은 강서첨헌(江西詹憲)이었다. 여러 손이 잇달아 과거에 급제하여 인재(人才)가 차례로 나오고 부귀가 융성(隆盛)하였다.

右地在江西省城永和門外。其龍分省幹旺氣，分脈後脫落106)平洋，起岡阜，來歷甚遠，不詳述。比入局，連開帳穿峽，束為平面走馬文星，數節結穴。穴乃平中之突，突間開鉗107)，兩畔掬抱，界水明白。餘氈鋪坦，前峰拱揖。但明堂太寬，天設城牆，關束藏聚。而穴前融瀦之水108)，四季不涸，此得水為上者也。葬後出張公元春，登進士，官太守。子曰召，官經歷；曰賀，官光祿署丞，屢歷封誥109)。孫曰

106) 脫落(탈락) : 함께 할 수 없게 되어 동아리에서 벗어나는 일
107) 오악(五嶽) : 입수(入首). 좌우(左右)선익(蟬翼).혈심(穴心).전순(氈脣)
☞ 돌혈(凸泡)은 음이다.와혈(開窩)은 양이다. 유혈(凸乳)은 음이다. 겸혈(開鉗)은 양이다.
108) 融瀦(융저)이란 물이 모여[注聚] 깊어 흐르지 않는 것 같아 물이 오고 가는 것을 알지 못한다.(融瀦者，深水注聚不流而莫知其來去也)。
109) 台輔(태보) : 작은 좌보, 좌보 역량을 증가, 지위, 명예 등.◦封誥(봉고) : 우필의 역량을 증가, 명예, 인지도 높아짐 등.)

仲、曰作，皆以鄕魁進士，官至腰金。洪陽公位登鄕會二魁，入翰林，官南京國子司業，福祉未艾。聚水亦有以人為而吉者，如常山詹氏祖地，土名大塘者，其塘水之聚，乃築塻為之。《葬書》所謂「工力之具」是也

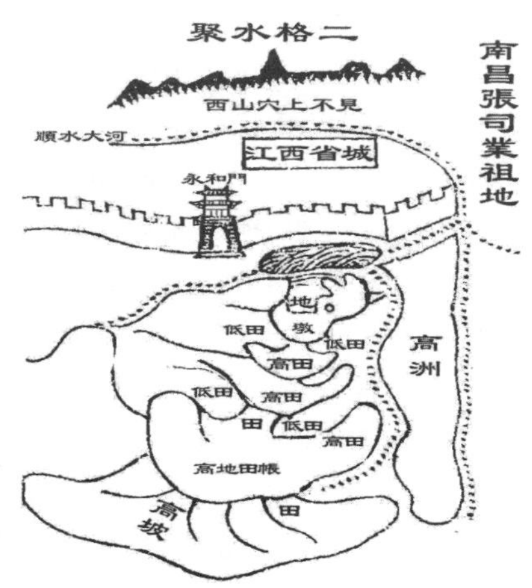

< 그림2-1-8 > 남창장사업 조지(南昌張司業　祖地)

우지(右地)는 강서성성[江西省城]의 영화문(永和門) 밖에 있고, 그 용은 성(省)에서 나누어 간룡[幹]의 왕성한 기(氣)로 분맥한[分脈] 후에 평양(平洋)을 벗어나[脫落] 언덕[岡阜]을 일으켜 내력이 너무 멀어 상세하게 기술할 수 없다. 국(局)에 들어올 때 이르러 연달아 개장(開帳)하고 과협[峽]을 지나 속기하여[束氣] 평면(平面)에 수절(數節)의 주마문성(走馬文星)을 만들어[爲] 혈을 맺었다. 혈은 곧 평평 가운데 불룩하게 솟은 돌혈[突]이며 돌혈 가운데[突間] 겸혈을 열어[開鉗] 양측[兩畔]을 감싸[擁抱] 계수(界水)가 명백(明白)하다.

여기로[餘] 전순을 평탄하게 펼치고 봉우리가 앞에 감싸 읍(揖)하고 다만 명당이 너무 넓은데 천연적[天設]으로 성벽[城牆] 만들어 막아[關] 속기하여[束](기가) 모이고[藏聚] 혈 앞에 융저수(融瀦水)가 사계절 마르지 않아 득수(得水)가 으뜸이다. 장사 후에 장공원춘(張公元春)이 태어나 진사(進士)에 올라 벼슬은 태수(太守)를 지냈고 아들 소(召)는 벼슬이 경력(經歷)이고, 하(賀)는 벼슬이 광록서승(光祿署丞)으로 여러 경력[屢歷]으로 인지도 높아지고[封誥], 손자

[孫] 중(仲)과 작(作)은 모두 향리의 우두머리로서 진사를 하여 벼슬은 요금(腰金)에 이르렀다. 홍양공(洪陽公)의 지위는 향회의 이괴(鄕會二魁)로 한림(翰林)에 들어가 벼슬은 남경국(南京國)이었고 아들은 자기 사업을 하여 복지가 끝나지 않고 있다. 취수(聚水)도 인위적으로 길하게 할 수 있다.

예를 들어 상산첨씨조지(常山詹氏祖地)의 땅은 큰 못[大塘]이고 그 연못[塘]은 방죽을 쌓아[築壋;축구] 물이 모여 곧 연못이 되었다. 《장서(葬書)》에서 이른바 '인공적 방법으로 보완할 수 있다.'는 것이다.

左地在常山西南二十里。其龍來歷甚遠，不詳述。將入局，開大帳。帳中落脈，連起貪狼數峰。磊落[110]穿田過峽卽結穴。結穴後，餘氣山又穿田去七八里，而皆回轉為下關水口諸砂。後樂高障，前朝清秀，羅城重疊，水口交固，羅星鎮塞，誠美地也。但明堂傾出，水不融聚，築壩為大塘，以聚水於穴前，此作法[111]之善也。葬後出範川公萊，進士，僉憲；寒泉，知縣；鷺山，經歷；道南，兵馬。今靖吾公獻榮、浚源、思虞、洞源、思謙，僉憲子在泮，俱聯登科甲，與古愚伯仲，人文濟濟，福祉未艾

좌지(左地)는 상산(常山) 서남 20리에 있고 그 용은 내력이 너무 멀어 상세하게 기술할 수 없다. 국(局)에 들어올 즈음에 크게 개장(開帳)하여, 장중(帳中)에 낙맥하여 탐랑의 봉우리(數峰)가 연달아 솟고 밭을 지나 과협을 지나[過峽] 우뚝 솟아 바로 혈을 맺었다. 혈을 맺은 후에 산의 여기[餘氣山]는 또 밭을 지나 7~8리를 나가서는 모두 용신을 돌려[回轉] 아래 수구(水口)를 막는 여러 사[諸砂]가 되었고, 뒤에 후락이 높게 막아주고 앞에 조산(朝山)은 청수하고 나성(羅城)이 중첩(重疊)하고, 수구(水口)는 나성(羅星)이 막아[鎮塞] 확실히 교쇄하여 진실로 좋은 땅이다.

다만 명당이 기울어 흘러나가 물이 모이지 않아 방죽을 쌓아 큰 못을 만들어 혈 앞에 물을 모았는데 여기 방죽을 쌓는 법이 좋아 (연못을 만들고) 장사 후에 범천공(範川公) 내(萊)가 태어나 진사(進士)에 올랐고 벼슬은 첨헌(僉憲)이었고, 한천(寒泉)이 지현(知縣)을, 노산(鷺山)이 경력(經歷)을 도남(道南)이 병마(兵馬)하였다. 금정오공(今靖吾公)은 헌영(獻榮),준원(浚源),사우(思虞),동원

110) 巉嵒(참암) : 가파르다. ◦磊落(뇌락) : 우뚝하다. ◦愚(우) : 나(자기의 겸칭).◦伯仲之勢(백중지세) : 우열(優劣)의 차이(差異)가 없이 엇비슷함을 이르는 말.
111) 作法 : (처리하는) 방법, 만드는 법

(洞源)、사겸(思謙)은 첨헌(僉憲)을 하였으며, 아들 재반(在泮)이 함께 잇달아 과거에 우등으로 합격하여 벼슬에 올라[聯登科甲], 옛날 나[古愚;고우]와 같이 엇비슷하게[伯仲;백중] 되었으니 인문(人文)이 많고 왕성하여[濟濟;제제] 복지가 끝나지 않았다.

< 그림2-1-9 > 상산첨씨 조지(常山詹氏 祖地)

論諸水凡二十二條

海潮水

海之為水，四瀆[112]之所聚也。水勢既聚，則龍勢大止。故凡大幹龍，多止於海濱。而其融結，或產王侯，或生富貴。至于潮水之來，亦可驗其吉凶。潮頭高而色白者為吉。古歌云：「海水逆潮人愛惜，兩浙[113]英雄由此出，十五不潮人嘆息。」又云：「江左秀氣在潮水，潮白時人多富貴。」如昆山縣，近數十年前海潮抵[114]其邑

---

112) **四瀆(사독)** : 양자강(揚子江) ; 장강(長江)], 곤륜산(崑崙山)에서 흐르는 황하(黃河), 동백산(桐栢山)에서 흐르는 회수(淮水), 왕옥산(王屋山)에서 흐르는 제수(濟水)를 말하다. 고대 중국인들은 장강, 황하, 회하(淮河), 제수(濟水)를 '사독(四瀆)'이라 부르며 중요한 물줄기로 인식하였다. ☞潮頭(조두) : 추세. 유행. 형세. 경향.조수

113) 兩浙(양절) : 절강을 중심으로 위 아래 고을 ◦由此(유차) : 이로써. (기점을 나타내어) 여기로부터. 이리하여. 여기에서◦由(유) : ~에서. ~으로부터. 말미암아. 인(因)하여.

114) 抵(저) : 거스르다. 치다. ◦지금의 조하(潮河): 북경 동북쪽 고북구를 지나는 강

者三，狀元亦三應之。又泉州沙塞潮河，近年開通，潮水抵城，而人才盛冠八閩。仙游[115]古潮抵縣，故多顯貴。宋初，莆田[116]因築木蘭陂[117]，潮止陂下，而貴萃莆陽。故潮關地氣盛替[118]。且陰地得潮最吉。如餘姚[119]孫忠烈公地，穴前潮水交會，而孫氏滿門朱紫。又王陽明先生祖地，在縣西十里，穴結平洋。穴前水屈曲而去，海潮一起，湧[120]入朝穴。舊有[121]記云：「封山一地最難求，穴落平洋水繞流。奇峰隱隱雲霄[122]見，文魁天下武[123]封侯。」葬後，陽明先生父海日公華登成化辛丑狀元，官至南京吏部尚書。陽明登會魁，正德末官南贛都御史，以平宸濠[124]功，追封[125]新建伯，南京兵部尚書。隆慶初，追封新建侯，謚文成，果符「文魁天下武封侯」之驗。

제9절 제수론(論諸水) 22가지

물의 형세를 22가지로 분류하여 그에 따른 길흉을 물의 양과 위치에 따라 분류하고 있다.

1) 해조수(海潮水)

해조수(海潮水)는 바다 물이다[海之為水]. 모든 물이 모이는 곳이다. 수세(水勢)가 모였으면 용세(龍勢)는 크게 멈춘다. 무릇 대간룡(大幹龍)은 대부분 해변[海濱;해빈]에 멈추어서 용이 융결하면 혹 왕후(王侯)가 태어나거나 혹 부귀

115) 仙游(선유) : 셴유. 푸젠(福建)성에 있는 현(縣) 이름

116) 莆田(부전) : 중국 푸젠 성(福建省) 동부, 타이완 해협에 인접한 도시

117) 蘭(란) : 우리. 차단(遮斷)함. ◦陂(피) : 못. 연못. 막다. 물을 막음.

118) 替(체) : 바꾸다. 쇠(衰)하다. 쇠퇴(衰退)하다、쇠퇴(衰頹)하다.

119) 姚(요) : 곱다, 아름답다. 경솔하다(조). ◦孫(손) : 손자(孫子). 자손(子孫). 후손(後孫)

120) 湧(용) : 샘솟다. 물이 끓어오르다. 성하게 일어나다. 물가가 치솟다.

121) 舊有(구유) : 옛부터 있다. ◦봉(封): 봉하다. 북돋우다. 크다.

122) 雲霄(운소) : 구름 낀 하늘. 하늘. 높은 지위(地位)를 비유적(比喩的)으로 이르는 말.

123) 武(무) : 호반(虎班: 무관(武官)의 반열(班列).무인(武人).무사(武士). ◦封侯(봉후) : 천자(天子)에게 조공(朝貢)을 하는 작은 나라의 임금. 제후(諸侯). 제후(諸侯)를 봉(封)함.

124) 주신호(朱宸濠, 1476 ~1521) ; 태조 주원장(朱元璋)의 서자 주권(朱權)의 후손. 영왕(寧王)을 세습하였으나, 처우에 불만을 품고, 남창(南昌)에서 반란(宸濠之亂 또는 寧王之亂이라 함.)을 일으켰으나, 왕양명(王陽明)에게 포로로 잡힌 후 처형되었다.

125) 追封(추봉) : 죽은 사람에게 관작을 내림. 추서(追敍)하다.

(富貴)하게 된다. 조수(潮水)가 오는 데까지도 길흉을 경험할 수 있다. 조수(潮水;潮頭)가 높으나 색[色]이 흰 것은 좋다. 고가(古歌)에 이르길 '해수(海水)가 역조(逆潮)하는 것을 사람들은 사랑하고 아끼니[愛惜] 양절[兩浙;절동(浙東)과 절서(浙西)]에 영웅(英雄)은 이 때문에[由此;海水逆潮] 태어나고, 15항목[十五]인 송룡수(送龍水)가 조입하지 않는 것[不潮]을 사람들은 탄식(嘆息)하였다.' 고 하였다. 또 이르길 '강(江)좌측에 수기(秀氣)는 조수(潮水)에 있고, 조수[潮]가 흰색일 때 사람은 대부분 부귀(富貴)하다.' 고 하였다.

가령 곤산현(昆山縣)에서 수십년(數十年) 전(前)에 해조수(海潮水)가 거슬러와[抵] 가까운 3읍에 장원(狀元)도 세 번 하였다[發應]. 또 천주(泉州)에서 사(沙)가 조하(潮河)를 막아 요 몇 해 사이[近年]에 개통(開通;쓰이기 시작함)하여 조수(潮水)를 성(城)이 거슬러서 인재(人才)가 복건성(八閩;팔민)에 가장 왕성하였다. 선유현[仙游]에 옛날 호수가 현을 거슬러서[抵縣] 대부분 현귀(顯貴)하였다. 송나라 초 부전(莆田)에 나무를 쌓아 막은 까닭으로[因築木蘭陂] 조수가 언덕 아래까지 이르러 귀(貴)가 부양(莆陽)에서 모였으므로[萃;췌] 조수[潮]는 지기(地氣) 성쇠[盛替;성체]와 관련이 있다. 또 음지(陰地)에는 조수[潮]를 얻는 것이 가장 좋다[最吉].

가령 여요(餘姚) 손(孫) 충렬공(忠烈公)의 조지[祖地]는 혈 앞에 조수(潮水)가 모여[交會] 손씨(孫氏) 가문에 고관(高官)이 가득하였으며[滿門朱紫] 또 왕양명(王陽明) 선생(先生)의 조지(祖地)는 현(縣)의 서쪽[西] 10리 평양(平洋)에서 혈을 맺었다. 혈 앞에 물이 굴곡하여[屈曲;이리저리 꺾이고 굽음]흘러나가 바다의 조수[海潮]가 한번 일어나고[一起] 솟아 혈을 향하여 들어온다. 옛기록에 이르길 '산에서 매장할 자리를 구하기 가장 어렵고, 평양에 혈이 머물러 물이 (혈을)감싸 흐르고, 기이한 봉우리가 은은(隱隱)하게 구름 속 하늘[雲霄;운소]에 보이면 문장[文]이 천하에 으뜸[魁;괴]이고 무인[武]으로도 제후(諸侯)에 봉하여[封] 진다[封侯]' 고 하였다.

장사 후에 양명(陽明) 선생(先生)의 부친[父] 해일공(海日公) 화(華)가 성화(成化) 신축년(辛丑)에 장원(狀元)하여 높은 지위에 올라 벼슬은 남경(南京) 이부상서(吏部尚書)에 이르렀고, 양명(陽明)이 회괴(會魁)에 올라 정덕(正德) 말(末)에 벼슬이 남감도(南贛都)의 어사(御史)로서 신호(宸濠)의 난을 평정한 공로 신건백(新建伯)에 봉하여졌고[封], 남경(南京)에서 병부상서(兵部尚書)를 지냈고 융경(隆慶) 초(初)에 신건후(新建侯)로 추서(追敍)하여[追封] 시호[諡]는 문성(文成)이었다.

과연[果] 예언대로[符] 문장[文]이 천하에 으뜸[魁]이고 무인[武]으로도 제후(諸侯)에 봉(封)하여 진 증험이 있다.

2)黃河水

天下之水，發源之遠者，惟黃河為最。故其濱[126]河兩涯，多為都會，如洛邑、安邑、平陽、蒲阪是也。但水勢急峻，變態不一矣。蓋黃河上通天運，關系甚大，故其水四時皆濁。若一澄清[127]，則為明王之應。諺云：「黃河清，聖人生。」古歌云「黃河在北四時濁，急風翻浪泥沙惡。五百年來一遍[128]清，此乃南朝聖帝生」是也。皇朝，黃河關系陵寢[129]，衝決不常，未為無慮。司國計者，宜有以備之云。

2)황하수(黃河水)

천하에 물의 발원(發源)이 먼 것은 오직 황하수(黃河水)가 으뜸이다. 그러므로 그 하천 물가 양쪽[兩涯] 가까이[濱河;빈하]에 사람이 많이 모여 살고 번잡(煩雜)한 곳[都會]이다. 가령 낙읍(洛邑)、안읍(安邑)、평양(平陽)、포판(蒲阪) 등이다[是也]. 다만 수세(水勢)가 가파르고 험하여[急峻] 변화하는 모양[變態]이 하나같지 않다. 대개 황하수(黃河水)는 하늘 위를 통하여 운반되는[上通天運] 영향[關係]이 너무 크므로 황하의 물은 사시사철[四時] 모두 탁(濁)하다.

만약 (황하의 물이) 한번 맑으면[澄清] 현명한 임금이 다스릴 징조[為明王之應]이다. 언(諺)에 이르길 ‘ 황하(黃河)가 맑아지면 성인(聖人)이 탄생한다.’ 고 하였고, 고가(古歌)에 이르길 ‘황하(黃河)는 북방[北]에 있어 사철 흐리며

126) 濱(빈) : 물가(물이 있는 곳의 가장자리). 끝. 가깝다. ◦是(시) : 이. 이것. 이곳.~이다. ◦都會(도회) : 사람이 많이 모여 살고 번잡(煩雜)한 곳.

127) 澄清(징청) : 맑다. (혼란한 국면을) 평정하다. ◦爲(위) : 다스리다.

128) 來(래) : (문제·사건 따위가) 발생하다. 닥치다. 그 다음. 그 뒤. ◦一遍(일편) : 한번

129) 陵寢(능침) : 임금이나 왕비의 무덤 ◦沖決(충결) : 물이 제방 따위를 무너뜨리다. 포위를 뚫다[돌파하다]. ◦불상(不常): 끊임없이 변하여 달라짐. 영원히 존속하지 않음. 우려(憂慮):(어떤 일을) 잘못되지 않을까 걱정하는 것. (문제(問題)가 되는 일을) 애태우며 걱정하는 것. 또는 그 걱정. ☞ 有以(유이) : (~할) 방법이 있다. (~할) 수가 있다.

[濁], 갑자기 세차게 부는 바람[急風]에 물결이 일렁여[翻浪] 진흙과 모래[泥沙] 더러우며[惡] 500년 뒤로 한번[一遍] 맑아져 바로 남조(南朝)의 성제(聖帝)가 탄생하였다.' 고 한 것이다. 명조(明朝)와 황하(黃河)와의 관계(關系)는 능침(陵寢)이 무너져[衝決] 영원히 존재하지 않기에[不常] 아직 걱정[憂慮]이 없는 것은 아니므로 국가정책[國計]을 맡은 자는 마땅히 준비해야한다는 말이다[宜有以備之云].

3) 江水

夫江為四瀆[130]之長，亦諸水之所注也。然其勢既浩蕩，必以彎抱屈曲為吉。故金陵[131]襟帶長江，而為天下都會，良有以[132]也。

3) 강수(江水)

무릇 장강(長江)은 사독(四瀆) 중에 장원(長遠)하므로 역시 모든 물[諸水]이 모이는 곳이나 그 기세(氣勢)가 이미 넓게 흩어지므로[浩蕩;호탕] 반드시 만포굴곡(彎抱屈曲) 하여야 좋다. 그러므로 금릉(金陵)은 장강(長江)으로 (호탕한 물로) 둘러싸여[襟帶] 천하(天下)에 도시[都會]로 좋은 이유이다. 예) 한강(漢江)

4) 湖水

夫湖水乃諸水之聚注處，汪汪洋洋，萬頃一平，水之最吉者也。不拘[133]大湖小湖，陰陽二宅，見之俱吉。吳越武肅錢王時，有異人教王壩築西湖以建府治，其垂祚可悠久不替。否則，王氣不滿百年。王不聽，果九十年而止。

---

130) 사독(四瀆) 장강(長江) 황하(黃河) 회수(淮水) 제수(济水)를 말한다.
131) 金陵(금릉) : 난징(南京)의 옛 이름 。襟带(금대) : 사방이 산이나 강으로 둘러싸임
132) 有以(유이) : (~할) 방법이 있다. (~할) 수가 있다. 。以(이) : ~때문에. ~까닭에. ~을 근거로. ☞壩(패) : 방죽. 。垂(수) : 후세에 전하다 。祚(조) : 복. 임금의 자리
133) 不拘(불구) : 구속되지 않다.(~임에도) 불구하고. 제한되지 않다.~를 막론하고

4) 호수(湖水)

무릇 호수(湖水)는 곧 모든 물이 흘러들어 모이는[聚注] 곳이다. 물이 깊고 넓은 모양[汪汪;왕왕]이 끝없이 넓게 펼쳐져[洋洋萬頃] 하나같이 평평한[一平] 물이 가장 좋은 것이다. 크고 작은 호수에 구애받지 않고[호수의 크기에 관계없이] 음·양이택(陰陽二宅)에서 보이면[見之] 모두 좋다.

오월(吳越)의 무숙전왕(武肅錢王) 때에 이인(異人)이 있어는 데 '교왕(教王)이 서호(西湖)에 방죽을 쌓고[壩築;패축] 부치(府治)를 세우면, 유구(悠久)토록 쇠퇴하지[替] 않고 복[祚;조]을 후세에 전하리라[垂]. 그렇지 않으면[否則] 왕기(王氣)는 백년을 다 채우지 못한다[不滿]'고 하였다. 왕이 듣지 않아 과연[果] 90년에 마감하였다[止].

5) 溪澗水 ☞ 계류(溪流)

大凡大幹龍之地，多居江湖河海之旁，已前論之詳矣。然行龍之小幹[134]小枝，尤多結作於溪澗之間，是溪澗之水不可不察也。其水必以屈曲環繞、聚注深緩為佳。若直而太急，溜[135]而有聲，峻而跌漈，則皆不吉。故《賦》云：「曲水來朝，不問大澗小澗。」言屈曲之吉也。郭書云：「以水為朱雀者，忌夫湍激，謂之悲泣。」言有聲凶也。

5) 계간수(溪澗水) ☞ 계류(溪流) ; 시냇물. 산골짜기에서 흐르는 시냇물. 계곡물

무릇 대간룡의 땅은 대부분 강과 호수[江湖], 하천과 바다[河海]의 옆[旁]에 있다. 이미 앞에 상세하게 논했다. 그러나 행룡하는 소간룡[小幹]과 소지룡[小枝]에 시냇물(溪澗) 안에 훨씬 많이 혈을 맺는다. 확실히[是] 시냇물[溪澗水]을 자세하게 살펴야 한다. 시냇물[其水]은 반드시 굴곡만환하여[屈曲環繞] 모여[聚注] 깊고 느려야[深緩] 아름답다. 만약 곧고 너무 급하여 물살이 빨라 물

134) 小干(소간) : 조금만 하다. 힘이 들까 봐 대충하다. ◦溪澗(계간) : 골짜기에서 흐르는 시냇물.

135) 溜(류) : 급류(急流). 여울. (물방울이) 떨어지다. 흐르다. ◦跌(질): (물체가) 떨어지다. (물가가) 떨어지다. 내리다. ☞ 漈(제) : 물가

이 떨어지는 소리가 나거나 (산이) 높아 가팔라[峻] 물가에 떨어지면[跌漈;질제] 모두 불길하므로 《설심부(賦)》에 이르길 ' 곡수(曲水)로 (혈을)향하여 오면 큰 시냇물[大澗]과 작은 시냇물[小澗]을 따지지 않는다. ' 고 하였다.

다시 말하면[言] (물이) 굴곡(屈曲)하는 것이 좋다. 곽서(郭書)에 이르길 ' 물이 주작(朱雀)되는 경우[者]는 무릇 물이 서로 부딪치는 것을 비읍(悲泣)이라 하여 꺼린다 .' 고 하였다. 다시 말하면 소리가 나면 흉하다.

6)平田水

平田水者，水散田中，平夷悠緩，不衝不射，不割不穿，不帶凶殺。凡穴得之最吉。亦以有情朝穴，到堂融聚為佳。若其無情而不到堂，縱有諸吉，亦無補[136]於用也。

6)평전수(平田水)

평전수(平田水)란 물이 밭 가운데 흩어져 평평하여[平夷] 완만하게[悠緩;유완] 천천히 흘러 마주하여 찌르지[衝射]도 않고 자르지도 않고 뚫지도 않아 흉살(凶殺)을 띠지 않는다[不帶]. 무릇 혈은 평전수를 얻으면 가장 좋고 또 유정(有情)하게 혈을 향하여[朝穴] 명당에 이르러[到堂] 모이면[融聚] 아름답다. 만약 평전수[其]가 무정하여[혈을 감싸지 않으면] 명당에 이르지 않는 것이 설령 모두 좋을지라도 사용하는데 도움이 안된다.

7)溝洫[137]水

溝洫水者，溝渠田洫之水也。結穴之處，亦欲其屈曲悠匯[138]，而忌直急、擺撇、衝射、穿割、無情，皆不吉也。

7)구혁수(溝洫水)　cf)금대(金帶).은대(銀帶)

136) 無補(무보) : 도움이 안 되다. 무익하다. ☞溝:도랑을 파다.도랑 ◦渠:인공 수로.도랑
137) 洫(혁) : 봇도랑. 넘치다. 논밭 사이의 수로(水路). 해자(垓子: 성 밖을 둘러싼 못)
138) 匯(회) : 물이 돌다. 물이 돌아 나감. 물이 한 곳으로 모이다.

구혁수(溝洫水)란 도랑[溝渠]과 밭도랑[田洫] 물이다. 결혈하는 곳[結穴之處]에도 구혁수가 굴곡(屈曲)하여 한가로이 돌아가야 하고[悠匯] 곧고 급하게 흐르는 것[直急]、요동치며 밖으로 기운 것[擺撇;파별], 부딪혀 찌르는 것[衝射]、뚫어 손상을 입히는 것[穿割]、무정(無情)한 것은 모두 불길하다.

8) 池塘水

池塘之水，乃地勢汚[139]下，會集[140]諸水者也。若是生成原有者，亦儲祿之類，穴前得之最吉，不可填塞。如誤填塞，禍災立應。若鑿池開塘，亦須詳審，不可妄開，傷殘龍脈，發洩地氣，立招凶禍。且池塘凶者，謂之照盆殺，主少亡。斷法云：「上塘連下塘，寡母守空房。」不可不慎。

8) 지당수(池塘水)

지당수(池塘之水)는 지세[地勢]가 낮은 웅덩이에 모인[會集] 모든 물이다. 만약 이것이 생성하는 발원처가 있으면 역시 녹[재물]이 쌓이는[儲祿;저록] 유(類)이다. 혈 앞 지당수를 얻으면 가장 좋다. 메워서[填塞;전색]는 안된다. 가령 실수하여 메우면[填塞;전색] 재난[禍災]이 곧 닥친다.
만약 못이나 연못을 굴착하면 반드시 상세하게 살펴야 한다. 함부로[妄] 굴착해서는 안된다. 용맥(龍脈)을 손상[傷殘]하면 지기(地氣)가 흩어져 없어져[發洩] 곧 흉화(凶禍)를 초래한다. 또 지당수[池塘]가 흉한 것을 조분살(照盆殺)이라 한다. 주로 젊은이가 죽는다.
단법(斷法)에 이르길 '윗 연못이 아랫 연못에 이어지면 홀어미[寡母]가 빈집[空房]을 지킨다'고 하니 조심해야 된다.

右地在浮梁縣東五里，土名高園。其[141]龍發自東鄉，兩溪夾送百餘里交會，欲盡未

139) 오(汚;汙) : 더럽다.땅이 낮다.괴어 있는 물. 물 웅덩이. 구덩이(땅이 움푹하게 파인 곳) ◦하(下) : 낮아지다. 낮은 데로 내려가다.

140) 會集(회집) : 모이다. 회합하다. ◦洩(설) : (액체나 공기가) 새다. (밖으로) 발산하다. (맥·힘·기세 따위가) 없어지다.◦發(발) : 흩어지다. 흩뜨림. ◦池塘(지당) : 못. 넓고 오목하게 팬 땅에 물이 괴어 있는 곳.

盡之際，翻身起水星大帳。帳中出脈，大斷過峽，頓起御屏土星，方正清奇142)。中出微乳，左右貼身龍虎掬抱有情，以結天然之穴。外龍虎自水星帳兩臂環抱交紐，如鋪氈搢笏143)，平伏盤固。前峰高插雲漢特朝。從沙如貴人、天馬、誥軸、旗鼓、種種羅列。穴下靈泉融注，內堂緊夾，外洋寬暢。課云：「青龍搢笏，白虎鋪氈，二紀年後，當為帝王之師。」果二紀年間，尚書𫚦孫為理宗師保144)。朱氏同時朱紫滿門，有九子十神童之稱。時外甥亦登神童科，故云。其後子孫不知此地貴在靈泉，乃平為田，遂潰其秀，朱氏頓敗

< 그림2-1-10 > 상산첨씨 조지(常山詹氏　祖地)

우지(右地)는 부양현(浮梁縣) 동(東) 5리에 있으며 토명은 고원(高園)이다. 그 용은 동향(東鄉)에서 출발하여 양계(兩溪)에 협송(夾送)되어 100 여리(餘里)에서 그칠 것 같으나 그치지 못하고 (물을) 만나서[交會] 용신을 돌려 수성(水星)의 큰 장막을 일으켜 장막 가운데 출맥하여 크게 끊어진 과협[峽]을 지나[大斷過峽] 어병토성(御屏土星)의 봉우리가 솟아 방정하고 아름다운[清奇] 가

141) 기(其) : 그. 사람이나 사물을 지시하는 대명사 。欲욕) : 하고자 하다.~할 것 같다.
142) 清奇(청기) : (속됨이 없이) 유다르게 아름답다. 아주 훌륭하다.
143) 搢笏(진홀) : 조복의 대대(大帶)에 홀을 꽂는 것. ☞ 搢(진) : 꽂다. 。大帶(대대) : 남자의 심의나 여자의 원삼에 두르는 넓은 띠를 이르던 말 허리에 두르는 띠.
☕ 대(帶) : 물건의 둘레를 동여매는 기다란 천. 띠처럼 기다랗게 뻗은 곳이나 그 근처 。반(盤) : 꾸불꾸불함. 서리다. 돌다.
144) 師保(사보) : 남의 스승이 되어 가르치며 보육(保育)하는 일. 。外甥(외생) : 생질.외손자

운데 미유(微乳)가 생겨 좌우 용신에 용호가 붙어 국포(掬抱;감싸안다)함이 유정하여 천연의 혈을 결작 하였다[以結].

용호는 밖에서 수성(水星)의 장막[帳]에서부터 양비(兩臂)가 환포(環抱)하여 서로 감싸[交紐] 포전(鋪氈)과 진홀(搢笏)과 같이 평평하게 엎드려[平伏] 확실히 돌고, 앞에 봉우리는 하늘[雲漢:운한] 높이 솟아[高插] 유달리 (혈을) 향하여[特朝] 호종하는 사[從沙]는 귀인(貴人)、천마(天馬)、고축(誥軸)、기고(旗鼓) 등 여러 가지[種種]가 나란히 줄지어 있고[羅列] 혈 아래에는 영천수[靈泉]가 모이고[融注] 내명당[內堂]은 좁고[緊夾], 외명당[外洋]은 넓다[寬暢].

과(課)에 이르길 ' 청룡(青龍)은 원삼에 두르는 넓은 띠에 홀을 꽂은 듯[搢笏]하고 백호(白虎)는 양탄자를 펼친 것 같아[鋪氈] 24년[二紀] 후에 마땅히 제왕의 스승이 된다' 고하였다. 과연 24년에 사이에 상서(尚書) 비손(鈚孫)이 이종(理宗)의 사보(師保)가 되었다. 주씨(朱氏)는 같은 시대에 고관(高官)이 가문(家門)에 가득하고[朱紫滿門], 9명의 아들에 10명의 신동을 두었다. 같은 시대에 외손도 신동으로 과거급제하였다. 옛날에 전하길 '그 후에 자손(子孫)은 이곳 땅이 영천(靈泉)이 있어 귀한 것을 모르고 평평하게 밭으로 만들어 마침내 땅의 수기를 잃어[潰;궤] 주씨는 완전히 망하였다[돈패].' 고 전해진다.

傳疑[145]朱氏其時榮顯甚隆，理宗嘗命鈚孫圖祖塚來看，乃獻此圖。上以朱筆點前峰曰：「卿為朕師，乃此峰之鍾秀也，當封為王師峰。」是時此山即崩塊，儼如點朱，迄今鄉人猶以王師峰呼之。

전의(傳疑)에서 주씨(朱氏)는 그 당시[其時] 매우 융성하여[甚隆] 입신출세하여[榮顯;영현] 이종(理宗)은 일찍이 비손(鈚孫)에게 명하여 조상의 무덤[祖塚]을 그려서 와 보여달라 하니 곧 이에 그림을 보였다[獻].

앞으로 나아가[上] 주필(朱筆)로 앞에서 봉우리를 그리면서 말하길 ' 경(卿)이 나의 스승[朕師]이 된 것은 바로 이 봉우리에 모인 뛰어난 기운[秀] 때문이니 당연히 왕사봉(王師峰)으로 봉하였다' 고 하니 바로 이때 그 산이 무너진 덩어리[崩塊]가 분명하게[儼;엄] 점주(點朱) 같았다. 지금에 이르기까지[迄今;

145) 傳疑(전의) : 학문상 의심스러운 것을 함부로 논단하지 않고 남겨두어 다른 사람이 해결하기를 기다리다. 치학(治學)에 신중을 기하다. ☕ 平洋 : 평평한 들[平地]. 平洋之地 : 넓은 평야의 땅

흘금] 그 지방 사람들은 마땅히 왕사봉(王師峰)으로 불렀다.

<참고>

구 분	同宮		同宮	
좌(坐)	艮	寅	甲	卯
향(向)	坤	申	庚	酉

右地在南昌，土名池港。其龍起自漸嶺，撒落平洋二十餘里。到頭橫開平面金水帳，帳中抽出水木蘆鞭，複起平中一突結穴。四面皆水，當前大河橫繞，取作飛雁投湖形。艮龍轉卯，扦庚向兼酉。舊有[146]偈云：「上坊下池港，上有个字葫蘆樣。秀水流來甲向庚，葬著狀元生。」葬後果出吉所公棟，登嘉靖乙丑會元探花。後以築壩塞其流神，福力遂歇

우지(右地)는 남창(南昌)에 있으며 토명은 지항(池港)이다. 그 용은 점령(漸嶺)에서 솟아 평지[平洋]에 20 여리(餘里)에 떨어져[撒落] 도두(到頭)에서 횡(橫)으로 평면에 금수(金水)의 장막[帳]을 열고 장막 가운데 수목(水木)의 노편(蘆鞭)이 뻗어나와[抽出] 다시 평지 가운데 하나가 불쑥 솟아 혈을 맺었다. 사면이 모두 물이고 당면하여 앞에는 큰 강이 횡으로 감싸고[橫繞] 비안투호형(飛雁投湖形)으로 이름을 지어 취하였다.

간룡이 묘(卯)로 방향을 바꾸어 경향(庚向)에 동시에 유향[兼酉]으로 천장하였다[庚酉同宮]. 예로부터 게(偈)에 이르길 '윗 동네[坊;방] 아래에 도랑과 못[池港]이 위는 개자(个字)의 호로(葫蘆)의 모양[樣]으로 빼어나 물이 흘러와 갑좌[甲] 경향[向庚]으로 장사하면 분명히[著;저] 장원(狀元)하는 사람이 태어난다'고 하였다. 장사 후에 과연 길소공(吉所公) 진(棟)이 태어나 가정(嘉靖) 을축(乙丑)에 명청시대에 과거시험 회시(會試에 장원 급제[會元]하여 승진[探花]한 후에 방죽을 쌓아[築壩;축패] 흐르는 물[流神]을 막았더니[塞] 복력이 마침내 그쳤다[遂歇;수헐].

146) 舊有 : 옛부터 있다.

비안투호형(飛雁投湖形)

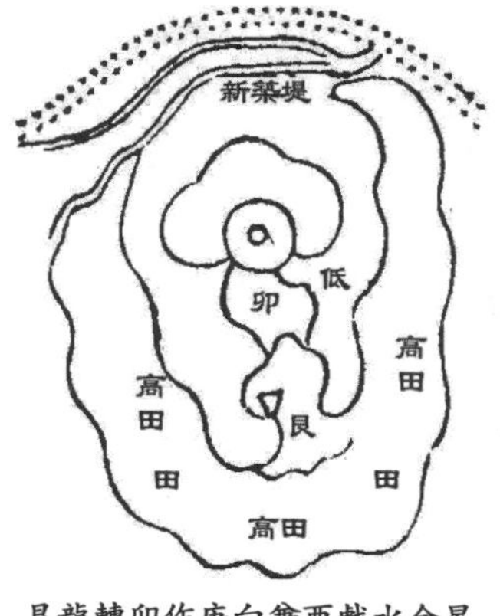

穴前築壩[147]福力遂歇今其壩開科甲仍盛
혈 앞 방죽을 쌓고 복력이 그치고 방죽을 헐고 났어 고갑이 왕성하였다.

간룡(艮龍)이 묘(卯)로 방향을 바꾸어[轉],갑좌경향[甲山庚向]과 동궁인 유[酉]향을 하여 금수성을 희롱한다.
[艮龍轉卯作庚向兼酉戲水金星].

<그림2-1-11>남창진회원조지 (南昌陳會元祖地)

下地在豐城港西，杜侍郎拯祖地也。其龍來自起升山，發出嫩枝，磊落數節，翻身逆勢結穴。星辰雄猛，下鋪餘氈，俗呼睡虎形。杜氏於穴前大開一池，旬月間侍郎公即遭寇刺之禍。

하지(下地)는 풍성항(豐城港) 서(西)에 있는 두시랑(杜侍郎) 극(拯)의 조지(祖地)이다. 조지(祖地)의 용은 승산(升山)을 일으켜 수절(數節)이 우뚝 솟아[磊落] 눈지(嫩枝)가 생겨 나와 용신을 뒤집어[翻身] 세를 거슬러[逆勢] 혈을 맺었다. 성신(星辰)이 웅맹(雄猛)하여 아래에 넉넉한 전순을 펼쳐 속인들은 수호형(睡虎形)이라 한다. 두씨는 혈 앞에 큰 연못 하나를 파고 났어 열달[旬月] 사이에 시랑공(侍郎公) 도적[寇;구]을 만나 칼에 찔리는 화(禍)를 당하였다.

147) 壩(패) :방죽 .본자(本字) 垻

두씨(杜氏)는 좋은 조지(祖地)가 비록 많을지라도 이곳 가까운 조상의 조지(祖地)에 좌비(左臂)가 약간 오목하여[稍凹] 연못을 파고 흙으로 적당하게 성토하였기 때문에[以] 화를 당하였으니 분별없이 행동할 수 있는 것을 경계했다.

(杜氏美地誰多其近祖因左臂稍凹乃開塘取土以培之適以取禍可爲妄動之戒)

◦초(稍):약간. 끝, 말단(末端). ◦요(凹):오목하다. 가운데가 우묵하게 들어간 모양
◦망동(妄動):분별없이 망녕되이 행동하다. ◦취(取): 취하다.~당하다 ◦可謂 (=可爲, 能謂): ~할 만하다.(~라고 할 수 있다). 가히 ~할 수 있다.

睡虎形穴前開塘即遭凶禍
杜侍郎祖地
來
塘
去
杜氏美地雖多此其近祖因左
臂稍凹乃開塘取土以培之適
以取禍可爲妄動之戒

<그림 2-1-12> 두시랑 조지(杜侍郎 祖地)

按：已上三地，皆於穴前妄有改作而致禍敗。杜氏之開鑿尤大，故其禍尤慘。廖公云：「開池穿井多有忌，消詳莫輕易。」朱子云：「祖塋之側，數興土功，以致驚動，亦能招災。」渠不信夫！為人[148]子孫，可不慎重。胡乃輒爾興作，自取凶咎。予所目擊，不能悉舉，姑出此三格，以告明者，當知所慎云。

조사해 보니[按] : 이상(已上)과 같이 3개의 자리는 모두 혈 앞에 함부로 고쳐 다시 만들어[改作] 재화(災禍)로 실패(失敗)[禍敗] 하였다. 두씨(杜氏)가 굴

148) 爲人(위인) : 사람 됨됨이. ◦可不(가불) : 물론이다. 어찌 ~이 아니겠는가.그렇고 말고.~으로 되지 않는가 ◦興作(흥작) : 일을 시작하다. 건축하다. 시작하다. ◦輕忽(경홀) : 경솔하다. 가볍다.

착[開鑿]을 너무 크게 하여 그 화는 더욱 비참했다[慘;참].

요공(廖公)이 이르길 '연못을 파고 우물 파는 것을 대부분 꺼려하니[有忌] 자세히 확인하여[消詳] 가벼이 바꾸지 말라' 고 하였다.

주자(朱子)가 이르길[산릉의장(山陵議狀)에서] ' 무덤[祖塋;조영]의 곁에 자주[數;빈] 흙 공사를 하는 것은 신(神)이 놀라서[驚動] 또한 재앙을 초래할 수 있다.' 고 하였다. 사람[渠]을 믿지 못하는 것은 사람의 됨됨이가 신중하지 못한 자손이 그 어찌[胡] 갑자기[輒;첩] 이와 같이[爾;이] 공사를 하여[興作] 스스로 재난[凶咎;흉구]을 취하겠는가? 내가 목격(目擊)한 바를 모두 열거할 수 없고[不能悉擧] 잠깐[姑] 이 3자리[格]를 들어 깨달아 알려 마땅히 신중하여야 함을 알리는 것이다.

或謂杜氏地虎形，不可輕犯。今乃興工開池以驚動之，故取禍之速，在旬月[149]間，其以此耳。夫形固不必泥，然亦往往有應驗者，此類是也。曩[150]予兄弟游閩，觀蔡牧堂先生自卜壽藏[151]，在崇安縣，土名箬山。鄉人[152]云是虎形地。當時牧堂囑曰：「古人有廟祭，無墓祭。」乃別立享堂，即祠堂也。去墓甚遠。迄今子孫守之，不敢[153]設祭於墓。竊謂牧堂父子，嘗與道學之轍，其於論地，見之《發微》諸書，所謂醇正無疵者也，亦乃拘於形象若是乎？可見地有偶合[154]其形者，亦當隨俗避忌。所謂事之無害於理者，從俗可也，又何必深闢哉！

혹 두씨(杜氏)의 조지가 호형(虎形)이라 하는 것은 경솔하게 범(犯)해서는 안 된다. 지금 연못을 파는 공사를 하여[興工] (신이) 놀라서 빨리 화를 당하여[取禍] 열흘 사이에 이것 때문에[其以此耳] 재앙이 생겼다[在]. 무릇 물형에 확실히 집착할 필요는 없다. 그러나 또 왕왕(往往) 응험(應驗)이 있는 것은 이러한 종류이다[此類是也].

예전[曩;낭] 우리 형제[予兄弟]가 복건성[閩]에서 놀면서 보았는데, 목당 선

149) 旬月(순월) : 열흘이나 달포쯤. 열 달 ◦以此(이차) : 그래서. 그러므로. 이 때문에
150) 曩(낭) : 옛날. 과거. ◦閩(민) : 나라 이름. 복건성의 옛 이름
151) 壽藏(수장) : 살아 있을 때 미리 만들어 놓은 무덤 즉 신후지지(身後之地) : 살아 있을 때에 미리 잡아 둔 묏자리 ◦鄉人(향인) : 시골(에 사는) 사람. 한 고향 사람. 속된 사람. 촌(에 사는)사람 ◦囑(촉) : 부탁하다.
152) 鄉人(향인) : 시골(에 사는) 사람. 촌(에 사는)사람◦囑(촉) : 부탁하다.
153) 不敢(불감) : 감히 ~하지 못하다.~할 리 없다.
154) 偶合(우합) : 우연히 일치하다. 우연한 일치. 암합하다.

생(牧堂先生)이 스스로 점을 쳐서 정한 신후지지[壽藏]가 숭안현(崇安縣)에 있다. 토명은 약산(箬山)이다. 고향 사람[鄕人]이 이르길 '이곳은 호형지(虎形地)' 이라 하였다. 당시(當時)에 목당(牧堂)이 부탁하여 말하길[囑曰] '고인이 사당에 제사를 지내나 무덤에는 제사[墓祭]를 지내지 않는다' 고 하였다.

이에 별도로 향당(享堂)을 건립하였으므로 곧 사당(祠堂)이다. 묘지에 가는 것이 너무 멀어 지금에 이르기까지[迄今;흘금] 자손들이 사당을 지켰으나 묘지에 제물(祭物)을 진설하지 못하였으니 남몰래[竊;절] 목당의 부자(牧堂父子)는 일찍이 도학의 자취[轍;철]을 따라 그 논지를 살펴보면 《발미론(發微)》 제서(諸書)에 이른 바가 진실하고 순수하여[醇正] 허물이 없는 것[無疵者]이다.

또한 만약 이와 같이 형상에 얽매이게 되면 그 형상에 우연히 일치하여 땅을 볼 수 있는 것 또한 마땅히 풍속에 따라 꺼려서 피한다[避忌;피기]. 이른바 이치로 피해가 없는 일은 풍속에 따르는 것이 가능하다. 또 어찌[何必] 심오(深奧)한 이치(理致)로 물리치려 하는가[深闢]!

9) 天池水

天池水者，乃高山頂上有池水也。以其高在山巓雲漢間，故曰天池。《龍經》云：「高山頂上有池水，兩邊夾得真龍行。問君高頂何生水，此是真龍頂上氣。樓殿之上水泉生，水還兩處兩邊迎，真龍卻在泉中過。」又有平洋龍身有湖，亦是天池。龍行過峽斷處有池，亦謂之天池。是不可必拘於高山頂上之池方號天池，蓋在龍身上者，皆謂之天池。如不在龍身，則為池塘水矣，豈可天池名乎？峽上左右兩池，脈從中出，謂之左侍右衛，亦名養蔭水。廖氏云「龍上如生兩池水，養[155]蔭斯為美」是也。亦有一畔有池，一畔無池者，《經》云「也有單池在旁抱，單池終不及兩池」是也。天池一名天漢，一名天潢。《經》云「池平兩水夾又清，此處名為天漢星。天漢天潢入閣道，此星入相居天庭[156]。」

9) 천지수(天池水)

천지수(天池水)는 높은 산꼭대기에 있는 연못[池]있다. 그 물이 산의 꼭대기

155) 養(양):취하다.기르다.◦不及(불급):미치지 못하다.◦淸(청):(액체나 기체가) 깨끗하다.맑다.
156) 天庭(천정) : (신화에서) 천신(天神)이 사는 곳. 제왕(帝王)의 처소

와 높은 하늘[雲漢:운한] 사이에 높이 있으므로 천지(天池)라 한다.

《감룡경(撼龍經)》 염정(廉貞)편에 이르길 ' 고산 정상(高山頂上)에 연못[池水]이 있는데, 양변에 물을 얻어 (용을) 끼면 진룡의 행룡이다. 그대에게 묻는데 높은 산정상에 어찌 물이 생기겠는가? 이 물은 진룡의 꼭대기의 기(氣)다. 누전(樓殿;龍樓寶殿) 위에 샘물이 발생하여 물이 양쪽을 둘러싸는 곳에 양쪽에서 맞이하면, 진룡이 바로 샘[泉] 가운데를 지나간다' 고 하였다. 또 평양룡의 용신에 호수가 있어도 역시 천지(天池)이다. 지나가는 용이 과협(過峽)이 끊어진 곳에 연못이 있어도 천지(天池)라 한다.

이는 반드시 고산 정상위에 있는 연못[池]을 구별하여[方] 천지(天池)라 부르는 것에 구애받을 필요가 없다[不可必拘]. 대개 용신의 위에 있는 것을 모두 천지(天池)라 한다. 가령 용신에 있지 않으면 지당수(池塘水)이다. 어찌 천지(天池)라고 부를 수 있나? 과협 위 좌우 양쪽의 지(池)는 맥(脈) 중간을 따라 발생하면 이를 좌우의 시위(侍衛)라 하며 또한 양음수(養蔭水)라 한다. 요공(廖氏)이 이르길 '용상(龍上)의 양쪽에 연못이 생기면[如] 음덕을 취하는 데[養蔭] 이곳이 좋다' 고 한다. 또 한쪽[一畔]은 연못이 있고, 한쪽은 연못이 없는 것을 《경(經)》 이르길 ' 또한[也有] 하나의 연못이 옆에서 감싸주면, 하나의 연못은 마침내 양쪽 연못보다 영향을 미치지 못한다' 고 한 것이다. 천지(天池)를 일명 천한(天漢)이라 하고 일명(一名) 천황(天潢)이라 한다. 《경(經)》에 이르길 '평지[平洋龍]의 양쪽 연못물이 협을 끼고 또 맑으면[清] 이곳은 천한성(天漢星)이라고 한다. 천한(天漢), 천황(天潢)[연못]은 내각의 일원이 되는 길[入閣道]로 이 성봉은 재상이 되어[入相] 궁궐[天庭]에 거처하게 된다' 고 하였다.

蔡文節公云：「龍帶天池，則有貴氣而綿遠。」故凡龍身有此池者，其所結作，力量甚大。但須四時水注為美。若或忽然[157]乾枯，敗禍立至。詩云：「山頂天池人少知，周回深闊最為奇。能盛天池蔭龍脈，盈竭猶能驗盛衰。」又云：「平阪天池大且深，真龍脈盛故凝成。四時融注極榮貴，一旦乾枯即敗傾。」故天池或平淺，乍有乍無，亦不為吉。詩云：「天池之水淺而平，乍無乍有或欹傾，此湖不敢言奇異，富貴難憑[158]只守成。」是以凡天池之水，宜深注而四時不涸為佳耳。大抵真是

157) 若或(약혹) : 뜻밖에 ◦忽然(홀연) : 갑자기. 별안간. 돌연. 문득 ◦一旦(일단) : 하루아침. 잠시. 일단

天池，則其水自然深聚澄凝，四時如一，罕有涸竭[159]傾枯之患，知者宜詳審之。注脈水前水系龍身所有，此水是穴前所有。

채문절(蔡文節) 공(公)이 이르길 '용(龍)에 천지(天池)를 동반(同伴)하면 귀기(貴氣)가 면원(綿遠)하다' 고 하였으므로 무릇 용신(龍身)에 이러한 연못[池]이 있는 것은 그곳의 혈을 맺는 역량이 매우 크다.

다만 반드시 사계절[四時] 물이 모이고[水注] 아름다워야 한다. 뜻밖에[若或] 갑자기[忽然] 물이 마르면[乾枯] 재난과 실패[敗禍]가 곧 이른다.

시(詩)에 이르길 '산정(山頂)의 천지(天池)를 아는 사람이 적고[人少知] 주위[周回]가 깊고 넓은 것이 가장 기이하다. 왕성한 천지는 용맥에 덕택(德澤)이다. 차고 마르는 것 조차도[猶] 성쇠(盛衰)를 경험할 수 있다.' 고 하였다. 또 이르길 ' 평지와 높은 언덕[平阪]의 천지(天池)가 크고 또 깊으면 진룡맥(眞龍脈)이 왕성하므로 기가 모여 혈을 맺는다[凝成;응성]. 4계절[四時] 물이 모이는 것[融注]을 지극히[極] 지위가 높고 귀하다[榮貴]. 잠시[一旦] 마르면 곧 실패하여 탕진한다[敗傾]' 고 하였다. 그러므로 천지(天池)는 혹 얕고 평평한[平淺] 물이 잠깐[乍;사] 있다 없다가 하여도 좋지 않다. 시(詩)에 이르길 ' 천지(天池)의 물이 얕고 평평하면[淺而平] 잠깐 물이 없다가 있다가 하고 혹 기울면 이 호수는 감히 기이(奇異)하다고 말할 수 없다. 부귀(富貴)를 믿을 수 어려워[難憑] 다만 이룬 것이라도 지켜라.' 고 하였다. 이것으로 무릇 천지수(天池水)는 마땅히 깊이 모여야 4계절 마르지 않고 아름답다.

山頂池湖

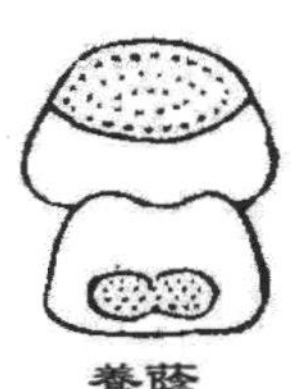

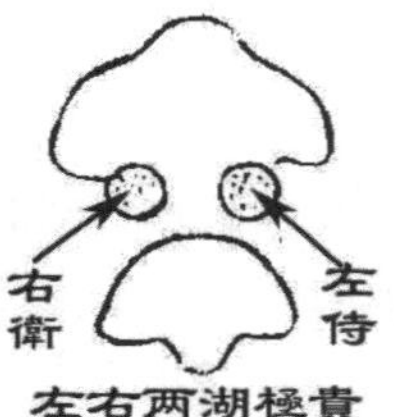

<그림 2-1-13 > 산정지호(山頂池湖)

158) 難憑(난빙) : 믿을 수 없다. 의심스럽다. 믿어지지 않다. ◦ 涸竭(학갈) : 물이 마르다. 고갈하다. 소멸하다.

159) 涸(학) : 물이 마르다 .물을 말리다. ◦ 傾(경) : 다하다. 없어지다. ◦ 枯(고) : 말르다.

대저 참된 천지(天池)이면 그 물이 저절로 많이 거두어들여[深聚] 물이 맑게 모여[澄凝] 사철 하나같으면 드물게[罕;한]는 고갈하여 말라 없어지지는[涸竭傾枯] 걱정이 있다. 지자(知者)는 마땅히 상세히 살펴야 한다.

10)注脈水

注脈水前水系龍身所有，此水是穴前所有。注脈水者，湖水注于穴前也，亦名仰天湖。大龍形勢甚強，及到盡處，無穴可下，必於未盡之間結為天湖之穴。雖在龍行之時，而必有注脈之水，四時不竭。此即真氣融結，宜於此尋穴。其水注以後去者，或複起為案，或為官曜，皆貴也。朱文公葬母地合此。

10)주맥수

주맥수(注脈水)는 용신에 이어 앞에 물이 있는 것이다. 이 물은 혈 앞에 있는 것이다. 주맥수(注脈水)란 호수(湖水)가 혈 앞에 있어 물이 모이는 것[注]이며 또 앙천호(仰天湖)라고 한다. 대룡의 형세가 너무 강하여 용이 끝난 곳에 이르러서는 하장할 만한 혈이 없고 반드시 진처(盡處)에 이르기 전 중간[間]에 결작하는 것이 천호혈(天湖穴)이다. 비록 행룡할 때 있을지라도 반드시 주맥수(注脈之水)에 있다. 사철 마르지 않는 이는 곧 진기(真氣)가 융결(融結)하여 마땅히 여기에서 혈을 찾는다.

호수에 물이 모인[天湖] 후에 흘러가고 혹 다시 맥을 일으켜 안산이 되기도 하고 혹 관요(官曜)가 되기도 하는 것은 모두 소중하다. 주문공(朱文公)이 어머니를 장사한 자리가 이에 합당하다.

右地在建陽崇泰里寒泉嶺天湖陽，文公母祝氏夫人墓也。龍自高山脫脈穿田，起為平岡。又逶迤數節，為湖田[160]。雙脈合而為穴，穴居湖水，而本身前起成高阜，為太陰文星之案。外洋暗拱，左右映帶[161]，大溪橫繞，真得水藏風之美地也。文

160) 湖田(호전) : 호소(湖沼)지대에 제방을 쌓아 개간한 논

161) 映帶(영대) : 경치가 서로 어울리다. 서로 비추다. ◦尚(상) : 존중하다. 신분·지위가 높은 상대와 결혼하다.

公子在、孫鑒皆官侍郎，曾孫浚尚理宗公主，至今徽州、建寧兩地，世襲[162]博士，考亭[163]富盛，科第不替。雖然，文公之德，宜其子孫萬世而愈盛，固未必[164]專系於地。然似此山川，鍾靈孕秀，亦宜其傳世之克顯也。古云：「惟嶽降神，生甫及申[165]。」夫豈虛語哉！文公三子：埜、埜、在。埜居
徽之婺源，今襲博士；埜居考亭，今富盛有科甲；在居建寧府城，今世襲博士。皆人丁大旺

앞의 땅은 건양(建陽) 숭태리(崇泰里) 한천령(寒泉嶺) 천호양(天湖陽)에 있다. 문공(文公)의 어머니 축(祝)씨 부인(夫人)의 묘지이다.
용이 고산(高山)에서 맥이 떨어져[脫脈] 밭을 지나[穿田] 솟아 평강(平岡)이 되고 또 수절(數節)을 위이(逶迤)하여 뻗어와 논이 되었고 쌍맥(雙脈)이 하나가 되어[만나] 혈이 되었다. 혈은 호수(湖水)에 있고 본신의 앞에 솟아 높은 언덕[高阜]을 이루어 태음문성(太陰文星)의 안산을 만들었다. 외양[外洋;외명당(外明堂)]에서 암공(暗拱)하고 좌우에 용호가 감싸 서로 비추고[映帶;영대] 큰 시냇물이 횡으로 감싸니[橫繞] 참으로 장풍 득수(得水藏風)한 좋은 땅이다.

문공(文公)의 아들 재(在)와 손자[孫] 감(鑒)이 모두 시랑(侍郎)의 벼슬을 하였고, 증손(曾孫) 준(浚)이 이종(理宗) 공주(公主)와 결혼하고[尚], 지금(至今) 휘주(徽州)와 건녕(建寧) 두 지역에서 대대로 물려받아[世襲] 박사(博士)를 하고, 고정(考亭;朱熹)이 부가 왕성하고 설령 과거[科第]가 폐지되지[不替] 않을지라도 문공(文公)의 덕이 마땅히 그의 자손(子孫) 만세(萬世)토록 더욱 번성[愈盛]하므로 확실히 꼭 지리에 오로지 연계(連繫;系)할 필요는 없다.
그러나 이와 같이[似此] 산천(山川)이 신령스러운 기운을 모아 수기(秀氣)를 잉태하고 또 마땅히 세대에 전하여 극복하여 현달할 것이다. 옛날[古]에 이르길 '오직 큰 산에서 신이 내려와 보(甫)와 신(申)을 낳았다.' 고 하였다. 어찌 허언(虛語)이라 하겠는가! 문공(文公)의 세 아들[三子];숙(埜)、야(埜)、재(在)

---

162) 世襲(세습) : 그 집에 속(屬)하는 신분(身分), 재산(財産), 작위(爵位), 업무(業務) 등(等)을 대대(代代)로 물려받는 일.

163) 주희(朱熹, 1130~1200) : 중국 남송의 유학자로, 자는 원회(元晦) · 중회(仲晦)이고, 호는 회암(晦庵) · 회옹(晦翁) · 고정(考亭) · 자양(紫陽) · 돈옹(遯翁) 등이다.

164) 未必(미필) : 반드시 ~한 것은 아니다. 꼭 그렇다고 할 수 없다

165) 惟嶽降神(유악강신) 生甫及申(생보급신) 이 산에 신령으로 내려 와, 보(甫)와 신(申)을 낳았도다!
*惟嶽降神(유악강신) : 여기 보급신(甫及申)에 보(甫)는 중산보(仲山甫), 신(申)은 신백(申伯)을 말한다.

중에서 숙(塾)은 휘주(徽州)의 취원(婺源)에 거주하고, 지금까지 박사를 세습하였다. 야(埜)는 고정(考亭)에 살았다. 현재 부가 왕성하며 과거에 우등 급제를 하였고, 재(在) 건녕부(建寧府) 성(城)에 살았으며 현재까지 박사를 세습하여 모두 인정 크게 왕성하다.

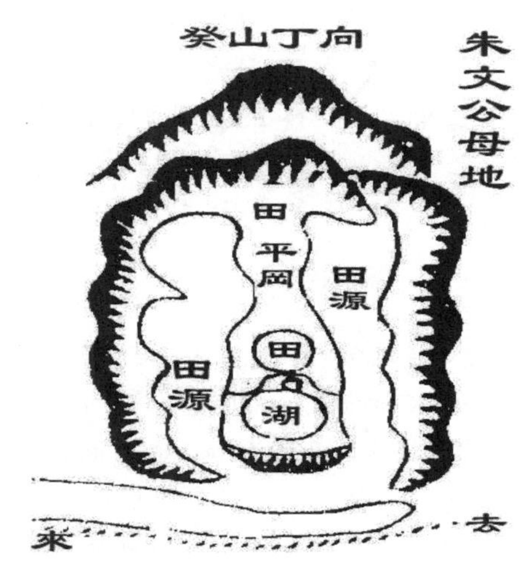

<그림 2-1-14 > 주문공 모지(朱文公母地)

11)源頭水

源頭者，龍之發源處也。此處水源來短去長，真龍不住。《賦》云：「窮源僻塢，豈有真龍？」吳公云：「源頭地，水尾山[166]，時師到此不須談。」嘗見亦有大龍結穴在山谷中，而內堂水源甚短，有似於源頭水尾者，尤須詳審，不可一概[167]論也。如浮梁李侍郎祖地圖見曜卷、建陽蔡文肅公祖地即西山先生墓是耳西山墓圖見砂卷。

11)원두수(源頭水)

166) 水尾(수미)는 곧 물이 나가는 출구처[수구]이다. ◦源頭(원두)는 곧 물이 처음 시작하는 곳이다. ◦不须(불수) : ~할 필요가 없다.

167) 一概(일개) : (예외 없이) 전부. 일절 . 모조리 ◦遍(편): 두루.도처.곳.

원두(源頭)란 용(龍)의 발원처(發源處)이다. 이곳의 수원(水源)이 짧게 오고 길게 흘러 나가면 진룡이 머무르지 않는다. 《설심부[賦]》에 이르길 '물의 근원지[窮源;궁원]가 산간벽지[僻塢;벽오]에서 어찌 진룡이 있겠는가?' 하였다. 오공(吳公)이 이르길 '발원처[源頭]와 출구처[水尾山]는 당대 선사들은 담론할 필요가 없다.' 고 하였다. 일찍이 보았는데 역시 대룡의 결혈이 산곡중에 있는 것은 내명당의 발원처가 너무 짧아 원두수(源頭水) 끝에 있는 것 같아 더욱 반드시 세심하게 살펴야 하고 전부 논해서는 안된다. 가령 부량(浮梁) 이시랑(李侍郎)의 조지(祖地)는 그림의 책의 요성(曜星)[曜卷]을 보고, 건양(建陽)의 채(蔡) 문숙공(文肅公)의 조지(祖地)가 바로 서산선생(西山先生)의 묘지이다[墓是耳]. 서산(西山)의 묘지는 책의 사법[砂卷]의 그림을 보라.

12)沮洳水

沮洳水者　非冷泉窟穴而遍山遍地常濕，視之不見[168]有水，踐之鞋底皆濕。或是石山裏，如死牛皮，不問四時，常有濕汗。或掘鑿坑坎，水即盈滿。或春夏泉流，秋冬枯涸[169]，卻常是污濕浸淫，此皆沮洳水也。張子微云：「沮洳水乃是山龍氣衰脈散，如人受病，氣不通而血妄行。婦人則為崩漏，男子則為痔漏，皆原於氣衰血滯，積年累歲不愈，而夭年不永，因此害生。縱饒苟延僥幸，必容貌憔悴，肌體痿靡,不問男女，皆不生子。惟覺淹淹，不知死之將至云爾[170]。此最無取。」又云：「若有石曜，濕如牛鼻[171]，慎勿用之。」皆確論也。

12) 저여수(沮洳水) : 혈 주변에 번져있는 물

저여수(沮洳水)란 샘이 찬[冷泉] 동굴[窟穴]은 아니고 도처의 산지[遍山遍地]

---

168) 視之不見　일반적으로 '그것을 보려고 해도(보아도) 볼 수 없다'로 해석하는데, "視之不見"은 '視不見之'로 부정어 不이 나와 목적어가 대명사가 되기 때문에 '不見'과 '之'가 도치된 것이다. 따라서 '視 + 不見之'로 '보여도 그것을 볼 수 없다'라고 해석된다. <출처> 노자의 『도덕경』 제 14 장.

169) 枯涸(고학) : (물이) 마르다. 고갈하다. ◦淹(엄) : 깊다. 오래다. 늦다. 넓다

170) 云爾(운이) : 문장 끝에 쓰여 앞의 말을 돕는 어조사. 이와 같다

171) 우비(牛鼻) : 젖이 없는 것을 나오게 한다. 국을 끓여 2-3일 동안 빈속에 먹으면 젖이 잘 나온다

가 항상 습하여[常濕] 물이 있으나 보아도 보이지 않아[視之不見有水] 밟으면 [踐之] 신발 밑바닥[鞋底]이 다 젖는다. 혹 석산 속[裏]이 죽은 소가죽 같아서 사시(四時)를 불문하고 항상 땀을 흘리는 것같이 축축하거나[濕汗;물이 질펀하게 젖어드는 것] 혹 굴착(掘鑿)하면 구덩이[坑坎]에 물이 바로 가득차 넘치거나[盈滿] 혹 춘하(春夏)에는 샘이 흐르나 추동(秋冬)에는 마르고[枯涸] 도리어 항상[常是] 땀을 흘리는 것 같이[濕汗] 차츰 젖어 드는 것[浸淫;침음]을 모두 저여수(沮洳水)이다.

장자미(張子微)가 이르길 ' 저여수(沮洳水)는 곧 산룡의 기(氣)가 쇠약하고 (맥이) 흩어져 사람이 병든 것과 같고 기가 통하지 않아 혈액이 순환되지 않는 것과 같아서[妄行] 부인은 자궁(子宮)에 출혈(出血)[崩漏]이 되고, 남자는 치질[痔漏;치루]과 같아 모두 원기[기의 원천]가 쇠하여 혈이 막혀 다년간[積年] 여러 해[累歲] 낫지 않아 타고난 수명[天年]이 길지 아니한 것이니 이로 인하여 해가 발생한다. 비록 구차하게 요행(僥幸)으로 연명(延命) 될지라도 반드시 용모(容貌)가 초췌하여(憔悴;핼쑥하다) 사람의 몸[肌體]은 병든 사람같이 활기가 없어[痿靡] 남녀를 불문하고 모두 자식을 낳을 수 없다.

오직 늦게[淹淹] 이치를 깨달아[覺] 알지 못할 뿐이다. 이것이 최상이라 취할 것이 없다.' 고 하였다. 또 이르길 ' 만약 석요(石曜)가 있어 물기가 젖이 흘러나오는 것 같으면 삼가하고 사용하지 말라' 고 하였으니 모두 확실한 논리이다.

13) 臭穢水

臭穢水者，或牛泓豬涔[172)]，或腐臭[173)]成漿，或濁黃稠滞[174)]，攪動腥穢，氣不可聞也。陰陽二宅皆忌。有此，主女人崩漏，男子痔漏、染病[175)] 痘瘴、夭折、盲目、淫惡。仍[176)]主門户衰落，產業[177)]退失。《明堂內經》云「流膿出血，腐臭成漿，

172) 泓(홍) : 웅덩이. ◦豬(저) : 돼지. ◦涔(잠) : 괸 물. 떨어지다.(눈물·빗물·땀 따위가) 흘러내리는 모양.

173) 腐臭(부취) : 썩어서 고약한 냄새가 나다◦漿(장) : 진한 액체

174) 黃濁(황탁) : 누렇게 흐림.◦攪動(교동) : 뒤섞다. 휘젓다. 교란하다. cｆ)稠濁(조탁) : 걸쭉해지고 뿌옇게

175) 染病(염병) : 병에 감염되다. 장티푸스 ◦盲目(맹목) : 사리 판단할 능력이 없는 상태.

176) 仍(잉) : (그대로) 따르다. 빈번하다. 아직도. 누차. 이에

177) 產業(산업) : 토지·가옥 따위의 부동산. 재산

牛泓豬涔，污穢濁黃，主瘟招疫，家道[178]不昌，癰疽[179]痔漏，子孫少亡」是也。

13) 취예수(臭穢水) :탁하고 냄새나는 더러운 물

취예수(臭穢水)란 소와 돼지의 분비물(分泌物)이 흘러내린 웅덩이나 혹 썩어서 고약한 냄새가 나는 액체나[腐臭成漿], 혹 진하며 (색이) 누렇게 탁한 것이 정체되거나, 비리고 더러운 냄새[腥穢;성예]가 뒤섞여[攪動] 기는 알 수 없다[不可聞]. 음양(陰陽) 이택(二宅)은 모두 꺼린다.

이곳에 나타나는 것[有]은 주로 여인은 자궁 출혈(子宮出血)[崩漏]하고, 남자는 치질[痔漏]、천연두와 황달[痘瘡;두황]、장티푸스(染病;염병)에 걸리고, 요절(夭折)하고, 맹목(盲目)적이고, 음탕하며 추악하여[淫惡;음악] 이에[仍] 주로 가문[門户]이 쇠락(衰落)하여 재산[產業]이 줄어 실패한다[退失].《명당내경(明堂內經)》에 이르길 ' 고름이 흘러나오고[流膿] 피가 나오고[出血], 썩어서 고약한 냄새가 나는 액체이거나[腐臭成漿], 소·돼지의 배설물[牛泓豬涔;우홍저잠]이거나, 아주 더러운 것[污穢;오예]이 누렇게 탁하면[濁黃] 주로 온역(瘟疫)을 초래한다. 집안 살림[家道]이 창성하지 못하고 악성종기[癰疽;옹저] 치질(痔漏;치루) 자손(子孫)은 젊어서 죽는다.' 고 한 것이다.

14) 泥漿水

泥漿水者，乃乾濕池也。得雨則盈，雨霽[180]則涸。望之似可揚塵，踐之或至沒脛，滋[181]滋浸漬，常有泥漿。此乃不吉之地，地脈疏漏，最為不吉，主客死拋尸，人衰財散，多招痼疾。

178) 家道(가도) : 집 안에서 마땅히 행(行)해야 할 도덕(道德)이나 규율(規律).집안 살림을 하여 가는 형편(形便)

179) 癰疽(옹저) : 열사(熱邪)가 속 깊이 잠복해 일어남. 가슴이 답답하고 심한 갈증이 나며 입과 혀가 마르고 물을 당기며, 또 밤낮으로 조열(潮熱)이 나고, 대소변이 잘 안 나옴.

180) 霽(제) : 서리나 눈이 그치다.비가 개다.◦涸(학) : 물이 마르다. 물을 말리다

181) 滋(자) : 붇다. 더욱. 번성하다. ◦滋滋(자자) : 매우 .몹시 ◦ 漬(지) : 담그다. 스미다.

14) 니장수(泥漿水)

니장수(泥漿水)란 건조하고 습한 연못[乾濕池]이다. 비가 오면 물이 차서 깊고 비가 그치면 물이 마르며 멀리서 보면 먼지가 날리는 것 같고 (젖었을 때) 밟으면 혹 정강이[脛]까지 빠지고 물이 스며들어[浸漬;침지] 항상 진흙탕[泥漿]이다. 이와 같은 곳이 곧 좋은 땅이 아니다.
지맥(地脈)이 변변치 않아 (기가) 새어나가[疏漏;소루] 가장 좋지 않다.
주로 객사(客死)하여 시신이 버려진다[抛尸]. 후손은 병들고[人衰] 재산은 흩어진다. 대부분 고질적으로 고치기 어려운 병[痼疾;고질]이 생긴다.

15) 送龍水
送龍水者，龍之發足處，兩水界送，直至[182]龍盡而合者也。幹龍則論河水溪水，枝龍則或山溪田源夾送龍神。然此送龍之水，不可拘其兩水會堂，只一邊到堂，一邊不上堂，亦不為害。若兩水俱到面前會合，則是去水之地為然，其它或合於左，或合於右，或合於後。此水源長則龍長，水源淺則龍短，力量大小，察此可知也。

15) 송룡수(送龍水)

용을 호종하는 물로 용진처 정면에서 합해지는 것은 불길하다.
그 이유는 앞에 불어오는 삼곡풍(三谷風)이기 때문이다.

송룡수(送龍水)란 용이 시작하는 곳[發足處]에서 양수(兩水)가 경계를 지어 곧게 용을 보내[送] 용이 끝나는 곳에 이르러 합수하는 것이다. 간룡이면 하수(河水)와 계수(溪水)를 논하는 것이다. 지룡(枝龍)이면 혹 산의 계류수[山溪]나 밭에 발원하는 수[田源]가 용신(龍神)을 협송(夾送)한다.
그러나 용(龍)을 협송(夾送)하는 물이 즉 양쪽 물줄기[兩水]가 명당에 만나야 한다는 것[會堂]에 구애할 필요가 없다[不可]. 다만 한 변은 명당에 이르고[到] 한 변은 명당에 이르지[上] 못하여도[不上堂] 해가 되는 것은 아니다.
만약 양수 모두 혈 앞에 이르러 모여 합수하면 정말로[是] 물이 흘러가는 자

182) 直至(직지) : 쭉 ~에 이르다. ◦其它(기타) : 其他 ;기타.그 밖.그 외

리는 그러하다. 그 외에 혹 좌에서 합하기도 하고 혹 우에서도 합하기도 하고 혹 뒤에서 합하기도 한다. 여기서 수원(水源)이 길면 용이 길고 수원이 짧으면 용도 짧다 역량의 대소(大小)는 이것을 살펴서 알 수 있다.

16)乾流水

乾流水者，高處是山，低處是水，故雖無流泉滴瀝，亦謂之水，曰乾流耳。雨下則亦有水淋[183]流，雨止則無此水界脈束氣。穴之左右貼近，必須有之方妙。若穴下乾流，切忌直長傾倒[184]，亦宜平緩悠回，最關初年禍福，故爾。

16)건류수(乾流水)

건류수(乾流水)란 높은 곳은 산이고 낮은 곳은 물이므로, 비록 샘[泉]에 물방울이 뚝뚝 떨어져[滴瀝] 흐르지 않을지라도 그것을 일러 건류수(乾流水)라 말한다. 비가 내리면 역시 물이 많이 흐르고[淋流] 비가 그치면 이러한 물은 속기맥을 구분할 수 없으나 혈의 좌우에 가까이 붙어서 꼭 필요한 물이 이라야 비로소 묘(妙)하다.

만약 혈 아래에 건류(乾流)가 곧고 길게 경사져 흐르는 것[傾倒]을 극력 꺼린다. 역시 완만하게[平緩] 한가로이 돌아나가는 것[悠回]이 좋다. 초년의 화복(禍福)에 가장 관련이 있기 때문이다.

17)合襟水

合襟水者，穴前界脈上分下合之水，如胸前衣襟[185]之交合，故名合襟水也。蓋脈來則有分水以導之，脈止則有合水以界之，故有小分合、大分合。其融結有三分三合。穴前後一分合，起主至龍虎所交二分合，少祖至山水大會三分合也。小合為

183) 淋(임) : (물을) 뿌리다. (물방울이) 떨어지다. 젖다(물이 배어 축축하게 되다). 장마. 성(盛)하고 많다.

184) 切忌(절기) : 극력 피하다. 극력 삼가다. ◦倒(도) : 따르다, 쏟다. 이동(移動)하다, 움직이다. ◦故爾(고이) : 그러므로 ☞ 故(고) : 까닭, 이유(理由)

185) 衣襟(의금) : 옷깃. cf) 襟帶(금대) : 옷깃과 요대. 사방이 산이나 강으로 둘러싸임

小明堂，大合為大明堂。合龍虎內為內明堂，合龍虎外為外明堂。以內[186]界水分合審氣脈，定穴之聚散；外界水分合審明堂，定局勢之聚散。內界水隱微難見，外界水顯明[187]易見。內界水收得緊，合流不散，曰天聚，是自然雌雄會也。內界水出，與外界水關得住，合於明堂，曰人聚，是隱然[188]雌雄會也。明堂外龍虎包，不見水出，曰地聚，是顯然雌雄會也。此謂三合三分，合襟水之合夫矩度者也。有此則近而鰕鬚蟹眼具備，遠而蟬翼、龍虎、纏護明白，前親後倚[189]分曉，乃融結真切[190]矣。

17) 합금수(合襟水) : 입수도두에서 나누고 전순에서 만나는 물

합금수(合襟水)란 혈 앞에 맥을 경계 지어[界脈] 상분하합(上分下合)하는 물이다. 가슴 앞에 옷깃[衣襟]이 서로 만나는 것과 같으므로 합금수라 한다. 대개 맥이 내려오면 물로 나누어 (기를) 인도하고[以導之] 맥이 그치면 물을 만나서 맥을 경계하므로 소분합(小分合)과 대분합(大分合)이 있다.

혈의 융결(融結)은 삼분삼합(三分三合)이 있다. 혈의 전후(前後)에 일분합(一分合)이고, 기봉한 주성에 용호가 만나는 곳까지 이분합(二分合)이며, 소조산[少祖]의 산수가 궁극적으로 크게 만나면[大會] 삼분합(三分合)이다. 작은 만남은 소명당(小明堂)이 되고 큰 만남은 대명당(大明堂)이다.

용호의 내에서 합하면 내명당(內明堂)이 되고, 용호 밖에서 만나면 외명당(外明堂)이 된다. 혈의 안을 경계하는 물의 분합으로 기맥을 살펴서 혈의 취산(聚散)을 결정한다. 밖을 경계하는 물의 분합으로 명당을 살펴 국세(局勢)의 취산(聚散)을 결정한다. 내명당을 경계하는 물은 희미하여[隱微] 보기 어렵다. 외명당을 경계하는 물은 뚜렷하게 나타나[顯明] 쉽게 보인다. 내명당을

186) 以內(이내) : 일정(一定)한 범위(範圍)의 안. 시간(時間)과 공간(空間)에 다 쓰임.
187) 顯明(현명) : 명백하다. 뚜렷하다. 선명하다. 현저하다. ◦緊(긴) : (옷·신 따위가) 너무 작다. 좁다. 매우 가깝다. 틈이 거의 없다.
188) 隐然(은연) : 어슴푸레하다. 어렴풋하다. ◦顯然(현연) : 명백하다. 분명하다.
189) 前親(전친) : 합금재하(合襟在下)는 반드시 전친(前親)의 形이 있고, ◦後倚(후의) : 구첨재상(毬簷在上)은 후의(後倚)의 形이 있다. ☕ 以之(水)界脈則脈自止 以之(山)藏風則風不吹: 물로 경계를 지으면 맥이 멈추고, 산으로 바람을 가두면 바람이 불지 않는다.
190) 真切(진절) : 뚜렷하다. 성실하다. 분명하다. 진지하다.

경계하여 물을 거두어들여 매우 가까이서 만나[緊合] 흘러가나 (기가) 흩어지지 않아 천취(天聚)라 한다. 이는 자연스러운 자웅(雌雄)의 만남이다. 내명당을 경계하는 물이 흘러가면 외명당을 경계하는 물이 막아[關] 명당에 머물러 합하는 것[得住合]을 인취(人聚)한다. 이는 은연중(隱然中;남이 모르는 가운데)에 자웅이 만난 것이다. 명당(明堂)밖에는 용호가 감싸 물이 나가는 것이 보이지 않는 것을 지취(地聚)라 한다. 이는 분명하게 자웅(雌雄)이 모인 것이다. 이를 삼분삼합(三合三分)이라 한다. 합금수(合襟水)의 법도[矩度]에 부합하는 것이다. 이러한 것이 있으면 가까이서는 하수(鰕鬚)와 해안(蟹眼)을 모두 갖추어[具備] 멀리서는 선익(蟬翼)과 용호(龍虎)가 감싸 호종[纏護]함이 명백(明白)하여 앞에 (안산이) 가까워 좋고 뒤에서 의지하는 것이 분명하여[分曉] 곧 융결(融結)이 분명하다.

鄱陽餘氏佑曰：合襟水者，即股明股暗雌雄水也。鰕鬚蟹眼二水，自穴後兩旁環繞[191]至穴前，如鰕鬚樣。二水上有分，下有合，則陰陽交濟[192]，而雌雄相配。或二水上有分，下無合，則陰陽離析[193]，而雌雄不配，謂之失經[194]。經，常[195]也。雌雄不配，則失其常矣。論穴之界水，不過如此。而術家之言，曰个字、三叉、雞跡、蟹眼、蟬翼、魚腮、十字、球簷、化生腦、泥丸宮，又有所謂水低眼、剪刀交、水裏坐、水裏臥、蝸窟、蛤尖、交金、界玉、雞胸、鳩尾、壽帶、孩衿、羅文土宿[196]、生龜死鱉、眠乾就濕[197]、割腳淋頭[198]、大口出小口、水過山不過等說，

---

191) **環繞(환요)** : 둘러싸다. 에워싸다. 주위를 둥글게 에워쌈

192) 交濟(교제) : 서로 잘 조화를 이루다. 구제하다. ☞ 濟(제) : 통하다.구제하다. (일에) 도움이 되다. 유익하다. 소용 있다. 쓸모가 있다. cf) 水火交濟(수화교제) : 물과 불이 조화를 이루다. ◦煩躁者는 水火不相交濟也라 번조는 수화가 서로 교제하지 못한 것이다.
◦ '癸水丙火, 貳律反合'이라고 전자체(篆字體)로 적어 水火交濟, 陰陽化合의 이치가 生産의 묘리가 된다는 의미에서 제사(題辭)를 남겼다.

193) 離拆(이탁) ; 분리하다. 해체되다. 갈라지다. 쪼개다.

194) 是爲失經(시위실경) : 이것은 애써 이룬 것을 잃고 마는 것이다. <출처>『관자(管子)』 제12권 35편 치미편(侈靡篇) ☞ 經(경) : 경과하다. 지나다. 통과하다.

195) 常(상) : 불변의 도. 법도.

196) **나문(羅紋)** : 혈이 맺히는 산은 엎어놓은 솥과 같아 엎어 놓은 솥이 개구(開口)하여 자연스럽게 와(窩)가 생겨 음이 극하여 양이 생긴 것이 틀림없으므로 무늬가 손가락에 지문(指紋)과 같다.(結穴星辰似覆鍋 覆鍋開口自生窩. 莫非陰極陽生處 所以紋如指面羅.)
☞莫非 : ~하지 않음이 없다
토축(土縮) : 혈을 맺는 산이 개구(開口)하고 개구한 입술 아래에 흙무더기 같은 것이 생긴다. 역시 양이 극에 이르러 음이 생긴 곳이니 토축은 가운데에 생겨 엎은 잔과 같다.(結穴

又有所謂兩片牛角砂、一滴蟹眼水、舌尖[199]堪下莫傷唇、齒罅可扦休近骨、虛簷雨過聲猶滴、古鼎煙銷氣尚浮、雪水融時湖水漲、水邊花發水中紅等說，種種多端。

星辰有開口 開口脣下若生堆. 亦有陽極陰生處 土縮中生若覆杯)

197) **면건취습(眠乾就濕):** 구첨 가까이에서[上枕] 바르게 하관을 하여 물이 좌우로 나누어진 것을 면건(眠乾)이라 한다. 하관하면 아래에 합금수를 이루는 것을 취습(就濕)이라는 이름이 이치에도 맞는다.(上枕毬簷正放棺 水分左右曰眠乾 放棺下就合襟水 就濕之名理亦安)

一粒粟 注解 譚文謨

①陽落有窩 : 陽落星辰是若何 形如仰掌略生窩. 或是開口宜融結 曾有人能識得麼.
②陰落有脊 : 陰落星辰劒脊形 肥圓覆掌更分明. 或如葱尾宜齊短 世上何人識得眞.
③陽來陰受 : 龍如仰掌是陽來 自是陽來陰受胎. 凸起節苞爲正穴 覆杯相似不須精.
④陰來陽作 : 形如覆掌是陰龍 陰極陽生理在中. 到穴若開窩有口 其形馬跡正相同.
⑤上有三分 : 入首初看个字巔 次看節苞凸起邊. 終看塊硬毬簷畔 龍水三分勢自然.
⑥下有三合 : 龍有三分在上頭 更須三合下頭流. 合襟蟬翼從龍虎 好去其中次第求.
⑦个有三叉 : 龍分頂上是三叉 左右分爲是龍虎. 一脈中流宜起伏 形如个字正兼斜.
⑧大小八字 : 大小八字跡微茫 生在苞節硬塊傍. 若是分明爲大地 但須脚短莫敎長.
⑨貼身蟬翼 : 貼身暗翼號金魚 蟬翼之名果有無. 龍虎完如雙硬翼 其中軟翼汝知否.
⑩雌雄牝牡 : 龍從肤口認眞踪 土縮羅紋穴亦同. 砂有明暗先後水 細分牝牡別雌雄.
⑪正求架折 : 正求架折氣行流 正出星辰是正求. 側出星辰爲架折 但從入首看來由.
⑫拂耳拂頂 : 氣從何入不須精 自是正求拂頂來. 架折由來爲拂耳 須分順逆莫違乖.
⑬前親迎接 : 前對合襟是迎接 合襟前對曰前親. 必端必正無偏倚 此法由來世罕明.
⑭後依放送 : 後枕毬簷放如何 毬簷後倚自安舒. 不偏不倚惟端正 葬法其斯之謂放.
⑮臨頭合脚 : 臨頭合脚氣方眞 上下由來眞氣凝. 上枕毬簷端且正 合襟下對自分明.
⑯淋頭割脚 : 無毬放水是淋頭 無合名爲割脚流. 或有上分無下合 這般假地不須求.
☞淋頭必然割腳，故穴後穴旁無牝牡砂均為割腳
⑰眠乾就濕 : 上枕毬簷正放棺 水分左右曰眠乾. 放棺下就合襟水 就濕之名理亦安.
⑱毬簷 : 到穴星辰塊硬全 毬簷相似自天然. 肥圓凝結宜端正 葬口生來在面前.
⑲葬口 : 毬簷之下若生窩 葬口元來正非他. 此是天然眞正穴 就中倒杖豈差訛.
⑳羅紋 : 結穴星辰似覆鍋 覆鍋開口自生窩. 莫非陰極陽生處 所以紋如指面羅.
㉑土縮 : 結穴星辰有開口 開口脣下若生堆. 亦有陽極陰生處 土縮中生若覆杯.
㉒倒杖放棺 : 十道先於葬口安 卽將眞倒杖其間. 毬簷之下合襟上 枕對無偏卽放棺.
㉓急則用饒 : 勢如雄急是陰來 雄急來龍緩處裁. 拋出毬簷五七寸 免教白爛骨如灰.
㉔饒則用急 : 陽來坦緩勢逶迤 龍緩扦于急處宜. 湊入毬簷五七寸 免教黑爛骨如泥.
㉕藏風脫脈 : 穴法高低總不齊 但依證佐是眞機. 藏風之處高爲妙 界水之中低亦宜.
㉖棄死挨生 : 來龍强弱認分明 入穴仍推厚薄情. 砂有明暗水寬急 挨生棄死穴方眞.
㉗深淺有則 : 深淺由來不等般 須分平地與高山. 高山只與明堂幷 平地還深一尺安.

198) 임두할각(淋頭割脚):구(毬)가 없는데 하관하면 임두수(淋頭水) 묘의 머리에 흘러들고[淋頭], 합하지 않으면 일러 할각(割脚)하여 흐르거나 상분(上分)하나 하합(下合)하지 않으면 이와 같이[這般;저반] 가지(假地)로 반드시 구할 필요가 없다.

☞임두수(淋頭水) ; 임두라는 것은 혈 위에 맥이 없어 물이 묘의 머리에 흘러오는 것이다.(淋頭者穴上無脉而水淋墓頭也)

☞임(淋):(물·땀 따위가) 방울방울 떨어지다. (비에) 젖다. 떨어져 흐르다.

199) 설첨(舌尖) : 혀끝. 혀 ◦감(堪):~할 수 있다.~할 만하다. 감당하다.◦하(罅) : 틈, 틈새

其間所指多一事。一意而二三其說，固不足取。胡乃又有庸師野俗之辭云「空手把鋤頭，步行[200]騎水牛。人從橋上過，橋流水不流。兔在茅岡走，鷹來水面飛。老鼠梁上過，貓兒總[201]不知」等語，假楊公之名，以取信於人。楊公豈有此詭異[202]之說哉！是皆術者不明正理，立此奇名怪語，欺世駭俗，自神其術而已。明理君子，置之勿談可也。按：餘氏此論確當，故録之以為明辨云。

번양여씨(鄱陽餘氏) 우(佑)에 이르길 ' 합금수(合襟水)란 곧 고명고암(股明股暗)의 자웅수(雌雄水)이다. 하수(鰕鬚)과 해안(蟹眼)의 두 물[二水]이 혈 뒤에부터[自穴後] 양방(兩旁)으로 환요(環繞)하여 혈 앞에 이르기까지 새우수염 모양같이 두 물이 위에서 나누고 아래에서 합하면 음양(陰陽)이 서로 잘 조화되어[交濟] 자웅(雌雄)이 서로 짝을 이루는 것이다[相配].

혹 두 물이 위에 나누고 아래에서 합하지 않으면 음양(陰陽)이 분리되어[離析] 자웅(雌雄)이 서로 짝을 이루지 못하는 것을 실경(失經;이루지 못하는 것)이라 한다. 경(經)은 불변의 도[常]이다. 자웅(雌雄)이 짝을 이루지 못하면 법도를 잃는다. 혈에서 계수를 하여 이와 같이 지나가지 못한 것을 논하여 술가들은 말하길 '개자(个字),삼차(三叉),계적(雞跡),해안(蟹眼),선익(蟬翼),어시(魚腮), 십자(十字),구첨(毬簷), 화생뇌(化生腦), 니환궁(泥丸宮)이라 하고, 또 수저안(水低眼),전도교(剪刀交),수이좌(水裏坐),수이와(水裏臥),와굴(蝸窟),합첨(蛤尖),교금(交金),계옥(界玉),계흉(雞胸),구미(鳩尾),수대(壽帶),해금(孩衿),나문(羅文),토축(土宿),생구(生龜),사별(死鱉),면건(眠乾),취습(就濕),임두(淋頭),할각(割腳),대구(大口),출소구(出小口),수과(水過),산불과(山不過)등의 설과 또 양편 우각사(兩片牛角砂)와 한 방울의 해안수(蟹眼水)을 말한 것이다.

『피간로담』에서 '설첨(舌尖)[簷]에 하장(下葬) 하면[堪下] 전순을 상하지

200) 보행(步行) : 걸어서 가다. 도보로 가다

201) 총(總) : 반드시. 예외 없이. 절대로. 전연(全然;전혀.도무지)

202) 궤이(詭異) : 기이(하다). 괴상(하다). ◦치지(置之): 그냥 내버려 둠◦확당(確當) : 정확하다. 적절하다. 적당하다.

물(水)의 구분	
양택(陽宅)	음택(陰宅)
수성(水城)	상수(相水)+수성(水城)

않게 하고[莫傷脣], 앞니와 앞어금니 사이[石間(석간);암반틈새]에 바위[齒(치)]가 없는 부분에[隙;극] 천장(扦葬)할 수 있으면 암반 가까이[近骨]하지 마라. 첨(簷)이 없으면 비가 지나가는 소리가 물방울이 떨어지는 소리와 같다.

옛날 부엌에 연기가 사라지는 것 같으면[鼎煙銷] 기가 아직[尚] 흐르는가[浮]? 눈 녹은 물이 모일 때 호수가 넘치고[水漲]、물가 꽃이 만발하여 물 가운데가 붉다는 등의 말은 여러 가지로[種種] 복잡하다[多端]. 암반 사이를 가리키는 바는 대부분 일사(一事) 하나의 뜻[一意]이 있으나 2,3개 가리키는 설은 확실히 취하기에 부족하다. 마음대로[胡] 또 용사(庸師)의 민간 속담[野俗] 이르길 '빈손에 호미자루[鋤頭]을 들고[空手把鋤頭] 걸어서 가는 물소를 타고[步行騎水牛]

사람이 다리 위를 건너가고 있으나[人從橋上過] 다리는 흐르는 물을 따라 흐르지 않고[橋流水不流].

토끼는 띠풀이 있는 언덕으로 달아나고[兎在茅岡走] 매는 날아와 수면(水面)에서 날아 오르고[鷹來水面飛]

늙은 쥐는 대들보 위로 지나는데[老鼠梁上過] 새끼 고양이[貓兒;묘아]는 전혀 모르네' 등의 말은 양공(楊公)의 이름을 빌려서[假借] 사람들에 믿음을 취하였다. 양공(楊公)이 어찌 이러한 괴이한 말을 하겠는가! 이들은 모두 술가들이 이치에 올바르게 밝히지 못한 것이다.

이는 기이(奇異)한 명성(名聲)으로 기이한 말을 내세워 세상을 속이고[欺世] 속인을 놀라게 하여[駭俗;해속] 그 술수를 저절로 신묘하다고 할 뿐이다[自神其術而已]. 이치에 밝은 군자는 그냥 내버려 두고 말하지 않을 수 있는가?[置之勿談可也]

조사해 보니[按] 번양 여씨(鄱陽餘氏)의 이러한 논리는 적절하므로[確當] 기록으로 명백히 구별하여 말한 것이다[為明辨云].

앞에 합금수(合襟水)의 그림이다. 위는 공과 같이 둥글고 아래는 처마의 물이 방울방울 끊어지는 같아[斷絶] 구첨(球簷)이라 하였다.

혈 뒤에 삼룡산(三龍山)위에 의지하여 위에서 송룡수(送龍水)를 나누었다. 또 수룡수(隨龍水)라고도 한다. 앞에서는 삼룡수(三龍水)를 가까이 하고[親] 아래에서는 송룡수(送龍水)와 합수를 한다. 대부분 혈 앞에서 합수하는데, 좌우와 혈 후에 합수하는 것이 있어도 구애를 받지 않는다. 혈 후에 합수하는 것을 후합금수(後合襟水)라 한다.

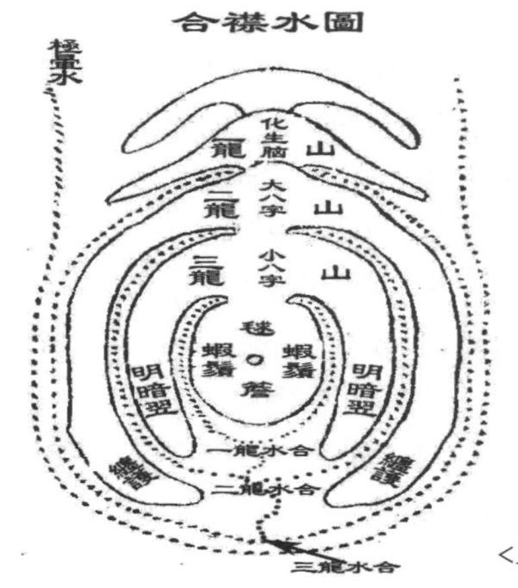

右為合襟水圖。上如球之圓，下如簷之滴斷[203]，故曰球簷。後倚三龍山，上分送龍水，又名隨龍水。前親三龍水，下合送龍水，不拘[204]合於穴前，多有合於左右及穴後者。合於後者名曰後合襟水。

<그림 2-1-15 > 합금수도(合襟水圖)

18)極暈水[205]

極暈水者，真穴必有太極之暈。訣云：「隱隱微微，徬徬佛佛[206]，粗看[207]有形，

---

203) **적단(滴斷):교아적단(交牙滴斷)** : 혈 앞의 좌·우산들이 이빨이 서로 맞물리듯[交牙] 하여 기가 새어나가지 못하도록 관쇄[滴斷]를 이루다. <출처> 『장서역주』, 허찬구, p151.
☞ 적단(滴斷) : 교아(交牙)하는 틈새로 흘러나가는 지현수(之玄水)를 물이 방울방울 끊어졌다는 뜻의 적단(滴斷)으로 표현**하였다**.

204) 불구(不拘) : 구속되지 않다. (~임에도) 불구하고. 제한되지 않다.~를 막론하고

205) **상수(相水)**
1.관념수(觀念水): 관념적인 미곡(微谷)이 생긴 곳(陰水)
2.극훈수(**極暈水**)
3.해안수(蟹眼水)+하수수(蝦鬚水) ☞**鰕(하)=蝦(하): 새우**
4.구첨수(毬簷水)
5.1차 분합(分合)
1) **승금[乘金;만두(巒頭);도두(到頭)]** : **혈을 결지하기 위하여 미돌하여**[微突;腦頭] **좌우**(左右)**로 분각**(分脚)**하는 지점**
2) **소명당(小明堂)** : **구**(毬)**에서 나누어져 혈을 감싼 후에 상수**(相水)**가 합수**(合水)**되는 곳**
3) **합(合)** : **첨하**(簷下)**에서 만나서 합함**[交合].

c*f*) **분각(分脚)** : **선익(蟬翼)이나 연익(燕翼)**. ◦**소구**(小口) : **혈처**(穴處)**→통맥풍수의 용어**

206) **隱隱微微 , 徬徬佛佛** ☞ **來脈하여** 八字形**으로 兩分하고, 中間一路** [**微微之有**] [**隱隱之起處**]**이면 肉厚하여 穴暈을 發見할 것이다.**

☕**원훈(圓暈)은**
1.은은미미(隱隱微微)하고 방방불불(彷彷佛佛)하여 모호한 원영(圓影;둥근 그림자)으로 상분하합(上分下合)하여 가로로 한 사람이 누울 정도의 크기이며, **구첨(毬簷)**, **합금(合襟)**, **나문(羅紋)**, **토축(土縮)**, **일점영광(一點靈光)**, **앙복(仰覆)**, **매화(梅花)**, **자웅교도(雌雄交度)** 등은 태극훈의 이칭(異稱)이다.
√은은미미(隱隱微微)

細看無物。」又曰：「遠看似有，近看則無。側看突起[208]，正看模糊。」皆善狀太極暈之妙訣也. 故凡入穴，回頭見圓暈在微薄隱顯之間，是謂有太極圓暈也。水非真有水，乃低處為水耳。訣云：「高一寸為山，低一寸為水」郭景純《葬書》「乘金相水，穴土印木。」廖氏「紫微太乙，旺龍木星」與此義同。故此太極暈，不特論水，尤切於穴。廖氏云：「若還鋤破太極暈，水蟻便侵棺。」正此暈矣。附極暈圖。

18) 극훈수(極暈水) : 태극훈(원훈;원운)에 낮은 곳은 곧 물이다.

극훈수(極暈水)란 진혈(真穴)은 반드시 태극훈(太極之暈)이 있다. 결(訣)에 이르길 '희미하게 숨겨져서 겉으로 드러나지 않고[隱隱微微] 비슷하여[徬徬佛佛] 언뜻보면 형체[形]가 있고, 자세히 보면 물체[物]가 없다.' 고 하였다.
또 이르길 '멀리서 보면 있는 것 같고 가까이서 보면 없는 것 같고 옆에서 보면 솟아올라 있는 것[突起] 같고 바로 보면 흐려 분명하지 않다[模糊].' 하여 모두 태극훈(太極暈)의 좋은 모양[善狀]은 (혈을 찾는) 교묘한 수단(좋은 비결)[妙訣]이다. 무릇 입혈(入穴) 하려고 고개를 돌려[回頭] 보아 원훈(圓暈)이 분명하지 않아[微茫] 숨었다가 나타났다 하는[隱顯] 사이에 있으면 이것이 태극원훈(太極圓暈)이라 한다. 극훈수는 진짜 물이 있다는 것이 아니고 낮은 곳

을 물이라고 할 뿐이다. 결(訣)에 이르길 '한 치가 높으면 산이요 한치가 낮으

1.뜻이나 생각 따위가 숨겨져서 겉으로 드러나지 않음 2.희미하다(분명하지 않다). 은미(隱微)하다.

√방방불불(彷彷彿彿)

1.흐릿하거나 어렴풋함. 2.거의 비슷함/비슷하다/유사하다.

2.혈장에 원훈이 있으면 생기가 안으로 모여 있는 것으로 진혈이 되고 훈(暈)의 한가운데가 곧 혈의 혈심(穴心)이 된다. 훈의 맨 위[暈頂]에 1~2개의 반훈(半暈)이 있어서 반달(半月) 또는 눈썹과 같은 형상을 이루면 이것은 **윤(輪)이라고 하고 삼륜**(三輪)이 있으면 대지가 된다. → 태극정혈법

207) 조간(粗看): 대충 보다. 휙 둘러보다 ◦세간(細看):상세히 보다. 면밀하게 고찰하다

208) 돌기(突起) : 갑자기 출현하다. 우뚝 솟다. (종기 따위와 같은) 돌기 .돌연히 발생하다.일부가 뾰족하게 내밀다

면 물이다.' 고 하였다.

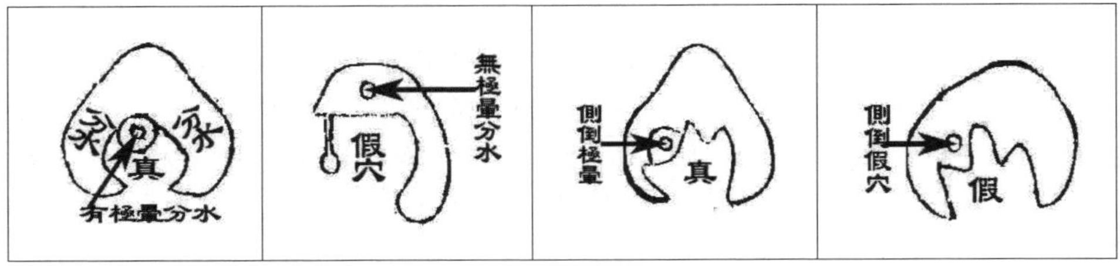

<그림 2-1-16 > 극훈도(極暈圖)

곽경순(郭景純)은 《장서(葬書)》에서 '승금(乘金),상수(相水), 혈토(穴土),인목(印木)이라.' 고 한 것이다. 요씨(廖氏)가 ' 자미궁(紫微宮)에 태을성(太乙星)이 왕성한 용[旺龍]에 목성(木星)이라' 하는 것과 뜻이 같으므로[義同] 이 태극훈(太極暈)에서 물을 특별히 논하지 않으나 혈에서 꼭 필요하다[切]. 요씨(廖氏)가 이르길 '만약 호미로 파서 태극훈(太極暈)을 파손하면 물개미[水蟻]가 곧 관을 침입한다.' 고 하였다. 이것이 바로 훈(暈)이다. 극훈도(極暈圖)를 첨부하였다.

19) 元辰水[209)]

元辰水者，龍虎之內，穴前合襟處水也，乃我本身親貼者。不拘乾流濕流，均謂之元辰水。此水切忌傾走。譬之龍身元氣，一滴不可洩也。必須左右有砂攔截，使之曲折為美。卜氏云：「元辰水當心直出，未可言凶。」乃權[210)]辭，戒人勿執一耳。其實元辰之水當心直出而長，為地大忌。故下文複救之曰：「外面山轉首橫攔，得之反吉。」蓋地固有龍真穴的，不幸而元辰長者，又須局勢緊巧乃可。若一向直去，局又曠闊，則真氣不聚，必無融結。亦有大龍氣盛，結穴已完，而餘氣吐為氈

209) **원진수(元辰水)**
1.원진수의 형태에 따라 혈의 결지(結地) 여부를 결정하는 주요한 요소로 작용한다.
2.좌우가 하수사에 막혀 원진수가 굴곡하여 흐르거나
3.혈 앞에 원진수의 직출을 막아주는 횡사(横砂)가 있으면 좋다.

210) 權(권) : 달아 분별하다. 경중·대소를 분별함. 꾀하다. 임기응변의. 임시의.

禱，為曜氣，一齊收斂不盡，而有元辰水出者，但初代不利。必須行到砂攔水截[211]之處，方發財祿。然此等[212]地必多清貴，雖位列顯耀[213]，而家儲終不富盈耳。其亦有多富積者，必在數代之後也。附元辰水吉凶圖。

19) 원진수(元辰水)

원진수란(元辰水) 용호내(龍虎之內)에서 흘러 혈 앞에서 합금(合襟)하는 곳(處)에 물이다. 이에 나의 본신에 가까이[親] 붙어있는 물[貼者]이며, 흐르는 물이 마르거나 물이 질퍽하게 흐르는 것에 구애되지 않고 똑같이[均] 원진수(元辰水)라 했다. 이 물은 명당이 기울어 달아나는 것을 극력 꺼린다[切忌].

비유하면 용신(龍身)의 원기(元氣)는 한 방울[一滴]도 새어서는 안되고, 반드시 좌우에 있는 사(砂)가 막아[攔截;난절] 물이 굽어[之曲折] 흘러가면 좋다.

복씨(卜氏)가 이르길 '원진수가 (명당) 한가운데[當心]로 곧게 흘러 나간다[直去]' 고 해서 흉하다고 말할 수 없다. 임기응변의 말[權辭, 둘러대는 말]로 사람들이 한 가지에 고집하는 것을 경계할 뿐이다.

실로 원진수(元辰之水)가 한가운데[當心] 곧고 길게 흘러가면 땅을 크게 꺼리므로 하문(下文)에서 다시 고쳐[救之] 말하길 '외면산(外面山)이 머리를 돌려[轉首] 가로 막아주면[橫攔] 오히려 길하다[得之反吉].' 고 하였다.

대개 땅은 확실히 용진혈적하면 바랄 것이 없으나 원진수가 긴 것은 또 국세(局勢)가 교묘하게 좁아야[緊巧] 가능하다. 만약 일 방향으로[一向] 곧장 흘러나가고, 국(局)이 또 광활(曠闊)하면 진기(真氣) 모이지 않아 반드시 융결할 수 없고[無融結] 또 대룡(大龍)에서 기가 왕성하여[氣盛] 결혈(結穴)은 이미 완성되어서 여기(餘氣)를 토출(吐出)하여 전요(氈褥)가 되고 요기(曜氣)되어 한 번에[一齊;일제히] 다 거두지 못하여 원진수(元辰水)로 나가는 것이다.

---

211) 截(절) : 차단하다. 가로막다. 멈추게 하다. 저지하다.
212) 此等(차등) : 문어에서, 바로 앞에서 이야기한 복수의 대상을 가리키는 말
 ◦極(극) : 정점. 절정에 이르다. 최고의
213) 顯(현) : 명성이 있다. 지위가 높다. ◦요(耀) : 빛나다.

此元辰水直出，有外水橫截，吉，但主不利初代	此元辰水直出，有外山橫塞吉,但主不利初代	此元辰水屈曲而出，初年亦發，至吉	此元辰直長，无砂水攔截，不結地，極凶
원진수가 곧게 흘러 나가나 밖에 물[水]이 가로막아 좋다. 그러나[但] 초년(初年)에는 불리하다.	원진수가 곧게 흘러나가나 밖에서 산(外山)이 가로로 막아 좋다. 그러나 초년에는 불리하다. ☞元辰當心直出 未可言凶. 外面轉首橫闌 得之反吉.	여기 원진수는 굴곡하여 흘러나가 초년에도 발복하여 지극히 좋다.	원진수가 곧고 긴데 사가 물을 막지 못하여 혈을 맺지 못하는 땅으로 지극히 흉하다.

<그림 2-1-17 > 원진수(元辰水)

다만 초대(初代)는 불리(不利)하나 반드시 사(砂)가 도달하여[行到] 물을 막아 차단하는 곳이어야 비로소 재록(財祿;財物)을 이룬다. 그러나 이들의 땅[원진수가 직거(直去)하는 땅]은 대부분 (인격이) 고결한 사람이 난다[清貴]. 비록 지위[位列]가 높아 명성이 있을지라도[顯耀;현요] 집안에 재산을 쌓으나[家儲] 종내 왕성한 부자[富盈]는 아니다. 그 역시 많은 재물을 쌓는 사람은 반드시 수대(數代) 후(後)에 있다[가능하다].

20) 天心水

天心者，當穴前明堂中正處謂之天心也。若有水融聚，謂之水聚天心，主巨富顯貴。卜氏云：「水聚天心，孰不知其富貴？」若此處水穿堂直過，謂之水破天心，主財不聚而人丁稀少。且水既直穿，氣必不聚，不可求穴，或有穴亦花假不真。誤下之，主財散人微。《賦》云：「為人無子，只因水破天心[214]。」故天心之水宜

214) 당문파(當門破)의 대안으로

1.비보수(裨補藪)를 조성 2.연못조성(築淵) 3.目力之巧 增高益下(예리한 눈으로 살피고 인공적인 방법으로 완전함을 따르고 결함된 것은 피해 높일 곳은 더하여 높이고, 낮아야 할 곳은 점점 낮추는 일) <출처>『금낭경』귀혈편

cf) 過當(과당) / 弓水, 襟帶,環抱,腰帶水,玉帶水,金城水,眠弓案

聚而不宜散，宜彎環而不宜直牽。又一說，界水淋墓頭亦謂之水破天心，主無子。二者皆凶，切須細察。要之，水淋墓頭，為禍尤甚。

20) 천심수(天心水)

천심(天心)이란 혈을 마주하는 명당 정중앙인 곳[中正處]을 천심(天心)이라 한다. 이곳에 물이 융취(融聚)하면 이를 수취천심(水聚天心)이라 한다. 주로 거부(巨富)이고 벼슬을 하여 명성이 난다[顯貴].
복씨가 이르길 '물이 천심에 모이면 누가 그 부귀를 모르겠는가?' 하였다. 만약 이 곳에[天心]에 물이 명당을 지나 곧게 흘러가면 수파천심(水破天心)이라 한다. 주로 재물(財物)이 모이지 않고 인정(人丁)이 드물다[稀少]. 또한 물이 곧장 지나갔으면[既直穿] 기(氣)가 반드시 모이지 않아 혈을 구할 수 없다. 혹 혈이 있다고 해도[有穴亦] 참이 아닌 가화(假花)이다.
하장을 잘못하면[誤下之] 주로 재산이 흩어지고 사람은 빈천하다[人微;인미]. 《설심부(賦)》에 이르길 ' 사람에게 자식이 없는 것은 다만 수파천심(水破天心) 때문이다.' 고 하였다.

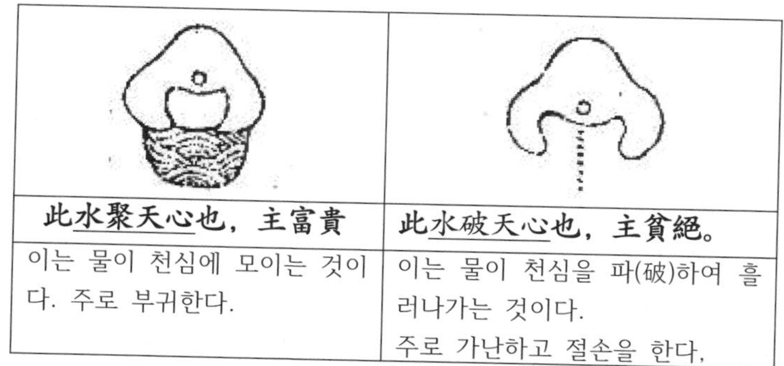

此水聚天心也，主富貴	此水破天心也，主貧絕。
이는 물이 천심에 모이는 것이다. 주로 부귀한다.	이는 물이 천심을 파(破)하여 흘러나가는 것이다. 주로 가난하고 절손을 한다.

<그림 2-1-18 > 천심수(天心水)

그러므로 천심수(天心之水)는 마땅히 모여서 흩어지지 않는 것이 좋다. 마땅

☞ 천심수(天心水)≠융취명당(融聚明堂)에 융저수(融瀦水) ◦수취(水聚) ≠수파(水破)

히 만환(彎環)하여 곧게 끌려가지[牽鼻水;견비수] 않는 것이 좋다. 또 일설에 혈을 경계하는 물[界水]이 묘두(墓頭)에 떨어져 젖어 들어[淋頭水]도 수파천심(水破天心)이라 한다. 주로 자식이 없다. 이 두 가지는 모두 흉하니 절대로 반드시 세심히 관찰해야 한다. 한마디로 말하면[要之] 물이 묘두(墓頭)에 흘러 들어가면 화가 더욱 심하다.

21) 真應水

真應水者，泉注穴前，以應[215]真龍之結作者也。蓋好龍旺盛，既結穴後，秀氣不盡，溢發為泉，應我[216]真穴。不拘大小，但要澄清[217]甘美，春夏不溢，秋冬不竭，瀦而不流，靜而無聲者為是。亦名靈泉。若有此水，必有大貴之地，宜於此處求索，不可忽也。如湖廣夏靖公祖地，及廣西呂文簡公祖地，皆有真應水，是其格也。

21) 진응수(真應水)

진응수란 진룡을 따라[以應] 샘물이 혈 앞에 모이면[注] 혈을 맺는다. 대개 호룡(好龍)은 기가 왕성(旺盛)하여 이미 혈을 맺은 후에 수기(秀氣)를 전부 거두지 못하고[不盡] 넘쳐흘러[溢發;일발] 샘이 되어 혈에 응한 것이다. 진혈은 샘의 대소에는 구애(拘礙)되지 않는다.

다만 맑고[澄清] 감미로워야[甘美] 한다. 춘하(春夏)는 넘치지 않고[不溢], 추동(秋冬)은 마르지 않고[不竭] 고여서[瀦而;저이] 흐르지 않아야 하고[不流] 고요하여[靜] 소리가 없는 것[無聲者]을 좋다고 여긴다[為是]. 또한 영천(靈泉)이라 한다. 만약 이러한 물이 있으면 반드시 대귀지(大貴之地)이다. 마땅히 이러한 곳을 찾아 구해야 하고[求索] 소홀히 해서는 안된다.

가령 호광(湖廣)에 하정공(夏靖公)의 조지(祖地)와 광서(廣西)에 여문간공(呂文簡公)의 조지(祖地)는 모두 진응수(真應水)가 있어 바로 그 격이다.

---

215) 應(응) : 따라 움직이다. ☞ 秀(수) : 천지간(天地間)의 뛰어난 기운. 빼어나다.
216) 應我(응아) : 남이 자기(自己)를 따름. 즉 물이 혈을 호종하다.
217) 澄清(징청) : 맑다. (혼란한 국면을) 평정하다 ◦甘美(감미) : (맛이) 향기롭고 달다. 감미롭다.

右地在德興治南四十里，土名毛橋。其龍自茅山廉貞作祖，寶殿龍樓，發下湊天土星[218]御屏[219]，方正[220]骨立，秀貼天表[221]。中出一脈，頓跌走弄[222]，穿田處四金相照。複數節，開帳，閃落右出，下平地結穴，開兩掬甚巧。鉗中真應水不涸不溢。前朝帳下貴人，大河繞帶，跪爐高鎮水口。穴上回頭，正坐御屏可愛。只是入首右畔受風，故葬後一人仕元死難。左畔曜星順水不回，故時敏公遂居湘陰以子貴贈少保[223]。國初，忠靖公原吉位至户部尚書，進公孤，贈三代，及吾邑舒方伯直庵公清為立傳見銀邑志忠靖公子瑄，官太常少卿。孫崇文，登進士，官南京通政参議。

앞의 조지(祖地)는 덕흥치(德興治) 남쪽[南] 40 리(里)에 있다. 토명(土名:그 지방에서 쓰이고 있는 이름)은 모교(毛橋)이다. 그 용(龍)은 모산(茅山)에서 염정(廉貞)으로 조산을 기봉(起峯)하여 용루보전[寶殿龍樓] 아래에 기봉(起峯)한 주천토성(湊天土星)은 어병(御屏)으로 바위가 방정하게[方正] 높이 솟아[骨立聳峙] 하늘[天表](높이)솟아나 접근하여[秀貼] 그 가운데 일맥(一脈)이 나와 갑자기[頓] 거침없이 달려가[跌走弄] 밭을 지나는 곳[穿田處]에 사금성[四金星;전후좌우의 四山]이 상조(相照)하고 다시 수절(數節)을 개장(開帳)하여 우로 뻗어나와 섬락(閃落;달아나 낙맥하여)하여 평지의 낮은 곳[下平地] 혈을 맺었다. 양쪽으로 개장하고 감싸[掬] 매우 기이하다.

겸중(鉗中)에 진응수(真應水)가 마르지도 넘치지 않고[不涸不溢], 앞의 조산[前朝]에는 장하귀인(帳下貴人)이 있고 대하(大河)가 띠를 두른 것같이
감싸고[繞帶] 궤로사[跪爐]가 수구(水口)를 높이 막아 지키며[鎭塞] 혈을 향하

218) 주산(主山)은 높이 솟아나 모양이 水形을 이루다[漲天水;창천수]. ◦창(漲) : 붇다.성하다. 물결치다.
√ 주산(主山)은 높이 솟아나 모양이 土形을 이루다[湊天土;주천토]
◦주(湊)(흩어진 것을 한곳에) 모으다.접근하다
√ 주산(主山)은 하늘을 찌를 듯이 木形을 이루다 [沖天木;충천목]
√ 주산(主山)은 높이 솟아나 모양이 金形을 이루다[獻天수;헌천금] 홀로 우뚝빼어나 火形을 이루면 모두가 좋다.

219) 御屏(어병) : 토체로 만약 방각(方角)이 골립(骨立)하면 어병(御屏)이다.

220) 方正(방정) : 바르다. 정직하다. 단정하다 ◦골립(骨立) :몸이 말라서 뼈가 앙상함을 형용

221) 貼(첩) : 접근(接近)하여 닿다. 달라붙다. 붙이다.
◦天表(천표) : 하늘의 바깥[아주 먼 곳 또는 아주 높은 곳]

222) 跌走(질주) : 거침없이 달리다. ◦弄(롱) ; 하다. 행하다. 만들다. ['弄'은 원래 쓰여야 할 동사의 구체적 설명이 불필요하거나 곤란한 경우 등에 그 동사를 대신해서 쓰여짐]

223) 少保(소보) : 소보. 주대(周代)의 관직 이름으로

여 머리를 돌려 정좌한 어병(御屛)이 사랑스럽다.

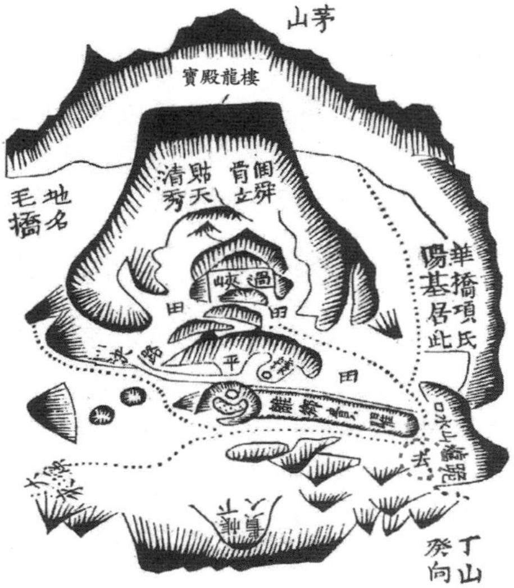

<그림 2-1-19 >하충청공조지(夏忠淸公 祖地)

그러나[只] 이곳[是]의 입수(入首)는 우측[右畔]에 바람을 받는다. 장후(葬後)에 한 사람이 원(元)에 봉사하려고 가 국난으로 죽고 좌측의 요성(曜星)은 순수(順水)하고 거스르지 않으므로[不回] 시민공(時敏公)이 마침내 상음(湘陰)에 살았을 때 아들은 신분이 높아 소보(少保)의 관위(官位)를 하사(下賜;追賜) 받았고 국초(國初)에 충정공(忠靖公) 원길(原吉)은 벼슬[位] 호부상서(戶部尙書)에 이르렀고 진공(進公)은 홀로[孤] 삼대(三代)에 이르러 서(舒)는 오읍(吾邑)에 방백(方伯)이며, 직암공(直庵公) 청(淸)은 전기(傳記)를 만든 것[立]이 은읍지(銀邑志)이다. 충정공(忠靖公) 아들 선(瑄)은 벼슬[官]이 태상(太常) 소경(少卿)이었고 손자 숭문(崇文)은 진사에 올라 벼슬은 남경(南京), 통정(通政), 참의(參議)를 하였다.

左地在湖廣大冶縣西六十里，土名茅潭。其龍來脈甚遠，不詳述。比[224]入局，開大帳。帳中出脈，連起數峰，狀如大小走馬訣云大馬趕[225]小馬，富貴傳天下。又頓跌

224) 比(비) : ~때에 이르다. 미치다. 어느 지경에 이름. 가깝다. 인접하다.
225) 趕(간) : 뒤를 쫓음. 몰다. ◦榜眼(방안) : 옛날 과거시험에서 2등으로 진사에 급제한 사람

透迤數里，穿峽作蘆鞭裊。入首起太陰高金，穴結上聚。下鋪餘氈悠揚[226]，當前真應水不涸不溢為証。下關一山，如牛角彎抱有情。明堂湖水融注。前朝龍樓寶殿，貴人秀麗。但近案帶石如兜鍪，故葬後當代即補戌[227]廣西。三代璋公發科，官縣令，以子貴贈少保。縣令公子即文簡公調陽，登庚戌榜眼，累官至少保兼太子太傳、吏部尚書、武英殿大學士。子興周，庚辰進士，與諸公連登科甲，至今富貴方隆

좌의 조지(祖地)는 호광(湖廣) 대치현(大冶縣)의 서쪽 60리에 있으며, 토명은 모담(茅潭)이다. 그 용은 내맥이 너무 장원(長遠)하여 상세히 기술하지 못였다. 입국(入局)할 때 이르러[比] 크게 개장(開帳)하여 장막 가운데[帳中] 출맥(出脈)하여 연달아 여러 봉우리가 솟아 형상[狀]이 크고 작은 말이 달리는 것[大小走馬] 같다. 결(訣)에 이르길 '대마(大馬)가 소마(小馬)를 뒤따라가면 부귀(富貴)가 천하에 전한다.' 고 하였고 또 수리(數里)를 위이하여[逶迤] 달려가[頓跌] 협을 지나서[穿峽] 노편뇨(蘆鞭裊)를 만들고 입수(入首)하여 태음고금(太陰高金)을 기봉하여 혈은 (기가) 높은 곳에 모여[上聚] 맺었다.

아래에는 넉넉하게 전(氈)을 펼치고 마주하는 앞에 진응수(真應水)가 오래 지속 되어[悠揚] 마르지도 넘치지도 않아 증거가 된다.

아래에 하나의 산을 막아[關鎖] 우각과 같이 만포(彎抱)하여 유정하다. 명당(明堂)에는 물이 모여[融注] 호수(湖水)이고, 앞에 조산이 용루보전(龍樓寶殿)이고 귀인은 수려하나 다만 가까운 안산에 암석이 붙어있어 투구[兜鍪;두무]와 같다. 장사 후에 당대(當代)에 곧 서쪽을 깎아 넓혀 보완하였고[補戌廣西], 삼대(三代) 장공(璋公)이 향시와 회시에 합격하여[發科] 벼슬은 현령(縣令)이었고 아들은 신분이 높아 소보(少保)의 관위(官位)를 하사(下賜;追賜) 받았고,

현령공(縣令公)의 아들은 곧 문간공(文簡公) 조양(調陽)은 경술년(庚戌)에 방안(榜眼)으로 과거에 급제하여 여러 벼슬[累官]은 소보(少保) 겸 태자태전(太子太傳)、이부상서(吏部尚書)에 이르렀고, 무영(武英)은 전태학사(殿大學士)을 아들 흥주(興周)가 경진년(庚辰) 진사(進士)을 하였고 흥(與) 등 여러 공[諸公]이 연달아 과거에 급제하여[連登科甲] 지금까지 부귀가 융성하였다[隆盛].

---

226) 悠揚(유양) : 멀고 아득하다. 시간이 오래 지속되다 ☞ 替(체) : 멸망하다. 쇠퇴하다.
227) 戌(술) : 깎다. 끊음. 개

<그림 2-1-20 > 광서여상공 조지(廣西呂相 祖地)

22) 祿儲水

祿儲水者，水之融注，如祿之儲積也。或穴前，或穴后，或穴之左右，或水口間，有深潴融聚之潭、湖、池、沼、塘、窟皆是也，或諸水聚会亦是。要深大不涸竭为美。主厚禄，主儲積巨富，悠久不替。

22) 녹저수(祿儲水)

녹저수(祿儲水)란 물이 모여[融注] 녹(祿)이 쌓여 모이는 것[儲積] 같은 것이다. 혹 혈 앞이나 혹 혈 뒤나 혹 혈의 좌우나 혹 수구 사이에 있는 것으로 깊은 웅덩이에 모인[深潴融聚] 물가 깊은 곳[潭], 호수[湖]、못[池]、늪[沼]、연못[塘]、굴(窟)은 모두 녹저수이다. 혹 여러 물이 모여도 녹저수이다. 깊고 크며 말라 고갈되지 않아야 아름답다. 주로 녹봉이 많고[厚祿] 저축하여[儲積] 큰 부자가 유구(悠久)하게 발복을 하여 끝나지 않는다.

論諸泉凡一十四條

1)嘉泉

嘉泉者，其味甘，其色瑩，其氣香也。亦曰甘泉。澄之愈清，混之難濁，春夏不盈，秋冬不涸，暑涼寒暖，四時瑩澈[228]。此泉至美，陰穴近之，乃龍氣之旺迸裂不禁者，大富貴地方有此應，亦名真應水。陽宅有此嘉泉，居民飲之，富貴長壽，一方多慶。

제10절 제천(論諸泉) 14조(一十四條)

1)가천(嘉泉)

가천(嘉泉)이란 샘의 물맛이 달고 색이 맑으며[瑩;영] 냄새[氣]는 향이 있는 것이다. 또 감천(甘泉)이라 한다. 물이 맑고 더욱 맑아 섞여 흐리게 하기 어렵고, 춘하(春夏)에도 물이 넘치지 않고, 추동(秋冬)에는 고갈되지 아니하며, 더운 여름에는 서늘하고[暑涼;서량] 차가운 겨울에는 따뜻하여[寒暖] 사시(四時)로 옥처럼 맑다[瑩澈;영철] 이 샘이 지극히 좋다.

음혈(陰穴)에서 가천이 가까우면 용기(龍氣)가 왕성하여 (샘이) 솟아나[迸裂] 멈추지 않는 것이다. 대부귀지(大富貴地)는 비로소 이와 같이 응함이 있다. 진응수(真應水)이라 한다. 양택(陽宅)에도 이와 같이 가천수(嘉泉)가 있으면 거주하는 주민이 가천수를 마시면 부귀장수(富貴長壽)하며 한편[一方] 경사가 많다.

2)冷漿泉

冷漿泉者，其味淡[229]，其色渾，其氣腥也。亦曰泥水泉。不可灌溉，不堪盥俯[230]，不宜炊飲。或濕濕浸漬，清不能澄，濁不能混。或得雨則盈，雨霽則涸。或春夏溢流，秋冬枯竭[231]，皆為不吉。是乃龍氣萎弱，地脈疏漏。陰穴近此最凶，不

228) 瑩(영) : 옥돌. 맑다, 맑게 하다.밝다 ◦澈(철) : 물 맑다. ☞ 迸(병) : 세차게 내뿜다. 솟아나다, 튀어나오다. ◦裂(렬) : 찢어지다. 금가다.
229) 淡(담) : 묽다. 질펀히 흐르다. 연하다. ◦不堪(불감) : ~할 수 없다. 몹시 나쁘다.
230) 盥(관) : 대야. 양치질하다 ◦俯(부) : 머리를 숙이다.

可誤為真應水而扦葬也。陽宅飲之，非但此方232)無有富貴，仍主瘟疫233)長病，廣腫憔悴，久而絕滅。

2) 냉장천(冷漿泉)

냉장천(冷漿泉)이란 그 물맛이 진하지 않고[淡;담] 색은 혼탁하며[渾] 냄새[氣]는 비린내[腥;성]가 나는 것이다. 역시 니수천(泥水泉)이라 한다. 이 물은 관개(灌漑)도 할 수 없고, 양치나 세면[盥俯;관부]도 할 수 없고, 밥을 짓거나 음료로도[炊飮;취음] 마땅하지 않다[不宜]. 축축하게 물이 스며들어[濕濕浸漬;습습침지] 깨끗하게 하여[淸] 맑게 할 수 없다[不能澄].

탁하여[濁] 섞을 수 도 없다[不能混]. 혹 비가 내리면 넘치고, 비가 멈추어 화창하면[霽;재] 마르고, 어떤 경우[或] 춘하(春夏)에는 넘쳐흐르고[溢流;일류], 추동(秋冬)은 고갈되어[枯竭] 모두 좋지 않다. 이것은[是乃] 용기(龍氣)는 지맥(地脈)이 약하여[萎弱;위약] 누설한 것[疏漏;소루]이다.

냉천 가까이 음혈(陰穴)은 진응수로 잘못 알아서[誤認] 천장하면 가장 흉하다. 양택(陽宅) 이 물을 마시면 비단(非但) 이것은 부귀하지 않을 뿐만 아니라 이에 주로 온역(瘟疫;溫疫;전염병),장병(長病;오래 도록 앓고 있는 병), 부스럼(廣腫). 초췌(憔悴; 얼굴이 핼쑥하다)하여 오래되면 절멸(絕滅)한다.

3)醴泉

醴泉者，味甘如醴，故名之也。《禮緯》云：「王者刑殺當234)罪，賞錫當功，得禮之宜，則醴泉出。」《鶡冠子》曰：「聖人之德，上及太清，下及太寧，中及萬靈，則醴泉出。」《瑞應圖》曰：「王者純和，飲食不貢獻則醴泉出。飲之令人壽。」此蓋聖王德感，神物之來，非偶爾235)也。固雖地龍氣脈之所發

---

231) 枯竭(고갈) : 고갈되다. 소멸하다. 없어지다 ∘不可 : ~할 수가 없다. ~해서는 안 된다.
232) 非但(비단) : 비단 ~뿐만 아니라. ∘此方(차방) : (방향의) 이쪽. 이것. 여기.
233) 瘟疫(온역) : 급성(急性) 전염병(傳染病)의 하나. ∘醴(례) : 단술. 달다. 맛이 좋다.
234) 當(당) : 일을 당하다. 의당~여야함. 마땅하다. 합당하다.∘錫(석) : 주다(賜;사).
∘當罪(당죄) : 지은 죄에 합당하게 형사적인 처벌이나 신체적인 벌을 받게 함
235) 爾(이) : 단정 [~爾] 矣·焉·也와 쓰임이 같음.

洩，然亦不可泥為氣旺，而必於求地也。

3) 예천(醴泉)

예천(醴泉)이란 맛이 단술[醴]과 같이 달아 예천이라고 이름을 붙였다. 《예위(禮緯)》에 이르길 '왕은 형벌로써 죽이는 것[刑殺]은 죄에 대하여 합당하게 행하여지고, 상(賞)을 주는 것도 공로에 맞도록 주고[錫當功] 예의에 맞아 합당하면 예천醴泉이 용출한다.' 고 하였다.
《갈관자(鶡冠子)》에 이르기를 '성인의 인덕이 위로[上]는 하늘[太清]에 미치고, 아래[下]로는 땅[太清]에 미치고 가운데로[中]는 만령(萬靈)에 미치면 예천醴泉이 용출한다 ' 하였다. 서응도(瑞應圖)가 이르길 '왕이 순화하여 음식물을 공헌하지 않는다면, 예천(醴泉)이 용출하면 사람들에게 이것을 마시게 하면 장수를 한다.' 고 하였다. 이는 대개 성왕(聖王)의 덕(德)이 신물(神物)을 감동[感]하게 하여 나오는 것으로 결코 우연(偶然)이 아닐 뿐이다. 진실로[固] 비록 지룡(地龍)의 기맥(氣脈)이 발설(發洩)한 곳이나 역시 기맥이 왕성하다고 해서 반드시 땅을 구하는 데 얽매일 필요는 없다.

4) 湯泉

湯泉者，即溫泉也，俗又謂之暖水，世言湯泉。是硫黃在下，故其水上出沸熱。或曰礬石在下。此固莫得而辨。大抵龍之旺氣，融而為泉。泉而沸熱，其氣發散，不能結穴，亦不必泥為硫黃礬石也。楊公云：「凡是溫泉莫尋地，真陽溫厚化為水。滔滔[236]汩汩日夜流，且是水口無關闌。」又有一等水源，冬溫夏涼，俗名暖水者，又多出富貴，與湯泉不同，不可一概論也。

4) 탕천(湯泉)

236) 滔滔 (도도) : 큰물이 출렁이다. 끊임없이 말하는 모양 ☞汩汩(율율) : 콸콸. [물이 세차게 흐르는 소리]

탕천(湯泉)이란 곧 온천(溫泉)이다. 시속(時俗)에서 또 그것을 난수(暖水)라 한다. 세상 사람들의 말에 따르면[世言] '탕천(湯泉)은 유황(硫黃)이 밑에 있기 때문에 그 물이 위로 올라와 끓는 듯이 뜨겁다[沸熱].' 하였다. 혹 이르길 '반석(礬石;백반)이 아래에 있다.' 고 하였고 이는 확실히 알아서 판별하지 못한다. 대체로 보아서[大抵] 용의 왕기(旺氣)가 녹아 샘이 되었고 샘은 끓는 듯이 뜨거워 그 기는 발산(發散)하여 혈을 맺을 수 없다. 또 유황(硫黃)과 반석(礬石)에 너무 집착할 필요가 없다. 양공이 이르길 ' 일반적으로[凡] 이러한 온천(溫泉)에서 땅을 찾지 말라 천지보다 먼저 생긴 진일지기(眞一之氣)[眞陽]가 너무 뜨겁게 변화하여 물이 되었다.

큰 물이 출렁이면 물이 흐르는 소리가 나고[滔滔汩汩;도도율율] 주야로 흐르니 또 이곳은 수구가 관란(關闌)이 되지 않는 것이다' 고 하였다. 또 첫 번째 수원(水源)은 겨울은 따뜻하고 여름은 서늘하다. 시속에서 난수(暖水)라 하는 것이며 또 부귀가 많이 나와 탕천(湯泉;온천)과는 같지 않아 전부[一概] 논해서는 안된다.

5) 礦泉

礦泉者，其下有礦，而上有泉迸者也。其色紅，亦謂之紅泉。龍脈氣鍾於礦，其山泉流，紅色粘滯。時礦利發洩，必致掘鑿傷毀，縱有美穴，孝子亦當慎重。況氣鍾於礦而為世寶，豈複能結陰地？不特智者而後知其不可也。

5) 광천(礦泉)

광천(礦泉)이란 아래에는 광물[礦]이 있고, 위로는 샘(泉)이 함께 있는 것이다. 광천의 색이 붉어도 홍천(紅泉)이라 한다. 용맥(龍脈)의 기(氣)가 광물[礦]에 모여 그 산에 끈적끈적 뭉쳐서[粘滯;점체] 붉은 색의 샘이 흐른다. 다른 데 광물에 유익한 것이 발설되면 반드시 굴착(掘鑿)하여 훼손된[傷毀] 것이다.

비록 좋은 혈이 있을지라도 효자는 역시 마땅히 신중해야 한다. 하물며 광석에 기가 모이면 세상에 보배가 되어 어찌 다시 음지에 혈을 맺을 수 있는가? 특별한 지자(智者)가 아니라도 늦게 깨닫는 사람도[後知] 혈이라 해서는 안된다.

6) 銅泉

銅泉者，其水可浸鐵為銅者也。以其色類膽汁，又名膽泉。是龍脈旺氣皆鍾於泉，不能結地，不必求穴也。

6) 동천(銅泉)

동천(銅泉)이란 물에 철이 배어들면 동(銅)이 된다. 그 물의 색이 쓸개즙[膽汁;담즙]과 유사하여 또 담천(膽泉)이라 한다. 이는 용맥의 왕기(旺氣) 모두 샘에 모여 결혈할 수 없는 땅이다. 혈을 찾을 수 없다.

7) 湧泉

湧泉者，泉自地中湧出，起泡噴沸[237]；或石岩湧出，乍[238]起乍沒，如潮水起白泡者皆是也。有此湧泉，則地氣發洩[239]於泉，或為勝境仙宮，靈神所棲之地，不可求穴也。

7) 용천(湧泉)

용천(湧泉)이란 샘이 땅속에서 용출(湧出)하여 거품을 뿜어 샘솟는다[噴沸:분불]. 혹 석암(石岩)에서 용출(湧出)하기도 하고, 잠깐 일어났다가 갑자기 없어지기도 한다. 조수(潮水)가 하얀 포말[白泡]을 일으키는 것 같은 것은 모두 이것이다.

용천이 있으면 지기가 새어 없어지고[發洩] 혹 명승지[勝境]와 선궁(仙宮)으로 신령스런 귀신[靈神;영혼]이 머무는 곳의 땅[所棲之地]으로 혈을 찾을 수

237) 噴(분) : 뿜다. 물, 불 따위를 뿜어냄. ◦沸(불) : 끓다 . 샘솟는 모양
238) 乍(사) : 잠깐. 차라리. 잠시. 갑자기
239) 洩(설) : (맥·힘·기세 따위가) 없어지다. ◦勝境(승경) : 좋은 경치. 명승지

없다.

8)濺泉
濺泉者，出竅如射，冷冽殊常，及陰極肅殺[240]之氣所發，最為凶惡，不可求穴也。

8) 천천(濺泉)

천천(濺泉)이란 구멍[竅;규]에서 쏘듯이 (물이) 흘러나와 평소와 다르게 이상하게[殊常] 몹시 차고[冷冽;냉렬] 음이 극하여[陰極] 숙살(肅殺)의 기가 발생하는 곳으로 가장 흉악(凶惡)하다. 혈을 구할 수 없다.

9)沒泉
沒泉者，水從下漏者也。下有虛竅，潛通他所，水溜其下，如沒[241]池中，不見其去。此乃虛陷之地，氣不融結，不必求穴也。

9) 몰천(沒泉) : 지중을 따라 빗물이 누수되어 흘러가는 물.

몰천(沒泉)이란 물이 아래로 새는 것이다. 아래 빈 구멍[虛竅]을 통하여 땅속으로 흘러가는[潛通] 다른 곳이 있어 그 아래에 방울져 떨어져[溜;류] 마치 못 가운데 잠긴 것[沒;몰] 같아 물이 흘러가는 것이 볼 수 없다. 이는 땅이 약하여 함몰되어[虛陷] 기가 융결되지 않아 혈을 찾을 필요가 없다.

10)黃泉
黃泉者，非論其色，乃水入於地，謂之水落黃泉也。春雨乍起，則其水驟漲而起；

---

240) 肅殺(숙살) : 쌀쌀한 가을 기운(氣運)이 풀이나 나무를 말리어 죽임.
241) 從(종) : ~을 따르다. ◦몰(没) : 빠지다. 빠져 잠기다 ◦潛(잠) : 땅속을 흐르다. 물속에 잠겨서 가다.

雨才[242]止，而水即浸入地中。四時幹竭[243]，乃浮沙之地，龍氣虛耗。其鄕[244]非惟不結陰地，而所居之民亦貧困無聊[245]。或為靈神所棲，或為鬼魅[246]所都而已。坑深水淺，水落深坑，亦謂之水落黃泉，不必尋地。此與方位家黃泉之說不同。

10)황천(黃泉)

황천(黃泉)이란 그 색깔을 논하는 것이 아니고 땅속으로 스며드는 물을 말하며, 물이 떨어져 황천(黃泉)이다. 봄에 비가 잠깐 오면 물이 갑자기 물이 불어 올라가고[驟漲而起] 비가 이제 막[才] 그치면 물이 곧 땅속으로 스며들어 사시(四時)로 물이 말라[幹竭] 바로 들뜬 모래 땅[浮沙之地]으로 용(龍)의 기(氣)가 헛되이 소모되어[虛耗] 그 장소[其鄕]가 다만 음지陰(地)라 혈을 맺지 못하는 것이 아니고[非惟不結] 거주(所居)하는 사람도 빈곤(貧困)하여 마음에 들지 않는다[無聊;무료]. 혹 신령[靈神]이 깃드는 곳이거나[所棲] 혹 도깨비[鬼魅]가 모이는 곳일 뿐이다. 웅덩이는 깊고 물이 적으나[淺] 물이 깊은 웅덩이에 떨어져도 수락황천(水落黃泉)이라 한다. 자리를 찾을 필요가 없다. 이는 방위가(方位家)의 황천설(黃泉之說)과 다르다.

11)漏泉

漏泉者，點滴[247]滲漏，乃龍氣之弱者，不可求穴也。

11)누천(漏泉)

---

242) 才(재)의 번체는 纔(재) : 방금. 이제 막. 이제야~이 되어서야. [일·동작이 방금 발생했거나, 반대로 늦게 발생한 것을 표시함]

243) 幹(간) : ~하다. 저지르다. 일으키다. ◦竭(갈) : 다하다. 물이 마르다. ◦虛耗(허모) : 헛되이 소모하다.

244) 鄕(향) : 곳, 장소(場所), 지구(地區)

245) 無聊(무료) : 탐탁한[족히 마음에 들어 만족스럽다] 맛이 없음. ◦聊(료) : 즐거움. 의지하다. 바라다. 원함.

246) 鬼魅(귀매) : 귀매. 도깨비와 두억시니(夜叉)있다. ◦都(도) : 자리 잡음.모이다.군집하다.

247) 點滴(점적) : 처마 따위의 높은 곳에서 방울방울 떨어지는 낱낱의 물방울 ◦滲漏(삼투) : (물이) 새다. 누수(漏水) √若或(약혹) : 있을지도 모르는 뜻밖의 경우

누천(漏泉)이란 물방울[點滴]이 떨어져 물이 새어[滲漏;삼누] 곧 용기가 약한 것으로 자리를 구할 수 없다.

12) 冷泉

冷泉者，清流冷冽，乃受極陰之氣，決不能融結造化也。《玉峰寶傳》云：「漏泉、冷泉、濺泉、紅泉，亂中及明堂皆不宜有。若或有之，痔漏病醜，發洩地氣，家儲無有。」

12) 냉천(冷泉)

냉천(冷泉)이란 깨끗하게 흐르고 차가워[冷冽] 지극한 음(極陰)의 기운을 받아서 결코 융결하여 조화를 이룰 수 없다.《옥봉보전(玉峰寶傳)》에 이르길 '누천(漏泉)、냉천(冷泉)、천천(濺泉)、홍천(紅泉) 등 어지러운 가운데 명당이 있으면 모두 마땅하지 않다. 만약 혹 치루병(痔漏病)이 있으면 더러워[醜;추] 지기(地氣)가 새어나[發洩] 집안에 저축[儲;저]를 하지 못한다.' 고 하였다.

13) 龍湫泉

龍湫泉，孕育蛟龍之窟也。或旱歲祈禱[248]輒應者亦是。如雁蕩山大龍湫、小龍湫之類。此泉多出大山亢陰之所，為鬼魅之都，而不可求穴也。

13) 용추천(龍湫泉) : 폭포수가 떨어지는 지점에 깊게 패여 있는 웅덩이

용추천(龍湫泉)이란 교룡(蛟龍)을 낳아 기르는 굴(窟)이다. 혹 가뭄이 있는 해[旱歲]에 소원을 빌면[祈禱] 번번이[輒;첩] 응하여[應者亦] 역시 그러하다. 가령 응탕산(雁蕩山)의 대룡추(大龍湫)、소룡추(小龍湫)의 유(類)이다.

---

248) 祈禱(기도) : 신이나 절대적 존재에게 바라는 바가 이루어지기를 빎。輒(첩): 문득. 쉽게. 번번이. 오로지 。亢(항) : 지나치다. 높다. 지극히

이 샘은 대부분 큰 산의 지극히 음습[亢陰]한 곳으로 귀신[鬼魅]이 모여[都] 혈을 구할 수 없다.

14)瀑布泉

瀑布泉者，山岩流泉，飛奔石壁之下，如擲布帛之狀者也。穴前見之，或如孝簾[249]，或如垂淚，或如白刃等狀，固為不吉。又或有聲，如轟雷，如槌鼓，如哭泣，如悲訴，尤為不祥。不待智者而後知其不宜矣。其有幽奇岩洞，飛瀑[250]如珍珠簾者，亦只主仙釋清高，而不可以求穴也。予兄弟嘗游龍虎山、武夷山，及天台、雁蕩諸名山，莫不皆有水簾洞[251]。其泉自萬仭飛瀉，懸崖撒落，而於半瀉，如垂簾當門[252]，微風動搖，儼若水晶珍珠簾幕垂下搖擺[253]之狀，故名水簾洞。雖幽奇殊甚，然不過緇流棲遁而已，終覺陰氣襲人，亦無久居之者。

14) 폭포천(瀑布泉)

폭포천(瀑布泉)이란 산의 바위에 흐르는 샘이 석벽(石壁)의 아래로 비단[帛]을 던져 펼친 모양과 같다. 혈 앞에서 보이면 혹 효렴(孝簾)과 같고 혹 눈물을 흘리는 것 같고[垂淚;수누] 혹 서슬이 시퍼런 칼날 같은 등의 모양은 확실히 좋지 않다. 또 혹 소리가 있어 우레 소리(轟雷;굉뢰)와 같거나 북을 치는 것[槌鼓;추고] 같고 흐느껴 우는 것 같고[哭泣;곡읍] 슬픔을 알리는 것 같으면[悲訴;

---

249) 진주렴(珍珠簾)/효렴(孝簾):진주렴(珍珠簾)은 큰 산이 개장하여 중간에 폭포와 같은 샘물이 바위에 막혀[所攔:소란] 만들어지는 것이다[爲]. 구슬과 같은 물방울이 아래로 뚝뚝 떨어지는 모양[滴滴]이므로 진주렴(珍珠簾)이라 한다. 용이 천하면 효렴(孝簾)이다.
(珍珠簾者，大山開帳，中間瀑泉為石所攔，滴滴如珠而下，故曰珍珠簾。龍賤為孝簾)
cｆ) 효렴(孝簾) : 是深泉如疋帛瀉下 無間破去處
250) 飛瀑(비폭) : 높은 곳에서 나는 듯이 세차게 떨어지는 폭포
251) 莫不(막불) : ~하지 않는 자가 없다. 모두 ~하다. 。水簾洞(수렴동) : 서유기(西遊記)에 나오는 동굴 이름. 터널 공사 따위에서 물이 뿜어 올라오는 곳
252) 當門(당문) : 문을 마주하다. 문 앞 。엄약(儼若(엄약) : 마치[흡사] ~같다. (≒ 儼如)
。儼(엄) : 삼가다. 마치 ~와 같다.
253) 搖擺(요파) : 흔들거리다. (의지나 감정이) 동요(動搖)하다.
☞搖(요) : 흔들리다. 。擺(파) : 흔들리다.

비소] 더욱 상서(祥瑞)스럽지 못하다. 지혜로운 자를 기다리지 않아서 뒤에 그것이 마땅하지 않음을 알 것이다. 그것이 그윽하고 기이(奇異)한 바위굴[岩洞]에 세차게 떨어지는 폭포[飛瀑]가 진주렴(珍珠簾) 같으면 다만 주로 청렴한[淸高] 신선과 스님[仙釋]이 나오나 혈을 구할 수 없다.

우리 형제[予兄弟]는 일찍이 용호산(龍虎山), 무이산(武夷山), 천태(天台)、응탕(雁蕩) 등 여러 명산을 유람(遊覽)하였는데 모두 수렴동(水簾洞)이 있다. 그 샘이 한없이 높은[萬仞;만인] 낭떠러지[懸崖;현애]에서 쏟아져[飛瀉;비사] 떨어져 흩어지고[撒落살락], (낭떠러지의) 중간[半]에 문 앞에 드리운 발처럼 드러나[瀉] 미풍(微風)에 흔들려[動搖] 마치 수정(水晶)의 진주렴(珍珠簾)처럼[儼若] 아래에 드리운 막[幕]이 흔들리는[搖擺] 모양이므로 수렴동(水簾洞)이라 한다. 비록 신비롭고 기이함이 매우 유별나[殊甚] 승려[緇流;치류]들의 은거(隱居)하는 곳[棲遁;서둔]에 불과할 뿐이다. 마침내[終] 음기(陰氣)가 사람을 엄습하여[襲人;습인] 역시 오랫동안 거주할 수 없는 곳임을 안다.

已上諸泉，惟嘉泉為吉，餘皆非宜。醴泉、湯泉、銅泉、龍湫泉則 氣鐘於泉，紅泉氣鐘於礦，冷漿泉氣之萎弱，沒泉、黃泉、漏泉氣之虛陷，湧泉、濺泉氣之發洩，冷泉氣之陰殺，瀑布氣之陽慘，皆無融結，不必追尋。醴泉、湯泉、銅泉、龍湫惟不結地，而禍應不系於泉。其冷漿泉，主召瘟疫；紅泉，主咯血、癆瘵、殺戮；湧泉、濺泉、漏泉、冷泉主崩漏、痔瘺、翻胃、風狂、顛癇、浮腫諸凶，馴以絕滅，又豈但痼疾貧困而已[254]哉！

이상 여러 샘은 다만 가천(嘉泉)만 좋고 나머지는 모두 마땅하지 않다.
예천(醴泉)、탕천(湯泉)、동천(銅泉)、용추천(龍湫泉)은 기(氣)가 샘에 모이는 것이고, 홍천(紅泉)은 기가 광물[礦]에 모이고, 냉장천(冷漿泉)은 기가 미약하다[萎弱:위약]. 몰천(沒泉)、황천(黃泉)、누천(漏泉)은 기가 없어 허하다[虛陷]. 용천(湧泉)、천천(濺泉)은 기가 누설[漏泄;밖으로 새어나감], 냉천(冷泉)은 기가 축축한 살[陰殺]이고, 폭포(瀑布)는 기운이 바깥을 상하게 하여[陽慘;양참] 모두 융결이 없다. 추적하여 찾을 필요가 없다.

예천(醴泉), 탕천(湯泉), 동천(銅泉), 용추천(龍湫)은 오직 혈을 맺지 못하는 땅이고 재앙이 응함[應]이 샘에 매여있는 것이 아니고 그 냉장천은 주로 온역

254) 而已(이이) : ~만.~뿐

(瘟疫)이 생기고[召] 홍천(紅泉)은 주로 각혈(咯血;피를 토하다),노채(癆瘵;폐결핵), 살육(殺戮)하고, 용천(湧泉)、천천(濺泉)、누천(漏泉),냉천(冷泉)은 주로 붕루(崩漏;자궁출혈), 치루(痔瘺;항문 주위의 구멍),변위(翻胃;변이 새고,먹을 때마다 토하는 것), 풍광(風狂;미친 사람), 전간(顚癎;발작이 되풀이 되는 질병),부종(浮腫) 등 제흉(諸凶)이 생기고 점차적으로[馴以] 절멸한다. 또 어찌 비단 고질병[痼疾]과 빈곤(貧困)만 있겠는가!

論明堂[255]

夫明堂者，天子之堂，向明而治[256]，百官考績[257]之所聚，天下朝獻之所歸也。地理家以穴前之地借名於此，亦以山聚水歸，其象殆相彷佛焉，此明堂之所由名也。然所謂明堂有二：曰內明堂，曰外明堂，亦曰大小明堂。二者不可一概而論[258]。劉氏云：「凡山勢來緩，平平結穴，龍虎環抱，近案當前，則當論內明堂。內明堂不可太闊，太闊近乎[259]曠蕩，曠蕩則不藏風；又不可太狹，太狹則氣局促[260]，局促則穴不貴顯。須要寬狹適中，方圓合格，不卑濕，不欹側，無流泉滴瀝，無圓峰內抱，不生惡石，斯為內明堂之善也。

제2장 논 명당(論明堂[261])

255) 明堂(명당)
가.정의 : 明堂者穴前注水之處也. 砂에 둘러싸인 穴의 땅 <출처>『한국의 풍수』,최창조
나.종류
1.소명당(小明堂) : 금어수(金魚水)가 합하는 평탄(平坦)한 곳 2.내명당(內明堂):용호내 3.중명당(中明堂) : 안산 안쪽은 산) cf) 외양(外洋) : 안산 바깥에 있는 물) /외양(外陽) ?

256)『 주역』에서 이르길‘ 성인은 남쪽을 향해 천하의 의견을 들어서 밝은 것을 향하여 다스린다’고 하였다.(聖人南面聽天下 向明而治)

257) 考績(고적) : 관리의 근무 성적을 평가하여 결정하는 일. ◦褒貶(포폄) : 칭찬(稱讚)함과 나무람. 시비(是非) 선악(善惡)을 평정(評定)함 ◦歸(귀) : 돌아가다. 한곳으로 모이다.

258) 一概而論(일개이논) : 일률적으로 논하다. 동일시하다.

259) 近乎(근호) : ~에 가깝다. 가깝다. 친근하다.

260) 局促(국촉) : 좁다. (시간이) 촉박하다. 쭈뼛쭈뼛하다. 협소하다.◦원원(遠遠) : 멀다. 아득하다.

261) 명당수의 출입에서 산이 좋고 나쁨을 대한다.[명당이 보이는 것으로 그 길흉을 생각한다] 명당의 크기는 규정이 없고 원근의 기준으로 혈에 따라 정해질 뿐이다.(明堂之水出入 , 視

제1절 머리말

일반적으로 명당(明堂)이란 천자의 앞마당[堂]으로 밝은 것을 향하여 다스려[向明而治] 백관(百官)들의 근무 성적을 평가하기 위하여[考績] 모이는 장소이며, 천하(天下)에서 신하가 임금을 조회하고 술 등을 바쳐 올리기[朝獻] 위하여 모이는 곳이다. 지리가들은 혈 앞의 땅을 이름만 가차(假借;본래 뜻과 상관없이 다른 한자를 빌려 쓰는 방법)하여 (명당)이라 하였다. 역시 산이 모이고 물이 모여[水歸] 그 모양이 거의 서로[殆相] 비슷하여[彷彿] 이에 명당(明堂)의 이름이 유래한 이유이다. 이 때문에 명당(明堂)이라 하는 두 가지는 내명당(內明堂)과 외명당(外明堂)이라 하고 역시 대・소명당(大小明堂)이라 한다.

두 가지는 일률적으로 논해서는 안된다. 유씨(劉氏)는 이르길 '일반적으로 산세(山勢)가 완만하게 와서[來緩] 보통[平平] 혈을 맺고 용호(龍虎)가 환포(環抱)하며 가까운 안산[近案]이 앞에 마주하면[當前] 내명당(內明堂)이라 하는 것이 마땅하다.' 고 하였다. 내명당(內明堂)은 너무 넓어서[太闊]는 안된다. 내명당이 태활(太闊)하면 광탕(曠蕩;끝없이 넓다)에 가깝다. 광탕(曠蕩)하면 장풍(藏風)이 안된다. 또 (내명당)이 너무 좁아서는 안된다. 너무 좁으면 기(氣)가 머물러 있는 공간이 촉박하고[局促], 촉박하면[局促] 혈에는 벼슬이 높아 유명할 수 없다[不貴顯]. 반드시 관협(寬狹; 넓고 좁음)의 정도가 꼭 알맞아[適中] 사방[方]이 원만하여[圓] 격식에 합당하여야 한다[合]. 바닥이 낮고 습하지 않고[不卑濕], 한쪽으로 기울지도 않아야 하고[不欹], 샘물[流泉]이 떨어지지 않아야 하고, 안에서 원봉(圓峯)을 감싸지 않아야 하고, 악석(惡石)도 생기지 않아야 내명당이 좋은 것이다.

凡山勢來急，垂下結穴，龍虎與穴相證，前案遠，則當論外明堂。外明堂必須兩邊寬展，不可窄狹，四山圍繞，略無空缺。又見外水曲折，遠遠朝來，斯為外明堂之善也。愚[262]謂大富貴地，必結內外明堂。內明堂欲其團聚，不欲其曠闊；外明堂欲其開暢，不欲其逼窄。蓋內堂寬則氣不融聚，外堂狹則局不開明，故爾。

山之善惡焉(以明堂所見爲吉凶) 其大小無尺寸, 遠近之準, 隨穴而已矣.)

<출처>『捉脈賦·洞林照膽』,「明堂編」,비봉출판사, p154, 김두규 譯註

262) 愚(우) : 어리석다. 어리석은 마음. 자기 자신을 낮추어 겸손하게 이름[겸칭]

일반적으로 산세(山勢)가 급하게 내려와 아래로 드리워 결혈하면 용호와 혈이 서로 증명된다. 앞에 안산이 멀면 (내명당이라 하지 않고) 당연히 외
명당이라 한다. 외명당(外明堂)은 반드시 양변(兩邊)이 넓게 펼쳐져야 하며[寬展] 협착(窄狹)해서는 안된다. 사신사[四山]가 (혈을) 둘러싸고[圍繞] 둘러보아[略;략] 공결(空缺)이 없어야 한다.

또 보이는 외수(外水)가 꼬불꼬불하고[曲折] 멀리서[遠遠] 다가와 조읍하면[朝來] 이것은 외명당이 좋은 것이다. 우(愚)가 이르길 '대 귀지의 땅은 반드시 내명당 내에 결혈하니 내명당(內明堂)은 단취(團聚;한 곳에 모이다.)해야 하고 광활(曠闊)하지 않아야 한다. 외명당은 훤히 트여야[開暢] 좁지[逼窄] 않아야 한다'고 하였다. 대개 내명당(內堂寬)은 기(氣)가 모인다[融聚;유취]. 외명당(外堂)이 협착하면 국(局)이 넓지 않으므로[不開明] 그러하다[爾;이](기가 모이지 않는다).

《龍子經》曰：「伸手摸著案，稅錢千萬貫。」此論明堂之宜緊也。《明堂經》云：「明堂方[263]廣，可容萬馬，王侯陵寢，雄霸天下。千騎簇立，回還翕集。將相公輔，封侯傳襲。其平如砥，或如鍋底，容數百人，公相墓址。」此論外明堂之宜寬也。不然，外明堂奚取於伸手探案？而內明堂安用萬馬之容哉！故《吳公秘訣》云：「內外明堂分兩般，內宜團聚外宜寬。二堂具備三陽足，此地當[264]知代有官。」誠確論矣。世人不遇明師口訣，不識內外明堂之辨，多是貪大堂局，惑於萬馬之說，一概以寬闊為貴，徒貪大勢，而不知內堂空曠，真氣不融，安有結作？故凡美穴，必須龍虎內有內堂團聚，收拾元辰。或有低小近案，或橫攔之砂，以關束內氣，然後外面卻有寬暢明堂，羅列遠秀，乃為全美。此內外明堂不可不辨別者。其於局勢大小，又當以龍論之。

《용자경(龍子經)》에 이르길 '손을 뻗어 안산을 더듬어 닿을 듯이 가까우면[摸著;모저] 세금[稅錢]이 천만 꾸러미[千萬貫] 이다.'고 한 것은 안산이 가까움을 말한 것이다. 이는 명당이 마땅히 가까워야 하는 것[緊]을 논한 것이다.《명당경(明堂經)》에 이르길 '명당(明堂)이 넓고 커야[方廣] 만마(萬馬)를 수용할 수 있고, 왕후(王侯)의 능[陵寢]으로 천하에 가장 뛰어나[雄霸] 천명의

263) 方(방): 사방. 땅. 대지.☞方廣(방광) : 넓고 큼. 미치지 않는 곳이 없음
264) 當(당) : (~이라고) 간주하다. (~으로) 여기다. (~로) 삼다.~라고 생각하다. ◦多是(다시) : 아마. 모두. 대개 ◦不可不(부득불) : 어찌할 수 없이(只得(지득) ; 부득이. 할 수 없이

기병[千騎]이 몰려서 빽빽이 서 있고[簇立] 돌아와[回還] 모이고[翕集;흡집], 장군과 재상[將相]이 삼공(三公)과 신하[四輔]와 함께 왕자를 보좌하고[公輔] 제후(諸侯)[封侯]를 이어받아 물려받고[傳襲], 명당이 평평하여 숫돌과 같고 혹 솥 바닥[鍋底] 같아 수백 명을 받아들일 수 있으면 삼공재상(三公宰相)[公相]의 묘지 터[墓址]가 된다.' 고 하였다.

이 논리는 외명당(外明堂)이 넓어야 마땅함을 말한 것이다. 그렇지 않으면 외명당(外明堂)에서 어찌[奚;해] 손을 펼쳐 더듬어 닿을 듯한 안산의 아름다움을 취할 수 있겠는가? 내명당에 편안하게 만마의 수용하는데(受容; 받아들임) 사용할 수 있는가!

그러므로 《오공비결(吳公秘訣)》에 이르길 '내·외명당은 두 종류로 나누어, 내명당은 마땅히 (산수가) 단취(團聚;모이다)하여야 하고 외명당은 마땅히 넓어야 하고, 두[내·외] 명당은 모두 삼양(三陽)을 갖추어 충족하면 이 자리는 마땅히 번갈아[代] 벼슬을 하는 것[有官]을 안다.' 고 하였다. 진실로 확실한 말이다. 세인들은 지리에 밝은 스승을 만나지 못하면[不遇] 구결은 내명당의 분별하여 알 수 없다. 대부분 대개[多是] 당국(堂局)이 큰 것을 탐내어 혹 (명당에[於]) 만 마리의 말[萬馬]을 받아들일 수 있어야 한다[可得容]는 설에 현혹되어 하나같이 모두[一概] 넓은 것을 귀하게 여겨 헛되이[徒;도] 대세를 탐내어 내명당이 넓디 넓으면[空曠] 진기(眞氣)가 융결하지 않는다는 것을 모르는데 어찌 혈을 맺은 곳을 결정하는가[有]?

그러므로 일반적으로 좋은 혈은 반드시 용호 안 내명당에 (산수가) 모여야[團聚] 원진수를 수습하고 혹은 낮고 작은 가까운 안산이 있거나 혹은 가로로 막은 사(砂)가 안쪽의 기를 가두어 묶은 후에 외면에 반대로[卻] 넓은[寬暢] 명당(明堂)이 있고 멀리 빼어난 봉우리를 늘어서 나열(羅列)하면 곧 전부 좋다[全美]. 이에 내·외명당(內外明堂)은 부득불 국세(局勢)의 대소(大小)로부터[於] 명당[그것]을 개별적으로 분별하고[辨別者] 또 마땅히 용(龍)으로 명당을 논해야 한다.

如百里來龍，結作[265]自有百里規模；千里來龍，結作自有千里氣象。小小之龍，結局必小，不可貪大局勢。廖金精曰：「帝都山水必大聚，中聚為城市。墳宅宜居小

265) 作(작) : 만들다. 생산하다.~가 되다. ~을 하다.

聚中，消息[266]奪神功。」大抵寬闊處要明堂逼狹，逼狹處要明堂寬闊。古人立言[267]，各有所指。如楊公既云：「出入短小氣量狹，只為明堂有案山。」吳公亦謂「明堂狹窄人愚頑。」而觀物祝公又云：「數十里外遠朝山，渺渺茫茫[268]曠野間，近案又無堂氣散，千重清秀也空閒。」梁箬溪又云：「左右周回似有情，來龍落穴亦分明。水長無案明堂曠，下後兒孫家計傾。」諸公豈自相矛盾[269]哉？殊不知各有所指，不可執一，要在變通辨察耳。

가령 백 리 내룡에 혈을 결혈하면 자연적으로 백 리 규모(百里規模)의 기상이 있고, 천리래룡(千里來龍)에 결혈하면 자연적으로 천리의 기상(千里氣象)이 있다. 매우 작은[小小] 용에 혈을 맺는 국(局)은 반드시 작아 큰 국세를 탐을 내서는 안된다. 요금정(廖金精)은 이르기를 '황제가 있는 나라 서울[帝都]의 산수는 반드시 크게 모여야 하고[大聚], 중취(中聚)는 도시[城市]가 된다. 무덤과 택지[墳宅]는 마땅히 소취한[小聚] 가운데 있다. 소취(小聚) 중에서 변화[消息]를 하면 신의 공력을 빼앗는다' 고 하였다.

일반적으로[大抵] 막힌 데 없이 아주 넓은 곳[寬闊處]은 명당(明堂)이 좁아야 한다[逼狹;핍협]. 핍협하는 곳[逼狹處]은 명당(明堂)은 넓어야 한다[寬闊]. 옛사람들은 훌륭한 말[立言]을 하여 각각 지적하는 바가 있다.

가령 양공(楊公)이 이르기를 '태어나는 사람이 몸집이 작은 것[短小]은 기량(氣量)이 작다[狹]. 다만 명당을 위하여 안산이 있다.' 고 하였다. 오공(吳公)도 이르기를 ' 명당이 아주 좁으면[狹窄;협착] 사람이 어리석고 미련하다[愚頑;우완].' 고 하였고, 관물축(觀物祝) 공(公)이 또 이르기를 '수십 리 밖에 먼 조산(朝山)이 그지없이 넓고 아득한[渺渺茫茫] 광야 사이 가까운 안산에 또 명당이 없으면[無堂] 기가 흩어지고 천 겹으로 청수(淸秀)한 조산이라도 공허할 뿐이다[空閒;부질없어 쓸데없다].' 고 하였고, 양야계(梁箬溪)가 또 이르길 '좌우 주위를 돌아 유정한 것 같고(左右周回似有情), 내룡이 낙맥하여 혈도 분명하나(來龍落穴亦分明), 물이 길고 안산이 없어 명당이 넓으면(水長無案明堂曠),

266) 消息(소식) : 1. 음양교합에서 생겨나고 태어난 자식 즉 음양교합이 되면 혈이 된다.
2. 천지의 시운이 끊임없이 변화하고 순환하는 일.

267) 立言(입언) : 후세에 모범이 될 만한 훌륭한 말을 하다. ◦只為(지위) : 다만 ~위하여

268) 渺渺(묘묘) : 일망무제하다. 그지없이 넓고 아득하다.◦茫茫(망망) : 망망하다. 아득하다. 한없이 넓다. 희미하다.

269) 自相矛盾(자상모순) : 스스로 창과 방패처럼 말이나 행동이 어긋나 어떤 사실의 앞뒤가 맞지 않을 때나 두 가지가 이치상 어긋날 때 흔히 모순(矛盾)이라 말한다.

하장 후에 자손[兒孫]의 생계[家計]가 기운다(下後兒孫家計傾).' 고 하였다.

제공(諸公)들은 어찌 자상모순(自相矛盾)인가? 달리 각각 소지(所指)한 바가 있는지 알 수 없으나 하나에 집착해서는 안된다. 중요한 것은 변통(變通;돌려 쓰다)하는 데 있어 변별[辨察]할 뿐이다.

至若[270]穴低堂近而又囊聚者，葬後主初代便發。其或穴高堂遠，縱是龍真穴的，亦難發越。惟是真結，亦不拘忌。廖公云：「若是穴高明堂遠，只要有城轉。莫因此樣便疑心，龍住乃為真。」大抵明堂欲其平正、開暢、團聚。朝抱者為吉，陡瀉、傾側、破碎、窒塞、反背者為凶。諸家形像，初不必拘，惟以有情於我者，乃為貴耳。《明堂經》云：「斜巧正拙，難可優劣。有情於我，是為真穴。」不易之論也。諸書所載不一，如《搜水經》明堂一百八十樣，《洩天機》堂氣八十一變格，皆瑣碎支離[271]，徒為繁文。今參互考訂，取其切實[272]足為定式者，得吉凶各九格。茍能於此觸類而長之，則亦思過半[273]矣。

혈이 낮고 명당이 가까운데 이르러 또 구덩이[주머니;囊;낭]에 모이는 것은 장사 후에 초대는 곧 발복하는 것이고 혹 혈이 높고 명당이 멀면 비록 용이 참되고 혈이 확실할지라도 역시 (기가) 흩어져[越:월] 발복이 어렵다. 다만 이곳이 진결(真結)이면 역시 꺼리지 않는다.

요공(廖公)이 (담자록(卷八)에서 이르길 '만약[若是] 혈이 높고 명당이 멀면 다만 수성(水城)이 돌아 흐르면[只要有城轉] 이러한 모양이기 때문에[因] 쉽게 의심(疑心)하지 마라[莫因此樣便疑心] 용이 머무는 곳이 곧 참이다.' 고 하였다. 대저 명당(明堂)이 평정하고[平正], 넓고[開暢], 모여 하나가 되어[團聚] 흘러와 환포하는 것이 좋고, (명당이) 두사하여[陡瀉;혈(穴) 앞의 명당이 가팔라 물이 기울어 쏟아지는 것], 옆으로 경사지고[傾側;경측], 파쇄(破碎)되어 명당 앞이 막히고[窒塞;질색], 명당을 배반하는 것[反背]은 흉하다. 여러 학파[諸家]의 형상(形像)은 초기에는 반드시 구애받을 필요가 없으나 다만 나[혈]에게 유정(有情)한 것은 곧 귀하게 여길 뿐이다.

---

270) 至若(지약) : ~ 때에 이르러 ◦拘忌(구기) : 꺼리다. ◦若是(약시) : 만약 ~한다면. 이와 같이. 이처럼 ◦只要(지요) : ~하기만 하면. 만약 ~라면

271) 支離(지리) : 싫증이 난 잘못된 표현(表現). 이리저리 마구 흩어져 갈피를 잡을 수 없다.

272) 切實(절실) : (어떤 일이) 실제(實際)에 꼭 들어맞아 알맞음.

273) 思過半(사과반) : 생각이 반을 넘다. 깨닫는 바가 이미 많다. 능히 짐작할 수 있다.

《명당경(明堂經)》에 이르길 '바르지 않고 바른 것이 교묘하고 졸렬하여[斜巧正拙] 우렬(優劣)을 인정하기가 어렵고 나에게 유정하면 이곳이 진혈이다.' 고 하였으니 쉽게 논하지 못한다. 제서에서 실려있는 것[所載]이 하나같이 않다[不一]. 가령 《수수경(搜水經)》에 '명당(明堂)이 180가지의 모양이고 《설천기(洩天機)》에는 명당의 기[堂氣]는 81가지의 변격(變格)으로 모두 자질구레하고 번거로워[瑣碎;쇄쇄] 체계가 없이 마구 흩어져 갈피를 잡을 수 없어[支離] 헛되이[徒] 문장만 번잡하다. 지금 서로 비교하여 헤아려 살펴[參互] 고친다[考訂]. (어떤 일이) 실제(實際)에 꼭 들어맞아[切實] 충족하는 것을 취하여 일정한 방식이 된 것으로 길흉의 각각 9격을 알아 진실로[苟] 이것[길흉]에[於此] 접촉하는 종류[類]에서 확장하면[長之] 역시 능히 짐작할 수 있다.

明堂吉格凡九式

제2절 명당길격(明堂吉格) : 일반적으로 9가지 격식(九式)

1) 교쇄명당(交鎖明堂)

交鎖者，明堂中兩邊砂交鎖也。《經》云：「明堂要如衣領，左紐[274]右紐方為貴。或是山脚與田隴，如此關闌真可喜。」又云：「眾水聚處是明堂，左右交牙鎖真氣。如此明堂方是真，鎖結交牙誠可貴。」此堂極吉，主巨富顯貴。

교쇄(交鎖)란 명당 가운데서 양변의 사(砂)가 서로 만나 막는 것[交鎖]이다. 《경(經)》에 이르길' 명당은 좌우의 옷깃[衣領;의령] 매는 것 같아야[左紐右紐] 비로소 귀하다. 혹 산지각과 논두렁[田隴;전롱]이 이와 같이 관란하면[關闌] 진실로 좋다.'고 하였고, 또 이르길 '뭇 물이 모이는 곳이 명당(明堂)이며, 좌우로 교아하여[交牙] 이와 같이 진기(真氣)를 막으면[鎖], 명당은 비로소 참이다. 교아(交牙)하여 막으면[鎖結;交鎖] 진실로 귀하다.' 고 하였다. 이

274) 紐(뉴) : 끈. 매다. ◦莫(막): ~없다. ~하지마라. ◦令(령) : ~하게 하다. ~을 시키다[=使]. ◦被(피) : 입다. 당하다. ◦遭(조) : (불행이나 불리한 일을) 만나다. 당하다[입다].

러한 명당은 지극히 좋다. 주로 큰 부자와 벼슬이 높아 유명하다.

< 2-2-1 > 교쇄명당(交鎖明堂)

2) 주밀명당(周密明堂)

 <그림2-2-2>주밀명당(周密明堂)	周密明堂　周密者，乃四圍拱固而無洩也。蓋堂氣周密，則生氣自聚。楊公云：「明堂惜水如惜血，堂裡避風如避賊。莫令空缺被風吹，莫使溜牙[275]遭水劫。」故明堂以周密為貴。若有凹缺，則非周密矣。羅城周密亦吉

☞ 장풍득수(藏風得水)한 명당에 수살 및 풍살을 피하라

주밀(周密)이란 곧 사신사[四圍]가 확실히 [둘러]싸면[拱固] 설기(洩氣)하지 않는다. 대개 명당의 기(氣)가 빈틈없으면[周密] 생기(生氣)가 자연적으로 모인다[自聚]. 양공(楊公)이 이르길 '명당(明堂)에서 물을 아끼는 것을[惜水] 피를

275) 牙城(아성) : 어느 부류의 세력이 자리잡고 있는 가장 중요한 근거지를 비유적으로 이르는 말.　　☞ 牙(아) : 관아(官衙).본진(本陣)
☕ 氣乘風卽散→ 凹風(요풍) / 界水卽止→ 氣止(기지)

아끼는 듯이 하고[如惜血], 명당 내에[堂裡] 바람을 피하기를[避風] 도적을 피하듯 해야 한다[如避賊].(기가 바람을 타면 흩어지므로 장풍이 되어야 됨을 설파)

(명당이) 이지러져 빈 곳[空缺;공결]에 바람을 받지 않도록 하고, 급류로 명당[혈;牙]에 수겁(水劫;물의 위협)을 받지 않도록 하라.' 고 하여 명당은 주밀한 것을 귀하게 여긴다. 만약 요결(凹缺;우묵하게 패어 들어가 결함이 생긴 곳)하면 주밀하지 않고 나성(羅城)이 주밀한 것도 좋다.

3) 요포명당(繞抱明堂)

 <2-2-3> 요포명당(繞抱明堂)	繞抱者,乃堂氣繞抱,使[276]水城全身彎曲, 誠有可取。故曰:「內堂繞, 發越[277]極速; 外堂繞, 富貴悠長。」楊公云:「明堂繞曲如繩樣, 繞向穴前彎內向。內向之水繞身曲, 對面抱來弓帶象。」

요포(繞抱)란 명당의 기(氣)를 둘러싸는 것[繞抱]으로 물길[水城]이 전신(全身)을 활처럼 굽어 싸면[彎曲] 진실로 취할 수 있다.

옛날[故]에 이르길 '수성(水城)이 내당(內堂)을 감싸면 지극히 빠르게 발복하고[發越], 외당(外堂)을 감싸면 부귀(富貴)가 유장(悠長)하다.' 하였다.

양공(楊公)이 이르길 '명당에서 물이 끈의 형상[繩樣]과 같이 구불구불하게 감싸[繞曲], 명당 속을 향하여 만곡하여 혈 앞을 향하여[向穴前] 감싸고 물이 용신을 굽어 감싸 명당 내부를 마주 대하여 흘러와 감싸[抱來] 활[眠弓]을 두른[帶] 모양[帶象]이다.' 고 하였다[眠弓].

---

276) 使(사) : ~(에게) ~하게 하다. ◦ 使(사)~ : 만약. 설사. ~이(가) ~한다면. ◦ 彎曲(만곡) : 꼬불꼬불하다. 구불구불하다.

277) 發越(발월) : 어렵고 숨은 뜻을 **겉으로 드러냄** ☞ 越(월) : 빠르다. 미치다.이르다

4) 융취명당(融聚明堂)

융취(融聚)란 명당에 물이 웅덩이에 모여[囊聚] 고인 것[融豬]으로 지극히 귀하다[貴]. 복씨(卜氏)가 이르길 ' 물이 천심(天心;명당중심)에 모이면 누가 그[융취명당]의 부귀함을 알지 못하겠는가?' 고 말하였다. 양공(楊公)이 이르길 ' 명당이 손바닥 한가운데 [掌心] 같으면 집이 부자가 되어[家富] 말로 금을 헤아린다[斗量金]' 고 하였다. 또 이르길 '명당이 냄비 바닥 같으면 [如鍋底] 부귀(富貴)를 타인과 비교할 수 없다.' 고 하였다. 대체로 보아 모두 물이 모여들어 모인 물이다.

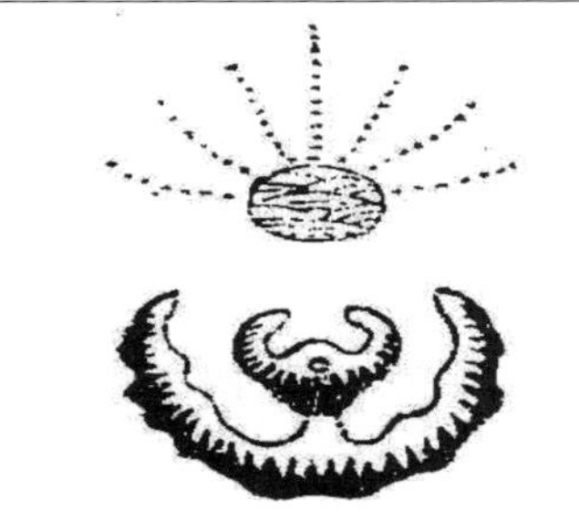 <그림2-2-4>융취명당(融聚明堂)	融聚者，明堂之水融豬[278]囊聚也，至貴。卜氏云：「水聚天心[279]，孰不知其富貴？」楊公云：「明堂如掌心，家富斗量金。」又云：「明堂如鍋底，富貴人難比。」大抵皆融聚之水也。

5) 평탄명당(平坦明堂)

평탄(平坦)한 것은 명당 가운데가 넓고[開暢] 평평하고 반듯하여[平正] 난잡[雜亂]하지 않고 높고 낮음의 장애가 없는 이 명당이 지극히 좋다.
양공(楊公)이 『감룡경』 무곡편에서 이르길 ' 참된 지기[真氣]가 모인 곳에서

278) 豬(저) : 웅덩이. 괴다(냄새 따위가 우묵한 곳에 모이다)。囊(낭) : 웅덩이. 주머니.주머니처럼 생긴 것 ☞ 融(융) : 융합(融合)하다; (어떤 사물이 다른 사물과 또는 둘 이상의 사물이) 서로 섞이거나 조화되어 하나로 합치다.

279) 天心(천심) : 穴前明堂의 中正處를 天心

명당을 보아 명당 내부의 면은 평탄하고 밝아야 한다.' 고 하였다. 《명당경(明堂經)》에 이르길 ' 명당이 평평하여 숫돌과 같으면 삼공과 재상(三公宰相)[公相]의 건물의 터[基址]이다.' 하였다.

 <그림2-2-5>평탄명당(平坦明堂)	平坦者，乃明堂中開暢[280]平正，而無雜亂高下之礙也。此堂極吉。楊公云：「真氣聚處看[281]明堂，明堂裏面要平陽。」《明堂經》云：「其平如砥[282]，公相基址。」

6) 조진명당(朝進明堂)

 <그림2-2-6 > 조진명당(朝進明堂)	朝進者，乃特朝之水，汪汪[283]萬頃朝入穴也。此堂至吉，主巨富冠郡，田連阡陌[284]，位極人臣，滿門鼎盛。且主易發財祿，朝貧暮富。田源水[285]自高而下，層層級級朝入穴者尤吉。

280) 開暢(개창) : 넓다. ◦平正(평정) : 평평하고 반듯하다.
281) 간(看) : ~라고보다[판단하다]. ~라고 생각하다[여기다].
282) 砥(지) : 평정(平靜)하다. 고루다, 고르게 하다. 평평(平平)하다, 평탄(平坦)하다.숫돌.
283) 汪汪(왕왕) : 물이 깊고 넓은 모양 ◦汪(왕) : 넓다. 깊고 넓고 큼. 많다.
284) 阡陌(천맥) : 논밭 길◦鼎盛(정성) : 바야흐로 한창 흥성하다. 한창이다.
285) 田源水(전원수) : 案山이 앞을 막아 혈 앞에 많은 물이 갇히고 밭이 있으면 부귀해진다.

조진(朝進)이란 다만 향하여 오는 물이 혈안으로 들어가 모여[朝入] 깊고 넓은 것이다. 이러한 명당은 지극히 좋다. 주로 큰 부자로 군에서 으뜸으로 경작지가 동서남북 사방으로 끝없이 이어져 전답이 많고[田連阡陌] 지위가 신하로 최고위까지 이른 자가 가문에 많아[滿門] 흥성하다[鼎盛].

또한 재물이 쉽게 이루고[發] 아침에 가난하나 저녁에 부자가 되며 전원수(田源水;들판의 물)가 높은 곳에서 아래로 층층이 아래로[層層級級] 혈에 향하여 들어오면 더욱 좋다.

7) 광취명당(廣聚明堂)

<table>
<tr>
<td>
<그림2-2-7>광취명당(廣聚明堂)</td>
<td>廣聚者，眾山眾水團聚也。《葬書》云：「若懷萬寶而宴息，若具萬膳而潔齊。」又云：「若攬而有。」皆明堂內百物具備之意，此明堂之至貴也。要山明水秀，如朝海拱辰為合格。</td>
</tr>
</table>

☕물은 수관재물(水官財物)이라 하였으니 부(富)가 풍족한 혈이라 할 수 있다.

광취(廣聚)란 여러 산과 여러 물[眾山眾水]이 (명당에) 모이는 것이다[團聚]. 《장서(葬書)》에 이르길 '많은 보물[혈]을 품고 (멈추어) 편안히 쉬고 있는 것 같고, 많은 반찬[膳;음식;혈)을 갖추고 심신을 깨끗한 후[여러] 사람이 제사[衆山朝揖]를 지내는 것[潔齊;결제] 같다.' 고 하였다. [즉 혈을 갖추고 주위의 수려한 산이 둘러싼 모양을 비유한 것이다]

또 이르길 ' 마치 보물을 품은 듯이 하다.' 고 한 것은 모두 명당 내에 온갖

◦田源:들판 cf) 어가수(御街水;九曲水;之玄屈曲) · 창판수(倉板水;층층이 내려오는 물길) ↔ 권렴수(捲簾水) ◦團(단) : 둥글다. 모이다.

◦如朝海拱辰 <출처>『장경역주』,허찬구, p189

물건[百物]을 갖추었다는 뜻이니 이러한 명당은 지극히 귀하다. 산 좋고 물 맑아야[山明水秀] 하고, 가령 여러 강이 바다로 모여들고 뭇별들이 북극성을 에워싼 것 같으면 격식에 어울린다[如朝海拱辰為合格].

8) 관창명당(寬暢明堂)

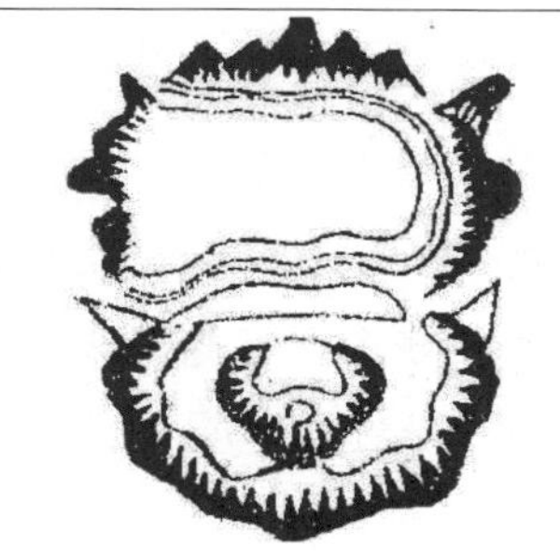

<그림2-2-8> 광창명당(寬暢明堂)

寬暢者, 明堂中開曠[286]明暢, 不窄狹, 不逼塞也。此堂至貴, 切不可以曠野空闊[287]不周固者為寬暢。要有低砂交結[288], 或低平近案關聚內氣, 或水融聚為真。

☞ 관창명당은 평야지대에 많이 있으며 명당(들판)을 바깥에 있는 청룡 백호 안산[羅城]이 낮게 감싸주는 넓은 명당이다.

관창(寬暢)이란 명당(明堂)의 가운데가 확트여서[明暢] 넓고[開曠] 좁지 않아[窄狹;착협] (명당의) 형세가 꽉 막히지[逼塞;핍색] 않는 것이다. 이러한 명당은 매우 귀하다.

아득히 넓은 들판[開曠]으로 넓고 넓어[空闊] 바깥에서 견고하게 에워싸지[周固] 않으면 절대로 관창명당이라 할 수 없다. 낮은 사가 만나 주밀(周密)하여 혹 낮고 평평한 가까운 안산이 내기(內氣)를 막아 모으거나 혹 물이 모여야 진짜이다.

286) 開曠(개광) : 훤하게 트이다. 시원스럽게 넓다.◦ 暢(창) : 막힘이 없다. 펴다.
287) 空闊(공활) : 넓고 넓다. 광활하다.◦不可: ~할 수가 없다. (~하지 않으면) 안 된다.~해서는 안 된다
288) 交結(교결) : 서로 사귀어 정이 생김☞결(結): 사귀다. 굽다. 굽힘. (하나로) 엉기다.
☞歸(귀) : 한곳으로 모이다.

9) 대회명당(大會明堂)

대회(大會)란 모든 용[諸龍]이 많이 멈추고[大盡], 중수(衆水)가 명당에 모여[歸] 여러 나라[萬邦]가 조공을 바치듯 하고, 모든 제후[百闢;백벽]가 와서 조읍(朝揖)하는 같으므로 대회(大會)라 한다.

 <그림2-2-9> 대회명당(大會明堂)	大會者，諸龍大盡，衆水歸堂，如萬邦之納貢，如百闢之來朝，故曰大會也。主貴至王侯，富至敵國。楊公云：「四龍大會，有地必大。」亦須諸山自百餘里來，至此皆大盡方是。

주로 벼슬[貴]은 왕후(王侯)에 이르고 부(富)가 적국(敵國)에까지 이른다. 양공(楊公)이 이르길 ‘사방의 용이 크게 모이는 땅이 있으면 반드시 대지이다.’ 라고 하였다. 역시 반드시 여러 산이 백여리에서 와 이곳에 이르러 모두 크게 멈춘 것이다. 이것은 광취명당과 다르다. 광취는 여러 산과 여러 물[衆山衆水]이 (명당에) 모이는 것[團聚]이다.

上明堂吉格，豈止於斯？姑輯數者以為式耳。大抵明堂之吉，舉目之間，形勢自然可愛，氣象自然可觀。《葬書》所謂「天光發新，朝海拱辰」，斯為妙矣。

위는 명당의 좋은 격은 어찌 이것에 끝나게는 가? 잠시 여러 개를 수집(收集)하여 격식으로 삼았을 뿐이다. 대저 명당이 좋은 데는 눈을 들어 보는[舉目] 사이에 형세(形勢)가 저절로[自然] 좋아 자연의 모든 현상[氣象]을 자연스럽게 볼 수 있다.

《(장서(葬書)》에서 이른바 ‘무덤에 비추는 바 즉 천광(天光;天氣;日月星辰)이 새롭게 발광하는 듯하면 (산천은) 여러 강이 바다로 모여들고 뭇 별들이 북극성을 에워싼다.’ 고 하였다. 이리하여[斯] 묘(妙)한 것이다.

明堂凶格凡九式

제3절 명당흉격구식(明堂凶格九式) : 모두 9개 격식

1) 겁살명당(劫殺明堂)

 <그림2-2-10> 겁살명당(劫殺明堂)	劫殺者，乃明堂中有砂，尖嘴順水，或射入穴中也。凡有此皆不可用。蓋明堂乃諸水聚處，欲其平正。若有尖砂順水，則主退財、離鄉、軍死。尖而射穴，則主刑殺、陣亡、惡死，至凶。吳公云：「劫殺照破全無地，順水斜飛無躱避[289)]。若然尖射入穴來，忤逆刑戮須切忌。」

겁살(劫殺)이란 명당 가운데에 부리 같은 뾰족한[尖嘴;첨취] 사(砂)가 물을 따라 내려가는 것이다[順水]. 혹 혈 가운데로 들어와 쏘는 것[射入]이다. 보통[凡] 이러한 곳은 모두 사용할 수 없다. 대개 명당은 여러 물이 모이는 곳이다. 평평하고 바른 곳이어야 한다.

만약 뾰족한 사[尖砂]가 순수(順水)하면 주로 재산이 줄어들어[退財] 고향을 떠나며[離鄕] 군대에 가 죽는다[軍死]. 뾰족하여 혈을 쏘면 주로 형벌(刑罰)로 죽고[刑殺]、전쟁터에서 사망하고, 병들어 죽어[惡死] 극히 흉하다.

오공(吳公)이 이르길 ' 파괴되어 겁살(劫殺)이 비치면 전혀 자리가 없고, 순수(順水)하여 비스듬하게 달아나면[斜飛] 피할 곳[躱避] 없고, 만약 혈에 첨사(尖射)하여 들어오면 배반하여[忤逆] 형벌에 따라 죽음을 당하므로[刑戮;형륙] 반드시 꺼린다.' 고 하였다.

---

289) 躱避(타피) : 비키다. 물러서다. (법망을) 피하다. 피하다.

2) 반배명당(反背明堂)

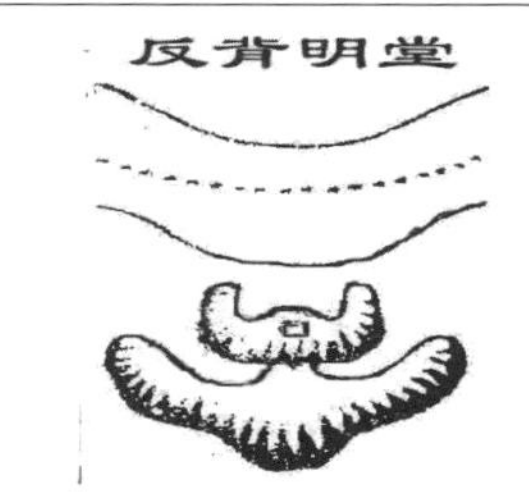 <그림2-2-11 > 반배명당(反背明堂)	悖逆之象也。當穴宜弓抱拱身，而反突拗[290]反背，何凶如之？主逆妻拗子，悖戾之奴，百無一成，豈但[291]門衰户薄已哉！

반배(反背)는 인륜을 거스르는 상[悖逆之象]이다. 혈(穴)을 마주하여 마땅히 활처럼 감싸[弓抱] 용신을 에워싸야 마땅하나[拱身] 도리어 거슬러[拗] 반배한 것 같으면 어찌 흉하지 않겠는가?

주로 아내에게 불순하고 성격이 삐뚤어져 어그러진 사람[悖戾之奴]으로 백 가지 중에 하나도 이룰 수 없다. 비단 가문이 쇠할 뿐만 아니라 사람이 변변치 못하다.

3) 질색명당(窒塞明堂)

질색(窒塞)이란 명당 가운데 솟은 언덕이 막아[窒塞;질색] 확 트이지[舒暢] 않아 명당이 좁은 것[壅塞]이다. 태어나는 사람이 미련하고 둔하다[頑鈍]. 양공(楊公)이 이르길 ‘ 태어나는 사람이 왜소(矮小)하고 기량(氣量;기상과 도량)이 좁고[狹] 다만 명당에 안산(案山)이 있는 것으로 여긴다.’ 하였다. 오공(吳公)이 이르길 ‘ 명당(明堂)이 좁으면[壅塞;옹색] 사람이 흉완하다(凶頑; 지나치게

290) 悖逆(패역) : 반역하다. 패역하다. 拗(요): 거스르다. 성질이 비뚤어져 있다. 온순하지 않다. ◦돌(突) : 범하다. 찌르다. 불룩하게 나오다. ◦悖戾(패려) : 언행이나 성질이 도리에 어그러지고 사납다.

291) 豈但(기단) : 비단 ~뿐만 아니라. (=豈只) ◦爲(위) : ~으로 변[변화]하다. ~이 되다.~로[라고] 생각하다[여기다]. ~으로 삼다.

고집스럽다)' 고 하였다.

< 그림2-2-12 > 질색명당(窒塞明

窒塞者，堂中有阜突窒塞而不舒暢也。主出人頑鈍。楊公云：「出人矮小氣量狹，只為[292]明堂有案山。」吳公云：「明堂塞，人凶頑。」蓋穴前宜開明。若有墩阜當前逼塞，不但頑濁，又主產難、目疾、抱養、填房。若兩宮齊到，一墩居中，主兄弟不義。亦有貴地，有墩阜前塞者，終覺開明舒暢。

대개 혈 앞이 마땅히 확실하게 넓어야 하는데 만약 언덕[墩阜]이 혈을 마주대하여[當前] 막으면[逼塞;핍색] 주로 우둔할[頑濁] 뿐만 아니라 또 출산이 어렵고[產難]、눈병[目疾]이 나고 양자[抱養]를 들인다.

후처(後妻)[填房;전방]로 들어간다. 만약 양궁(兩宮;용호)이 나란히 이르고[齊到] 하나의 작은 언덕[一墩]이 명당 가운데 있으면 형제는 우애가 없고[不義] 또 귀지(貴地)가 있고 돈부(墩阜)가 혈 앞을 막고 있으면 결국 확실하게 넓게[開明] 펼쳐져야[舒暢] 한다는 것을 깨닫는다.

4) 경도명당(傾倒明堂)

경도(傾倒)란 명당의 물이 기울고[傾] 용호(龍虎)가 물을 따라 같은 방향으로[順] 흘러가는 것이다. 이러한 명당은 이지러져[虧;휴] (기의) 손상이 가장 많다. 단결(斷訣)에 이르길 '명당이 넘어져 기울면 혈이 좋다고 자랑하지 말라[休誇]' 고 하였다.

요공(廖氏)이 이르길 ' 만약 명당이 기울어 (기가) 흩어져 모이지 않으면[無

292) 開(개) : 넓히다. ◦ 明(명) : 밝게. 확실하게.

落聚] 혈이 있어도 버려야 한다.' 고 하였으므로 경도명당은 비록 용에 혈이 있을지라도 꼭 버려야 한다[須棄置].

<table>
<tr>
<td>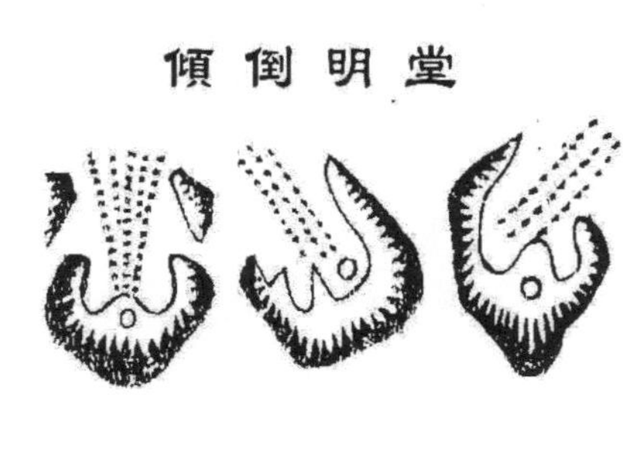

<그림2-2-13 > 경도명당(傾倒明堂)</td>
<td>傾倒者，明堂水傾，龍虎順[293]隨而去也。此堂最有虧損[294]。斷訣云：「明堂傾倒，休[295]誇穴好。」廖氏云：「若是堂傾無落聚，有穴終須[296]棄。」故傾倒明堂，縱有龍穴，亦須棄置。董氏云：「明堂第一嫌傾倒，傾倒有砂隨水走。賣盡田園走外鄉，更主兒孫多壽夭。」</td>
</tr>
</table>

동씨(董氏)가 이르길 '명당에서 제일 싫어하는 것은 경사진 것이고, 기울면 사(砂)가 물 따라 달아나면 전답[田園]을 다 팔고 타향[外鄉]으로 떠나고[走] 또[更] 자손들[兒孫]은 대부분 단명한다[壽夭].' 고 하였다.

5) 핍착명당(逼[297]窄明堂)-안산 능압(凌壓)

핍착(逼窄)이란 안산이 혈 앞에 가까이 다다라[逼] 명당의 국[堂局]이 몹시 좁다[促狹]. 만약 용과 혈이 참되면 겨우[僅] 먹고 살 수 있고 역시 태어나

293) 順(순) : 같은 방향으로 향하다. 따르다.
294) 虧損(휴손) : 미치지 못하다. 허약(해지다). 쇠약(해지다). ◦虧(휴) ; 이지러지다.
295) 休(휴) : 쉬다. 말라(금지나 말리는 뜻을 나타냄). ◦낙(落) : 흩어지다. 빠지다. 줄다. 감소(減少)함.
296) 須(수) : 반드시 ~하여야 한다.☞ 終須(종수) : 마지막에 꼭 ~하다 ◦置(치) : 버리다. 폐(廢)함.
297) 逼 : 핍박(逼迫)하다. 가까이 다다르다.
cƒ) 窒塞(질색) / 逼迫(핍박) / 逼窄(핍착) / 逼塞(핍색) ?

는 완고하고 우매(愚昧)하며[頑濁] 매우 거칠고[凶狠] 만족하여 취할 수 없다. 양공(楊公)이 이르길 '명당(明堂)이 좁으면[逼窄] 사람이 흉악하고 미련하다[凶頑].'고 하였다.

 <그림2-2-14>핍착명당(逼窄明堂)	逼窄者，乃案逼穴前，堂局促狹也。若龍穴真，僅可小康[298]。亦主出人頑濁凶狠，無足取也。楊公云：「明堂逼窄人凶頑[299]。」廖氏云：「逼窄生人必蠢頑，猥[300]更貪慳。

요공(廖氏)이 이르길 '핍착(逼窄)하면 생인(生人)이 반드시 어리석고 미련하며[蠢頑;준완] 또 욕심이 많고[更貪] 인색하다[慳;간].'고 하였다.

6)편측명당(偏側明堂) : 명당 불균형

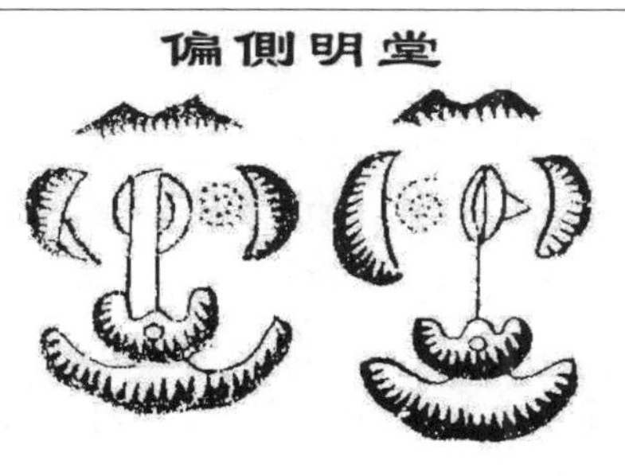 <그림2-2-15> 편측명당(偏側明堂)	偏側者，乃堂勢傾側，偏於一畔，邊高邊下而不平正也。廖氏云：「側勢斜來向一邊，妻子不團圓[301]。斜是欹從穴邊過，歲歲長生禍。」

298) 小康(소강) : 먹고 살 만하다. 지낼 만하다. 생활수준이 중류이다.
299) 凶頑(흉완) : 흉악하고 완미(頑迷)하다. ☞ 頑迷(완미):완고하여 사리에 어둡다. 완고하다.
300) 猥(외) : 함부로. 뒤섞이다. 통합하다. 많다. ◦ 畔(반) : (강·호수·도로 등의) 가. 가장자리. 주위. 부근. 옆.

편측(偏側)이란 명당의 세(勢)가 한쪽으로 치우쳐 기울어[傾側] 강(江)의 옆[畔]에 치우쳐[偏;편] 한 변은 높고 한 변은 낮아 평탄하고 바르지 못한 것이다. 요공(廖氏)은 이르길 '옆으로 지세가 기울어 한쪽으로 향하면 처자(妻子)가 가정이 원만하지 못하지 못하다.' 고 하였다.

사(斜)란 것은 혈 주변을 따라 기울어 지나가는 것으로 해마다 재난이 생긴다. '고 하였다.

7) 파쇄명당(破碎明堂)

 <그림 2-2-16 >파쇄명당(破碎明堂)	破碎明堂　破碎者，明堂中或突或窟，或尖或石而不淨者是也。主百事無成，禍盜疊出，家道不寧，少亡孤寡之患，及招圖賴[302]人命之非，飛來災禍，退敗產業。此等明堂，最為不吉。

파쇄(破碎)란 명당 가운데에 혹 솟아 있거나 혹 패이거나 혹은 뾰족하거나 혹은 돌이 깔끔하지 못한 것이다. 모든 일을 이룰 수 없고 재화와 도난[禍盜]이 거듭 생기고 집안[家道]이 편안하지 못하고[不寧], 어린 아이가 죽고 과부[孤寡]가 생기는 근심이 있다.

남의 허물을 뒤집어쓰고[招圖賴] 사람이 횡사하고(橫死;생죽음], 재앙[災禍]이 (날라오듯이) 빨리 오고 재산[產業]이 줄어[退敗] 이와 같은[此等] 명당이 가장 좋지 않다.

301) 團圓(단원) : 단원하다.모나지 아니하고 둥글둥글하다. 가정이 원만(단란)하다.
302) 圖賴(도뢰) : 부인하다. (남을) 모략을 써서 해롭게 하다[謀害]. 남의 허물을 뒤집어 쓰게 되고

8) 두사명당(陡瀉明堂) : 경사명당(傾瀉明堂)

陡瀉明堂 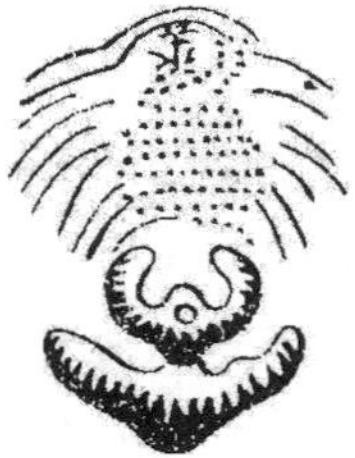 <그림2-2-17>두사명당(陡瀉明堂)	陡瀉者，穴前峻急而水傾瀉[303]也。此堂極凶，主損人悪死及飛禍，不但退敗產業而已。縱是真龍好穴，亦退敗後始發。鄒國師仲容云：「傾瀉明堂不可安，穴前陡峻不彎環。縱有真龍能發福，賣盡田廬始出官。」

두사(陡瀉)란 혈 앞이 가파르고 급하여[峻急;준급] 물이 기울어 쏟아지듯 매우 빠르게 흐르는 것이다. 이 명당은 매우 흉하다. 병들어 죽거나[悪死], 매우 빨리 재앙[飛禍]으로 망하여[敗] 재산[產業]은 줄어들[退] 뿐이다.

비록[縱是] 진룡진혈(真龍好穴)이라도 실패한[退敗] 후에 비로소 발복이 시작한다. 추국사(鄒國師) 중용(仲容)에 이르길 ‘경사명당(傾瀉明堂)은 안장할 수 없고, 혈 앞이 지세가 높고 급하여[陡峻] 면궁(眠弓)처럼 굽어 감싸지 못하여[不彎環] 비록 진룡이 있을지라도 발복(發福)은 전답과 집을 다 팔고 난 후에 비로소 벼슬에 출사한다.’고 하였다.

9) 광야명당(曠野明堂)

광야(曠野)란 혈 앞이 텅비어 넓고[蕩然寬廣] 아득히 넓고 멀어 끝이 없어[一望無涯] 다시[複;복] 막힘(關闌)이 없는 것을 말한다. 이러한 명당은 매우 흉하다. 명당이 넓고[寬闊] 대부분 멀리까지 솟아[遠秀] 나열하여 유달리 아름답게[清奇] 보여 오히려 사람을 현혹하게 할 수 있어 고인들은 또 ‘명당은 만마(萬馬)의 수용하는 설’ 때문에 어리석은 자[昧者]는 정신을 헷갈리게 하고[惑],

303) 陡(두) : 갑자기. 험하다. ◦瀉(사) : 매우 빠르게 흐르다. 설사하다. 내리붓다. 쏟아지다.

명당이 텅비고 넓으면[曠野] 바람이 회오리처럼 불어[風飄] 기가 흩어진다는 것을 모르는데 어찌 융결(融結)이 있다.' 고 하는가? 오공구결(吳公口訣)에 이르길 '명당에 만마(萬馬)를 수용할 수 있어도 광야(曠野)는 꺼린다.' 고 하였다.

 <그림2-2-18 > 광야명당(曠野明堂)	曠野者，穴前一望無涯，蕩然[304]寬廣，無複關闌之謂也。此堂極凶，卻能眩人，以其寬闊，多見遠秀羅列清奇，而古人又有「明堂容萬馬」之說，是以昧者惑焉。不知明堂曠野，則風飄氣散，安有融結？吳公口訣云：「明堂容萬馬，亦忌曠而野。」觀物祝公泌曰：「數十里外遠朝山，渺渺茫茫曠野間，近案又無堂氣散，千重清秀也空閒。」梁箬溪饒曰：「左右周回似有情，來龍落穴亦分明。水長無案明堂曠，下後兒孫家計傾。」穴當大逆朝水之局，明堂雖曠不畏也。

관물축공(觀物祝公) 필(泌)이 이르길 '수십 리 밖의 멀리 조산은 그지없이 아득한[渺渺茫茫] 광야(曠野) 사이에 근안(近案)이 또 없으면 당기(堂氣)가 흩어져 (조산이) 여러 겹[千重]으로 청수(清秀)하여도 비어 쓸데없다[空閒]' 고 하였다. 양약계(梁箬溪) 요(饒)가 이르길 ' 좌우가 주위를 돌아 감싸 유정한 것 같고, 내룡이 낙맥하여 혈이 또한 분명하더라도 물이 길게 흘러가고 안산이 없고 명당이 넓으면 장사 후[下後]에 자손[兒孫]의 가계가 기운다.' 고 하였다. 혈에 조수(朝水)를 크게 거슬러[大逆] 맞이하면 비록 명당(明堂)이 넓어도 꺼리지 않는다.

上明堂凶格，亦不止此[305]，舉此為式，可以類推。大要多見古格，自能心悟，

304) 蕩然(탕연) : 아주 넓은 모양. 흔적이 없는 모양 .텅비어 있는 모양 ◦寬廣(관광) : (면적·범위가) 넓다. ◦ 是以 (시이): 이 때문에. 그래서. 그러므로

吉凶禍福，擧目洞知，又不在於筆舌所悉。但明堂管初年禍福，關系[306]最緊，務要審擇，不可忽也。

이상 명당의 흉격(凶格) 역시 이것에 그치지 않고[不止此] 이를 열거하여 표준으로 삼아 유추할 수 있다. 요지[大要]는 대부분 옛 격식을 보고 스스로 깨달을 수 있다. 길흉화복(吉凶禍福)은 눈을 들어(서) 보고[擧目] 통찰하여[洞知] 또한 필설(筆舌)로는 모두[所悉]를 살필 수 없다[不在]. 다만 명당은 초년의 화복을 담당하여[管] 영향이 가장 가깝다[緊]. 반드시 가려 살피고 소홀히 해서는 안된다.

論 水 城

夫水城者，以水為範[307]我之城，所以界限龍氣，不使蕩然散逸者也。洪悟齋云「水城為龍穴之門户」是矣。其形不一[308]，難以概陳[309]。古人以五星配之，最為精當。所謂五星者，曰金星城、木星城、水星城、火星城、土星城是也。凡水城，不問江河溪澗、溝渠坑洫皆是。大抵以抱身彎曲有情為吉，斜側反跳無情為凶。具圖於下：

제3장 수성(論 水 城[310])

305) 不止(부지) : 그치지 않다.~에 그치지 않다.~뿐만 아니다. ◦所(소) : 완전히. 죄다. 아주.

306) 關系(관계) : (사물 사이의) 관계. 관계하다. (사람과 사람 또는 사람과 사물 사이의) 관계. (서로 관련된 것 사이의) 영향. ◦務要(무요) :반드시 ~하기를 바라다

307) 界限(한계) : 경계. ☞ 範(범) : 범위. 제한. 한계

308) 不一(불일) : 일치하지 않다.~ 뿐만 아니다. ~ 같지 않다. 한 가지가 아니다

309) 陳(진) : 늘어놓다.설명하다. 말하여 밝히다.◦ 精當(정당) : (말·글 등이) 정확하고 적절하다. 적당하다

310) **水城(수성)** : **물로서 용과 혈의 성역(城域)을 삼는 것**을 말하는데 ,용과 혈 앞(즉 명당)에 흐르는 **물의 모양으로 지기(地氣)가 모이고 흩어짐을 판단하며 그에 따른 길흉화복(吉凶禍福)을 논한다**. 성(城)의 기능과 마찬가지로 마치 물이 혈과 같이 용을 성처럼 둘러싸면서 기(氣)를 잘 보전해준다는 의미에서 수성(水城)이라 한다. 여기서 **수성(水城)은 강, 하천, 시내,도랑물**을 말한다. **수성의 모양**은 오성(五星)의 모양으로 구분한다.

<출전>『풍수사전』,김두규

제1절 머리말

무릇 수성(水城)이란 물로 나[혈]를 경계하는[範] 성(城)으로 삼는 것이다. 이유는 용을 제한하여 기(氣)가 아주 넓게[蕩然;탕연] 흩어지지[散逸;산일] 않게 하는 것이다. 홍오제(洪悟齋)가 이르길 ' 수성(水城)은 용혈(龍穴)의 문호(門户)가 되는 것이다.' 고 하였다. 그 형상이 같지 않아 개
략적으로 말하여 밝히기가 어렵다. 옛사람들은 물을 오행으로 가장 정확하고 적절하게[精當] 배정하였다. 이른바 오행이란 금성성(金星城), 목성성(木星城), 수성성(水星城), 화성성(火星城), 토성성(土星城)이다. 무릇 수성(水城)은 강(江), 하천[河], 산골짜기[溪澗(계간);산골짜기에 흐르는 시내),도랑[溝渠;구거], 웅덩이, 봇도랑[坑洫;갱혁] 등을 불문하고 모두 수성(水城)이다. 대저 용신을 감싸 만곡(彎曲)하여 유정(有情)한 것을 좋은 것으로 간주한다. 옆으로 기울어 반대로 달아나 무정(無情)한 것을 흉한 것으로 간주한다. 아래에 그림을 구비하였다.

城金星水城，彎曲抱身，極吉。有三格：曰正金、曰左金、曰右金。圖具下：
彎曲抱身,如弓圓弩滿，左右來去皆可。水自右來而左去，左畔彎環曰左金，要龍山兜白虎。 水自左來而右去，右畔彎環曰右金，要虎山兜青龍。

제2절 오성성수(五星城水)

1) 금성(金城)은

금성수성(金星水城)으로 만곡(彎曲)하여 용신을 감싼 것[抱身]을 최고 좋다. 삼격(三格)은 정금(正金)、좌금(左金)、우금(右金)이라 하고, 구체적으로 아래 그림이 있다. 활같이 둥글고[如弓之圓] 석궁처럼 둥글어[如弩之滿] 만곡포신하여[彎曲抱身] 좌우에 흘러와 가면 모두가 좋다[可].

물이 우(右)에서 흘러와 좌(左)로 흘러가 좌측[左畔]이 만환(彎環)하면 좌금(左金)이라 한다. 용산(龍山)이 백호를 감싸 물이 좌(左)에서 흘러와 우(右)로 흘러가 우측[右畔]이 만환(彎環)하면 우금(右金)이라 한다. 호산(虎山)이 청룡(靑龍)을 감싸야 한다.

<그림2-3-1>정금(正金)

<그림2-3-2>좌금(左金)

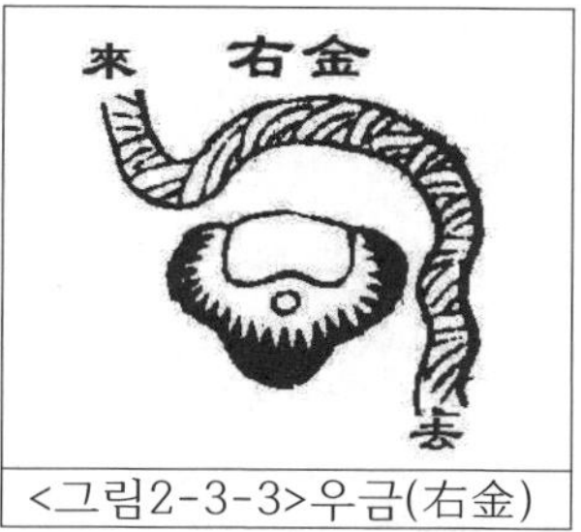

<그림2-3-3>우금(右金)

詩曰：抱身彎曲號金城，圓轉渾如[311]繞帶形。不但顯榮[312]及富盛，滿門和義世康寧。

시(詩)에 이르길 '활처럼 굽어져 완만한 곡선을 이루어[彎曲] 용신을 감싸 금성(金城)이라 한다. 둥글게 돌아 흡사 요대(繞帶)의 모양과 같으면 높은 지위에 올라 귀하게 될 뿐만 아니라[顯榮] 부(富)까지 왕성[盛]하며, 집안[滿門]이 화목하고 바른길을 좇아[和義]가 대대로[世] 건강하고 평안하다[康寧].

木城木星水城，直峻無情，大凶。有三格：曰直木、曰橫木、曰斜木。直峻衝心射面，不可以其為特朝也，主凶。橫木城一水穿堂而過，既直且急，全無顧穴之情，主凶。 斜木水城，來去皆無情也，主凶。

2) 목성(木城)은

311) 渾如(혼여) : 똑같이 닮다. 마치~와 같다. 흡사하다

312) 不但(부단) : ~뿐만 아니라. ◦顯榮(현영) : 높은 지위에 올라 귀하게 되다. 입신출세하여 부귀하게 되다. ☞ 滿門(만문) : 한 집안.온 집안.일가(一家). ◦和義(화의) : 화목함 의리

목성수성(木星水城)으로 곧게 흐르는 물[直峻]은 무정(無情)하여 크게 흉하다. 삼격(三格)이 있는데 직목(直木)、횡목(横木)、사목(斜木)이다. 직준(直峻)한 것이 (혈장) 가운데를 찔러[衝心] 앞을 쏘면[射面] 목성은 특히 (혈을) 향하여서[特朝]는 안된다. 주로 흉하다. 횡목성(横木城)은 온통 물[一水]이 명당을 지나서 곧고[直] 또한 급하여[且急] 혈을 돌아볼 정이 전혀 없다. 주로 흉하고 사목수성(斜木水城)은 오고 가는 것이 모두 무정하다.

<그 림 2-3-4 >
직목성(直木城)

< 그림2-3-5 >
횡목성(横木城)

<그림2-3-6>
사목성(斜木城)

詩曰：峻急直流[313]號木城，勢如衝射[314]最無情。軍賊流離[315]及少死，貧苦困頓[316]受伶仃。

시(詩)에 이르길 '물살이 세차고[峻急] 곧게 흐르는 물[直峻]을 목성(木城)이라 한다. 수세(水勢)가 화살처럼 세차게 흘러나가는 것[衝射]은 무정(無情)하다. 군적(軍賊)이라는 죄명으로 유리걸식하고[流離] 일찍 죽음에 이른다[少死;少亡]. 가난하여 어렵고[困窮] 의지할 곳이 없어 좌절한다[頓].' 고 하였다.

---

313) 峻急(준급) : 성급하고 모질다. 물살이 세차다 。 直流(직류) : 곧게 흐르는 줄기

314) 衝(충) : 찌르다. **향하다**. 맞부딪치다. 세차다.。射(사) : 쏘는 화살처럼 나가다. (물 따위의 액체를) 내뿜다.

315) 軍賊(군적) : 100명 이상의 병사를 거느린 지휘관으로 전투에서 피해[被;손해를 입음] 도주하거나, 방어하다 투항하거나, 부하를 버리고 달아난 자(守而降 離地逃衆)를 일컬어 군적(軍賊)이라 한다. 이런 자는 참수하고, 재산을 몰수하고, 식솔을 관청의 노비로 보낸다.

316) 苦困(고곤) : 괴롭고 곤란함[=곤궁(困窮):가난하고 어려움].。頓(돈) : 꺾이다. 좌절함. 패하다. 무너짐. 머무르다. 묵음.。영정(伶仃):의지할 곳이 없다. 고독하다

水城水星水城，之玄屈曲，最吉。有三格：曰正水、左水、右水也。《賦》云：「九曲入明堂，當朝宰相。」乃此水耳[317]。

3) 수성(水城)은

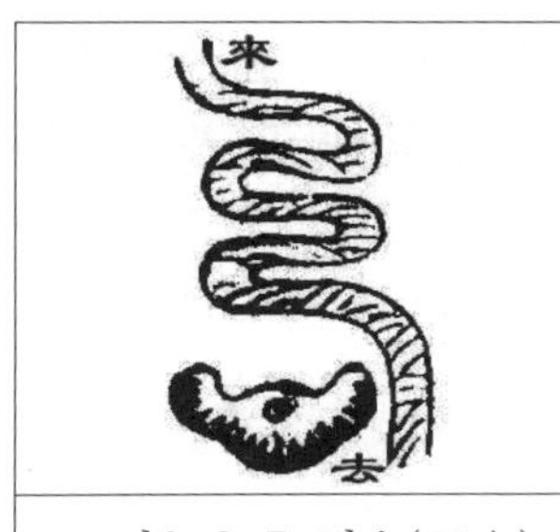

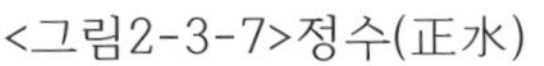
<그림2-3-7>정수(正水)

<그림2-3-8>좌수(左水)

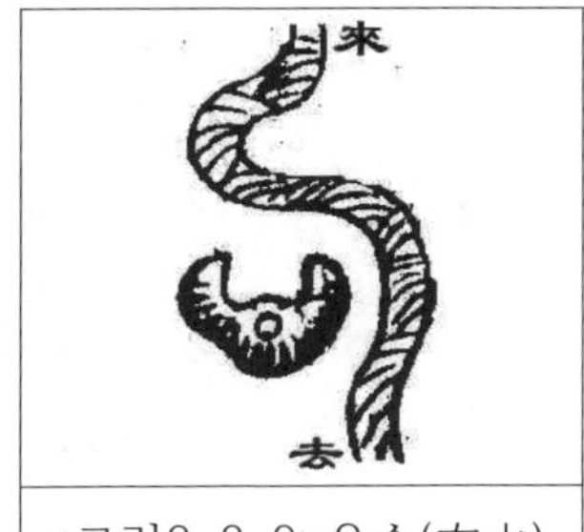

<그림2-3-9>우수(右水)

수성수성(水星水城)으로 지현굴곡(之玄屈曲)하는 것이 가장 좋다. 삼격(三格)이 있는데 정수(正水)、좌수(左水)、우수(右水)이다.

『설심부(雪心賦)』에 이르길 '구곡수(九曲水)가 명당으로 흘러들어오면 당대의 조정에 재상(宰相)이 되는 것은 이 물뿐이다.' 고 하였다.

詩曰：屈曲之玄號水城，盤桓顧穴似多情。貴人朝堂官極品，更講奕世有聲名。

시(詩)에 이르길 ' 지현(之玄) 자(字)의 모양으로 굴곡(屈曲)하는 것을 수성(水城)이라 하고, 머뭇거리며 그 자리를 멀리 떠나지 못하고 맴돌고[盤桓;반환] 혈을 돌아보는 것같이 다정(多情)하면 귀인[貴人]이 조정[朝堂]에서 벼슬이 극품(極品)에 이르고, 또 대대로[世代][奕世;혁세] 말을 하여[講] 이름을 날린다' 고하였다.

火城火星水城，尖斜碎破，極凶。有兩格：曰雙火、單火。兩邊俱有者為雙火，邊

317) 한정·강조 (~耳) : 오직 ~뿐. ~일 뿐이다[而已].

有邊無者為單火，皆凶。

4) 화성(火城)은

화성의 수성[火星水城]으로 산이 파쇄되어 물이 뾰족한[尖射] 모양으로 경사져[傾斜] 흐르면 지극히 흉하다. 두 가지 격이 있는데 쌍화격[雙火]、단화격[單火]이다. 양변(兩邊)에 모두 있는 것은 쌍화격[雙火]이고 한쪽 변은 있고, 한쪽 변은 없는 것은 단화격[單火]으로 모두 흉하다.

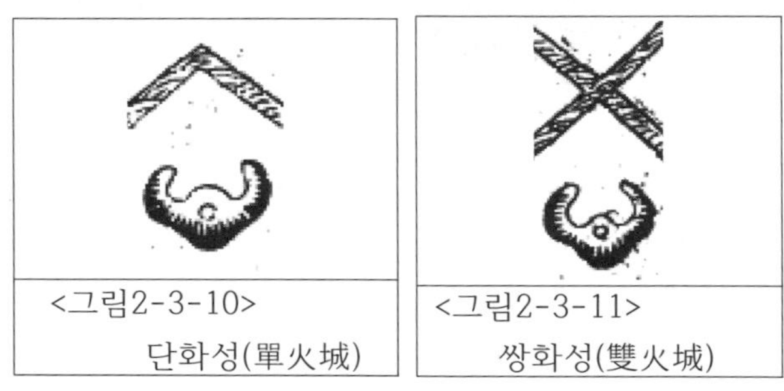

<그림2-3-10> 단화성(單火城)

<그림2-3-11> 쌍화성(雙火城)

詩曰：破碎尖斜號火城，或如交劍急流爭。更兼湍激[318]聲澎湃，不須此處覓佳城。

시(詩)에 이르길 '파쇄되어 뾰족하게 쏘는 것을 화성(火城)이라 하고 혹 칼이 만나 교차[交劍]하듯이 (물이) 만나 다투어 급히 흐르고, 게다가[更兼;갱겸] 물흐름이 급하고 사나워 물이 서로 부딪쳐 솟구쳐[湍激澎湃;단격팽배] 소리가 나는 이러한 곳에서 아름다운 수성(水城)을 찾을 필요가 없다[不須;不用].

土城土星水城，橫平而方，半吉，只一格。

318) 湍激(단격) : 물 흐름이 급하고 사나운 것. ◦湍湍(단단) 소용돌이 침. ◦湍流(단류) : 급한 물흐름◦澎湃(팽배) : 큰 물결이 서로 부딪쳐 솟구치는 것. ☞更(갱) :또.다시

5) 토성(土城)은

토성수성(土星水城)으로 횡으로 평평하고 모가나[方] 반길(半吉)한 것이 일격이다.

詩曰：方正橫平號土城，有凶有吉要詳明。悠洋深瀦知為美，爭流響峻禍非輕。

시(詩)에 이르길 '네모지고 반듯하여[方正] 횡으로 평평한 것을 토성(土城)이라 하고, 흉한 것도 있고 좋은 것도 있으니 자세(仔細)하고 분명(分明)하게 느리고 넘실거려(가득하여)[悠洋] (물이) 깊어 흐르지 않고 고이는 것[深瀦;심저]이 좋다. 다투어 흐르는 소리가 크면[峻] 화(禍)가 가볍지 않다.' 고 하였다.

五星背城

五星背城者，水皆背我而去也。地理以向背定吉凶。水既背去，其凶可知。求其庶幾[319]者，惟水星半吉。亦須龍真穴的方可。其它皆大凶無救。龍穴縱美，亦須棄之。卜氏云：「撞城者破家蕩產[320]，背城者拗性強心。」

6) 오성배성(五星背城)

오성배성(五星背城)이란 물이 모두 나(혈)을 등지고 흘러가는 것이다. 지리(地理)는 향배(向背)에 따라[근거로] 길흉을 결정한다. 물이 등지고 흘러갔으면 그 흉은 알 수 있다. 매우 가까운 것[庶幾]을 찾으면 다만 수성(水星)이 반길(半吉)은 또 용진혈적(龍真穴的)해야 비로소 가능하다. 그 외[其它] 모두 큰 흉으로 구제할 수 없다. 용혈이 아름다울지라도 버려야 한다.

복씨(卜氏)가 이르길 ' 수성(水城)을 치면 가산을 탕진하여[破家] 집안을 망치고[蕩產], 수성을 등지면 심성이 삐뚤어지고[拗] 고집불통이다.' 고 하였다.

---

319) 庶幾: 바람, 바라건대, 거의.거의 가까운 것. ※ 서기(庶幾) : 어느 한도에 가까울 정도를 말한다. cf) 중용(中庸) : 과하거나 부족함이 없이 떳떳하며 한쪽으로 치우침이 없는 상태나 정도를 말한다. ☞기타(其它;其他) : 기타. 그 밖. 그 외

320) 破家(파가) : 가산을 탕진하다. 집안을 망치다. ◦蕩產(탕산) : 파산(破産)하다. 재산을 탕진하다.

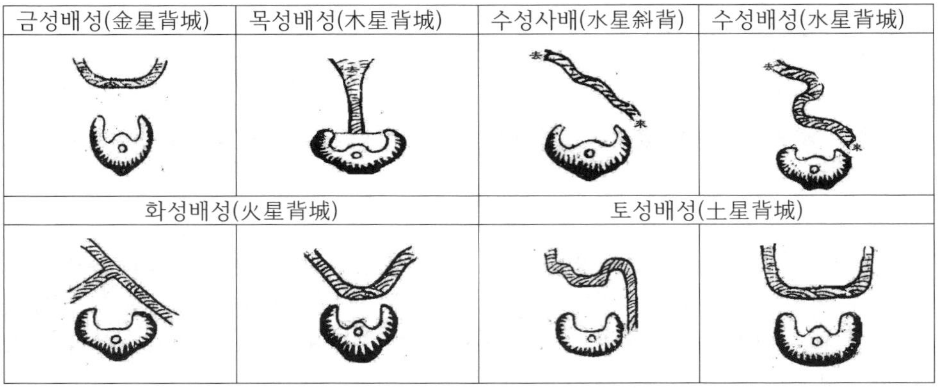

금성배성(金星背城)	목성배성(木星背城)	수성사배(水星斜背)	수성배성(水星背城)
화성배성(火星背城)		토성배성(土星背城)	

<그림 2-3-12> 오성배성

詩曰：五星城水背皆凶，乃與反拗[321]卷簾同。縱饒[322]龍穴砂皆美，終主兒孫徹骨窮。

시(詩)에서 이르길 '오성수성(五星城水)이 등지면 모두 흉하다. 반대로 꺾이면 권렴수(卷簾水)와 같다. 설령 용·혈·사(龍穴砂)가 모두 아름다울지라도[縱饒] 끝내 자손[兒孫]은 뼛속 사무치게 가난하다[徹骨窮].' 고 하였다.

水城詳議

夫水城之法，固以金城、水城屈曲彎抱者為吉，木城、土城、火城直衝、斜折、橫平、尖撇者為凶。然其間吉凶，又須有辨。如金城彎曲抱身，或纔過穴即撇擺[323]反去；水城屈曲朝入，或將到堂又峻急有聲。此皆不得[324]謂之全吉。其直衝朝入，與斜折、橫平、尖撇者，或穴前有低小案山，遮搪不見，而去勢又複盤旋環繞有情，則亦未可遽為全凶。故論水者，又當細審而詳辨之，不可忽也。若夫裹頭、割脚、反跳、翻弓、箭城門、斷城門等格，則皆凶不可救，斷然不可用矣。諸格詳議如下[325]。

321) 요(抝;拗) : 억제하다. 억누르다. 거스르다. 구부려서 부러뜨리다. 꺾다
322) 縱饒(종요) : 설령 ~한다 하더라도 ◦ 平(편) : 나누다.
323) 撇(별) : 치다. 돌보지 않다. 擺(파) : 싸다. 포장하다(包裝).
324) 不得(부득) : (~해서는) 안 된다. 할 수가 없다. ☞당(搪) : 부딪치다. 막다
325) 救(구); 건지다. 고치다. ☞如下(여하) : 아래와 같다. 다음과 같다.

제3절 수성상의(水城詳議)

무릇 수성(水城)의 법칙[法]은 확실히 금성수성(金城水城)이 굴곡하여 굽어 감싼 것[彎抱]을 좋은 것으로 간주한다. 목성(木城)、토성(土城)、화성(火城)이 곧바로 물이 부딪치고[直衝]、비스듬하게 꺾이고[斜折]、가로질러 나누고[橫平;횡편]、뾰족하게 치는 것[尖撇]은 나쁘다.

그러나 그 가운데 길흉은 또 반드시 분별해야 한다. 가령 금성(金城)으로 용신을 굽어 감싸는 것이 혹 겨우 혈을 지나자[纔過穴] 곧 수성(水城)이 굴곡하여[屈曲] 흘러들어와[朝入] (혈을) 돌보지 않고 반대로 감싸고 흘러가거나[撇擺反去] 혹 명당에 도달할 즈음에 또 물살이 세차[峻急;준급] 소리가 나면[有聲] 이는 모두 좋다고 말할 수 없다.

물이 곧게 부딪혀 흘러들어오고 비스듬하게 꺾이고[斜折]、가로질러 나누고[橫平;횡편]、뾰족하여 돌아보지 않거나[尖撇] 혹 혈 앞이 낮고 작은 안산이 가로막아[遮搪;차당] 보이지 않으면 흘러가는 수세이고 또 다시[複] 머뭇거리면서 맴돌아[盤旋] 둥글게 감싸[環繞] 유정(有情)하면 또한 서둘러[遽;거] 전부 흉하다고 할 수 없다[未可].

그러므로 물을 논하는 것은 또 마땅히 상세히 살펴서 자세히 분별해야 하고 소홀히 해서는 안된다. 만약 과두(裹頭)、할각(割脚)、반도(反跳)、번궁(翻弓)으로 성문(城門)을 쏘듯이 성문(城門)을 끊을 듯한 종류의 격은 모두 고칠 수 없어[不可救] 단연코 사용할 수 없다. 수성의 여러 격[諸格]이 아래와 같으니[如下] 상세하게 여러모로 두루 생각하라.

<table>
<tr><td>2</td><td></td><td rowspan="2">이 물은 굴곡(屈曲)하여 멀리서 (혈을) 향하여 흘러와 혈에 가까이 이르러 돌보지 않고 반대로 흘러가 무정(無情)하다. 혹 물살이 세고[急峻] 소리가 나는 것은 모두 불길하다.</td></tr>
<tr><td colspan="2">此水屈曲遠朝，及近穴，卻撇去無情，或急峻有聲者，皆不吉。</td></tr>
</table>

1	 	이 물은 혈을 지나 조금 굽어 감싸다가 [彎抱] 곧 혈을 돌아보지 않아 반길(半吉)이다. 복씨(卜氏)가 이르길 '물이 감싼 것 같으나[入懷] 곧 반포(反抱)하면 잠시(暫時) 흥하고[一發] 즉시[便] 쇠하게 된다.' 고 하였다.
此水纔彎抱過穴，即反撇而去，不顧穴，半吉。卜氏云：「水若入懷而反抱，一發便衰。」		

3	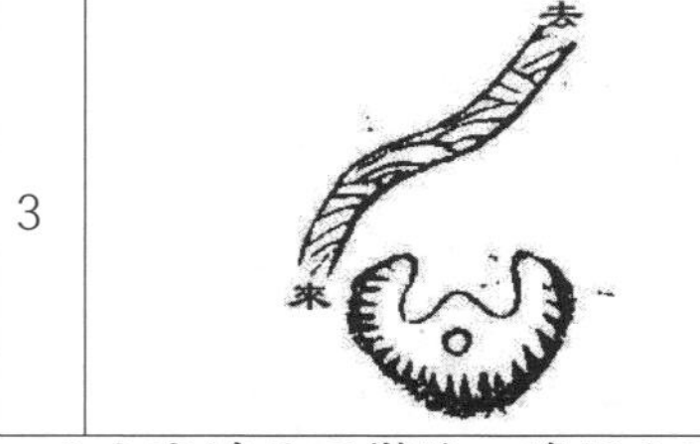 	이 물길[水城]은 가로질러 나누어[橫平; 횡편] 흘러가 굽어 감싸지 않는다. 겨우 혈(의 앞)을 지나 반대로 돌보지 않고 흘러가[反撇而去] 큰 흉이다. 복씨(卜氏)가 이르길 '물이 겨우 혈(앞)에 이르렀으나 곧 반도수로 흘러가면(반대로 흘러가면) 한 푼의 가치도 없다.' 고 하였다.
此水城橫平不彎抱，纔過穴即反撇而去，大凶。卜氏云：「水纔過穴而反挑，一文不值。」		

4	 	이 물은 혈을 향하지[朝穴] 않고 빗겨와 혈을 지나가 혈 뒤에서 도리어[卻] 용신을 환요(圜繞)하여 유정(有情)하니 초대(初代)는 불리(不利)하나 후대[後]에는 오히려 좋다.
此水斜來不朝穴，過穴後卻繞身有情，初代不利，後卻吉。		

5		이 물은 곧게 향하여 오나 가로질러 한 팔[용호중 한 사(砂)]로 감싸[掬一臂] 막아[遮攔] 곧게 오는 것을 볼 수 없고 다시 등글게 감싸[環繞] 유정(有情)하여 좋다.
	此水直衝，卻有橫掬一臂遮攔，不見直來，而複環繞有情，吉	

6		이 물은 곧게 (혈을) 향하여[直衝] 혈 가까이 이르러 작은 언덕[小墩阜]이 막아[搪抵;당저] 물이 흘러오는 것이 보이지 않고 뒤로 흘러가 또 용신을 감싸 유정(有情)하여 또한 좋다.
	此水直衝[326]，至近穴有小墩阜搪抵，不見其來。而後去又繞身有情，亦作吉。	

7	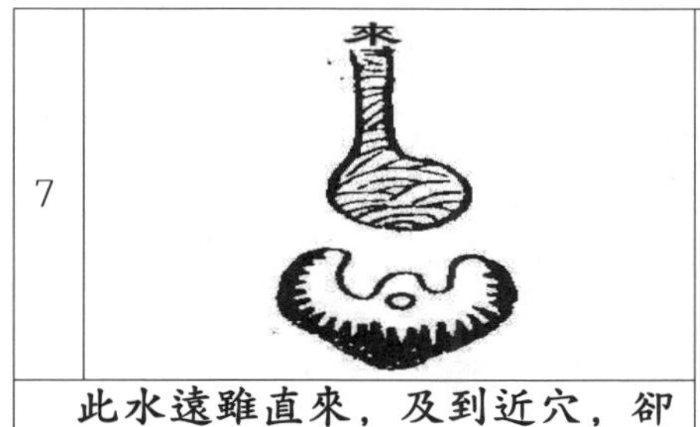	이 물은 멀리서 비록 곧게 흘러와 혈 가까이 도착하여 멈추어[卻] 웅덩이에 모여[瀦聚] 깊이 저장하여[深蓄] 역시 좋다.
	此水遠雖直來，及到近穴，卻瀦聚成深蓄，亦吉。	

326) 衝(충) ; 찌르다. 향하다. 맞부딪치다.

8		이 물길[水城]은 뾰족하여 무정(無情)하나 안산이 있어 막아[搪抵] 혈의 공간[穴間]에서 뾰족하여 찌르는 것[尖砍;첨감]이 보이지 않는다. 다만 오직 외명당[外洋]의 조수[朝秀]만 보이고 혈 후에 물이 도리어 용신을 감싸 좋다.
	此水城尖而無情，有案搪抵，穴間不見尖砍[327)]，惟見外洋[328)]朝秀，穴後水卻繞身，吉。	

9	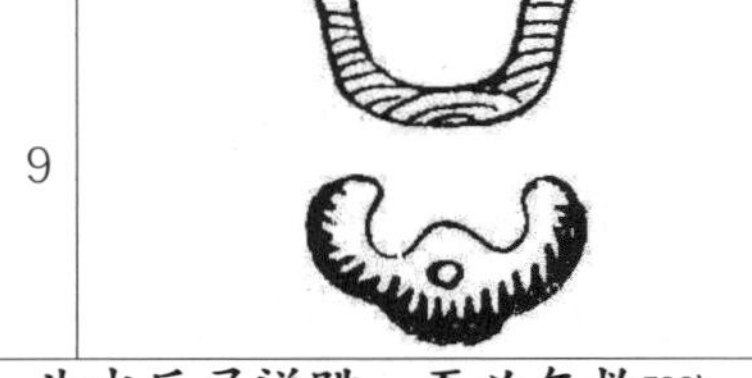	이물은 반궁(反弓)하여 거슬러 달아나[逆跳] 지극히 흉하여 고치지 못한다[無救].
	此水反弓逆跳，至凶無救[329)]。	

10		이 혈은 용호가 없고 물길[水城]이 다리를 쳐[扣脚;구각] 세굴(洗掘)하여 짤라 버린다[割]. 비록 용신을 감쌀지라도 불길하다. 이르길 '과두성(裹頭城)'이라 한다. 주로 돌림병에 걸리고[瘟疫;온역] 가난하여 패절[貧絕]하여 지극히 흉하다.
	此穴無龍虎，而水城扣腳洗割，雖繞身亦不吉，名曰裹頭城，主瘟疫貧絕，至凶。	

☞扣(구) : 두드리다.제거함.치다. 해치다. ☞割(할) : 손상함.끊다.자르다.

327) 砍(감) : (조직 따위를) 파괴하다.(도끼 따위로) 찍다. 패다
328) 외양(外陽)과 외양(外洋) : 외명당(外明堂)을 외양(外陽;묘 앞의 안산(案山) 바깥 쪽에 있는 산) 혹은 외양(外洋;안산 밖에 물)이라고도 하는데, 평지(平地)이면 양(陽)이 되고 큰 물[大水]이 있으면 양(洋)이 된다.
329) 救(구) : 고치다, 치료(治療)하다. 막다, 못 하게하다.

11	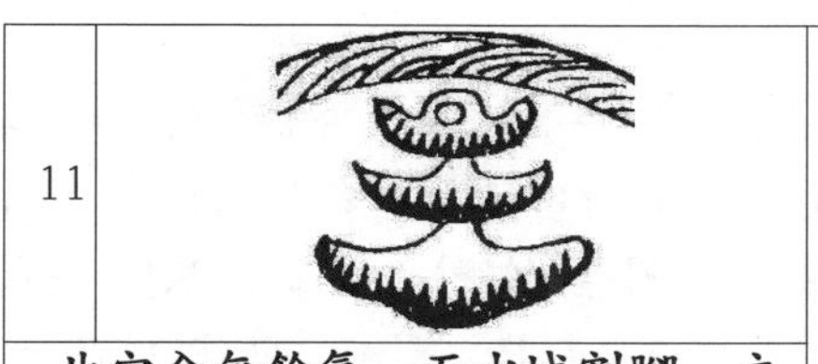	이 혈은 전혀 여기(餘氣)가 없어 물길[水城]이 다리를 끊는다[割脚]. 주로 가난하여 패절하니 대흉이다. 만약 위에 맺힌 혈이면 이것에 구애되지 않는다.
此穴全無餘氣，而水城割脚，主貧絕大凶。若上聚穴不以此拘。		

12	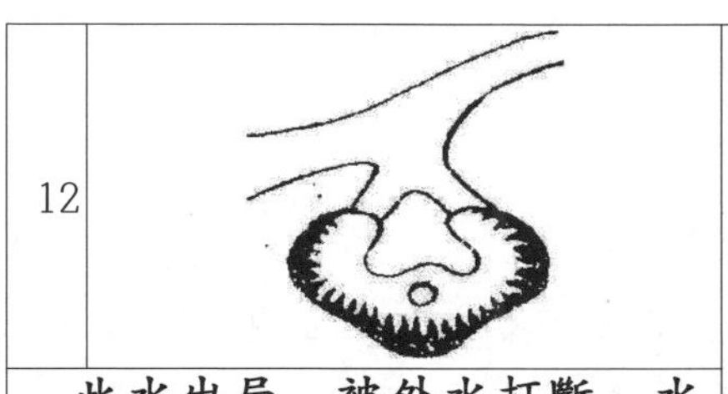	이 물은 국(局)을 나가 밖에 물이 쳐 끊기게 되고[被外水打斷] 물이 급하다. 주로 형벌로 죽고[刑煞] 관아에 소송을 한다[官訟]. 왼쪽은 장손이 우측은 유방이 가운데 중간 자손이 재화를 당한다. 대개 이는 문호(門户)가 관쇄되지 않기 때문이다.
此水出局，被外水打斷，水急，主刑煞官訟：左長，右幼，中中禍應，蓋是門户不關故也。		

論水形勢

夫穴前之水，形勢不同，致其所應吉凶亦異。故觀水之法，莫先於此。其吉者，有朝懷、聚面、蕩胸、拱背、入口，及九曲、腰帶、倉板、融瀦、回流、暗拱、鳴珂。其凶者，有瀑面、衝心、射脅、裏頭、牽鼻、穿臂、反身、割腳、漏腮、淋頭，及交劍、卷簾、流泥、斜撇、反挑、分流、漏槽、刑殺等形，不可不辨。謹以諸格詳陳於後。

제4절 수 형세(水論水形勢)

대개 혈 앞의 물은 형세가 같지 않으므로 길흉에 이르러 소응(所應)하는 바 역시 다르다. 그러므로 물을 보는 법은 이에 앞서는 것이 없다.

물이 좋은 것은 조회(朝懷)、취면(聚面)、탕흉(蕩胸)、공배(拱背)、입구(入口) 및 구곡(九曲)、요대(腰帶)、창판(倉板)、융저(融瀦)、회류(回流)、암공(暗

拱)、명가(鳴珂)이고, 물이 흉한 것은 폭면(瀑面)、충심(衝心)、사협(射脅)、과두(裹頭)、견비(牽鼻)、천비(穿臂)、반신(反身)、할각(割脚)、누시(漏腮)、임두(淋頭) 및 교검(交劍)、권렴(卷簾)、유니(流泥)、사별(斜撇)、반도(反挑)、분류(分流)、누조(漏槽)、형살(刑殺) 등 형(形)있으니 분별해야 한다. 뒤에 여러 격을 삼가 상세히 진술하였다.

조회수(朝懷水)

<그림 2-3-13>조회수(朝懷水)

朝懷[330]者，當面對朝也。此水易發，主朝貧暮富。予嘗謂「逆砂一尺可致富，朝水一杓能救貧。」然朝水不但[331]發財而已，且能致貴。楊公云：「大水洋洋對面朝，列土更分茅。」青烏云：「大水洋朝，無上之貴。

조회수(朝懷水)는 (혈을) 마주하여 (물이) 흘러들어오는 것이다. 이 물은 쉽게 발복한다. 아침에는 가난하나 저녁[暮:모]에는 부자가 된다.

우리는 일찍이[予嘗] 말하길 ' 물을 거스르는 사(砂)[逆砂]가 한자[一尺]이면 부자가 될 수 있고, 흘러드는 물[朝水]이 한 바가지[一杓:일작]이면 가난을 구할 수 있다.' 고 하였으나 흘러드는 물[朝水]이 재산[財]이 생길 뿐만

330) 조회수(朝懷水) ; 조래수(朝來水) ∘ 당면(當面) : 일이 바로 눈앞에 닥침.∘ 당(當) : 대(對)하다. 마주 보다.
∘ 대(對) : 대(對)하다, 마주하다. ☞ 면대(面對) : 대면(對面) : 서로 얼굴을 마주 보고 대함.

331) 부단(不但) : ~뿐만 아니라 ∘이이(而已) : ~만.~뿐 없음. ☕ 분모열토(分茅列土) : 천자가 제후를 봉할 때 그 방면의 흙을 띠풀에 싸주던 의식으로 제후(諸侯)를 봉하는 일이다.

아니라 또 벼슬도 할 수 있다.

양균송이 이르길 '큰 물이 충만하여[洋洋] (혈을) 마주하여 흘러 들어오면[對面朝] 제후[列土]가 되고 또[更;갱] 큰 공신에 봉하여 진다[分茅;분모].' 고 하였다. 청오경(靑烏經)에 이르길 ' 큰 물이 충만하여 흘러들면 가장 높고 좋은[無上] 벼슬[貴]을 한다.' 고 하였다.

위신수(衛身水)

 < 그림 2-3-14 > 위신수(衛身水) ☞사방이 끝이 넓고[汪洋] 물을 얻는 것이 먼저이니 주현(州縣)에 부가 으뜸이고 벼슬이 재상[卿相;경상]이다.(四畔汪洋[332] 得水爲上 富冠州縣 貴爲卿相)	衛身水者，龍身奇異，忽於湖水中突起墩阜，結為形穴。穴之前後左右皆汪洋巨浸，如孤月沈江，江豚拜浪，蓮花出水等類，皆以水為護衛。水既澄清，不溢不涸，以為[333]養蔭。比之繞流之水，恐有衝刑[334]之勢，悲切之聲，無如此靜衛之最貴。

위신수(衛身水)는 용신(龍身)이 기이(奇異)하여 호수(湖水) 가운데에 홀연(忽於)히 언덕[墩阜;돈부]이 솟아올라 맺혀 혈의 형상을 이루었고, 혈의 전후좌우

332) 왕양(汪洋) : 바다가 가없이 넓음. 바다가 넓고 큰 모양. 도량이 큰 모양. 은택(恩澤)이 넓고 큰 모양

333) 이위(以爲) : 생각하다. 여기다. 알다. 인정하다. 양음(養蔭) : 음덕을 기린다.

334) 충(衝) : 찌르다. 맞부딪치다. ◦刑 : 모양. 되다. 이루어 지다.

(前後左右)는 모두 가없이 넓어[汪洋] 큰 물[巨浸;거침]에서 멀리 떨어진 달[孤月]이 강에 잠긴 것 같고[沈江] 돌고래가 물결에 절하는[江豚拜浪]듯하고 연꽃이 물 위에 핀 듯한 것[蓮花出水] 같은 종류[等類]는 모두 물로 호위(護衛)하는 것으로 간주한다.

물이 맑고[澄淸;징청] (오랜 기간 비가 와도) 넘치지도 않고[久雨不溢] (오랜 가뭄에도) 마르지 않아야[久旱不涸] 음덕을 기린다고 생각한다[以為養蔭]. 이를 감싸고 흐르는 물에 비유하면 두려운 것은 찌르는 모양의 세[衝刑之勢]와 비통한 소리[悲切之聲]가 있는 것이며, 이러한 격이 없이 고요히 호위하는 것이 가장 귀하다.

晉江蔡虛齋先生祖地

左地在晉江縣東二十里, 地名桃花山。其龍乃郡龍之大盡, 自鳳凰山過小嶺峽, 相牽相連[335], 頓跌西兌行龍, 直奔[336]二十餘里。至結穴, 連過數峽, 龍脈精巧, 頓起水星大帳。帳中横出一脈, 丙午落[337]頭結穴。帳身垂下纏護, 入穴重重龍虎, 作子癸向。面前海水, 汪洋滿目。遠峰渺渺, 艮上一峰獨秀, 如卓筆。水面一洲, 寬十數里, 穴中見之如拳, 即印浮水面。出虛齋先生淸, 登科甲, 官至大司成, 著書立言, 為理學名臣。三子皆登仕版[338]。今其孫如川公登科第, 富貴未艾

진강채허재선생조지(晉江蔡虛齋先生祖地)

좌지(左地)는 진강현(晉江縣) 동(東) 20리에 있고 지명은 도화산(桃花山)이다. 그 용(龍)은 군룡(郡龍)이 크게 끝난 곳[大盡]이다.

봉황산(鳳凰山)에서 작은 재[과협]를 지나[過小嶺峽] 서로 계속 이어서[相牽相連] 홀연히 달려 서쪽 태방[西兌]으로 행룡(行龍)하여 20여 리를 곧장 달려

335)嶺(령) : 재. 큰 산맥. 잇닿아 뻗은 산줄기. ◦牽連(견련) : 계속 이어짐 ☞牽(견) : 끌다. 매이다. 이어지다

336) 直奔(직분) ; 곧장 달려가다. 직행하다. ◦ 至(지) : 이르다. 이루다. 성취(成就)함.

337) 落(락) : 떨어지다. 떨어뜨리다. 이루다

338) 仕版(사판) : 벼슬아치 명부→인명사전과 유사 ◦ 천(川) : 끊임없이. 계속해서.

가[直奔] 결혈은 용맥이 정교(精巧)하게 연달아 여러 개 과협을 지나 봉우리를 홀연히 일으켜[頓起] 수성(水星)의 큰 장막을 열어[大帳] 장중(帳中)에 횡(橫)으로 한 맥이 나와 병오(丙午)로 수두하여[垂頭;落頭] 혈을 맺었다. 용신을 개장하여 아래로 드리워 혈의 범위에 들어 용호가 거듭 전호(纏護)하여 자계(子癸)의 향(向)을 만들었다.

<그림 2-3-15> 진강채허선생 조지(晉江蔡虛齋先生祖地)

면전에는 해수(海水)가 넓고 가득하여 눈에 가득하니 먼 곳에 봉우리가 그지없이 넓고 아득한 모양[渺渺;묘묘]으로 간방의 위쪽[艮上]에 일봉이 홀로 빼어나[一峰獨秀] 높이 서 있는 문필[卓筆]과 같다.

수면(水面)에 하나의 작은 섬[一洲]이 있어 십 수리(十數里)가 넓으나 혈 가운데 이것[섬]을 보면 주먹과 같아 도장[印]이 수면 위에 떠 있는 것 같다. 청빈한 허재(虛齋)선생이 태어나 과거[科甲;科擧]에 급제하여 높은 지위에 올라[登] 벼슬이 대사성(大司成)에 이르렀고, 저서(著書)에서 후세에 모범이 될 만한 훌륭한 말을 하여[立言] 이학(理學)에 훌륭한 신하가 되었다. 세 아들이 모두 벼슬아치 명부에 등재되었다. 현재까지 그 현의 마을[公]에는 계속해서[川] 과거에 급제하여 부귀가 그치지[艾;애] 않았다.

臨海秦將元祖地

左地在台州南七里，地名古塘門。其龍發自望海峰，三台山勢如萬馬，自天而下，星峰奇秀，有帳有峽，不及[339]詳述。至將結未結之際[340]，藏蹤隱跡，不見形影。平田中過骨，忽然頓起石山，雄偉高聳，展開兩翅，如衝天之鳳。轉身中抽水木蘆鞭，裊如絲。複飛起騰空紫炁(=氣)，番身做穴。而四面皆流水繞過，初看者竟莫知其為何山來脈也。但海潮一起，各處皆漲，獨過脈數丈[341]之間，潮不能及，此其龍過之所也。地書云：「水纏便是山纏」.此地既四山周環，而複得水繞，尤為奇特。前聳文峰秀麗。葬後出秦公文，解元、進士、大參；曰武，進士、御史；曰禮，進士、僉憲；曰鳴春，員外郎；曰鳴夏，翰林。人丁大旺，福祉未艾

임해진장원조지(臨海秦將元祖地)

좌지는 태주(台州) 남 7리에 있고 지명은 고당문(古塘門)이다. 그 용은 망해봉(望海峰)의 삼태(三台山)에서 출발한 산세[勢]는 만마(萬馬)가 하늘에서 내려온 것 같고 성봉(星峰)이 유달리 수려하게[奇秀] 개장하여 과협이 있으나 상세하게 기술할 수 없다[不及]. 곧 혈을 맺을 즈음에 이르러 아직 혈을 맺지 못할 때[際]는 아직 (혈을) 감추어 비록 종적이 드러나지 않아 형체와 그림자[形影]가 보이지 않다가 평전(平田) 가운데를 지나 석맥[骨]이 홀연히(忽然) 우람차게[雄偉] 높이 솟은 석산을 일으켜 양 날개를 벌려[開兩翅] 하늘에 올라가는[衝天] 봉황새와 같다.

용신을 돌려 가운데 추출된 수목(水木)의 노편(蘆鞭)은 간들거리는[裊;뇨] 것이 실과 같고 다시 높이 공중으로 솟아[騰空] 올라[飛起] 목성[紫氣;자기]으로 용신이 번갈아 나타나[番身;번신] 혈을 만들었고[做穴;주혈], 사면(四面)에 모두 물이 감싸고[衛身水] 흘러 지나가니 처음 보는 사람은 마침내 어느 산에서 맥이 오는지를 모른다.

---

339) 不及(불급) : 미치지 못하다.~보다 ~하지 않다 . (시간적으로) ~할 수 없다.
340) 至(지) : 의 정도에 이르다. ~라 한 결과에 달하다. ∘ 未(미) : ~이 없었다. ~ 아직. 때가 되지 못함. 미래. 장래.~지 아니하다(못하다). ∘ 至將盡未盡之際 : 곧 맥이 다하는 곳에 이르러~ ☞ 騰空(등공) : 공중(空中)으로 오르다. 비우다. ∘ 做(주) : 짓다. 만듦
341) 1장(丈) : 미터법의 3.03m에 해당하는 길이 단위

<그림 2-3-16 > 임해진장원조지(臨海秦將元祖地)

다만 바다의 조수[海潮]가 한번 일어나면 여러 장소에는 모두 물이 불어[漲] 홀로 몇 장[數丈]의 맥을 지나는 사이에 조수가 미치지 못하는 것은 그 용이 지나가는 곳이다. 지리서[地書]에 이르길 '물이 감싸면 곧 산이 감싸는 것이다.' 고 하였으니 이 땅은 이미 사산(四山)이 (주위를) 에워싸고 다시 물을 얻어 감싼 것이 더욱 기묘하다[奇特].

수려(秀麗)한 문필(文峰)이 앞에 솟아 장후(葬後)에 진공(秦公)이 태어나 문해원(文解元)이 진사(進士)에 올라 대참(大參)이 되었고, 무(武)가 진사(進士)로 어사(御史)를 하였고, 예(禮)가 진사(進士)로 첨헌(僉憲)을 하였고, 명춘(鳴春)은 원외랑(員外郎)이었고, 명하(鳴夏)는 한림(翰林)에 올랐으며, 인재(人丁) 크게 왕성하여 행복[福祉;복지]이 그치지 않았다.

취면수(聚面水)

취면수는 곧 여러 물이 혈 앞에 모이는 것을 말한다. 《부(賦)》에 이르길

'물이 천심에 모이면 누가 그 부귀함을 모르겠는가? 대개 물은 본래 대개 물은 본성[本]이 움직이므로 묘(妙)함은 정(靜)한 가운데 있다.
모이면 정(靜)하고, 정(靜)하면 더욱더 깊은 웅덩이에 모인다[融瀦;융저]. 오고 가는 것이 없으면[無來無去] 수법(水法) 가운데 으뜸의 격식이다.

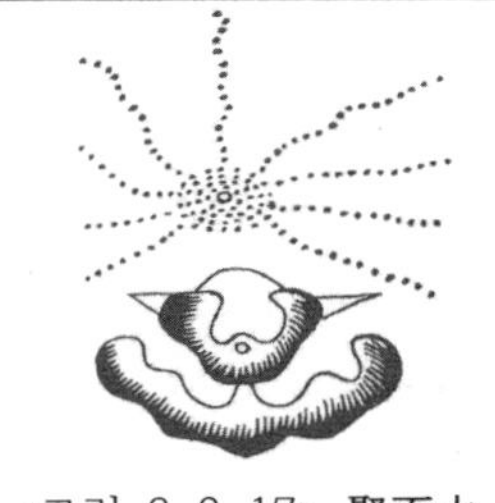 <그림 2-3-17> 聚面水	聚面者，乃諸水融聚於穴前也。《賦》云：「水聚天心[342)]，孰不知其富貴？」蓋水本動，妙在靜中。聚則靜矣，靜則悠深融瀦，無來無去，為水法中之上格也。

탕흉수(蕩胸水)

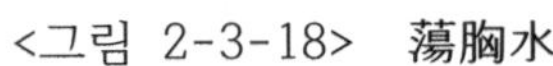 <그림 2-3-18> 蕩胸水 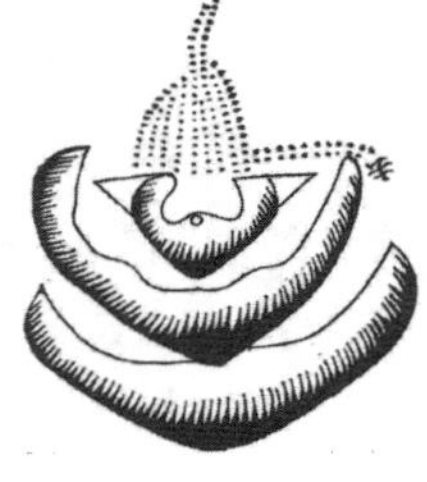 盪聚深蓄 悠揚不流	蕩胸者，乃水勢囊聚於穴前也。其勢頗有近於聚面，但彼以諸水團聚而[343)]言，此以一水聚來，自小而大[344)]，如囊之聚物也。主極富。蕩左則長房富，蕩右則幼房富，至驗。

342) 면(面) : 대면(對面)하다. 얼굴을 맞대다. ∘ 융취(融聚) : 모이다. ☞ 융(融) : 융합하다. 녹아내린다. 즉 모이다. ☕ 천심(天心)은 내명당(內明堂 ; 용호 내(龍虎內)의 소명당+중명당) 가운데를 의미한다. 용호 밖은 외명당. ∘ 유(悠) : 더욱. 점점 더. 더욱 더.
343) 而(이) : ~와 같다. 그러하다. ☕ 胸(흉) : 가슴. 전면(앞쪽), 요충지, 속
344) 自小而大 ☞ 積小成大

탕흉(蕩胸)이란 수세(水勢)가 혈 앞에 주머니 속에 모이는[囊聚;낭취] 듯하다. 그 세가 취면수[聚面水]와 매우[頗;파] 비슷하다. 다만 그것은[聚面水] 여러 물이 모이는 것을 말한다. 이는[蕩胸水] 일수(一水)가 흘러와 작은 물에서 큰 물이 되어[積小成大] 주머니 속에 모인 물과 같다.

주로 큰 부자이고 좌에 탕흉(蕩胸)하면 장손이 부자이고, 우측에 탕흉하면 지손[幼房]이 부자가 되는 징험이 많다[至驗].

공배수(拱背水)

<그림 2-3-19> 拱背水 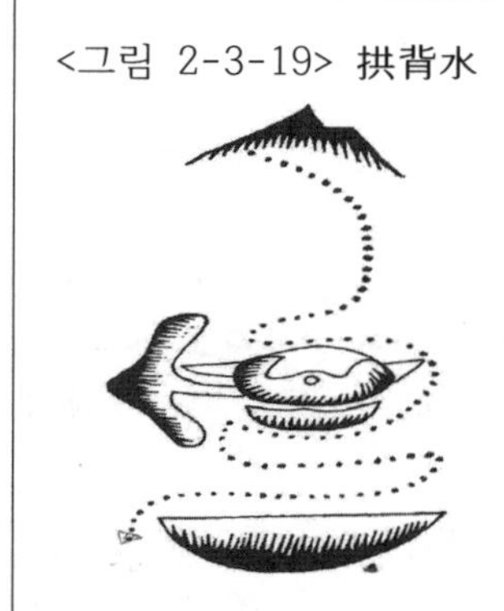	拱背者，乃水纏穴後，即水繞玄武。《賦》云「發福悠長，定是水纏玄武」是也[345]。主富貴綿遠。蓋水能聚龍之氣，水纏尤勝山纏，故爾

공배(拱背)이란 물이 혈 뒤를 둘러싼 것이다. 즉 물이 현무를 감싼 것[水繞玄武]이다. 《雪心賦》에 이르길 ‘발복이 유장한 것은 반드시 물이 현무를 감싼 것이다.’고 하였다. 주로 부귀(富貴)가 대대로 이어진다[綿遠;면원]. 대개 물은 용기(龍之氣)를 모을 수 있고, 물이 감싸면 산이 감싼 것보다 더욱 좋다[尤勝]는 것은 이와 같기[富貴綿遠] 때문이다[故爾;고이].

345) 是也(시야) : 이것이다. ☞ 是(시) : 이. 이것. 이곳 등 지시하는 말. 가리키는 말.

입구수(入口水)

☕ 입구수(入口水) cf) 회류수(回流水) / 선당수(旋堂水)

☞선당수(旋堂水) : 혈 앞에서 물이나 도로가 소용돌이처럼 회전하는 것.

<그림 2-3-20> 入口水  	入口水者，乃水上[346]堂而有逆砂攔收也。蓋水勢縱美而不到堂，或到堂而無攔收，皆未盡善。故必以入口為貴。 若遇此水，主發福最快。但下山既長出收水，而水勢至此必小反而去，不可作反背反挑論。

입구수(入口水)란 물이 명당에 흘러들어와[上(到)] 역사(逆砂)가 (물을) 막아 거두어 들이는 것[攔收]이다. 대개 수세(水勢)가 비록 아름다울지라도[縱美而] 명당에 이르지 못하거나 명당에 이르나 막아 거두지 못하면 모두 좋지 않다. 그러므로 반드시 입구하는 것(入口)을 귀하게 여긴다.

만약 이러한 물을 만나면 주로 발복이 가장 빠르다[最快]. 다만 하산(下山)이 길게 나와 물을 거두어 주면 수세(水勢)가 여기에 이르러 반드시 작은 물이 반배하여 흘러가도, 반배나 반도(反背反挑)라 하지 않는다.

구곡수(九曲水)

구곡(九曲)이란 물의 굴곡(屈曲)이 구불거리는 형상[之玄]이다. 또한 어가수

346) 입구수는 발복의 때를 기다리지 않고, 선당수는 (발복이) 장구하고 쇠토함이 없다.(入口則發 不需時 漩堂則久 而勿替). ◦上(상) : 가다. 다다르다. 도착하다.

☕ 始見處(득수)≠水源地 / 팔로사로황천살→득수, 破口가 허한 곳 ☞入口 (입구) : 입으로 들어가다. 입항하다.

(御街水)라고도 한다. 《경(經)》에 이르길 '천심(天心)을 향하여[直] 굴곡하면 대궐(大闕)로 통하는 길[御街;어가]이라 부른다.' 고 하였다.

이 물은 매우 좋다. 주로 크게 부귀하다. 복씨가 이르길 ' 구곡수(九曲水)가 명당에 들어오면 재상(宰相)으로 조정의 정사를 주관하다.' 고 하였고 또 1년[一歲]에 아홉 번 벼슬에 오르고[九遷] 반드시[定是] 물이 구곡수로 흐른다 '고 하였다.

<그림 2-3-20> 九曲水  	九曲者，屈曲之玄也，亦名御街水。《經》云「直號天心曲御街347)。」此水極吉，主大富貴。卜氏云：「九曲入明堂，當朝宰相。」「一歲九遷，定是水流九曲。」

☕ 山囚水流 虜王滅侯 ;여기서 水流는 元辰直溜 不縈紆(영우)[원진수가 곧게 흘러내려 혈을 휘감지 않는 것이다] 즉 言無情 °縈紆(영우) : 감돌다. 에워싸다.

☕ 勢如流水 生人皆鬼 용의 세가 흐르는 물과 같으면 산 사람이 일찍 죽어 모두 귀신이 된다. 여기서 流水는 順瀉(순수하여 빠르게 흘러)直流去 如水之直流傾注而去

<출처> 금낭경

☕山頓水曲 子孫千億 山走水直 從人寄食 <출처> 청오경

산이 멈추고 물이 굽어 돌면 자손이 번성하나 산이 달아나듯하고 물이 곧게 흘러가면 하인 되어 얻어먹고 산다.

cf)山頓水曲~. 山走水走~

☞ **대구법**[對句法]:어조나 어세가 비슷한 어구를 짝지어 문장에 변화를 주는 수사법

347) 御街(어가) : 궁궐 안 임금이 다니는 어가. 대궐(大闕)로 통(通)한 길. 또는 대궐(大闕) 안의 길.

요대수(腰帶水)

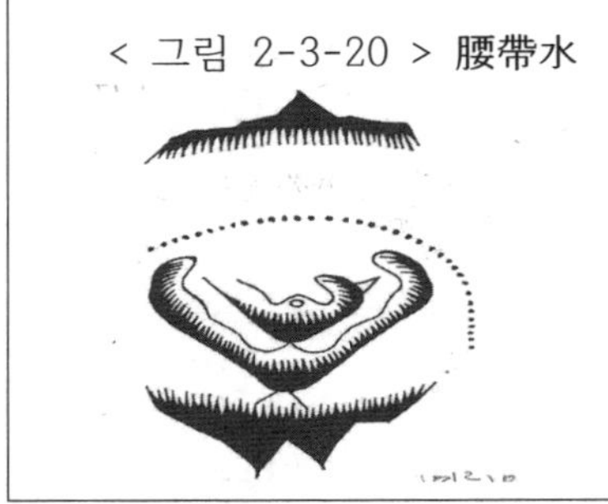

< 그림 2-3-20 > 腰帶水

腰帶者，繞抱如束帶也。即金城水，最吉。卜氏云：「水不亂彎則氣全。」主顯貴鼎盛。但不可誤以裹頭水為纏腰水也 裹頭水見後

요대(腰帶)란 요포(繞抱)하여 요대를 맨 것과 같다. 즉 금성수(金城水)가 가장 좋다. 복씨가 이르길 '물이 산만하지 않고 만곡(彎曲)하면 기가 온전하다.' 고 하였다. 주로 지위가 높고 귀함[鼎]이 성하다.

다만 과두수(裹頭水)를 전요수(纏腰水)로 잘못 알아서는 안된다. 과두수(裹頭水)는 뒤에 나온다.

창판수(倉板水348))

창판(倉板)란 들판[田源]의 물이 다만 물이 모이는 것[特朝]이다. 또 어가수(御街水)와 같은 모양이다[同]. 그 밭 언덕[田邱]이 평탄하여 층계를 나누어진 것이[分級] 어가(御街;대궐안의 길)와 같다. 주로 귀하며 재산[資財]은 부자로[富] 고을[鄉邦]에 으뜸이다.

이 물은 가장 좋다[最吉]. 동덕창(董德彰)이 이르길 '부딪히지 않고 꺾기이지 않아 물이 화살처럼 나아가 뚫지 않아[不衝不割無穿射] 다만 밭에 물이 모이는

348) 권렴수(捲簾水) : 상가 앞쪽에 계단이 있는 경우 cf) 창판수(倉板水) : 계단 아래에 상가 있는 경우 ☕ 창판수(倉板水) : 창판수는 혈 앞의 밭이 차례 점점[逐;축] 낮아 혈을 향하여 창판과 같다. [倉板水者 穴前之田逐層低向穴 如倉之板也] ◦ 창판(倉板) : 곳집의 널빤지 ◦ 逐(축) : 차례로. 점점. 따르다. ◦逐層(축층) : 조금씩 단계적으로

것이 바다에 물이 모이는 것보다 낫다[勝].' 고 하였다.

그 말은 밭에 모이는 물이 지극히 좋다. 오리(吾邑)의 대도헌(戴都憲)의 조지(祖地)는 이 물[此水;창판수]에 어울린다.

< 그림 2-3-21 >倉板水 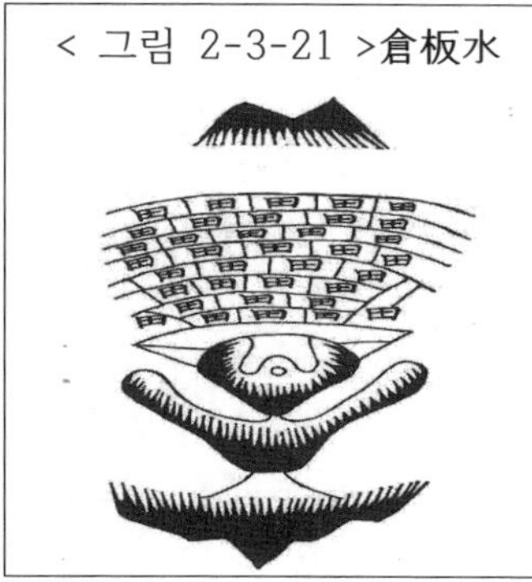	倉板[349]者，田源之水特朝也，亦同御街水，以其田邱坪坦，分級如御街耳。 主貴有資財，富冠鄉邦。此水最吉。 董德彰曰：「不衝不割無穿射，惟有田朝勝海朝。」其言田朝之至美也。吾邑戴都憲祖地合此水。

덕흥대도헌조지(德興戴都憲祖地)

앞의 땅은 이도(二都)에 있으며, 지명은 동천사(東泉寺)이다. 내룡(來龍)이 너무 왕성하고 몹시 온화하여[甚淸] 혈을 맺었다. (앞에 혈을 향하여) 천마사[天馬]가 매우 수려하고 전원수(田源水)가 모인다[朝].

다만[只是] 원진수[元辰]가 약간 길어[稍長] 1대[初代]는 불리하나 장후(葬後)에 2대(二代) 홍원공(鴻源公) 유(儒)가 태어나, 가정(嘉靖(명대;1522~1566년) 병술(丙戌)년에 진사(進士)에 승진하여 벼슬은 도헌(都憲)이였으며 지금까지도 부귀가 끝나지 않았다.

---

349) 倉板(창판) : 단계적(점차적)으로 내려오는 모양을 띤 물길.

☞어가수(御街水;九曲水; 之玄屈曲) : 九曲水 또는 坐向에 관계없이 乾坤艮巽 방위에 물을 得水하거나 乾坤艮巽 방위에 저수지나 호수가 있으면 **어가수**라 하며 과거에 급제하여 벼슬을 한다.

☞물이 지현(之玄)字 모양으로 구불구불 감고 돌아가는 것을 **九曲水 혹은 御街水**라 한다

< 그림 2-3-22 >德興載都憲祖地

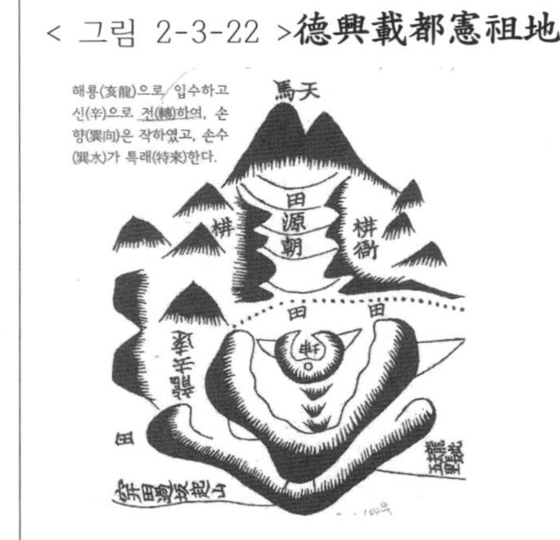

해룡(亥龍)으로 입수하고
신(辛)으로 전(轉)하여, 손
향(巽向)은 작하였고, 손수
(巽水)가 특래(特來)한다.
馬天
田源朝

上地在二都，地名東泉寺。來龍甚旺，結穴甚清，前朝天馬甚秀，田源水朝。只是[350]元辰稍長，不利初代。葬後二代，出鴻源公儒，登嘉靖丙戌進士，官都憲。至今富貴未艾。

회류수(回流水)

< 그림 2-3-23 > 回流水

回流者，旋轉逆回也。《葬經》云：「揚揚悠悠，顧我欲留。」又曰「瀦而後洩」，皆回流水也。蓋必有深潭，而又有石山攔截，勢必逆回，如欲去而複回之意，極吉。如都昌吳孝子祖地合此格，圖具右。上地在湖濱。來龍入首，開帳結垂乳穴。兩畔包裹，前對三山甚秀，一湖之水倒入穴前。下手一石擋水，為回流。葬後巨富，出孝子可畏，及諸秀士，福祉方隆。

회류수는 빙빙 회전하여 거꾸로 회전하는 물이다[旋轉逆回].《장경(葬經)》에

350) 只是(다시) : 다만. 그러나. 오직. 그런데

이르길 ' 물이 굽이굽이 길게 천천히 흐르는 모습[揚揚悠悠]을 하고 혈을 돌아 보고 머무르고자 해야한다[顧我欲留].' 고 하였고, 또 이르길 '(물이) 고인 다음에 새어 흐르는 것[洩]은' 모두 회류수(回流水)이다. 대개 반드시 깊은 연못이 있고 또 석산이 막아[攔截;란절] 수세(水勢)가 반드시 역(逆)으로 회류(回流)하여 만약 가고자 하나[欲去而] 다시 회류하려는 의지[意]가 있으면 매우 좋다[極吉].

예를 들어 도창(都昌)의 오효자(吳孝子) 조지(祖地)는 이격에 어울린다. 그림에서 앞에서 모두 갖추고 있다.

도창호효자조지(都昌昊孝子祖地)

< 그림 2-3-24 > 都昌昊孝子祖地 	圖具右。　上地在湖濱。來龍入首，開帳結垂乳穴。兩畔包裹，前對三山甚秀，一湖之水倒入穴前。下手一石擋水，為回流。葬後巨富，出孝子可畏，及諸秀士，福祉方隆。

상지는 호빈(湖濱)에 있으며, 내룡은 개장하고 입수(入首)하여 수유혈(垂乳穴)을 맺었다. 양측[兩畔]이 감싸고[包裹;포과] 앞에 마주 대하는 삼산(三山)이 매우 빼어났다.

하나의 호수물이 혈 앞에 들어와 하수(下手)에 일석(一石)이 물을 막아[擋

(당);攔截(란절):차란(遮攔)하다.] 회류(回流) 한다. 장후(葬後)에 거부(巨富)가 되었고, 정성을 다하여 따르는 [心服;可畏] 효자가 태어나고, 수재의 선비가 여러 명이 나오고, 복지가 비로소 융성하였다.

암공수(暗拱水)

< 그림 2-3-25 > 暗拱水

暗拱者，穴前不見，而水在砂外，或朝、或抱、或聚，皆謂之暗拱也。《經》云：「也有真龍，無朝水，只看朝山為近侍。朝水案外暗循環，此穴亦非中下地。」諺云「明朝不如暗拱」，蓋明朝恐或帶殺，而暗拱有情，不害其為吉耳。

암공(暗拱)이란 혈 앞이 보이지 않는 물이 안산 밖[砂外]에 있다. 혹 조·안산 방위에서 (혈을) 향하여 들어오거나[朝] 혹 환포하거나(環抱) 혹 모인 물[融聚]은 모두 암공수(暗拱水)라 한다.

《경(經)》에 이르길 ‘또 진룡이 있으나 흘러들어오는 물이 없으면 다만 조산(朝山)이 가까이 시위(侍衛)하는 산이 있는지를 보고, 조수(朝水)가 안산 밖에서 암공[暗]으로 순환(循環)하면 이 혈 또한 중·하의 자리가 아니다.’ 고 하였다. 언(諺)에 이르길 ‘보이는 물은 보이지 않는 물만 못하다(明朝不如 暗拱).’ 고 하였다. 대개 명조(明朝)는 혹 살을 띠면 두려워하나 암공(暗拱;보이지 않는 물)이 유정(有情)하면 암공에 해가 없어 길할 뿐이다.

융저수(融瀦水)

< 그림 2-3-26> 融瀦水	
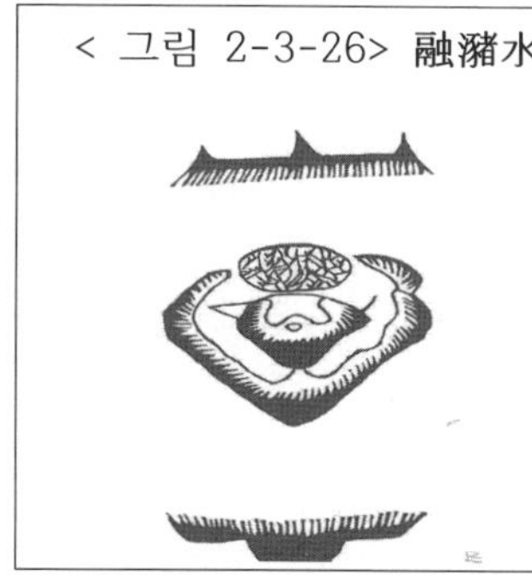	融瀦者，深水注聚不流，而莫知其來去也。此水主巨富顯貴且悠久。若龍真穴的，有此吉水，前砂或不靜亦無害。《賦》云「前案若亂雜，但求積水為奇。」 cf)~但求積水之池 : 다만 물이 모인 못을 찾고~ 『설심부』 원전에서

융저(融瀦)이란 물이 모여 깊어 흐르지 않아 물의 오고 가는 것을 알지 못한다. 이 물은 주로 거부(巨富)가 나오고 지위가 높고 귀함[顯貴]이 또 유구(悠久)하다. 만약 용혈이 확실하면 이곳에는 좋은 물이 있다.
앞에 사가 혹 움직여도[不靜] 해가 없다. 『설심부』에 이르길 '앞에 안산이 난잡하면[亂雜] 다만 물이 모인 물을 찾으면 기이하다.' 고 하였다.

石首王都諫祖地

右地在荊州石首，土名王始溪。其龍發自黃山，撒落[351]平洋，迢遞七八十里，勢如浪湧，相牽相連，有擺有折[352]，帶倉帶庫。將入首，結咽[353]過脈，結穴巧異[354]，成平面金水開鉗之格。四水歸堂，大纏大護。登穴觀之，風氣藏聚，形勢豐厚，誠所謂隱隱隆隆，吉在其中。系子癸脈入首，作丁向兼午，為王氏始祖地。其左穴即催官之地，葬後即登科甲，入翰林。江野公官都諫，建議尤多忠鯁。凜然六子，三

351) 撒落(살락) : 어지러이 떨어지다. 흩어져 떨어지다. 이리저리 널려 있다. 쏟아져 내리다. ∘ 迢遞(초체) : 매우 멀다.
352) 擺(파) : 열리다. 벌여놓다. 흔들리다. ∘ 折(절) : 끊어지다. 방향을 바꾸다. 접다[摺;접]
353) 結咽(결인) : 부모산과 입수도두(入首到頭) 사이의 속기처(束氣處)이다.
354) 巧異(교이) : 교묘(巧妙)하게 다름. 目巧(목교): 눈썰미. 한두 번 보고 곧 그대로 해내는 재주

登科第，時稱一麟[355]三鳳。喬衡，州守；喬吳，通守；喬桂，翰林。富貴未艾。

< 그림 2-3-27 > 석수왕도간 조지(石首王都諫祖地)

석수왕도간조지(石首王都諫祖地)

우지(右地)는 형주(荊州)의 석수(石首)에 있으며, 토명(土名)은 왕시계(王始溪)이다. 그 용은 황산(黃山)에서 출발하여 매우 멀리[迢遞;초체] 7,80리를 달려와 세(勢)가 파도가 성하게 일어나는 것[浪湧;낭용] 같고 서로 계속 이어져[相牽相連] 벌여 개장하고[有擺;유파] 방향을 바꾸어[有折] 창과 고를 띠고[帶倉帶庫] 평지[平洋]에 떨어져[撒落;살락] 용이 입수할 즈음에[入首之際] 맥을 지나 결인하여 평면 금수성[金水]에 겸체[鉗之格]를 열어 혈을 맺어 교이(巧異)하다. 사수(四水)가 명당에 모여[歸堂] 크게 전호하고[大纏大護] 혈에 올라 바라보면 장풍(藏風)이 되어 풍수의 기(氣)가 모이는[藏聚] 형세(形勢)로 두텁다[豐厚;풍후]. 진실로 이른바 숨었다가 나타났다 하여[隱隱隆隆] 길함은 그 가운데 있다. 자계맥(子癸脈)으로 입수하여 정향(丁向)에 동시에 오향[兼午]으로 왕씨의 시조지(始始祖)를 작혈하였다.

355) 衆角雖多一麟足 (중각수다일린족) : 여러 짐승들 뿔이 많으나 기린의 하나의 뿔만 못하다.

좌에 시 조지의 혈은 풍수에서 속발(速發)한다는 최관지(催官地)이다. 장후(葬後)에 과거(科擧)[科甲]를 하여 곧 높은 지위에 올라 한림원(翰林院)에 소속된 관리로 조정에서 벼슬하였다[入]. 강야공(江野公)이 도간(都諫)의 벼슬을 하였으며, 건의(建議)를 매우 많이 한 충실하고 강직하였으며[忠鯁;충경] 늠름하여[凜然;름연] 여섯 아들 가운데[六子] 세 아들이[三] 과거를 하여 높은 벼슬에 올라[登科第], 당시 일린(一麟)은 삼봉(三鳳)이라 하여, 교주(喬衡)에 주수(州守)를, 교오(喬吳)에 통수(通守)를, 교계(喬桂)에 한림(翰林) 등 부귀(富貴)가 끝나지 않았다[未艾].

🔔 동궁(同宮)/배합논(配合論)

손사(巽巳), 병오(丙午), 정미(丁未) 등은 이기적(理氣的)로 보면 배합논(配合論)에서 동궁이면서 배합(配合)이나 정오(丁午)는 불배합(不配合)이다.

☕ 름(凜):늠름하다.

潛江郭給事 祖地

左地在潛江，土名白石港。其龍來遠不詳述。將結局，橫開大帳，均分三枝，一枝作青龍，一枝作後托，中枝左棲右閃，逶迤活動，護衛重疊，圈帳抽出人字龍格。入首大旺，逆起穴星。下關包護有力，前據湖水融注。辛脈扦卯向，催官之地。郭氏葬後，子嵩[356]少岡公登進士，官給事中[357]；岱，官知州；嵔，官節推。孫之翰、之垣，俱官縣尹之幹。及玄孫銑，連登科第，迄今[358]富貴未艾。

잠강곽급사조지(潛江郭給事 祖地)

---

356) 嵩(숭) : 높다. 우뚝 솟다. 산 이름. 높고 큼

357) 給事中(급사중) : 중국의 관직명. 진(秦)나라·한(漢)나라 시대에 시작되어, 천자의 시종으로 주사(奏事)를 담당하고, 수(隋) ·당(唐)에서는 문하성(門下省)에 속하여 조칙(詔勅) 및 상주(上奏) 문서를 심사하였다.

358) 迄今(흘금) : 지금에 이르기까지 ◦迄(흘) : 이르다. 미치다. 마침내. 도달함

좌지(左地)는 잠강(潛江)에 있으며, 토명은 백석항(白石港)이다. 그 용은 멀리서 와 상세하게 기술할 수 없다. 국에 혈을 맺을 즈음에[將結局] 횡으로 크게 개장하여 고르게 세 개의 가지[三枝]를 나누어, 한 가지[一枝]는 청룡이 되었고, 한 가지[一枝]는 혈장 뒤에 탁(托)을 만들었고, 가운데 가지[枝]가 좌·(左右)로 잠깐 머물며[棲閃;서섬] 구불구불[逶迤] 움직이면서[活動] 호위(護衛)를 거듭하여[重疊] 혈장의 범위에 장막을 치듯이 둘러싸고[圈帳;권장] 인자용(人字龍)의 격[格]으로 뽑아내어 나와[抽出] 입수가 크게 왕성하여 역으로 혈성(穴星)이 솟았다.

하관(下關)이 (혈을) 호위하여 감싸[包護] (발복의) 역량이 있다[有力] (혈의) 앞 호수에 (물이) 모인 것[融注]을 의지하여 신맥(辛脈)에 묘향(卯向)으로 천장한 발복이 가장 빠른 땅[催官之地]이다.

< 그림 2-3-28 > 잠강곽급사 조지(潛江郭給事 祖地)

곽씨가 장후(葬後)에 자숭(子嵩) 소강공(少岡公)이 진사에 올라 벼슬이 급사중(給事中) 이었고, 대(岱)는 벼슬이 지주(知州)를 암(嵓)은 벼슬이 절추(節推)를 하였으며, 자손[孫] 한(翰)과 원(垣)은 모두 벼슬이 지사[縣尹]의 용무를 담당하고[幹] 현손(玄孫)인 선(銑)은 연등과제(連登科第)하여 지금까지[迄今;흘금] 부귀가 끝나지 않는다.

명가수(鳴珂水)

<그림 2-3-29 > 鳴珂水	
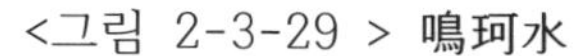 	鳴珂者，水入田窟，或入石竅，滴瀝有聲，如鳴珂也。或如銅壺滴漏，或如磜[359]鼓之聲，皆吉。卜氏云：「鼕鼕(冬冬)洞洞(如鼓聲響)而亮者為吉。」子微云「別有一般名磜鼓，鼕鼕洞洞如擂[360]鼓」是也。此水主貴，但有悲切淒之聲則又凶矣。

명가(鳴珂)란 물이 밭 구멍[窟;구멍;굴]에 흘러 들어가 혹[어떤 경우에] 바위 구멍[石竅]에 물방울이 들어가 떨지는[滴瀝;적력] 소리[聲;성]가 마치 옥이 울리는 소리처럼 낭랑하거나[鳴珂] 혹 만약 물방울이 구리로 만든 물시계[滴漏銅壺;적루동호)에서 떨어지는 소리 같거나 혹 연달아 북을 치는[磜鼓;체고] 소리 같으면 모두 좋다.

복씨가 이르길 '물소리가 동동하는 북소리의 울림과 같이 뚜렷하면 좋다.' 고 하였다. 자미(子微)에 이르길 '다르게[別] 일반적으로 체고(磜鼓)라 하여 물소리가 동동 북을 연달아 치는 소리[擂鼓]와 같다.' 고 한 것이다. 이 물은 주로 귀하다. 다만 (물이 흐르는 소리가) 비통하고 처량한 소리가 나면 또한 흉하다.

---

359) 磜(체) : 섬돌(집채의 앞뒤에 오르내릴 수 있게 놓은 돌층계). 겹쳐 쌓다.
360) 擂鼓(뇌고) : 북을 쉴 사이 없이 (빨리) 자꾸 침. ☞ 擂(뢰): 치다. 북을 두드림 ∘ 鬨(홍) : (무기를 가지고) 싸우다. 싸우는 소리 ☕ 穴星(혈성)≠혈판(穴坂)

폭면수(瀑面水)

☕ 폭면수(瀑面水) : 거대한 수세가 용혈을 억누르는 형상(逼迫)을 말한다.

<table>
<tr>
<td>< 그림 2-3-30 > 瀑面水
</td>
<td>瀑面者，穴星低小，而水勢雄欺也。廖氏云：「欺[361]是洋朝勢大雄，穴小最為凶。」主不旺人丁，落水而亡。若後有高山托樂則不忌。</td>
</tr>
</table>

융저(融瀦)란 혈성(穴星)은 낮고 작으나 수세(水勢)가 웅장(雄)하여 (혈성을) 억누르는 형상[欺]이다. 요씨(廖氏)가 이르길 '보기 흉한 것[欺]은 물이 큰 바다처럼 밀려오는 수세[洋朝]가 크고 웅장하나[大雄] 혈(穴)이 낮고 작아[低小] 가장 흉하다.' 고 하였다.

이곳은 주로 인정(人丁)이 왕성하지 못하고, 물이 떨어져[落水] 사람을 죽게 한다. 만약 (혈성) 뒤에 높은 낙산에 의지하면[托樂;탁락] 꺼리지 않는다.

충심수(衝心水) ☞ 전사수(剪射水);충심수(衝心水)

☞ 원인은 혈전이 높아 물이 혈을 향하여 흘러오는 경우
cｆ)충사(衝砂)/환포(環抱)/만포(灣包/만궁(彎弓) cｆ)수파천심(水破天心)/천심수

충심수(衝心水)란 급류(急流)가 (혈장을 향해) 곧게 치듯이 혈장 안으로 들어오는 것을 또 수파천심(水破天心)이라 한다. 비록 다만 (혈을) 향하여 흘러올지라도 실제로 직사(直射)하는 것이다. 도공(陶公)이 이르길 '마주하여 물이 흘러들어오면 자식이 빈한(貧寒)하다.' 고 하였다. 정면에 이러한 물이다[正此水耳]. 대개 물은 흘러올지라도 반드시 만곡(彎曲)하여 한가로이 천천히 흘러와

361) 欺(기) : 속이다. 업신여기다. 보기 흉하다(凶--), 추하다(醜--)

야 하고[悠緩] 물이 세차게 흘러와[峻急] 직사(直射)해서는 안된다.

< 그림 2-3-31 > 衝心水

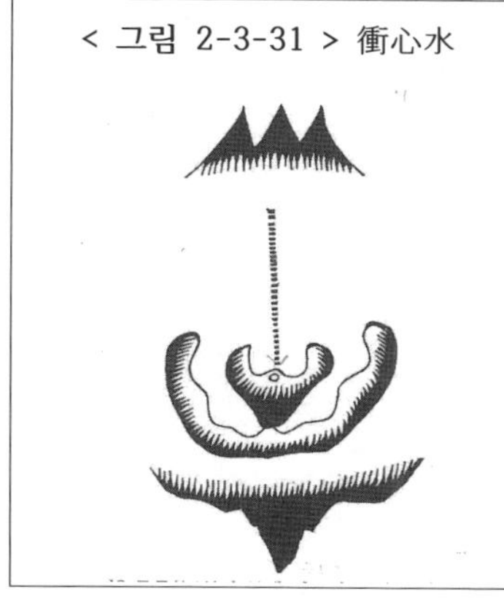

衝心水者，急流直撞入懷也。亦謂之水破天心。雖曰特朝，實則直射。陶公云：「當面朝入，子息貧寒。」正此水耳362)。蓋水雖欲朝，亦必彎曲悠緩，不可急峻直射也。

☕ 도당수(到堂水)

1.혈 앞 명당으로 들어오는 물

2.조수(朝水)는 조산 ·안산의 쪽에서 들어오는 물

사협수(射脅水)

< 그림 2-3-32 > 射脇水

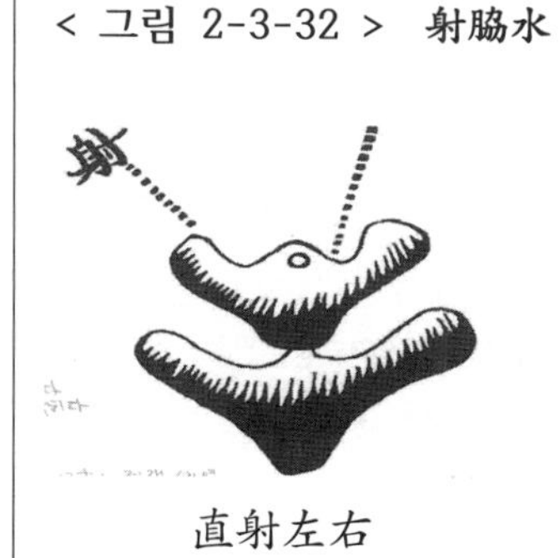

直射左右

射脅者，乃水射左右兩脅也。直曰射，橫曰穿，皆凶，主橫死、殺傷、陣亡、刑鬪。左應長房，右應幼房。吳公云：「但凡水貴彎環，最怕衝心射脅。」

cf) 견비수(牽鼻水)

사협(射脅)이란 물이 좌우 양 옆구리[兩脅]를 쏘는 물이다. 직(直)으로 사(射)하고, 횡(橫)으로 천(穿)하는 것은 모두 흉하다. 주로 비명횡사하고[橫死], 싸

362) 한정·강조 (~耳) : 오직 ~뿐. ~일 뿐이다.

음터에 나가 죽거나[陣亡;진망] 부상을 당하고[殺傷] 형벌을 받는다[刑闢;형벽]. 좌(左)는 장방(長房)이 감응하고, 우(右)는 유방(幼房)이 감응한다.

오공(吳公)이 이르길 ' 다만 물이 귀한 것은 굽어 두르는 것[彎環]이고 가장 두려운 것은 충심수(衝心水)과 사협수(射脅水)이다.' 고 하였다.

과두수(裹頭水)

< 그림 2-3-33 > 裹頭水 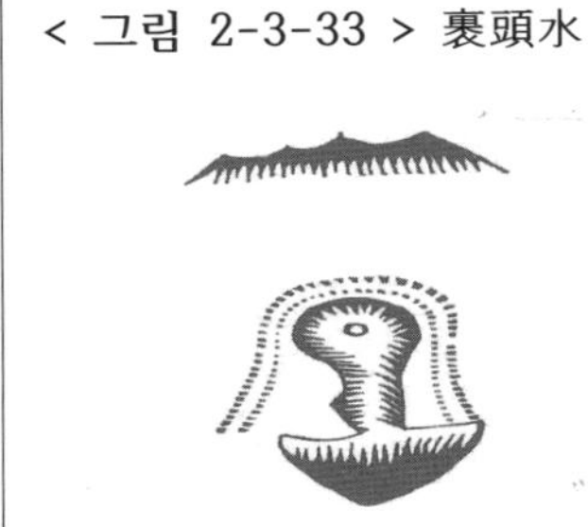 扣脚繞割(고각요할)	裹頭水者，即裹頭城水也。乃龍弱孤寒，穴無餘氣，故水貼[363]脚洗割周回而裹頭也。主招瘟、招疫、貧寒、孤弱不振。

과두수(裹頭水)란 수성(城水)이 용두(龍頭)를 감싸는 것[裹頭水城]이다. 이는 용신이 외롭고 차갑고[孤寒] 약(弱)하여 혈(穴)에 여기가 없으므로 지각 주위에 물이 접근(接近)하여 닿아[貼] 빙빙 돌며 깎아[洗掘] (지각을) 자르고[洗割] 용두(龍頭)를 감싼 것이다[裹]. 온역(瘟疫)이라 부르고, 가난하고 쓸쓸하며[貧寒], 외롭고 힘이 약하여 [孤弱] 구제받지 못한다[不振].

견비수(牽鼻水)

견비수(牽鼻水)는 원진수(元辰之水)가 기울어[斜堂] 이끌려서 일 방향으로

363) 貼(첩) : 접근(接近)하여 닿다. 달라붙다. 붙이다.따르다. ☞ 斜(사) : 이어지다. 이끌다.

흘러가나 막아주는 것이 없다. 이를 견동토우(牽動土牛)라 한다. 이곳에 하장하면[下葬] 주로 전답이 줄어[退田] 재산을 모두 날려 망한다[敗產]. 뜻밖에 재산을 써서 없애버려[散財] 파산[冷破]한다.

<table>
<tr>
<td>< 그림 2-3-33 > 견비수(牽鼻水)
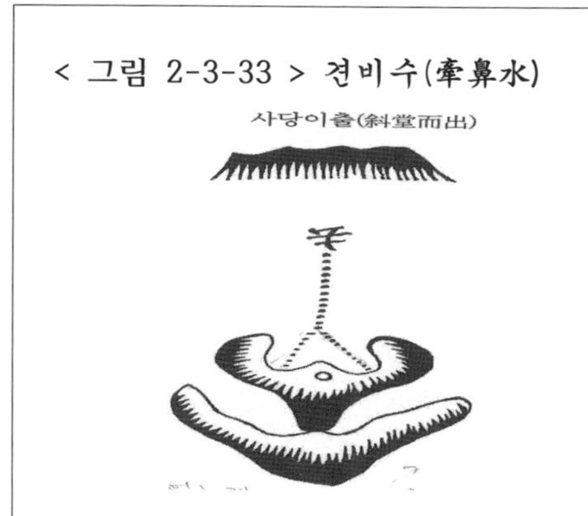
</td>
<td>牽鼻者，元辰之水斜牽而出，一向無攔也，謂之牽動土牛。葬之，主退田敗產，冷364)破散財，及主少亾，孤寡不振。又有龍穴貴，水雖去而前交會者，只初年不利，後有富貴者，不在此論。</td>
</tr>
</table>

견비수(牽鼻水)는 원진수(元辰之水)가 기울어[斜堂] 이끌려서 일 방향으로 흘러가나 막아주는 것이 없다. 이를 견동토우(牽動土牛)라 한다. 이곳에 하장하면[下葬] 주로 전답이 줄어[退田] 재산을 모두 날려 망한다[敗產]. 뜻밖에 재산을 써서 없애버려[散財] 파산[冷破]한다.

요절하여[少亾;소망] 후손이 없어 과부나 고아[孤寡]가 난다. 또 용혈(龍穴)이 귀(貴)하면 물이 비록 흘러가더라도 앞에서 만나 모이면[交會] 다만 초년에 불리(不利)하여도 후에는 부귀한 것이다. 이와 같이 (견비수를) 논하지 않는다[不在此論].

安溪詹氏父子御史祖地

左地在晉江縣南四十餘里，土名畫馬。舊有鉗云：「畫馬東,青蛇出水拜蜈蚣。」其

364) 냉(冷) : 뜻밖에 일이나 상황(不意). ☞ 망(亾) : 망(亡)。 做(주) : 짓다. 만듦

龍甚遠。將入首，星峰卓秀，橫開大帳。帳中抽脈，石骨磷磷，大纏大送，重重包裹於數十里外，眾山團聚。但主山將做穴處，出脈偏斜，成倒地木星。金水行龍，到頭奇巧，無本身龍虎，元辰直流數里。兩邊纏護隨水走出數里方回頭。故初年不利。出詹公源，登成化乙丑進士，雲南道御史。子愳亭公仰庇，嘉靖乙丑進士，雲南道御史。今啓東公甲戌進士，一門鼎盛

안계첨씨부자 어사조지(安溪詹氏父子御史祖地)

좌지(左地)는 진강현(晉江縣) 남(南) 사십 여리(四十餘里)에 있고, 토명은 화마(畫馬)이다. 옛날 겸을 표현하여 이르길(有鉗云) '화마동(畫馬東)에 청사(青蛇)가 물에서 나오니 오공(蜈蚣)이 절한다' 고 하였다. 그 용은 너무 멀어 생략한다. 입수(入首)에 도달할 즈음에 성봉(星峰)이 높이 솟아 빼어나[卓秀] 횡으로 크게 개장하고, 석골(石骨)이 험한 모양[린磷;린린]이 장막 가운데[帳中] 빠져나온 맥[抽脈]을 크게 감싸고 보내고[大纏大送] 수 십리 밖에서 혈장 속을 거듭 감싸며[重重包裹] 중산(眾山)이 모였다[團聚].

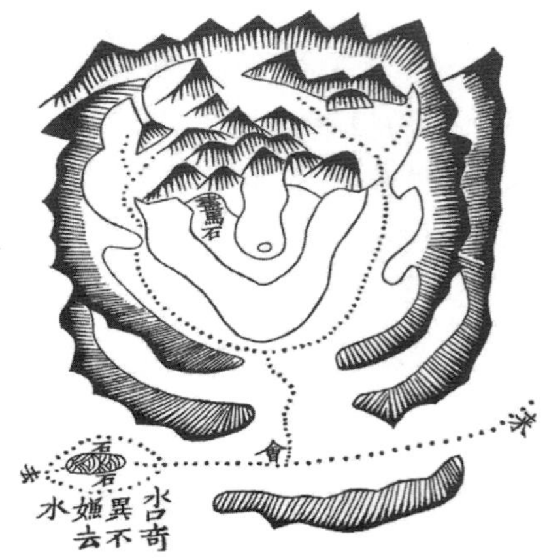

< 그림 2-3-34 > 안계첨씨부자어사 조지(安溪詹氏父子御史祖地)

다만 주산이 곧 혈을 지을 곳에 이르러 출맥(出脈)이 편사(偏斜)하여 도지

목성(倒地木星)을 이루어 금수(金水)로 행룡(行龍)하여 도두(到頭)가 정교하나[奇巧] 본신룡에 용호가 없다. 원진수가 수리(數里)를 직류하나[直流] 양변을 전호(纏護)하며 물을 따라[隨水] 수리(數里)를 달려가 비로소 회두(回頭)하였으므로 초년(初年)은 불리(不利)하였다.

2대에 첨공원(詹公源)이 나와 성화(成化) 을축년[乙丑]에 진사(進士)가 되었고 운남(雲南) 도어사(道御史)가 되어 아들 지정공(咫亭公)이 우러러 보호를 받아[仰庇] 가정(嘉靖)을 축(乙丑)에 진사(進士)가 되어 운남(雲南)이 도지사(道御史)가 되어 지금 계동공(啟東公)이 갑술(甲戌)에 진사(進士)에 올라 일문(一門)이 비로소 한창 흥성하다[鼎盛].

<반신수(反身水)[365]> < 반도수(反挑水;反抱水) >

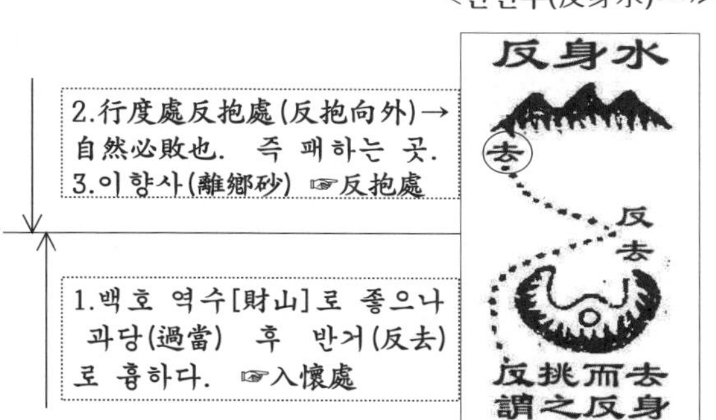

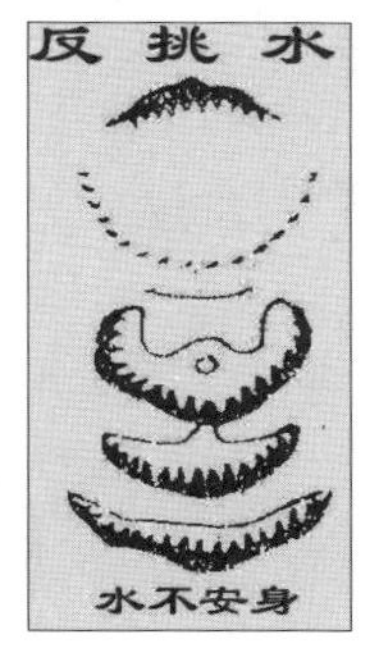

< 그림 2-3-35 > 반신수 및 반도수

承天蔣氏祖地

右地在承天府北六十里，地名千工垱[366]。其龍起自焦山，來歷甚遠。迢遞行度，又數十里，分派一脈，出帳而落，變為平岡，為平陽，穿湖渡水，作平地水木星入首，結蔣氏陽基。複自基左抽出嫩脈，逶迤活弄，成倒地貪狼結穴。穴甚奇怪，似乎[367]曠蕩，俗眼難明。仔細檢點，前案後樂，証佐分曉。水雖去而彎曲無嫌。系明

365) 反身水(반신수)는 재산을 모으나 자식은 타향살이 한다. 실례) 봉화군 00면 마을
◦역수(逆水)의 사(砂)를 일러 진신사(進神砂)라 하며 재산(財山)이다. 만약 순류(順流)하여 거(去)하면 퇴신사(退神砂)라 하며 채산(債山:빚지는 산)이다. 즉 채산(債山)은 순수사(順水砂)이다. (逆水之砂謂之進神砂。即財山也。若順流而去。謂之退神砂。即債山也.)
366) 垱(당) : (논밭에 물을 대기 위해 흙으로 쌓은 작은) 둑. 지명(地名)에 쓰임. 방죽

師黎玄印所下，課以先富後貴。蔣氏仲泰葬後，果子季通、孫琦俱驟發財產，富冠其里。曾孫大方累仕經歷，封贈父母。今人財兩盛，果符明師之言，福祉方隆云

승천장씨 조지(承天蔣氏祖地)

좌지(左地) 승천부(承天府) 북(北) 60리에 있고 지명(地名)은 천공당(千工垱)이다. 그 용은 초산에서[自焦山] 시작하였는데 (용의) 내력(來歷)이 심히 멀다. 멀리서[迢遞;초체] 또 수십리(數十里)를 행도(行度)하다가 한 맥을 나누어 개장(開帳) 출맥하고 낙맥하여 평평한 언덕[平岡]으로 변하였고, 호수를 지나[穿湖] 물을 건너 평지에 수목성(水木星)을 만들어 입수(入首)하여 장씨의 양기(蔣氏陽基)를 맺었다. 다시 양기의 좌측에서[自基左] 고운 맥[嫩脈;눈맥]을 뽑아내어[抽出] 살아 구불구불 하다가[逶迤活弄] 도지탐랑(倒地貪狼)을 만들어 혈을 맺었다.

< 그림 2-3-36 > 승천장씨 조지(承天蔣氏祖地)

367) 似乎(사호) : 마치 (~인 것 같다)

혈은 심히 괴이하고[奇怪;기괴] 광탕한 것(曠蕩) 같아 속안(俗眼)은 밝히기 어렵다. 자세히 점검하여 보면 전안(前案)과 후락(後樂)의 증좌(証佐)가 뚜렷하다[分曉]. 물이 비록 흘러가나 만곡(彎曲)하여 꺼리지 않는다[無嫌;무혐].명사의 무리[明師黎]가 신묘하게[玄] 부합하는 장소[印所]에 하장하여[下] 선부(先富)하고 후귀한 것[後貴]을 추명(推明)하였다[課].

장씨(蔣氏) 중태(仲泰)가 장후(葬後)에 과연 아들 계통(季通)과 손자 기(琦)가 모두 갑자기 발복하여 재산(財產)을 모아 부(富)가 향리에 으뜸이었고 증손(曾孫) 대방(大方)은 여러 대 벼슬[累仕]의 경력(經歷)으로 부모님을 봉하여 증직하였다[封贈]. 지금도 인물과 부가 왕성하니 과연[果] 명사의 말이 맞아[符] 복지(福祉)가 만연하게 융성하고 이르다[方隆云].

천비수(穿臂水)

< 그림 2-3-36 > 穿 臂 水 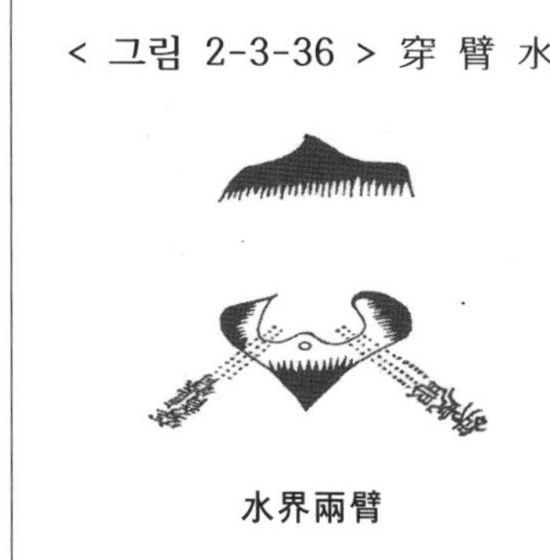 水界兩臂	穿臂者，穴之左右穿洗[368]也。坎坑路陷[369]，皆主不吉。穿左謂之穿龍臂，禍應長房；穿右謂之穿虎眼，禍應幼房。主痼疾、長病、淫亂、孤寡、自縊、無賴。

천비수(穿臂水)란 혈의 좌우(용호)가 세굴(洗掘)되어 구멍이 난 것이다[穿洗]. 묘혈(광중)[坎坑;감갱]이나 도로[路]가 붕괴(崩壞)되는 것[陷]은 모두 좋지 않

368) 洗掘(세굴): 강이나 바다에서 흐르는 물로 기슭이나 바닥의 바위나 토사가 씻겨 패이는 것을 말한다.
369) 陷(함) : 땅이 움푹 패다. 무너지다. 움푹 패게 하다.

다. 좌에 뚫어진 것은 천룡비(穿龍臂)라 한다. 장방에 재화(災禍)가 생기고, 우측에 뚫어진 것은 천호안(穿虎眼)이라 하고 유방(幼房)에 화가 생긴다. 주로 고질병[痼疾(고질):고치기 어려운 병]으로 오랫동안 앓는 병[長病]이나 음란(淫亂)하고、고아와 과부[孤寡]가 나고、스스로 목을 매어 죽고[自縊;자액]、불량한 사람[無賴(무뢰)]이 나온다.

반신수(反身水)

< 그림 2-3-37 > 反身水 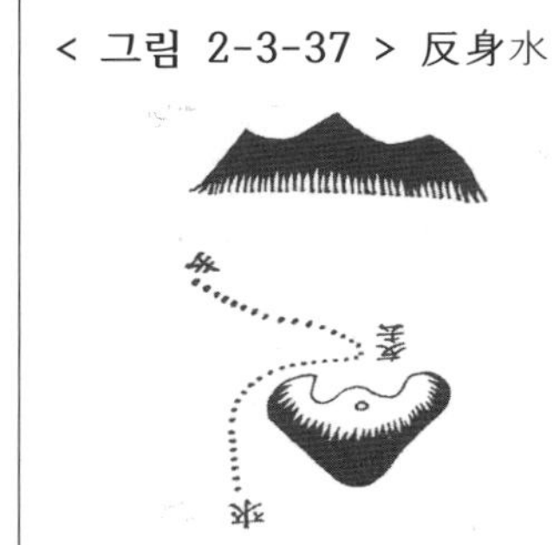	反身者，水到穴前反去也。有似於背城水，其凶尤甚。主傾敗產業如洗[370]、流離、乞丐，以致滅絕。

반신수(反身水)란 물이 혈 앞에 이르렀다가 반대로 흘러가는 것이다. 배성수(背城水)와 유사하다. 그 흉함이 더욱 심하다. 한 집안의 재산[家產]이 기울어지고, 가령 무일푼[洗]으로 정처 없이 떠돌아다니며[流離] 걸인[乞丐:걸개]으로 망하여 없어지다[以致滅絕].

할각수(割脚水)

cf) 과두수(裹頭水)

할각수(割脚水)란 혈(穴)에 여기(餘氣)가 없어 물이 지각을 쳐[扣] 패이고 깎

370) 낭공여세(囊空如洗) : 주머니 속이 씻은 듯이 텅 비다. 주머니 속이 무일푼이다. 몹시 가난하다

여 없어지는 것이다. 진혈에는 전순(氈唇)이 있는데 어찌 물이 흘러와 각(脚)을 손상하는가[割]?

< 그림 2-3-38 > 割脚水

割脚者，穴無餘氣，而水扣[371]脚也。真穴有氈有唇，安有水來割脚？若水扣脚洗割，便非真穴，主貧寒孤苦，久而絕滅。仰高上聚之穴，不以[372]此論。

만약 물이 각(脚)을 쳐[扣] 세굴되어[洗掘;패여] 손상[割]되면 곧 진혈(真穴)이 아니다. 주로 가난하고[貧寒] 외롭고 가난 하며[孤苦] 끝내 완전히 없어진다[絕滅]. 아주 높은 위에 거두어 들인 혈을 우러러보면 이러한 것을 가지고 구애받지 않는다.

누시수(漏腮水)

누시수(漏腮水)는 혈의 양쪽에서 샘구멍[泉竇;천두]이 뚫려[開] 맑고 찬 물이 길게 흐르는 것이다. 혹 다만 한쪽[一旁]에만 샘구멍[泉竅]이 있어도 마찬가지이다. 이는 곧 누기(漏氣)하는 용(龍)으로 전혀 융결(融結)하지 못하여 매장하면[葬之] 주로 가업(家業)이 줄어 몰락하고[退落] 약탈하고[劫掠;겁략] 살육(殺戮)을 한다. 남녀가 치루병[痔漏:치질의 하나]이 생긴다. 이는 진응수(真應水)와는 다르다. 대개 진응수는 모여[融注] 맑고 깨끗하며[澄潔:징결] 흐르지

371) 구(扣) : 두드리다. 치다. 내려치다. 제거하다.
372) 不以~ : ~로서 ~하지 않는다. ~를 가지고는 하지 않는다

않는다. 감미롭고 차디차지 않는 것[冷冽(냉렬)]이 기이할 뿐이다.

<그림 2-3-39> 漏腮水 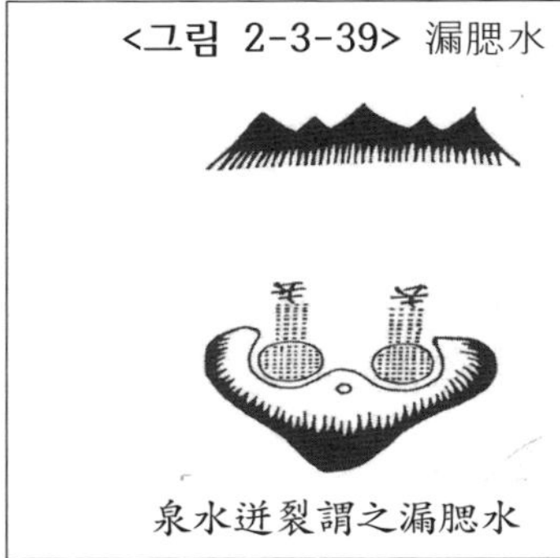 泉水迸裂謂之漏腮水	漏腮者，穴之兩旁開發[373]泉竇，而清冷長流也。或只一旁泉竅，亦是[374]。此乃漏氣之龍，全無融結。葬之，主家業退落[375]，劫掠殺戮，男女痔漏[376]。此與真應水不同。蓋真應水融注，澄潔不流，甘美[377]而不冷冽為異耳

임두수(淋頭水)

< 그림 2-3-40 > 淋頭水 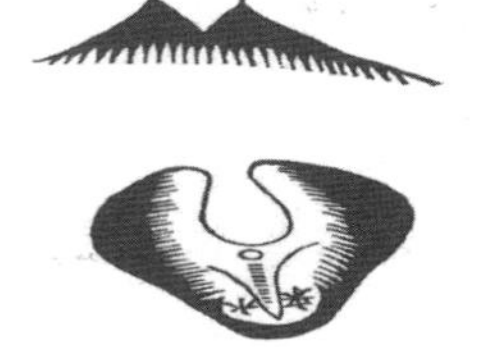 界水淋穴	淋頭者，穴上無脈，而水淋墓頭也。夫水所以界龍之脈，今淋頭而下，則無氣脈，徒為界水絕[378]穴，葬之不久，而人丁漸以不旺，馴致滅絕。窩鉗之穴切須辨此

373) 竇(두) : 구멍. 도랑(매우 좁고 작은 개울), 물길. 무너뜨리다, 터뜨리다.
374) 亦是(역시) : 마찬가지로. 또한.
375) 退落(퇴락) : (물의 기세 따위가) 꺾이다. 퇴락(하다) ◦겁략(劫掠) : 약탈하다.
376) 痔漏(치루) : 항문 부근에 관공(管孔)이 1~2개 생겨 그 구멍에서 고름이 스며 나오는 병증.
377) 甘美(감미) : (맛이) 향기롭고 달다. 감미롭다 ◦냉렬(冷冽) ☞랭(冷): 차다. 렬(冽): 차다. 몹시 차가움

임두수(淋頭水)는 혈 위[穴上]에 맥이 없어 (골이 패여) 물이 묘의 머리[墓頭]에 젖어 드는 것이다[淋;림]. 무릇 이른바 물이 용맥을 경계 짓지만 지금 임두수(淋頭水)가 아래로 흘러가면 기맥(氣脈)이 없어 물이 혈을 경계지를 수 없어[絕] 부질없다.

이러한 곳에 장사하면 오래되지 않아 인정(人丁)이 점차로[漸以] 왕성하지[旺] 못하여 멸절(滅絕)에 이른다. 와겸(窩鉗)의 혈은 절대로 반드시 이것과 분별해야 한다.

<참고>

☕은륭(隱隆) : 有中無. °륭륭(隆隆) : 無中에 有. °뢰뢰(磊磊) : 石骨이 入相한 것. ◦낙락(落落) : 토맥이 速行하는 것. °마적(馬跡) : 미미한 포(泡)가 있는 것. ◦봉요(蜂腰) : 단(斷) 중에 부단(不斷)이다. ◦학슬(鶴膝) : 불기중(不起中) 기(起)다. °수성(水星) : 화개(華蓋)가 되고. 창천(漲天)이 된다.◦ 토성(土星)은 관개(冠蓋)가 되고 ◦금성(金星)은 보개(寶蓋)가 되고 °난화(亂火) : 연화좌(蓮花座)가 되고 ◦임두(淋頭)는 상불분(上不分) ◦임두(臨頭)는 상분(上分) ◦합각(合脚)은 하합(下合) ◦할각(割脚)은 하분합(下分合) ◦ 태(胎) : 분수처(分受處) ◦식(息):박환처(剝煥處) ◦잉(孕): 입수처(入首處) ◦육(育) : 융결처(融結處)

<출처> 금탄자 中에서

378) 絶(절) : 없다. 다하다. 막히다. 숨이 끊어지다.

교겸수(交劍水)

< 그림 2-3-40 > 交劍水	
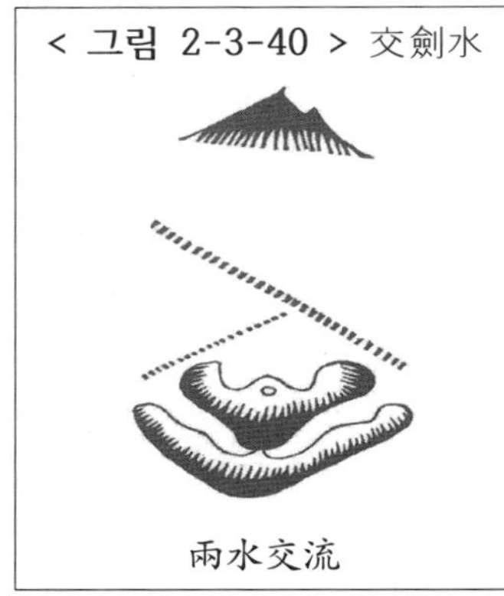 兩水交流	交劍者，穴前二水相交也。凡龍大盡，必有交劍[379]之水以界絕之。此處脈窮氣絕，不可求地。《經》云「二水相交穴受風」是也。對面二水來交亦凶。

교검수(交劍水)는 혈 앞에 두 물[二水]이 서로 만나는 것이다. 무릇 용이 크게 멈추면 교검수(交劍水)로 물을 경계하여 물을 막는다. 이러한 곳은 맥이 끝나 기가 없어[氣絕] 자리를 구할 수 없다.

《경(經)》에 이르길 ' 두 물[二水]이 서로 만나면 혈은 바람을 받는다.' 는 것이다. 마주 대하는 두 물이 흘러와 만나도 역시 흉하다.

분류수(分流水)

분류수(分流水)는 혈 앞에 물이 팔자(八字)로 나누어져 흘러가는 것이다. 물이 이미 나누어 흐르면 용은 머무르지 않아 그곳에 결작하지 못하는 것으로 안다. 복씨(卜氏)가 이르길 '아들과 손자가 불효[忤逆;오역]하는 것은 물이 (혈) 앞에서 팔자(八字)로 흐르기 때문이다.' 고 한 것이다.

다만 만약 기룡혈[騎龍]이면 이에 구속받지 않는다[不拘此]. 물이 오히려 거듭 가로막아[攔截(란절)] 관쇄하면(關鎖) 수세(水勢)가 나누어 흘러가는 것이

379) 교검(交劍) : 칼을 교차하다.엇갈리다.

보이지 않는다. 또 사산(四山)이 매우[且;차] 주밀하게 따라와 호종하면 용이 진짜이고 혈이 확실하므로 (분류수라도) 꺼릴 것이 없다.

<table>
<tr><td>< 그림 2-3-42 > 分流水
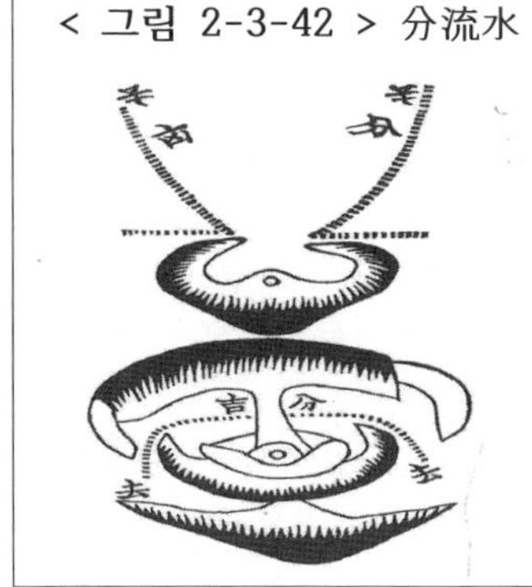</td><td>分流者，穴前水分八字而流也。水既分流，龍則不住，其無結作可知。卜氏云「兒孫忤逆，面前八字水流」是也。惟騎龍雖不拘此，水卻重重攔截關鎖，不見水勢分去，又且四山周密夾從380)，而穴的龍真，故不忌耳。</td></tr>
</table>

누조수(漏槽水)

누조수(漏槽水)는 혈 아래에 말구유 통과 같[모양]이 좁곧 경사져 크게[深] 물이 빠지는 것[深漏]이다. 물이 있고 없는 것에 구애받지 않고 모두 누조(漏槽)라 한다. 주로 가산(家産)을 탕진하여[傾家] 가업이 망한다[退產]. 젊은 사람이 죽는[少亾] 재앙의 화[敗禍]가 있다.

또한 진룡(真龍)이면 채겸혈을 맺어, 누조(漏槽)와 서로 비슷하니 잘못 알아서는 안된다. 마땅히 세심하게 살펴야 한다. 만약[若果] 참된 채겸의 혈(釵鉗之穴)이 융결(融結)하면 누조(漏槽)가 있을지라도 그 아래에 순전이 있어[有唇氈] 증명할 수 있다.

---

380) 협종(夾從) : 따라와 호종(護從)하다. 협(夾) : 좌우에 배치함. 바로 뒤따르다.이중의.부축하다.

< 그림 2-3-43 > 漏槽水 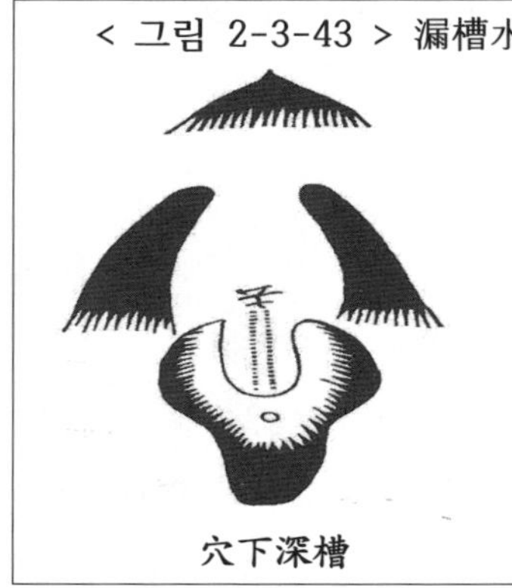 	漏槽水者，穴下深漏直傾如槽也。不拘有水無水，皆謂之漏槽。主傾家退產，少亾敗禍。亦有真龍，結為釵鉗穴，與漏槽相似，不可誤認，宜細審之。若果真是融結釵鉗之穴，雖有漏槽，其下有唇氈可証。

권렴수(捲簾水) ↔ 창판수(倉板水;御街水)[381]

< 그림 2-3-44 > 捲簾水 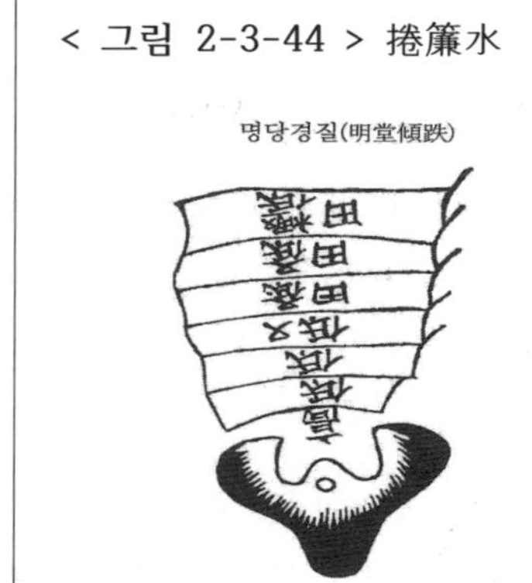 	捲簾[382]者，穴前之水傾跌[383]而去也。卜氏云：「捲簾水現，入舍填房。」此水極凶，主倒盡家業，少亾孤寡，並主寡母坐堂，招人入舍，漸至絕人。

381) 혈 앞의 전답이 층층으로 점점 낮아져 혈을 향하여 마치 창고의 널판지 같다. 주된 역할은 부귀하고 지역에서 으뜸가는 부자가 된다. (倉板水者穴前之田逐層低向穴如倉之板也 主貴有貲財富冠鄉郡.) ☞逐(축) : 쫓다.쫓아내다. 차례로. 점차. 점점.차례로

382) 양택(陽宅)에서

1.현관문을 열자마자 곧장 아래로 내려가는 계단이 보이는 것은 권련수(捲簾水)에 해당한다.

2.사무실의 정문이나 집의 현관문이 승강기를 마주 보고 있어도 흉상이다.

☕대안으로 계단의 형태는 가급적으로 완만하게 굴곡진 형태가 좋다.

권렴수(捲簾水)는 혈 앞이 기울어 물이 급하게 흘러가는 것이다[傾跌而去]. 복씨(卜氏)가 이르길 '권렴수(捲簾水)가 보이면 외간 이성을 집안에 들어오게 하여[入] 방을 메운다[塡房]' 고 하였으니 이 물은 극히 흉하다.

주된 역할은 한 집안의 재산[家業]을 모두 도산하고 젊은이가 죽으며 고아 과부가 난다. 주로 홀로된 어미니[寡母]가 앉아[坐堂] 외간 남자를 [招人] 집안으로 들어오게 하며 점점 자손이 끊어진다.

유니수(流泥水)

<table>
<tr>
<td>< 그림 2-3-45 > 流泥水
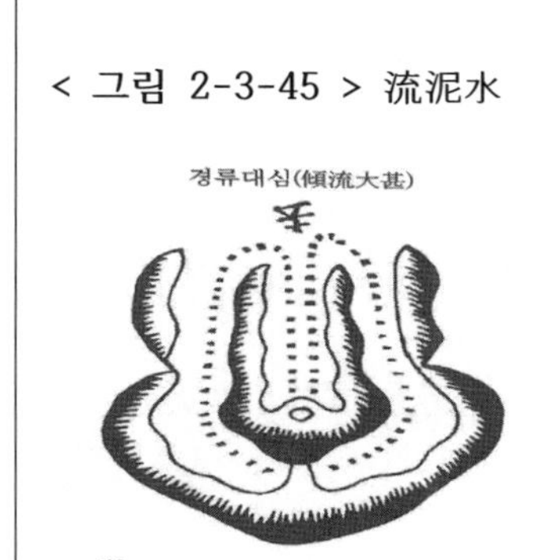</td>
<td>流泥水，穴前之水傾流而去，沙又隨水而飛也。楊公云「一水去，二水去，眾水奔出一齊去，山山隨水不回頭，失井離鄉無救助。」</td>
</tr>
</table>

유니수(流泥水)는 혈 앞이 기울어 물이 흘러가는 것이다. 사(沙)도 물을 따라서 빠르게 가는 것[飛]이다. 양공(楊公)이 이르길 ' 한 물이 흘러가고 [一水去] 두 물이 흘러가[二水去] 뭇 물이 한꺼번에 쏟아져 흘러가면[奔出] 모든 산이 회두(回頭)하지 않고 물을 따라가 마을을 떠나[失井] 고향에서는[離鄉] 구해줄 길이 없다.' 고 했다.

나선형의 계단은 마치 드릴 끝처럼 바닥을 뚫는 듯한 느낌을 주므로 피하는 것이 좋다.
3.권렴수는 물과 기가 높은 데서 낮은 곳으로 서서히 빠져나가는 모양이다.
383) 경질(傾跌) : 한쪽으로 쏠리다. 경도(傾倒) 되다. ☞질(跌) : 달리다. 제멋대로임.

사별수(斜撇水)

< 그림 2-3-46 > 斜撇水 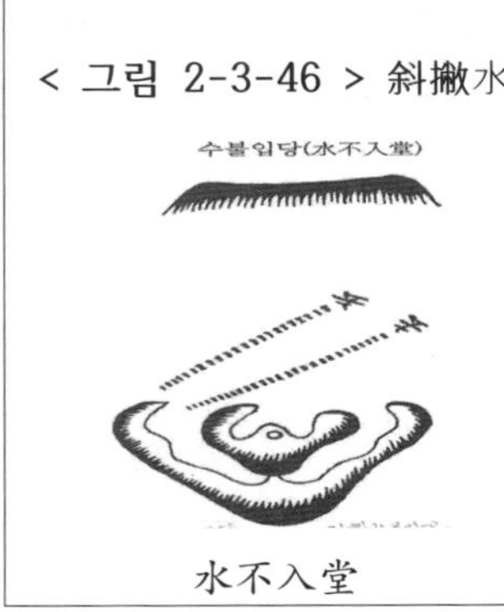 水不入堂	斜撇者，水不到堂，斜撇[384]而去也。或逆來斜去，或順來斜去，皆是與穴無情，故凶。卜氏云「登穴見一水之斜流，退官失職」是也。

사별수(斜撇水)는 물이 명당에 이르지 않고 빗겨 치고 흘러가는 것이다. 혹 역으로 와 빗겨 가거나 혹 순수하게 와 빗겨 흘러가는 것은 모두[皆是] 혈과 무정하므로 흉하다.

복씨(卜氏)가 이르길 '산에 올라 온통[一] 물이 비스듬하게 흘러가는 것이 보이면 관직을 잃게 된다.' 고 한 것이다.

반도수(反挑水)

반도수(反挑水)는 반대로 용신(龍身)에 수성(水城)이 등진 것이다. 이 물은 매우 흉하여 군인이 되어 도적질을 하고[為軍為盜], 고향을 떠나[離鄉] 재물을 약탈하며[打劫;타겁], 반역하여[悖逆;패역) 생이별[生離]을 한다.

복씨가 이르길 '물이 겨우 혈(앞)에 이르렀으나 곧 반도수로 흘러가면(반대로 흘러가면) 한 푼의 가치도 없다.' 고 한 것이다.

---

384) 별(撇) : 돌보지 않다. 때리다. 삐치다[=성나거나 못마땅해서 마음이 토라지다.]

< 그림 2-3-47 > 反挑水

反挑385)者，即反身背城也。此水極凶，為軍為盜，離鄉打劫，生離悖逆。卜氏云「水纔過穴而反挑，一文不值」是也。

형살수(刑殺水)

< 그림 2-3-48 > 刑殺水

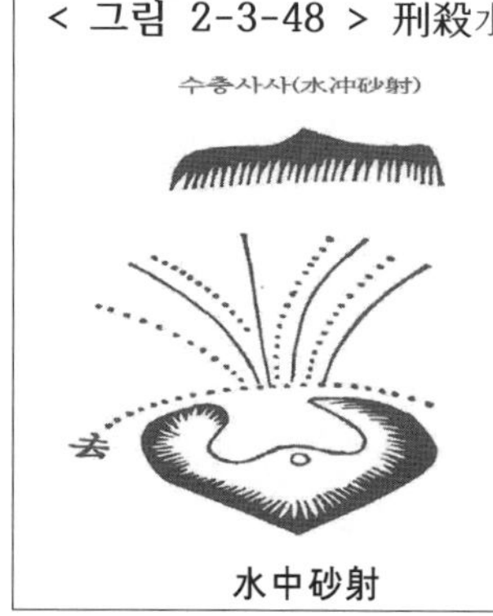

水中砂射

刑殺者，亂水交流也。有一水必有一砂。水送砂尖，或當面直射，或順水斜飛，皆謂之刑殺。輕則敗產離鄉，重則殺戮軍配、陣亡惡死。

형살수(刑殺水)는 물이 난잡하게 만나 흘러가는 것이다. 하나의 물이 있으면 반드시 하나의 사(砂)가 있어 물을 보낸다. 사(砂)가 뾰족하여 혹 (혈을) 마주하여 직사(直射)하거나 혹 순수(順水)하여 빗겨 날 듯한 것[斜飛]

385) 도(挑) : 굽다.

은 모두 형살(刑殺)이라 한다.

물이 적으면[輕]은 재산을 이루지 못하여 고향을 떠나고, 물이 많으면 군대를 지휘하여 살육(殺戮)을 한다. 싸움터에서 죽고[陣亡] 재난으로 죽는다[惡死].

3부 양기(陽 基)

論 陽 基

夫陽基與陰地力量不同，而所系尤重。故古人遷岐[1]、遷鎬、遷楚邱，皆見於《經》，誠以邦國廬井，人民居室[2]所資之用，雖大小不同，而吉凶之符所應無異，亦地理中之至要不可缺者。著其概云。

제1장 논양기(論 陽 基)

제1절 머리말

대개 양기(陽基)와 음지(陰地)는 역량이 같지 않으나 관련되는 바가 더욱 중요하므로 옛사람들은 기산(岐山)과 호경(鎬京)으로 옮기고, 초구(楚邱)에 옮긴 것을 모두 《경(經)》에서 볼 수 있다. 진실로 국가[邦國;방국]나 마을[廬井;려정]의 인민이 집[居室]으로 사용하는데 바탕이 되니 비록 대소의 차이가 있을지라도 길흉(吉凶)의 조짐[[符]이 차이기 없다.

역시 지리 가운데 가장 중요한 부분[至要]으로 빼놓을 수 없어 대략적으로 저술한 것을 말한 것이다.

總論陽基

夫陽基之與陰地，大段無異。其有不同者，則龍必欲其長，而穴必欲其闊，水必欲其大合聚，大彎曲，砂必欲其大交結，遠朝拱。蓋宅基力量大於陰地，故必山水大聚會處[3]，然後可結。聚會愈多，則局勢愈闊；局勢愈闊，則結作愈

1) 岐山(기산) : 중국 산시 성(陝西省) 서부에 있는 산. 주(周)나라 고공단보(古公亶父) 왕 때 빈(豳)에서 이곳으로 천도하여 주(周) 왕조의 기반을 잡았다고 한다 .
2) 居室(거실) : 집. 동거하다. 집에서 지내다. ◦聚會(회합) : 모이다. 회합하다.
3) 處(처) : 머물러 있다. 쉬다. 市井(시정) : 상인. 시가

大。上者為畿甸、省城，次者為郡，又其次者為州邑，又其次者為市井鄕村基址，莫不[4]各以聚之大小以別優劣。廖氏云：「建都山水必大聚，中聚為城市。墳宅宜居小聚中，消息奪神功。」畿甸垣局、省鎭、郡邑俱不暇論，玆特以小聚之基，切於民居者論之。卻有平支、山谷之不同。其大要，平支則以得水為美，山谷則以藏風為佳。卜氏云：「泰山支下[麓]水交流，孔林最茂。」此平支之得水者也。「龍虎山中風不動，仙圃長春。」此山谷之藏風者也。平夷、山谷，力量不殊，特所結有異。此觀陽基之大法矣。

제2절 양기총논[總論陽基]

대개 양기(陽基)와 음지(陰地)는 개략[大段]적으로 차이가 없다. 그것이 다른 것이 있다면 용은 반드시 긴 것[長]을 원하고 혈은 반드시 넓은 것을 원하면, 물은 반드시 크게 모이고 크게 만곡(彎曲)하기를 바라고, 사(砂)는 반드시 많이 서로 만나 혈을 맺고자[交結] 하여 멀리서 조산이 공읍(拱揖) 해야한다. 대개 택지[宅基]의 역량(力量)은 음지(陰地)보다 크므로 반드시 산수(山水)가 많이 모여 머문[聚會處] 연후에 혈을 맺을 수 있으니[可結] 모임[聚會]이 많을수록[愈多] 국세(局勢)가 더욱 넓을수록[愈闊] 혈을 맺는 것이 더욱 크다.

큰 것(상격)[上者]은 서울 인근[畿甸;기전]이나 수도[省城;성성]가 되고, 그다음은 군(郡)이 되고, 또 그 다음은 주읍(州邑)이 되고, 또 그 다음은 시가나 시골 마을[鄕村]의 터[基址]가 된다. 산수가 각각 모이는 곳에 대소로[以聚之大小] 모두 우열(優劣)을 분별한다.

요씨(廖氏)가 이르길 ‘수도를 세우는[建都] 산수는 반드시 크게 모이고, 중취(中聚) 도시[城市]가 되고, 묫자리[墳宅]는 마땅히 소취중(小聚中)에 변화[消息]가 있으면 신의 공력을 빼앗는다[奪神功].’ 고 하였다. 수도 경기 지역[畿甸]을 울타리처럼 둘러싸고 있는 사[垣局]에서 성진(省鎭)、군읍(郡邑)은 모두 논할 겨를이 없다[不暇論]. 이러한 곳에 특별히 소취(小聚)하는 터는 백성이 거주하는 것을 논하는 것이 적절하다. 그러나 평지(平支)와 산곡(山谷)은 차이가 있다. 그 요지는 평지(平支)는 득수(得水)를 하면 좋고, 산곡(山谷)은 장풍

4) 莫不 : ~하지 않는 자가 없다. 모두 ~하다.

(藏風)을 하면 좋은 것으로 삼는다. 복응천이 이르길 '태산의 평지룡 자락에 물이 만나 흐르니 공자의 택묘는 자손이 가장 번창한다.' 고 하니 이는 평지에 득수(得水)한 것이다. '용호산 가운데는 바람이 움직이지 않으니 장진인의 도장[仙圃]은 대대로 쇠하지 않는다.' 고 하니 이는 산곡(山谷)에 바람을 가두는 것[藏風]이다.

평평한 곳과 산곡(山谷)의 역량(力量)은 특별히 혈을 맺는 데 다를 것이 없다[不殊]. 이것이 양기(陽基)를 보는 대법(大法)이다.

論陽基龍穴砂水大概

夫陽基之龍，其起祖、出身、行度、過峽、枝腳橈棹，與夫穿落傳變、台屏帳蓋諸格，以及[5]入首等法，與陰地龍格無異。其所不同者，特長短遠近耳。蓋陰地雖數節龍亦有結作，陽基非大龍旺盛長遠者不能。廖氏云：「幹龍住處分遠近，千里為大都。二三百里可為州，過此則封侯。百里只堪為縣治，下此為市鎮[6]。」謝雙湖云「凡結宅地，其龍比陰地必長數倍。故有三四百里龍，盡頭[7]決然結宅地，為郡、邑、市鎮。稍短者或為大村」是也。至於穴法，則迥與陰地不同。陰穴雖千里來龍，入首結作，不過尋丈之地。陽穴大者為省城，必周數十里；次者為郡縣，亦二三十里；又次者亦十數里；再小者為鄉村市井，亦不下數里。故其鋪展愈闊，則力量愈大。然鋪展之闊，非幹龍長盛者，烏能若是[8]？此陽基所以必龍力大者方能結耳。若夫砂法，其朝應、護從、水口等山，亦須放眼界寬大察之，不與陰地取近穴砂為用者同也。

제3절 양기(陽基)의 용혈사수(龍穴砂水)

대개 양기(陽基)의 용(龍)에서 태조산을 일으켜[起祖]、용신이 출발하여[出

5) 以及(이급) : 및. ~까지. 그리고. 아울러 ◦縣治(현치) : 옛날, 현 정부(縣政府)의 소재지
6) 市鎭(시진) : 장거리 마을. 읍 ◦堪(감) : ~할 수 있다.~할 만하다.
7) 盡頭(진두) : 막바지. 말단. 끝 至于(지우) : ~의 정도에 이르다. ~으로 말하면
☕丈(장): 열자, 1尺(30.3cm)의 10배 ≒3.3m
8) 若是(약시) : 만약 ~한다면. 이와 같이. 이처럼 ◦恆(항) : 항상 √恒의 本字

身] 진행하고[行度],과협(過峽),지각(枝脚),요도(橈棹)와 일반적으로[夫] 천락(穿落), 전변(傳變), 태병(台屛), 장개(帳蓋)의 여러 격과 입수(入首) 등 법(法)은 음지(陰地)와 용격(龍格)은 다를 것이 없다. 같지 않은 것은 다만[特] 장단원근(長短遠近)뿐이다.

대개 음지(陰地)는 비록 수절(數節)의 용(龍)이라도 결작(結作)이 된다. 양기(陽基)는 큰 용[大龍]으로 왕성(旺盛)하고 장원(長遠)한 것이 아니면 결작할 수 없다. 요씨(廖氏)가 이르길 '간룡(幹龍)이 머무는 곳을 원근(遠近)으로 분류하면 천리(千里)는 대도(大都)가 되고, 2, 3 삼백 리 용에는 주(州)가 될 수 있다. 이를 초과하면 봉후(封侯)의 자리가 된다. 백 리 용은 다만 현치(縣治)를 할 수 있다. 그 이하는 지방의 소읍[市鎭]이 된다.' 고 하였다.

사쌍호(謝雙湖)에 이르길 '무릇 택지를 맺는 용은 음지(陰地)에 비하면 반드시 수배(數倍)나 길다. 그러므로 3, 4백리 용의 끝에서 확고하게[決然] 택지를 맺어 군(郡)、읍(邑)、시진(市鎭)이 되고, 이보다 조금 짧으면[稍短] 혹 큰 마을이 된다.' 는 것이다.

혈법(穴法)으로 말하면 멀기[迥;형]가 음지와 다르다. 음혈(陰穴)에 비록 천리래룡(千里來龍)에 입수(入首)하여 혈을 맺었을지라도 수장(數丈)의 땅에 찾는데 불과하다. 양혈(陽穴)의 큰 것은 성 소재지[省城]로 반드시 주위[周] 수 십리(數十里)가 되고, 그 다음으로는 군현(郡縣)도 2,30리가 되고, 그 다음은 또 10리가 되고 다시 더 작은 것은 향촌(鄕村)이나 시가[市井;시정]도 수리(數里)가 되지 않는다.

그러므로 넓게 펼쳐진 것[鋪展]이 더욱 넓으면[愈闊] 역량이 더욱 크다. 그러나 포전(鋪展)이 넓을지라도 간룡(幹龍)이 길고 왕성하지 않으면 어찌 이처럼 가능한가? 이와 같이 양기(陽基)는 그래서[所以] 반드시 용력(龍力) 큰 것은 비로소 결혈할 수 있다. 만약 일반적으로 사법(砂法)에서 조산의 조응[朝應]、호종(護從)、수구(水口) 등 산 역시 반드시 넓어[寬大] 시야[眼界;안계]에 이르는[放] 지를 살펴야 한다. 음지(陰地)에서 혈 가까이 취하는 법과 같지 않으나 사(砂)의 쓰임에는 같다.

謝雙湖云：「宅地到頭，朝應、護從往往減省，不如葬地周密富麗。蓋宅地之用恆，故成其體而可以享用長久；葬地之用暫，故盛其用而可以取效一時。」此可以見體用之輕重，乘除之理，消息之機。但砂亦未嘗[9]不周密富麗，特周回寬遠，非一擧所能盡收。其實則重疊拱朝，關鎖交結，其周密富麗，尤有大可觀者。大抵羅城寬大，又要朝對端尊，下關環抱有力為上.《經》云：「要知居址何為貴，水抱山朝[回]必有氣。忽然陡瀉朝對傾，破碎斜飛非吉地。下手回環朝揖正，坐[衛]主端嚴無反柄[10]。縱然不大也安和，住得百年家業盛。」其水則以數源[11]數溪相合會，而朝曲繞抱、大灣轉、大匯聚為美。故凡郡邑，未有不是大河大溪繞抱；雖小邑市井，亦必可通舟楫，可見水之會處，方可結陽基。亦有兩水夾送，入首翻身逆朝一水而結穴者；有兩水夾送交會，就順水而作穴者；有一邊大河繞抱，一邊小水相合而結穴者；有坐水後合襟而結穴者；有據水[12]深聚而結穴者；有四面皆水者。雖數等不同，然皆以得水為貴，此陽基結作與陰地龍穴砂水不同之大概如此。然又分平支、山谷，作兩等格局而論，方可定其融結規模，盡其山川情性也。

사쌍호(謝雙湖)가 이르길 '택지(宅地)에서 도두(到頭), 조응(朝應)、호종(護從)은 종종[往往] 줄여 생략하기도 하는데 장지(葬地)에서 주밀(周密)하고 아름다운 것[富麗]만 못하다.' 고 하였다.

대개 택지(宅地)는 항구적(恒久的)으로 사용하므로 모양을 이루면 오래 길게[長久] 사용할[享用] 수 있다. 장지(葬地)는 잠시(暫時) 사용하므로 그 쓰임이 왕성(旺盛)하면 일시에 효과를 가질 수 있다.' 고 하였다. 이렇게 체용(體用)의 경중(輕重)을 변별할 수 있는 것은 세상일의 흥망성쇠[乘除]의 이치와 변화(생사)[消息]의 기미이다.

다만 사(砂) 역시 주밀(周密)하면 아름답지[富麗] 않다고 말할 수 없다.
특히 주회(周回)하여 관원(寬遠)하나, 단번[一擧]에 모두 왕기(旺機)를 거둘 수 없는 것이다. 실은 중첩(重疊)하여 (혈을) 향하여 인사를 하듯 하고[拱朝], 서로 만나 관쇄하여[關鎖] 주밀하고[周密 화려하면[富麗] 뛰어난[尤] 대지를 볼 수 있다. 대저 나성(羅城)이 관대하고[寬大] 또 조산이 단정하게 마주하여 우러러보고[尊] 하관하여[下關] 환포(環抱)해야 힘이 있어 최상이다.
《의룡경(經)》 의룡십문(疑龍十問)에 이르길 ' 주거지[居址]가 어떠한 것이 귀(貴)한 지를 알아야 하고, 물이 감싸고 마주하는 산이 조읍(朝揖;回抱)하면 반

9) 未嘗(미상) : 일찍이 ~한 적이 없다. 지금까지 ~못하다. ~이라고 말할 수 없다
10) 柄(병) : (권력을) 잡다. 장악하다. 관장하다.근본. 권세
11) 源(원) : 근원. 물이 끊이지 않고 흐르는 모양. 사물이 잇닿은 모양. 샘이 흐르는 근원
12) 據水局(거수국) : 혈장 앞에 큰 호수 또는 연못이 있는 국으로서 일반적으로 길한 국이다. 다만 물이 깊고 맑으며 머물지 않고 흐르는 것이 참이다.

드시 기(氣)가 있다. 홀연히[忽然] 조산을 마주하는 산이 경사져 빠르게 흐르고[陡瀉], 파쇄(破碎)되었거나 기울어 달아나면 길지(吉地)가 아니다. 하수(下手)가 돌아 감싸[回環] 바르게 혈을 향하여 읍(揖)하고, 단정하고 엄숙하여[端嚴] 반대로 돌아가지 말아야 한다[反柄].

설사 혈 자리가 작을지라도[不大] 조용하고 편안하면[安和] 집을 구하여 살면 오랫동안 가업이 번창한다.' 고 하였다.

물은 근원이 되는 여러 시냇물[數源數溪]이 함께 합하여 하나로 모여 혈을 향하여 방향을 바꾸어 물굽이에 굽어 감싸면 크게 모여[匯聚] 좋다. 그러므로 무릇 군읍(郡邑)은 큰 강이나 큰 시냇물이 감싸지 않는 것이 없다. 비록 소읍(小邑)이나 시가[市井]도 반드시 (수구가 매우 좁아) 노 젓는 배(쪽배)[舟楫;주즙]가 통과할 수 있고, 물이 모이는 곳을 볼 수 있어야 비로소 양기(陽基)를 맺을 수 있다. 또한 입수(入首)에서 양수(兩水)가 협송(夾送)하여 용신을 돌려[翻身] 온통 물을 거슬러 흘러들면[逆朝;逆水] 혈을 맺는다. 양수(兩水)가 협송(夾送)하다가 만나 모이면[交會] 순수(順水) 하나[就] 혈을 만드는 경우[者]는 한 변[一邊]은 큰 하천이 요포(繞抱)하고, 한 변[一邊]은 작은 물이 (큰 물에) 서로 합하면 혈을 맺는다. 좌(坐)의 끝[後]에 물이 합쳐져[合襟] 혈을 맺는 경우는 물이 깊이 모이는 것을 근거로 삼는다[據].

사면(四面)이 모두 물이면 비록 수량의 정도[水等]가 같지 않을지라도 그러나 모두 득수(得水)하는 것을 귀(貴)하게 여긴다. 이에 양기(陽基)의 결작(結作)과 음지(陰地)의 용혈사수(龍穴砂水)가 같지 않는 것을 대강[大概] 기술한 것이 이와 같다[如此]. 그러나 또 평지(平支)와 산곡(山谷)을 나누어 두 종류의 격국(格局)으로 나타내어 논(論)하면 비로소 융결(融結)의 규모(規模)를 결정하여 산천(山川)의 정성(情性)을 모두 나타낼 수 있다[盡].

論平支陽基

平支之地，一望無際，亦必以龍之來歷，穴之結作處高於衆地，而後為真。如平地中一垣無高下之分，或穴勢又複低沉[1)]，則非矣。然所謂高者，亦只尺許，或數寸，皆謂之高。但中原平陽[2)]如砥，其祖宗起處，在數百里外，撒於平坡，而變作

1) 低沉(저몰) : (소리가) 낮다. (사기가) 떨어지다. ☞沉(침) : (물속에) 가라앉다. (푹) 꺼지다. 심하다[깊다]. 沈의 俗字
2) 平陽(평양) : 평지 cf) 평강(平岡) : 양산의 언덕. ◦평파(平坡) : 뒤는 산에 연결되고 앞은

平地曠野，或止高一寸，亦是龍身，水流不過，便為骨脈。俗眼望洋花眩，迷失[3]東西南北，豈複知龍來歷？　況溝洫縱橫，不可考究。或數十里，中間忽起突阜，右[4]一二石骨，又複隱藏。此正所謂「龍行地中，毛[5]脊微露。」前去或逢巨浸之湖，或臨大江、大河、大溪，必有隔河之龍交會，此處必結大墓址，而其水必異。常月禪師云：「藏蹤隱跡，絕類離倫[6]，穿田渡水，平地突起，既無龍虎，又無護衛，捉摸不真，其情在水。」楊氏云：「凡到平洋莫問蹤，只看[7]水繞是真龍。」

제4절 평지(平支)의 집터[陽基]

평평한[平支] 자리는 일망무제(一望無際)하여 끝없이 펼쳐져도 반드시 용(龍)의 내력(來歷)으로[以] 뭇 지형[衆地]에서 높은 곳에 혈을 맺은 다음에 참이 되는 것이다. 가령 평지(平地)에 하나 같이 평탄한[一坦] 가운데 고하(高下)의 구별[分]이 없어 혹 혈(穴)의 형상[형세](勢)이 또 다시 매우 낮으면[低沉;저침] 혈이 될 수 없다.

그러나 소위 높은 것이라 하는 곳은 역시 일척[只尺] 가량[許]이거나 혹 몇 치[數寸] 정도로 모두 높은 땅이라 한다. 다만 중원(中原)의 땅이 숫돌과 같이[如砥;여지] 평평하게 펼쳐져 있으므로 조종(祖宗)을 일으킨 곳에서 수백 리(數百里) 밖 언덕[平坡]에서 떨어져[撒;살] 형세 따위 바뀌어[轉變] 평지(平地)의 넓은 들[曠野]로 되거나 혹 일촌(一寸) 높이 멈추어도 용신(龍身)이다. 물의 흐름[水流]도 곧 골맥(骨脈)에 불과(不過)하다.

속안(俗眼)으로 바라보면 양화(洋花;서양 꽃)와 같이 현미(眩迷)하여 동서남북(東西南北)으로 달아나는데 어찌[豈;기] 다시 용(龍)의 내력(來歷)을 알 수 있

물에 인접하여 앞이 열린 조그만 산언덕. ◦평전(平田) : 평평한 논밭지대◦평양(平洋) : 산보다 들에 가까우며 도랑있고 논밭이 둘러진 지대에 놓여진 언덕 바지. ◦평원(平原) :넓고 평평한 들판 ☕고산룡(高山龍 : 산간분지)→평지룡(平支龍 : 평지)→평양룡(平洋龍 : 큰 강과 바다) ☞평양지(平洋地)에서 용맥이 없으니 수세(水勢)에 의지하는데 특히 산이 없는 도심지는 평양용(平洋龍)으로 보아야 한다.

3) 失(실) : 달아나다. 벗어남 ◦突(돌) : (주위보다) 높다. 두드러지다. 불쑥 솟아 있다.
4) 右(우) : 높다. 뛰어나다. 우수하다. ◦隐藏(은장) ; 숨기다. 숨다. 감추다.
5) 毛(모); 조잡하다. 거칠다. 작다. 가늘다.
6) 絕類離倫:동료보다 월등하게 뛰어나다. ◦捉摸(착모) : 추측하다. 짐작하다. 헤아리다.
7) 看(간) : ~라고 보다[판단하다]. ~라고 생각하다[여기다].

겠는가? 하물며 도랑[溝洫;구혁]이 종횡(縱橫)으로 나 있어 고찰하고 연구할 수 없다. 혹 수십 리(數十里) 중간에 갑자기 높은 언덕[突阜]이 솟아나거나 우측에 1,2개 석골(石骨)이 솟아나고 또 다시 감추기도 한다[隱藏].
이것이 바로 '용(龍)이 지중에 다니고 작은 등척[毛脊]을 드러낸[微露] 것'을 말한다. 앞으로 나가 혹 큰 호수를 만나 잠기거나 혹 대강(大江)、대하(大河)、큰 시냇물[大溪]에 이르면 반드시 하천의 용[隔河之龍]이 서로 만나면[交會] 막으면 이러한 곳은 반드시 큰 묘터[墓址]를 맺고 물은 반드시 보통과는 다르다. 월선사(月禪師)가 이르길 ' 무리에서 뛰어나[絕類] 무리를 벗어나[離倫] 종적을 감추어[藏蹤隱跡] 밭을 지나[穿田] 물을 건너[渡水] 평지에 높이 솟았으나[突起] 용호가 없고 또 호위(護衛)도 하지 않아 추측하면 참되지 않으나 혈이 참된 것[其情]은 물에 있다.' 고 하였다. 양씨(楊氏)가 이르길 ' 무릇 평양(平洋)에 이르면 종적을 묻지 말고, 다만 물이 (혈을) 감쌌다고 판단하면 진룡(真龍)이다.' 고 하였다.

蓋大龍之盡處，必是被大河大江攔截無去處，方得他住。及到此田地，必皆是平原曠野，非常人所能收拾。望之無限，不見所際；據之無憑，不見所倚。然其百十里間，皆是環衛[8]，無一山不顧盼，無一水不縈回。雖別處數百里外山水，莫不來此交會。氣象堂局，最廣闊舒暢者為藩鎮省城，次者為大郡大州，又次者為小郡，又次者為大邑、小縣、鎮、場、堡、寨，愈降愈小也。此等平夷處，只看水交會，及水繞曲環抱處為有結作，而最高處為穴場。雖千言萬語，不能外是訣矣。《太陰經》云：「州縣京畿地必平，水龍水衛水為城。堂基卻在高高處，莫道窩藏是正形。」《玉髓經》云：「承府、縣、鎮無山可依者，地愈大，穴愈平，堂局愈闊。其穴或方圓四五十里，小者亦二三十里，又小者亦不下十數里，最小者亦必數里。而立營殿駐節麾[9]處，不過堂奧一室之正地，是為的穴。」何以堂見其端的，實在何處？子微答曰：「一言以蔽之，曰最高處是也。」故雖廣邈，斷有一片高處，即是正穴。如今之州縣，其有在水鄉中建立者，然何嘗見官治為水淹沒？縱水到衙門，亦不及堂奧，此可見當時是獨高處之驗矣。

8) 環衛(환위) : 대궐 사방을 호위 。顧盼(고반) : 주위를 돌아보다.
9) 麾(휘) : 대장기(大將旗). 지휘하다. 부르다. 。淹沒(엄몰) : 파묻다. 물에 잠기다. 파묻히다.

대개 대룡(大龍)의 진처(盡處)에 반드시 큰 하천 큰 강이 가로막혀 흘러가는 곳이 없으면 비로소 다른 곳에 머무른다. 이러한 전지(田地)에 이르면 반드시 모두 평원광야(平原曠野)로 보통 사람이 수습할 수 있는 곳은 아니다. 끝이 되는 곳[所際]을 볼 수 없어 의지할[據;거] 증거가 없어[無憑] 의지할 곳[所倚]을 볼 수 없다. 그러나 백십 리 사이를 모두 사방을 호위한다.

하나의 산도 없어 주위를 돌아볼 것도 없고, 한줄기의 물이 없어 감돌지[縈回] 않고 비록 수 백리(數百里) 밖 떨어진 곳에 산수(山水)가 이곳에 와서 모이지[交會] 않을지라도 당국(堂局)에 기상(氣象)이 가장 광활하게[廣闊] 펼쳐져 넓으면[舒暢] (군대를 주둔시켜 수비하는) 변방지역[藩鎮]이나 성 소재지[省城]가 되고, 그 다음 대군(大郡)이나 대주(大州)되며 또 그 다음 더 작은 것은 소군(小郡)이 되며 또 그 다음은 대읍(大邑)、소현(小縣)、시장[鎮場]、촌락[堡寨;보채]이 되어 내려갈수록 크기가 더욱 줄어 좁아진다[愈降愈小].

이와 같이 무리의 평이처(平夷處)는 다만 물이 모이는 것을 보고 물이 구불구불하게[繞曲] 싸인 곳[環抱處]에 결작(結作)이 되어 가장 높은 곳은 혈장(穴場)이 된다. 비록 수없이 많은 말이라도[千言萬語] 진실된 비결을 벗어날 수 없다. 《태음경(太陰經)》에 이르길 '주(州)와 현(縣), 경기(京畿)의 땅은 반드시 평수(平水),용수(龍水),위수(衛水)가 당기(堂基)의 성(城)이 되나, 높고 높은 곳에 아주 우묵한 곳[窩藏]이 있으면 정형(正形)이라고 말하지 말라.' 하였다. 《옥수경(玉髓經)》에 이르길 '승부(承府)、현(縣)、진(鎮)이 의지할 수 있는 산이 없다. 땅은 더욱 크고 혈은 당국이 더욱 넓어 더욱 평이하다. 그 혈이 혹 모나고 둥글어[方圓] 4,50리가 되고, 작은 것도 2,30리가 되며, 또 더 작은 것도 십수 리를 아래로 내려가지 않는다. 가장 작은 것이라도 반드시 수리(數里)가 되어야 하고 영전(營殿)을 세워 외국에 주재하는 사절[駐節]이 지휘하는 곳[麾處]이다. 명당은 하나의 방[一室]에 방안[奧;오]이 바른 자리에 불과하다. 이곳이 확실한 혈이다.' 고 하였다. 어찌 명당에서 곧 바르고 명백한 것[端的]을 볼 수 있는가? 실로 어떤 곳에 있는가? 자미(子微)의 대답하길 '한마디로 총괄하여[蔽之;폐지] 말하길 최고처(最高處)이다.' 고 하였다. 그러므로 비록 넓고 멀기는 하나[邈;막] 단연코 일편(一片;넓게 펼쳐진 평면)에 고처(高處)가 있으면 바로 정혈(正穴)이다.

가령 지금의 주현(州縣)은 물가의 마을[水鄉] 가운데 건립(建立)한 것이 있다. 그러나 따지고 보면[何嘗;하상] 관에서 맡아 다스리는 것[官治]이 수중에 잠겼는 것[淹沒;엄몰]을 보았는가?

비록 물이 마을[衙門]에 들어와도 명당 구석까지 미치지 않으니 이곳은 당시에 유독히 높은 곳에 있다는 것을 경험하여 볼 수 있다. 음지(陰地)에 미치는 것도 역시 그렇다.

若在平野，斷要高於衆地，而後可攖。不然，絕死[10]瘟廣，皆犯禁忌。又如街坊市井，雖是依附官治，試到堂中仔細檢點，若人家住在兩高合槽中間低泥[11]處，其家必貧困，不旺人丁。若第宅據在高處，必是富貴之家。予兄弟所歷京都郡邑，見稍高處未有不是諸衙門公廨者。此可見平支之龍，其穴的以最高處為貴也。《經》曰：「地有吉氣，土隨而起。」誠確論矣！又有一等平支中之高阜，卻是護衛照應，不是正氣所鍾，雖高亦不吉，多是梵宮神宇之地，以為神廟則多感應，以為宅第則不可居，又不可不審乎此也。

만약 평야(平野)에 (혈이)있으면 무리의 땅에서 높은 곳으로 판단된[斷要] 후에 천장(攖葬)할 수 있다. 그렇지 않으면 전염병과 황달[瘟廣]에 까무러쳐[絕死] 모두 금기(禁忌)에 저촉된다. 또 가령 이웃[街坊] 도시[市井]가 비록 관치(官治)에 의지하여 따르를[依附]지라도 시험 삼아[試到] 명당 가운데 자세히 점검하여 보면 만약 인가(人家) 거주지가 양쪽은 높고 중간에 골[槽]을 이루어 낮아 질퍽한 공간[間低泥處]에 집안은 반드시 빈곤(貧困)하고 인정(人丁)이 왕성하지 못한다.

만약 저택[第宅]이 높은 곳에 의지하여 있으면 반드시 부귀(富貴)한 집안이다. 우리[予;여] 형제가 겪어온 온일[所歷]은 경도(京都)의 군읍(郡邑)에 보아 조금 높은 곳에서 여러 관청[衙門]이나 관공서[公廨;공해]가 아닌 곳이 없다. 이는 평지룡(平支龍)에서 볼 수 있는 것은 평지룡에 혈이 확실하여 가장 높은 곳에서 볼 수 있으면 귀하게 여긴다.

《증보산림경제(經)》에 이르길 '땅에 좋은 기운이 있으면 흙을 따라서 이동한다[起].'고 하였다. 진실로 확실한 말이다! 또 평지룡에 가장[一等] 높은 언

10) 絕死(사절) : 까무러치다. 아득하다. 막막하다. ◦禁忌(금기) : 꺼리다. 금기(하다). 기피하다. ◦犯(범) : 저지르다. 범하다. 발생하다. ◦依附(의부) : 의지하여 따르다. 종속(從屬)하다.
11) 泥(니) : 진흙, 진창(땅이 질어서 질퍽질퍽하게 된 곳) ◦不是(불시) : ~이 아니다. (적당한 시기나 형편이) 아니다 ◦脫落(탈락) : 범위에 들지 못하고 떨어지거나 빠짐.
◦拱衛(공위) : 수호하다. 호위하다. 둘러싸고 지키다.

덕이 있으면 그래도[卻是] 호위[護衛]하여 조응(照應)한다.

정기(正氣)가 모이는 곳이 아니면 비록 높아도 좋지 않다. 대부분 사찰[梵宮]과 사당[神宇]의 자리이다. 사당[神廟]으로 여기면 많이 감응(感應)하고 저택[宅第]으로 생각하면 머물러 살기[居住]가 가능하지 않다. 또 이러한 곳에는 자세히 살피지 않을 수 없다.

論山谷陽基

凡山谷陽居，欲[12]其脫落平地，寬廣平夷，四面拱衛，無空缺凹陷，下手有力，水口交固，明堂開暢。據溪據河者為上，其穴亦欲其開展寬闊平坦，雖在山谷亦如平洋[13]為善。若窄狹則不吉。《經》曰：「大凡陽宅怕穴小，穴小只宜安墳妙。小穴若為輪奐居，氣脈傷殘俱鑿了。況是子孫必眾多，漸次分別少比和。一穴裂而為四五，正偏前後豈無訛？」又曰：「大凡陽宅要穴大，寬闊連綿又平快。前朝橫正面前寬，可為市井於內外。如此方為陽宅居，窄小難容君莫愛。」又要高明，切忌四山高壓，陰幽迫逼窒塞[14]，三陽[15]不照。廖氏云：「四山高壓宅居凶，人口少興隆。陰幽窒塞號天牢[16]，住宅決蕭條。三陽不照名陰極，妖怪多藏匿。」又忌卑下污濕，及水衝宅背，凹風射脅，水聲潺湲[17]。

---

12) 欲(욕) : 바라다. ~해야 한다. ☞ 凹陷(요함) : 움푹하다. 움푹 들어가다. 내려앉다.
☞ 拱衛(공위) : 수호하다. 호위하다. 둘러싸고 지키다.

13) 平岡平支 ☞平岡(평강) : 평지 언덕을, 平支(평지)는 平洋(평양)을 지칭한다. 이들은 모두 평양룡(平洋龍)을 가리킨다. ☞ 輪奐(수환) : 輪(수) : 바꾸다. 고침. 짊어지다. ◦奐(환) : 왕성하다. 큼. ◦訛(변) : 변하다[變]. 그릇되다. 잘못되다 ☞ 快(쾌):바르다. 정당(正當)하다.
◦高明(고명) : (학문·견해·기술·기능이) 빼어나다. 고명한 사람. 고명하다. 뛰어나다.

14) 핍박(逼迫) : (안산이) 가까워 (공간이) 좁다. 즉 안산이 혈이나 명당을 억누르다[억압하다]. 안산이 닥쳐(공간이 좁아져) 혈이 꽉 막힘. 또는 혈 앞[안산]이 높은 경우. cf) 질색명당(窒塞明堂) : 명당에 언덕이나 돌무더기가 있서 앞이 막혀 옹색한 것을 말한다. 이는 둔하고 미련한 자손이 나온다. ☞핍착(逼窄) : 형세가 가깝고 좁음.

15) 三陽(삼양) : 명당이 內陽이 되고, 案山이 중양(中陽)이 되고, 뒷산이 외양이 되니, 이것을 삼양이라 한다. 한낮에 햇볕

16) 牢(뢰) : 우리. 에워싸다. ☞ **蕭條**(소조) : 적막하다. 불경기(이다). 스산하다.
☞ 藏匿(장닉) : 숨기다. 은닉하다. 숨다 ☞ cf) 低(저) : 낮다. 머무르다. ◦卑(비) : 낮다.
◦貶(폄) : (지위나 가치를) 낮추다. 떨어뜨리다.

17) 潺湲(잔원) : 물이 천천히 흐르는 모양. 눈물이 흘러내리는 모양 ☞潺(잔) : 졸졸 흐르다.
◦湲(원) : 흐르다.

제5절 산곡(山谷)의 집터[陽基]

무릇 산곡(山谷)에 거주하는 양기(陽基)는 산곡을 벗어나 평지에 떨어져[撒落] 넓으면서 평평하고 사면으로 호위하여[拱衛] 움푹 들어가[凹陷] 비어있지[空缺] 않아야 한다. 하수사[下手]가 힘이 있으면 수구(水口)가 확실하게 교쇄하여[交固] 명당이 넓게 펼쳐있고 시냇물과 하천을 의지하여 자리잡고 살면[據溪據河] 으뜸으로 친다. 그곳에 혈 또한 넓고 평탄하게 펼쳐져야 하므로 비록 산골짜기[山谷]에 있을지라도 평양(平洋) 같으면 좋다. 만약 협착(窄狹)하면 좋지 않다. 《의룡경(經)》 의룡십문(疑龍十問)에 이르길 '대체로[大凡] 양택은 혈이 작은 것을 꺼리고[怕] 혈이 작으면 다만 마땅히 편안한 무덤[安墳]으로 할 만하여 좋다. 작은 혈에 만약 (혈을)고쳐 (집을) 크게 지어 살면[輪奐;수환] (집을 짓는 과정에) 기맥(氣脈)이 모두 끊어져[鑿了;착료] 손상을 입는다[傷殘]. 하물며 반드시 자손이 많아도[衆多] 점차(漸次)로 헤어져[分別] 가까이 어울리는 것[比和]이 적고 (큰 집을 지어) 하나의 혈이 쪼개져 4, 5개가 되면 전후에 반듯함과 기울어짐이 어찌 변하지[訛;변] 않겠는가?' 하였다.

또 말하길 '대체로 보아[大凡] 양택은 혈이 크고 넓어야 하고 (주산에서 혈처까지) 지맥이 이어지고 또 평탄하고 뚝발라[平快] 혈 앞을 향하여 가로로 반듯하고 전면(前面; 명당)은 넓어야 내외에 도시[市井]가 가능하다. 이와 같으면 비로소 사람이 살 수 있는 양택이 될 수 있고, 혈처가 작고 좁으면 (거주할 사람을) 받아들이기 곤란하니 그대들은 좋아하지 말라.' 고 하였다.

또 빼어나야 하고 사산(四山)이 고압(高壓)한 것[逼迫]을 꺼리고 응달지고[陰幽], 공간이 좁아 막혀 답답하고[逼迫室塞] 햇볕[三陽]이 비치지 않는 것을 꺼린다. 요씨(廖氏)가 이르길 '사산(四山)이 높아 사는 집[居宅]을 억누르면 사람은 흥하여 번영함(繁榮)[興隆]이 드물고, 응달지고[陰幽] 앞이 막혀 답답한 것[室塞;질색명당]을 천옥[天牢;천뢰]이라 한다.

주택(住宅)에 삼양(三陽)이 비치지 않아 스산한 것[蕭條;소조]을 이름하여 음극(陰極)이라 하며 요괴(妖怪)가 많이 숨는다.' 고 하였다. 또 낮아[卑下] 오염되고 습한 것[污濕]을 꺼리고 물이 주택을 치고 배반하고, 요풍(凹風)이 옆구리를 쏘고, 물소리가 졸졸 흐르는 소리[潺湲]를 꺼린다.

廖氏云：「卑下污濕不相宜[18)]，人口必多疾。流水若還衝屋背，人散家財退。凹風射脅最為凶，孤寡與貧窮。宅邊常有水潺湲，喪禍日連綿。」且山谷陽基，最要藏風，乘得龍氣為吉。切不可妄用穿鑿。廖氏云：「若還穴小鑿教寬，氣脈便傷殘。橫龍最忌鑿穿脈，家財是消歇。」或謂「陽基乘勢不論氣，惟借坐山勢」。此說最悞人。凡陽基入首處，須要垂脈平鋪，撒落平洋，來歷明白。大勢則有大水合聚，細微則有小水界[19)]合。若居在界水內，無不敗絕，豈可乘借坐之虛勢，而不論脈乎？此陽基之至要者，不可忽也。其它朝對、托樂、水口，皆陰地相同，自可互論，玆不贅及也。

요씨(廖氏)가 이르길 ' 낮아[卑下] 오염되고 습한 것[污濕]은 적합하지[相宜] 않아 사람은 반드시 대부분 병들고, 흐르는 물이 만약[若還] 가옥의 뒤를 치면 사람은 흩어지고 재산[家財]이 퇴패하고, 요풍(凹風)이 옆구리를 치면 고독하고[孤寡;고과] 빈궁(貧窮)하여 가장 흉하고, 주택 주변에서 항상 물이 흐르는 소리가 들리면[潺湲;잔원] 사람이 죽는 재앙[喪禍]이 그치지 않는다.' 고 하였다. 또 산곡(山谷)의 집터는 장풍(藏風)이 가장 중요하고, 용기(龍氣)를 획득하여 타면 좋다. 삼가하여[切] 함부로 굴착(穿鑿)해서는 안된다.

요씨(廖氏)가 이르길 '만약[若還] 혈은 작은 데 굴착하여 넓히면[教寬] 기맥(氣脈)이 곧 손상을 입고[傷殘], 횡룡(橫龍)은 맥을 굴착하면 재산[家財]이 없어져[消歇] 가장 꺼린다.' 고 하였다. 혹 이르길 ' 양기(陽基)는 세를 타면[乘勢] 기를 논하지 않고 다만 좌산의 세(勢)를 빌려 쓴다.' 고 하였다. 이러한 설은 사람을 가장 그릇되게[悞;誤] 한다.

무릇 집터[陽基]의 입혈처(入穴處)에 반드시 맥을 드리워[垂] 평지[平洋] 떨어져[撒落] 평평하게 펼쳐져야 한다. 내력(來歷)이 명백하고 대세(大勢)는 큰 물이 모이고, 미세[細微]한 세(勢)는 작은 물이 분합[上分下合;界合]이 있다.

만약 대수(大水;界水) 내에 살고 있으면 패절(敗絕)하지 않을 수 없다. 어찌 좌(坐)의 허세(虛勢)를 빌려 타는 것이 가능하여 맥을 논하지 않는 가? 이는 양기(陽基)에서 매우 중요한 것으로 소홀히 해서는 안된다.

---

18) 相宜(상의) : 알맞다. 적당하다. 적합하다 ◦ 連綿(연면) : (산맥·강·눈·비 등이) 끊이지 않다. 이어지다. ◦ 教(교) : ~로 하여금 ~하게 하다.◦ 傷殘(상잔) : 물체가 손상을 입어 생긴 흠. 해치다. ☞ 消歇(소헐) : 멈추다. 없어지다. 사라지다.

19) 水界(수계) : 지구의 표면에서 해양, 호수, 늪, 하천 등 물이 차지하고 있는 영역 ◦ 相同(상동) : 서로 같다. 똑같다.

기타(其它) 조대(朝對)、탁락(托樂)、수구(水口) 등은 모두 음지(陰地)와 똑같다. 스스로 서로 논할 수 있으므로 여기[玆;자] 쓸데없이 덧붙여서[贅;췌] 비교할 수 없다.

左地在貴溪縣西南八十里龍虎山。其龍分南幹正脈中腰旺氣巍峨萬疊，迂盤數百餘里。將[20]入局，轉換頓跌，重重大帳侵雲，枝葉蕃衍。盤石巉岩為鬼谷、水簾[21]諸洞道家第十五洞天，世傳鬼谷子嘗居此。入首列撐天高帳右轉閃落平坡結穴。後托紫霞諸山，複去數十里為水口，與朝山盡處交結[22]山石萬仞，林立兩岸，如龍昂虎踞，獅象龜蛇諸怪狀。前朝踞齒侵雲大溪環繞，羅城周密。卜氏云：「龍虎山中風不動，仙圃長春。」萬山中忽然開曠，山明水秀，別一乾坤。道家謂之福地，誠然也。張氏自道陵煉丹[23]龍虎崖，後飛升[24]按《一統志》，道陵於蜀雲台峰白日升天。其後四代孫曰盛，複闢茲址居之。迄今五十代，世沐國寵，皆此山之應也。真人陽基，蔑有出其右者矣

용호산(龍虎山) 장진인(張眞人) 집터[陽基]로 좌지(左地)는 귀계현(貴溪縣) 서남(西南) 80리 용호산(龍虎山)에 있다. 그 용이 남쪽 간룡의 정맥(正脈) 가운데 허리[中腰]에서 분맥하여 왕성한 기운[旺氣]으로 우뚝 솟은 봉우리[巍峨;외아]가 많이 겹쳐[萬疊] 수백 여리(餘里)를 굽이돌아[迂盤;우반] 막 국(局)에 들어올 즈음에 달려가[頓跌] 방향을 전환하여[轉換;전환;逶迆;위이] 겹겹이 크게 개장하여 구름 속에 간룡과 지각이 무성하고[蕃衍], 넓고 평평한 큰 바위[盤石]와 깎아지른 듯한 바위[巉岩]는 초(楚)나라의 귀곡(鬼谷) 지방이다.

작은 폭포[水簾]와 여러 동굴[諸洞]은 도가(道家)의 제15(第十五)의 시선이 사는 곳[洞天]으로 세상에 전하길 '귀곡자(鬼谷子)가 일찍이 여기에 살았다'고 한다.

---

20) 將(장) ~ : 장차 ~하려고 한다. 머지않아 ~되려 한다. 마침

21) 水簾(수렴) : 물의 발이라는 뜻으로, '폭포'를 아름답게 이르는 말 ◦洞天(동천) : (신선이 산다는) 동천. 동학(洞壑)

22) 交(교) : 사귀다. 오고가다. 인접하다(隣接). 엇걸리다 ◦結(결) : 엇걸리게 하다. 엉기다. ◦踞(거) : 쭈그리고 앉다. 웅크리다.

23) 煉丹(연단) : 도가(道家)의 단약(丹藥). 단약(丹藥)을 만들다.

24) 飛升(비승) : (수련에 성공하여) 선경(仙境)에 날아가다. 날아오르다. ◦按(안) : ~에 따라서. ~에 의해서. ~에 비추어. 편안하다.

龍虎山張眞人陽基

입수(入首)하여 높은 꼭대기 부분에 장막을 열어[撑天] 우로 방향을 전환하여 낙맥하여 갑자기 나타나[閃落] 평평한 언덕[平坡]에 결혈(結穴) 하였다. 뒤에 받치고 있는[後托] 자하(紫霞)의 여러 산은 다시 수 십리(数十里)를 가서 수구(水口)가 되었고, 조산(朝山)과 용이 끝난 곳[盡處]에 교쇄하고, 양쪽 언덕[兩岸] 산에 바위가 무척 길어[萬仞] 나무가 서 있는 것 같다. 마치 용(龍)이 고개를 쳐들고 호랑이가 웅크리고[龍昂虎踞] 있는 같고 사자, 코끼리, 거북이 뱀 같아 모두 괴이한 형상이다.

앞의 조산(前朝)이 이빨을 드러내듯[踞齒] 하늘에 솟아나고[侵雲] 큰 물이 감싸 나성(羅城)이 주밀(周密)하다. 복씨(복응천)가 이르길 '용호산 가운데 바람이 생기지[動] 않으면 장진인의 도장[仙圃]은 대대로 쇠하지 않는 것이다.' 고 하였다. 만산(萬山) 가운데 홀연히 훤하게 트이고 산이 밝고 물이 수려하여 특히 세상[乾坤]에 첫째이다.

도가(道家)에서 복지(福地)라 하였으니 진실로 그러하다. 장씨(張氏)는 '스스로 도사[道陵]로 용호(龍虎) 기슭[崖]에서 연단(煉丹)을 만들어 먹은 후에 승천하였다' 고 한다. 《일통지(一統志)》에 따르면[按] ' 도릉(道陵)이 촉(蜀)에 있는 운대봉(云台峰)에서 대낮[白日]에 승천(升天) 하였다.' 고 한다. 그 후 사대손(四代孫)이 말하길 번성(盛)하였고 다시 부지를 개간하여 번성하여 지금까지[迄今;흘금] 50대(五十代)를 살면서 대대로 국가의 총애를 받고 있으니[沐;목] 모두가 이 산의 발응[應]이다. 양기(陽基)에 진인(眞人)이 우지에서는 나오지 않는다.

<참고문헌>

『精校绘图地理人子须知(간자체)』, 2007.
『地理人子須知』,竹林書局
『人子須知』(前)·(後), 명문당, 김동규역, 2008.
『玉髓眞經』(上.下), 武陵出版有限公司整理編輯
『地理啖蔗錄』, 珍藏古體重所新編訂發行
『葬書譯註』, 비봉출판사, 허찬구, 2005.
『明山論』, 비봉출판사, 김두규역해, 2002.
『풍수지리보감』,대한민국풍수지리 연합회
『疑龍經·撼龍經』, 비봉출판사, 김두규역주, 2009.
『捉脈賦·洞林照膽』, 明堂編 ,비봉출판사, 김두규 譯註
『풍수학 사전』, 비봉출판사, 김두규, 2005.
『역사문화수첩』,역민사, 한국역사연구회, 2007.
『풍수지리학 개론』, 한국풍수지리연구소, 채영석
『임원경제지 상택지』,풍석문화재단, 서유구(저), 임원경제연구소(옮기고 쓴이), 2019.
『설심부변와정해』, 맑은 샘 출판사, 김상태 譯註(역주), 2023.
전통지리사상의 관점에서 본 조선시대 읍성연구.(김상태. 박사논문, 2015)
다음 사전 https://dic.daum.net/
네이버 사전 https://dict.naver.com

인자수지

초판 1쇄 인쇄 2024년 07월 26일
초판 1쇄 발행 2024년 08월 05일
역주 김상태

펴낸이 김양수
펴낸곳 도서출판 맑은샘
출판등록 제2012-000035
주소 경기도 고양시 일산서구 중앙로 1456 서현프라자 604호
전화 031) 906-5006
팩스 031) 906-5079
홈페이지 www.booksam.kr
블로그 http://blog.naver.com/okbook1234
이메일 okbook1234@naver.com

ISBN 979-11-5778-658-9 (03180)